KB247089

The Guitarist

더 기타리스트 The Guitarist

초판 1쇄 발행 | 2013년 9월 30일
초판 3쇄 발행 | 2020년 7월 2일

지은이 | 정일서
펴낸이 | 이원범
기획 · 편집 | 어바웃어북 기획편집팀
마케팅 | 안오영
표지 디자인 | 석운디자인
본문 디자인 | 강선욱

펴낸곳 | 어바웃어북 about a book
출판등록 | 2010년 12월 24일 제313-2010-377호
주소 | 서울시 강서구 마곡중앙로 161-8 C동 1002호(마곡동, 두산더랜드파크)
전화 | (편집팀) 070-4232-6071 (영업팀) 070-4233-6070
팩스 | 02-335-6078

ISBN | 978-89-97382-22-4 13670

더 기타리스트

그들의 기타가 조용히 흐느낄 때

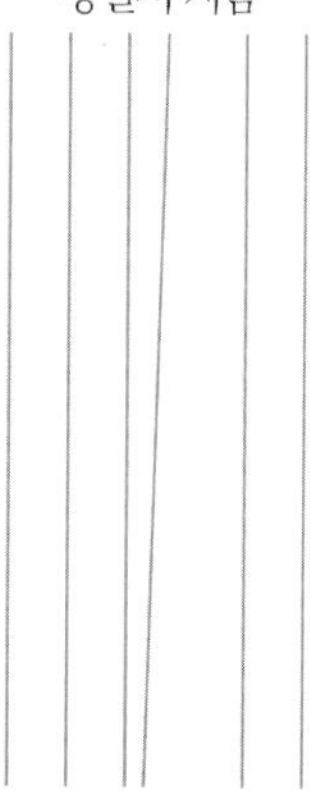

정일서 지음

어바웃어북

그들의 기타가 조용히 흐느낄 때면, 사람들은 그들을 꿈꾸고 또 그들을 추억한다!

나는 중학교 1학년 겨울방학에 나의 첫 번째 기타를 소유하게 되었다. 5만 원을 주고 산 깁슨 레스폴 스탠더드 체리 선버스트 모델의 짝퉁이었다. 당시 LP를 스무 장이나 사고도 남는 가격을 치렀으니 나로서는 대단한 결정이자 결심이었다.

기타를 둘러메고 집으로 가던 길의 흥분감을 아직도 잊을 수 없다. 상상 속에서 나는 이미 기타리스트가 돼있었다. 그때 내 머리 속에 떠올랐던 이상적인 이미지는 아마 깁슨 레스 폴을 휘두르는 리치 블랙모어에 가까운 것이었을 게다. 물론, 다 아는 것처럼 블랙모어는 거의 전적으로 펜더 스트라토캐스터만 사용한 연주자였으니 그 순간의 나는 짝퉁 레스 폴에 제멋대로 판타지를 투사하고 있었던 셈이다. 하기야 그것도 당연한 일이었다. 기타 연주라고는 아무 것도 모르는 초짜가 통기타도 아닌 일렉트릭 기타를 대뜸 집어 든 데서 짐작할 수 있다시피, 처음부터 나는 기타를 연주하고 싶었다기보다는 기타리스트가 되고 싶었던 것이었으니까 말이다.

당연하게도, 나의 장밋빛 환상은 방구석에 앉아 기타교본을 펼쳐놓고 대망의 C 코드를 잡는 순간 현실의 도도한 비웃음과 맞닥뜨리고 말았

다. 일단은 손가락이 너무 아팠다. 이전까지 나는 악기를 배운다는 행위가 그만한 물리적 고통을 수반하는 일이라고는 짐작조차 해본 적이 없었다. 게다가, C에서 Am로의 코드 체인지 과정에서는 나의 손이 남의 발처럼 느껴지는 놀라운 경험을 하기도 했다. 나는 내 팔에 붙은 손가락조차 마음대로 통제할 수 없는 상황에 좌절했다. 나의 왼손은 마치 장맛비에 기어 나온 지렁이처럼 열심히 꾸물거리며 제자리만 맴도는 꼴이었고, 나의 오른손은 스트레인지러브 박사의 그것처럼 정신이 산란하게 허우적대는 모양새였다. 결국 나는 대부분의 초짜들이 그렇듯, 기타를 잡은 지 대략 두 시간 만에 나의 화려한 꿈을 의심하지 않을 수 없게 되고 말았다.

벌써 삼십 년 가까이 지난 일을 내가 지금 여기 풀어놓는 데는 이유가 있다. 무엇보다, 나의 개인적인 추억이 다수의 보편적인 경험과 크게 다르지 않으리라는 믿음 때문이다. 기타를 잡게 된 동기라는 측면에서는 위대한 기타리스트들과 좌절한 기타 키드들이 근원적으로 다르지 않다는 게 내 생각이다. 여자애들에게 인기를 얻고 싶어서건 세계를 누비며 연주여행을 하고 싶어서건, 그들 모두는 자신만의 판타지를 꿈꾼다.

기타리스트라는 존재가 의미를 갖는 것도 그 지점이다. 초짜의 판타지에서는 언제나 기타리스트가 기타에 우선하기 때문이다. 선망의 대상은 뮤직비디오 속의 기타 영웅일 수도 있고 옆집에 사는 대학생 형일 수도 있다. 중요한 건 대부분의 경우 기타라는 악기를 제대로 알기도 전에 이미 기타리스트를 꿈꾼다는 사실이다. 그렇다. 적어도 록큰롤의 탄생 이래로는 언제나 그랬다. 아이들은 기타를 연주하고 싶어서라기보다는 기타리스트가 되고 싶어서 기타를 잡는다. 그들이 진짜로 기타를 연주하게 되는 것은 언제나 그 다음 단계다.

혹자는 애당초 기타가 있었기에 기타리스트도 존재할 수 있었던 것이 아니냐고 반문할 수도 있을 것이다. 맞는 말이다. 나는 다만 기타라는 악기의 위상이 결정적으로 바뀐 시기가 록큰롤의 도래 즈음이며, 록큰롤의 등장 이후로 기타의 위상을 더욱 공고하게 만든 동력이 바로 기타리스트였다는 사실을 강조하고 싶을 뿐이다. 록큰롤 이전에도 기타는 수백 년 동안 존재해온 악기였지만 록큰롤 이후와 같은 지위를 누리지는 못했으니까 말이다.

기타는 그 기능성의 측면에서 인류가 만들어낸 가장 탁월한 악기라고

해도 과언이 아니다. 리드 파트와 리듬 파트의 역할을 모두 맡을 수 있을 뿐만 아니라 리드와 리듬을 동시에 들려주는 것도 가능하다. 작고 가벼워서 어떤 장소로든 이동이 용이하며, 앉든 서든 어떤 자세로도 연주가 자유롭다. 하지만 가능성이 무궁한 악기임에도 불구하고 한동안 기타는 태생적으로 적은 음량 때문에 일정 규모 이상의 무대에서는 거의 사용되지 못했다. 기타가 폭발적인 성장을 하게 된 계기가 전기적 증폭장치(픽업과 앰프)의 발명과 맞물려 있다는 사실은 그래서 주목할 만하다. 거의 유일한 약점으로 간주됐던 적은 음량의 문제가 해결되면서 비로소 기타가 그 잠재력을 뿜어내기 시작했을 뿐만 아니라 일렉트릭 기타의 탄생이 록큰롤의 태동을 견인하는 기폭제로 작용하기도 했기 때문이다.

블루스가 록큰롤의 등장에 직접적인 영향을 주었다는 것은 누구나 알고 있는 사실이다. 하지만 일렉트릭 기타의 발명이 없었다면 블루스가 미시시피강 유역의 델타 지역을 벗어나 미국 전역으로 확산되는 과정이 훨씬 더디고 험난했을 것이라는 사실은 흔히 간과되곤 한다. 일렉트릭 기타는 블루스 연주자들이 보다 많은 청중 앞에서 공연하는 걸 가능

하게 만들어주었다. 관객들이 기타리스트의 이미지로부터 보다 직접적인 영향을 받게 된 것도 바로 그 즈음이었다. 무대 위에 서서 관객을 쥐락펴락하는 마술사와 같은 존재로서의 연주자. 그러므로 우리가 기억하는 위대한 기타리스트들이 바로 그 시절부터 쏟아져 나오기 시작했다는 사실은 결코 우연이 아니다.

이 책은 바로 그 지점을 출발선으로 잡았다. 기타리스트가 아이콘으로서 자리매김하기 시작한 이래의 음악사를 위대한 연주자들의 개인사로 엮어 냄으로써 궁극적으로 기타라는 악기의 매력과 마력을 소구하는 것이다. 그런 맥락에서 나는 이 책이 많은 사람들에게 일종의 가늠자 혹은 방향타 역할을 할 수 있으리라 기대한다. 이제 막 록 음악의 매력에 눈을 뜨기 시작한 청소년에서부터 생활의 전선에서 부대끼고 있을지언정 록 스타를 꿈꾸었던 과거를 잊지 못하는 중·장년에게까지 강렬한 동기부여의 매개가 될 수 있으리라는 것이다. 어쨌든 사람들은 기타를 연주하고 싶다기보다는 기타리스트가 되고 싶어 하기 마련이니까.

끝으로 덧붙이자면 이 책의 저자인 정일서 PD는 신뢰할만한 필자이다. 라디오 방송의 프로듀서로 매일매일 전쟁을 치르는 와중에도 꼬박

꼬박 책을 펴낼 정도로 근면한 인간이라는 점만으로도 신뢰를 보낼만한 근거는 충분하다. 나와 같은 비평가들이 게으름을 피우는 사이에도 그는 진정으로 음악을 사랑하는 태도가 어떤 것인 지를 몸소 보여주고 있는 것이다. 나로서는 그런 그가 부럽고 이런 내가 부끄럽다. 그래서 나는 그가 굳이 내게 이 책의 추천사를 맡긴 이유가 있을 거라고 생각한다. "이제 자네도 책 좀 써야 하지 않겠어?" 그래야겠다. 일단은 이 책부터 마저 다 읽은 다음에 말이다.

박은석(음악평론가)

105명 위대한 기타리스트들과의 행복한 만남

20년도 훨씬 더 지난 일이다. 비가 오는 날이었다. 담배연기 자욱한 음악다방에 흐르던 개리 무어의 〈Still Got the Blues〉는 구슬펐고 카멜의 〈Stationary Traveller〉는 더 슬펐다. 그 때 나는 군대에 가기 위해 휴학 중이었다. 부연하자면 일단 휴학은 했는데 징집영장이 나오지 않는 바람에 반년 넘게 꽤 긴 시간을 속절없이 흘려보내고 있던 참이었다. 매일매일 집을 나섰다. 살고 있던 부천역 근처에 있는 음악다방 '수목'이 나의 일관된 목적지였다. 누구나 그러하듯 입대를 앞둔 마음은 불안하고 황량했으며 미래는 막막하고 불투명했다. 그 때 나는 청춘을 낭비하고 있지 않나 조바심을 냈었지만, 돌이켜 보면 그 때가 마지막 순수한 마음으로 원 없이 음악을 보고 들었던 아름다운 시절이었다. 여기에 소개된 기타리스트들 가운데 상당수를 나는 그 때 그 곳에서 만났다. 제대하고 돌아와 나는 곧바로 취직시험에 매달렸고 라디오 PD가 되어 음악을 업으로 듣는 사람이 되었다.

처음 이 책을 내자는 제의를 받았을 때 나는 많이 망설였다. 중·고등학교 시절 이후 라디오와 음악에 빠져 살았고 지금은 라디오 PD가 되어 음악을 듣고 고르는 일을 하고 있으니 누구보다 음악을 좋아하고 많이

들어왔다고 자부하고 있지만 그것은 또 다른 차원의 문제였다. 그저 뮤지션이나 밴드 차원에서 두루뭉술하게 음악을 들었을 뿐 기타리스트와 기타 연주에 각별히 주목해서 음악을 들었던 것은 아니라서 기타리스트의 이야기를 한다는 것은 적지 않은 부담으로 다가왔다. 그것은 어쩌면 내가 잘 알지 못하는 영역일 수도 있겠다는 두려움도 있었다. 그럼에도 불구하고 마침내는 욕심을 내서 이 책을 쓰게 된 데에는 어바웃어북 편집자 이원범씨의 역할이 컸다. 그가 나를 부추겼다.

솔직히 고백하거니와 이 책은 처음부터 끝까지 많은 자료를 찾아가며 스스로 공부하는 기분으로 썼다. 그리하여 쓰는 동안 나 자신에게 많은 공부가 되었음이 또한 보람이고 기쁨이다. 재즈 기타의 효시로 일컬어지는 장고 라인하르트로부터 시작해 척 베리와 지미 헨드릭스, 지미 페이지와 에드워드 반 헤일런을 지나 21세기가 가장 주목하는 기대주 존 메이어에 이르기까지 100명이 넘는 위대한 기타리스트를 만나는 순간마다 더없이 행복했다. 내가 느꼈던 감동과 경이와 행복을 이 책을 읽는 모든 이들과 함께 나눌 수 있었으면 좋겠다. 그것은 원래부터 좋아하고 사랑하던 기타리스트를 확인하는 기쁨일 수도 있겠고, 새로 알게 된 이

들을 통해 기타의 무한한 매력에 새롭게 눈뜨는 기쁨일 수도 있겠다.

기타는 누구나 주변에서 아주 쉽게 접하고 배울 수 있는 악기이다. 기타만큼 만만하고 편하게 접근 가능한 악기도 드물 것이다. 하지만 그러면서도 그것이 표현할 수 있는 음악적 영역은 무한하다 할 만큼 넓다는 것이 기타가 가진 최대의 매력이다. 클래식에서 팝과 록, 재즈에 이르기까지 기타가 어울리지 않는 자리는 없다. 한마디로 기타는 음악이 있는 곳이라면 어디서나 어울리는 팔방미인과도 같다. 여기서 나는 '기타는 작은 오케스트라다'라고 했던 베토벤의 말에 동의할 수밖에 없다. 이 책이 글로써나마 기타에 대한 이해와 사랑을 확산시키는데 도움이 되기를 바랄 뿐이다.

사족 같지만 개인적 소회를 덧붙이자면, 우리는 참 복잡한 세상을 살고 있다. 음악을 만들고 소비하고 향유하는 양태도 다양해졌다. 컴퓨터 프로그램이 악기를 대체하고, 그러다 보니 세상에는 공장에서 찍어낸 듯 비슷비슷한 음악들이 넘쳐난다. 이제 음악은 디지털화된 파일을 통해 과거의 LP나 테이프나 CD처럼 음반이라는 실체가 없이도 잘도 돌아다니고 한쪽에선 음악이 예능의 재료로써 소비되기도 한다. 그런데 그

럴수록 나는 예전 음악 하나, 기타 하나에 목숨을 걸던 거장들의 숨결과 그들이 만들어내던 마법 같은 연주, 아름다운 음악들이 그립다. 그것은 단지 잃어버린 것에 대한 동경의 마음일까?

사랑하는 아내 권미현과 함께 아들 정현우가 밝고 씩씩하게 커가는 것을 보는 것이 지금 나의 가장 큰 행복이다. 세상에 좋은 음악과 그 음악을 사랑하는 사람들이 넘쳐나기를, 그리하여 지금보다 세상이 조금만 더 아름다워지기를, 귓가에 울리는 기타소리 들으며 나는 오늘도 소원한다.

2013년 여름 여의도에서

정일서

Chapter 01 초기 블루스의 거장들 _ 1950년대 이전

Contents

Chapter 03 영웅들의 탄생 _ 1960년대

Chapter 04 록 오브 에이지 _ 1970년대

넘침 없는 기교, 조화와 절제의 미덕

린지 버킹햄

뉴 웨이브, 폴리스 그리고 서머스

앤디 서머스

클랩튼 키드가 들려주는 저릿한 블루스

폴 코소프

지옥에서 온 아이언 맨

토니 아이오미

하늘대장장이들, 미국 록 음악계를 평정하다

조 페리

현란한 기교를 버리고 펑크의 원형으로 돌아가라

조니 라몬

하드 록과 재즈 록을 가지고 논 어린 천재

토미 볼린

록계의 노자, 천의무봉의 경지

마크 노플러

Chapter 05 헤비메탈 무법지대를 크로스오버하는 연금술사들 _ 1980년대

그의 기타만큼 슬피 우는 기타는 없다

개리 무어

'메탈의 神'으로 불리는 트윈 기타리스트들

케이 케이 다우닝 & 글렌 팁튼

반바지 교복을 입고 하드 록의 본령을 사수하다

앵거스 영

'깁슨 레스 폴 커스텀'을
제대로 폭발시키는
파워 기타맨
존 사이크스

그를 평가절하할
이유는 없다
리치 샘보라

기타계의 손꼽히는
멜로디 메이커
에릭 존슨

불협화음을 '연주'하는
기타리스트
더스턴 무어

음악은 코드 세 개만으로도
감동을 준다
엣지

헤비메탈과 바로크 음악의
예기치 않은 조우
잉베이 말름스틴

가슴 깊이 블루스 필을
간직한 벨파스트의 기타 영웅
비비안 캠벨

스래시 메탈이 지고 있다.
그러나, 타협은 없다!
데이브 머스테인

브릿팝의 시조,
그 쟁글거리는 기타 톤
조니 마

헤비메탈 정통성의
마지막 사수자
커크 해밋

그는 왜 그토록 속주에
집착했을까
크리스 임펠리테리

동양적인 헤비메탈이란
어떤 것일까
마티 프리드먼

Chapter 06 좀 더 강한 사운드 혹은 그 대안 _ 1990년대와 2000년대 이후

일 | 러 | 두 | 기

1. 인명(밴드명 포함)은 처음 등장하는 부분에서만 한글과 영문을 동시에 표기하고, 사망한 자는 생몰연도를 함께 표기하였다. 이 책에서 다룬 105명의 기타리스트가 본문 중에 등장하는 경우에는 영문과 생몰연도를 표기하지 않았다. 다만, 내용의 흐름상 가끔 중복 표기하기도 했다.
(한글과 영문 및 생몰연도 표기 예 : 브라이언 존스 Brian Jones, 1942~1969)
2. 위 인명 표기는 뮤지션과 음반제작자, 악기 제작자 등 음악 관련 종사자들과 영화배우 등만 그렇게 했다. 즉, 파가니니나 말러 등 역사 속 과거의 클래식 음악가나 조지 부시처럼 음악과 무관한 인사는 한글로만 표기했다.
3. 앨범과 정기간행물은 「 」, 곡은 〈 〉, 영화와 다큐멘터리 및 뮤직비디오는 [ ], 단행본은 『 』로 묶었다. (예 : 앨범 「Abbey Road」, 정기간행물 「Rolling Stone」, 곡 〈Call It Stormy Monday〉, 영화 [Crossroads], 단행본 『Blues All Around Me』)
4. 글이 끝나는 부분에는 'The Only One' 코너를 마련하여 해당 기타리스트(혹은 그가 속한 밴드)가 발표했던 앨범 가운데 저자가 선정한 한 장의 앨범을 소개했다. 따라서 'The Only One'에 소개된 앨범은 해당 기타리스트의 일반적인 대표작과 반드시 일치하지 않는다.

Chapter 01

초기 블루스의 거장들

1950년대 이전

세상에서 가장 아름다운 세 손가락

장고 라인하르트

Django Reinhardt, 벨기에, 1910~1953

솔직히 고백하자면 처음에는 장고 라인하르트를 이 책에 포함시킬 생각이 없었다. 나는 애초 이 책에서 록 기타리스트를 위주로 다루기로 마음먹었으며 그 범위를 조금 더 확장한다 해도 록의 뿌리라 할 블루스나 록과 재즈의 접점인 퓨전 재즈와 재즈 록 계열의 몇몇 기타리스트들 정도에게만 지면을 내어줄 생각이었다. 그렇게 하지 않으면 이 책의 내용이 지나치게 방대해지거나 나의 능력 밖의 일이 될 것이기 때문이었다. 그러니 장고 라인하르트의 자리는 처음에는 이 책에 없었다.

그러나 나는 금방 깨달았다. 내 생각이 완전히 틀렸다는 것을. 한참을 써내려갔다. 자꾸만 그의 이름이 나왔다. 그에게 영향을 받았다는 기타리스트가 도대체 한둘이 아니었다. 그래서 나는 다시 돌아와 그의 이야기를 추가하기로 했다. 돌아오지 않을 수 없었다.

'세상에서 가장 아름다운 손' '왼손가락 2개를 절단하는 치명적인 장애를 입고도 최고의 재즈 기타리스트로 우뚝 선 입지전적 인물' '유럽

재즈의 개척자' '집시의 자유 영혼을 기타와 재즈에 불어넣은 영원한 방랑자'…… 이밖에도 그를 지칭하는 수식어는 많다. 음악적으로는 아무래도 초창기 재즈 기타의 개척자이며 유럽 재즈계에서 첫 번째 중요한 인물로 소개하는 것이 적절할 테지만 말이다. 그는 재즈 기타의 역사에서 이견 없이 첫 손가락에 꼽히는 인물인 것이다.

유럽 재즈의 효시를 이룬 집시 출신 기타리스트

장고 라인하르트는 1910년 벨기에의 프랑스 국경 근처인 리베르치즈에서 태어났다. 집시 혈통을 이어받은 아버지는 바이올린 연주자였고 어

QHCF

머니는 댄서였다. 가난했던 그는 어려서 프랑스 파리 인근의 집시 집단 거주지역에서 살았으며 집시 유랑극단을 따라 여기저기 떠돌기도 했다. 열두 살 때 어머니가 선물로 준 밴조를 연주하기 시작했고 이후 기타와 바이올린도 독학으로 익혔다. 그가 집시 연주자들로부터 많은 영향을 받았음은 당연하다. 아니 그보다 먼저 그에게는 집시의 피가 흐르고 있었다.

그의 나이 열여덟 살 무렵, 첫 번째 부인과 함께 거주하던 야외 천막에 불이 나면서 화마가 그를 덮쳤다. 그는 다리와 왼손에 화상을 입고 왼손가락 두 개를 잃었다. 기타리스트에게는 사형선고나 다름없는 비극이었다. 실의에 빠져있던 그에게 동생 조셉은 새 기타를 선물하며 응원을 보냈다. 다시 기타를 잡은 그는 각고의 노력 끝에 부상당한 두 손가락을 끄는 듯이 지판을 이동하며 남아있는 세 손가락만으로 기타를 연주하는 새로운 스타일의 연주법을 창조했다. 세상에서 가장 아름다운 손은 그렇게 탄생했다.

1920년대 말 쯤에 장고 라인하르트는 미국에서 건너온 재즈를 처음 듣고 매혹되었다. 특히 루이 암스트롱Louis Armstrong, 1901~1971 음악을 좋아해서 일면식도 없는 그를 자기 혼자 형이라고 호칭할 정도였다. 하지만 그가 본격적으로 재즈에 입문하게 되는 결정적인 계기는 집시 재즈 바이올리니스트 스테판 그라펠리Stéphane Grappelli, 1908~1997와의 만남에서 비롯한다. 두 사람은 함께 즉흥연주를 하며 의기투합했고 1934년 프랑스 핫 클럽 5중주단Quintette du Hot Club de France, 이하 QHCF을 결성했다. 유럽 재즈의 효시로 불리는 QHCF는 기타 세 대와, 베이스 한 대, 바이올린 한 대로 구성된 독특한 편성의 퀸텟으로 프랑스를 넘어 유럽 전역에서 인기를 얻으며 유럽을 재즈의 열풍으로 몰아넣었다. QHCF 안에서도 특히 그라펠리의 집시 바이올린과 라인하르트의 광시곡 스타일의 기타 솔로가 주목을 받았다. QHCF는 곧 미국에까지 명성을 떨치게 되었고 장고 라인하르트는 콜맨 호킨스Coleman Hawkins, 1904~1969, 베니 카터Bennett Carter, 1907~2003, 루이 암스트롱, 디지 길레스피Dizzy Gillespie, 1917~1993 등 미국의 재즈 거장들과도 교류하게 되었다.

제2차 세계 대전이 발발했을 때 QHCF는 영국 투어 중이었다. 전쟁이 나자 장고 라인하르트는 프랑스로 돌아왔지만 그라펠리는 영국에 남았으므로 두 사람은 헤어지게 되었다. 파리에서 장고 라인하르트는 클라리넷 주자 허버트 로스타잉Hubert Rostaing, 1918~1990을 기용해 그라펠리의 자리를 매우며 새로운 QHCF를 출범시켰다. 나치 치하의 파리에서 장고 라인하르트의 목숨은 풍전등화와도 같았다. 수많은 유태인과 집시들이 학살되었다. 그는 가족들과 함께 여러 차례 탈출을 시도하기도 했지만 성공하지 못했다.

나치 치하에서 그가 살아남을 수 있었던 데에는 유명한 일화가 있다. 나치는 미국에서 태동한 음악인 재즈를 금지했지만 장고 라인하르트의 음악을 동경해 그를 끝까지 보호한 독일군 장교가 있었다. 그 독일군 장교의 별명은 독터 재즈(Doktor Jazz)였다.

전쟁이 끝나고 장고 라인하르트와 스테판 그라펠리는 다시 만났다. 두 사람은 1946년 미국 투어를 떠나 듀크 엘링턴Duke Ellington, 1899~1974 오케스트라와 함께 투어를 돌며 열렬한 환영을 받았다. 투어의 마지막 이틀 동안은 카네기홀에서 공연하기도 했다. 미국 공연에서 돌아온 두 사람은 1949년 이탈리아로 순회공연을 떠났는데 여기에서 이탈리아 연주자들과 함께 앨범 「Djangology」를 녹음했다. 더블 앨범인 「Djangology」는 결과적으로 장고 라인하르트의 마지막 정규 앨범이 되었다. 장고 라인하르트가 클래시컬한 멜로디의 솔로와 비밥의 향기가 짙은 연주를 선보인 이 앨범을 끝으로 재즈사에 길이 남을 두 사람의 협업도 끝이 났다. 무라카미 하루키는 자신의 책 『재즈 에세이』에서 "「Djangology」에서 장고와 그라펠리가 보여준 물 한 방울 세지 않을 긴밀성과 적당히 남겨둔 콜라보레이션은 언제 들어도 황홀감에 젖기에 충분하다"고 썼다.

셀머 어쿠스틱 기타

1951년 장고 라인하르트는 은퇴를 선언한 후 사모아 쉬르센에서 말년을 보냈다. 은퇴 후에도 가끔 파리의 클럽에 나타나 기타를 연주했지만 더 이상 앨범을 내거나 정식 공연을 갖지는 않았다. 1953년 그는 클럽에서 연주하고 돌아오던 중 뇌출혈을 일으켜 갑작스런 죽음을 맞았다. 그 날은 토요일이었고 의사가 오기까지는 너무 오랜 시간이 걸렸다.

재즈계에서 홀대 받던 기타리스트의 면모를 다시 세우다

재즈가 블루스에 의해 잉태되었다는 것을 감안한다면 블루스에서 주도적인 지위를 차지했던 기타가 재즈의 시대에 홀대받은 것은 다소 의외이다. 재즈의 태동기에 기타는 관악기의 위세에 자리를 내어주고 폐기처분되다시피 했다. 재즈의 발원지 미국에서 버림받은 기타가 다시 생명을 얻은 것은 바다 건너 유럽에서였다. 그리고 그 시작은 바로 장고 라인하르트였다. 재즈 기타의 계보를 거슬러 올라가면 그 맨 윗자리에는 항상 그의 이름이 자리한다. 집시 음악의 낭만 위에 재즈의 스윙과 비밥을 장착한 라인하르트의 음악은 미국의 재즈와는 정서가 다른 새로운 유럽 재즈의 본류를 만들었다. 운지에 활용할 수 있는 두 개의 왼손가락만으로 펼친 그의 연주는 불가능을 가능으로 만든 경이로움이었고 그가 기타로 만든 음악은 집시와 유럽이 재즈를 향해 보내는 환희와 낭만에 찬 초대였다. 그의 대표곡으로는 〈Minor Swing〉 〈Nuages〉 〈Daphne〉 등이 꼽히며 그가 남긴 여러 연주 중에서는 역시 스테판 그라펠리와 함께 한 녹음이 가장 높은 평가를 받는다.

1930년대 중반에 자신의 첫 번째 셀머 기타를 손에 넣은 이후로 장고 라인하르트는 언제나 셀머 어쿠스틱 기타를 손에 잡았다. 1946년 미국에서 찰리 크리스천Charlie Christian, 1916~1942과 레스 폴 등을 만난 이후로는 때때로 일렉트릭 기타를 치기도 했지만 그가 평생 동안 함께 한 기타는 셀머 어쿠스틱 기타였다.

미셸 페트루치아니

장고 라인하르트는 말 그대로 집시 재즈 기타의 전설이었다. 그가 죽고 난 후 한동안 그의 기타는 잊혀진 적도 있었지만 1950년대 중반 이후 록큰롤이 성행하면서 재조명되기 시작했고 1960년대 블루스 록 기타리스트들에 의해 그 가치가 재발견되었다. 비슷한 시기 포크 리바이벌 붐이 일면서 그의 어쿠스틱한 면모 역시 재평가 받았다.

장고 라인하르트에게 영향을 받은 기타리스트는 너무나 많다. 이제부터 아마 거의 끝까지 이 책에 그의 이름이 등장할 테니 굳이 여기서 그에게 영향 받은 기타리스트들을 나열하지는 않겠다. 그가 사망하자 모던 재즈 쿼텟의 피아니스트 존 루이스John Lewis, 1920~2001는 〈Django〉라는 곡을 만들어 그를 기렸다. 그의 이름을 딴 '장고 라인하르트상'은 유럽에서 가장 권위 있는 재즈상이기도 하다. 장애를 이겨낸 위대한 재즈 피아니스트 미셸 페트루치아니Michel Petrucciani, 1962~1999가 이 상을 통해 발굴되기도 했다. 그가 말년을 보냈던 사모어 쉬르센에서는 지금도 해마다 여름이면 장고 라인하르트 재즈 페스티벌이 열린다.

The Only One :
「Djangology」(2002)

그래서 그는 전설이다

로버트 존슨

Robert Johnson, 미국, 1911~1938

로버트 존슨은 언제부턴가 블루스의 전설이 되어 있지만 사실 그에 관한 자료는 현재 남아있는 것도 변변치 않다. 그의 실제 모습은 현존하는 단 두 장의 사진 속에 남아있을 뿐이며(34쪽 참조), 그 사진 역시 1980년대 중반에 공개되었으니 그 전에는 누구도 그의 실제 모습을 아는 사람조차 없었다. 그가 남긴 작품 역시 많지 않으며 동영상 자료 따윈 더더욱 없다. 로버트 존슨은 최초의 블루스 기타리스트가 아닐뿐더러 심지어 그는 일렉트릭 기타를 연주하지도 않았다. 아마도 이 책에서 소개되는 기타리스트들 가운데 일렉트릭 기타를 연주한 적이 없는 사람은 그가 유일할 것이다. 그럼에도 불구하고 이 책의 두 번째 자리에 로버트 존슨을 넣지 않을 수가 없었다. 이곳이 그가 있어 마땅한 자리라는 내 생각은 단호하다(사실 장고 라인하르트를 다루지 않았다면 로버트 존슨이 이 책의 시작을 여는 기타리스트였을 것이다). 그는 미시시피 델타 블루스의 왕이며 블루스 역사의 첫 페이지를 장식하는 전설 중의 전설인 것이다.

로버트 존슨

악마와의 거래로 얻은 엄청난 연주 실력?

로버트 존슨은 1911년 미국 미시시피주 헤이젤허스트에서 태어나 1938년 의문의 죽음을 맞이하기까지 불과 스물일곱 해를 살았다. 그러고 보면 지미 헨드릭스, 브라이언 존스Brian Jones, 1942~1969, 재니스 조플린Janis Joplin, 1943~1970, 짐 모리슨Jim Morrison, 1943~1971, 커트 코베인, 에이미 와인하우스Amy Winehouse, 1983~2011 등의 가입으로 유명한 이른바 '27 클럽'*의 창시자는 로버트 존슨일지 모르겠다.

로버트 존슨이 최초로 다룬 악기는 하모니카로 알려져 있는데 십대 후반에 손 하우스Son House, 1902~1988, 윌리 브라운Willie Brown 등과 교류하며 거의 독학으로 기타를 익혔다. 여기에서 그와 관련한, 그리고 블루스의 역사에서도 아주 유명한 전설 같은 이야기가 등장한다. 애초 그는 연주력이 형편없어서 공연장에서 쫓겨나기 일쑤였는데, 그러던 어느 날 갑자기기 일취월장한 실력으로 나타났다. 단숨에 손 하우스를 비롯한 당대의 실력파 연주자들의 기량을 뛰어넘어 버린 것이다. 그것은 물리적으로 불가능해 보이는 일이었기에, 여기에서 그 유명한 전설이 태어났다. 즉, 로버트 존슨이 악마와 거래를 했다는 소문으로, 교차로에서 악마를 만나 생명을 저당 잡히는 대가로 음악적 재능과 기타 실력을 얻었다는 것이다. 일반적인 시각에서 보면 터무니없는 이야기이지만 로버트 존슨의 노래 중에 이와 같은 사실을 암시하는 내용이 있고, 또 그가 실제로 스물일곱 살에 요절했기 때문에 전설은 꼬리에 꼬리를 물고 이어졌다. 괴테의 『파우스트』에서 빌어온 이야기임이 분명할 텐데도 말이다.

롤링 스톤스Rolling Stones의 키스 리처드가 처음 로버트 존슨의 음악을 들었을 때 함께 듣던 동료 브라이언 존스에게 이렇게 물었다고 한다. "함께 연주하고 있는 사람은 누구지?" 로버트 존슨 혼자서 한 연주라는 사실을 알고 키스 리처드는 경악을 금치 못했다고 한다. 훗날 키스 리처드는 "로버트 존슨의 연주는 그 자체로 오케스트라와 같았다"는 말로 당시를 회고하기도 했다. 실제로 로버트 존슨의 연주 스타일은 베이스 라인과 리듬 파트, 애드립이 절묘하게 교차하고 있어서 마치 두 사람이 치는 것 같은 착각을 불러일으키게 한다.

* 27 클럽 : 스물일곱 살에 요절한 천재 뮤지션들을 함께 모아 이르는 말

이 밖에도 로버트 존슨을 전설로 만드는 데 기여한 후일담은 몇 가지가 더 있다. 우선 그의 죽음에 얽힌 미스터리다. 그는 독극물에 중독되어 죽었는데, 사망 당시 어떤 의학적 도움도 받지 못했고 부검 역시 이루어지지 않았다. 정확한 사망 원인이 미궁 속에 빠져있다는 얘기다. 거기다 독을 먹은 것도 애인이 먹였다는 얘기부터 애인의 남자가 먹였다는 설과 자살했다는 설까지 여러 가지가 있다. 그의 묘비 역시 미궁에 싸여 있기는 마찬가지다. 그가 사망한 미시시피주 그린우드 인근 세 곳에 그의 묘비로 추정되는 세 개의 묘비가 있을 뿐 어느 것이 정말 그의 것인지는 아무도 모른다.

스물일곱이란 짧은 삶을 연소시킨 불꽃같았던 연주

로버트 존슨의 작품 활동은 1937년에서 1938년 사망하기까지 1년 정도의 기간에 집중되어 있다. 특히 레코딩되어 남아있는 그의 작품은 1936년 11월 샌안토니오의 건터 호텔과 1937년 6월 텍사스주 댈러스의 한 녹음스튜디오에서 단 두 차례에 걸쳐 녹음한 것으로 알려진 스물아홉 곡이 전부이다. 그나마 이 작품들은 아주 오랜 세월동안 세상에 알려지지 않고 묻혀 있었으며 그 존재가 세상에 알려진 것은 그의 사후 20년이 훨씬 지나서였다. 1961년 발매된 컴필레이션 앨범 「King of the Delta Blues Singers」와 함께 뒤늦게 그 가치를 조명 받았던 것이다.

로버트 존슨에 대한 헌정의 뜻을 담아 깁슨사가 제작한 어쿠스틱 기타모델 'L1'

영화 [Crossroads] 중
주인공 랄프 마치오와
스티브 바이의 기타 배틀 장면

로버트 존슨의 전설적인 이야기는 소설과 영화로 제작되기도 했다. 그 중 가장 유명한 것이 1986년 영화 [Crossroads]이다. 당시 꽃미남 스타 랄프 마치오Ralph Macchio가 주연을 맡은 이 영화의 음악은 라이 쿠더가 담당했으며 기타 배틀 장면에서는 스티브 바이Steve Vai가 등장해 화제를 모으기도 했다.

로버트 존슨은 일렉트릭 기타가 등장하기 이전 시대를 살았다. 당연히 그는 일렉트릭 기타를 만져본 적도 없으며 오로지 어쿠스틱 기타만을 연주했다. 그럼에도 그의 연주는 블루스 기타의 전범으로 남았으며 특히 슬라이드 주법은 수많은 후배들에게 결정적인 영향을 끼쳤다. 훗날 깁슨사가 만든 어쿠스틱 기타 모델인 'L1'은 로버트 존슨에게 헌정된 것이다.

로버트 존슨에 영향 받고 그에게 경의를 표했던 뮤지션 가운데 대표적인 인물이 바로 에릭 클랩튼이다. 그는 "로버트 존슨은 역사상 가장 중요한 블루스 싱어"라고 말하며, 그가 젊은 시절에 몸담았던 밴드 크림Cream 시절부터 로버트 존슨의 대표곡 〈Crossroads〉를 즐겨 연주했다. 2004년 발표한 앨범 「Me and Mr. Johnson」은 아예 로버트 존슨을 기려 만든 트리뷰트 앨범이다. 에릭 클랩튼 말고도 피터 그린, 토드 룬드그렌

Todd Rundgren 등이 로버트 존슨을 기리는 트리뷰트 앨범을 발표했다.

로버트 존슨은 1986년 록큰롤 명예의 전당에 초기 록 음악의 결정적 영향력을 인정받아 가장 먼저 이름을 올렸다. 아울러 2003년 대중음악 전문지 「롤링 스톤」이 선정한 '역사상 가장 위대한 기타리스트 100' 순위에서는 당당히 5위에 랭크되기도 했다. 록큰롤 명예의 전당이 선정한 '록큰롤을 만든 500곡' 순위에도 그는 〈Sweet Home Chicago〉 〈Cross Road Blues〉 〈Hellhound on My Trail〉 〈Love in Vain〉 등 무려 네 곡을 올려놓았으니, 그가 초기 록큰롤의 형성에 미친 막대한 영향력은 아무리 강조해도 지나침이 없을 것이다.

전설과 신화가 매력적인 이유는 그것이 비현실적이면서도 낭만적인 요소를 지니고 있다는 점 때문일 것이다. 이렇듯 전설의 기본 전제가 그 실체가 명확히 드러나지 않아야 한다는 점이라고 한다면 로버트 존슨만큼 전설이라는 표현에 그대로 부합하는 인물도 없다. 그의 압도적인 음악적 영향력에도 불구하고 그의 삶은 도대체 제대로 알려진 것이 없이 미궁에 쌓인 채이기 때문이다. 그래서 그는 전설이다.

The Only One :
「King of the Delta Blues Singers」(1961)

거장 위의 거장

티본 워커

T-Bone Walker, 미국, 1910~1975

흔히 3대 킹(king)이라고 불리는 비비 킹, 앨버트 킹, 프레디 킹 Freddie king, 1934~1976을 비롯해 버디 가이, 척 베리 등 초기 록큰롤의 거장들과 에릭 클랩튼, 지미 헨드릭스, 지미 페이지 등 1960년대의 걸출한 기타 영웅들, 그리고 조니 윈터, 듀언 올맨, 스티비 레이 본 등 블루스 중흥의 기수들에 이르기까지, 티본 워커가 영향을 끼친 인물을 모두 나열하는 것은 불가능하다. 차라리 그 이후에 등장한 모든 블루스와 록 기타리스트들이 그의 영향력 아래에 있다고 말하는 것이 더 정확할지 모른다. 티본 워커는 그만큼 블루스와 록큰롤, 록 음악의 역사를 이야기할 때 당연히 맨 앞자리를 차지해야 하는 인물이다. 그는 최초로 블루스에 일렉트릭 기타를 도입한 주인공으로 현대적 블루스 기타의 출발점임과 동시에 이를 기반으로 탄생한 록큰롤의 근원적 본류인 것이다.

티본 워커

일렉트릭 기타로 블루스를 연주한 최초의 뮤지션

티본 워커는 1910년 미국 텍사스주 린덴에서 태어났다. 본명은 아론 티보 워커Aaron Thibeaux Walker이다. 양친 모두 음악인이었던 부모 밑에서 태어나 자연스럽게 음악적 환경에서 성장했다. 게다가 부모의 이혼 이후 새로 맞이한 양아버지는 아예 프로 뮤지션이어서 그로부터 기타와 밴조,

만돌린, 피아노, 바이올린 등 갖가지 악기를 배웠다. 이 때 양아버지와의 친분으로 집에 드나들던 블루스 뮤지션 블라인드 레몬 제퍼슨Blind Lemon Jefferson, 1893~1929을 알게 되어 그의 도움으로 음악계에 투신하게 되었다. 블라인드 레몬 제퍼슨은 텍사스 블루스 태동기의 중요 인물 가운데 하나이다.

1929년 티본 워커는 콜롬비아 레코드에서 데뷔 싱글인 〈Wichita Falls Blues / Trinity River Blues〉를 냈다. 1930년대에는 로스엔젤리스의 클럽 등지에서 연주자로 활동했으며 레스 하이트Les Hite, 1903~1962의 빅밴드에서 기타리스트 겸 보컬리스트로 활약하기도 했다.

1942년에 나온 〈Mean Old World〉는 블루스와 록의 역사에서 대단히 중요하게 기록되는 곡이다. 블루스 연주에 일렉트릭 기타를 도입한 최초의 곡이기 때문이다. 그것은 당시로서는 혁명적 발상이었고 이 곡에 담긴 새로운 사운드는 경이로움이었다. 「롤링 스톤」은 이를 두고 "모두에게 충격을 던졌다"라고 논평하기도 했다. 〈Mean Old World〉의 리듬은 록큰롤의 원형을 담고 있기도 하다. 1940년대는 티본 워커가 가장 활발하게 활동했던 시기로 트럼펫터 테니 버크너와 피아니스트 로이드 글렌Lloyd Glenn, 1909~1985, 베이시스트 빌리 해드노트Billy Hadnott, 1914~1999, 색소폰 연주자 잭 맥비 등과 함께 활동했는데 이 때가 그의 전성기였다. 이 시기 그는 많은 히트곡을 냈는데, 특히 1947년에 발표한 〈Call It Stormy Monday (But Tuesday Is Just as Bad)〉는 블루스의 클래식으로 불릴 만큼 유명한 곡이다. 이 밖의 히트곡으로는 〈Bobby Sox Blues〉(1946) 〈West Side Baby〉(1948) 등이 있다.

그러나 1950년대부터 티본 워커의 활동은 눈에 띄게 줄어들었다. 1960년대 들어서는 1962년 유럽에서 열린 아메리칸 포크 블루스 페스티벌에 출연해 블루스를 유럽에 알리는데 앞장서기도 했지만 대체적으로는 쇠락의 기운이 완연했다. 1971년 발표한 앨범 「Good Feelin'」은 노장에게 처음이자 마지막 그래미 트로피를 안겨주었지만 사실상 그의 경력은 여기까지였다. 1975년 티본 워커는 예순넷의 나이에 폐렴 합병증으로 사망했다.

록 기타리스트들이 꼽는 진정한 원류

블루스 기타의 아버지로 통하는 티본 워커의 연주 스타일은 빅밴드 스윙재즈풍의 느낌이 가미되어 전통적인 블루스보다는 리듬감이 훨씬 강

최초의 블루스 일렉트릭 기타리스트인 티본 워커가 주로 사용하던 깁슨 모델

티본 워커는 다리를 찢거나 이빨로 기타를 물어뜯는 등 파격적인 무대 매너로도 유명했다. 훗날 지미 헨드릭스의 트레이드마크처럼 된 유명한 동작들은 상당부분 티본 워커에게서 비롯된 셈이다.

한데, 이는 그가 재즈 빅밴드에서 오랜 시간 연주했던 경력과 일치한다. 그의 음악에 관악 파트가 아주 중요하게 등장하는 것도 같은 맥락에서 이해할 수 있다. 그가 즐겨 사용한 주법 중에서 후대에 가장 큰 영향을 남긴 것은 풀링과 벤딩 기술이다. 대표적으로 레드 제플린Led Zeppelin의 〈Stairway to Heaven〉에서 지미 페이지가 솔로 연주시 구사하는 풀링은 티본 워커로부터 영향 받은 것이다.

애초 리듬 백킹에 주력하던 기타라는 악기의 활용 범위를 넓히고 그 위상을 재정립한 공로 또한 크다. 티본 워커가 한 개의 줄을 중심으로 펼친 솔로 연주는 이후 록 기타 솔로의 가장 기본적인 방식이 되었다. 지금은 록 기타리스트들에게 당연한 것으로 받아들여지는 솔로 연주는 티본 워커가 등장하기 전까지는 결코 당연한 것이 아니었다.

티본 워커는 무대매너 면에서도 특출해서 무대 위에서 체조선수처럼 다리를 찢거나 어깨 위 목덜미에 기타를 올려놓고 치는가 하면 이빨로 기타를 물어뜯는 등 온갖 기묘한 동작과 자세로 연주했다. 그러고 보면 훗날 지미 헨드릭스의 트레이드마크처럼 된 유명한 동작들은 상당부분 티본 워커에게서 비롯된 셈이다.

티본 워커는 깁슨 기타의 추종자였다. 그는 앰프는 펜더를 사용했지만 기타는 항상 깁슨 기타를 들었다. 초창기 일렉트릭 기타 시장의 주도권을 놓고 쟁탈전을 벌이던 깁슨과 펜더사의 경쟁에서 저울추가 깁슨 쪽으로 기운 데에는 티본 워커의 영향이 컸다.

비비 킹은 〈Call It Stormy Monday〉를 듣고 영감을 받아 일렉트릭 기타를 치게 되었다고 했다. 앨버트 킹, 낸시 윌슨Nancy Wilson, 개리 무어 등 많은 뮤지션들이 이 곡을 리메이크했고, 에릭 클랩튼과 올맨 브러더스 밴드Allman Brothers Band는 라이브에서 이 곡을 즐겨 연주했다.

티본 워커는 1980년에 블루스 명예의 전당에, 1987년에 록큰롤 명예의 전당에 각각 헌액되었으며, 2003년 「롤링 스톤」이 발표한 '역사상 가장 위대한 기타리스트 100' 순위에서 47위에 랭크되었다. 존 리 후커John Lee Hooker, 1917~2001는 "그는 일렉트릭 기타를 대중화시킨 최초의 인물이다"라고 했고, 조니 윈터는 "그는 블루스를 개척한 신화와도 같은 존재이다"라고 했다. 일렉트릭 기타의 도입으로 시작된 모던 블루스의 뿌리를 찾아 떠나는 여행은 티본 워커를 만남으로써 끝난다.

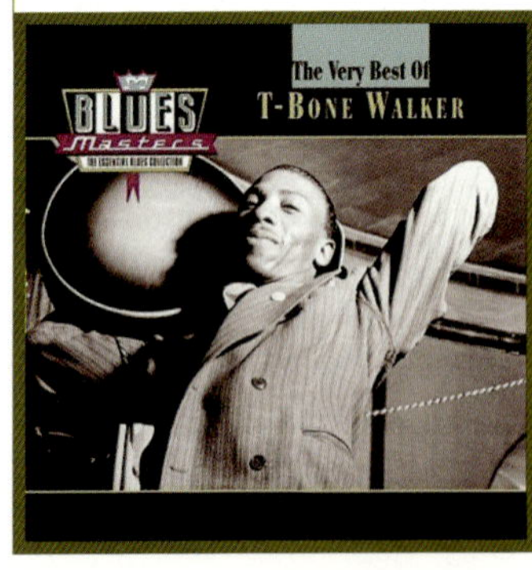

The Only One :
Blues Masters :
「The Very Best of T-Bone Walker」(2000)

록큰롤을 잉태한 블루스, 그 목도자

머디 워터스

Muddy Waters, 미국, 1915~1983

블루스의 역사에서 가장 중요한 인물로 딱 한 사람을 뽑으라고 한다면 다양한 의견이 부딪힐 테지만 아마도 머디 워터스가 가장 많은 표를 획득하지 않을까 싶다. 그리고 여기에 '초기 블루스'라는 단서를 달거나 '시카고 블루스의 형성 과정에서'라는 조건을 붙인다면 그것은 더욱 분명해질 것이다.

머디 워터스! 그는 1950년대 블루스의 성지였던 시카고에서 일렉트릭 블루스의 태동과 부흥을 이끌었으며 그에 관한 다수의 영화와 다큐멘터리가 있을 정도로 블루스의 역사에 뚜렷한 발자취를 남긴 인물이다. 블루스가 대중음악의 인기 장르로 자리 잡는데도 결정적 역할을 담당했던 그는, 1960년대 영국발 블루스 폭발이 일어났을 때에는 그 배후 인물로 지목되기도 했다. 당시 영국의 많은 R&B 밴드들이 머디 워터스를 영향 받은 인물로 앞다투어 언급했는데 특히 롤링 스톤스는 아예 그룹의 이름을 머디 워터스의 히트곡 〈Rolling Stone〉에서 따왔을 정도였

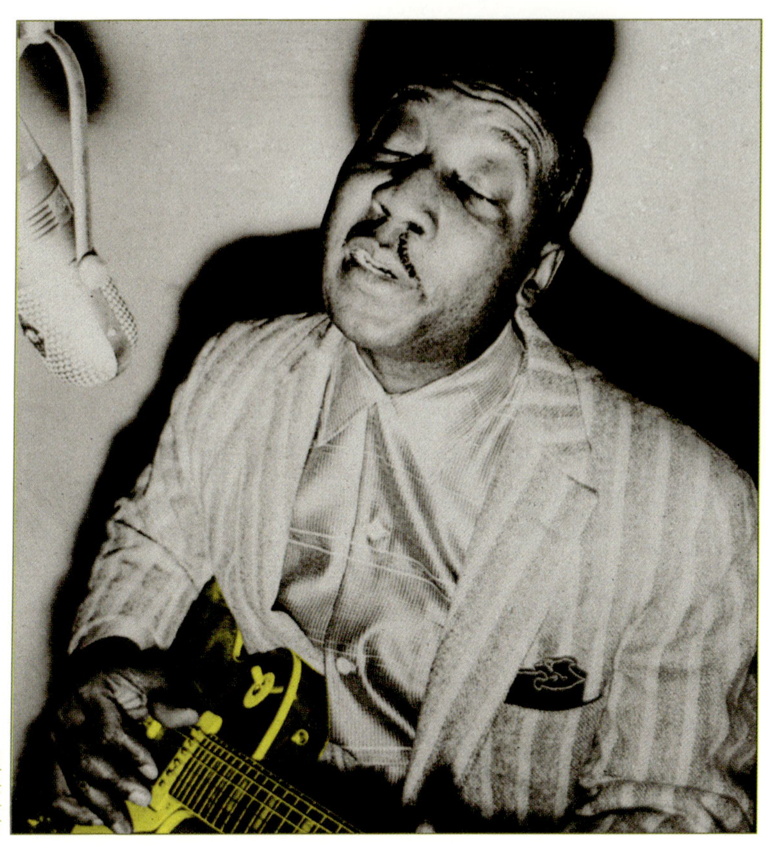
머디 워터스

다. 그래서 그는 '시카고 블루스의 아버지'라고 불린다.

영국발 블루스 폭발의 진원지

머디 워터스는 1915년 미국 미시시피주 롤링 포크에서 태어났다. 본명은 맥킨리 모건필드McKinley Morganfield이다. 미국 남부 태생의 대다수 흑인들이 그렇듯 그는 어려서부터 대농장에서 가족과 함께 일했다. 어렸을 때 그는 흙탕물이 고여 있는 곳에서 놀기를 좋아했는데, 그런 습관과 유난히 검은 얼굴색이 별명이자 무대명인 '머디 워터스'(muddy : '진흙투성이의'라는 형용사어)를 만들었다.

열일곱 살 무렵 기타를 잡고 파티에서 연주하기 시작했는데, 처음에는 손 하우스와 로버트 존슨의 곡을 카피하는 수준이었다. 두 사람은 머디 워터스의 우상이었으며 특히 손 하우스는 그에게 개방현 튜닝과 슬라이드 주법 등을 직접 가르쳐주기도 했다.

1940년대가 시작되자 머디 워터스는 시카고로 진출했는데 당시 시카고에서는 이미 블루스에 일렉트릭 기타를 도입하려는 시도들이 싹트고 있었다. 머디 워터스에게 시카고는 신천지였고 그곳에서 그는 새로운 음악적 조류에 눈을 떴다. 초기에 주로 기존 인기 연주자들의 뒤에서 어쿠스틱 기타를 쳤던 그는 이내 일렉트릭 기타의 가능성과 필요성을 절감했다. 1945년 그는 삼촌으로부터 자신의 첫 번째 일렉트릭 기타를 선물 받았고 빠르게 실력을 키워나갔다.

1948년에는 〈I Can't Be Satisfied〉와 〈I Feel Like Going Home〉이 클럽가를 중심으로 인기를 얻었다. 그는 체스 레코드와 계약을 맺었고 1950년에는 자신의 시그너처 송이 될 〈Rolling Stone〉을 발표했다. 그리고 계속해서 〈Hoochie Coochie Man〉 〈I Just Want to Make Love to You〉 등의 히트곡을 내며 하모니카 연주자 리틀 월터 제이콥스Little Walter Jacobs, 1930~1968, 기타리스트 하울링 울프Howlin' Wolf, 1910~1976, 엘모어 제임스 등과 함께 당대의 시카고 블루스 씬을 지배했다.

블루스와 록큰롤이 대중적인 인기를 얻는데 혁혁한 공을 세운 체스 레코드는 머디 워터스와 연관해서도, 또 블루스의 역사를 이야기할 때에도 반드시 언급되어야만 하는 음반사이다. 체스 레코드의 창립자는 레너드 체스Leonard Chess, 1917~1969라는 사람인데 그는 원래 시카고에서 작은 블루스 바를 운영하고 있었다. 그런데 이 바에서 연주하던 사람 중에 머디 워터스가 있었다. 손님들이 머디 워터스의 노래를 좋아하자 그는 싱글 앨범을 한 번 제작해 봤고 이것이 괜찮은 반응을 얻자 내친 김에 레코드 회사를 설립하고 본격적으로 음반사업에 뛰어들었다. 처음에는 이름이 아리스토크랫 레코드였지만 곧 자신의 성을 따 체스 레코드로 바꾸었다. 그리고 이후 체스 레코드는 잘 알려진 것처럼 윌리 딕슨Willie Dixon, 1915~1992, 하울링 울프, 척 베리, 보 디들리 등 초기 블루스와 록큰롤의 거장들을 대거 영입해 인기스타로 키워내며 블루스와 록큰롤의 전성시대를 활짝 열어젖혔다. 체스 레코드는 1960년대 후반 문을 닫았지만 1987년 록큰롤 명예의 전당에 헌액되며 시카고 블루스의 전성기를 장식한 레코드사로 영원히 이름을 남겼다.

우리는 모두 머디 워터스의 제자들이다

머디 워터스가 음악계에 끼친 영향은 전방위적이다. 그는 R&B와 록큰롤은 물론 포크와 컨트리, 재즈와 소울에 이르기까지 다방면에서 커다란 영향을 끼쳤다. 그가 블루스에 일렉트릭 기타를 도입한 첫 번째 인물은 아니지만 그 확실한 흐름을 만들고 가장 주도적인 역할을 해낸 인물인 것만은 분명하다. 그는 엘모어 제임스, 하울링 울프 등 함께 기억해야 할 몇몇 동료들과 더불어 그 이전의 모든 시도들을 압도할 만큼 창의적이고 탁월한 활약을 펼쳤다. 그의 인상적인 보틀넥 슬라이드* 기타 솔로는 언제나 청중을 열광

* 보틀넥 슬라이드(Bottle Neck Slide) : 술병의 목을 잘라 이것을 손가락에 끼운 뒤 네크를 슬라이딩하며 연주하는 것에 기원한 주법

의 도가니로 몰아넣었고, 〈Hoochie Coochie Man〉과 〈Mannish Boy〉에서 보여준 코드 진행은 이후 로커들이 전 세대에 걸쳐 영향 받는 전범이 되었다.

머디 워터스와 체스 레코드를 소재로 한 영화 [캐딜락 레코드]의 포스터

그의 영향을 받은 뮤지션들의 이름을 열거하는 것은 무의미하며 어떤 의미에서는 모두가 그의 영향력 아래에 있다고 볼 수 있지만 그럼에도 대표적인 인물을 몇 사람만 꼽는다면 1970년대 머디 워터스가 오랜 침묵을 깨고 컴백했을 때 함께 투어를 하며 도움을 주었던 조니 윈터와 1976년 샌프란시스코 윈터랜드에서 열린 자신들의 저 유명한 고별공연 'The Last Waltz'에 이 거장을 초대했던 더 밴드The Band, 그리고 앞서도 언급한 롤링 스톤스를 들 수 있을 것이다. 롤링 스톤스의 키스 리처드는 이렇게 말했다. "우리는 모두 머디 워터스의 제자들이다."

록큰롤은 블루스에 일렉트릭 기타를 도입할 무렵에 탄생되었다. 그런 의미에서 1950년대의 블루스 뮤지션이라면 그 상당수가 록큰롤과 연관되는 지점을 가진다. 머디 워터스는 그 강력한 증인이다. 그는 1987년 록큰롤 명예의 전당에 헌액되었으며, 록큰롤 명예의 전당이 선정한 '록큰롤을 만든 500곡' 리스트에도 〈Rolling Stone〉(1950) 〈Hoochie Coochie Man〉(1954) 〈Mannish Boy〉(1955) 〈Got My Mojo Working〉(1957) 등 네 곡을 올려놓았다. 2011년 「롤링 스톤」이 선정한

'역사상 가장 위대한 기타리스트 100' 순위에서는 17위에 랭크되었다.

마틴 스콜세지Martin Scorsese는 음악에 관심이 많은 영화감독이다. 그는 우드스톡 페스티벌을 다룬 다큐멘터리 필름을 제작했고 앞서 말한 더 밴드의 고별 공연 'The Last Waltz'를 기록한 필름도 남겼다. 마틴 스콜세지 감독이 2003년에 만든 [Godfathers and Sons]라는 영화가 있다. 자신이 기획한 〈The Blues〉 7부작 가운데 제5편에 해당하는 이 영화는 체스 레코드사의 흥망성쇠를 통해 블루스의 역사를 살펴본다. 영화에는 당연히 머디 워터스가 등장한다. 다넬 마틴Darnell Martin 감독이 메가폰을 잡아 2008년 개봉된 [캐딜락 레코드]도 머디 워터스와 체스 레코드의 이야기를 다룬 영화이다. 영화의 제목이 [캐딜락 레코드]인 이유가 재미있는데, 체스 레코드가 당시 음반이 히트하면 로열티 대신 캐딜락 차를 가수에게 선물하곤 했기 때문이라고 한다.

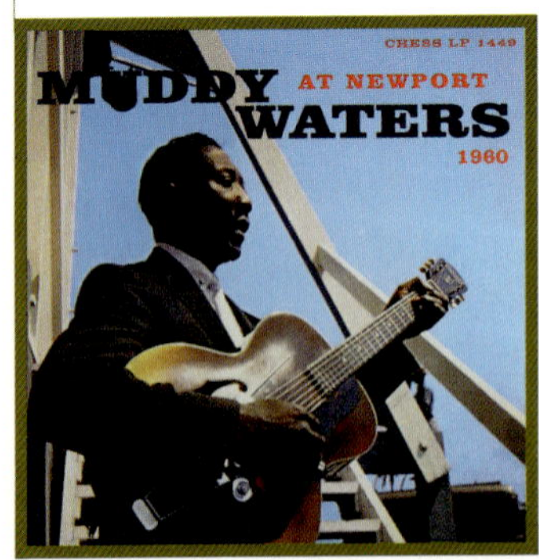

The Only One : 「At Newport」(1960)

기타의 이름이 된 기타리스트

레스 폴

Les Paul, 미국, 1915~2009

'레스 폴'이라고 하면 기타리스트의 이름보다는 깁슨사가 제작하는 일렉트릭 기타의 이름으로 알고 있는 사람이 훨씬 많을 것이다. 물론 틀리지 않다. '깁슨 레스 폴'은 '펜더 스트라토캐스터'와 더불어 전 세계적으로 가장 많은 기타리스트들이 편애하는 일렉트릭 기타 가운데 하나로, 명기 중의 명기이다. 그러나 반드시 이것도 함께 기억해 두어야만 한다. 레스 폴은 기타의 상표이기 이전에 그것을 만든 사람의 이름이다. 게다가 그는 기타 제작자이기 이전에 그 자신이 뛰어난 뮤지션이었으며 창조적인 발명가로서 녹음 기술의 발전에 혁혁한 공을 세운 인물이기도 하다.

유난히 재주가 많았던 청년

레스 폴은 1915년 미국 위스콘신주 밀워키 교외에서 태어났다. 여덟 살 때 하모니카를 불기 시작하면서 처음 음악에 관심을 갖게 되었다. 얼마

레스 폴

후에는 밴조와 기타도 연주하게 되었는데 이 때 기타와 하모니카를 동시에 연주하기 위해 목에 감는 하모니카 지지대를 직접 만들었다. 지금도 포크 뮤지션들의 공연에서 흔히 볼 수 있는, 기타 연주자가 목에 감는 하모니카 홀더는 그가 처음 디자인한 바탕 위에서 발전되어 온 것들이다.

레스 폴은 열세 살 때부터 이미 컨트리 뮤지션으로 활동하기 시작했다. 열일곱 살 때는 루드 트론슨스 텍사스 카우보이스Rude Tronson's Texas Cowboys라는 밴드의 일원이 되어 연주했고, 그 후 학교를 자퇴하고 미주리 주 세인트루이스의 라디오 방송국인 KMOX 소속의 밴드에 들어가 활동했다. 레스 폴은 1934년에 시카고로 이주했다. 여기에서도 그는 라디오 방송국에서 연주를 계속했는데, 이 때 재즈 피아니스트 아트 테이텀Art Tatum, 1909~1956을 만나 서로 영향을 주고받았으며, 덕분에 그의 음악 스타일은 컨트리를 넘어 재즈로 확장되었다.

1936년 레스 폴은 자신의 첫 번째 레코딩을 내놓았고 이후 재즈적 성향이 강화된 자신의 기타 연주 스타일을 완성해 갔다. 당시 그는 가장 존경했던 기타리스트 장고 라인하르트로부터 결정적인 영향을 받았다. 그가 초년병 시절 아꼈던 기타는 셀머사가 만든 어쿠스틱 기타(30쪽 참조)였는데, 그것은 장고 라인하르트로부터 선물 받은 것이었다. 1937년 쳇 앳킨스의 이복형인 짐 앳킨스 등과 함께 트리오를 결성해 활동하던 레스 폴은 1939년 다시 시카고를 떠나 뉴욕으로 거처를 옮겼다. 이곳에서도 역시 라디오 방송국을 중심으로 활동했는데, 방송국에서 뮤직 디렉터 겸 연주자로 활동하며 만만치 않은 명성을 얻었다.

제2차 세계대전이 발발하자 레스 폴은 군에 입대해 미군 방송에서 복무했다. 여기서 빙 크로스비Bing Crosby, 1903~1977, 앤드류 시스터스Andrew Sisters라는 당대의 거물급 뮤지션들을 만나 함께 활동했다. 이 당시의 작품으로는 제2차 세계대전이 막바지에 이르렀던 1945년 빙 크로스비와 레스 폴 트리오의 공동작업으로 차트 1위를 기록했던 빅 히트곡 〈It's Been a Long, Long Time〉이 특별히 기억할 만하다. 레스 폴은 이 밖에도 냇 킹 콜Nat King Cole, 1919~1965 등 많은 뮤지션들과 함께 작업했다.

레코딩의 기본이 되다시피 한 다양한 녹음 기법들은 레스 폴에 의해 개발되거나 상용화 되었다.

뮤지션으로서 그의 전성기는 아내 매리 포드Mary Ford, 1924~1977와 함께 활동했던 시절이다. 1945

년 처음 만난 두 사람은 1948년 함께 음악활동을 하기 시작했으며 1949년에는 결혼에 골인했다. 두 사람은 레스 폴 & 매리 포드라는 듀오로 활동하며 1955년까지 〈How High The Moon〉 〈Bye Bye Blues〉 〈Hummingbird〉 〈Vaya Con Dios〉 등의 많은 히트곡을 남겼다. 매리 포드는 1977년 사망했는데 1년 후인 1978년 레스 폴 & 매리 포드는 그래미 명예의 전당에 헌액되었다.

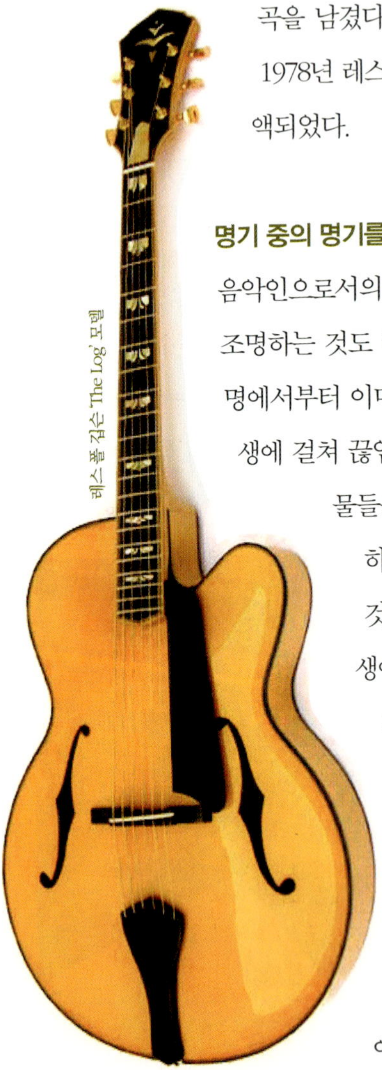

레스폴 깁슨 'The Log' 모델

명기 중의 명기를 창안하다

음악인으로서의 레스 폴 외에 발명가로서의 레스 폴의 삶을 조명하는 것도 퍽 흥미롭다. 앞서 얘기한 하모니카 홀더 발명에서부터 이미 드러나기 시작한 그의 발명가적 기질은 평생에 걸쳐 끊임없이 발현되었고 그 결과 수없이 많은 성과물들을 남겼다. 그는 어쿠스틱 기타 소리를 증폭하기 위해 기타의 몸체에 축음기 바늘을 감는 것을 처음 시도함으로써 일렉트릭 기타의 탄생에 결정적인 영감을 불어넣었으며, 방송국과 자신의 스튜디오에서 행한 다양한 창의적 실험을 통해 많은 혁신적인 녹음 기법을 개발했다. 사운드 위에 사운드를 입히는 오버 더빙 기술과 테이프 딜레이, 페이징 이펙트 등을 활용한 다양한 딜레이 효과들, 그리고 멀티 트랙 레코딩에 이르기까지 이제는 레코딩의 기본이 되다시피 한 다양한

레스 폴은 1952년 자신의 이름을 딴 '깁슨 레스폴'의 출시를 시작으로 기타 연주자를 넘어 제작자로서 세계적인 명성을 쌓았다.

녹음 기법들이 모두 그에 의해 처음 개발되거나 상용화된 방식들이다.

그의 이런 왕성한 실험정신과 창조력이 '레스 폴'이라는 일렉트릭 기타의 명기 탄생에 원천적 힘이 되었음은 물론이다. 최초의 일렉트릭 기타는 1932년쯤에 이미 나와 있었지만 레스 폴은 어쿠스틱 기타이든 일렉트릭 기타이든 기존의 기타에 만족하지 못하고 실험을 계속했다. 그리고 1930년대 중반 'The Log'라고 불리는 픽업이 장착된 일렉트릭 기타를 만들었다. 'The Log'는 이후로도 계속 진화했는데 이것이 사실상 솔리드 바디 기타*의 효시로 불린다. 이밖에 에피폰사의 할로우 바디 기타*의 몸통에 길쭉한 구멍을 내 서스테인과 피드백 효과가 가능케 했던 것도 그가 만들어낸 기억할 만한 성과라 할 수 있다.

레스 폴의 일렉트릭 기타에 대한 천착(穿鑿)은 정도를 더해갔다. 1948

---

* 솔리드 바디(Solid Body) 기타 : 한 장 또는 여러 장의 나무판을 맞붙여 비어있는 공간이 없이 속이 꽉 찬 몸통(바디)의 기타를 말한다. 대부분의 일렉트릭 기타가 솔리드 바디 기타이다.
* 할로우 바디(Hollow Body) 기타 : 기타 몸통의 속이 비어있는 기타로 솔리드 바디 기타와 대비되는 개념이다. 몸통의 내부가 비어있는 정도는 기타의 울림에 큰 영향을 주는데 할로우 바디 기타는 주로 재즈 연주용으로 사용된다.

년 깁슨사와 처음 관계를 맺은 그는 회사의 지원 속에 연구를 계속해 1952년 마침내 자신의 이름을 딴 깁슨 레스 폴 기타를 출시하게 되는데, 이것은 주지하는 바와 같이 향후 전 시대에 걸쳐 일렉트릭 기타를 대표하는 명기 중의 명기가 되었다. 깁슨사는 이후 1960년대까지 레스 폴을 개량한 여러 모델들을 시장에 내놓았는데 정작 레스 폴은 이 개량형 기타들을 마음에 들어 하지 않았다. 그는 자신과 상의 없이 시장에 출시된 개량형 모델들에 대해 자신의 이름을 쓰지 말 것을 요구했고 결국 깁슨사는 레스 폴의 이름을 빼고 '깁슨 SG'라는 명칭을 사용하게 되었다. 그러나 대중적으로 인기 있는 깁슨사의 주력 기타 가운데 하나인 깁슨 SG의 SG 역시 Solid Guitar의 약자이니 솔리드 바디 기타의 발명자인 레스 폴은 이래저래 깁슨의 기타에서는 결코 지워질 수 없는 이름인 셈이다.

한편 깁슨 레스 폴의 스탠더드 모델은 1960년대 에릭 클랩튼이 애용하면서 새롭게 주목받게 되는데 이밖에도 깁슨 레스 폴 기타의 황태자라 불리는 지미 페이지를 비롯해 비비 킹, 제프 벡, 개리 무어, 슬래쉬 등 수많은 기타 영웅들이 스탠더드 모델을 즐겨 사용했다.

컨트리와 재즈 뮤지션으로서, 기타리스트로서, 그리고 발명가, 특히 음향과 녹음 기법 분야의 개척자로서, 또 일렉트릭 기타의 창시자이자 명기 중의 명기 깁슨 레스 폴의 창안자로서 레스 폴이 음악계에 미친 영향력은 크고도 넓다. 그는 연주 면에서도 자신이 개발한 음향 효과를 활용해 다양한 연주 기법을 발전시킴으로써 많은 후배 기타리스트들에게 지대한 영향을 끼쳤다. 1970~80년대를 풍미한 스티브 밀러 밴드의 리더 스티브 밀러Steve Miller는 레스 폴로부터 처음 기타를 배웠으며, 제프 벡은 "나는 생각하는 것보다 훨씬 많이 레스 폴의 테크닉을 따라했다"고 고백했다. 이와 같은 여러 가지 이유에서 제작자로서의 명성에 가려 기타리스트로서의 레스 폴의 위상이 저평가되는 것은 온당치 않은 일이다. 레스 폴 스스로도 죽기 직전까지 연주 활동을 계속하면서 자신이 뮤지션으로 기억되기를 희망했다.

레스 폴이 만든 솔리드 바디 기타는 록큰롤 사운드의 탄생을 가능케 했다. 따라서 그가 록큰롤 명예의 전당에 헌액된 것은 당연하다. 이밖에도 그는 미국 발명가 명예의 전당과 방송인 명예의 전당에 이름을 올렸고 오디오 엔지니어링 소사이어티의 명예회원이기도 하다. 그가 현대 음악과 음악 산업에 얼마나 지대한 영향을 미쳤는가에 대한 뚜렷한 방증이다. 일렉트릭 기타의 아버지 레스 폴은 2009년 폐렴으로 인한 합병증으로 사망했다. 향년 아흔네 살이었다.

The Only One :
「Les Paul & Mary Ford : All Time Greatest Hits」
(1983)

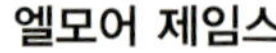

슬라이드 기타의 제왕

엘모어 제임스

Elmore James, 미국, 1918~1963

만일 지구상의 어떤 곳에서 20세기 대중음악사를 회고하는 시상식이 성대하게 열린다면, 최고의 블루스 뮤지션을 모시는 지정석 중에서도 가장 스포트라이트를 받아야 할 자리는 당연히 엘모어 제임스의 차지가 될 것이다. 그가 세상을 떠난 지 벌써 반세기가 흘렀지만 전 세계 수많은 기타리스트들은 일렉트릭 블루스 장르 최고봉의 자리만큼은 여전히 엘모어 제임스를 위해 비워 두고 있는 듯하다.

이처럼 수많은 기타리스트들이 엘모어 제임스를 뼛속까지 존경하는 이유는 독보적이고 탁월한 그만의 슬라이드 주법 때문이다. 이후 등장한 모든 슬라이드 기타리스트들은 온전히 그의 영향력 아래에 있다고 봐도 무방하다. 그러니 그가 '슬라이드 기타의 제왕'으로 불리는 것은 너무나도 당연한 일이다.

애초 블루스는 일렉트릭 기타가 등장하기 이전 어쿠스틱 기타로 연주되던 음악이었다. 그러다 일렉트릭 기타가 등장하면서 블루스 연주는

엘모어 제임스

비약적으로 발전하기 시작했는데 초창기 일렉트릭 블루스의 시대를 연 다섯 명의 거장이 있다. 머디 워터스, 하울링 울프, 존 리 후커, 비비 킹, 그리고 엘모어 제임스가 그 주인공으로 이들은 일렉트릭 블루스 시대의 '빅5'로 불린다. 엘모어 제임스는 평생을 블루스 연주에 매진했으며 특히 1960년대 블루스 리바이벌 붐이 일기 시작했을 때 모던 블루스 콤보의 형식을 완성시킨 공로 또한 혁혁하다.

비비 킹에 비견되는 또 한 명의 블루스 킹

엘모어 제임스는 1918년 미국 미시시피주 리치랜드에서 태어났다. 열두 살 무렵 디들리 활이라는 한 줄짜리 악기로 작곡을 하기 시작했다. 그러다 곧 기타를 잡게 되었으며 열네 살 때부터는 이미 지역의 클럽 등지에서 프로 연주자로 활동하기 시작했다. 1930년대 중·후반에는 당대의 거장들인 로버트 존슨, 하울링 울프, 소니 보이 윌리엄슨Sonny Boy Williamson, 1914~1948 등과 함께 순회공연을 다녔다. 이 가운데 소니 보이 윌리엄슨과는 정식으로 밴드를 결성해 제2차 세계대전이 발발하기 전까지 활발하게 활동했다. 제2차 세계대전이 발발하자 그는 해군에 입대해 괌에서 3년간 복무했는데 전쟁이 끝나자 다시 시카고로 돌아왔고 이때부터 시카고 블루스의 중요 멤버로서 주목할 만한 활약을 펼쳤다.

엘모어 제임스와 밴드를 결성해 순회공연을 다녔던 하모니카 연주자 소니 보이 윌리엄슨

1951년 트럼펫 스튜디오에서 녹음해 발표한 〈Dust My Broom〉은 그의 이름과 함께 반드시 기억되어야 할 명곡이다. 이 곡은 차트에서 크게 히트하며 엘모어 제임스의 이름을 알리는 계기가 되었으며 이후 그의 시그너처 송이 되었다. 그의 밴드에게 브룸더스터스Broomdusters라는 이름이 붙게 된 것도 이 곡 덕분인데, 〈Dust My Broom〉의 도입부 슬라이드 기타 리프는 블루스 역사상 가장 유명한 연주 가운데 하나로 꼽힌다. 이 곡의 릭*은 엘모어 제임스가 가장 큰 영향을 받았던 로버트 존슨의 〈I Believe I'll Dust My Broom〉의 일렉트릭 버전이라고 할 수 있는데, 블

* 릭(lick) : 솔로에서 연주되는 짧은 연주 패턴을 모아놓은 조합을 뜻한다. 보통 3~6개의 음표로 구성된 선율로 되어 있다. 즉흥연주를 위해 평소에 연습해 두는 프레이즈라고 볼 수도 있으며 기타리스트가 자신만의 릭을 많이 가지고 있을수록 풍부하고 다양한 솔로 연주를 할 수 있다.

루스 역사에 남은 기념비적 릭이 되었다. 엘모어 제임스 자신도 이후 이를 변형시킨 다양한 릭을 계속해서 발전시켜 나갔으며, 다른 많은 후배 뮤지션들이 이를 재해석하면서 블루스 기타 연주의 양식을 완성해갔다. 이 밖에 중요하게 기억해야 할 그의 노래로는 〈The Sky Is Crying〉 〈My Bleeding Heart〉 〈It Hurts Me Too〉 등이 있다.

엘모어 제임스는 1951년부터 1963년 사망할 때까지 12년 동안 자신의 백 밴드 브룸더스터스를 이끌고 100곡이 넘는 곡을 녹음했다. 그러나 불행히도 그는 왕성한 활동에도 불구하고 머디 워터스나 하울링 울프처럼 큰 명성을 얻지는 못했다. 블루스 기타리스트로서 높은 평가를 받았지만 대중적 인지도는 그리 높지 않았다.

1960년대 들어 블루스 리바이벌 붐이 일어나자 엘모어 제임스는 새롭게 조명받기 시작했다. 그러나 힘겨웠던 오랜 시절을 이겨내고 이제 겨우 햇살이 비추기 시작할 무렵 안타깝게도 그는 세상을 등지고 말았다. 시카고에서 활동할 당시 녹음실로 가던 도중 심장마비를 일으킨 것이다. 유럽투어와 아메리칸 포크 블루스 페스티벌 참가를 눈앞에 두고

엘모어 제임스가 이끈 밴드 브룸더스터스

있었지만 그는 끝내 그 곳에 가지 못했다.

나는 엘모어처럼 되기 위해 손에서 피가 날만큼 연습했다!

엘모어 제임스의 기타는 머디 워터스나 하울링 울프에 비해 훨씬 강력하고 파워풀하다. 그의 연주력은 스타일 면에서는 다소 차이가 있지만 역사상 가장 뛰어난 블루스 기타리스트로 추앙받는 비비 킹에 비견될 정도로 높은 평가를 받는다.

엘모어 제임스는 블루스 기타리스트들 뿐 아니라 록 기타리스트들에게도 많은 영향을 끼쳤다. 그로부터 결정적인 영향을 받은 기타리스트 중에는 지미 헨드릭스가 첫손가락으로 꼽힌다. 지미 헨드릭스는 공연에서 엘모어 제임스의 곡을 커버하는 것을 즐겼으며, 활동 초기에는 그를 기리기 위해 모리스 제임스, 지미 제임스 등의 이름으로 활동하기도 했다. 이밖에도 존 레논John Lennon, 1940~1980과 조지 해리슨, 빌리 기본스, 로이 부캐넌, 지미 페이지, 프랭크 자파, 브라이언 존스, 존 메이욜John Mayall, 제레미 스펜서Jeremy Spencer 등 이 책의 여러 쪽을 할애해도 모자랄 만큼 무수히 많은 뮤지션들이 엘모어 제임스에게 큰 영향을 받았다고 밝힌 바 있다. 특히 존 메이욜은 1969년 〈Mr. James〉란 곡을 발표해 엘모어 제임스에게 헌정하기도 했다.

엘모어 제임스는 블루스 장르에 일렉트릭 기타를 적극 도입함으로써, 비비킹과 함께 '일렉트릭 블루스 시대'를 연 기타리스트로 평가받는다.

엘모어 제임스의 노래는 지미 헨드릭스 말고도 여러 후배 뮤지션들에 의해 자주 커버되곤 했는데, 그 중 가장 유명한 것으로 앨버트 킹이 커버한 〈The Sky Is Crying〉이 꼽힌다. 이 커버 버전은 다시 스티비 레이 본에 의해 커버되었는데, 두 버전 모두 편곡과 연주에 있어서 평론가와 대중들로부터 아낌없는 찬사를 받았다. 이 명곡은 다시 에릭 클랩튼이 커버하기도 했다. 그밖에 올맨 브러더스 밴드도 엘모어 제임스의 노래 〈Done Somebody Wrong〉과 〈One Way Out〉을 커버한 바 있다.

엘모어 제임스는 할로우 바디 어쿠스틱 기타에서 시작해 일렉트릭 기타의 시대가 도래하자 누구보다 먼저 일렉트릭 기타를 블루스 연주에 도입함으로써 블루스 기타 연주의 발전을 주도했다. 그는 블루스 명예의 전당과 록큰롤 명예의 전당에 모두 헌액되었는데, 1992년 엘모어 제임스가 록큰롤 명예의 전당에 가입될 당시 더 밴드의 리더 로비 로버트슨은 이렇게 말했다. "나는 엘모어 제임스와 같은 소리를 내기 위해서 하루 열두 시간씩 기타를 쳤다. 그것도 매일같이 손가락이 찢어져 피가 날 때까지 쳤다."

The Only One :
「The Sky Is Crying」(1965)

플라잉 브이와 파이프, 그리고 블루스

앨버트 킹

Albert King, 미국, 1923~1992

앨버트 킹은 흔히 비비 킹, 프레디 킹과 함께 블루스계의 3대 킹으로 불린다. 그만큼 그는 블루스 기타계의 거성이다. 키가 2미터에 육박하고 몸무게는 110킬로그램에 달하는 이 거구의 기타리스트에게 붙여진 별명은 '비단 불도저'(The Velvet Bulldozer)이다. 거대한 체구의 사나이가 울려내는 소리라고는 믿어지지 않을 만큼 그의 목소리와 기타 소리의 질감은 비단결처럼 부드럽고 섬세하다. 사실 이 별명은 앨버트 킹이 한 때 불도저 기사로 일했던 경력 때문에 붙여진 것이기도 하다. 그는 1950년대에 음악활동이 여의치 못하자 생계를 위해 6년 넘게 공사장에서 불도저를 운전하며 막노동꾼으로 일해야 했다.

관조와 유연함이 배인 거장의 애티튜드

앨버트 킹은 1923년 미국 미시시피주 인디애놀라에서 태어났다. 어려서 가족과 함께 교회 성가대에서 노래를 불렀는데 이 때 그의 아버지가

앨버트 킹

성가대에서 기타를 쳤다. 당시 대부분의 흑인들이 그랬듯이 가정 형편은 매우 곤궁했고 앨버트 킹의 가족 역시 큰 농장에서 목화를 따며 근근이 생계를 이어갔다. 열두 살 때 처음 기타를 잡은 앨버트 킹은 엘모어 제임스와 티본 워커의 음악을 들으며 연주법을 익혀나갔다. 그는 가족을 따라 자주 이사를 다녀야만 했는데 아칸사스주 오세올라와 인디애나주 개리, 미주리주 세인트루이스 등 가는 곳마다 클럽에서 연주자로 활동하며 음악가로서의 인생을 꿈꾸었다. 여러 악기를 다룰 줄 알았던 그는 잠깐 동안이지만 지미 리드Jimmy Reed, 1925~1976의 밴드에서는 드럼을 치기도 했지만 이내 블라인드 레몬 제퍼슨과 로니 존슨Lonnie Johnson, 1899~1970 등에 매료되어 일렉트릭 기타에 정착했다. 앨버트 킹은 초기부터 줄곧 깁슨 플라잉 브이 기타를 주로 썼는데 자신의 분신과도 같은 이 기타에

'루시'(Lucy)라는 이름을 붙여주었다.

1956년 앨버트 킹은 세인트루이스에 정착한 후 자신의 밴드를 결성하고 본격적으로 활동하기 시작했다. 1959년에 발표한 〈I'm a Lonely Man〉이 소폭의 히트를 기록해 첫 번째 히트곡이 되었으며, 1961년에 빌보드 R&B 싱글차트 14위까지 오른 〈Don't Throw Your Love on Me So Strong〉은 첫 번째 메이저 히트곡이 되었다. 1966년에 앨버트 킹은 멤피스로 이사했는데 이곳에서 블루스 전문 레이블인 스택스 레코드와 계약을 맺고 부커 티 & 더 엠지스Booker T. & The MG's 등의 유명 뮤지션들과 함께 활동하면서 본격적으로 이름을 알려나갔다. 1967년에 발표한 앨범 「Born under a Bad Sign」은 앨범의 동명 타이틀곡 〈Born under a Bad Sign〉이 크게 히트하면서 성공을 거두었다. 이 곡의 히트로 앨버트 킹은 미국 전역에서 명성을 얻게 되었는데 이때부터 그의 연주 스타일은 록이 융합된 퓨전화 경향을 보이기 시작했다. 그는 백인 블루스 뮤지션들에게도 영향을 끼치기 시작해서 이 곡은 크림 등 많은 후배 뮤지션들이 리메이크하기도 했다. 이 밖에 이 시기 그의 앨범으로 꼭 기억해야 할 중요한 음반으로는 프로모터 빌 그래험Bill Graham, 1931~1991과 손잡고 필모어 비너스에서 오랫동안 펼친 공연실황 중에서 발췌한 편집 라이브 앨범인 「Live Wire/Blues Power」(1968)가 꼽힌다. 이 앨범은 지미 헨드릭스와 에릭 클랩튼, 로비 로버트슨, 그리고 개리 무어와 스티비 레이 본에게도 큰 영향을 끼친 명작이다.

1970년대 들어 앨버트 킹은 도어스Doors의 캐나다 밴쿠버 공연에 참여해 〈Little Red Rooster〉 〈Rock Me〉 〈Who Do You Love〉 등의 곡에서 멋진 블루스 기타 연주를 보여주는가 하면 펑크(Funk)를 적극적으로 수용하면서 활동 폭을 넓혀갔다. 1972년에는 자신의 가장 유명한 앨범

앨버트 킹과
스티비 레이 본

이자 영원한 블루스 명반 가운데 하나로 꼽히는 「I'll Play the Blues for You」를 발표했는데, 여기서는 그동안의 진중하고 무거운 분위기에서 벗어나 펑키하고 리드미컬한 연주를 들려주었다.

1967년에 처음 발표된 이후 그 자신이 여러 차례 리메이크했던 〈Oh, Pretty Woman〉도 그의 대표곡 가운데 하나이다. 이 곡은 개리 무어가 1990년 발표한 앨범 「Still Got the Blues」에서 리메이크하기도 했는데 앨버트 킹도 거기에 참여해 기타를 쳐주었다.

1999년에 뒤늦게 발표한 앨범 「In Session」도 기억할 만하다. 앨버트 킹과 스티비 레이 본의 합작 앨범으로 거장과 천재의 조우로 관심을 모은 이 앨범은 1983년 두 사람이 공연에서 잼 연주를 펼치는 순간을 포착한 작품이다. 젊은 나이답게 휘몰아가는 천재의 옆에서 기본을 알려주듯 빈 곳을 채우며 받쳐주는 거장의 기타가 절묘한 하모니를 이룬다. 스티비 레이 본이 불타오르는 화염과 같이 뜨겁다면 앨버트 킹은 검붉은 숯불처럼 은은하다. 앨버트 킹의 플라잉 브이 뒤에서 고개를 숙인 채 스트라토캐스터에 열중하는 스티비 레이 본의 모습이 담긴 재킷 사진도 인상적이다. 천재는 거장에 대한 존경의 자세를 잃지 않고 있다. 이 앨범에서는 스티비 레이 본이 곳곳에서 앨버트 킹의 릭을 따라하고 있어서 그가 앨버트 킹의 영향을 받았음을 확인시켜 준다.

오른손잡이용 기타를 거꾸로 메고 연주한 왼손잡이 기타리스트

앨버트 킹은 평생 동안 고집스럽게 플라잉 브이 기타를 고집했다. 입에 파이프를 문 채 플라잉 브이를 연주하는 그의 모습은 블루스 음악계에 남은 가장 선명한 사진 가운데 하나일 것이다. 블루스의 역사를 사진첩에 담는다면 반드시 들어가야만 하는 사진이 아닐까 생각된다.

앨버트 킹은 펜타토닉 마이너 스케일을 기본으로 블루스 프레이즈를 전개했는데, 그는 매우 강렬한 블루스 필을 담으면서도 때론 리듬감 넘치는 연주를 들려주곤 한다. 앨버트 킹은 왼손잡이였지만 오른손잡이용 기타를 썼다. 그것도 줄도 바꿔 메지 않은 채로 그냥 오른손잡이용 기타를 거꾸로 메고 그대로 쳤다. 그래서 그는 보통 연주자들이 블루스 노트 벤딩시 위로 밀어 올리는 업 벤딩을 거꾸로 밑으로 끌어내리는 다운 벤딩으로 대신하곤 했다. 알려진

앨버트 킹의 트레이드마크가 돼버린 파이프와 플라잉 브이 기타 '루시'

바에 따르면 그는 각각의 줄을 마이너 키로 떨어뜨린 변칙 튜닝을 사용했으며 6번 줄은 아예 쓰지 않았다고 한다. 그의 육중한 톤과 유니크한 벤딩 플레이는 이런 독특한 구조에서 비롯되었다. 줄을 세게 당겼다 놓아 지판과 부딪히면서 둔탁한 소리를 만들어내는 핀치 아웃 주법도 그가 즐겨 사용한 연주법이다. 오른손 왼손을 자유자재로 쓰면서 피크 대신 엄지손가락으로 피킹하는 그의 연주는 마치 갖가지 재료를 능숙하게 다루어 진미를 만들어내는 요리사의 그것처럼 능수능란했다.

1980년대가 지나가면서 건강이상으로 활동이 크게 줄어든 앨버트 킹은 1992년 테네시주 멤피스에서 심장마비로 사망했다. 그의 장례식은 멤피스 악단이 〈When the Saints Go Marching in〉을 연주하는 가운데 엄숙히 거행되었으며 그에게 큰 영향을 받은 후배 기타리스트 조 월시가 조사를 낭독했다. 앨버트 킹의 유해는 어릴 때 그가 살던 곳 근처인 아칸사스주 에드몬슨에 묻혔다.

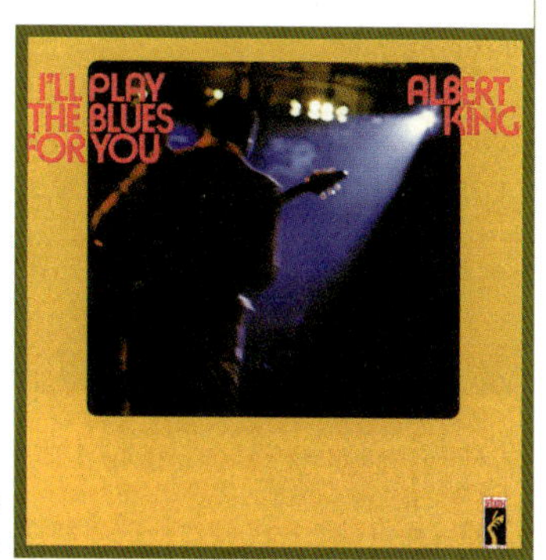

The Only One :
「I'll Play the Blues for You」(1972)

내쉬빌 사운드의 창시자, 컨트리 뮤직의 안내자

쳇 앳킨스

Chet Atkins, 미국, 1924~2001

미국 독립전쟁 때의 장군인 프랜시스 내쉬의 이름을 따서 도시의 이름을 붙인 내쉬빌은 미국 남동부의 작은 주인 테네시주의 주도이다. 내쉬빌은 현재 세계적인 보험, 금융 회사의 본사가 위치한 국제 금융의 중심도시이며 최초로 공립학교 제도를 도입한 교육의 중심지로도 유명하다. 하지만 음악 팬들이라면 당연히 이런 사전적 정보보다는 컨트리 음악의 본산으로서의 내쉬빌을 먼저 기억할 것이다. 그렇다. 내쉬빌은 컨트리 음악에 관해서라면 이곳을 빼고서는 설명이 불가능할 정도로 중요한 도시이다. 지금도 수많은 컨트리 스타들이 내쉬빌에 거주하거나 녹음작업을 위해 이곳을 향한다. '내쉬빌 사운드'는 컨트리 음악 중에서도 가장 팝화된 컨트리 스타일을 일컫는 말이다. 아마도 내쉬빌 사운드가 없었더라면 현대 컨트리 음악이 지금처럼 미국 전역에서, 때로는 미국을 넘어 전 세계적으로 사랑받지는 못했을 것이다.

쳇 앳킨스는 1950년대에 바로 이 내쉬빌 사운드를 창시한 인물이다.

쳇 앳킨스

그것은 결국 그가 없었다면 현대 컨트리의 인기는 없었을 것이라는 가정을 가능케 한다. 그만큼 그는 컨트리의 역사에서 빼놓을 수 없는 중요 인물이다. 물론 기타리스트로서도 마찬가지이다. 그의 가장 유명한 별명 중의 하나는 '미스터 내쉬빌'이다.

미스터 내쉬빌! 미스터 기타!

쳇 앳킨스는 1924년 미국 테네시주 러트렐에서 태어났다. 어려서부터 피아노와 우크렐레, 피들을 배웠고 아홉 살 때 처음으로 기타를 잡았다.

고등학교 때부터는 본격적으로 기타를 연습하기 시작했는데 1939년 멀 트래비스Merle Travis, 1917~1983의 연주를 들은 것이 그의 기타 인생에 결정적인 영향을 끼쳤다. 그는 오른손으로 스트로크 대신 손가락을 활용해 연주하는 멀 트래비스의 핑거스타일을 계승해 이를 더욱 발전시켰는데, 이것이 이후 자신을 대표하는 연주기법이 되었다. 엄지로 4,5,6번 줄의 베이스음을 치고 다음 세 손가락으로 1,2,3번 줄을 연주하는 전형적인 핑거스타일과 엄지와 집게, 중지만을 사용해 연주하는 이른바 쓰리핑거 스타일도 모두 쳇 앳킨스가 발전시킨 주법들이다.

1942년 고등학교를 중퇴한 쳇 앳킨스는 녹스빌의 라디오에서 일하며 가수들 뒤에서 기타와 피들을 연주했다. 수줍음이 많은 성격 탓에 직장을 자주 옮겼지만 실력만은 인정받아서 해고되더라도 그를 찾는 방송국이 금방 다시 나타났다. 1945년에는 오하이오주 신시내티의 라디오 방송국에서 리오나와 루이스 존슨 쌍둥이 자매의 반주자로 활약했던 것이 인연이 되어 이듬해 리오나와 결혼했다.

1946년 쳇 앳킨스는 당시 음악 비즈니스계의 거물이던 스티브 숄스 Steve Sholes를 만나 RCA 빅터사와 계약을 맺었다. 이듬해에는 자신의 첫 번째 녹음을 했지만 시판되지는 않았다. 쳇 앳킨스의 첫 번째 히트곡은 1955년에 나왔는데 〈Mr. Sandman〉이 그것이었고 〈Silver Bell〉이 연달아 히트했다. 애초 그는 가수 겸 기타리스트로서 RCA와 계약을 맺었지만 그의 역할은 곧 무한확장되었다. 그는 악기를 연주하고 사운드를 디렉팅하고 음반을 프로듀싱하면서 많은 스타들의 뒤를 든든히 받쳤다. 1950년대와 60년대 쳇 앳킨스는 RCA가 만든 거의 모든 히트 레코드에 관여했는데 엘비스 프레슬리Elvis Presley, 1935~1977와 에디 아놀드Eddy Arnold, 1918~2008, 돈 깁슨Don Gibson, 1928~2003과 웨일런 제닝스Waylon Jennings, 1937~2002의 앨범들이 대표적인 것들이다.

1950년대 중반 엘비스 프레슬리가 등장하고 록큰롤이 선풍적인 인기를 얻자 컨트리는 쇄락의 기운을 보이기 시작했다. 그러자 스티브 숄스는 컨트리의 인기를 되살릴 적임자로 쳇 앳킨스를 지목했다. 쳇 앳킨스는 컨트리에 팝적인 요소를 최대한 가미해 부드럽고 세련된 새로운 스타일의 컨트리를 만들어냈다. 이것이 소위 말하는 내쉬빌 사운드로 팝 컨트리의 원형이다.

기타리스트로서의 명성도 높아갔다. 그는 미국을 넘어 국제적으로 명성을 얻었고 '미스터 기타'라는 별명으로 불리기 시작했는데, 이것은 그가 1959년에 발표한 앨범 「Mister Guitar」에서 유래한 별명이었다. RCA 사내에서도 그의 위상은 갈수록 높아졌다. 그는 RCA 빅터 내쉬빌 스튜디오의 매니저로 일하면서 유명한 스튜디오 B를 완공했고 1968년에는 자신의 든든한 후원자이던 숄스의 지원 속에 RCA의 컨트리 부문 부사장에까지 올랐다.

쳇 앳킨스와 레스 폴이 협연한 「Chester & Lester」 재킷 뒤 실루엣 일러스트. 그들은 스포트라이트 뒤에서 슈퍼스타들의 든든한 음악적 버팀목 역할을 했던 진정한 거목이었다.

1965년에 쳇 앳킨스는 자신의 최대 히트곡인 〈Yakety Axe〉를 발표했지만 회사의 임원이 되면서 업무 압박이 심해졌고 1970년대가 되면서 상대적으로 음악작업은 줄어들었다. 그러나 그러면서도 페리 코모Perry Como, 1912~2001의 히트곡 〈And I Love You So〉를 프로듀싱하는 등 음악에 대한 관심의 끈만은 놓지 않았다.

1970년대의 주요 작품으로는 레스 폴과 함께 한 두 장의 앨범인 1976년작 「Chester & Lester」와 1978년작 「Guitar Monsters」가 꼽힌다. 재즈적 관심을 확장시킨 이 앨범들은 그의 디스코그래피에서 상업적으로 가장 큰 성공을 거둔 작품들인데, 바로 이런 재즈적 요소들과 팝적인 성향 때문에 골수 컨트리 팬들은 쳇 앳킨스의 음악을 두고 진정한 컨트리가 아니라고 비판하기도 한다. 하지만 그 역시 자신이 컨트리 기타리스트로 불리는 걸 싫어했고 그저 기타리스트로 대접받기를 원했으니 억울할 일은 없다. 1980년대 이후 쳇 앳킨스는 마크 노플러, 제리 리드Jerry Reed, 1937~2008와 함께 작업하면서 자신의 음악적 뿌리인 컨트리로 회귀하는가 하면 퓨전 재즈적 색채가 짙은 작품을 발표하는 등 장르에 얽매이지 않고 음악적 스펙트럼을 넓혔다. 퓨전 재즈적 감성이 가장 잘 드러나는 작품으로는 1987년에 발표한 앨범 「Sails」가 있다.

불필요한 기교와 군더더기 없는 연주

쳇 앳킨스가 일렉트릭 기타 연주에 미친 영향은 머디 워터스의 그것에 비견된다. 그는 장르를 불문하

그레치 기타

고 수많은 후배들에게 큰 영향을 끼쳤는데 조지 해리슨과 스티브 하우, 마크 노플러 등이 그로부터 영향 받은 대표적인 기타리스트들이다. 이 밖에도 클래식과 재즈, 플라멩코에 이르기까지 그가 영향 받고 영향을 끼친 분야는 넓다.

전체적으로 쳇 앳킨스는 불필요한 기교와 음들을 배제하고 효율적인 연주를 추구한다. 그의 연주는 기술적으로 낭비가 없는 효율성으로 유명하며 이것이 특히 많은 후배들에게 모범이 되었다. 부드러우면서도 섬세한 사운드를 들려주는 그는 솔로로 연주할 때에도 리드 연주와 리듬 플레이를 병행하는 효율성을 보여준다.

쳇 앳킨스가 주로 사용한 기타는 그레치였다. 그는 1955년에서 1980년 사이에는 그레치 기타의 자문역으로 일하며 그레치사의 일렉트릭 기타 디자인에 직접 관여하기도 했고 잠깐이지만 깁슨사에서도 비슷한 역할을 맡은 적이 있다.

얼 클루Earl Klugh는 열세 살 때 페리 코모 쇼에 나온 쳇 앳킨스를 보고 완전히 매료되었다고 고백했다. 1967년에 제리 리드, 행크 스노우Hank Snow, 1914~1999, 윌리 넬슨Willie Nelson 등 RCA의 동료들은 그의 생일을 기념해 〈Chet's Tune〉을 만들어 노래했고, 1997년 클린트 블랙Clint Black은 〈Ode to Chet〉을 그에게 바쳤다.

쳇 앳킨스는 2002년 록큰롤 명예의 전당에 헌액되었다. 그는 지금까지 열네 개의 그래미 트로피를 수상했고 1993년에는 그래미 평생공로상을 받았다. 컨트리 음악협회가 주는 '올해의 컨트리 연주자상'도 아홉 차례나 수상했는데 1981년부터 1985년까지 5연패하기도 했다. 빌보드는 1997년 20세기를 결산하는 시상식에서 쳇 앳킨스를 '개성 있고 창의적인 성취의 가장 높은 업적'이라고 칭송하며 센트리상을 수여했다.

2001년 쳇 앳킨스는 내쉬빌의 집에서 지병인 암으로 사망했다. 미국 남서 조지아주의 185번 교차로 인근의 직선도로는 '쳇 앳킨스 파크웨이'로 명명되어 있다. 이 공원길은 쳇 앳킨스가 어린 시절을 보냈던 조지아주 포트슨을 따라 달린다.

The Only One :
「Mister Guitar」(1959)

Blues All Around Me

비비 킹

B.B. King, 미국, 1925~

한영애 작사 엄인호 작곡으로 한영애와 신촌블루스가 노래했던 '루씰'은 이름이다. 그런데 사람이 아니라 기타의 이름이다.

루씰. 1949년 겨울은 유난히 추웠다. 그 때 비비 킹은 미국 아칸사스주 트위스트에 있는 한 작은 클럽에서 연주하고 있었다. (예나 지금이나 비비 킹은 언제나 클럽에서 연주한다.) 클럽의 홀 안에는 난방을 위해 등유 램프가 켜져 있었다. 당시에는 흔한 풍경이었다. 그런데 공연 도중 두 남자 사이에 싸움이 일어났다. 싸움은 금방 주먹다짐으로 발전했고 두 남자의 난투극 와중에 등유 램프가 넘어지면서 불이 났다. 화재는 삽시간에 번졌다. 손님이며 종업원이며 연주자며 할 것 없이 정신없이 밖을 향해 뛰었다. 가까스로 탈출에 성공한 비비 킹은 그러나 다음 순간 자신이 기타를 안에 두고 나온 것을 깨달았다. 그 기타는 깁슨 세미 할로우 바디 기타로 그가 애지중지하는 자신의 유일한 기타였다. 비비 킹은 곧바로 기타를 찾으러 다시 불 속으로 뛰어들었고 겨우 기타를 구출해 다

비비 킹

시 빠져나올 수 있었다. 그 직후 건물은 붕괴되었고 두 사람이 이 화재로 목숨을 잃었다.

다음 날 비비 킹은 두 남자가 싸운 이유가 한 여인 때문이라는 것을 알았다. 그 여자의 이름은 '루씰'(Lucille)이었다. 그는 자신의 생명과 맞바꿀 뻔한 이 기타에 '루씰'이라는 이름을 붙였고, 후에 〈Lucille〉이라는 노래를 만들어 자신이 사랑하는 기타에게 바쳤다. 그렇다. '루씰'은 역사상 가장 중요하고 뛰어난 블루스 기타리스트인 비비 킹의 기타에 붙여진 애칭이다.

내 입이 노래를 멈추면 루씰이 뒤를 이어 노래를 시작한다

비비 킹은 1925년 미국 미시시피주 이타 베나에 있는 한 농장의 작은 오두막에서 태어났다. 본명은 라일리 비 킹Riley B. King이다. 네 살 때 아버지가 가족을 버렸고 어머니는 재혼하면서 가난 때문에 아들을 키울 수 없었던 까닭에 비비 킹은 미시시피주 킬마이클에 있는 할머니의 집에서 자랐다. 이 무렵 킬마이클 엘크혼 침례교회에서 가스펠 그룹을 조직해 기타를 치고 노래를 부르기 시작했는데 이때부터 블라인드 레몬 제퍼슨, 티본 워커를 비롯해 당대의 유명 뮤지션들의 연주를 듣고 익히면서 자신만의 음악적 스타일을 만들어갔다. 열두 살 때 장만한 15달러짜리 기타가 자신의 첫 번째 기타였는데 여기에는 직접 샀다는 설과 친척인 부커 화이트Booker White, 1906~1977가 선물했다는 두 가지 설이 있다.

1943년에 비비 킹은 킬마이클을 떠나 미시시피주 인버네스로 갔다. 여기서 그는 생계를 위해 트랙터 기사로 일하면서 그 지역에서는 꽤나 유명하던 세인트 존스 쿼텟St. John's Quartet에서 기타를 쳤다. 1946년에는 부커 화이트를 따라 다시 테네시주 멤피스로 가 웨스트 멤피스 방송국에서 소니 보이 윌리엄슨의 라디오 프로그램에 출연하면서 목소리를 알렸다. 이름이 조금 알려지자 멤피스 지역의 유력 방송국인 WDIA에 스카웃되어 10분짜리 자신의 쇼를 진행하게 되었다. 쇼는 꽤 인기를 얻었고 그는 가수와 DJ로서 명성을 얻었다. 이 때 블루스 보이(Blues Boy)라는 애칭을 얻었으며 이것이 후에 비비(B.B.)로 줄어들었다.

1949년 비비 킹은 RPM 레코드와 계약을 맺고 훗날 선 레코드를 설립해 엘비스 프레슬리를 발굴하게 되는 샘 필립스Sam Phillips, 1923~2003와 함께 녹음작업에 들어가 데뷔싱글 〈Miss Martha King〉을 냈다. 데뷔싱글은 성공을 거두지 못했지만 1950년대에 들어서면서 비비 킹은 점차 R&B 씬의 중요 인물이 되어갔다. 1951년 발표한 싱글 〈3 O' Clock Blues〉가 히트한 것을 시작으로 〈You Know I Love You〉(1952) 〈Please Love Me〉(1953) 〈You Upset Me Baby〉(1954) 〈Every Day I Have the Blues〉(1955) 〈Sweet Little Angel〉(1956) 〈Be Careful with a Fool〉(1957) 〈Please Accept My Love〉(1958) 〈Sweet Sixteen〉(1960) 등의 히트곡을 꾸준히 냈다.

1964년 가을 시카고 리걸 극장에서의 공연실황을 담아 1965년에 발표한 라이브 앨범 「Live at the Regal」은 그의 대표작 가운데 하나로 라이브의 걸작 앨범으로 꼽힌다. 1970년에는 〈The Thrill Is Gone〉으로 생애 최초로 그래미상을 수상했는데, 이 곡은 「롤링 스톤」이 선정한 '역사상 가장 위대한 노래 500곡' 순위에서 183위에 올라있다. 물론 그것은 시작이었고 비비 킹은 그 이후 지금까지 수없이 많은 그래미 트로피를 안았다. 이밖에 〈To Know You Is to Love You〉(1973)와 〈I Like to Live the Love〉(1974) 등이 비비 킹의 대표적인 70년대 히트곡이다.

비비 킹은 블루스 뮤지션인 티본 워커와 부커 화이트, 재즈 연주자인 찰리 크리스천, 장고 라인하르트로부터 큰 영향을 받았다. 그는 블루스와 재즈를 기반으로 팝과 록을 녹여 넣어 자신만의 독특한 스타일을 만들었다. 깁슨 기타에서 뽑아내는 내추럴 사운드와 특유의 벤트 노트는 그의 트레이드마크이며 스타카토 피킹 역시 후대에 막대한 영향을 끼친 그의 대표적인 기술이다. 특히 유연한 벤딩과 왼손 비브라토를 앞세운 정교한 솔로 연주는 현대 블루스의 완성형이며 거의 모든 록 기타리스트들이 반드시 마스터해야만 하는 필수 과목이 되었다. 에릭 클랩튼, 제프 벡, 조지 해리슨, 마이크 블룸필드, 지미 헨드릭스를 비롯한 수천, 수만의 기타리스트들이 비비 킹의 연주를 롤 모델로 삼아 자신의 기술을 발전시켰다.

비비 킹은 코드 위주의 틀에 박힌 연주를 싫어하고 즉흥적인 잼 연주를 즐긴다. 라이브에서 보여주는 그의 강약조절은 그가 지나온 세월의 무게만큼이나 완숙한 경지에 이르렀으니 그에게 붙여진 '블루스 기타의 왕' '블루스 기타의 교과서'라는 칭호는 결코 과장된 것이 아니다. 비비 킹은 입으로도 노래하지만 기타로도 노래한다. 그는 말했다. "내가 노래할 때 나는 마음으로 노래한다. 내가 입으로 노래하는 걸 멈추는 순간, 나는 루씰로 노래하기 시작한다." 그의 노래는 멈추지 않는다.

여전히 소규모 클럽 무대를 즐기는 아흔을 앞둔 거장

루씰은 원래 깁슨 ES-355 모델이다. 1980년에 깁슨사는 별도로 검은색의 깁슨 루씰 모델을 만들었다. 루씰이 기존의 ES-355 모델과 다른 점은 기타의 헤드에 루씰(예전 모델) 혹은 비비 킹이라는 글씨가 씌여 있다는 것과 에프홀이 없다는 것이다. 비비 킹이 피드백을 줄이기 위해 에프홀을 없애달라고 요청했기 때문이다.

'루씰' 이라는 애칭이 붙은 비비킹의 기타 깁슨 ES-355 모델. 헤드에 'B.B. KING' 이라고 새겨져 있다.

비비 킹은 수많은 록 뮤지션들과 협연을 펼쳐왔다. 1969년에 롤링 스톤스의 미국 투어에 동행해 록 팬들에게도 깊은 인상을 남겼고, 1988년에는 U2의 「Rattle and Hum」 앨범에 참여해 〈When Love Comes to Town〉으로 젊은이들을 매료시켰다. 2000년에는 에릭 클랩튼과 함께 「Riding with the King」을 만들었다. "음반이 다 닳아 하얗게 될 때까지 그의 음반을 들었다"고 고백한 바 있는 에릭 클랩튼은 이 거장이 나이 들어가는 것을 보면서 아마도 마음은 급하고 몸은 달았을 것이다. 더 늦기 전에 그와 함께 작업하고 싶어서 말이다. 에릭 클랩튼은 2000년 앨범 「Riding with the King」에 와서야 마침내 그 소원을 이루었다.

2005년 그의 80회 생일을 기념해 발표된 앨범 「B.B. King & Friends : 80」에 참여하고 있는 이들의 면면은 비비 킹이 가지는 위상을 그대로 보여준다. 앨범에서는 밴 모리슨Van Morrison에서 빌리 기본스, 에릭 클랩튼, 쉐릴 크로우Sheryl Crow, 마크 노플러, 글렌 프레이Glenn Frey, 엘튼 존Elton John, 윌리 넬슨, 글로리아 에스테판Gloria Estefan, 로저 달트리Roger Daltrey, 대릴 홀Daryl Hohl 그리고 젊은 신성 존 메이어에 이르기까지 쟁쟁한 뮤지션들이 모두 그에 대한 존경을 담아 함께 노래하고 있다.

비비 킹은 연간 300일 이상의 크고 작은 공연을 하는데 특히 매년 200회가 넘는 소규모 클럽 공연을 소화한다. 라이브는 그의 음악이 살아 숨 쉬는 공간이며 그의 생명과도 같다. 지금까지 데뷔 이후 그가 행한 공연의 회수는 대략 15,000여회를 상회하는 것으로 추산된다.

미국 전역에서 성업 중인 비비 킹스 블루스 클럽. 사진은 2000년에 문을 연 뉴욕 지점

이를 바탕으로 비비 킹스 블루스 클럽 B.B. King's Blues Club이 1991년 미국 멤피스에 처음 문을 연 것을 시작으로 1994년 로스엔젤리스에, 2000년에는 뉴욕에, 2003년에는 내쉬빌에 문을 여는 등 현재 미국 전역에서 성업 중에 있다.

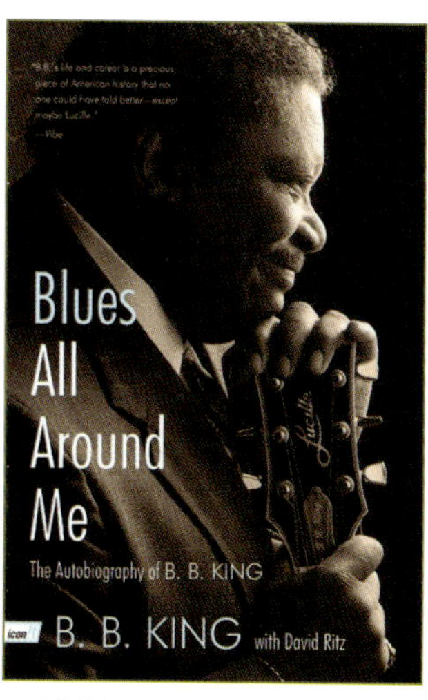

1996년에 출간된 비비 킹의 자서전 『Blues All Around Me』의 표지

비비 킹은 1980년에 블루스 명예의 전당에 헌액되었고 1987년에는 록큰롤 명예의 전당에도 헌액되었다. 그는 2003년 「롤링 스톤」이 발표한 '역사상 가장 위대한 기타리스트 100' 순위에서 3위에 올랐으며 'www.guitar.com'이 발표한 순위에서도 역시 3위에 올랐다.

1996년 출반된 비비 킹 자서전의 제목은 '내 주위는 온통 블루스'(Blues All Around Me)이다. 맞는 제목이다. 그는 온통 블루스에 둘러싸여 살았을 테니.

The Only One :
「Live at the Regal」(1965)

Chapter 02

록큰롤의 개척자들

1950년대

록큰롤의 원조에 관한 논란

아이크 터너

Ike Turner, 미국, 1931~2007

많은 사람들이 아이크 터너를 모르거나 안다고 하더라도 1980년대를 풍미했던 슈퍼스타 티나 터너Tina Turner의 전남편 정도로 알고 있을 것이다. 이혼 후에 티나 터너가 스타덤에 오른 후 자서전과 인터뷰를 통해 전남편을 폭력남편으로 묘사하면서 부정적인 이미지가 덧씌워지고 뛰어난 뮤지션으로서의 그의 모습은 가려졌기 때문이다. 아이크 터너는 자서전에서 자신이 다소 난폭한 성질을 가졌고 때론 폭력적인 적도 있었지만 티나 터너의 주장은 지나치며 너무 일방적인 매도라고 항변했다. 그러나 이미 각인돼버린 '아내를 학대하는 폭력남편'이라는 부정적 이미지를 벗을 수는 없었다.

2007년 그가 세상을 떠났을 때 「타임」이 게재했던 추모기사는 아마도 가장 객관적인 평가가 될 것 같다. "아이크 터너가 훌륭한 사람이었다고 얘기하는 사람은 거의 없다. 그러나 개인사적 실패 때문에 그가 대중음악 발전에 기여한 바가 무시되어서도 안된다."

아이크 터너

'티나 터너의 폭력남편'이라는 주홍글씨

아이크 터너는 1931년 미국 미시시피주 클락스데일에서 태어나 어렸을 때 아버지를 여의고 편모슬하에서 성장했다. 침례교 목사였던 아버지는 백인 폭도들에 의해 폭행당해 세상을 떠났는데 이 사건은 어린 아이크 터너에게 엄청난 충격을 남겼다. 여기에는 다른 이견도 존재하는데 그의 아버지가 공장에서 산업재해로 사망했다는 설이 그것이다. 어느 쪽이 진실이든 아이크 터너의 어린 시절이 불우했던 것만큼은 분명해 보인다.

어린 시절 아이크 터너는 클락스데일 지역의 라디오 방송국인 WROX에서 많은 시간을 보냈다. WROX는 당시로서는 드물게 흑인 DJ를 고용해 블루스 음악을 많이 틀어주었는데, 그 곳에서 아르바이트를 하면서 음악과의 인연이 시작되었다. 자서전에서 그는 당시 방송국 DJ들이 레코드 트는 법과 음악이 끊기지 않도록 연결하는 법을 가르쳐주었는데, 그 후에는 방송 중에 자신만 남겨두고 외출하는 일이 잦았다고 회고했다. 이 시절 그는 미시시피 지역에서 특히 유행하던 델타 블루스 뮤지션들을 알게 되었고 그들을 통해 피아노와 기타를 배웠다. 고등학교 때에는 지역 밴드에 가담하면서 직업적인 뮤지션의 길로 접어든 후 1946년 킹스 오브 리듬Kings of Rhythm이라는 밴드를 창단해 죽을 때까지 평생 동안 이끌었다.

아이크 터너는 R&B와 소울 뮤지션이면서 동시에 록큰롤의 창시자로 꼽히는데 바로 그 곳에 〈Rocket 88〉이 자리한다. 출렁이는 부기우기 리듬과 경쾌한 홍키통크 피아노가 리드하는 〈Rocket 88〉은 일그러진 일렉트릭 기타 사운드가 등장하는 가장 오래된 녹음 가운데 하나로 최초의 록큰롤 곡에 관한 논란의 중심에 있는 문제작이다. 2004년 「롤링 스톤」은 록큰롤 탄생 50주년을 기념하는 특집 시리즈 기사를 실었다. 2004년이 록큰롤 탄생 50주년이 된 이유는 엘비스 프레슬리의 〈That's All Right Mama〉가 녹음된 1954년을 록큰롤의 원년으로 삼았기 때문인데 이것은 격렬한 논쟁을 불러일으켰다.

1946년 창단해 평생을 이끌어온 밴드 '킹스 오브 리듬'

「롤링 스톤」의 주장에 동의하지 않는 사람들이 많았던 것이다. 〈Rocket 88〉은 이 문제에 있어 〈That's All Right Mama〉가 최초의 록큰롤 레코드라는 「롤링 스톤」의 주장에 대한 반박으로서 가장 강력하게 거론되는 곡이다. 〈That's All Right Mama〉가 아니라 〈Rocket 88〉이 최초의 록큰롤 레코드라고 주장한 대표적인 인물이 샘 필립스였다는 사실도 흥미롭다. 〈Rocket 88〉은 1951년 멤피스의 선 스튜디오에서 최초로 녹음되었다. 당시 선 스튜디오의 사장이 바로 샘 필립스였는데 그는 후일 엘비스 프레슬리를 발굴한 인물이기도 하다. 여기에 최초의 록큰롤 히트곡으로 꼽히는 〈Rock Around The Clock〉의 주인공인 빌 헤일리Bill Haley, 1925~1981가 1951년에 이미 이 곡을 리메이크했다는 사실 또한 〈Rocket 88〉 쪽에 무게를 실어 주었다. 그래서 록큰롤 명예의 전당은 "〈Rocket 88〉이 많은 이들에게 최초의 록큰롤 레코드로 인정받는다"는 완곡한 표현으로, 논란에 대한 자신들의 입장을 표시하고 있기도 하다.

또 하나 흥미로운 쟁점은 〈Rocket 88〉의 원작자와 관련한 논란이다. 이 곡의 공식 크레디트에는 재키 브렌스턴Jackie Brenston, 1930~1979이 곡을 만들고 그가 이끌던 델타 캣츠Delta Cats라는 밴드가 연주한 것으로 기록되어 있지만 실제로는 아이크 터너가 만들고 그가 이끌던 밴드인 킹스 오브 리듬이 연주했다는 것이 정설이다. 재키 브렌스턴이 당시 킹스 오브 리듬의 색소폰 주자였고 델타 캣츠는 실제로는 존재하지 않는 유령밴드였다는 것이 이러한 주장의 요체인데, 당시 레코드 회사와의 계약 문제로 아이크 터너의 이름을 앞세울 수 없었던 상황에서 재키 브렌스턴이 대역을 맡았다는 것이다. 재미있는 것은 이 논쟁에 대한 아이크 터너의 무관심한 태도이다. 그는 "록큰롤은 부기우기를 윤색한 것에 불과하다. 흑인들은 언제나 그것을 리듬 앤 블루스라고 불러왔다. 어느 날 갑자기 백인들이 록큰롤이라 불렀을 뿐이다"라고 말하며 록큰롤 원조 논쟁에 냉소적인 입장을 보였다. 흑인의 음악에 록큰롤이라는 이름을 붙여 백인의 것으로 훔쳐

아이크 & 티나 터너

간 미국사회의 백인 우월주의와 보수성에 대한 반감이 컸던 것이다.

아이크 터너를 말함에 있어 티나 터너가 등장하지 않을 수는 없다. 1956년 맨해튼의 한 클럽에서 열린 아이크 터너의 쇼를 관람한 관객 중에는 안나 메이 블록Anna Mae Bullock이라는 십대 소녀가 끼어 있었다. 소녀는 그 후로 한동안 노래를 하게 해 달라며 그를 쫓아다녔는데, 아이크 터너는 처음에는 시큰둥했지만 소녀가 노래하는 것을 듣고 난 후에는 재능을 인정하고 적극적인 후원을 해주게 된다. 1960년 안나 메이 블록은 티나 터너로 개명했고 두 사람은 아이크 & 티나 터너Ike & Tina Turner라는 듀오를 결성해 활동하기 시작했다. 순식간에 백만 장이 팔려나간 첫 번째 히트곡 〈A Fool in Love〉를 시작으로 〈It's Gonna Work Out Fine〉 〈I Want to Take You Higher〉 〈Proud Mary〉 〈Nutbush City Limits〉 등을 계속해서 히트시켰다. 1976년 이혼과 해산으로 활동을 중단할 때까지 15년 동안 아이크 & 티나 터너가 만들어낸 성공은 거대한 것이었다. 아이크 & 티나 터너는 1991년 록큰롤 명예의 전당에 헌액되었다.

트레몰로 암

록큰롤을 개척한 위대한 기타리스트

가수, 작곡가, 밴드의 리더, 프로듀서, 스카우터 등 다양한 역할을 모두 성공적으로 해낸 그이지만 아이크 터너의 본령은 역시 기타리스트이다. 아이크 터너의 기타 연주에서 가장 두드러지는 특징은 트레몰로 암의 광범위한 활용이다. 그는 특유의 블루스 프레이즈를 뒷받침하는 리버브가 많은 비브라토와 벤딩, 해머링 온 등의 효과를 극대화하기 위해 트레몰로 암을 최대한 활용했다. 그는 트레몰로 암을 활용해 기타로 만들어 낼 수 있는 온갖 소리들을 창조해 냈는데, 그것은 트레몰로 암을 활용한 기타 사운드의 혁신자들로 통하는 지미 헨드릭스와 제프 벡이 등장하기 훨씬 전의 일이었다.

1954년 아이크 터너가 처음 펜더 스트라토캐스터를 손에 넣은 이래로 스트라토캐스터는 그의 분신이었다. 『스트라토캐스터 연대기』라는 책에서 톰 휠러Tom Wheeler는 이렇게 쓰고 있다. “아이크 터너의 창조적인 스타일은 스타라토캐스터에서 계속 새로움을 발견해 가는 뮤지션의 고

아이크 터너의 분신과도 같았던 '펜더 스트라토캐스터'

전적 예이다. 그의 독창성과 열정이 그 모든 것을 가능하게 했다."

아이크 터너가 척 베리, 리틀 리처드little Richard 등의 동년배들과 함께 록큰롤과 록큰롤 기타의 개척자로 평가받는 것은 타당하다. 리틀 리처드는 자신의 자서전에서 아이크 터너의 기타 연주에 대해 "그는 창조자다. 다른 모든 이들에 앞서 아이크 터너가 그것을 했다"고 적으면서 자신의 히트곡 〈Good Golly Miss Molly〉의 유명한 기타 인트로 역시 아이크 터너의 〈Rocket 88〉에서 영감을 얻은 것임을 고백하기도 했다.

아이크 터너는 2007년 캘리포니아주 샌디에고 인근의 샌 마르코스 자택에서 일흔여섯 살을 일기로 사망했다. 그는 생전에 약물과 알코올 중독에 시달리며 수차례 철창신세를 졌고 아내를 학대한 폭력남편이라는 멍에를 지기도 했지만, 그럼에도 불구하고 그가 록큰롤의 개척자로서 음악계에 남긴 뚜렷한 발자취는 결코 지워지지 않을 것이다.

The Only One :
「I Like Ike! The Best of Ike Turner」(1994)

초기 록큰롤의 완성자

척 베리

Chuck Berry, 미국, 1926~

이제 아흔을 바라보는 이 거장에게 '록큰롤의 살아있는 전설'이라는 호칭을 부여하는 것에 의문의 여지 따위는 없다. 그는 엘비스 프레슬리에 조금 앞서 등장해 초기 록큰롤의 형태소를 구축했고 록큰롤 기타의 전형을 완성했다. 수많은 후배들에게 결정적 영향을 끼쳤음 또한 두 말할 나위가 없다. 비틀스Beatles가 그의 〈Roll over Beethoven〉과 〈Rock and Roll Music〉을 리메이크했으며 롤링 스톤스는 아예 그의 커버곡인 〈Come On〉을 데뷔곡으로 삼았다. 비치 보이스Beach Boys의 최대 히트곡으로 서프 뮤직의 상징과도 같은 곡인 〈Surfin' U.S.A.〉가 그의 〈Sweet Little Sixteen〉을 모방했다는 것도 잘 알려진 사실이다. 무슨 말이 더 필요할까? 척 베리는 초기 록큰롤, 특히 록큰롤 기타의 선구적 존재이며 그의 기타 인트로는 록큰롤의 역사에 아로새겨진 가장 뚜렷한 돋을새김이다.

척 베리

Duck Walking Mr. Rock&Roll

1926년 미국 미주리주 세인트루이스에서 태어난 그의 본명은 찰스 에드워드 앤더슨 베리Charles Edward Anderson Berry이다. 부모가 성가대원으로 활약했던 중산층 가정에서 태어나 자연스럽게 음악과 친해졌다. 고교시절 동아리 활동을 통해 처음으로 기타를 배웠고 50년대 초반 세인트루이스의 클럽에서 아르바이트로 일하던 중 블루스 기타리스트 티본 워커의 기타 리프와 무대 매너에서 깊은 영감을 받았다. 1953년까지 그는 조니 존슨스 트리오Johnnie Johnson's Trio의 일원으로 일했는데 이 밴드는 주로 컨트리 스타일의 음악을 하는 밴드였다. 자연스럽게 그는 R&B와 컨트리를 결합한 록큰롤 스타일을 만들어갔다. 1955년 시카고에서 머디 워터스를 만난 척 베리는 그의 주선으로 체스 레코드와 계약을 맺고 드디어 역사적인 데뷔곡 〈Maybellene〉을 발표하게 된다.

〈Maybellene〉은 사실상 록큰롤 역사의 문을 연 곡으로 평가받는다. 이보다 조금 앞서 히트한 빌 헤일리의 〈Rock Around the Clock〉이 최초의 록큰롤 히트곡으로 꼽히기는 하지만 실질적인 록큰롤의 시대는 〈Maybellene〉과 함께 열렸다는 데 이견은 없다. 그만큼 〈Maybellene〉이 록큰롤 씬에 끼친 영향은 지대하고 압도적인 것이었다. 〈Maybellene〉은 순식간에 백만 장 이상이 팔려나갔고 빌보드 R&B 차트 1위, 베스트셀러 차트 5위까지 오르는 빅히트를 기록했다(당시는 아직 흔히 싱글차트라고 불리는 'HOT 100' 차트가 생기기 전이었다). 이어서 1956년에 발표된 〈Roll over Beethoven〉 역시 밀리언셀러를 기록했다.

한편, 척 베리는 1956년 뉴욕 파라마운트 극장 공연에서 이른바 '덕 워크'(Duck Walk)를 처음 선보였는데, '덕 워크'는 다리를 구부리고 몸을 오리처럼 웅크린 채로 기타를 연주하며 무대를 뱅뱅 도는 것으로 이후 그를 대표하는 스테이지 매너가 되었다(97쪽 사진 참조). 여기에는 처음 그가 오리처럼 걸은 것은 바지에 난 구멍을 가리기 위한 궁여지책이었다는 뒷얘기도 있다.

화려한 경력은 계속 이어졌다. 1956년 〈School Days〉가 발표되었고 이듬해인 1957년에는 〈Rock and Roll Music〉 〈Sweet Little Sixteen〉 〈Johnny B. Goode〉이 계속해서 쏟아져 나왔다. 활약은 50년대 내내 이어졌는데 그의 성공 뒤에는 당시 록큰롤의 전도사로 불리던 거물 DJ 앨런 프리드Alan Freed, 1922~1965의 전폭적인 지원이 있었다는 사실도 기억해야만 한다. 앨런 프리드는 척 베리의 음악을 자신의 라디오 프로그램에 반복 소개했고, 자신이 진행하던 쇼에도 척 베리를 계속해서 초대해 무대에 오를 수 있게 해 주었다. 이런 인연으로 두 사람은 1959년 영화 [Go Johnny Go]에 함께 출연하기도 했다. 그런 가운데 척 베리에게는 '미스터 록큰롤'이라는 영예로운 별명이 붙여졌다.

1960년대에 들어서 척 베리는 시련을 겪었다. 1962년 그는 미성년자를 성폭행한 혐의로 기소되어 유죄판결을 받고 연방 교도소에 수감되었다. 그는 무죄를 주장했지만 받아들여지지 않았고 결국 1년 6개월여의 실형을 선고받고 복역했다. 그는 1963년 가을 출소할 때까지 교도소 안에서도 음악작업을 계속했는데, 출소 전 마지막으로 발표한 작품이 바로 롤링 스톤스가 데뷔곡으로 커버하게 되는 〈Come On〉이었다.

그가 출소해 세상으로 돌아온 1963년은 브리티시 인베이전*이 시작되던 때였다. 그는 예전의 인기를 회복할 수 없었지만 역설적이게도 그의 영향력은 오히려 더욱 커져 있었다. 앞서 언급한 것처럼 비틀스와 롤링 스톤스 등 많은 영국 밴드들이 그의 음악을 앞 다투어 커버하고 있었고, 이들 영국 밴드들에 맞서 미국의 선봉장을 자임하던 비치 보이스 역시 그의 음악적 영향력 아래에 있었던 것이다. 1960년대에 그는 〈You Never Can Tell〉과 〈Nadine〉 등의 히트곡을 냈고 1972년에는 라이브로 녹음된 〈My Ding-a-Ling〉을 히트시키며 활동을 이어갔지만, 이와는 별개로 탈세혐의로 다시 투옥되는 등 수난 역시 계속되었다.

* 브리티시 인베이전(British Invasion) : 1960년대 중·후반 비틀스와 롤링 스톤스를 위시한 영국 밴드들의 음악이 대서양을 건너 미국에서 큰 인기를 얻었던 현상을 이르는 말. 이를 빗대서 1980년대 초반 듀란 듀란(Duran Duran), 왬(Wham) 등의 영국 뮤지션들이 미국에서 다시 인기를 얻자 제2차 브리티시 인베이전이라는 말이 나오기도 했다.

그가 없었다면 이후 어떤 로커도 없었을 것이다

척 베리가 록큰롤의 역사에 남긴 발자국은 선명하다. 무대 매너와 쇼맨쉽 역시 빼놓을 수 없기는 하지만 무엇보다도 기타리스트와 송라이터의 두 가지 측면에서 그는 가장 뚜렷한 업적을 남겼다. 그는 록큰롤의 시인이라고 불리기도 하는데 그의 가사는 추상적이지 않고 구체적인 일상을 담아낸 것으로 유명하다. 특히 가사에 스포츠카, 학창시절, 향략과 소비문화 등 젊은이의 일상을 담은 것은 십대를 시장으로 끌어들이는데 커다란 역할을 했으며, 그것은 록큰롤의 성공에 결정적인 요인이 되었다.

록큰롤 기타리스트로서 그가 갖는 위상은 상상을 초월한다. 흑인의 R&B와 백인의 컨트리 & 웨스턴이 만나 만들어진 음악이라는 록큰롤에 대한 정의는 척 베리가 들려준 음악의 모습과 정확히 일치한다. 그가 곡의 도입부 3소절 혹은 4소절에서 선보인 4박자의 전형적인 기타 인트로는 향후 모든 록 기타리스트들이 영향 받은 록큰롤 기타의 전범이 되었다. 그의 영향력은 수많은 후배 기타리스트들

덕 워크 하는 척 베리

의 언급에 의해서도 여실히 확인된다. 에릭 클랩튼은 "록큰롤 기타를 치고 싶다면 척 베리를 연주하면 된다. 다른 선택은 없다"라고 했고, 비치 보이스의 브라이언 윌슨Brian Wilson은 "모든 위대한 록큰롤 곡은 척 베리가 썼다"라고 했다. 존 레논은 "만약 록큰롤에 다른 이름을 붙이고자 한다면 아마도 척 베리라고 불러야 할 것이다"라고 했고, 롤링 스톤스의 키스 리처드는 "척 베리는 나에게 내가 기타를 치기를 원한다는 것을 가르쳐 주었다. 그의 노래는 언제나 나의 음악인생에 반영되고 있다"라는 말로 척 베리가 자신을 음악세계로 이끈 영감이었음을 고백했다.

초기 녹음 당시 척 베리가 사용한 기타는 깁슨 ES-350T 모델이었다. 〈Roll over Beethoven〉 〈Johnny B. Goode〉을 녹음할 당시에는 깁슨 ES-355 기타를 사용했는데 이 모델이 이후 그의 주력기타가 되었다.

1986년 록큰롤 명예의 전당이 처음 문을 열었을 때 척 베리는 너무도 당연하게 엘비스 프레슬리, 제리 리 루이스Jerry Lee Lewis, 리틀 리처드, 버디 홀리Buddy Holly, 1936~1959 등과 함께 맨 처음으로 헌액되었다. 그 이유에 대해서는 "록큰롤 사운드 뿐 아니라 록큰롤의 태도 면에서도 결정적 역할을 했다"라고 쓰여져 있다.

그는 각종 위대한 록큰롤 뮤지션, 위대한 기타리스트 목록에서 언제나 상위에 랭크됐다. 1995년 록큰롤 명예의 전당이 선정한 '록큰롤을 만든 500곡' 순위에는 〈Johnny B. Goode〉 〈Maybellene〉 〈Rock and Roll Music〉을 비롯해 그의 노래 5곡이 포함되었다. 2004년 「롤링 스톤」이 발표한 '역사상 가장 위대한 500곡' 순위에도 무려 여섯 곡이 올랐으며, 특히 2008년 「롤링 스톤」이 선정한 '역사상 가장 위대한 100곡의 기타곡' 순위에서는 〈Johnny B. Goode〉이 당당히 1위에 랭크되었다. 이쯤 되면 척 베리가 없었다면 비틀스도 롤링 스톤스도 비치 보이스도 밥 딜런Bob Dylan도, 그밖의 수많은 그 누구도 없었을 것이라는 헌사는 그리 과장된 것이 아니게 된다.

1987년 테일러 핵포드Taylor Hackford 감독이 만든 다큐멘터리 영화 [Hail! Hail! Rock 'n' Roll]은 1986년 척 베리의 예순 살 생일을 기념해 펼쳐진 콘서트 실황을 담고 있는데 여기에는 키스 리처드, 에릭 클랩튼, 린다 론스타드Linda Ronstadt, 줄리안 레논Julian Lennon, 에타 제임스Etta James, 1938~2012 등 후배 뮤지션들이 총 출동해서 그에게 경의를 표하기도 했다.

The Only One :
「Chuck Berry Is on Top」(1959)

리듬 앤 록큰롤

보 디들리

Bo Diddley, 미국, 1928~2008

보 디들리는 록큰롤의 탄생에 결정적인 역할을 한 거인 가운데 한 명이다. 그는 당대의 음악이 리듬 앤 블루스에서 록큰롤로 이행하는 과정에서 중추적 역할을 담당했다. 그래서 그는 블루스에서 록으로 넘어가는 대변혁의 창조자로 평가받는다. 특히 록큰롤의 생명이라고 할 수 있는 리듬에 관해서라면 보 디들리는 의심의 여지없이 첫 손가락에 꼽히는 인물이다. 그가 아프로(Afro) 리듬을 활용해 만들어낸 록큰롤 리듬은 록큰롤의 탄생뿐만 아니라 훗날 펑크(Funk)와 랩의 탄생에도 결정적인 영향을 미쳤는데, 이 리듬은 그의 이름을 따서 '보 디들리 비트'라고 불린다.

'아무 것도 아니지 않은' 끼와 재능

보 디들리는 1928년 미국 미시시피주 맥콤에서 태어났다. 본명은 엘라스 오서 베이츠Ellas Otha Bates였지만 어머니가 양육능력이 없는 미혼모였던

보 디들리

까닭에 어머니의 사촌에게 맡겨져 키워졌고 그의 성을 따 엘라스 맥다니엘Ellas McDaniel이라는 이름을 갖게 되었다. 일곱 살 때 가족을 따라 시카고로 이사한 후 교회에서 열심히 활동하면서 트롬본과 바이올린을 익혔는데 이것은 후에 그가 오케스트라와 공동 작업을 하는데 큰 도움을 주었다. 특히 바이올린은 정식 교습을 받아 습작으로 바이올린 협주곡을 만들 정도였지만 기타를 알게 된 후부터는 급속하게 기타의 매력에 빠져들어 이내 바이올린을 그만두었다.

시카고는 당시 미국 남부지역에서 몰려든 재즈와 블루스 뮤지션들이 북적거리던 음악적 거점 도시였다. 보 디들리는 그들로부터 음악적 자양분을 폭넓게 흡수했으며 존 리 후커의 공연을 보고 감동을 받은 후에는 프로 뮤지션이 되기로 결심하고 친구인 제롬 그린Jerome Green, 1934~1973 등과 함께 거리에서 연주하기 시작했다. 1954년에는 하모니카 연주자인 빌리 보이 아놀드Billy Boy Arnold, 드러머 클리프턴 제임스Clifton James 등을 받아들여 팀을 결성하고 〈I'm a Man〉 〈Bo Diddley〉의 데모를 녹음했다. 이 곡들은 훗날 그가 체스 레코드와 계약한 후 다시 녹음되어 정식으로 발매되었으며 특히 〈Bo Diddley〉는 차트 1위를 차지하는 등 록큰롤 초창기를 장식한 아주 중요한 곡이 되었다. 이 무렵 그는 보 디들리라는 무대명을 얻게 되었는데 여기에는 몇 가지 설이 있지만 'bo diddly'는 흑인들이 사용하는 속어로 의미상으로는 '아무것도 아닌'이라는 뜻이라고 한다.

1955년에 보 디들리는 흑인 뮤지션으로서는 최초로 당대 최고의 인기 쇼 프로그램이던 '에드 설리번 쇼'에 출연했다. 원래 출연해서 테네시 어니 포드'Tennessee' Ernie Ford, 1919~1991의 히트곡 〈Sixteen Tons〉를 부르기로 되어 있었지만, 그는 각본을 어기고 자신의 노래인 〈Bo Diddley〉를 불렀다. 제작진은 분노했고 이후 그의 출연은 금지되었다.

보 디들리는 같은 체스 레코드 소속이던 동년배 척 베리에 비해 대중적으로 크게 인기를 얻지는 못했지만 1950년대 중반에서 1960년대 초반까지는 그에 버금가는 활약을 보여주었다. 1955년 나란히 빌보드 R&B 싱글차트 1위에 오른 〈I'm a Man〉과 〈Bo Diddley〉를 비롯해 〈Pretty Thing〉(1956) 〈Say Man〉(1959) 〈I'm Sorry〉(1959) 〈Cracking

Up〉(1959) 〈Road Runner〉(1960) 〈You Can't Judge a Book by the Cover〉(1962) 등의 히트곡이 모두 이 시기에 집중적으로 쏟아져 나왔고, 1963년에는 당대의 톱스타들인 에벌리 브러더스Everley Brothers, 리틀 리처드, 롤링 스톤스 등과 함께 영국에서 콘서트를 열어 높은 위상을 뽐내기도 했다. 1967년에 발표한 〈Ooh Baby〉는 그의 마지막 톱20 히트곡이다.

록큰롤 리듬의 원형이 된 '보 디들리 비트'

보 디들리는 음악적인 면에서 여러 가지 혁신적인 면모를 보여주었다. 16분음표의 빠른 전개 위에 특유의 싱코페이션을 가미해 그가 만든 독창적인 리듬은 '보 디들리 비트'라고 불리며 록큰롤 리듬의 원형이 되었다. 이 리듬은 버디 홀리와 롤링 스톤스 등 많은 후배 뮤지션들에 의해 계승되었는데 특히 롤링 스톤스는 활동 초기 보 디들리의 리듬과 음악은 물론 태도적인 면까지 차용했으며 그의 〈Mona〉와 〈I'm All Right〉을 커버하기도 했다.

연주 면에서 보 디들리는 강력한 오른손 스트로크를 바탕으로 트레몰로와 바이브레이션을 활용하면서 창의적인 연주를 펼쳐보였으며, 사운드 면에서는 디스토션과 퍼즈, 피드백 효과 등 앰프를 이용한 다양한 사운드 효과를 추구했다. 이 모든 것들은 어쩌면 1960년대 지미 헨드릭스의 기타 혁명을 예고하고 있는 것이기도 했다.

보 디들리 밴드의 기타리스트이자 여성 최초의 밴드 연주자로 유명한 페기 존스

그의 혁신적인 면모는 1950년대 말 최초로 여

직사각형 모양의 바디가 유명한 보 디들리의 기타

성 연주자를 밴드의 멤버로 기용했던 사실에서도 잘 드러난다. 그의 밴드에서 기타를 쳤던 페기 존스Peggy Jones는 밴드 멤버로 활약한 최초의 여성 기타리스트로 기록되고 있는데, 그녀는 '레이디 보'라는 별명으로 불리었다. 이후에도 보 디들리는 고집스럽게 여성 기타리스트들에게 기회를 부여했다. 페기 존스를 대신한 두 번째 기타리스트 노마 진Norma Jean 역시 여성이었으며 그 후 마지막까지 25년간이나 보 디들리의 곁을 든든하게 지킨 데비 해스팅Debby Hastings 역시 여성이었다.

보 디들리가 애용한 기타로는 그레치 기타에 특별 주문 제작한 바디가 직사각형 모양으로 생긴 상자형 모델이 가장 유명하다. 독특한 모양새의 이 기타는 그의 트레이드마크가 되었다. 그는 이 기타를 매고 록큰롤의 원형이 된 원초적인 리듬을 창조해 냈으며 역동적인 무대 매너로 록큰롤의 초창기를 화려하게 수놓았다.

보 디들리는 2011년 「롤링 스톤」이 선정한 '역사상 가장 위대한 100명의 기타리스트' 순위에서 27위에 랭크된 것을 비롯해 다른 각종 조사에서도 빠짐없이 등장한다. 그만큼 그는 록큰롤과 함께 반드시 기억되어야 할 개척자 가운데 한 명이다. 그는 1987년 록큰롤 명예의 전당에 헌액되었고 리듬 앤 블루스 재단과 그래미로부터는 평생공로상을 받았다. 보 디들리는 2008년 미국 플로리다에 있는 자택에서 심장마비로 사망했다.

The Only One :
「The Definitive Collection」(2007)

엘비스가 선택한 기타리스트

스코티 무어

Scotty Moore, 미국, 1931~

엘비스 프레슬리가 록큰롤의 역사에서 차지하는 위치는 절대적이다. 하지만 그 모든 것을 혼자 써내려간 것은 아니다. 하여 이 사람의 이름도 함께 기억해 두면 좋겠다. 스코티 무어! 그는 엘비스 프레슬리와 함께 록큰롤의 황금기를 건설했던 기타리스트이다. 보통 백업 기타리스트라 하면 가수의 이름에 가려 그 가치와 중요성이 경시되기 마련이지만 그 가수가 엘비스 프레슬리라면 얘기가 좀 달라진다. 아마도 스코티 무어는 엘비스 프레슬리의 백업 기타리스트로 기억되는 것에 별다른 불만이 없을 것이다. 엘비스 프레슬리의 기타리스트였다는 사실 하나만으로도 록큰롤의 역사에서 다른 누구보다 중요한 위치를 점할뿐더러 그의 경력에서 가장 중요한 순간도 그 시절임이 명백하기 때문이다. 그는 엘비스 프레슬리를 지근거리에서 보좌하며 록큰롤 기타의 발전을 주도했다. 그리고 그 결과로서 2011년 「롤링 스톤」이 선정한 '역사상 가장 위대한 기타리스트 100' 순위에서 44위에 이름을 올렸다.

엘비스의 영광 곁에는 언제나 그가 있었다

스코티 무어는 1931년 미국 테네시주 개즈던에서 태어났다. 어려서부터 아버지와 형의 영향을 받아 기타를 치기 시작했다. 초기에는 컨트리 & 웨스턴 음악에 심취해 멀 트래비스 등의 음악을 즐겨 들었으며 특히 쳇 앳킨스는 그의 우상이었다. 1948년부터 1952년까지 해군에 입대해 군복무를 마친 그는 제대 후 멤피스로 이주해 스타라이트 랭글러스Starlite Wranglers라는 밴드에서 연주했는데 여기서 베이시스트 빌 블랙Bill Black, 1926~1965을 만났다. 이 당시에 〈My Kind of Carrying on〉을 비롯한 몇 개의 싱글을 녹음했지만 별다른 관심을 끌지는 못했다.

블루 문 보이스

1954년 엘비스 프레슬리를 발견한 선 레코드의 샘 필립스는 그의 성공을 위해서는 스코티 무어의 기타와 빌 블랙의 베이스가 필요하다고 판단했고, 그래서 두 사람은 그 해 선 스튜디오에서 있은 엘비스 프레슬리의 역사적인 첫 녹음에 참가하게 되었다. 스코티 무어는 이 날의 녹음에서 엘비스 프레슬리의 통통 튀는 리듬 기타와 개성 넘치는 목소리 위에 특유의 섬세한 리드 기타 연주를 입혔다. 이들이 함께 록큰롤 역사상 가장 중요한 곡으로 꼽히는 〈That's All Right Mama〉를 녹음한 장면은 록큰롤의 역사에서 가장 중요한 장면이다. 백인들이 부르고 연주해 인기를 얻은 최초의 록큰롤 곡이 녹음된 순간이기 때문이다.

〈That's All Right Mama〉가 성공을 거두자 세 사람은 본격적인 활동을 앞두고 블루 문 보이스Blue Moon Boys라는 밴드를 결성했는데, 스코티 무어는 처음에 밴드와 엘비스 프레슬리의 매니저 역할까지 맡았다. 최소한 이때까지 세 사람은 대등한 관계였다. 1954년의 계약에서 스코티 무어는 밴드의 리더로서 명기되어 있기까지 했다. 그러나 엘비스 프레슬리가 TV와 영화에까지 출연하면서 인기가 치솟자 블루 문 보이스는 자연스럽게 엘비스 프레슬리를 전면에 내세우고 그의 백업 밴드의 위치에 머물게 되었다. 1955년의 계약에서 스코티 무어는 엘비스 프레슬리를 위해 고용되어 월급을 받는 연주자의 처지가 되었다.

스코티 무어는 엘비스 프레슬리가 본격적인 스타덤에 오르기 전인

엘비스 프레슬리가 최고의 스타로 떠올랐을 때 스코티 무어는 항상 그의 곁을 지켰다.

선 레코드 시절 레코딩에서부터 이미 뛰어난 기타 실력을 보여주었지만, 그의 전성기 역시 엘비스 프레슬리의 전성기와 정확히 일치한다. RCA 이적 후 엘비스 프레슬리가 최고의 스타로 떠올랐을 때 스코티 무어는 항상 그의 곁을 지켰다. 특히 1956년부터 엘비스 프레슬리가 군에 입대하기 전인 1958년까지 엘비스의 영광 곁에는 언제나 그가 있었다. 〈Heartbreak Hotel〉에도 〈Jailhouse Rock〉에도 〈Hound Dog〉에도 〈Too Much〉에도 어김없이 그의 기타가 있었다. 1956년과 57년 사이 엘비스 프레슬리가 스티브 앨런 쇼와 에드 설리반 쇼에 출연했을 때도 마찬가지였다.

록큰롤 씬에서 가장 돋보였던 리드 기타리스트

스코티 무어는 컨트리 & 웨스턴 기타에 파워와 날카로움을 더해 록큰롤 기타 스타일을 만든 개척자 가운데 한 사람이다. 그는 피크와 손가락을 동시에 사용해서 피킹하는데 그 중에서도 핑거 피킹을 더욱 선호한다. 이것은 쳇 앳킨스의 영향을 받은 것이지만 기본적으로 컨트리 베이스인 쳇 앳킨스의 스타일을 좀 더 로커빌리에 맞도록 진화시킨 것이다.

록큰롤 기타에 처음 본격적으로 리드 기타 플레이를 도입한 공로 또한 크다. 그가 1950년대에 리드 기타 플레이를 펼친 유일한 인물은 아니었지만 많은 사람들이 스코티 무어를 록큰롤 씬에서 가장 돋보였던 리드 기타리스트로 지목한다. 록큰롤이라는 음악 안에서 기타는 보통 리듬 악기의 역할을 맡았지만 스코티 무어는 그 역할을 리드 솔로 악기로까지 확장시켰다. 엘비스 프레슬리는 언제나 리듬 기타를 쳤지만 리드 기타의 역할만은 스코티 무어에게 맡긴 채 그 영역을 침범하지 않았다. 많은 후배들이 그의 리드 플레이의 영향을 받았으며, 브루스 스프링스틴Bruce Springsteen과 롤링 스톤스의 키스 리처드, 딥 퍼플Deep Purple의 리치 블랙모어가 그 가운데 대표적인 인물들이다. 키스 리처드는 이렇게 말했다. "모두가 엘비스 프레슬리가 되기를 바랐지만 나는 스코티 무어가 되기를 원했다." 기타리스트의 꿈은 엘비스 프레슬리가 아니라 스코티 무어를 향해 있었다.

그는 깁슨 계열의 기타를 선호해서 깁슨 ES-295, L5, 슈퍼 400 모델 등을 주로 썼다. 엘비스 프레슬리와의 활동이 뜸하던 1964년 발표한 솔로 앨범 「The Guitar that Changed the World」 녹음 당시에도 스코티 무어는 깁슨 슈퍼 400 기타를 썼고, 유명한 1968년의 엘비스 프레슬리 컴백 스페셜 쇼에서도 같은 기타를 썼다. 앰프로는 최초로 테이프 에코 이펙트

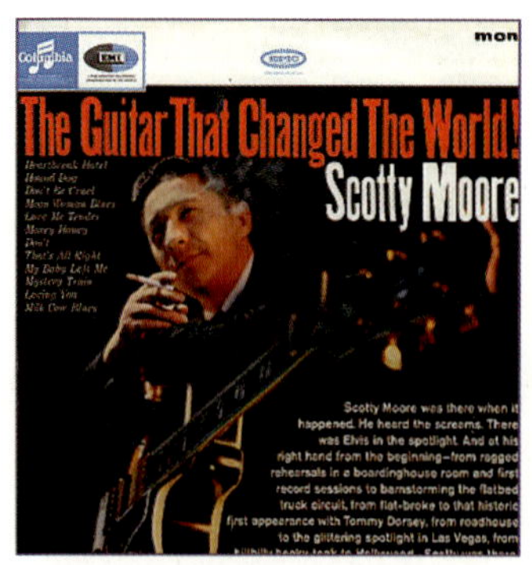

1964년 발표한 솔로 앨범 「The Guitar that Changed the World」

를 장착한 포터블 앰프인 레이 버츠 에코소닉 앰프를 애용했다.

스코티 무어는 어쩌면 엘비스 프레슬리의 그림자 같은 존재였지만 스스로 그것을 부족하다거나 서운하게 생각하지 않고 자랑스럽게 여겼다. 1997년 스코티 무어는 함께 엘비스의 사이드맨으로 활약했던 드러머 디제이 폰타나DJ Fontana와 함께 엘비스 프레슬리를 위한 트리뷰트 앨범 「All the King's Men」을 발표했다. 2000년에는 록큰롤 초창기 개척자로서의 공로를 인정받아 록큰롤 명예의 전당에 헌액되었다.

오래 전 엘비스는 떠났지만 그는 여전히 무대 위에 남아 있다.

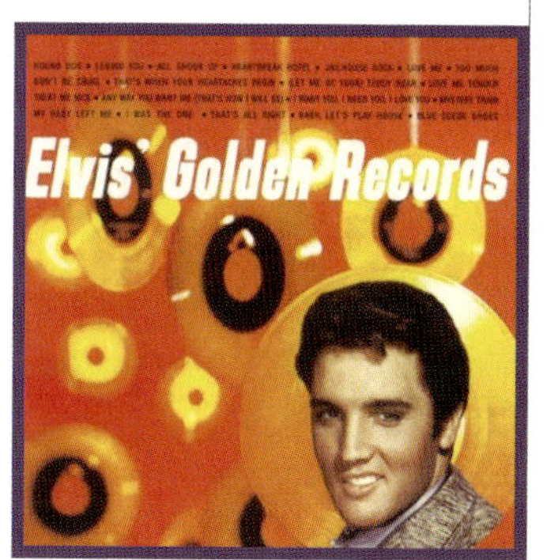

The Only One :
「Elvis' Golden Records」(1958)

로커빌리의 왕

칼 퍼킨스

Carl Perkins, 미국, 1932~1998

1955년 엘비스 프레슬리가 RCA 이적을 위해 선 레코드를 떠나자 그 빈 자리를 대체한 것은 칼 퍼킨스였다. 1956년에 엘비스 프레슬리의 독주를 뚫고 공전의 히트를 기록한 〈Blue Suede Shoes〉의 임팩트가 워낙 강렬했던 탓에 그에 버금가는 히트곡을 찾지 못한 일군의 사람들이 그를 록큰롤 초창기의 원 히트 원더*로 언급하는 것은 명백한 잘못이다. 록큰롤 초창기 그의 존재감은 분명 그보다 훨씬 특별한 것이기 때문이다. 칼 퍼킨스를 이야기함에 있어 결코 간과하지 말아야 할 부분은 송라이터로서의 능력과 기타리스트로서의 실력이다. 그는 이와 같은 조건들에서 엘비스 프레슬리와 견주어 확실한 비교우위를 갖는다.

칼 퍼킨스는 엘비스 프레슬리의 기타맨이었던 스코티 무어와 더불어 초창기 록큰롤 기타의 양대산맥격인 인물이다. 작곡가로서 그가 만

* 원 히트 원더(One-Hit Wonder) : 대중음악계에서 단 한 곡의 히트곡만을 남기고 사라진 뮤지션을 이르는 말.

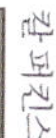

칼 퍼킨스

든 대표곡으로는 조니 캐시의 〈Daddy Sang Bass〉, 팻시 클라인Patsy Cline, 1932~1963의 〈I Was So Wrong〉, 주드Jude의 〈Let Me Tell You about Love〉 등이 있다. 그의 별명이 '로커빌리의 왕'(The King of Rockabilly)인 것은 다 이유가 있는 것이니, 그는 록큰롤과 로커빌리 명예의 전당은 물론 내쉬빌 송라이터 명예의 전당과 그래미 명예의 전당에도 헌액되었다. 초기 록큰롤, 로커빌리 씬의 선구자 가운데 한 사람으로서 칼 퍼킨스가 갖는 무게감에 굳이 의문부호를 찍을 필요는 없다.

엘비스의 귓전에 맴돌던 음악

칼 퍼킨스는 1932년 미국 테네시주 팁튼빌에서 가난한 소작농의 아들로 태어났다. 자라면서 백인 교회에서 가스펠 뮤직을 접했고 목화농장에서 일하며 흑인 노동자들의 음악을 만났다. 학교를 마치면 몇 시간씩 농장에서 일해야 했고, 방학 때면 하루 종일 일해서 겨우 일당 50센트

선 레코드에서 함께 활동하던 당시의 칼 퍼킨스와 엘비스 프레슬리

를 벌던 궁핍한 시절이었다. 하지만 피곤에 절어서도 그는 토요일 밤이면 아버지와 함께 라디오 방송을 듣곤 했는데, 그 때 주로 들었던 채널이 테네시 지역의 컨트리 음악 전문 라디오였던 그랜드 올레 오프리였다. 이 때 만난 컨트리 음악은 그의 감수성과 미래상에 결정적인 영향을 끼쳤다. 칼 퍼킨스는 아버지를 졸라 기타를 샀다. 가난했던 탓에 처음 손에 넣은 기타는 정식 기타가 아니라 시가 박스와 빗자루로 만든 모조 기타였지만, 얼마 후에는 이웃으로부터 거의 망가지긴 했지만 그래도 진짜 기타를 헐값에 사들였다. 이 때부터 그는 컨트리의 왕이라 불리던 유명 컨트리 가수 로이 애커프Roy Acuff, 1903~1992와 빌 먼로Bill Monroe, 1911~1996의 곡들을 카피하며 실력을 키워나갔다. 본격적으로 기타를 배운 것은 당시 농장에서 함께 일하던 존 웨스트브룩John Westbrook으로부터이다. 칼 퍼킨스는 그를 존 아저씨라 부르며 따랐는데, 존은 칼에게 기타의 기본을 가르쳐 주었다.

1946년에 칼 퍼킨스는 형 제이 퍼킨스Jay Perkins와 함께 퍼킨스 브러더스 밴드Perkins Brothers Band를 결성해 고속도로변의 선술집에서 연주하며 돈을 벌기 시작했다. 당시 그의 나이 열네 살에 불과했다. 형제는 금새 실력을 인정받아 출연하는 장소와 횟수를 늘려갔는데 1940년대 말이 되자 퍼킨스 브러더스 밴드는 잭슨 지역에서 아주 유명한 밴드가 되어 있었다. 이 무렵 칼 퍼킨스는 친구의 도움을 받아 RCA 레코드로 데모 테이프를 보내기도 했지만 반응은 없었다. 컨트리가 대세이던 시절에 이미 로커빌리의 원형질을 담고 있었던 그의 음악은 아직은 낯선 것이었다.

칼 퍼킨스는 1953년 이른 나이에 결혼했다. 1954년에 그는 아내와 함께 라디오를 듣다가 엘비스 프레슬리의 〈Blue Moon of Kentucky〉가 흘러나오자 깜짝 놀랐다. 자신이 생각하고 만들어 온 음악과 유사했기 때문이다. 그는 멤피스에 가면 내 음악을 이해하는 사람이 있겠구나 생각했고 멤피스로 가기로 결심했다. 훗날 엘비스 프레슬리는 자신이 그 전에 잭슨 지역을 여행하면서 칼 퍼킨스와 그의 밴드의 음악을 들은 적이 있었노라 고백했다. 〈Blue Moon of Kentucky〉는 그렇게 탄생했던 것이다. 진 빈센트Gene Vincent, 1935~1971도 이렇게 말한 적이 있다. "〈Blue Moon of Kentucky〉는 그렇게 대단히 새로운 시도는 아니었다. 이미 많은 사람들이 그 이전에 비슷한 음악을 하고 있었다. 대표적으로 칼 퍼킨스 같은 이들이 말이다."

결정은 옳았다. 멤피스로 간 칼 퍼킨스는 선 레코드사의 오디션을 무난히 통과하고 계약을 따냈다. 운 좋게도 막 출발하려던 록큰롤 열차의 승차권을 끊은 셈이다. 엘비스 프레슬리의 선풍적인 인기와 함께 록큰롤의 황금기가 열리고 있었다. 칼 퍼킨스와 엘비스 프레슬리는 함께 많은 공연을 펼치며 선 레코드의 중흥을 이끌었지만, 1955년 말에 엘비스 프레슬리는 선 레코드를 떠났다. 엘비스가 아직 RCA에서의 화려한 경력을 시작하기 전인 1956년 벽두에 칼 퍼킨스는 〈Blue Suede Shoes〉를 발표했는데 이 곡은 단숨에 밀리언셀러

블루스와 컨트리를 절묘하게 결합한 로커빌리 스타일로 큰 인기를 누렸던 칼 퍼킨스

를 기록하며 공전의 히트를 쳤다. 〈Blue Suede Shoes〉는 록큰롤 명예의 전당이 선정한 '록큰롤을 만든 500곡' 가운데 한 곡이기도 하다.

로커빌리 기타의 청사진

호사다마랄까, 1956년 3월에 칼 퍼킨스는 거의 목숨을 잃을 뻔한 큰 교통사고를 당했다. 겨우 목숨을 부지했지만 쇄골이 부러지고 척추가 골절되는 치명적인 부상으로 회복여부마저 불투명했다. 다행히도 얼마 후 회복되어 돌아왔지만 그 사이 대중의 관심은 완전히 엘비스 프레슬리에게 쏠려 있었다. 이후 그는 몇몇 히트곡을 냈지만 〈Blue Suede Shoes〉의 인기를 재현할 수는 없었다. 1964년에 칼 퍼킨스는 척 베리와 함께 애니멀스The Animals의 호위를 받으며 영국 투어에 나섰다. 1986년에는 선 레코드로 돌아와 조니 캐시와 제리 리 루이스, 로이 오비슨Roy Orbison, 1936~1988과 함께 앨범 「Class of '55」를 녹음했는데, 이 앨범은 1950년대 록큰롤 황금기의 기억에 바치는 헌사였다. 1989년에는 당시 컨트리 퀸으로 불리던 인기 여성 듀오 주드의 컨트리 넘버원 히트곡 〈Let Me Tell You about Love〉를 작곡하고 녹음에서 기타를 쳐주기도 했다. 1996년에 나온 그의 마지막 앨범 「Go Cat Go!」에는 폴 사이몬Paul Simon, 존 포거티John Fogerty, 톰 페티Tom Petty, 보노Bono 등의 쟁쟁한 멤버들이 참여해 거장에 대한 예우를 갖추고 있다.

칼 퍼킨스는 크게 보아 존 리 후커와 머디 워터스의 블루스 기타에 그랜드 올레 오프리의 컨트리 스타일을 결합한 퓨전 사운드를 개척했다. 그것이 로커빌리이다. 그는 블루스와 컨트리를 결합한 릭을 즐겨 썼는데, 그의 솔로 기타는 로커빌리 기타의 청사진이라 할 만 하다. 기타리스트로서 그는 핑거 피킹을 선호하며 오른손 댐핑과 벤딩 주법도 즐겨 사용한다. 그런데 그가 벤딩 주법을 익힌 데에는 가슴 아픈 뒷얘기가 있다. 어려서 기타를 배우던 시절에 그는 가난해서 기타줄이 끊어지면 새로 살 돈이 없었다. 그래서 끊어진 줄을 이어서 사용하곤 했는데, 이으면서 생긴 매듭 때문에 슬라이드 연주가 불가능해서 대신 벤딩 주법을 사용하게 되었다는 것이다. 칼 퍼킨스가 주로 썼던 기타는 깁슨 레스 폴 ES-5와 펜더 텔레캐스터이다.

칼 퍼킨스에게 영향을 받은 기타리스트는 수없이 많지만 리키 넬슨Ricky Nelson, 1940~1985과 조지 해리슨이 대표적인 인물로 꼽힌다. 비틀스는 〈Honey Don't〉 〈Matchbox〉 〈Everybody Trying to Be My Baby〉 등 칼 퍼킨스의 여러 곡을 커버하기도 했다.

1998년 칼 퍼킨스는 테네시주 잭슨의 한 병원에서 지병인 후두암으로 사망했다. 그의 장례식에는 제리 리 루이스와 위노나 주드Wynonna Jude, 가스 브룩스Garth Brooks, 조니 캐시, 조지 해리슨 등의 유명 스타들이 대거 참석했으며, 특히 조지 해리슨은 그 자리에서 칼 퍼킨스의 〈Your True Love〉를 추모곡으로 불렀다. 칼 퍼킨스가 남긴 말 중에서는 "개울 바닥에 돌이 없다면 시냇물은 노래를 부르지 못할 것이다"라는 말이 가장 유명하다. 해석은 각자의 몫이다.

The Only One :
「Dance Album」(1957)

실험정신이 곧 록 스피릿이다

버디 가이

Buddy Guy, 미국, 1936~

시카고 블루스 개척기의 선구자 가운데 한 명인 버디 가이는 2003년 「롤링 스톤」이 선정한 '역사상 가장 위대한 기타리스트 100' 순위에서 30위를 차지했고, 2011년 순위에서는 23위로 일곱 계단 상승했다. 'www.guitar.com'이 선정한 순위에서도 22위에 랭크되어 있으니 기타리스트로서 그의 위상은 그만큼 확고하다 하겠으나 대중적인 지명도 면에서 본다면 가장 과소평가되는 인물 가운데 한 명이다. 솔로 활동보다는 주로 다른 이들의 반주자, 백업 기타리스트로 활동해 왔기 때문이다. 그러나 버디 가이가 역사상 가장 중요한 블루스 기타리스트 가운데 한 명이라는 사실은 의심의 여지가 없다.

체스 레코드사의 전속 세션 기타리스트

버디 가이는 1936년 미국 루이지애나주 레츠워스에서 태어났다. 자신이 직접 만든 두 줄짜리 디들리 바우*로 처음 기타를 배우기 시작했고 다음

으로는 하모니 어쿠스틱 기타를 잡았는데 이 기타는 나중에 아주 유명해져서 록큰롤 명예의 전당에 기증되었다.

버디 가이는 1950년대 초반부터 밴드를 결성해 활동하기 시작했고 1957년 시카고로 근거지를 옮긴 이후에는 머디 워터스로부터 커다란 영향을 받았다. 버디 가이의 초창기 경력은 체스 레코드와 함께 한다. 그는 1959년에서 1968년 사이 체스 레코드의 전속 기타리스트로 일하면서 회사의 녹음작업 대부분에 참여했다. 머디 워터스와 하울링 울프, 소니 보이 윌리엄슨, 코코 테일러Koko Taylor, 1928~2009 등 당대를 대표하는

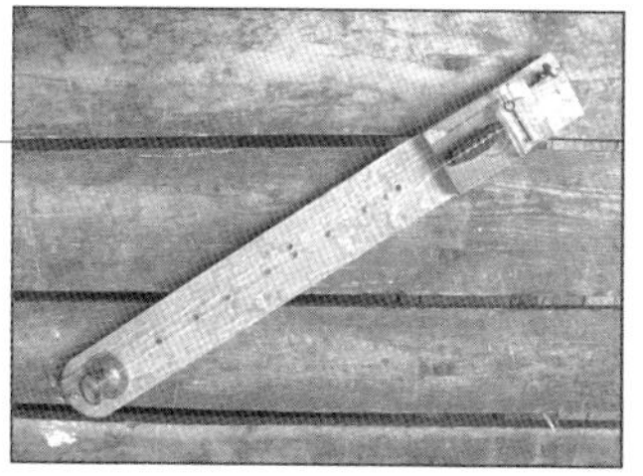

*디들리 바우(Diddley Bow) : 아프리카에서 유래된 현악기이다. 나무 보드에 줄을 달아 소리를 냈으며 미국 남부의 전원지역에서 흑인 아이들의 장난감으로 쓰이던 것이 악기의 형태로 발전되었다. 원리 면에서는 기타와 유사성이 있는 악기로 주로 집에서 만들었다.

에릭 클랩튼과 함께 했던 무대는 버디 가이의 음악 인생에 각별한 의미를 부여했다.

뮤지션들의 음반에서 세션 기타리스트로서 보여준 그의 연주 실력은 뛰어난 것이었지만 정작 자신의 이름을 건 음반을 내지는 못했다. 음반사 관계자들이 당시로서는 다소 기이하고 실험적이던 그의 음악의 대중적 성공 가능성에 의문을 표했기 때문이다. 심지어 체스 레코드의 설립자인 레너드 체스는 버디 가이의 스타일을 소음이라 여기기까지 했다. 버디 가이는 체스를 떠나기 직전인 1967년에야 체스 레코드 시절의 유일한 솔로 앨범인 「I Left My Blues in San Francisco」를 발표할 수 있었다.

1969년 봄 영국 스테인즈에서 열린 슈퍼쇼에 참가한 것은 그의 경력에서 최고의 하이라이트로 남는 장면이다. 당시 쇼에는 에릭 클랩튼, 레드 제플린, 잭 브루스Jack Bruce, 버디 마일스Buddy Miles, 스티븐 스틸스, 글렌 캠벨Glen Campbell 등 쟁쟁한 멤버들이 참여했다.

1960년대가 지나가고 버디 가이는 활동이 뜸해지면서 점차 잊혀져 갔다. 한동안 사람들의 관심권 밖에 머물던 그가 다시 한 번 심기일전한 것은 1980년대 후반에서 1990년대 초반 사이 이른바 블루스 리바이벌 붐이 일어나면서였다. 에릭 클랩튼이 1990년에서 1991년 사이 영국 런던의 로열 앨버트 홀에서 가진 '24 Nights' 공연을 위한 올스타 블루스 기타 라인업에 버디 가이를 포함시켰던 게 계기가 되었다.

블루스에서 록큰롤로 건너가는 다리

버디 가이는 흔히 시카고 블루스의 전통을 잇는 기타리스트로 분류되지만, 그러면서도 그만이 가지는 독창성과 차별성을 인정받는다. 그의 음악은 물론 전통적인 블루스에서 출발하고 있지만 거기에다 컨템포러리 블루스와 소울 그리고 프리 재즈에서 아방가르드 록에 이르기까지 다방면에 촉수를 뻗치고 있다.

버디 가이는 블루스에서 록큰롤로 건너가는 다리로 해석되기도 한다. 그는 머디 워터스와 하울링 울프의 일렉트릭 시카고 블루스의 전통에서 에릭 클랩튼과 제프 벡, 지미 헨드릭스, 지미 페이지의 1960년대 블루스 록으로 넘어가는 가교 역할을 담당했다. 물론 같은 맥락에서 스티비 레이 본과 같은 더 나중의 블루스 리바이벌 시대의 주인공들 역시 그의 영향력 아래에 있다.

주법 면에서도 버디 가이는 슬라이드 기타와 벤딩, 비브라토 등 블루스 기타의 주요 주법들을 다듬고 확립하고 확장시키는데 커다란 역할을 했다. 특히 그의 벤딩과 비브라토는 남다르게 깊은 울림과 파장을 지닌 것으로 정평이 나 있다. 한편 그는 블루스 기타리스트 치고는 속주 면에서도 발군의 솜씨를 보

지미 헨드릭스와의 오리지널 논란에 휘말리기도 했던 총을 쏘는 듯한 자세로 기타를 들고 연주하는 버디 가이

였다. 버디 가이의 연주는 전통적인 블루스 연주에 비해 훨씬 시끄럽고 공격적이다. 그는 강력하게 디스토션을 건 기타 톤으로 피드백을 활용해 아주 긴 솔로 연주를 펼치곤 했는데, 이것은 1960년대 블루스 록 기타리스트들에게 막대한 영향을 끼쳤다.

버디 가이가 무대 위에서 보여준 창의적이고 실험적인 사운드와 폭발적인 스테이지 매너도 빼놓을 수 없다. 특히 마치 총을 쏘는 듯한 자세로 기타를 들고 연주하는 동작은 그의 트레이드마크가 되었다. 훗날 지미 헨드릭스가 펼친 열광적인 퍼포먼스와 혁신적인 사운드 실험은 상당 부분 버디 가이에게 빚을 지고 있었다. 어떤 이는 버디 가이가 지미 헨드릭스를 모방하고 있다고 했지만 사실은 그 반대이다. 다만 버디 가이가 지미 헨드릭스보다 더 오래 살아남았을 뿐이다.

제프 벡은 이렇게 말했다. "나는 「The Blues from Big Bill's Copacabana」 앨범에 수록된 버디 가이의 연주를 듣기 전까지 스트라토캐스터가 그런 소리를 낼 수 있다는 것을 알지 못했다. 그의 솔로는 3분짜리 팝이 결코 담을 수 없는 길이와 구성을 가지고 있다. 그것은 놀라운 충격이었다." 버디 가이는 펜더 스트라토캐스터 마니아였다.

땡땡이 무늬로 눈길을 끌었던 버디 가이가 애용했던 펜더 스트라토캐스터 모델. 그는 스트라토캐스터의 마니아였다.

에릭 클랩튼은 1965년에 버디 가이가 트리오 편성으로 펼친 영국 공연을 보고 나서 블루스 록 트리오 결성에 대한 아이디어를 얻었다고 고백했다. 에릭 클랩튼은 그 직후에 역사상 최강의 록 트리오라 불리는 슈퍼 그룹 크림을 결성했다. 지미 헨드릭스의 유족들은 지미의 사후 추모 공연이 있을 때마다 버디 가이를 단골손님으로 초빙했다. 유족들은 이를 두고 '전설을 기념하기 위해서 살아있는 전설을 부르는 것'이라 했다. 지미 헨드릭스 자신도 생전에 이렇게 얘기한 적이 있다. "그가 기타를 연주하고 있는 동안에는 천국은 버디 가이의 발끝에 있다." 스티비 레이 본은 "버디 가이가 없었다면 스티비 레이 본도 없었을 것이다"라고 했고, 건스 앤 로지스Guns N' Roses의 슬래쉬는 "버디 가이는 R&B와 하드코어 록큰롤의 가장 완벽한 조합이다"라고 했다.

버디 가이는 지금까지 여섯 개의 그래미상을 받았고, 2003년에는 미국 대통령이 수여하는 국가 예술 훈장을 받았다. 2005년에는 록큰롤 명예의 전당에 헌액되었다. 데뷔 이후 50년 넘게 그는 언제나 크고 작은 무대 위에 있었다. 그는 지금도 시카고에 위치한 자신이 운영하는 클럽 'Buddy Guy Legends'에서 소박하지만 스스로 즐거운 공연을 펼치고 있다.

The Only One :
「I Was Walking Through the Woods」(1974)

헤비메탈의 시조

딕 데일
Dick Dale, 미국, 1937~

서프 뮤직(Surf Music)이라 하면 누구나 해변의 아이들, 비치 보이스를 가장 먼저 떠올릴 테지만 딕 데일의 별명이 '서프 기타의 왕'(The King of Surf Guitar)임을 안다면 조금은 생각이 달라질 것이다. 게다가 그의 영향은 단지 서프 기타에 머무르지 않고 기타 연주 전반으로 확장된다. 서프 기타 사운드의 1차적인 특징은 리버브가 많이 걸린 부드러운 톤에 있다. 딕 데일은 이것을 처음 만들었다.

그는 또한 중동과 동유럽 풍의 이국적인 스케일을 처음으로 팝 음악과 기타 연주에 도입했으며, 펜더사와의 밀접한 관계 속에서 기타 앰프의 한계를 끊임없이 허물었다. 이것은 그가 많은 사람들에 의해 헤비메탈의 시조로 꼽히는 이유이기도 하다.

청중을 압도하는 엄청나게 큰 볼륨

딕 데일은 1937년 미국 매사추세츠주 보스턴에서 태어났다. 그의 아버

딕 데일

지는 레바논계이고 전체적인 가계는 폴란드와 벨라루시까지 다양한 혈통에 걸쳐있다. 이것은 그가 여러 이국적인 음악을 거부감 없이 받아들일 수 있는 배경이 되었다. 특히 그의 아버지가 레바논계인 것은 후에 그가 중동과 아랍의 음악에 관심을 보이고 그쪽의 선율들을 들여와 기타 연주에 응용하게 되는 태생적 바탕이 되었다.

딕 데일은 삼촌으로부터 많은 영향을 받아 어려서부터 우크렐레, 드

백업 밴드인 델-톤스와
무대에 선 딕 데일

럼, 트럼펫 등을 배웠고 결국에는 기타를 잡았다. 1954년에 그는 가족을 따라 남부 캘리포니아로 이주했고 이때부터 지역의 쇼에 출연하면서 뮤지션으로서의 경력을 쌓기 시작했다. 서핑을 즐겼던 그는 1950년대 말에 이르러서는 상당히 높은 수준의 서핑 실력을 갖추게 되면서 파도를 탈 때의 느낌을 소리로 표현하고 싶다는 생각이 들었다. 파도를 탈 때의 출렁이는 느낌과 속도감 그리고 시원스러운 기분을 표현하기 위해 그는 리버브를 이용해 소리를 물먹은 것처럼 깊고 부드럽게 만드는 한편 빠른 스타카토 피킹을 기초로 한 속주 기타 주법을 만들었다. 이러한 요소들은 서프 뮤직의 가장 특징적인 단면이 되었으며, 후일 에드워드 반 헤일런을 비롯한 속주 록 기타리스트들에게도 많은 영향을 끼쳤다.

1961년 캘리포니아주 발보아 반도에 있는 랑데부 볼룸에서 6개월 동안 펼쳐진 딕 데일의 공연은 서프 뮤직 열풍의 발화점이 되었다. 그는 매일 자신의 백업 밴드인 델-톤스Del-Tones와 함께 3천 명이 입장할 수 있는 대형 공연장 무대에 올랐고 공연장을 꽉 매운 관객들은 밴드의 음악에 맞추어 열광적인 서퍼 댄스를 추는 장관을 연출했다. 당시 이 공연은 '폭풍'(The Stomp)이라고 불리며 연일 매진될 정도로 선풍적인 인기를

앰프의 중요성을 강조했던 딕 데일은 싱글 쇼맨 앰프에 펜더 스트라토캐스터를 연결해 이전에는 상상도 하지 못했던 어마어마하게 큰 소리를 뿜어냈다. 칠순이 넘는 나이에도 무대에서 노익장을 과시하는 딕 데일(오른쪽).

끌었는데, 그것은 말 그대로 폭풍이었다. 당시 함께 공연했던 폴 존슨Paul Johnson은 "그 때 딕 데일의 기타는 내가 들어본 중에 가장 시끄러웠으며, 그의 테크닉 또한 눈부셨다"라고 회고했다.

이 시기를 증언하는 유명한 일화가 하나 더 있다. 펜더사의 설립자인 레오 펜더Leo Fender, 1909~1991는 딕 데일과 친밀한 관계를 유지하며 더 큰 소리를 향한 그의 요구에 적극 부응해주었다. 그 날도 레오 펜더와 그의 오른팔 프레디 타바레스Freddie Tavares, 1913~1990는 랑데부 볼룸 딕 데일의 공연장에 갔다. 레오 펜더는 4천 명의 열광적인 관객을 앞에 두고 딕 데일이 무엇을 요구할 것인지를 금방 간파했다. 레오와 프레디는 바로 JBL 스피커 회사에 15인치짜리 증폭 스피커를 주문했다. 이것이 지금도 유명한 스피커 모델인 15인치 JBL D130F 모델이다. JBL D130F 스피커는 딕 데일이 사용하던 앰프와 결합되면서 80와트짜리 싱글 쇼맨 앰프 패키지가 되었다. 딕 데일은 이 싱글 쇼맨 앰프에 펜더 스트라토캐스터를 연결해 이전에는 상상도 하지 못했던 어마어마하게 큰 소리를 뿜어냈다. 그것은 소리의 한계를 깨뜨리는 것이었다. 대중음악 저널 「기타 플레이어」는 딕 데일을 '헤비메탈의 아버지'로 명명했다.

수많은 속주 기타리스트들의 탄생을 예고하다

딕 데일이 1961년에 발표한 〈Let's Go Trippin'〉은 역사상 최초의 서프 송으로 여겨지며 그 뒤로 〈Jungle Fever〉 〈Surf Beat〉 등이 잇따르면서 서프 뮤직의 정형이 사실상 완성되었다. 그의 첫 번째 정규 앨범인 「Surfer's Choice」는 1962년에 나왔다. 이 앨범이 지역에서 인기를 얻자 딕 데일은 캐피털 레코드와 정식으로 계약을 맺었고, 「Surfer's Choice」는 전국적으로 배급될 수 있었다. 얼마 후 딕 데일은 에드 설리번 쇼에 출연할 정도로 전국적인 인기스타가 되었다.

1962년에 발표한 〈Misirlou〉는 당시 서프 뮤직 씬의 가장 인상적이고 열광적인 한 장면을 장식했다. 그것은 서프 열풍의 본격적인 시작이었다. 〈Misirlou〉는 '(아랍인) 이집트 소녀'라는 뜻으로 원래 그리스에 떠밀려온 터키 난민들이 부르던 작자 미상의 레베티카* 가운데 하나였다. 딕 데일은 이 아련한 레베티카를 서프 뮤직 스타일로 편곡해 강력한 기타 사운드와 아련한 트럼펫 소리가 절묘하게 어우러지는 매력적인 곡으로 만들었다. 이 곡은 이듬해 비치 보이스가 리메이크해서 다시 한 번 주목받기도 했다.

딕 데일의 자신감은 충만했다. 1963년 발표된 그의 두 번째 앨범의 제목은 자신의 별명을 그대로 따온 「King of the Surf Guitar」였다. 1960년대 초반 딕 데일이 일으킨 서프 뮤직 바람은 비치 보이스와 잰 & 딘Jan & Dean이라는 쌍두마차를 앞세워 팝계를 강타했다. 그러나 서프 뮤직의 전성기는 짧았다. 1960년대 초반의 3년 정도가 바다의 노래에 허락된 시

---

* 레베티카(Rebetika) : 그리스 민중의 대표 음악으로 렘베티카라고도 불린다. 그 기원은 룸펜, 프롤레타리아, 도시 부랑자, 실업자 등 소위 거리의 하층민들이 술집이나 카페 등지에서 라이브로 부르고 연주하던 음악이다. 그리스의 블루스라 불리기도 한다.

영화 [Back to the Beach]에 출연해 스티비 레이 본과 함께 샨테이의 히트곡 〈Pipeline〉을 연주하기도 했다.

간이었다. 1964년이 되자 비틀스를 앞세운 브리티시 인베이전의 거대한 물결이 밀려왔다. 서프 뮤직은 썰물처럼 차트에서 사라져 갔고, 딕 데일은 직장암이 발병해 한 동안 음악계에서 모습을 감춰야 했다.

시간이 흐르고 그는 건강을 회복해서 복귀했지만 그의 삶에는 또 다른 굴곡이 기다리고 있었다. 1979년에 딕 데일은 뉴포트 해변에서 서핑을 즐기다 입은 상처가 환경오염과 연관된 감염으로 인해 악화되면서 거의 다리를 잃을 뻔 했다. 그는 큰 충격을 받고 이를 계기로 환경운동에 참여하기도 했다.

1986년 딕 데일은 새 앨범을 녹음했다. 1987년에는 영화 [Back to the Beach]에 출연해 서프 뮤직을 연주하고, 스티비 레이 본과 함께 샨테이Chantay의 히트곡 〈Pipeline〉을 연주하기도 했다. 두 사람의 연주 장면은 감동적인 명연으로 꼽히는데, 그해 그래미 베스트 록 연주 부문에 노미네이트되기도 했다. 1994년에는 〈Misirlou〉가 쿠엔틴 타란티노Quentin Tarantino 감독의 영화 [펄프 픽션]에 삽입되어 영화의 성공과 함께 다시 한 번 되살아났다. 이 곡은 2005년에 인기 그룹 블랙 아이드 피스Black Eyed Peas의 〈Pump It〉에 샘플링되기도 했다. 딕 데일의 노래 가운데 〈Scalped〉는 지금도 북미 아이스하키 리그 콜로라도 아발란체의 테마 송으로 쓰인다.

스타카토 피킹을 위주로 한 딕 데일의 속주는 서프 기타의 전형이었을 뿐 아니라 이후 록 음악계에 명멸한 수많은 속주 기타리스트들의 등장을 예고한 예고편이었다. 그에게 빚을 지고 있는 후배들은 많지만 지미 헨드릭스도 빼놓을 수 없다. 왼손잡이였던 그가 오른손잡이용 기타를 거꾸로 들고 친 것부터 시작해서 무대 위에서 보여준 각종 쇼맨쉽까지 딕 데일은 지미 헨드릭스에게 지대한 영향을 끼쳤다.

펜더사와 오랜 시간 각별한 인연을 이어온 딕 데일은 펜더 스트라토캐스터를 주로 썼다. 그는 스트라토캐스터를 듀얼 쇼맨 앰프에 연결해 리버브 효과를 만들어 냈으며 특유의 격렬한 트레몰로 사운드를 내기

딕 데일 커스텀 숍 스트라토캐스터 모델

위해 규격보다 굵은 기타줄을 사용했다. 펜더사는 커스텀 숍 '54 픽업을 장착한 딕 데일 커스텀 숍 스트라토캐스터라는 딕 데일 시그너처 기타를 만들었다.

딕 데일은 지금도 파이팅 넘치는 스테이지 매너로 여전히 노익장을 과시하고 있다.

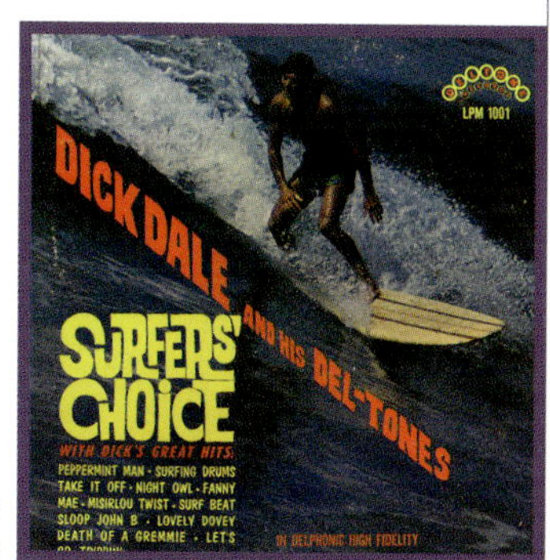

The Only One :
「Surfer's Choice」(1962)

Chapter 03

영웅들의 탄생

1960년대

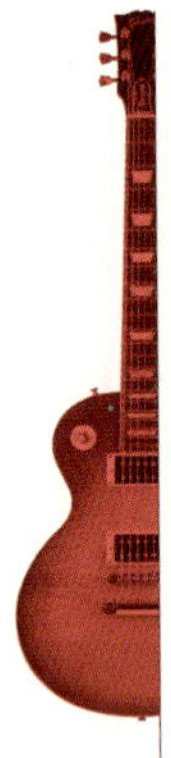

멤피스 사운드를 추억하다

스티브 크로퍼

Steve Cropper, 미국, 1941~

특정한 지명을 사용해 특정한 스타일의 음악을 설명하는 경우가 종종 있다. 예를 들어 델타 블루스나 시카고 블루스, 뉴욕 펑크, LA 메탈, 필리 소울, 맨체스터 사운드와 내쉬빌 사운드, 그리고 멤피스 사운드와 같은 용어들이 그것이다. 그런데 '멤피스 사운드'라고 불리는 일군의 음악을 이해하기 위해서는 멤피스라는 도시의 지리적 특성을 먼저 이해할 필요가 있다. 멤피스는 오른쪽에 컨트리의 고향인 내쉬빌이 있고 남쪽으로는 블루스의 성지 미시시피 델타 지역이 있으며 북쪽으로는 재즈와 블루스의 거점 도시인 시카고가 가까운 도시이다. 음악적으로 컨트리 & 웨스턴과 재즈, 블루스의 영향을 두루 받을 수밖에 없는 지리적 특성을 갖고 있는 셈이다.

애초 멤피스는 블루스의 고향이었지만 차츰 컨트리 & 웨스턴

스티브 크로퍼

과 로커빌리의 영향권 아래에 놓이게 되었다. 그러자 1960년대 들어 록큰롤을 수용하면서도 거기에 흑인 소울 음악의 색채를 강화한 일군의 음악이 나타났는데 그것이 바로 '멤피스 사운드'이다. 1960년대 멤피스 사운드의 흐름을 주도했던 것은 스택스 레이블이었다. 스택스 레이블은 부커 티 & 더 엠지스, 오티스 레딩Otis Redding, 1941~1967, 샘 & 데이브Sam &

Dave 등의 스타들을 보유하고 멤피스 사운드의 전성기를 이끌었다. 그리고 이제 스티브 크로퍼가 등장할 시간이다. 그는 부커 티 & 더 엠지스의 창단 기타리스트로 오르간 연주자이자 리더였던 부커 티 존스Booker T. Jones와 함께 밴드를 이끌었던 인물이다. 그는 2003년 「롤링 스톤」이 선정한 '역사상 가장 위대한 기타리스트 100' 순위에서 36위에 올랐으며, 'www.guitar.com'이 선정한 순위에서는 이보다 높은 17위에 올랐다.

보컬 없이도 히트곡을 양산해내는 재능

스티브 크로퍼는 1941년 미국 미주리주 윌로우 스프링스에서 태어나 아홉살 때 가족을 따라 테네시주 멤피스로 이주했다. 열 살 때 사촌의 깁슨 기타를 처음 퉁긴 것이 기타와의 첫 만남이었고, 열네 살 때 드디어 자신의 첫번째 기타를 갖게 되었다. 초창기 그가 영향 받은 기타리스트로는 쳇 앳킨스, 척 베리, 지미 리드 등 많은 이름이 거론되지만 가장 결정적인 영향을 받은 이는 그룹 파이브 로열스Five Royales의 기타리스트였던 로먼 폴링Lowman Pauling, 1926~1973이다. 그는 여러 차례에 걸쳐 직접 이를 언급한 바 있으며, 지난 2011년에는 비비 킹, 브라이언 메이, 스티브 윈우드Steve Winwood, 존 포퍼John Popper 등의 거장들을 모아 「Dedicated : A Salute to the "5" Royales」라는 헌정 앨범을 발표함으로써 이것을 다시 한 번 확인시켜 주었다.

스티브 크로퍼는 1950년대 후반 밴드 로열 스페이드Royal Spades를 결성하고 본격적인 음악활동을 시작했다. 밴드의 이름은 나중에 마키스The Mar-Keys로 바뀌었다. 1961년 마키스는 스택스 레이블에서 빌보드 싱글차트 3위까지 올라간 히트 싱글 〈Last Night〉를 발표했는데, 여기서 스티브 크로퍼는 향후 스택스 사운드의 정형이 될 만한 인상적인 연주를 들

부커 티 & 더 엠지스 시절
스티브 크로퍼

려준다. 이때부터 스택스 레이블은 그의 이름을 주목했고 레이블을 위한 전속 밴드인 부커 티 & 더 엠지스를 창단하면서 그를 자주 기타리스트로 호출했다. 참고로 밴드명 M.G.'s의 M.G.는 Memphis Group의 약자이다.

스티브 크로퍼는 부커 티 & 더 엠지스의 멤버로 스택스 레이블의 수많은 레코딩에 참여했는데, 오티스 레딩의 〈(Sittin' on) The Dock of the Bay〉, 샘 & 데이브의 〈Soul Man〉 등이 대표곡으로 꼽힌다. 부커 티 & 더 엠지스는 단순히 전속 밴드의 지위를 벗어나 독자적인 활동도 병행했다. 밴드는 첫 번째 히트곡인 〈Green Onions〉(1962)에서 보컬 없이도 탄탄한 연주만으로 충분히 히트곡을 만들 수 있다는 것을 입증해 보였고, 1969년 히트곡 〈Time Is Tight〉에서 다시 한 번 영광의 순간을 재현했다. 이밖에 1967년 히트곡인 〈Hip Hug-Her〉와 1971년 히트곡 〈Melting Pot〉은 당대의 뜨거웠던 펑크(Funk) 씬 열기를 증언하는 핵심적인 곡들이다. 이들은 모두 연주곡들로, 부커 티 존스의 빛나는 오르간 연주와 그루브감이 넘실대는 스티브 크로퍼의 펑키 기타가 만들어내는 조화가 단연 압권이다.

1960년대 중·후반 스티브 크로퍼의 명성은 이미 세계적이었다. 단적인 예로 비틀스의 폴 매카트니Paul McCartney와 존 레논은 그의 연주를 아주 좋아해서 멤피스로 직접 날아가 함께 녹음할 계획을 세웠을 정도였다. 아쉽게도 비틀스의 매니저 브라이언 엡스타인Brian Epstein, 1934~1967이 안전을 이유로 계획을 취소하는 바람에 성사되지는 못했지만 말이다.

1970년대에 들어 스티브 크로퍼는 스택스 레이블을 떠나 TMI 스튜디오를 설립하고 수많은 뮤지션들의 앨범을 프로듀스하는 동시에 기타를 연주했다. 타워 오브 파워Tower Of Power, 로드 스튜어트Rod Stewart, 호세 펠리치아노José Feliciano, 제프 벡 그룹, 존 레논, 링고 스타Ringo Starr 등 많은 스타들이 당시 그의 손을 빌어 앨범을 발표했다. 1975년에 그는 옛 멤버들을 규합해 부커 티 & 더 엠지스를 재건하려 했지만 드러머 알 잭슨 주니어Al Jackson Jr., 1935~1975가 멤피스의 자택에서 살해당하는 비극적 사건이 일어나면서 무산되었다.

1978년에 결성되어 1982년에 해산될 때까지 두 장의 정규 앨범과 두 장의 사운드트랙 앨범을 발표한 블루스 브러더스 밴드The Blues Brothers Band는 그의 중기 경력에서 중요한 위치를 차지한다. 블루스 브러더스 밴드는 1988년에 재결성되어 오늘에 이르고 있다.

1992년 스티브 크로퍼는 뉴욕 메디슨 스퀘어 가든에서 펼쳐진 밥 딜런의 데뷔 30주년 기념 콘서트에 기타 연주자로 참여했다. 가장 최근의 주목할 만한 활동으로는 호주 출신의 신예 가이 세바스찬Guy Sebastian의 2007년 앨범 「The Memphis」를 공동 프로듀스하고 프로모션 투어에 동행한 바 있다. 이 투어 실황은 2008년에 라이브 앨범 「The Memphis Tour」로 발매되었는데 멤피스에 대한 스티브 크로퍼의 각별한 애정이 드러난 활약이 아닐 수 없다.

한편 그는 기타리스트로서 뿐만 아니라 작곡가로서도 뛰어난 능력을 발휘했다. 에디 플로이드Eddie Floyd의 히트곡 〈Knock on Wood〉와 오티스 레딩의 〈(Sitting on) The Dark of the Bay〉, 그리고 윌슨 피켓Wilson Pickett, 1941~2006의 〈In the Midnight Hour〉 등이 그가 공동작곡가로 이름을 올린 곡들이다.

펑크의 시대에 기타가 가야할 곳을 제시한 뚜렷한 이정표

스티브 크로퍼는 록큰롤과 R&B 기타를 이야기할 때 결코 빼놓을 수 없는 중요한 인물이다. 그는 소울풀하면서도 리듬감이 넘치는 펑크 기타의 개척자였다. 특히 리드미컬한 백킹 기타와 블루지한 리드 플레이가 교차하는 그의 연주는 1960년대 후반에서 1970년대를 풍미한 펑크의 시대에 기타가 가야할 곳을 제시한 뚜렷한 이정표였다.

그의 탁월함에 대한 증언과 입증자료는 많다. 부커 티 존스는 이렇게 말한 적이 있다. "스티브 크로퍼는 사운드를 만드는데 아주 영민했습니다. 그는 자신의 텔레캐스터로 수많은 소리를 만들었습니다. 어떤 세팅

스티브 크로퍼는 젊은 시절부터 황혼기에 접어든 지금까지 펜더 텔레캐스터를 각별히 아꼈다.

의 변화 없이 단지 자신의 손가락과 픽업, 앰프만을 사용해서 그 모든 것들을 다 만들었습니다." 펜더 텔레캐스터는 그가 가장 즐겨 쓰는 기타이다.

롤링 스톤스의 키스 리처드는 그를 가리켜 "한마디로 완벽한 사람"이라 했고, 1996년 영국의 음악잡지 「모조」는 "현존하는 가장 위대한 기타리스트"라는 칭호를 부여했다. 그는 1992년에 부커 티 & 더 엠지스의 멤버로서 록큰롤 명예의 전당에 헌액되었고, 2010년에는 내쉬빌 송라이터 명예의 전당에 헌액되었다.

만일 누군가가 미국 여행길에 잠시 멤피스에 들른다면 엘비스 프레슬리보다는 스티브 크로퍼의 음악을 권하고 싶다. 멤피스의 허름한 맥주집에서 흘러나오는 멤피스 사운드가 귀에 감긴다면 그 여행이 훨씬 행복해질 것이기 때문이다.

The Only One :
「Melting Pot」 (Booker T. & The M.G.'s)
(1971)

그의 기타가 조용히 흐느낄 때

조지 해리슨

George Harrison, 영국, 1943~2001

그가 비록 테크닉적인 측면에서 뛰어난 연주자는 아니었다 할지라도 전설 가운데 전설 비틀스의 기타리스트였다는 사실 하나만으로도 조지 해리슨의 이름은 여기에 적혀야 마땅하다. 별명이 '조용한 비틀'이었을 정도로 내성적이어서 비틀스 시절 음악적인 면에서도 늘 존 레논과 폴 매카트니의 그늘에 가려져 있었지만, 조지 해리슨은 분명히 비틀스의 리드 기타리스트였으며 인도의 시타르 명인 라비 샹카르Ravi Shankar, 1920~2012(노라 존스Norah Jones의 아버지로도 유명하다)에게 시타르를 배워 록 음악에 적용한 사실이 말해주듯 창의적 시도로 기타 연주의 지평을 넓힌 공로 또한 만만치 않다.

조용한 비틀

조지 해리슨은 1943년 영국 리버풀에서 태어났는데 다른 비틀스 멤버들과 달리 유복한 가정에서 자라며 평탄한 어린 시절을 보냈다. 열네 살

조지 해리슨

때 어머니를 졸라 친구로부터 3파운드짜리 네덜란드제 에그몬드 중고 어쿠스틱 기타를 산 것이 기타와의 첫 번째 인연이었으며, 처음 기타를 퉁기기 시작할 무렵 당대에 유행하던 스키플* 음악계의 스타이던 로니 도니건Lonnie Donegan, 1931~2002으로부터 큰 영향을 받았다. 조지 해리슨은 생각만큼 실력이 금방 늘지 않아 실망했지만 어머니는 항상 곁에서 그를 격려했다.

---

* 스키플(Skiffle) : 기타, 밴조와 함께 빨래판이나 나무상자 등 눈에 띄는 물건을 두드리며 연주하는 음악으로, 1950년대 중반 이후 영국에서 록큰롤의 대안으로서 성행했다. 다소 아마추어적인 느낌이 강한 음악으로, 비틀스의 전신인 쿼리멘 역시 스키플 밴드였다.

어느 날 조지는 3파운드짜리 고물 기타로는 더 이상 앞으로 나아갈 수 없다는 것을 깨닫고 다시 어머니를 졸라 이번에는 30파운드를 주고 자신의 첫 일렉트릭 기타인 독일제 호프너 프레지던트 기타를 장만했다. 일렉트릭 기타를 손에 넣은 조지는 1956년 친구들과 스키플 밴드 레블스The Rebels를 결성했고, 1958년에는 비틀스의 전신이 되는 쿼리멘Quarrymen에 가입했다.

리버풀의 명문 인문계 중등학교였던 리버풀 인스티튜트 시절 조지는 한 학년 위인 폴 매카트니를 만나 함께 기타를 치며 친구가 되었다. 폴 매카트니는 조지의 실력을 높이 사 존 레논과 함께 하던 밴드 쿼리멘에 조지를 추천하게 되지만 처음 존 레논의 반응은 회의적이었다. 조지 해리슨의 나이가 너무 어렸기 때문이다. 당시 조지 해리슨은 열네 살이었다. 그러나 조지의 연주를 들은 존 레논은 단번에 그의 실력을 인정했고 결국 조지 해리슨의 쿼리멘 가입은 성사되었다. 이로써 비틀스의 3/4이 완성되었고 조지 해리슨은 존 레논, 폴 매카트니와 함께 연주하기 시작함으로써 록 역사의 전면에 등장할 준비를 사실상 마쳤다.

1959년 7월에 조지 해리슨은 리버풀 인스티튜트를 중퇴하고 블래클러스 백화점에 견습 전기공으로 취직했다. 그는 도제로 일하면서 이런저런 전기 기술을 익혔는데 이때의 지식과 경험은 그가 비틀스 시절 새로운 소리를 실험하는 데 큰 도움을 주었다. 이후 캐번 클럽에서의 연주와 함부르크 시절을 거쳐 브라이언 엡스타인, 조지 마틴George Martin과의

쿼리멘 활동 당시 존 레논, 폴 매카트니와 함께.

조우를 통해 써내려간 비틀스의 역사는 우리 모두가 주지하는 바이다. 이 사이 쿼리멘은 실버 비틀스를 거쳐 비틀스가 되었고 드러머는 피트 베스트Pete Best에서 링고 스타로 교체되었다.

비틀스는 1962년 10월 데뷔 싱글 〈Love Me Do〉를 발표하면서 마침내 그 위용을 드러냈다. 1963년 3월 발표한 데뷔 앨범 「Please Please Me」는 30주 연속으로 UK 앨범차트 1위를 기록하는 선풍을 불러일으켰고 이어진 2집 「With the Beatles」가 바통을 이어받아 다시 21주간 1위를 차지했다. 비틀스는 무려 51주 연속으로 UK 앨범차트 1위를 점령하는 전무후무한 기록을 세웠다.

1964년 〈I Want to Hold Your Hand〉가 최초로 빌보드 싱글차트 1위를 차지한 후 비틀스는 대서양을 건너 미국 시장에 진출했다. 미국에서도 거대한 성공은 이어졌다. 내놓는 앨범, 내놓는 노래마다 1위를 기록했고 공연장마다 수많은 '비틀 마니아'들을 몰고 다니며 비틀스 신드롬을 일으켰다. 브리티시 인베이전은 그렇게 시작되었다. 1970년 해산할 때까지 비틀스가 써내려간 역사는 한 장 한 장이 모두 전설이 되어버린 그들의 디스코그래피를 열거하는 것만으로도 충분하다. 영국반과 미국반에 다소 차이가 있지만 영국반을 기준으로 본다면 1965년 이후 비틀스의 정규 앨범은 「Help!」(1965) 「Rubber Soul」(1965) 「Revolver」(1966) 「Sgt. Pepper's Lonely Hearts Club Band」(1967) 「The Beatles(White Album)」(1968) 「Yellow Submarine」(1969) 「Abbey Road」(1969) 「Let It Be」(1970)로 이어진다.

인도의 시타르를 팝 음악에 접목한 파격적인 실험정신

조지 해리슨은 비틀스의 초창기에는 쳇 앳킨스와 칼 퍼킨스 등의 영

인도의 악기 시타르를
대중음악에 도입한
조지 해리슨과
그의 스승인 라비 샹카르

향을 받아 컨트리 스타일이 가미된 연주를 선보였다. 1965년에는 영화 [HELP!] 촬영 당시 인도 문화를 처음 접하고 힌두 문화에 심취하게 되었다. 비틀스 멤버들이 모두 힌두 문화에 영향을 받았지만 조지 해리슨은 특히 깊은 영성을 얻어 평생을 힌두교도로 살았다. 음악적으로는 이 무렵 기타와 유사한 인도의 전통악기인 시타르를 처음 알게 되었고, 미국 투어 도중 라비 샹카르를 소개받아 나중에는 개인교습을 받기도 했다. 1965년에는 앨범 「Rubber Soul」에서 처음으로 시타르 연주를 선보였는데 후일 무라카미 하루키의 소설 제목으로도 유명해진 〈Norwegian Wood〉가 그의 시타르 연주가 담긴 대표적인 곡이다. 롤링스톤스의 1966년 앨범 「Aftermath」의 수록곡 〈Paint It Black〉이 여기에 영향 받아 만든 노래라는 것도 잘 알려진 이야기이다. 이 곡의 인트로에도 멋진 시타르 연주가 등장한다. 조지 해리슨은 특히 슬라이드 기타의 명인이다. 그는 보틀넥을 이용한 슬라이드 기타 연주에 매우 능한데 시타르를 배운 게 큰 도움이 되었다.

다작은 아니지만 비틀스 시절에도 조지 해리슨은 작곡을 했다. 그가 만든 대표적인 곡으로는 〈Here Comes The Sun〉 〈Something〉 〈While My Guitar Gently Weeps〉 등이 있는데, 〈While My Guitar Gently Weeps〉에서는 친구인 에릭 클랩튼이 참여해 솔로 부분을 연주해 주기도 했다.

1970년 11월 비틀스 해산 직후 조지 해리슨은 솔로 데뷔 앨범 「All Things Must Pass」를 발표했다. 비틀스 시절 억눌렸던 창작력을 폭발시키기라도 하듯 세 장의 LP에 꼭꼭 눌러 담은 23곡이 빼곡히 수록되어 있었다. 명 프로듀서 필 스펙터Phil Spector의 프로듀스로 제작된 앨범은 빌보드 앨범차트 1위에 올랐고 수록곡인 〈My Sweet Lord〉도 빌보드 싱글차트 1위에 올라 조지 해리슨은 솔로로 가장 먼저 성공한 비틀스 멤버가 되었다. 한편 〈My Sweet Lord〉는 훗날 표절 시비에 휘말려 오랜 송사 끝에 팝 역사상 최초로 '무의식적 표절'이라는 판정을 받는 비운을 맞기도 했다. 절치부심한 조지 해리슨은 1988년 〈Got My Mind Set on You〉로 15년 만에 다시 한 번 빌보드 싱글차트 정상을 차지하며 제2의 전성기를 맞이했다.

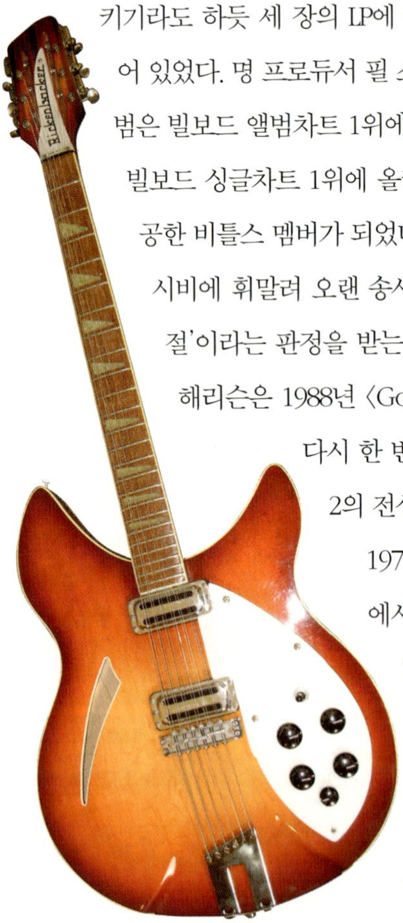

조지 해리슨이 즐겨 사용한 리켄바커 모델

1971년 8월에 뉴욕의 메디슨 스퀘어 가든에서 방글라데시 기아 난민들을 돕기 위해 열린 콘서트도 조지 해리슨의 경력에서 결코 빠질 수 없는 부분이다. 밥 딜런, 에릭 클랩튼, 링고 스타, 리온 러셀Leon Russell, 라비 샹카르 등이 참여했던 이 공연은 1980년대에 다가올 '밴드 에이드'와 'USA for Africa' 등 대형 자선공연의 출발점이었다. 1984년 호주 시드니에서 열린 딥 퍼플의 재결합 기념 공연에 깜짝 게스트로 등장한 것도 기억되는 장면이다. 이날 조지 해리슨은 리치 블랙모어과 함께 화끈한 솔로 연주를 선보였다.

조지 해리슨이 기타 연주자로서 보여준 특징적 측면은 슬라이드 기타와 12현 기타의 활용, 그리고 시타르 연주의 도입으로 정리할 수 있다. 초창기 조지 해리슨은 그레치 기타를 즐겨 썼다. 1964년에는 첫 미국 투어 중에 리켄바커 360-12 모델 12현 기타를 협찬 받았는데, 특유의 찰랑대는 소리로 유명한 이 기타는 이후 그의 트레이드마크가 되었다. 〈A Hard Day's Night〉에서 대표적으로 그의 매력적인 12현 기타 연주를 들을 수 있다.

2001년 11월, 조지 해리슨은 미국 로스엔젤리스에서 아직 이른 쉰여덟의 나이에 뇌종양으로 사망했다. 존 레논에 이어 두 번째 비틀의 죽음이었다. 사망 직후인 2002년에는 〈My Sweet Lord〉가 발표된 지 31년 만에 다시 한 번 영국 싱글차트 1위에 오르는 이변을 연출했다. 조지 해리슨에 대한 영국인들의 사랑은 그만큼 각별했다.

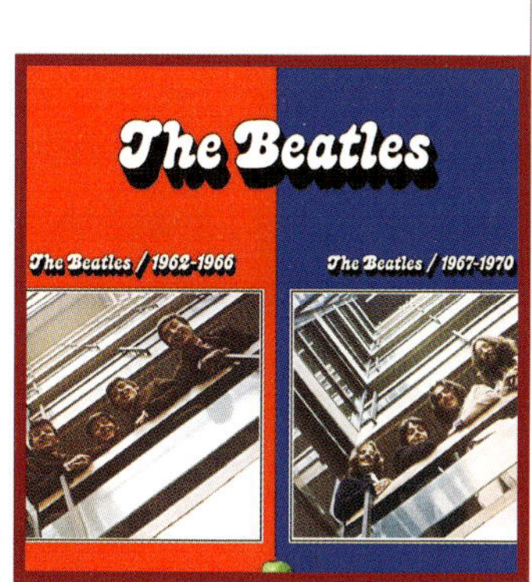

The Only One :
「The Beatles 1962~1970」(2010)

롤링 스톤스의 음악감독

키스 리처드

Keith Richards, 영국, 1943~

여전히 살아남아 구르는 돌 롤링 스톤스의 간판이 믹 재거라면 밴드의 음악을 지배하는 음악 감독은 기타리스트 키스 리처드이다. 역사상 가장 뛰어난 리듬 기타리스트를 꼽는다면 키스 리처드는 분명히 가장 많은 사람들에 의해 호명될 것이다. 그가 만든 〈(I Can't Get No) Satisfaction〉은 역사상 가장 유명한 기타 리프를 가진 곡으로 꼽힌다.

그는 롤링 스톤스의 창단 멤버로서 밴드의 기타리스트가 브라이언 존스에서 믹 테일러Mick Taylor, 다시 론 우드Ron Wood로 바뀌는 혼란 속에서도 50년 넘게 꿋꿋이 자리를 지킨 밴드의 든든한 버팀목이었다. 키스 리처드는 2011년 「롤링 스톤」이 선정한 '역사상 가장 위대한 기타리스트 100' 순위에서 4위에 랭크되었고 그가 믹 재거와 함께 쓴 수많은 명곡 가운데 무려 14곡이 「롤링 스톤」이 선정한 '역사상 가장 위대한 노래 500곡' 리스트에 올라있다.

키스 리처드와 믹 재거

역사상 가장 유명한 기타 리프

롤링 스톤스의 태동은 기차역에서 시작되었다. 믹 재거Mick Jagger와 키스 리처드는 1943년 영국 런던 근교의 다트포드 병원에서 태어났고 초등학교 동기였으며 같은 동네에 집도 가까운 이웃 친구였다. 하지만 초등학교 졸업 이후 한동안 볼 수 없었던 두 사람은 1954년 등교 길에 다트포드 기차역에서 다시 조우하게 된다. 믹 재거는 척 베리와 머디 워터스의 음반을, 키스 리처드는 일렉트릭 기타를 들고 있었다. 운명처럼 다시 만난 두 사람은 롤링 스톤스의 결성을 모의했고 머디 워터스, 척 베리, 버디 홀리 등의 곡을 부지런히 카피하며 실력을 연마해 나갔다. 롤링 스톤스의 음악이 블루스에 뿌리를 두고 있다는 것은 명확하다. 심지어 그룹의 이름마저도 전설적인 블루스맨 머디 워터스의 노래 〈Rolling Stone〉에서 따왔으니 말이다.

브라이언 존스를 영입하고 1962년 영국 런던의 마키 클럽에서 데뷔 공연을 가지면서 롤링 스톤스의 위대한 역사는 시작되었다. 1963년 척 베리의 〈Come on〉과 머디 워터스의 〈I Want to Be Loved〉를 처음 녹음한 롤링 스톤스는 1964년 데뷔 앨범 「The Rolling Stones」를 발표하고 정식으로 출사표를 던졌다. 그들은 악동의 이미지와 거친 록 사운드를 앞세워 기성세대와 구질서에 반항하는 앵그리 영 멘(Angry Young Men)의 상징적 존재가 되어갔다.

1964년에는 비틀스의 뒤를 이어 미국에 상륙해 브리티시 인베이전의 선봉에 섰다. 미국에서 그들은 체스 레코드를 방문해 자신들의 첫 번째 UK 싱글차트 1위곡인 〈It's All Over Now〉와 미국 진출을 위한 곡 〈Time Is on My Side〉를 녹음했는데, 이 때 자신들의 우상이던 척 베리와 머디 워터스를 직접 만났다.

오랜 기간 계속된 미국 순회공연은 롤링 스톤스를 크게 성장시켰다. 제임스 브라운James Brown, 1933~2006, 오티스 레딩, 샘 쿡Sam Cooke, 1931~1964, 슈프림스Supremes, 스티비 원더Stevie Wonder 등 소울 뮤지션들을 만나 큰 영향을 받았고 이를 자양분 삼아 자신들의 음악을 더욱 발전시킬 수 있었다.

믹 재거와 키스 리처드는 록계에서 비틀스의 레논-매카트니 콤비와 비견될 만큼 최고의 작곡 콤비로 통한다. 1965년 밴드 최초로 빌보드 싱글차트 1위를 차지한 〈(I Can't Get No) Satisfaction〉이 그것을 입증하는 대표적인 곡인데 이 곡이 만들어진 데에는 재미있는 일화가 숨어있다. 어느 날 피곤에 지쳐 잠든 키스 리처드는 꿈속에서 들리는 음악 소리에 깜짝 놀라 잠에서 깼다. 그는 침대 옆에 놓여있던 기타를 잡고 비몽사몽간에 그 음악을 녹음한 후 금방 다시 잠에 빠져들었다. 자고 일어나 녹음기를 돌려보니 거기에는 40분의 코고는 소리와 2분의

키스 리처드와 브라이언 존스

음악이 녹음되어 있었다. 키스 리처드와 믹 재거는 머리를 맞대고 그 2분을 바탕으로 해서 곡을 완성했는데 그것이 바로 〈(I Can't Get No) Satisfaction〉이라는 이야기다. 믿거나 말거나 거짓말 같은 이야기이지만 아무튼 이 곡이 가진 퍼즈 톤의 강력한 기타 리프는 역사상 가장 유명한 기타 리프가 되었다. 〈(I Can't Get No) Satisfaction〉은 「뉴 뮤지컬 익스프레스(이하 NME)」가 선정한 1965년 최고의 곡으로 뽑혔으며 「롤링 스톤」이 선정한 '역사상 가장 위대한 노래 500곡' 순위에서도 2위에 올라 있다.

1966년 롤링 스톤스는 명반 「Aftermath」를 발표했다. 키스 리처드는 믹 재거와 함께 거의 전곡을 만들었는데 앨범에서는 두 사람의 콤비 플레이 외에도 기타와 시타르, 덜시머 등 다양한 악기를 연주한 브라이언 존스의 역할이 두드러진다. 1967년 앨범 「Between the Button」에서도 브라이언 존스는 전작에 이어 여러 악기를 연주하며 실험적인 면모를 보여주고 있는데 이 앨범은 믹 재거와 키스 리처드 그리고 브라이언 존스의 삼각편대가 최고의 호흡과 역량을 발휘한 앨범으로 꼽힌다.

키스 리처드는 앨범의 대표곡인 〈Ruby Tuesday〉를 만드는 한편 강

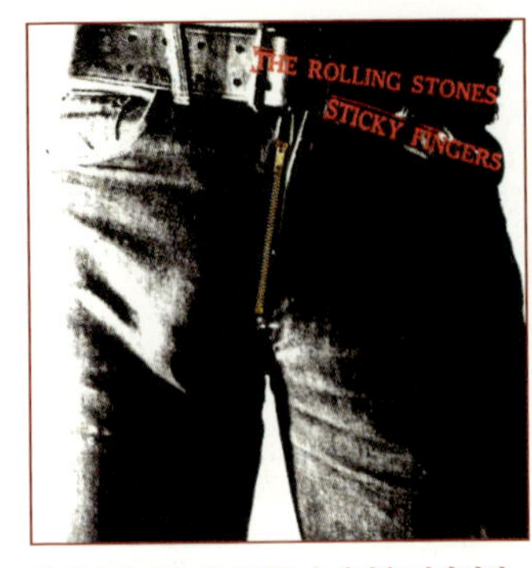

팝 아트의 대가 앤디 워홀이 재킷을 디자인한 「Sticky Fingers」 앨범

력한 기타 사운드를 앞세워 앨범 전체를 리드하고 있다. 1968년 싱글로 발표한 〈Jumping Jack Flash〉에서 키스 리처드는 오픈 튜닝을 활용한 또 하나의 명 리프를 만들어냈다. 빌 와이먼Bill Wyman의 베이스 리프와 절묘한 결합을 이룬 이 곡을 통해 키스 리처드는 최고의 리프 마스터로서의 입지를 확고하게 구축했다. 〈Jumping Jack Flash〉는 1968년을 휩쓴 68혁명과 반전 시위의 송가가 되었다.

키스 리처드는 롤링 스톤스의 리듬 기타리스트였고 리드 기타는 브라이언 존스가 맡았다. 하지만 1968년 앨범 「Beggars Banquet」의 수록곡 〈Sympathy for the Devil〉에서 키스 리처드는 의외로 짧지만 열정적인 솔로 연주를 들려주었고, 〈Street Fighting Man〉에서 들려준 어쿠스틱 파워 리프도 인상적이었다. 1969년 앨범 「Let It Bleed」의 수록곡 〈Honky Tonk Women〉은 컨트리적인 느낌이 강한 곡으로 키스 리처드가 만든 가장 창의적인 록큰롤 곡으로 평가받는다.

1960년대의 마지막 1969년은 세계사적으로도 큰 변곡점이 되었던 해이지만 롤링 스톤스에게도 사건이 많았던 해이다. 그 해 여름 브라이언 존스가 밴드를 떠났고 그 3주 후에 자택 수영장에서 사망하는 비극적인 사건이 일어났다. 브라이언 존스의 빈자리는 당시 스물한 살의 젊은 기타리스트 믹 테일러가 차지했다. 믹 테일러는 가입한 지 불과 며칠 후에 런던 하이드 파크에서 25만 명의 관객이 운집한 가운데 펼쳐진 공연에서 첫 선을 보였다. 그리고 1969년도 막바지에 이른 12월 미국 알타몬드에서 열린 롤링 스톤스의 공연장에서 흑인 소년이 안전요원에 의해 살해되는 충격적 사건이 일어났다. 록큰롤 역사상 가장 비극적인 장면 가운데 하나인 이른바 '알타몬드의 비극'이다.

그러나 롤링 스톤스는 멈추지 않았다. 1970년대의 포문을 여는 앨범 「Sticky Fingers」(1971)는 두 대의 기타 외에 혼 섹션을 도입해 변화를 주고 있었는데 테너 색소폰이 가세한 〈Brown Sugar〉가 특히 주목을 받았다. 한편 이 앨범은 실제 지퍼가 달린 재킷 디자인으로도 큰 화제를 불러 모았는데 팝 아트의 대가 앤디 워홀Andy Warhol, 1928~1987의 작품이다. 1975년 다시 믹 테일러가 밴드를 떠난 자리는 페이시스Faces 출신의 론 우드로 대체되었다. 변화 속에서도 롤링 스톤스는 정상의 위치를 고수해 갔다.

리드 기타리스트를 리드하는 리듬 기타리스트

키스 리처드의 어머니는 어려서부터 아들에게 재즈를 들려주었고 기타를 사주었다. 하지만 척 베리를 처음 접하면서 키스 리처드는 록큰롤의 세계로 초대되었다. 그가 가장 큰 영향을 받은 인물도 당연히 척 베리이다. 그는 훗날 척 베리를 위한 헌정 공연을 갖기도 했다. 키스 리처드가 연주하는 리듬 기타의 특징은 드럼보다 박자를 아주 조금 앞서가면서 묘한 그루브감을 만든다는 것이다. 이밖에 그의 기타 연주는 의외로 컨트리적인 요소가 많이 스며있는데 그것은 그가 보 디들리, 리틀 리처드, 에벌리 브러더스와 함께 투어를 다니며 돈 에벌리Don Everly의 컨트리 기타를 배웠기 때문이다.

키스 리처드는 낮은 E현을 빼고 기타 줄을 5줄만 매는 오픈 G 5현 기타 튜닝을 즐겨 사용하는데 오픈 튜닝도 돈 에벌리로부터 영향받은 것으로, 여기에 버즈The Byrds의 기타리스트 그램 파슨스Gram Parsons와 교류한 것도 영향을 미쳤다.

키스 리처드의 기타 가운데 가장 유명한 것은 '미코버'(Micawber)라는 이름으로 불리는 펜더 텔레캐스터이다. 그는 1972년 「Exile on Main Street」 앨범 녹음 때부터 이 기타를 사용해 왔는데 프런트 픽업을 험버커로 교체하는 등 바디 외에 액세서리는 여러 차례에 걸쳐 개조되었다. 이밖에 펜더 스트라토캐스터와 깁슨 레스 폴 기타도 즐겨 쓰며, 오랫동안 그를 위해 일해 온 기타 제작자 테드 뉴먼 존스Ted Newman Jones가 특별히 만든 5현 기타도 자주 사용한다.

브라이언 존스의 실험성은 키스 리처드의 안정적인 연주에 의해 뒷받침되었기에 더욱 빛을 발할 수 있었다. 아울러 멜로디컬한 솔로를 만드는데 탁월한 믹 테일러와 간결하면서도 임팩트 있는 리프를 만드는데 천재적인 키스 리처드의 조합은 환상적이었다. 개인적으로는 이 조합이 최고였다고 생각한다. 직선적이고 단순한 스타일의 론 우드와의 조합은

키스 리처드의 기타 가운데 가장 유명한 펜더 텔레캐스터 모델 '미코버'

또 다른 맛이 있다. 그렇게 키스 리처드는 반세기 동안 롤링 스톤스를 지켜왔다. 중요한 것은 어떤 조합에도 키스 리처드가 있었으며 그가 최고의 리듬 기타리스트라는 사실이다.

"20대에 혁명을 꿈꾸지 않으면 가슴이 없는 것이고 40대에도 혁명을 꿈꾼다면 머리가 없는 것이다"라는 말이 있다. 록은 혁명의 음악이고 젊음의 음악이다. 하지만 젊은 사람들만이 하는 음악은 아니다. 롤링 스톤스는 늙어서도 록을 한다는 것을 보여주었다. 1989년 롤링 스톤스가 록큰롤 명예의 전당에 헌액될 때 밴드 Who의 피트 타운센드는 이렇게 말했다. "당신들이 무엇을 하든 우아하게 늙을 생각은 하지 마라. 그것은 당신들과는 맞지 않는다." 그것이 롤링 스톤스이고 그것이 록이다.

2007년 개봉한 영화 [캐러비안의 해적 : 세상 끝에서]에서 키스 리처드는 조니 뎁Johnny Depp이 연기한 잭 스패로우의 아버지 캡틴 티그 역을 맡았다. 2008년 베를린 영화제 개막작을 장식한 마틴 스콜세지 감독의 영화 [샤인 어 라이트]는 롤링 스톤스의 영화이다.

The Only One :
「GRRR!」(2012)

'세계 최고의 무명 기타리스트'라는 농담

로이 부캐넌

Roy Buchanan, 미국, 1939~1988

〈The Messiah Will Come Again〉을 개리 무어의 연주로만 알고 있다면 잘못 알고 있는 것이다. 그는 명곡 〈The Messiah Will Come Again〉의 원작자이자 연주자이다. 1971년 한 TV 프로그램에 출연한 이후로 그의 별명은 '세계 최고의 무명 기타리스트'(The Best Unknown Guitarist in the World)였다. 하지만 이것은 넌센스이거나 농담이다. 그 이전에도 이후에도 그는 결코 무명이 아니었기 때문이다. 그는 역사상 가장 뛰어난 백인 블루스 기타리스트 가운데 한 명으로 꼽히며 2003년 「롤링 스톤」이 선정한 '역사상 가장 위대한 기타리스트 100' 순위에서 57위에 올랐고, 2004년 「기타 월드」가 독자투표를 통해 선정한 위대한 기타리스트 순위에서도 46위에 올랐다. 그는 같은 해 「기타 월드」가 선정한 '역사상 가장 위대한 기타곡 50' 리스트에도 데뷔 앨범 수록곡인 〈Sweet Dreams〉를 올려놓았다. 그의 이름은 로이 부캐넌이다.

강호 무림의 진정한 고수

로이 부캐넌은 1939년 미국 아칸사스주 오자크에서 태어나 캘리포니아에서 성장했다. 다섯 살 때 교회에서 가스펠 음악을 접한 것이 음악과의 첫 번째 인연이었는데 이 만남은 그를 블루스와 흑인음악의 세계로 초대했다. 아홉 살 때부터 본격적으로 기타를 배우기 시작해 열다섯 살 때에는 이미 프로 뮤지션의 길로 접어들었다. 1958년에는 〈Suzie Q〉로 유명한 록큰롤 스타 데일 호킨스Dale Hawkins, 1936~2010의 음반을 통해 레코드 데뷔를 장식했다. 이 무렵 그는 이미 〈My Babe〉에서 인상적인 솔로 기타 연주를 들려주었다. 2년 후 로이 부캐넌은 데일 호킨스를 떠나 데일

PBS 다큐멘터리 〈The Best Unknown Guitarist in the World〉 스틸 컷

의 사촌인 로니 호킨스Ronnie Hawkins와 함께 활동하게 되었는데 이 때 로니 호킨스의 백밴드에서 기타를 치던 로비 로버트슨을 만나 그에게 기타를 가르쳐주기도 했다. 로이 부캐넌은 로비 로버트슨이 기타를 쳤던 로니 호킨스의 히트 싱글 〈Who Do You Love?〉에서는 베이스를 연주했다.

1960년대 동안 로이 부캐넌은 많은 뮤지션들의 사이드맨으로 수많은 공연을 펼쳤다. 그 결과 그는 커다란 명성을 얻었으며 1969년에는 브라이언 존스의 죽음 이후 롤링 스톤스로부터 러브콜을 받기도 했다. 그는 결국 이 제의를 거절하고 말았지만 그의 명성은 그만큼 높아져 있었다.

1970년대가 열리면서 이미 뮤지션들 사이에서는 뛰어난 실력으로 명성이 높았지만 대중적으로는 아직 인지도가 낮았던 그에게 뜻하지 않은 기회가 찾아왔다. 1971년 미국의 공영방송 PBS가 로이 부캐넌을 소개하는 한 시간짜리 다큐멘터리 프로그램을 만들어 방송하기로 한 것이다. 프로그램의 제목은 '세계 최고의 무명 기타리스트'였다. 방송이 나가자 로이 부캐넌은 하루아침에 전국구 스타가 되었다. 존 레논을 비롯한 많은 뮤지션들이 그의 실력에 대해 찬사를 보냈다. 마치 무림의 세계에서 명성을 떨치던 초절정 고수가 하산해 강호의 한가운데 모습을 드러낸 형국이었다. TV 다큐멘터리 덕에 유명해진 로이 부캐넌은 폴리도어 레코드와 계약을 맺고 솔로 앨범 작업에 박차를 가했다. 그리고 1972년 드디어 자신의 이름을 내건 솔로 데뷔 앨범 「Roy Buchanan」을 발표했다. 바로 이 앨범에 개리 무어의 리메이크로도 유명한 명곡 〈The Messiah Will Come Again〉이 수록되어 있다. 이밖에도 그는 〈Pete's Blues〉 〈John's Blues〉 등의 곡에서 블루스 마스터다운 명연을 선보였는데 특히 멜로디를 앞세운 프레이즈 전개와 볼륨주법을 활용한 연주가 돋보였다. 그 당시 로이 부캐넌의 연주에서는 마이크 블룸필드의 영향이 강하게 느껴진다는 평가가 많다.

1970년대에 그는 폴리도어 레코드에서 5장의 앨범을 발표했는데, 1972년에 발표한 2집 「Second Album」과 1977년에 발표한 「Loading Zone」은 골드를 기록했다. 특히 「Loading Zone」은 퓨전 재즈 베이스의 명인 스탠리 클락Stanley Clarke과 또 한 명의 위대한 기타리스트인 스티브 크로퍼를 초빙한 것으로 화제를 모으기도 했다.

1981년에 알코올중독 등의 문제로 건강이 악화된 데다 음악적 견해 차이로 음반사와도 갈등을 일으킨 로이 부캐넌은 레코딩 활동 중단을 선언했다. 그가 다시 녹음 스튜디오로 돌아온 것은 4년의 시간이 흐른 뒤였다. 앨리게이터 레코드와 계약을 맺고 복귀한 첫 번째 앨범은 「When a Guitar Plays the Blues」로 1985년에 나왔다. 그러나 그에겐 그리 오랜 시간이 주어지지 않았으니 1987년 발표한 자신의 통산 열두 번째 앨범 「Hot Wires」가 그의 마지막 작품이 되고 말았다.

1988년 여름 로이 부캐넌은 투어가 한창이던 중에 잠깐의 휴식을 위해 페어팩스의 집으로 돌아왔다. 그는 술에 취해 아내와 말다툼을 벌였고 아내의 신고로 충돌한 경찰에 연행되어 유치장에 감금되는 신세가 되고 말았다. 그리고 그 날 그는 순찰을 돌던 당직 경찰에 의해 천장에 자신의 셔츠로 목을 매 자살한 시체로 발견되었다. 참으로 어이없는 죽음이었다.

기타는 마음이다

로이 부캐넌의 기타 가운데 가장 유명한 것은 1953년산 펜더 텔레캐스터로 시리얼 넘버는 2324번이다. 이 기타는 '낸시'라는 닉네임으로 불렸다. 이밖에도 그는 깁슨 레스 폴 기타도 종종 사용했다. 그는 최소한의 장비로 자신이 필요로 하는 효과를 적절히 얻어냈다. 그는 페달 이펙터를 거의 사용하지 않았으며 펜더 텔레캐스터를 펜더 바이브로럭스 앰프에 연결해 출력을 최대한으로 높여 뽑아내는 볼륨주법과 톤 컨트롤만으로 와와효과를 만들어냈다.

로이 부캐넌의 주법 가운데 또 하나 유명한 것으로 '치킨 피킹' 기술이 있다. 피킹에 엄지손가락을 함께 사용하고 피크를 엄지와 네 번째 손가락 사이에 끼움으로써 자유로워진 집게 혹은 가운데 손가락으로 줄을 뮤트한 상태에서 피킹하는 '치킨 피킹'은 특히 피킹 하모닉스에 의한 오버톤을 얻어내는 데 효과적인 연주법인데, 로이 부캐넌은 이 기술과 핀치

스탠리 클락과 스티브 크로퍼를 초빙한 앨범 「Loading Zone」의 재킷에 등장하기도 하는 그가 아꼈던 기타 펜더 텔레캐스터 2324 모델(닉네임 '낸시')

하모닉스 주법을 즐겨 사용했다.

그가 한 때 더 밴드의 로비 로버트슨과 지지 탑ZZ Top의 빌리 기본스의 기타 스승이었다는 사실도 잘 알려져 있다. 로비 로버트슨의 주특기 가운데 하나인 피킹 하모닉스는 로이 부캐넌의 그것을 그대로 계승한 것으로 평가받는다.

그는 개리 무어와 제프 벡 등 다른 많은 뮤지션들에게도 지대한 영향을 끼쳤다. 제프 벡은 자신의 명반 「Blow by Blow」에서 〈Cause We've Ended as Lovers〉를 그에게 헌정했고, 프레디 블롬Freddy Blohm의 노래 〈King of a Small Room〉은 로이 부캐넌에 대한 이야기이다.

블루스는 슬픔의 음악이다. 고향 아프리카를 떠나 머나먼 아메리카에서 고된 삶을 살아가던 흑인들의 노래가 슬픈 것은 당연하다. 블루스는 격정적이지 않으면서도(물론 격정적인 블루스도 있지만 대체적으로) 아주 깊은 정서적 감흥을 불러일으킨다. 그래서 블루스는 때론 고즈넉하게 들리지만 조금만 빠져들면 눈물이 나올 만큼 처연하다. 로이 부캐넌의 〈Wayfaring Pilgram〉을 들으면 정말 그렇다. 아마도 그 곡을 연주할 때 그의 마음이 그랬을 것이다. 그는 이렇게 말했다. "기타는 마음이다."

The Only One :
「Roy Buchanan」(1972)

Life is Slowhand

에릭 클랩튼

Eric Clapton, 영국, 1945~

에릭 클랩튼은 어느 누구보다도 다양한 음악적 경력을 써내려간 뮤지션이며 또 그만큼 드라마틱한 삶을 살아온 인물이기도 하다. 기타리스트로서의 영광 역시 다른 누구와 비교해도 우월하다. 2011년 「롤링 스톤」이 뽑은 '역사상 가장 위대한 기타리스트 100' 순위에서 2위에 오른 것을 비롯해 각종 조사에서 에릭 클랩튼은 언제나 상위 5위권 안에 빠짐없이 등장한다. 야드버즈The Yardbirds와 크림의 멤버로서, 또 솔로로서 세 차례나 록큰롤 명예의 전당에 이름을 올린 그의 별명은 '기타의 신'이다.

Clapton is God

1945년 영국 서레이주 리플리에서 태어난 에릭 클랩튼은 부모가 일찍 이혼하는 바람에 할머니와 할아버지를 부모로 잘못알고 삼촌을 형으로 여기며 성장했는데 일곱, 여덟 살 무렵 이 사실을 알고 큰 충격을 받

았다. 엘비스 프레슬리, 버디 홀리 등 당대를 주름잡던 록큰롤 스타들에 눈과 귀를 빼앗겨 버린 소년의 삶은 열세 살 때 2파운드짜리 독일제 호이어 기타를 선물 받던 순간 결정되었다.

이후 독학으로 기타를 익히고 스쿨밴드 등을 거치며 실력을 연마한 그는 1963년 그룹 야드버즈에 가담하면서 음악계에 본격적으로 모습을 드러낸다. 야드버즈 시절의 대표곡으로는 UK 싱글차트 3위, 빌보드 싱글차트 6위까지 올랐던 히트곡 〈For Your Love〉가 있다. 야드버즈는 라이브 위주로 활동한 밴드였는데, 당시 에릭 클랩튼은 1번 줄이 특히 가는 라이트게이지 기타 현을 썼다. 음을 벤딩하기 쉽게 할 목적이었지만 그러다보니 공연 도중 기타 줄이 끊어지는 일이 잦았다. 그 때마다 공연

역사상 가장 뛰어난 3인조 밴드로 평가받는 '크림'

은 중단되었고 기타 줄을 갈아 끼우는 동안 관객들은 느리게 손뼉을 치며 기다리곤 했는데, 이를 본 매니저 조르조가 'Slowhand Clapton'이라는 말을 떠올렸고 그 후로 슬로우핸드는 에릭 클랩튼의 가장 유명한 별명이 되었다.

1965년 에릭 클랩튼은 야드버즈를 떠나 존 메이욜스 블루스브레이커스 John Mayall's Bluesbreakers에 가입했다. 갈수록 상업적으로 변해가는 야드버즈의 음악성에 실망을 느끼고 있던 차에 당시 영국 블루스록계의 리더격이던 존 메이욜의 제의는 거부할 이유가 없는 유혹이었을 것이다. 사실 앞서 말한 〈For Your Love〉 녹음 당시에도 에릭 클랩튼은 중간의 겨우 8마디 블루스 리프를 연주했을 뿐이었고 마음은 이미 야드버즈를 떠나 있었다.

하지만 블루스브레이커스 시절 역시 그리 길지는 않았다. 이 시기의 대표 앨범으로 사실상 에릭 클랩튼이 블루스 기타리스트로서 명성을 얻기 시작한 작품인 「Blues Breakers: John Mayall with Eric Clapton」(1966)이 발표된 것도 실은 이미 그가 밴드를 떠난 후였다. 아무튼 이 앨범은 에릭 클랩튼의 디스코그래피에서 아주 중요한 위치를 점하는데,

이때부터 그는 자신의 트레이드마크가 되는 깁슨 레스 폴 스탠더드 기타와 마샬 앰프의 조합을 선보이기 시작했다. 런던 거리에 '클랩튼은 신이다'(Clapton is God)라는 문구가 나붙기 시작한 것도 이때부터였다.

1966년 블루스브레이커스를 떠난 에릭 클랩튼의 다음 선택은 크림이었다. 베이스의 잭 브루스, 드럼의 진저 베이커Ginger Baker와 함께 했던 크림은 역사상 가장 뛰어난 3인조 밴드로 꼽히는데, 1967년 앨범 「Disraeli Gears」의 수록곡 〈Sunshine of Your Love〉와 1968년 앨범 「Wheels of Fire」에 수록된 〈White Room〉이 그룹의 양대 히트곡으로 꼽힌다.

1969년 에릭 클랩튼은 다시 크림을 떠나 블라인드 페이스Blind Faith를 결성했다. 크림의 동료 진저 베이커와 그룹 트래픽Traffic을 이끌던 스티브 윈우드 등이 함께 했던 블라인드 페이스는 결성 당시 슈퍼그룹으로 큰 관심을 모았지만 역시 단 한 장의 정규 앨범을 내고 단명하고 말았다.

'삶'이라는 이름의 모순

이제 드디어 데릭 & 더 도미노스Derek & the Dominos와 〈Layla〉의 이야기를 할 차례다. 여기에는 팝 역사상 가장 드라마틱한 사랑이야기가 숨어있다. 1968년 에릭 클랩튼은 비틀스의 〈While My Guitar Gently Weeps〉 녹음에 참여한 것을 계기로 조지 해리슨과 친구가 되었는데 비극적 멜로드라마는 여기서 시작되었다. 운명의 장난처럼 에릭이 조지 해리슨의 아내였던 패티 보이드Pattie Boyd를 사랑하게 된 것이다. 친구의 아내를 사랑하게 된 남자가 상대 여인에게 바치는 절절한 사모곡, 그것이 바로 그 유명한 〈Layla〉인데, 이 곡의 도입부 슬라이드 기타는 또 한 명의 기타 천재 듀언 올맨이 연주하고 있다. 에릭 클랩튼과 패티 보이드는 결국

절친인 조지 해리슨의 부인이자 〈Layla〉의 주인공이었던 패티 보이드

1974년부터 동거에 들어가 1979년 결혼에 골인했지만 1988년 파경을 맞음으로써 아무리 애끓는 사랑도 영원하지는 않다는 씁쓸한 사실을 입증하고야 말았다.

불우한 어린 시절의 기억과 잘 풀리지 않는 사랑이 가져다 준 아픔 속에서 에릭 클랩튼은 자연스럽게 술과 마약에 빠져들었다. 그는 1970년 솔로로 독립했지만 이내 팬들의 시야에서 사라졌고 1973년에서야 2년 만에 돌아와 컴백 콘서트를 가졌다. 그리고 이듬해 앨범 「461 Ocean Boulevard」를 발표하면서 성공적인 솔로 커리어를 쌓기 시작했다. 이 앨범에서는 특히 밥 말리Bob Marley, 1945~1981의 원곡을 리메이크한 레게 넘버 〈I Shot the Sheriff〉와 〈Let It Grow〉 등이 히트했다. 솔로 작품으로 가장 유명한 또 한 장의 앨범은 1977년작 「Slowhand」인데 자신의 별명을 그대로 사용한 이 앨범에 〈Wonderful Tonight〉 〈Cocaine〉 〈Lay Down Sally〉 등의 히트곡이 대거 수록되어 있다.

에릭 클랩튼은 오랜 시간 약물과 알코올 중독으로 고생했고 병원과 재활시설에서 상당한 시간을 보내야만 했다. 그래서 그의 경력에는 자주 공백기가 나타나고 발표하는 음악의 수준과 완성도에서도 시기마다 편차를 보인다. 하지만 최소한 대중적 성공이라는 척도에서 그의 전성기는 아마도 1990년대 초반이 될 텐데 여기에도 또 한 번의 드라마 같은 이야기가 기다리고 있다.

필생의 연인 패티 보이드와 이혼한 에릭은 이탈리아 여행 도중 만난 여인 로리 델 산토Lory Del Santo와 사랑에 빠졌고 둘 사이에서 아들 코너Cornor Clapton가 태어났다. 코너에 대한 그의 사랑은 극진했는데, 1991년 3월 20일 비극은 다시 한 번 그를 덮쳤다. 아들 코너가 뉴욕 맨해튼의 53층 아파트에서 추락해 사망한 것이다. 그는 다시 한 번 절망에 빠졌지만 이를 이겨내고 〈Tears in Heaven〉을 발표했고 이 노래는 그에게 화려한 영광을 가져다주었다. 1991년 영화 [Rush]의 삽입곡으로 처음 선보인 〈Tears in Heaven〉은 1992년 MTV 언플러그드 공연에서 연주되면서 폭발적인 인기를 얻었고, 에릭 클랩튼은 이듬해 그래미에서 올해의 레코드, 올해의 앨범, 올해의 노래 등 주요 세 개 부문을 포함한 여섯 개 부문을 석권함으로써 음악 인생 최고의 순간을 맞이했다.

MTV 언플러그드 공연으로 재기에 성공하며 그래미를 거머쥔 에릭 클랩튼

느리게, 천천히, 서서히 밀려오는 블루스의 전율

에릭 클랩튼은 깁슨 레스 폴 기타를 가장 애용했지만 펜더 계열의 기타도 자주 사용했는데, 그가 사용한 기타 가운데는 오히려 펜더 기종이 더 많다. 1999년 에릭 클랩튼은 자신이 소장하고 있던 기타 가운데 100대를 골라 뉴욕 크리스티 경매에 부쳤다. 자신이 설립한 재활센터인 크로스로즈 센터를 운영할 기금을 마련하기 위해서였다. 이 날 행사에서는 총 445만 2천 달러가 모아졌는데 토바코 선버스트 컬러의 1956년형 펜

더 스트라토캐스터는 무려 49만 7천 5백 달러에 팔려 역대 최고가를 기록했다. 이것이 바로 〈Layla〉를 연주할 때 사용한 것으로 '브라우니'라는 애칭으로 불리는 유명한 기타이다.

기록을 다시 깬 것 역시 에릭 클랩튼 자신이었다. 2004년 크리스티 경매에서 그의 검은색 펜더 스트라토캐스터는 무려 95만 9천 달러에 팔려 나가 최고가 기록을 경신했다. '블래키'라는 애칭으로 불리는 이 기타는 1956년 경 에릭 클랩튼이 여러 개의 기타 부품을 손수 조립해서 만든 수제품으로 「Slowhand」 앨범 녹음 당시 사용했던 명기였다. 한편 이 날 경매에서는 그가 야드버즈 시절부터 연주했던 체리레드 깁슨 ES-335가 84만 7천 5백 달러에 팔려 깁슨 기타로는 역대 최고가를 기록하기도 했다.

브라우니 블래키 깁슨 ES-335

에릭 클랩튼은 로버트 존슨과 버디 가이, 프레디 킹 등 많은 전설적인 블루스 기타리스트들의 영향을 받아 블루스에 기반을 둔 자신만의 스타일을 완성했지만 스스로 가장 많이 영향 받은 인물로 꼽는 것은 두 사람이다. 먼저 머디 워터스, 그는 에릭에게 근원적인 영향을 끼쳤는데 함께 연주여행을 다니면서 에릭을 직접 가르쳤는가 하면 언제나 격려를 아끼지 않았던 아버지와도 같은 존재였다. 또 한 명은 비비 킹이다. 에릭 클랩튼은 그에게 로버트 존슨의 환생이 아닐까 한다는 찬사를 바치며 블루스가 배출해낸 최고의 블루스맨으로 꼽는데 주저함이 없다. 그에 대한 존경심은 2000년 에릭 클랩튼이 비비 킹을 초빙해 만든 앨범 「Riding with the King」에서 단적으로 드러나기도 했다.

에릭 클랩튼, 그의 기타는 화려하진 않지만 결코 느리지 않다. 하지만 무대 위에서 그가 연주하는 모습은 항상 느리고 여유로워 보인다. 그래서 그에게 붙여진 '슬로우핸드'라는 별명은 원래는 그런 의미가 아니었지만 지금은 가장 잘 어울리는 이름이 되었다.

The Only One :
「Slowhand」(1977)

흑인 블루스 마스터를 향한 백인 블루스 보이의 경의

마이크 블룸필드

Mike Bloomfield, 미국, 1943~1981

밥 딜런과 함께 무대에 선 뉴포트 포크 페스티벌

1965년 7월에 있은 뉴포트 포크 페스티벌은 포크와 록의 역사에서 커다란 논쟁을 야기한 문제적 장면을 남겼다. 이 날 어쿠스틱 기타 대신 일렉트릭 기타를 둘러매고 무대에 선 포크의 제왕 밥 딜런이 자신의 새로운 히트곡 〈Like a Rolling Stone〉을 일렉트릭 사운드로 연주하자 객석에서는 격렬한 야유가 쏟아졌다. 포크의 순수 팬들은 밥 딜런의 변절을 용서할 수 없었던 것이다. 그것은 배신이었다. 그런데 바로 그 문제적 장면의 배후에서 위풍당당하게 일렉트릭 기타를 쳤던 이가 있으니 그가 바로 마이크 블룸필드이다.

마이크 블룸필드

일렉트릭 기타로 포크의 고정관념을 부수다

마이크 블룸필드는 1943년 미국 일리노이주 시카고의 부유한 유태인 가정에서 태어났다. 요리기구 사업을 하던 집안의 가업을 물려받았다면 편안하고 부유한 삶을 영위할 수 있었지만 그의 선택은 달랐다. 어려서부터 블루스 음악에 심취한 그는 십대 시절부터 시카고 남부지역의 블루스 클럽을 문턱이 닳도록 드나들었고, 기타를 익힌 이후에는 흑인 블루스 연주자들과 함께 연주하기 시작했다.

그의 절친한 친구이자 음악적 동반자인 알 쿠퍼Al Kooper는 훗날 당시의 마이크 블룸필드에 대해 "그는 블루스를 연주하는 많은 백인 소년 가운

세션 기타리스트로 활약하던 마이크 블룸필드를 눈여겨 봐 오던 폴 버터필드는 그를 폴 버터필드 블루스 밴드로 이끈다.

데 한 명이 아니었다. 그는 블루스가 무엇인지를 진심으로 이해하고 있었다"라고 회고했다. 마이클 블룸필드는 생전에 이렇게 말한 적이 있다. "그것은 당연하다. 흑인들은 미국에서 육체적으로, 외적으로 고생한다. 반면 유태인들은 심리적으로, 내적으로 고통을 받는다. 고통은 블루스의 기반이다." 많은 뮤지션들이 이 될성부른 백인 블루스 청년을 응원하고 지원했다. 비비 킹도 머디 워터스도 밥 딜런도 버디 가이도 그의 가능성을 눈 여겨 보았다.

1964년에 마이크 블룸필드는 클럽에서 연주하던 중 유명 스카우터 존 해몬드John Hammond의 눈에 들어 콜롬비아 레코드와 계약을 체결했다. 그리고 몇몇 녹음에 참여하며 세션 기타리스트로 활약하던 중 폴 버터필드Paul Butterfield, 1942~1987와 엘빈 비숍Elvin Bishop 등을 만나 폴 버터필드 블루스 밴드에 가입했다. 1965년에 발표한 그룹 동명 데뷔 앨범 「The Paul Butterfield Blues Band」는 일렉트릭 시카고 블루스의 뜨거운 열기를 뿜어내며 동시대의 백인 블루스 지망생과 연주자들에게 깊은 영감을 주었고, 이어진 앨범 「East-West」 역시 더 큰 찬사를 이끌어냈다. 가장 주목받은 곡은 러닝타임 13분에 달하는 대곡 〈East-West〉이다. 이 곡은 보컬 없이 온전히 연주만으로 채워진 연주곡으로 블루스와 재즈에 사이키델릭 록과 인도 라가음악의 요소까지를 포함한 다채로운 구성요소 때문에 특히 비상한 관심을 모았다. 마이크 블룸필드는 이 곡에서 당시로서는 보기 드물게 긴 시간동안 전혀 지루함을 느낄 겨를이 없는 창조적인 솔로 연주를 펼쳐 보였다. 마이크 블룸필드는 앨범 전반에 걸쳐 뛰어난 슬라이드 기타 솜씨를 뽐냈으며, 특히 그가 엘빈 비숍과 함께 펼친 인상적인 트윈 기타 플레이는 올맨 브러더스 밴드를 비롯해 향후 등장하는 많은 서든 록 밴드와 아메리칸 록 밴드들의 기타 편성과 연주에 큰 영향을 끼쳤다.

폴 버터필드 블루스 밴드

폴 버터필드 블루스 밴드를 떠난 마이크 블룸필드는 샌프란시스코에 정착해 1967년 자신의 밴드인 일렉트릭 플랙Electric Flag을 결성했다. 블루스에 근간을 두고 소울과 컨트리, 포크와 록큰롤에 이르기까지 미국 음악의 뿌리찾기에 골몰했던 일렉트릭 플랙은 1967년 저 유명한 몬트레이 팝 페스티벌 무대를 통해 데뷔를 장식했고, 1968년에는 데뷔 앨범 「A Long Time Comin'」를 발표했지만, 이 한 장의 앨범만을 남긴 채 마이크 블룸필드는 밴드를 떠나고 말았다.

마이크 블룸필드는 1969년 발표한 솔로 데뷔 앨범 「It's Not Killing Me」를 시작으로 솔로 활동을 병행했으며, 블러드, 스웨트 & 티어스Blood, Sweat & Tears 출신의 알 쿠퍼와는 몇 차례에 걸쳐 인상적인 협업을 남겼다. 먼저 두 사람은 1968년 버펄로 스프링필드Buffalo Springfield와 크로스비 스틸스 내쉬 & 영의 멤버로 잘 알려진 스티븐 스틸스와 함께 앨범 「Super Session」을 발표했는데, 이 앨범의 구성이 재미있다. 알 쿠퍼가 전체적

일렉트릭 플래그

인 키를 잡은 이 앨범에서 A면은 마이크 블룸필드가, B면은 스티븐 스틸스가 참여해 함께 연주하는 독특한 방식을 취하고 있기 때문이다. 결과적으로 마이크 블룸필드와 스티븐 스틸스가 함께 연주하는 곡은 없다. 「Super Session」은 빌보드 앨범차트 12위까지 오르며 골드를 기록하는 성공을 거두었는데, 이 프로젝트의 성공은 향후 블라인드 페이스, 크로스비 스틸스 내쉬 & 영과 같은 이른바 슈퍼그룹들의 출현에 결정적인 영향을 끼쳤다. 알 쿠퍼와 마이크 블룸필드는 1968년 가을에 필모어 웨스트 극장에서 두 사람이 함께 했던 라이브 실황을 담은 앨범 「The Live Adventures of Mike Bloomfield and Al Kooper」(1969)를 발표하기도 했다.

마이크 블룸필드는 세션 연주자로서도 뛰어난 활약을 보여주었는데 세션 기타리스트로서 그가 가장 주목받은 것은 밥 딜런의 1965년 앨범 「Highway 61 Revisited」에 참여한 것이다. 이 앨범에도 알 쿠퍼가 함께 참여했다. 「Highway 61 Revisited」는 밥 딜런이 뉴포트 포크 페스티벌에서의 소동 이후 자신이 나아갈 바를 더욱 명확히 한 앨범으로, 마이크

1969년 알 쿠퍼와 함께 발표한 라이브 앨범

블룸필드의 일렉트릭 기타가 포크에 록과 블루스의 감성을 녹여 넣으며 결정적인 역할을 담당하고 있었다. 한편 마이크 블룸필드는 그보다 앞서 밥 딜런이 포크 팬들에게 일대 충격을 안긴 1965년의 뉴포트 포크 페스티벌에서도 폴 버터필드 블루스 밴드의 동료들인 제롬 아놀드Jerome Arnold, 샘 레이Sam Lay와 함께 무대에 올라 밥 딜런의 변신을 지원하기도 했다. 이밖에도 그는 재니스 조플린 등의 녹음에도 참여했다.

마이크 블룸필드는 당시의 많은 록 스타들이 그러했듯 약물로 인해 큰 고통을 받았는데, 1969년에는 헤로인중독으로 기타를 칠 수 없는 지경에 이르기도 했다. 1974년에 그는 팬들의 기대 속에 또 하나의 슈퍼그룹을 탄생시켰다. 드럼에 카마인 어피스Carmine Appice와 베이스에 릭 그레치Ric Grech를 규합한 KGB가 그것이었는데, 그러나 기대와는 달리 KGB는 별다른 활동을 보여주지 못한 채 활동을 접고 말았다.

그리고, 그는 1981년 약물중독으로 인해 갑작스런 죽음을 맞이했다. 돌연 세상을 등진 많은 뮤지션의 죽음이 그러하듯 당시 마이크 블룸필드의 죽음도 허망하기 그지없는 일이었다.

비브라토 주법의 재발견자

마이크 블룸필드는 스코티 무어, 척 베리, 리틀 리처드 등의 초기 록큰롤 기타의 거장들과 비비 킹, 앨버트 킹, 프레디 킹 등 블루스 기타리스트들로부터 큰 영향을 받았다. 그의 솔로 연주는 펜타토닉 스케일과 블루스 스케일에 기반하고 있지만 거기에다 크로매틱 노트를 사용해 변형을 가했고 인도와 동양 음악의 요소를 도입해 유연성을 확보했다. 그의 연주는 노트의 경제성과 비브라토 테크닉, 내추럴한 서스테인 등에서 후대에 큰 영향을 끼쳤지만, 그 중에서도 특히 비브라토 연주가 발군이어서 마이크 블룸필드는 비브라토 주법의 재발견자로 평가받는다. 그에게 영향을 받은 기타리스트는 많지만 대표적으로 카를로스 산타나, 슬래쉬, 에릭 존슨, 존 스코필드John Scofield 등이 꼽힌다.

마이크 블룸필드는 초기에 펜더 텔레캐스터를 주로 썼지만 폴 버터필드 블루스 밴드 시절에는 1954년형 깁슨 레스 폴 기타를 사용했다. 〈East-West〉 녹음 당시에도 깁슨 레스 폴을 썼으며 이후로는 펜더 텔레캐스터와 깁슨 레스 폴을 번갈아 사용했다.

동시대의 기타 영웅 지미 헨드릭스나 제프 벡과는 달리 마이크 블룸필드는 사운드에 디스토션을 건다거나 피드백 주법과 같이 앰프를 이용해 사운드 이펙트 효과를 내는 것을 좋아하지 않았다. 대신에 크고 명징한 클린 톤

마이크 블룸필드가 즐겨 사용한 깁슨 레스 폴 모델

의 사운드와 리버브가 풍부하게 걸린 울림이 많은 사운드를 선호했다. 그가 즐겨 사용한 앰프는 1965년형 펜더 트윈 리버브 앰프이다.

마이크 블룸필드는 스티비 레이 본과 함께 화이트 블루스 기타의 선구적인 인물로 꼽힌다. 그는 2003년 「롤링 스톤」이 선정한 '역사상 가장 위대한 기타리스트 100' 순위에서 22위에 올랐다.

The Only One :
「Super Session」(1968)

록이 포스트모더니즘에 말을 걸다

프랭크 자파

Frank Zappa, 미국, 1940~1993

핑크 플로이드Pink Floyd는 저 유명한 '더 월 투어'(The Wall Tour)에서 무대 위에 쌓아올린 벽을 허물었지만, 일생에 걸쳐 음악의 모든 벽을 허문 진정한 혁명가는 프랭크 자파였다고 감히 말할 수 있다. 그는 벽을 혐오했다. 그가 말했다. "내 연주를 좋아하는 사람들도 있고 싫어하는 사람들도 있다. 나를 싫어하는 사람들은 록이니 재즈니 하며 음악에 벽을 만드는 사람들이다."

프랭크 자파는 록계에서 두 번째 가라면 서러워할 기인이고, 그의 음악은 역시 두 번째 가라면 서러워할 만큼 전위적이다. 그와 그의 음악은 처음부터 끝까지 도대체 뭐라고 규정하기가 불가능한데, 그래도 설명을 하려 하니 이제부터 이런 저런 용어들을 사용하고 이렇다 저렇다 얘기하겠지만 그 모든 것이 도무지 어울릴 턱이 없다. 프랭크 자파 자신도 자신이 이렇게 설명되고 있음을 안다면 어이없다 코웃음을 칠 것이 거의 확실하겠지만, 그래도 이해를 돕기 위해 편의상 그리 하는 것으로 하자.

일단 이 사람은 오지랖이 넓어도 한참 넓다. 그는 뮤지션으로서 싱어, 기타리스트, 송라이터라는 일반적인 범주의 일은 물론 녹음 엔지니어와 프로듀서, 앨범 재킷 디자이너의 역할까지 모두 겸한다. 거기에다 영화와 뮤직 비디오 감독, 작가, 배우, 시민운동가로서의 활동도 그의 활동반경에 포함된다. 그는 1993년 전립선암으로 52년의 짧은 생을 마감할 때까지 일반적인 장르 구분을 무용지물로 만들며 무려 60장이 넘는 음반을 발표하는 왕성한 창작력을 과시했다.

프랭크 자파의 음악을 흔히 아방가르드 음악이라고 한다. 하지만 이 아방가르드 음악이라는 말 자체가 특정한 음악 장르나 스타일을 말하기보다는 그것이 어떤 것으로도 분류되지 않는다는 인정에 다름 아니니 프랭크 자파는 1990년대 포스트모던의 시기가 도래하기 훨씬 오래 전부터 해체와 재구성을 끊임없이 시도하고 실현한 선구적 포스트모더니스트였다 할 수 있다.

장르의 벽을 허문 이단아

프랭크 자파는 1940년 미국 메릴랜드주 볼티모어에서 태어났다. 아버지는 그리스와 아랍계 혈통이었고 어머니는 이태리와 프랑스 혈통이었으니 그의 코스모폴리탄적인 풍모는 어쩌면 태어나면서부터 이미 예정되어 있었다. 어려서부터 에드가 바레즈Edgard Varèse, 1883~1965, 안톤 베베른Anton Webern 1883~1945, 이고르 스트라빈스키Igor Stravinsky, 1882~1971 등 아방가르드 성향의 현대 음악가들의 음악을 접한 것은 자신의 자유분방한 스타일을 형성하는 자양분이 되었다. 고등학교 시절에는 밴드 활동을 시작해 처음에는 드럼을 쳤으나 곧 일렉트릭 기타를 잡았고 클래식 음악을 배워 클래식 작곡을 시도하기도 했다.

프랭크 자파의 본격적인 커리어는 1960년대에서 시작된다. 그는 몇몇 밴드를 거친 뒤 1965년 소울 자이언츠Soul Giants라는 밴드에 기타리스트로 가입했다. 소울 자이언츠는 나중에 이름이 머더스The Mothers가 되었다가 다시 머더스 오브 인벤션Mothers of Invention이 되었다.

머더스 오브 인벤션

무명시절의 경제적 어려움은 그에게도 예외가 아니어서 프랭크 자파는 이 시기 돈을 벌기 위해 여러 잡다한 일을 했으며 한 때는 불법 포르노 제작 혐의로 유치장 신세를 지기까지 했다. 그러다 다행히도 밥 딜런과 사이몬 & 가펑클Simon & Garfunkel, 벨벳 언더그라운드Velvet Underground의 프로듀서로 명성을 날리던 유명 프로듀서 톰 윌슨Tom Wilson의 눈에 띄어 앨범을 낼 수 있게 되었다.

1966년에 나온 머더스 오브 인벤션의 데뷔 앨범 「Freak Out!」은 팝음악의 역사에서 아주 중요한 의미를 갖는다. 이 앨범은 최초의 콘셉트 앨범으로 이듬해 나온 비틀스의 명반 「Sgt. Pepper's Lonely Hearts Club Band」의 탄생에도 결정적인 영향을 끼친 것으로 평가받고 있다.

데뷔 앨범을 내고 1966년에 뉴욕으로 본거지를 옮긴 프랭크 자파는 그리니치 빌리지에 있는 개릭 씨어터에서 두고두고 인구에 회자되는 유명한 공연을 했다. 당시 자파는 무대 위에서 인형을 찢는 등 각종 기이한 퍼포먼스를 보여주었다.

1967년에 나온 3집 「We're Only in It for the Money」에서는 기성체제의 전체주의적 속성과 물질주의의 속물근성, 추악성을 폭로함으로써 비틀스가 「Sgt. Pepper's Lonely Hearts Club Band」에서 그린 미래상과 대립각을 세웠다.

머더스 오브 인벤션의 음악도 충분히 실험적이었지만 그의 솔로 작품은 한 술 더 떴다. 1967년에 나온 솔로 데뷔 앨범 「Lumpy Gravy」는 마치 지금까지는 연습이었다고 말하는 듯 했다. 밴드 뿐 아니라 초대형 코러스와 오케스트라까지 동원된 앨범은 록큰롤과 바레즈, 스트라빈스키의 현대음악이 만난 것이라는 평가를 받았다.

1968년에 나온 「Uncle Meat」는 즉흥적인 작곡과 연주로 화제가 되었고, 솔로 2집인 1969년작 「Hot Rats」에서는 재즈와 록의 융합을 시도했다. 1970년대에도 그의 실험과 기행은 계속되었지만, 중반에 이르러서는 상업성을 고려한 음반을 선보여 팬들을 헷갈리게 하기도

록계의 기인으로 불리는 프랭크 자파는 무대 밖에서도 다양한 해프닝을 일으켰다.

했다. 「Overnite Sensation」(1973)과 「Apostrophe(')」(1974)가 대표적으로 이 시기 논쟁을 일으켰던 작품들이다.

프랭크 자파의 왕성한 창조력은 멈출 줄을 몰랐다. 그는 계속해서 음반을 쏟아냈는데 1979년작 「Sheik Yerbouti」와 1981년작 「Shut Up'n Play Yer Guitar」, 그리고 1988년부터 내기 시작한 라이브 시리즈인 「You Can't Do That on Stage Anymore」 시리즈가 특히 주목받는 앨범들이다. 프랭크 자파는 정규 앨범에 없는 곡들을 라이브에서 공개하는 경우가 많아서 그의 디스코그래피에서는 라이브 앨범이 중요한 위치를 차지한다.

염소수염과 특유의 빈정거리는 듯한 유머, 그리고 그 안에 감춘 날카로운 사회 비판은 프랭크 자파의 트레이드마크였다. 마치 히틀러와 채플린을 합성한 듯한 그의 외모는 때론 냉소적이고 때론 더없이 진지한 프랭크 자파의 양면을 잘 보여준다. 그는 1980년대에 들어서는 레이건 정부에 반대해 활발한 정치 활동을 펼쳤으며 특히 팝 음악에 대한 검열 강화 움직임에 반대해 의회에 출석해 증언하기도 했다.

어떻게는 설명이 되고 어떻게는 설명이 안 되는

프랭크 자파는 블루스에서 전위적인 현대음악에 이르기까지 폭넓은 분야를 섭렵했다. 기타 연주에 있어서도 기본적으로 마이너 펜타토닉과 블루스 스케일을 중심으로 한 솔로 연주를 펼쳤지만 그 외에도 다양한 모드를 두루 활용했다. 그는 빠르고 정확하게 기타를 치는 데에는 별 관심이 없었다. 그의 기타는 대체로 여유롭고 의도적으로 느슨해 보인다.

프랭크 자파는 1970년대 초반에는 깁슨 SG 기타를 사용했지만, 중반 이후에는 23프렛 깁슨 SG 카피모델을 썼다. 1980년대에는 플로이드 로즈 브릿지와 디마지오 픽업을 장착한 커스텀 펜더 스트라토캐스터를 쓰기도 했다.

프랭크 자파의 기타를 알고 싶다면 제목부터 특유의 허세로 가득한 앨범 「The Best Band You Never Heard in Your Life」에 수록된 〈The Torture Never Stops Part2〉를 권하고 싶다. 1988년의 월드투어를 담은 세 장의 라이브 앨범 가운데 하나로 1991년 발매된 이 앨범에서는 레게로 변신한 레드 제플린의 〈Stairway to Heaven〉도 보너스로 만날 수 있다.

프랭크 자파에게 영향 받은 이들은 많다. 쇼크 록의 대부인 앨리스 쿠퍼Alice Cooper와 존 프루시안테, 재즈 기타리스트 빌 프리셀Bill Frisell과 펑크(Funk)의 전설 조지 클린턴George Clinton 등 서로 다른 분야의 수많은 기타리스트들이 모두 그의 우산 아래에 있으며 특히 스티브 바이는 프랭크 자파가 직접 발굴해서 키운 인물이다. 앨리스 쿠퍼는 말했다. "비틀스에서 브라이언 윌슨에 이르기까지 천재로 인식된 모든 사람들이 프랭크 자파를 진정한 천재로 여기며

깁슨 SG 모델

경계의 시선으로 바라보았다."

프랭크 자파는 천재적인 인물이었다. 그는 1995년에 록큰롤 명예의 전당에 헌액되었고 1997년에는 그래미 평생공로상을 받았다. 2007년에는 독일 베를린에 그의 이름을 딴 프랭크 자파 길이 생겼으며 출생지인 볼티모어에는 동상이 서 있다.

영화 [비포 선라이즈]에서는 주인공들이 레코드 가게에 들어간 장면에서 프랭크 자파의 앨범재킷이 잠깐 나온다. 왕가위의 영화 [해피 투게더]에서는 그의 노래 〈I Have Been You〉가 흘러나온다. 프랭크 자파를 그렇게만 알고 있더라도 나쁘진 않다. 그는 결코 나는 이런 사람이니 알아 달라 강요하지 않을 것이다.

일본작가 노나카 히라기의 작품 가운데 『프랭크 자파 스트리트』라는 책이 있다. 사람과 동물이 서로 대화를 나누며 함께 사는 가상의 공간을 그린 동화 같은 이야기를 담고 있는 이 책의 제목은 물론 프랭크 자파의 이름에서 따온 것이다. 그 앞에는 '행복유발구역'이라는 설명이 붙어있다. 프랭크 자파는 그런 사람이다. 어떻게는 설명이 되고 어떻게는 설명이 안 되는 사람이다.

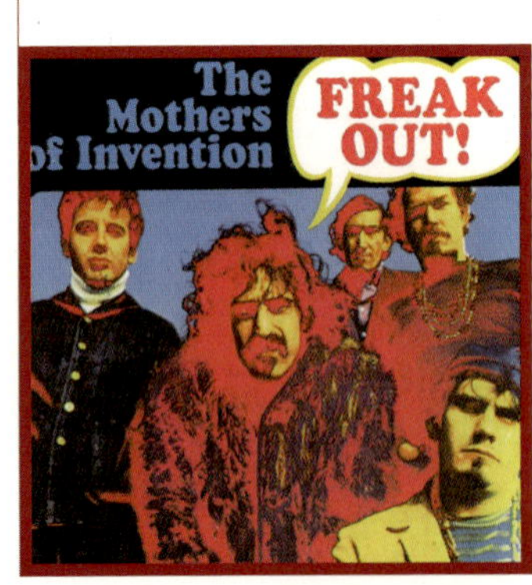

The Only One :
「Freak Out!」(1966)

에어 타운센드, 디스트로이어 타운센드

피트 타운센드

Pete townshend, 영국, 1945~

피트 타운센드는 1960년대 브리티시 인베이전의 한 축을 담당했던 거물 그룹 후The Who(이하 'Who'로 표기)의 기타리스트이다. 그는 Who의 기타리스트로서, 또 솔로로서 40년 넘게 뛰어난 활약을 펼쳐왔다.

피트 타운센드는 다재다능한 뮤지션이다. 그는 기타리스트임과 동시에 보컬리스트이자 송라이터이며, 신문기사에서 평론과 에세이에 이르기까지 다량의 글을 써낸 평론가 겸 필자이기도 하다. 피트 타운센드는 또한 전형적인 멀티 플레이어이다. 기타 뿐 아니라 키보드, 밴조, 아코디언, 베이스와 드럼까지 수많은 악기를 다룬다.

그는 테크니션이 아니라 스타일리스트이다. 그의 기타 연주는 기교면에서 뛰어나지는 않지만 누구보다 다이내믹하고 파워풀하다. 거의 모든 위대한 기타리스트의 순위에서 그의 이름이 빠지지 않는 것은 바로 그 점을 높이 평가받기 때문이다. 그는 절대로 길들여지지 않는 록 스피릿의 상징이다.

피트 타운센드

기타를 치거나 혹은 부수거나

피트 타운센드는 1945년 영국 런던의 음악가 집안에서 태어났다. 그의 아버지는 색소폰 연주자였으며 어머니는 가수였다. 음악적 환경 속에서 어려서부터 자연스럽게 음악에 관심을 보였으며 열 살 무렵부터는 미국에서 불어온 록큰롤 열풍에 휘말려들었다. 열두 살 때는 할머니로부터 싸구려 기타를 선물 받아 처음 기타를 치기 시작했다. 초기에는 링크 뤠이Link Wray, 존 리 후커, 보 디들리, 그리고 쉐도우스The Shadows의 리더였던 행크 마빈Hank Marvin 등으로부터 영향을 받았지만, 스스로 가장 큰 영향을 받은 것으로 꼽는 이는 미국 출신의 리듬 앤 블루스 기타리스트 스티브 크로퍼이다.

피트 타운센드는 얼링 아트 칼리지 재학 시절인 1961년에 존 엔트위슬 베이스, John Entwistle, 1944~2002을 만나 처음 밴드를 결성했다. 그리고 이후 차례로 로저 달트리 보컬, Roger Daltrey와 키스 문 드럼, Keith Moon 1946~1978을 규합해 1964년 'Who'라는 이름으로 록계에 정식 출사표를 던졌다. 데뷔 싱글 〈I Can't Explain〉이 UK 싱글차트 8위까지 올라 미래를 예고한 뒤 1965년 데뷔 앨범 「Who Sings My Generation」이 발표되자 세상은 뒤집혔다. 이 도무지 통제 불가능한 네 명의 젊은이들은 이내 영국 청년문화의 상징이 되었으며 특히 모드족*의 영웅으로 등극했다. 데뷔 앨범 수록곡으로 "늙기 전에 빨리 죽고 싶다"는 충격적인 가사를 담고 있었던 〈My Generation〉은 당시 모드족의 찬가처럼 불렸다.

Who는 비틀스, 롤링 스톤스와 함께 브리티시 인베이전의 삼각편대를 이루면서도 그들과는 다른 독자적 영역을 구축했다. 악동 이미지라면 롤링 스톤스도 만만치 않았지만 Who의 이미지는 그 결이 또 달랐다. 피트 타운센드는 활동 초기부터 파격적인 무대매너를 선보이며 괴짜 기타리스트로 명성을 얻었다. 그는 마치 풍차를 돌리듯 오른손을 크게 원형으로 휘두르며 거칠게 기타를 쳤고 툭하면 높이뛰기 선수마냥 높이 날아올랐다. 공연 중 흥이 나면 펄쩍펄쩍 뛰는 기타리스트는 많았지만 피트 타운센드는 높이 면에서 타의 추종을 불허했다. 그의 전매특허가 된

* 모드족(Mods) : 모더니스트에서 나온 말이다. 1950년대 영국의 경제적 급성장기를 거쳐 등장한 '풍요의 아이들'을 의미한다. 부모세대의 가치관에 반감을 가지고 모든 일에 냉소적인 태도를 보였으며 스타일을 중시해서 외모에 신경을 많이 썼다. 비틀스풍의 더벅머리에 짧은 머리를 스프레이로 부풀리고 프랑스 댄디풍의 옷에 아담한 스쿠터를 몰고 다녔다. 상대적으로 가죽점퍼를 입고 거친 스타일에 굉음을 내는 오토바이를 즐겼던 로커족과 비교되기도 한다.

공연 포스터나 앨범 및 공연실황 비디오 커버에 등장할 만큼 피트 타운센드가 기타를 파괴하는 장면은 밴드 Who를 상징하는 징표가 되기도 했다.

'기타 깨부수기'도 초기 시절부터 이미 시작되었다. 어느 날 공연 도중 피트 타운센드는 흥에 겨워 치던 기타를 높이 치켜들었는데, 공연장 천장이 낮았던 까닭에 천장에 부딪힌 기타의 네크가 그만 부러지고 말았다. 순간 당황해서 화가 났던 그는 아예 기타를 세게 내리쳐 박살을 내버렸는데 이것이 예상외로 흥분한 관중들에게 더욱 뜨거운 반응을 불러일으켰다. 그날 이후 그는 기타를 부수는 것을 거의 모든 공연에서 고정적인 레퍼토리로 삼았다. 그는 여러 공연에서 수많은 기타를 부쉈는데 그렇게 부서져 나간 기타만도 족히 수백 대는 될 것이다. 피트 타운센드가 기타를 부수는 장면은 그 자신 뿐 아니라 밴드의 상징이 되었으므로 Who의 공연 포스터에도 자주 등장한다.

무대에서 폭약까지 터뜨리는 데시벨러

Who의 음악적 전성기는 1960년대 말부터 1970년대 초반 사이이다. Who는 1969년 록 오페라의 효시로 평가받는 걸작 「Tommy」를 발표했고 같은 해 전설의 우드스톡 페스티벌에 참가해 넘치는 에너지를 보여주었으며 1970년에는 라이브 명반 「Live at Leeds」를 발표했다.

1971년 발표한 「Who's Next」는 단연 밴드의 대표작이다. Who의 단 한 장의 앨범을 꼽는다면 만장일치는 아니더라도 압도적 다수가 이 앨범을 선택할 것이다. 「Who's Next」는 빌보드 앨범차트 4위, UK 앨범차트에서는 정상을 차지했다. 싱글차트에서도 히트한 〈Won't Get Fooled Again〉과 〈Baba O'Riley〉가 수록되어 있으며 국내에서 특히 사랑받은 발라드 〈Behind Blue Eyes〉도 여기에 실려 있다.

이어진 1973년작 「Quadrophenia」와 1978년에 발표한 「Who Are You」, 그리고 드러머 키스 문의 갑작스런 죽음이라는 충격을 딛고 1981년 발표한 「Face Dances」에 이르기까지 Who는 항상 록의 중심에 우뚝 서 있었다.

Who의 활약에 가려져 있긴 하지만 피트 타운센드는 솔로로서도 활발하게 활동했다. 1970년 로니 레인Ronnie Lane과 함께 발표했던 솔로 데뷔 앨범 「Happy Birthday」를 시작으로 그는 솔로로서도 열 장이 넘는 정규 앨범과 다수의 라이브 앨범을 발표했다.

한편 피트 타운센드는 뛰어난 송라이터이다. 그는 Who의 리더로서 밴드의 거의 모든 히트곡들을 직접 만들었다. 특히 토미라는 소년을 내세워 록 오페라를 창시했던 「Tommy」와 이를 한 단계 업그레이드시켜 완성도를 높인 두 번째 록 오페라 「Quadrophenia」는 창작자로서의 그의 역량이 총집결된 작품으로 평가받는다.

공연장 내의 데시벨 측정에서 최고를 기록했다는 후문이 있을 정도로 밴드 Who의 역동적인 에너지는 타의 추종을 불허했다.

기타리스트로서 피트 타운센드는 뛰어난 솔로 연주자라기보다는 인상적인 리프를 만들어내는데 능한 리듬 기타리스트로서의 위상이 강하다. 〈I Can't Explain〉 〈My Generation〉 〈I'm A Boy〉 〈Baba O'Reiley〉 등에서 보여준 파워코드를 활용한 강력한 리프는 하드 록과 헤비메탈 기타 리프의 발전에 적지 않은 기여를 했으며 수많은 후배 기타리스트들에게 막대한 영향을 끼쳤다.

그는 앰프를 이용한 디스토션을 즐겨 사용하며 피드백 주법을 가장 폭넓게 활용하는 기타리스트로도 유명하다. 혹자는 피드백 주법의 창시자로 그를 지목하기도 하지만 거기에는 여러 이견이 있기 때문에 단언하기는 어렵다. 차라리 지미 페이지가 말했듯이 누가 먼저라기보다는 1960년대 중·후반 록계의 활발한 사운드 실험 과정에서 여기저기서 여러 사람에 의해 다면적으로 발견되고 발전한 기법으로 보는 것이 맞을 것이다.

피트 타운센드는 정확한 연주보다는 그때그때 분위기에 따라 활활 타오르고 끝내 폭발해 버리는 무대 위의 무법자였다. Who의 공연은 항상 가장 시끄러운 공연으로 꼽혔다. 비공식 기록이긴 하지만 실제 공연장 내의 데시벨 측정에서도 Who의 공연이 최고를 기록했다고 한다. Who의 공연은 항상 광란의 현장이었다. 그리고 그 중심에는 피트 타운센드의 폭발적인 기타와 키스 문의 광폭한 드럼이 있었다. 1967년 공연 당시 키스 문이 극적 효과를 위해 드럼에 설치한 폭약이 터지면서 공연장이 난장판이 된 것도 유명한 일화이다. 당시 과도하게 설치한 폭탄은 주변의 사람들을 날려버렸고 피트 타운센드는 그 날 부상을 입고 청각에 이상이 생겼다.

피트 타운센드는 초기에 리켄바커 세미 할로우 바디 기타를 썼지만 그 뒤로는 깁슨과 펜더 계열의 다양한 기타를 사용했다. 무대에서 기타를 부숴버리는 것이 특기인 그로서는 이를 염두에 두고 저가의 모델을 쓰기도 했다. 그래도 그가 가장 즐겨 쓰는 기타를 꼽는다면 그것은 깁슨

SG 스페셜 모델이다. 우드스톡과 와이트 섬 페스티벌에서도 이 기타를 썼고 라이브 앨범 「Live at Leeds」로 발매된 리즈 공연 당시에도 이 기타를 썼다. 그는 가끔 어쿠스틱 기타도 사용했는데 주로 깁슨 J-200 어쿠스틱 모델을 썼다. 이 기타를 사용한 그의 어쿠스틱 기타 연주는 Who의 대표곡 가운데 하나인 〈Pinball Wizard〉에서 확인할 수 있다.

Who는 1978년 키스 문이 약물중독으로 사망한 후 케니 존스Kenney Jones를 영입해 활동을 이어갔지만 1982년 캐나다 토론토에서 가진 'Last Concert of Our Farewell Tour' 공연을 끝으로 1차 해산한 뒤 1990년대 중반부터 활동을 재개했다. 2002년 존 엔트위슬이 약물중독으로 사망했지만 Who는 현재까지도 활발하게 공연활동을 이어가고 있다.

한편, 피트 타운센드는 록계에서 자선 활동을 가장 많이 하는 인물로도 유명하다. 특히 학대받는 아이의 이야기였던 「Tommy」 이후로 그는 아이들을 위한 자선사업에 열심이다. 비록 무대에서는 광폭하기 이를 데 없는 플레이어이지만, 현실로 돌아오면 여림과 따뜻함이 녹아있는 감수성 강한 휴머니스트로서의 면모, 그것이 피트 타운센트의 진면목이다.

The Only One :
「Who's Next」(1971)

밥 딜런과 비틀스의 조우, 그리고 버즈

로저 맥귄

Roger McGuinn, 미국, 1942~

포크 록은 용어 그대로 포크가 록을 만나 탄생했다. 포크가 비틀스를 만나 탄생했든, 밥 딜런이 일렉트릭 기타를 만나 탄생했든 앞의 설명은 여전히 유효하다. 1965년 뉴포트 포크 페스티벌에서 밥 딜런이 일렉트릭 기타를 들고 등장한 것이 포크 록의 시대를 예고한 결정적 장면이라면 거의 비슷한 시대에 등장한 버즈의 데뷔 앨범 「Mr. Tambourine Man」은 그것을 확정한 증명서이다.

버즈는 포크 록과 사이키델릭 록, 컨트리 록의 선구적 존재로서 향후 등장하는 많은 음악 장르와 후배 밴드들에게 커다란 영향을 끼쳤다. 발표하는 앨범마다 록 음악의 새로운 방향을 제시했던 거물 그룹 버즈. 버즈의 핵심은 누가 뭐래도 12현 리켄바커 기타로 저 유명한 징글-쟁글 사운드를 마법처럼 풀어내던 기타리스트 로저 맥귄이다. 로저 맥귄, 그는 결성에서 해산까지, 처음부터 끝까지 버즈를 사수했던 유일한 멤버로서 1960년대 포크 록 씬의 가장 위대한 영웅 가운데 한 사람이다.

로저 맥귄

포크 록의 역사에서 가장 중요하게 기록되어 마땅한 단 한 곡

로저 맥귄은 1942년 미국 일리노이주 시카고에서 태어나 그 곳에서 자랐다. 학창시절 엘비스 프레슬리와 록큰롤에 매료되어 부모에게 기타를 사달라고 조르기 시작했다. 비슷한 시기 조니 캐시, 칼 퍼킨스, 진 빈센

버즈

트, 에벌리 브러더스 등 컨트리 가수들로부터도 많은 영향을 받았다. 그는 훗날 자서전에서 엘비스 프레슬리의 〈Heartbreak Hotel〉을 듣고 처음 기타를 치고 싶어졌다고 고백했다. 로저 맥귄은 1957년 시카고에 있는 올드 타운 스쿨 오브 포크 뮤직*에 입학해 밴조와 기타를 배웠다. 음악 경력의 초창기에는 채드 미첼 트리오Chad Mitchell Trio, 주디 콜린스Judith Collins, 바비 다린Bobby Darin, 1936~1973 등의 뒤에서 기타 연주자 겸 백업 보컬리스트로 활동했다. 이후 서부지역으로 이주해 로스엔젤리스에서 스튜디오 기타리스트로 활동하면서 사이몬 & 가펑클 등의 앨범 녹음에 참여했다. 이 무렵에 비틀스의 음악을 듣고 큰 충격을 받은 그는 곧 동료들과 함께 그룹 버즈를 결성하고 포크에 비틀스의 록을 결합한 새로운 음악을 선보이기 시작했다.

1965년 발표한 버즈의 데뷔 싱글 〈Mr. Tambourine Man〉은 포크 록의 역사에서 가장 중요하게 기록되어 마땅한 단 한 곡이다. 어쿠스틱 기타와 하모니카만 있던 밥 딜런의 원곡에 일렉트릭 기타 사운드를 입혀

* 올드 타운 스쿨 오브 포크 뮤직(The Old Town School of Folk Music) : 시카고 인근 올드 타운에 위치한 학교로 1957년 포크 뮤지션 프랭크 해밀턴(Frank Hamilton)에 의해 설립되었다. 포크 뮤직과 밴조, 기타 연주법 등을 가르친다. 로저 맥귄을 비롯한 수많은 포크 뮤지션들이 이 학교를 통해 배출되었다.

완성한 버즈의 〈Mr. Tambourine Man〉은 포크 록 시대의 화려한 개막을 알린 축포였다. 이 곡은 미국와 영국에서 공히 싱글차트 1위에 오르는 기염을 토했다. 아울러 로저 맥귄은 이 곡에서 향후 자신의 트레이드마크가 될 징글-쟁글 기타 사운드를 선보이기도 했다.

그는 〈Mr. Tambourine Man〉 녹음 당시를 이렇게 회고한다. "리켄바커 기타는 그 자체로 울리지 않는다. 하지만 거기에 컴프레서를 걸면 긴 여음(서스테인)을 얻을 수 있다. 솔직히 나는 그것을 우연히 발견했다. 당시 나의 엔지니어는 자신의 민감한 장비들을 시끄러운 록큰롤 사운드로부터 보호하기 위해 모든 소리에 컴프레서를 걸곤 했다. 그는 나의 12현 리켄바커에도 컴프레서를 걸었는데, 그런데 그 소리가 너무나 훌륭해서 계속 그렇게 하기로 했다. 그렇게 나의 징글-쟁글 톤이 탄생했다."

〈Mr. Tambourine Man〉이 수록된 데뷔 앨범 「Mr. Tambourine Man」은 역사상 가장 뛰어난 데뷔 앨범 가운데 하나로 꼽힌다. 부드럽고 사랑스런 멜로디와 편안한 리듬, 조화로운 화음이 전편을 수놓는 이 앨범은 걸작의 지위를 획득하기에 부족함이 없다.

이어진 앨범 「Turn! Turn! Turn!」(1965) 역시 전작에 버금가는 수작이다. 로저 맥귄의 징글-쟁글 기타 톤이 다시 한 번 빛을 발하고 있는 가운데 타이틀곡 〈Turn! Turn! Turn!〉은 포크의 거장 피트 시거Pete Seeger의 원곡을 리메이크한 것으로, 버즈가 포크와 피트 시거의 우산 아래에 있음을 잘 보여준다.

시타르를 연주하는 로저 맥귄

3집 「Fifth Dimension」(1966)

도 그 못지않게 중요한 앨범으로 특히 로저 맥귄의 기타에 관해서라면 1집에 버금가는 중요성을 갖는다. 록 음악사에서 최초의 사이키델릭 기타 연주를 담고 있는 것으로 평가되는 〈Eight Miles High〉가 수록되어 있기 때문이다. 이 곡에서 로저 맥귄은 프리 재즈 색소폰 연주자 존 콜트레인John Coltrane, 1926~1967으로부터 영감을 받은 무조성주의와 인도 라가 음악에서 쓰는 시타르 연주법을 도입해 다소 혼란스러운 듯하면서도 난해한 연주를 들려주고 있다.

1960년대 후반으로 가면서 버즈는 사실상 쇠락의 길을 걸었다. 멤버들이 잇따라 탈퇴하면서 밴드의 분위기는 어수선해졌고 밴드의 음악도 밀도가 떨어져갔다. 특히 버즈의 멤버로서 훗날 크로스비 스틸스 내쉬 & 영의 멤버가 되는 데이비드 크로스비David Crosby와 로저 맥귄의 불화는 상징적인 사진을 남겼다. 버즈의 1968년 앨범 「The Notorious Byrd Brothers」의 재킷은 크리스 힐먼Chris Hillman, 로저 맥귄, 마이클 클라크Michael Clarke 그리고 말이 네 개의 창문을 각각 차지하고 있는 사진을 담고 있다. 여기서 말의 자리는 원래 데이비드 크로스비가 들어가야 할 자리였지만 웬일인지 그의 모습은 사라지고 말이 그 자리를 대신 차지했다. 데이비드 크로스비는 결국 밴드를 떠났다.

데이비드 크로스비의 탈퇴를 암시하는 「The Notorious Byrd Brothers」 앨범 재킷. 크로스비를 말이 대신하고 있다.

1968년 같은 해 발표된 앨범 「Sweetheart of the Rodeo」는 버즈가 남긴 마지막 역작이다. 버즈는 포크 록의 영토를 벗어나 컨트리 록의 영역으로 진출했고 로저 맥귄은 기타 대신 밴조를 잡았다. 여기에서 버즈는 다시 1970년대 컨트리 록의 맹주인 포코Poco, 이글스Eagles와 같은 밴드들을 자신의 영향력 아래로 포섭했다.

로저 맥귄이 만든 가장 아름다운 발라드인 〈Ballade of Easy Rider〉가 삽입된 영화 [이지 라이더]

마지막으로 하나! 로저 맥귄이 만든 가장 아름다운 발라드인 〈Ballade of Easy Rider〉가 있다. 이 곡은 데니스 호퍼Dennis Hopper, 1936~2010가 감독한 로드 무비의 명작 [이지 라이더](1969)에 먼저 삽입되어 사랑을 받은 후 같은 해 버즈의 정규 앨범 「Ballade of Easy Rider」에도 새로운 버전으로 재수록되었다. 그러나 안타깝게도 버즈는 계속 가라앉았고 1973년 마침내 해체되고 말았다. 로저 맥귄은 버즈 해산 후 몇 장의 솔로 앨범을 발표하고 밥 딜런과 함께 투어를 도는 등 솔로로서의 활동을 이어갔다.

사이키델릭과 브릿팝의 밑거름이 되다

로저 맥귄은 일렉트릭 기타 연주에 있어 두 가지 스타일에서 매우 혁신적인 영향을 남겼다. 앞에서도 말했듯이 하나는 마치 종이 울리는 듯한 징글-쟁글 사운드였고, 다른 하나는 〈Eight Miles High〉에서 보여준 사이키델릭 록에 대한 예고편이었다. 밴조의 핑거 피킹 주법과 컴프레서를 건 기타 소리를 이용해 만든 징글-쟁글 사운드는 가장 대표적으로

R.E.M.의 기타 사운드에 그대로 이식되었고, 소위 쟁글거리는 기타팝을 들려준 수많은 브릿팝 밴드들 역시 버즈의 영향력과 무관하다 할 수 없을 것이다.

그의 기타는 이밖에도 톰 페티, 진 블라섬스Gin Blossoms, 그레이트풀 데드Grateful Dead 등의 밴드들에게 막대한 영향을 끼쳤다. 〈Eight Miles High〉의 사이키델릭 사운드는 「기타 플레이어」가 선정한 '역사상 가장 뛰어난 기타 톤 50' 가운데 하나로 선정되기도 했다.

로저 맥귄의 주력 기타는 리켄바커 12현 모델이다. 그의 리켄바커 기타가 만들어내는 징글-쟁글 기타 소리는 버즈 사운드의 의심할 바 없는 중추였다. 그는 12현 기타 외에 7현 기타 연주법을 발전시키는 데에도 상당한 공헌을 했는데 두 개의 줄을 똑같이 G음으로 튜닝하되 한 줄은 한 옥타브 높은 음으로 맞추는 특이한 튜닝을 사용하기도 했다.

그는 리켄바커 12현 기타 외에 마틴 기타도 함께 사용했다. 두 회사는 모두 로저 맥귄 시그너처 모델을 만들었다. 이중 마틴사가 만든 시그너처 기타는 6현 기타이면서도 로저 맥귄이 12현 기타로 만들어낸 징글-쟁글 사운드를 뽑아내는 데 용이하도록 설계되었다.

흔히 포크 록은 비틀스가 밥 딜런을 만나 만들어졌다고들 한다. 실제로 비틀스의 멤버들과 밥 딜런은 1964년 처음 만나 서로 영향을 주고받았다. 당시 밥 딜런이 비틀스로부

징글-쟁글 기타 사운드를 완성한
로저 맥귄의 리켄바커 12현 모델

터 록을 배우고 마리화나를 가르쳤다는 것도 잘 알려진 이야기이다. 그러나 비틀스와 밥 딜런의 만남의 결과물로서 버즈를 반드시 이야기해야만 한다.

독자 설문으로 만들어진 한 재미있는 조사에 의하면 버즈의 음악을 구성하는 요소는 21%의 비틀스와 18%의 밥 딜런, 16%의 서처스Searchers, 14%의 피트 시거Pete Seeger, 11%의 좀비스Zombies, 8%의 딜러스Dealers, 그리고 12%의 실험과 창의성, 우연성, 실수로 이루어져 있다고 한다. 개인적으로 12%의 실험과 창의성에 더 많은 비율을 주고 싶지만 말이다.

버즈는 비틀스로부터 영향을 받았지만 거꾸로 버즈가 비틀스에 끼친 영향도 적지 않다. 포크 록 성향을 보인 비틀스의 1965년 앨범 「Rubber Soul」은 버즈와의 교류에서 탄생한 것으로, 여기에서 조지 해리슨은 로저 맥귄의 기타에서 받은 영향을 숨기지 않고 있다. 1991년 로저 맥귄은 버즈의 멤버로서 록큰롤 명예의 전당에 헌액되었다.

The Only One :
「Mr. Tambourine Man」(1965)

뒤바뀌지 않는 넘버 원

지미 헨드릭스

Jimi Hendrix, 미국, 1942~1970

많은 기타 영웅들이 써내려간 방대한 기록 가운데서도 가장 압도적인 한 장면을 꼽으라면 아마도 1967년 몬트레이 팝 페스티벌 무대에서의 지미 헨드릭스일 것이다. 그것은 충격과 전율이었고 일종의 경이였다. 그는 이 무대에서 이후 등장한 모든 기타리스트들의 궁극적 지향점이 될 명연주를 선보였으며, 연주를 마친 후에는 그 유명한 기타 화형식을 거행해 록 역사에 가장 뚜렷이 각인된 순간을 남겼다.

Are You Experienced Hendrix?

지미 헨드릭스는 1942년 미국 시애틀에서 태어났다. 그는 불우한 가정 환경에서 어렵게 성장했다. 특히 아홉 살 무렵 부모가 이혼한 이후에는 캐나다 밴쿠버의 할머니 집에서 자랐는데 그래서 지금도 밴쿠버에는 작고 아담한 지미 헨드릭스 기념관이 있다.

그는 십대 시절에 이미 밴드를 결성해 활동하며 기타 실력을 닦기 시

작했는데 머디 워터스, 하울링 울프 등의 초기 블루스 기타리스트들과 비비 킹, 엘모어 제임스 등의 영향을 받아 블루스에 기반을 둔 연주 스타일을 만들어갔다. 세션 연주자로 활동하며 명성을 얻은 그는 초기 록큰롤 시대의 거인 가운데 한 명인 리틀 리처드의 백밴드에서 활동하기도 했는데, 1965년에는 리틀 리처드를 떠나 몇몇 밴드에 가담해 활동했지만 별다른 성과를 거두지는 못했다.

1966년 대서양을 건너 영국으로 간 지미 헨드릭스는 베이시스트 노엘 레딩Noel Redding, 1945~2003, 드러머 미치 미첼Mitch Mitchell, 1947~2008과 함께 지미 헨드릭스 익스피리언스Jimi Hendrix Experience라는 3인조 밴드를 조직했다. 그리고 1967년 대망의 데뷔 앨범 「Jimi Hendrix Experience」를 발표했는데, 여기서부터가 록의 역사가 주목하는 그의 본격적인 행보의 시작

1967년 몬트레이 팝 페스티벌에서 선보인 기타화형식 퍼포먼스

이다. 첫 싱글 〈Hey Joe〉를 비롯해 〈Purple Haze〉 〈The Wind Cries Mary〉 등이 수록된 앨범은 열광적인 환호를 받았으며, 특히 활화산 같은 에너지와 번뜩이는 창의력으로 충만한 그의 연주는 짧은 시간 안에 록 팬들로부터 절대적인 지지를 획득했다.

그리고 그는 미국으로 돌아왔다. 영국에서의 인기를 등에 업고 모국으로 금의환향한 지미 헨드릭스가 미국 팬들 앞에 첫 선을 보인 무대가 바로 앞서 말한 몬트레이 팝 페스티벌 무대이다.

몬트레이에서 화려한 복귀 신고식을 마친 지미 헨드릭스는 1967년 12월에 발표한 2집 「Axis : Bold as Love」에서 다시 한 번 진일보한 면모를 보여주었다. 그는 이 앨범에서 스튜디오 녹음 과정에서 만들 수 있는 각종 음향 효과를 최대한 활용했는데, 스테레오 효과를 이용해 오른쪽 채널로 페이드 아웃되었던 소리가 왼쪽 채널에서 다시 나타나는가

하면 각종 전기 효과를 활용한 연주기법도 한층 무르익어 있었다. 여기에 〈Spanish Castle Magic〉 〈Wait Until Tomorrow〉 〈If 6 Was 9〉 등과 함께 훗날 에릭 클랩튼 등 많은 뮤지션들이 라이브에서 즐겨 연주하게 되는 걸작 〈Little Wing〉이 수록되어 있다.

1968년 발표된 3집 「Electric Ladyland」는 결과적으로 지미 헨드릭스가 생전에 남긴 마지막 정규 앨범이 되고 말았는데, 그의 수많은 명곡 중에서도 가장 많은 후배 뮤지션들과 평론가들에 의해 최고봉으로 평가받는 〈Voodoo Chile〉이 여기에 실려 있다. 이밖에도 〈Crosstown Traffic〉과 〈Rainy Day, Dream Away〉, 밥 딜런의 원곡으로 지미의 리메이크 이후 그의 버전이 원곡보다 더욱 유명해져 버린 〈All Along the Watchtower〉 등이 수록되어 있다.

「Electric Ladyland」를 발표한 후 지미 헨드릭스 익스피리언스는 영국과 미국은 물론, 프랑스와 독일, 스칸디나비아 반도 등을 돌며 의욕적인 라이브를 전개했지만 밴드의 수명은 오래 가지 못했다. 1969년 2월 밴드는 영국 런던의 로열 앨버트 홀 공연을 끝으로 해산했다. 익스피리언스 해산 이후 지미 헨드릭스는 미국 뉴욕에 개인 스튜디오인 '일렉트릭 레이디랜드'를 만들고 주로 그곳에 머무르며 연주와 사운드 연구에 몰두했으며, 그러면서 자연스레 대중 앞에 서는 횟수는 줄어들게 되었다.

1969년 우드스톡 뮤직 페스티벌에서의 지미 헨드릭스

1969년 6월에 열린 역사상 가장

기타를 이빨로 물어뜯어 연주하는 지미 헨드릭스

유명한 록 페스티벌인 우드스톡 뮤직 페스티벌은 지미 헨드릭스가 다시 한 번 자신의 탁월한 존재감을 드러낸 무대였다. 그는 미치 미첼, 빌리 콕스Billy Cox와 함께 무대에 올라 연주했는데 느닷없이 미국 국가인 〈The Star Spangled Banner〉를 연주하다 〈Purple Haze〉로 넘어가는 장면이 공연의 압권이었다.

1970년 지미는 미치 미첼 대신 자신의 오랜 친구인 버디 마일스를 영입해 밴드 오브 집시스Band Of Gypsys를 결성했고 이들의 필모어 이스트 공연실황을 담은 동명 라이브 앨범 「Band Of Gypsys」가 나오기도 했지만 이 역시 오래 가지는 못했다.

1970년 9월 18일, 지미 헨드릭스는 영국 런던 노팅힐에 있는 여자친구의 거처에서 시체로 발견되었고 사인은 약물중독으로 추정되었다. 그의 나이 스물일곱 살이었다. 시신은 고향인 시애틀로 옮겨져 묻혔으며 결과적으로 사망 직전인 1970년 여름, 영국 와이트 섬에서 열린 페스티벌 출연이 그의 마지막 모습이 되었다.

오직 한 사람의 차지

기타리스트로서 지미 헨드릭스가 갖는 가장 중요한 의미는 일렉트릭 기타 연주에 있어서 사실상 거의 모든 것을 완성했다고 평가받는 혁신적인 연주력에 있다. 당시 그가 선보였던 와와 페달, 퍼즈 박스, 유니바이브 등 이펙터를 적극 활용한 새로운 연주와 피드백 주법을 비롯해 앰프와 음향장치를 폭넓게 활용하는 다양한 연주기법은 이후 모든 록 기타리스트들이 따라하는 교범과도 같은 것이 되었지만 그 때만 해도 다른 누구도 생각하지 못했던 모험적이고 혁신적인 시도였다.

스테이지 매너와 쇼맨쉽도 빼놓을 수 없다. 기타를 등 뒤로 돌리거나 머리 위로 들어 목 뒤에서 연주하는가 하면 심지어 기타를 이빨로 물어뜯어 연주하는 등 그는 무대 매너에서도 타의 추종을 불허하는 존재였다. 지미 헨드릭스는 의심의 여지없이 당대 사이키델릭 록 기타의 최고봉이었으며 이후 등장한 하드 록과 헤비메탈 기타리스트들의 선구자적 존재였다. 더 나아가 1960년대 후반 이후 대거 등장하게 되는 록과 재즈의 만남, 그러니까 재즈 록 혹은 퓨전 재즈의 발전에도 혁혁한 공을 세웠음 또한 주지의 사실이다.

거의 모든 조사에서 역사상 가장 위대한 기타리스트의 자리는 오직 한 사람의 차지다. 「롤링 스톤」「토털 기타」의 조사에서도, 'www.guitar.com'의 조사에서도 아래 순위가 아무리 바뀌어도 맨 윗자리를 차지한 한 사람의 이름만은 항상 그대로다. 수없이 명멸해 간 그 수많은 기타리스트들 중에서도 누구도 이

지미 헨드릭스가 애용했던
팬더 스트라토캐스터 모델

의를 제기하지 않는 독보적인 단 한 사람, 그의 이름은 바로 지미 헨드릭스이다. 이는 전적으로 타당해 보인다. 그에게 단지 기타리스트라는 호칭은 부족하다. 그는 혁신적인 기타주법을 시도하고 창시한 개척자이며 사실상 완결지은 종결자이기도 했다.

이따금 깁슨 레스 폴이나 플라잉 브이를 잡기도 했지만 지미 헨드릭스가 주로 사용한 기타는 펜더 스트라토캐스터였다. 그가 몬트레이에서 불태운 기타도, 우드스톡에서 연주했던 기타도 이 기종이었다.

그는 왼손으로 기타를 쳤다. 재미있는 것은 그가 왼손잡이용 기타가 아니라 오른손잡이용 기타에 줄을 거꾸로 매서 연주했다는 사실인데, 여기에 대해서는 두 가지 설이 있다. 하나는 그가 왼손잡이였다는 것이고, 다른 하나는 원래 오른손잡이였지만 왼손잡이 기타리스트 앨버트 킹을 동경해 일부러 왼손으로 기타를 치는 것을 연습한 결과 그렇게 되었다는 얘기다. 어느 쪽이 맞든 역사상 가장 위대한 기타리스트의 영예는 그 덕분에 기타리스트로서는 드문 왼손 연주자에게 돌아갔다.

The Only One :
「Are You Experienced?」(1967)

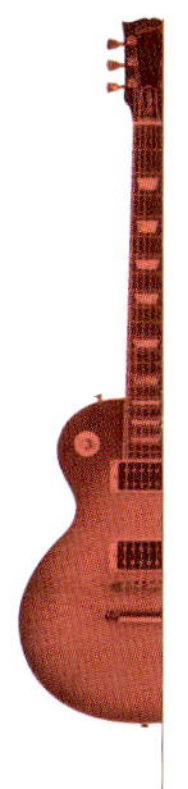

기타리스트의 애티튜드란 어떠해야 하는가

제프 벡

Jeff Beck, 영국, 1944~

1965년 에릭 클랩튼이 갑작스럽게 야드버즈를 탈퇴했을 때 그의 자리를 대신한 것은 지미 페이지의 추천을 받은 제프 벡이었다. 그가 록 음악사의 전면에 본격적으로 이름을 드러내는 순간이었다. 그는 이후 여러 밴드와 솔로 활동을 통해 진정한 기타 연주의 장인으로서 위상을 확고히 했다.

제프 벡은 두 말할 것도 없이 각종 조사에서 위대한 기타리스트 명단에 빠짐없이 이름을 올리는 거장이다. 1992년에 야드버즈의 멤버로서, 2009년에는 솔로로서 다시 한 번 록큰롤 명예의 전당에도 두 번씩이나 이름을 올렸다.

오케스트라의 마에스트로처럼

제프 벡은 1944년 영국 서레이주 웰링턴에서 태어났다. 열 살 때부터 교회 성가대에서 노래를 불렀는데, 이 때 친구들에게 기타를 빌려 치면서

제프 벡

기타 연주에 처음 눈을 뜨기 시작했다. 당시 그는 기타를 분해하고 조립하는 것을 즐겨 자신만의 기타를 만들고자 애썼는데, 이런 창조적 성향은 훗날 그가 대단히 실험적인 기타리스트가 되는 자양분이 되었다.

제프 벡 자신의 기억에 따르면 그가 가장 먼저 들은 일렉트릭 기타 연주는 여섯 살 무렵 라디오에서 흘러나오던 레스 폴의 연주였다고 한다. 당연히 레스 폴은 제프 벡이 가장 먼저 영향 받은 기타리스트가 되었으며 이밖에도 그는 클리프 갤럽Cliff Gallup, 1930~1988, 비비 킹, 스티브 크로퍼 등을 영향 받은 기타리스트로 꼽는다. 제프 벡은 웰링턴 예술학교에 입학하면서 본격적인 음악활동을 시작했는데 이 무렵 여동생의 소개로 지미 페이지를 만나 친구가 되었다.

제프 벡은 몇몇 밴드를 거쳐 1965년 야드버즈의 기타리스트가 되었다. 그가 밴드에 몸담았던 시간은 불과 스무 달 남짓이었지만 이 시기

야드버즈는 밴드의 대표곡들인 〈Heart Full of Soul〉 〈Evil Hearted You〉 등을 히트시키며 전성기를 구가했다. 특히 〈Heart Full of Soul〉에서 선보인 기묘하면서도 탁월한 기타 리프는 그를 뛰어난 기타리스트로 각인시키는 계기가 되었으며 그가 만들어낸 창조력 넘치는 사운드는 곧 도래할 사이키델릭 록의 시대를 예고하는 것이기도 했다.

제프 벡 그룹

1966년 야드버즈를 탈퇴한 제프 벡은 1967년 레드 제플린의 지미 페이지와 존 폴 존스John Paul Jones, Who의 키스 문 등의 도움을 받아 앨범 「Beck's Bolero」를 발표하고 여기서 〈Hi Ho Silver Lining〉과 〈Tallyman〉을 히트시킨 후 마침내 자신의 이름을 내건 '제프 벡 그룹'을 출범시켰다. 로드 스튜어트, 론 우드, 믹 월러Mick Waller, 1941~2008 등이 포함된 호화 라인업이었다. 제프 벡 그룹의 데뷔 앨범 「Truth」는 1968년 레드 제플린의 데뷔 앨범이 나오기 다섯 달 전에 발매되었는데, 로드 스튜어트의 매력적인 허스키 보이스를 앞세우고 안정적인 리듬 섹션 위에 펼쳐진 제프 벡의 기타 연주는 호평과 찬사를 획득하며 앨범을 성공으로 이끌었다. 「Truth」는 일단의 평론가들로부터 최초의 헤비메탈 앨범으로 꼽히기도 하는데, 분명한 것은 특히 제프 벡의 기타 연주가 향후 등장하는 수많은 헤비메탈과 록 밴드들에게 깊은 영감을 불어넣었다는 사실이다.

2집 「Beck-Ola」로 다시 한 번 명성을 떨친 제프 벡 그룹은 1969년 1차 해산했고, 그 후 제프 벡은 바닐라 퍼지Vanilla Fudge의 리듬 섹션이었던

록 기타의 구도자적 길을 걸었던 제프 벡은 기타리스트의 에티튜드에서도 후대 뮤지션들에게 많은 영향을 끼쳤다.

팀 보거트Tim Bogert와 카마인 어피스와 함께 활동을 펼쳤다. 이 조합은 1973년 이들이 함께 한 앨범 「Beck, Bogert & Appice」가 나오는 모태가 되었다. 건강이 나빠져 잠시 필드를 떠났던 제프 벡은 1971년 새로운 라인업으로 구성된 제프 벡 그룹과 함께 돌아왔는데, 더블 베이스를 앞세운 파워 드러밍의 대가 코지 파웰Cozy Powell, 1947~1998의 가세가 특히 눈에 띄었다.

제프 벡이 1960년대와 70년대를 함께 풍미한 많은 기타 영웅들과 가장 차별화되는 영역은 밴드의 기타리스트로서가 아니라 솔로 연주자로서 만들어낸 탁월한 성과물들이다. 그리고 그 중심에는 1975년 발표한 역사적인 명반 「Blow by Blow」가 자리한다. 1970년대 대중음악계의 주요한 흐름 가운데 하나는 재즈 록, 퓨전 재즈의 발흥이었다. 1970년 발표된 마일스 데이비스Miles Davis, 1926~1991의 앨범 「Bitches Brew」와 함께 시작된 재즈 록의 견고한 흐름의 주류는 웨더 리포트Weather Report, 리턴 투 포에버Return to Forever, 마하비시누 오케스트라Mahavishnu Orchestra 등 그 흐름을 주도했던 밴드들의 존재가 말해주듯 재즈를 중심으로 록을 수용하는 것이었다. 제프 벡은 재즈 록의 흐름 가운데서도 중요하게 읽히는 연주자인데, 그것은 그가 반대로 록의 입장에서 재즈적 요소를 수용했다는 점 때문이다. 「Blow by Blow」는 그 정점에 있는 앨범이며 제프 벡의 전체 디스코그래피에서도 가장 중요한 위치를 점하는 앨범이다. 정교한 테크닉을 앞세운 재즈적 어프로치와 뛰어난 사운드메이킹이 바탕이 된 「Blow by Blow」는 지금까지도 역사상 가장 뛰어난 기타 연주 앨범으로 꼽힌다. 비틀스의 프로듀서로 유명한 조지 마틴이 프로듀싱을 맡은 이 앨범에서 제프 벡은 이전과는 전혀 다른 실로 혁신적인 연주력을 선보이는데, 특히 로이 부캐넌에게 바친 〈Cause We've Ended as Lovers〉에서 보여준 볼륨 주법과 블루스 연주, 비틀스의 곡을 리메이크한 〈She's a Woman〉에서 보여준 독특한 해석력과 정교함, 〈Scatterbrain〉의 변칙적이면서도 치밀한 구성은 앨범의 백미로 꼽힌다. 아울러 마치 라이브를 듣는 듯한 착각 속으로 빠져들게 하는 〈Freeway Jam〉의 넘치는 에너지도 빼놓을 수 없다.

이어진 작품 중에서는 1976년 체코 태생의 키보드 연주자 얀 해머Jan Hammer가 참여했던 앨범 「Wired」와 1980년작 「There and Beck」, 1989년작 「Jeff Beck's Guitar Shop」 등이 대표작으로 꼽힌다. 이밖에 1985년작 「Flash」는 그동안 기타 연주에만 천착하는 구도자적 이미지를 굳혀오던 제프 벡이 의외로 팝을 끌어들여 대중성에 손을 내민 문제작으로, 평단으로부터 비판의 대상이 되었던 앨범이다. 아무튼 이 앨범에서는 로드 스튜어트와 함께한 〈People Get Ready〉가 대중적으로 큰 성공을 거두었다.

1990년대 이후로도 제프 벡은 테크노와 일렉트로니카를 결합한 앨범을 선보이는 등 혁신의 길을 멈추지 않고 계속 전진하고 있다. 1999년 앨범 「Who Else!」와 2003년작 「Jeff」가 이 시절의 대표 앨범인데 기타 연주의 새로운 가능성을 탐구하고 한계를 넘어서고자 끊임없이 노력하는 그의 모습은 뮤지션을 넘어 구도자의 길을 가는 이의 모습에 가깝다

하겠다.

혁신적이고 실험적인 시도와 정교한 테크닉은 기본이고 제프 벡이 높이 평가받는 또 다른 면은 전반적인 어레인지와 사운드 디자인 면에서 보여주는 탁월함이다. 그는 기타 연주를 오케스트라를 방불케 하는 영역으로까지 확장시켰다.

소리에 대한 한결같은 천착

제프 벡은 야드버즈 시절 초기에 깁슨 레스 폴 기타와 펜더 에스콰이어 기타를 썼다. 당시 사용했던 54년형 펜더 에스콰이어는 현재 클리블랜드에 있는 록큰롤 명예의 전당이 소장하고 있다. 제프 벡 그룹 시절인 1968년 「Truth」 녹음 당시 사용한 것은 깁슨 레스 폴 기타와 복스 AC30 앰프의 조합이었다. 지금도 레스 폴과 펜더 텔레캐스터를 종종 사용하지만 그의 주무기는 이제 누가 뭐래도 펜더 스트라토캐스터와 마샬 앰프의 조합이다. 그는 자신만의 팬더 스트라토캐스터 시그너처 기타를 들고 비브라토 바(트레몰로 암)와 와와페달을 즐겨 사용한다.

야드버즈 시절에 애용했던 펜더 에스콰이어 모델

1980년대에 들어 제프 벡은 피크를 버렸다. 피크를 사용하지 않고 손가락으로 직접 퉁기는 핑거링 주법은 파워를 중시하는 록 기타리스트에게는 쉽지 않은 선택이었지만 이제는 그를 대표하는 개성과 장점이 되었다.

그가 얼마나 뛰어난 기타리스트인가를 증명하는 재미있는 뒷얘기도 있다. 핑크 플로이드의 기타리스트 시드 배릿Syd Barrett, 1946~2006이 자리를 비웠을 때도, 롤링 스톤스의 기타리스트 브라이언 존스가 사망했을 때도 가장 먼저 후임으로 고려되었던 이는 다름 아닌 제프 벡이었다. 결과적으로 그 자리는 데이비드 길모어와 믹 테일러가 차지했고 제프 벡은 자신만의 길을 갔지만 말이다.

제프 벡이 기타의 새로운 경지를 찾아 떠나온 오랜 여행은 록 음악사에 드리운 축복이다. 그는 한결같은 천착을 통해 기타의 위치를 새롭게 자리매김했다. 기타를 작은 오케스트라라 한다면 최소한 일렉트릭 기타의 영역에서는 그 공헌의 상당 부분이 제프 벡의 것이어야 한다. 또한 그는 연주력에 있어서 뿐만 아니라 태도에 있어서도 많은 후배 기타리스트들의 모범이 된 진정한 기타 영웅이다.

The Only One :
「Blow by Blow」(1975)

록 음악의 여러 정경을 풍요롭게 그려낸 축복

로비 로버트슨

Robbie Robertson, 캐나다, 1943~

더 밴드The Band는 1960년대 컨트리 록, 포크 록 씬에서 대단히 중요한 자리를 차지하는 그룹이다. 그러므로 더 밴드가 밥 딜런의 백밴드 정도로 인식되는 것은 전적으로 부당하다(물론 이제 그런 인식은 많이 불식되었지만).

더 밴드의 기타리스트였던 로비 로버트슨 역시 기타리스트로서 그리 주목받는 이름이 아닐 수도 있지만 이것 역시 명백히 저평가된 것이다. 그는 매우 탁월한 영감과 뛰어난 기량을 지닌 기타리스트인데 그것을 확인하고 싶다면 저 유명한 더 밴드의 고별 공연실황 'The Last Waltz'를 보면 된다. 여기서 보여주는 그의 연주력은 결코 평범하지 않으며 특히 초대손님으로 등장한 에릭 클랩튼과 주고받는 불꽃 튀는 기타 배틀은 단연 압권이다.

로비 로버트슨

백 밴드의 기타리스트에서 슈퍼 밴드의 리더로

로비 로버트슨은 1943년 캐나다 온타리오주 토론토에서 태어났다. 아버지는 유태인이었고 어머니는 모학(Mohawh) 인디언의 후예였다. 모계의 혈통은 훗날 그가 월드뮤직, 특히 인디언의 전통음악에 큰 관심을 두게 된 뿌리와도 같다. 어려서부터 어머니를 따라 캐나다 원주민 자치지역

1965년에서 1966년으로 이어진 장기간의 투어에서 밥 딜런과 로비 로버트슨은 뮤지션으로서의 끈끈한 동료애를 나눴다.

에서 그들의 음악적 세례를 받으며 자랐기 때문이다. 그는 그밖에 북아메리카 지역의 컨트리 음악의 영향도 폭넓게 흡수하며 성장했는데 어려서 사촌으로부터 기타를 배우고 작곡도 하기 시작했다.

로비 로버트슨이 음악계의 전면에 등장하는 것은 1968년 더 밴드의 데뷔 앨범 「Music from Big Pink」와 함께이지만, 그가 뮤지션의 길을 걷기 시작한 것은 훨씬 오래전의 일이다. 음악의 길을 가기 위해 학교를 그만 둔 로비 로버트슨은 1958년 로커빌리 스타 로니 호킨스의 반주를 위해 결성된 밴드 호크스The Hawks에 가담했다. 여기서 더 밴드의 동료들인 레본 헬름Levon Helm, 1942~2012, 릭 댄코Rick Danko, 1942~1999, 가스 허드슨Garth Hudson과 리처드 매뉴얼Richard Manuel, 1943~1986을 만났다. 이 시절의 작품 중에서는 1963년 히트곡인 〈Who Do You Love〉에서 로비 로버트슨의 초창기 열정적인 기타 솔로를 만날 수 있는데, 이 곡은 1976년 더 밴드의 고별 공연에서도 연주되었다.

1964년 무렵 로니 호킨스와 결별한 호크스는 북아메리카 동부지역을 돌며 활발한 공연 활동을 펼치던 중 1965년 그들을 눈여겨 본 밥 딜런으로부터 월드투어에 자신의 백밴드로 동행해 줄 것을 제안 받는다. 당시 밥 딜런은 포크 뮤직에 일렉트릭 기타 사운드를 도입해 포크 록을 발전시키는데 큰 관심을 기울이고 있었고, 1965년에서 1966년으로 이어진 장기간의 투어는 그 치열한 시도의 실험장이었다. 더 밴드와 로비 로버트슨은 이 투어에서 밥 딜런에게 강력한 일렉트릭 사운드를 지원하며 혁혁한 공을 세웠다. 밥 딜런과 더 밴드가 의기투합했던 투어는 포크 록의 역사에서 아주 중요한 순간으로 기록되고 있는데, 특히 영국 런던의 로열 앨버트 홀 공연실황을 녹음한 부틀렉 앨범은 수집가들에 의해 초고가에 거래되는 희귀 아이템이기도 하다. 밥 딜런은 당시 로비 로버트슨을 '유일하고 진정한 천재'라고 극찬할 만큼 그의 능력을 높이 샀다. 그리고 자신의 최고 명반 가운데 하나인 1966년 앨범 「Blonde on Blonde」의 녹음 작업에도 로비 로버트슨을 초빙했다.

이즈음 호크스에서 이름을 더 밴드로 바꾼 이들은 이제 밥 딜런의 그늘을 벗어나 오롯이 자신들만의 작품을 준비하고 있었다. 1968년 세상에 나온 더 밴드의 데뷔 앨범 「Music from Big Pink」는 당대의 음악지형에 커다란 충격파를 던지며 포크 록 역사상 가장 중요한 음반 가운데 하나가 되었다. 이 앨범은 일렉트릭 기타 사운드를 자제하고 만돌린과 오르간, 바이올린 등을 앞세워 한결 여유로운 음악을 담고 있었지만, 로비 로버트슨은 수록곡 가운데 자신이 작곡한 〈Caledonia Mission〉과 〈The Weight〉 등을 통해 기타리스트로서 뿐만 아니라 송라이터로서의 천재성을 유감없이 드러냈다. 〈The Weight〉는 이듬해 로드 무비의 걸작 [이지 라이더]에 삽입되어 많은 사랑을 받기도 했다. 이밖에 밥 딜런이 선물한 〈I Shall Be Released〉도 인기를 모았다. 「Music from Big Pink」는 '올뮤직 가이드'나 「롤링 스톤」을 비롯해 거의 모든 음악 전문 잡지와 사이트들이 하나같이 다섯 개의 별점 만점을 부여하는 의문의 여지가 없는 역작이다. 에릭 클랩튼이 이 앨범을 듣고 충격을 받아 크림을 해산

더 밴드

했다는 이야기까지 있을 정도이다.

이듬해인 1969년에 나온 「The Band」도 「Music from Big Pink」와 함께 밴드 최고의 작품으로 꼽힌다. 베트남 전쟁으로 인한 청춘의 질곡과 히피이즘의 종말, 사이키델릭 씬의 쇠락이라는 1960년대 말의 시대상을 음울한 사운드와 시적인 가사에 담고 있는 이 앨범은 그 시절을 기록한 진솔한 자화상이다. 〈Rag Mama Rag〉 〈Up on Cripple Creek〉 등이 대중적으로 주목받은 곡이었지만 로비 로버트슨의 기타가 빛난 것은 거친 리듬 기타와 상큼한 솔로가 이어진 〈Jemima Surrender〉와 펜더 텔레캐스터의 지판을 자유롭게 누비며 펑키한 연주를 펼친 〈Jawbone〉이다.

1972년에 발표한 라이브 앨범 「Rock of Ages」도 로비 로버트슨의 기타와 관련해서는 특별하게 기억되는 앨범이다. 〈Don't Do It〉에서의 솔로는 물 흐르듯 자연스럽고 〈This Wheel's on Fire〉의 개성 있는 코드 릭스와 트완기(twangy) 사운드, 싱글 노트 블루스 라인을 앞세운 연주는 매혹적인 순간을 제공했다. 한편 이 기간 로비 로버트슨은 저 유명한 1974년 밥 딜런의 라이브에 등장해 〈All along the Watchtower〉와 〈Highway 61 Revisited〉에서 개성 넘치는 리드 기타를 선보이기도 했다.

음악으로 자신의 뿌리를 찾아나서다

1976년 추수감사절에 더 밴드는 샌프란시스코 윈터랜드 극장에서 고별 공연을 가졌다. 열정과 아쉬움이 교차하는 작별의 무대였다. 이 날의 공연에 게스트로 초빙된 뮤지션들의 면면은 더 밴드의 위상을 증언한다. 닐 영, 에릭 클랩튼, 밴 모리슨, 밥 딜런, 폴 버터필드, 닐 다이아몬드Neil Diamond, 에밀루 해리스Emmylou Harris, 론 우드, 링고 스타, 조니 미첼Joni Mitchell 그리고 로니 호킨스와 머디 워터스까지 그야말로 전설적인 뮤지션들이 총출동했다. 공연 가운데서 로비 로버트슨이 에릭 클랩튼과 펼친 기타 배틀은 단연 하이라이트로 기억된다. 그는 에릭 클랩튼에 전혀 뒤지지 않는 발군의 기타 실력을 마음껏 뽐냈다. 공연실황은 마틴 스콜세지 감독이 만든 다큐멘터리 영화 [The Last Waltz]에 생생하게 기록되어 있다.

더 밴드 해산 이후 로비 로버트슨은 다방면에서 활동을 펼쳤지만, 가장 두각을 보인 것은 영화음악 분야이다. 그는 특히 마틴 스콜세지 감독과 찰떡궁합을 과시하며 여러 편의 작품을 함께 했는데, [Raging Bull(성난 황소)]과 [The Color of the Money] [The King of Comedy] [Gangs of New York] [The Departed] [Shutter Island] 등을 대표작으로 들 수 있다.

솔로 활동은 1987년 데뷔 앨범 「Robbie Robertson」으로 시작되었다. 솔로 작품 중에서는 데뷔 앨범에 수록된 〈Somewhere Down the Crazy River〉가 대표적인 히트곡이다. 「Robbie Robertson」은 더 밴드의 동료들인 릭 댄코와 가스 허드슨 뿐 만 아니라 U2, 피터 가브리엘Peter Gabriel, 다니엘 라노아Daniel Lanois, 길 에반스Gil Evans, 1912~1988 등 초호화 게스트가 참여해 완성되었다.

한편 로비 로버트슨은 자신의 뿌리를 찾아 나섰다. 그는 1994년 터너 브로드캐스팅이 제작한 다큐멘터리 [The Native Americans]의 사운드트랙을 담당했는데, 다큐멘터리를 위해 만든 곡들을 수록한 앨범 「Music for The Native Americans」는 그가 모학 인디언의 유산에 영감을 얻어 인디언 민속음악의 뿌리찾기를 시도한 의미 있는 첫 번째 작품이었다. 레드 로드 앙상블Red Road Ensemble과 함께 한 이 앨범에서는 마치 인디언 주술가가 대지의 정령을 부르기 위해 주문을 외우는 듯한 나직한 읊조림이 신비스러운 느낌을 자아내는 〈Mahk Jchi〉가 훗날 국내에서 모 기업의 광고 배경음악으로 사용되어 유명해졌다.

로비 로버트슨의 펜더 텔레캐스터는 오랜 시간 록 음악의 여러 정경을 풍요롭게 그려낸 마법의 악기였다. 그는 펜더 텔레캐스터와 함께 삶의 진솔함과 신비의 정경, 영혼의 소리를 만들어냈다. 로비 로버트슨은 더 밴드의 멤버로 록큰롤 명예의 전당에 헌액되었으며 캐나다 음악 명예의 전당과 송라이터 명예의 전당에도 헌액되었다.

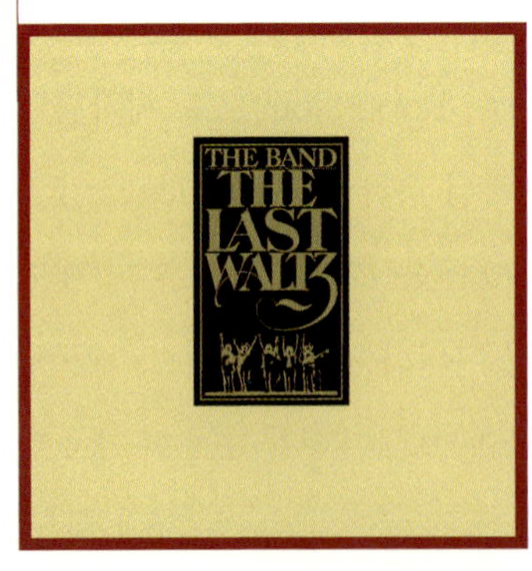

The Only One :
「The Last Waltz」(1978)

여름, 몬트레이, 우드스톡 그리고 그레이트풀 데드

제리 가르시아
Jerry Garcia, 미국, 1942~1995

1960년대 후반 샌프란시스코를 중심으로 한 미국 서부 해안 지역은 히피의 성지였다. 1967년 '사랑의 여름'(Summer of Love)의 중심에 있었던 몬트레이 팝 페스티벌이 그 명백한 증거이다. 그래서 1969년 히피이즘의 마지막 전성기를 꽃피웠던 전설의 우드스톡 뮤직 페스티벌이 미국 동부에서 펼쳐졌다는 사실은 지금도 다소 의외로 받아들여진다. 혹자는 지금도 우드스톡이 당연히 서부 어디쯤에 있을 것이라 착각하기도 한다.

그레이트풀 데드는 그곳에 있었다. 몬트레이에도 우드스톡에도 그레이트풀 데드는 함께 있었다. 가장 미국적인 밴드였으므로 상대적으로 국내 팬들에게는 낯선 이름일 수도 있지만, 그레이트풀 데드는 당시 제퍼슨 에어플레인Jefferson Airplane, 퀵실버 메신저 서비스Quicksilver Messenger Service, 컨트리 조 & 더 피쉬Country Joe & the Fish 등과 함께 샌프란시스코 4인방이라 불리며 당대의 사이키델릭 록 씬을 호령한 밴드였다. 그리고 1960년대

제리 가르시아

가 막을 내리고 히피이즘이 허무하게 사라져간 이후에도 끝까지 살아남아 히피이즘과 사이키델릭 록을 사수했던 마지막 생존자였다.

그리고, 제리 가르시아! 그는 그레이트풀 데드의 기타리스트 겸 보컬리스트로 밴드의 음악적 핵을 형성했던, 미국이 가장 사랑했던 아메리칸 히어로의 이름이다.

미국이 가장 사랑했던 아메리칸 히어로

제리 가르시아는 1942년 미국 샌프란시스코에서 태어났다. 스페인 이민자였던 아버지는 밴드에서 클라리넷과 색소폰을 연주한 경력이 있는 전직 프로 뮤지션이었고 어머니 역시 피아노 연주를 즐겼기 때문에 자연스럽게 음악적 환경에서 성장했다. 네 살 때 그는 나무를 베던 도중 오른손 중지의 절반 이상이 절단되는 큰 부상을 당했다. 불운은 겹쳐서 이듬해에는 아버지를 익사 사고로 잃었음으로 평탄치 않은 어린 시절을 보내야만 했다.

학창 시절 그는 평범하지만 예술적 감수성이 풍부한 학생이었다. 열다섯 살 생일에 어머니는 그에게 아코디언을 선물했는데 얼마 후 척 베리와 보 디들리 등 록큰롤과 R&B 뮤지션에 빠져있던 아들의 희망대로 아코디언을 일렉트릭 기타로 바꾸어 주었다. 자신의 첫 번째 기타를 갖게 된 제리 가르시아는 스쿨밴드에 들어가 음악활동을 시작했다. 열일곱 살 때는 학교를 자퇴하고 충동적으로 군에 입대했지만 아홉 달 만에 제대하고 돌아와 캘리포니아주 팔로 알토로 이사했다. 이 때 훗날 그레이트풀 데드의 작사가가 되는 로버트 헌터Robert Hunter를 만났고 이후 밥 위어Bob Weir, 론 맥커넌Ronald McKernan, 1945~1973 등과 함께 업타운 저그 챔피언스Uptown Jug Champions라는 밴드를 만들어 활동했다. 밴드의 이름은 1965년 빌 크로이츠만Bill Kreutzmann, 필 레시Phil Lesh 등이 가담하면서 워락스The Warlocks로 바뀌었고 다시 최종적으로 그레이트풀 데드가 되었다.

그레이트풀 데드의 데뷔 앨범 「Grateful Dead」는 1967년에 나왔다. 상업적으로 큰 성공을 거두진 못했지만 이때부터 이미 광적인 팬덤이 형성되면서 그레이트풀 데드는 록 역사상 가장 열광적인 골수팬들을 몰고 다니기 시작했다. 광팬들은 얼마 지나지 않아 '데드헤드'(Deadheads)라고 불리게 되었고 이후 데드헤드는 30년 동안 줄기차게 그레이트풀 데드를 쫓아다녔다.

1970년은 그레이트풀 데드가 자신들의 디스코그래피에서 가장 빛나는 두 장의 앨범을 한꺼번에 발표한 해이다. 밴드는 그 해 6월 「Workingman's Dead」를 발표했고, 11월 다시 유명한 「American

그레이트풀 데드

Beauty」를 연이어 발표했다.

그리고 그로부터 긴 시간이 흘러 1987년 그레이트풀 데드는 최고의 상업적 성공을 거두었다. 그 해 발표된 앨범 「In the Dark」는 빌보드 앨범차트 6위까지 올랐고 싱글 〈Touch of Grey〉는 메인스트림 록차트 1위, 싱글차트 9위에 오르는 빅히트를 기록했다.

그의 죽음과 히피이즘의 종말

사이키델릭 록 자체가 음악적으로 그 장르를 정의내리기 애매한 측면이 있지만 제리 가르시아의 기타 역시 사이키델릭 록의 영역에 가두기에는 다면적 요소를 지니고 있다. 가장 창조적인 기타리스트 가운데 한 명으로 꼽히는 그는 컨트리와 블루그래스에 뿌리를 두고 있으며 여기에 포크와 재즈, 레게, 켈틱*에 이르기까지 온갖 장르를 아우르는 폭넓은 수용력을 보여준다. 그는 공연에서 종종 즉흥연주를 통해 극도로 확장된

* 켈틱(Celtic) : 아일랜드를 중심으로 스코틀랜드와 북유럽의 일부 지역에 주로 거주했던 켈트족들의 전통음악을 말한다. 아일랜드 이민자들에 의해 대서양을 건너와 미국의 컨트리 음악 등에도 흡수되었다.

잼 세션을 즐긴다.

그레이트풀 데드의 리드 기타리스트는 제리 가르시아이지만 밴드의 공연에서는 언제나 리듬 기타리스트인 밥 위어와 베이시스트 필 레시가 만만치 않은 역할을 담당했다. 실제로 밥 위어는 꽤나 자주 전면에 등장해 제리 가르시아와 인터플레이를 주고받는데, 제리는 밥 위어로부터 솔로 연주를 위한 많은 영감을 얻는다고 고백한 바 있다. 이들이 10분이고 20분이고 길게 잼 연주를 즐기는 장면은 1969년에 발표된 명품 라이브 앨범 「Live/Dead」에서 확인할 수 있다.

한편 제리 가르시아는 「Workingman's Dead」와 「American Beauty」에서 페달 스틸 기타를 인상적으로 연주하고 있는데, 대표적으로 〈Sugar Magnolia〉에서 그의 뛰어난 페달 스틸 기타 연주를 들을 수 있다.

제리 가르시아의 또 다른 강점은 어쿠스틱 기타리스트로서의 면모에 있다. 그레이트풀 데드는 종종 필 레시의 베이스 기타 이외에 일체의 다른 일렉트릭 악기를 사용하지 않는 어쿠스틱 연주 무대를 즐기곤 했다. 밴드의 대표곡 가운데 하나인 〈Uncle John's Band〉에서 들려주는 제리 가르시아의 어쿠스틱 기타 솔로는 멜로디컬하고 아름답다.

제리 가르시아는 1965년 결성부터 1995년 자신의 사망으로 밴드가 해체될 때까지 30년 동안 변함없이 그레이트풀 데드와 함께 했지만 그 밖에도 다양한 활동을 펼쳐보였다. 제퍼슨 에어플레인과 크로스비 스틸스 내쉬 & 영을 포함해 수많은 뮤지션들의 앨범에 세션 연주자로 참여했고, 제리 가르시아 밴드Jerry Garcia Band와 올드 앤 인 더 웨이Old and in the Way를 비롯한 다수의 블루그래스 밴드, 제리 가르시아 어쿠스틱 밴드Jerry Garcia Acoustic Band 등 사이드 프로젝트로 많은 밴드 활동을 병행했으며 솔로로서도 왕성한 활동을 펼쳤다.

1972년 그래험 내쉬에게 선물 받아 사용한 펜더 스트라토캐스터는 '엘리게이터' 라는 닉네임으로도 유명하다.

다양했던 활동만큼이나 제리 가르시아가 30여 년의 활동 기간 동안 사용한 기타의 종류도 수없이 많다. 1965년 워락스 시절부터 그레이트풀 데드의 데뷔 앨범 녹음 때까지 초기 시절에는 길드 스타파이어를 썼고 1967년에는 깁슨 레스 폴을, 1969년에는 깁슨 SG 모델을 사용하기 시작했다. 페달 스틸 기타로는 ZB 커스텀 D-10 스틸 기타와 펜더 페달 스틸 기타를 썼다. 1970년대에 들어서는 펜더 스트라토캐스터를 쓰기 시작했는데 특히 1972년 그래험 내쉬Graham Nash에게 선물 받아 사용한 펜더 스트라토캐스터는 유명해서 '엘리게이터'라는 닉네임으로 불렸다. 이밖에도 DY99 비르투오소 커스텀 모델과 1970년대 유럽투어 당시 사용했던 트래비스 빈 기타에 이르기까지 생전에 그가 선보인 기타는 대략 25종이 넘는다. 아마도 그는 가장 다양한 기종의 기타를 연주한 기타리스트 가운데 한 명일 것이다.

제리 가르시아는 1994년 록큰롤 명예의 전당에 헌액되었으며, 2003년 「롤링 스톤」이 선정한 '역사상 가장 위대한 기타리스트 100' 명단에

---

* LSD(Lysergic Acid Diethylamide) : 맥각균에서 합성해 낸 무색, 무미, 무취의 백색 분말로 환각작용을 일으킨다. 1960년대 히피들이 가장 즐겨 사용하던 약물 가운데 하나. 당시 하버드대학교 교수였던 티모시 리어리(Timothy Leary)가 LSD의 사용을 권장했던 대표적인 인물로 꼽힌다.

서는 당당히 13위에 이름을 올렸다.

1964년 무렵부터 처음 LSD*에 손을 대기 시작한 제리 가르시아는 일생동안 약물중독 증상에 시달렸다. 그리고 1995년 약물중독 치료를 위해 재활센터에 들어가 있던 중 끝내 심장마비로 사망했다. 그의 사망과 함께 그레이트풀 데드도 해체되었다.

그레이트풀 데드는 정확히 30년 동안 앨범 녹음보다는 크고 작은 공연을 계속해서 펼쳤던 전형적인 라이브 밴드였다. 그들은 미국인들에게 살아있는 록의 정신이었다. 때문에 제리 가르시아의 죽음과 그레이트풀 데드의 해산은 히피이즘의 완전한 소멸이라는 상징적 의미로 읽혀진다. 「뉴스위크」가 "최후의 얼터너티브 밴드가 사라졌다"고 논평하는 등 많은 언론들이 애도를 표했다. 제리 가르시아의 유해는 샌프란시스코 골든게이트 근처 강물과 인도의 갠지즈강에 나뉘어 뿌려졌다.

The Only One :
「American Beauty」(1970)

컨트리 록을 탄생시킨 숨은 그림자

클라렌스 화이트

Clarence White, 미국, 1944~1973

클라렌스 화이트는 그룹 버즈의 기타리스트였다. 버즈의 음악적 핵심은 물론 로저 맥귄이었지만 기타리스트로서의 능력만을 평가한다면 그것은 조금 달라지기도 한다.

'www.guitar.com'이 선정한 '역사상 가장 위대한 기타리스트 100' 순위에서 클라렌스 화이트는 42위를 차지해 40위를 차지한 로저 맥귄의 두 계단 아래에 위치하고 있다. 그러나 「롤링 스톤」의 순위는 좀 다르다. 2003년 「롤링 스톤」 순위에서 클라렌스 화이트는 41위에 랭크되어 있는 반면, 로저 맥귄은 없다. 2011년 「롤링 스톤」 순위에서는 클라렌스 화이트가 52위에, 로저 맥귄이 95위에 각각 랭크되어 있다.

클라렌스 화이트는 비록 요절했지만 그가 뿌려놓은 컨트리 록의 향기는 1970년대 내내 짙게 드리워져 있었다. 그는 포크 록 그룹 버즈가 밴드의 후반기에 컨트리 록 성향의 밴드로 거듭나고, 그 영향권 아래에서 성장한 많은 밴드들이 1970년대를 컨트리 록의 전성시대로 만드는데

클라렌스 화이트

결정적 역할을 수행한 선구자였다.

패색 짙은 버즈의 구원투수

클라렌스 화이트는 1944년 미국 메인주 루위스톤에서 태어나 1954년에 가족을 따라 캘리포니아주 버뱅크로 이주한 후 그 곳에서 성장했다. 열 살이던 그 해에 이미 형제들과 쓰리 리틀 컨트리 보이스The Three Little Country Boys라는 패밀리 그룹을 결성해 활동하기 시작했다. 이들은 1958년에 첫 싱글을 발표했고, 점차 이름이 알려지면서 밴드의 이름을 켄터키 콜로넬스The Kentucky Colonels로 바꾸었다.

1964년에 대서양을 건너온 브리티시 인베이전의 파고는 클라렌스 화

버즈를 이끈 두 기둥 로저 맥귄과 클라렌스 화이트

이트에게도 큰 충격과 자극을 안겨 주었다. 켄터키 콜로넬스를 해산한 그는 로스엔젤리스에서 몽키스The Monkeys의 초기 녹음에 참여하는 등 세션 기타리스트로 활동하다 훗날 버즈의 동료가 되는 진 파슨스Gene Parsons를 만나 내쉬빌 웨스트Nashville West라는 밴드를 조직했다. 내쉬빌 웨스트는 록 음악사에서 컨트리와 록을 만나게 한 초창기 그룹 가운데 하나로 평가받는다.

이제 버즈가 등장할 차례다. 클라렌스 화이트와 버즈의 인연은 1966년 그가 진 파슨스와 함께 버즈의 전 멤버인 진 클락Gene Clark, 1944~1991의 솔로 앨범 「Gene Clark with the Gosdin Brothers」의 녹음에 참여하면서 시작되었다. 앨범 발매 후 두 사람은 진 클락의 투어에도 동행했고 여기서 버즈의 베이시스트 크리스 힐먼을 만났다. 1967년 클라렌스 화이트는 버즈의 「Younger Than Yesterday」 앨범 녹음에 참여해 특유의 트완기 기타 사운드를 선보였는데, 〈Time Between〉과 〈The Girl with No Name〉 같은 곡에서 그것을 확인할 수 있다. 아직 정규 멤버가 아니었음에도 그의 역할은 상당한 것이어서 이 앨범부터 버즈는 컨트리 록의 경향을 강하게 띄기 시작했다.

1968년 크리스 힐먼과 그램 파슨스가 떠난 버즈를 재건하기 위해 로저 맥귄은 클라렌스 화이트에게 러브콜을 보냈고 클라렌스 화이트는 여기에 화답해 버즈의 정식 멤버로 가입했다. 밴드의 후반기에 로저 맥귄의 음악적 독재와 불화를 일으킨 멤버들이 속속 이탈하면서 버즈는 위태로운 시기를 보내야 했다. 그 때 등장한 것이 클라렌스 화이트였다.

그는 위기의 순간에 구원 등판해 1973년 버즈가 해산하는 마지막 순간까지 밴드를 지켰다.

초창기에는 버즈의 라이브 실력에 의문을 제기하는 이들이 많았다. 하지만 클라렌스 화이트의 합류 이후 버즈는 라이브를 잘 하기로 소문난 밴드가 되었다. 버즈의 1969년 라이브 앨범 「Live at the Fillmore – February 1969」에서 그것을 확인할 수 있다. 클라렌스 화이트는 무대 위에서 다소 무표정한 얼굴의 기타리스트였지만 그의 기타가 만들어내는 표정만큼은 다채롭고 다면적인 것이었다.

버즈의 멤버로 활동하면서도 클라렌스 화이트는 세션 기타리스트로서의 활동을 멈추지 않았다. 그는 랜디 뉴먼Randy Newman의 앨범 「12 Songs」(1970)에서 라이 쿠더와 번갈아가며 기타를 쳤고, 조 카커Joe Cocker의 앨범 「Joe Cocker」(1969)와 에벌리 브러더스의 앨범 「Stories Would Could Tell」(1971)에도 참여했다. 잭슨 브라운Jackson Browne과도 함께 작업했다.

1973년 버즈는 결국 해산했지만 클라렌스 화이트는 버즈 해산 이후에도 그 어느 때보다 바쁜 나날을 보냈다. 만돌린과 보컬의 데이비드 그리스먼David Grisman, 기타와 보컬을 맡은 피터 로완Peter Rowan, 피들의 리처드 그린Richard Greene, 밴조의 빌 키스Bill Keith와 함께 블루그래스 최초이자 최후의 슈퍼그룹이라 할 뮬스키너Muleskinner의 멤버로 활동했고, 에밀루

클라렌스 화이트는 블루그래스에서 어쿠스틱 기타가 리드 악기로서 인기를 얻는데 혁혁한 공을 세웠다.

1935년산 마틴 D-28 기타

해리스, 크리스 에드리지Chris Ethridge, 그램 파슨스Gram Parsons, 1946~1973 등 컨트리 뮤지션들과 함께 투어를 돌았다.

세션 기타리스트로서의 활동도 멈추지 않았다. 수구초심(首丘初心)이었을까? 마지막은 켄터키 콜로넬스로 돌아와 형제들과 함께 했다. 비록 켄터키 콜로넬스와 함께 녹음 중이던 솔로 앨범은 완성하지 못했지만 1973년 그가 남긴 마지막 숨결은 1976년 지각 발매된 라이브 앨범 「Kentucky Colonels : Live in Sweden」으로 남아있다.

1973년 7월 15일 새벽, 클라렌스 화이트는 공연을 마치고 밴에 장비를 싣던 도중 만취한 운전자가 몰던 차에 치어 갑작스럽게 세상을 떠났다.

기타를 진화시키는 데 일조한 스마트한 영감

클라렌스 화이트는 블루그래스*에서 어쿠스틱 기타가 리드 악기로서 인기를 얻는데 혁혁한 공을 세웠다. 그가 등장하기 전까지 블루그래스에서 기타는 리듬 악기였지만 클라렌스 화이트가 나타나 공격적인 플랫피킹 스타일을 창조하면서 그 지위가 달라졌다. 그의 리듬감 넘치는 싱

* 블루그래스(Bluegrass) : 제2차 세계대전 이후 미국 남부 애팔래치아 산악지방에서 불리던 마운틴 뮤직에서 파생한 컨트리 & 웨스턴 음악이다. 블루그래스라는 명칭은 빌 먼로의 밴드 블루그래스 보이스(Bluegrass Boys)에서 비롯되었다. 블루그래스는 빌 먼로의 고향인 켄터키주의 애칭이다. 일렉트릭 악기를 배제하고 어쿠스틱 악기로 편성되며, 밴조, 기타, 피들, 만돌린 등이 중요한 역할을 담당한다.

코페이션과 크로스 피킹 테크닉은 블루그래스 기타에 있어서 이전과는 전혀 다른 스타일을 만들어냈다. 댄 크래리Dan Crary, 노먼 블레이크Norman Blake, 토니 라이스Tony Rice 등 수많은 플랫 피킹 기타리스트들이 그를 가장 영향 받은 기타리스트로 꼽으며 추종했다.

일렉트릭 기타의 영역에서도 그의 영향력은 결코 작지 않다. 클라렌스 화이트는 버즈의 동료인 진 파슨스와 함께 비-벤더라는 기타 액세서리를 개발했다. 비-벤더는 기계적으로 벤딩 효과를 내는 장비로 이것을 사용하면 기타의 2번줄 튜닝이 B에서 C#으로 올라가 손쉽게 벤딩 효과와 페달 스틸 기타를 치는 것과 같은 효과를 낼 수 있다. 펜더사가 이 비-벤더를 기타에 장착하곤 했는데 지미 페이지를 비롯한 많은 기타리스트들이 이 장비를 즐겨 사용했다.

클라렌스 화이트의 주력 기타 역시 비-벤더가 장착된 1954년산 펜더 텔레캐스터와 1935년산 마틴 D-28 기타였다. 이 가운데 마틴 D-28 기타는 현재 토니 라이스가 보유하고 있으며 1954년산 펜더 텔레캐스터는 역시 클라렌스 화이트의 영향을 받은 기타리스트인 마티 스튜어트Marty Stuart가 갖고 있다.

The Only One :
「Live at the Fillmore - February 1969」
(2000)

어느 누구도 넘볼 수 없는 '제플린호'의 선장

지미 페이지

Jimmy Page, 영국, 1944~

학창시절 밴드 한답시고 기타 좀 잡아본 사람 치고 레드 제플린의 〈Stairway to Heaven〉 한 번 안쳐본 사람이 있을까? 〈Stairway to Heaven〉은 그만큼 역사상 가장 유명한 인트로를 지닌 불후의 명곡이다.

지미 페이지에 대한 첫 번째 설명은 물론 레드 제플린의 기타리스트라는 것이다. 그는 하드 록에서 헤비메탈로 이어지는 강고한 록의 역사에서 결정적 역할을 담당했던 레드 제플린의 기타리스트이자 프로듀서이며 음악적 핵이었다.

레드 제플린이 전설이 될 수밖에 없는 이유

1944년 영국 미들섹스주 헤스턴에서 태어난 지미 페이지는 열두 살 무렵 엘비스 프레슬리의 〈Baby Let's Play House〉를 듣고 감동받아 처음 기타를 잡았고, 열네 살 때는 스키플 밴드의 멤버가 되었다. 십대 후반부터는 이미 세션 기타리스트로 경력을 쌓기 시작했다. 그는 얼마

안 가 최고의 스튜디오 세션 기타리스트로 각광받게 되는데, 대표적으로 Who, 킹크스Kinks, 롤링 스톤스, 밴 모리슨, 마리안느 페이스풀Marianne Faithfull, 톰 존스Tom Jones, 도노반Donovan 등의 앨범에 기타 연주자로 참여했다. 훗날 레드 제플린을 함께 하게 되는 존 폴 존스와도 이 때 처음 만났다.

Monatelang gaben vier Geheimzeichen Rätsel auf – BRAVO gelang es, sie zu entschlüsseln

Das Geheimnis der Led Zeppelin

Jimmy Page liebt das Spiel mit dem Feuer

John Paul Jones fürchtet überirdische Kräfte

John Bonham pfeift auf seinen Reichtum

Robert Plant sucht die Liebe, die er noch nicht fand

레드 제플린

흔히 에릭 클랩튼과 제프 벡 그리고 지미 페이지를 야드버즈 출신의 3대 기타리스트로 꼽는다. 지미 페이지는 1965년 에릭 클랩튼이 야드버즈를 떠나자 후임으로 합류할 것을 제안 받았지만, 이때는 거부하고 대신 친구인 제프 벡을 그 자리에 추천했다. 1966년에는 결국 베이스 연주자로 야드버즈에 합류하게 되지만 이내 크리스 드레자Chris Dreja에게 베이스를 넘기고 제프 벡과 함께 트윈 기타리스트로 활약했다. 그리고 제프 백이 밴드를 떠나자 마침내 야드버즈의 마지막 리드 기타리스트가 되었다. 1968년 기존 멤버들이 이탈하면서 야드버즈가 해산될 위기를 맞자 그는 로버트 플랜트Robert Plant와 존 보냄John Bonham, 1948~1980, 존 폴 존스를 영입해 뉴 야드버즈로 활동하기 시작했다. 얼마 가지 않아 이 네 명의 멤버는 뉴 야드버즈라는 이름을 버리고 밴드의 이름을 개명했는데, 그 이름이 바로 전설이 될 비행선, 레드 제플린이다.

1969년 1월, 록의 역사를 새로 쓴 대망의 데뷔 앨범 「Led Zeppelin」이 발매되었다. 〈Good Times Bad Times〉 〈Dazed and Confused〉 등이 수록된 앨범은 단숨에 록계를 강타했다. 데뷔 앨범이 예상을 뛰어넘는 큰 성공을 거두자 레드 제플린은 그 해가 가기 전에 다시 2집을 발매했다. 여기에 〈Whole Lotta Love〉가 수록되어 있다. 3집은 1970년에 발표되었는데, 여기에는 〈Immigrant Song〉 〈Since I've Been Loving You〉 등이 실려 있다.

그리고 1971년, 약간의 논란 가운데서도 대체적으로 밴드 최고의 역작으로 꼽히는 4집이 발매되었다. 여기에 〈Rock and Roll〉 〈Black Dog〉 등과 함께 〈Stairway to Heaven〉이 수록되어 있다. 아마도 역사상 가장 유명한 인트로 가운데 하나일 이 곡의 도입부에서 처음 어쿠스틱한 연주를 들려주던 지미는 어느 순간 광폭한 하드 록 기타리스트로 돌변하고 곡의 후반부에서는 이내 처음의 모습으로 되돌아온다. 〈Stairway to Heaven〉은 변화무쌍한 지미 페이지의 연주기교가 총출동하는, 참으로 드라마틱한 곡이다.

페이지와 플랜트

이후로도 활발히 활동하던 레드 제플린은 1980년 드러머 존 보냄이 사망하자 갑작스럽게 해산을 맞이했다. 이들은 멤버를 바꾸어 계속 활동하지는 않기로 결정했다. 레드 제플린의 역사는 존 보냄까지 완벽한 네 명이 활동했던 그 시기로 끝내기로 한 것이다. 이미 전설적인 밴드였던 레드 제플린은 그렇게 실제로 전설이 되어 사라졌다.

레드 제플린을 전설이라 말해야 하는 이유는 충분히 많다. 레드 제플린은 록 역사상 비틀스 다음으로 두 번째로 많은 음반을 판매했고, 미국음반산업협회(RIAA)가 공인한 다섯 장의 다이아몬드 앨범을 보유했다. 공연에 관해서라면 레드 제플린은 비틀스마저도 뛰어넘는다. 그들은 1970년대 내내 구름 관중을 몰고 다니며 공연에 관한 각종 기록을 갈아치웠다. 특히 56,800명의 관객을 동원하며 입장료 수익만 309,000달러를 기록했던 1974년 템퍼 스타디움 공연은 1965년 비틀스가 쉐어 스타디움 공연 당시 세웠던 기록을 모두 깨뜨린 상징적 장면이었다.

차트 상에서도 레드 제플린은 전무후무한 기록을 보유하고 있다. 1975년 3월 29일자 빌보드 앨범차트에는 1위에 오른 「Physical Graffiti」와 2위를 차지한 4집을 비롯해 124위에 랭크된 3집까지, 그 때까지 레드 제플린이 발표한 여섯 장의 앨범이 한 장도 빠짐없이 모두 순위에 올라 있었다.

레드 제플린의 해산 이후 한동안 실의에 빠져있던 지미 페이지는 이듬해 3월 친구 제프 벡의 무대에 모습을 드러내면서 재기했다. 이후 폴 로저스Paul Rodgers와 함께 했던 그룹 더 펌The Firm을 비롯해 몇몇 밴드에 가담하고 데이비드 커버데일David Coverdale을 비롯한 여러 사람과 공동작업을 하는가 하면 1988년에는 솔로 앨범 「Outrider」를 발표하기도 했다. 특히 1984년에는 로버트 플랜트와 함께한 하니드리퍼스Honeydrippers 활동으로 레드 제플린 재결성의 꿈을 부풀리기도 했지만 아쉽게도 현실이 되지는 않았다. 1995년 레드 제플린이 명예의 전당에 입성할 때 남은 세 명의 멤버와 존 보냄의 아들 제이슨 보냄Jason Bonham이 함께 연주한 것을 인연으로 이들은 2007년 영국 런던의 O2 아레나에서 대망의 재결합 공연을 펼치기도 했지만 본격적인 의미의 레드 제

하드 록계의 전설을 완성한 깁슨 레스폴과 EDS-1275 더블 네크 모델이 나란히 일광욕을 즐기고 있다.

플린의 재결합이라고 보기는 어렵다.

텔레캐스터의 바그너이자 레스 폴의 말러

피크는 입에 문 채 첼로의 활로 깁슨 레스 폴을 연주하는 지미 페이지

지미 페이지의 음악적 출발이 야드버즈였던 것은 그의 기타 연주가 블루스를 기본으로 하고 있음을 말해준다. 에릭 클랩튼과 제프 벡이 그런 것처럼. 그는 블루스를 기반으로 하드 록, 헤비메탈 연주와 어쿠스틱 연주에 모두 능했다. 퍼즈 박스와 와와 페달, 오버드라이브 앰프를 활용한 강력한 록 기타 리프를 만들어내면서도 영국의 포크 선율을 어쿠스틱 기타로 연주하는 것 또한 즐겼다.

지미 페이지가 가장 즐겨 사용한 기타는 깁슨 레스 폴이었다. 그는 2집을 비롯해 레드 제플린의 앨범 녹음에서 대부분 마샬 앰프와 깁슨 레스 폴을 사용했는데, 그것은 이글스의 조 월시가 선물한 것이었다. 그는 제프 벡이 선물해준 펜더 텔레캐스터도 애용했는데 야드버즈 시절과 레드 제플린의 데뷔 앨범, 그리고 그 유명한 〈Stairway to Heaven〉의 솔로 연주에 바로 이 기타가 사용되었다.

하지만 팬들이 기억하는 가장 유명한 기타는 아마도 깁슨 EDS-1275 더블 네크 기타일 것이다. 콘서트에서 지미 페이지가 이 기타를 들고 〈Stairway to Heaven〉을 연주하는 장면은 언제나 공연의 하이라이트였다. 이 기타는 두 개의 네크로 구성되어 있는데, 위쪽에 좀 긴 것은 12

현 기타, 아래에 좀 짧은 것은 6현 기타로 되어 있다. 라이브 실황을 보면 인트로의 어쿠스틱한 아르페지오는 아래 6현 네크에서 시작하고 곡이 고조되어 일렉트릭한 리프가 작렬하기 시작하면 위쪽의 12현 네크로 옮겨간다. 그리고 중반의 기타 솔로 부분에서는 다시 한 번 6현 네크를 사용한다. 한편 지미 페이지는 첼로나 바이올린 활로 기타를 연주하는 것도 즐겼는데 그것은 그의 특징적인 연주법 가운데 하나가 되었다.

간혹 어떤 이들은 지미 페이지의 라이브 실력을 폄하하며 그의 연주력이 앨범 녹음과 라이브에서 많이 차이가 난다는 점을 지적하기도 한다. 하지만 그럴 수밖에 없는 것이 지미 페이지는 스튜디오 녹음에서는 다양한 실험을 즐겼으며 특히 여러 번의 리프를 층층이 쌓아올리는 오버더빙 기법을 자주 사용했다. 이것은 라이브에서는 다르게 연주될 수밖에 없다. 그는 스튜디오에서는 매우 실험적인 연주자였던 것이다.

레드 제플린의 동료였던 로버트 플랜트는 MTV와의 인터뷰에서 이렇게 말한 적이 있다. "그는 텔레캐스터의 바그너이자 레스 폴의 말러입니다. 대단한 친구죠."

The Only One :
「Untitled(4집)」(1971)

대영제국의 기타 학자

존 맥러플린

John McLaughlin, 영국, 1942~

재즈와 록의 결합으로 1960년대 후반에서 1970년대 초반 사이 출현한 퓨전 록, 퓨전 재즈 기타의 계보에서 맨 윗자리는 당연히 존 맥러플린의 차지다. 수없이 많은 경쟁자들 중에서도 그의 기타 테크닉은 가히 난공불락이었으며 경이로운 경지였다.

존 맥러플린은 2003년 「롤링 스톤」이 발표한 '역사상 가장 위대한 기타리스트 100' 순위에서 49위에 올랐는데, 이것은 이 리스트가 주로 록과 블루스 기타리스트들 위주로 짜여 있는 것을 감안한다면 대단히 높은 순위로, 소위 퓨전 재즈 기타리스트들 중에서는 당연히 가장 높다. 제프 벡은 그를 가리켜 현존하는 최고의 기타리스트라고 했다. 제프 벡의 말에 이의를 다는 이는 많지 않을 것이다.

학구적인 기타리스트

1942년 영국 요크셔주 던캐스터 태생의 존 맥러플린이 뚜렷한 존재감

존 맥러플린

을 드러낸 것은 퓨전 재즈 시대의 도래를 알린 마일스 데이비스의 1970년 앨범 「Bitches Brew」부터였지만, 그의 음악 경력의 시작은 그보다도 훨씬 이전으로 거슬러 올라간다. 어려서 바이올린과 피아노를 배우고 열한 살 때 처음 기타를 잡은 그는 초창기 블루스와 스윙 재즈에 매력을 느꼈고, 재즈 기타리스트 장고 라인하르트와 재즈 바이올리니스트 스테판 그라펠리의 영향을 받아 플라멩코와 재즈 스타일의 기타를 발전시켜 갔다.

1960년대 초반부터 이미 조지 페임Georgie Fame, 그래험 본드Graham Bond, 1937~1974, 브라이언 오거Brian Auger, 진저 베이커 등과 함께 연주했으며, 그밖에도 많은 뮤지션들의 세션 기타리스트로 활약했다. 1968년에는 자신의 밴드를 결성하고 이듬해 1월 데뷔 앨범인 「Extrapolation」을 냈다.

젊은 신성 존 맥러플린의 기타 실력은 마일스 데이비스의 드러머 토니 윌리엄스Tony Williams, 1945~1997의 귀에 들어갔다. 1969년 토니 윌리엄스의 요청으로 그는 미국으로 이사했다. 토니 윌리엄스가 이끌던 그룹 라이프타임Lifetime에 합류한 그는 뉴욕에서 또 한 명의 동갑내기 천재 지미 헨드릭스와 만나 잼 세션을 갖기도 했다. 라이프타임 시절은 그의 기타리스트로서의 경력에 의미 있는 전환점이 되었는데 「Emergency!」(1969)가 그 때를 대표하는 앨범이다. 또 그 해부터 마일스 데이비스의 눈에 들어 함께 녹음하기 시작해 1969년 앨범 「In a Silent Way」의 녹음작업에 참여했고, 이듬해에는 「Bitches Brew」의 크레디트에 이름을 올렸다. 마일스 데이비스는 이미 그의 진가를 알아보고 있었다.

1970년에 존 맥러플린은 어쿠스틱과 인도 음악을 추구하기 위해 마일스 데이비스를 떠나 「My Goal's Beyond」라는 앨범을 냈다. 이 앨범과 같은 해 발표된 「Devotion」은 그의 인도와 동양 사상에 대한 관심이 잘 드러난 작품으로 향후 도래할 재즈 록의 새로운 경향을 예고한 앨범이었다.

마일스 데이비스의 「Bitches Brew」를 시작으로 1970년대와 함께 퓨전 재즈의 시대가 열렸다. 1970년에 조 자비눌Joe Zawinul, 1932~2007과 웨인 쇼터Wayne Shorter의 주도로 웨더 리포트가 창단되었고, 이듬해인 1971년 칙 코리아Chick Corea가 리드한 리턴 투 포에버와 존 맥러플린이 이끈 마하비

마하비시누 오케스트라

인도 뮤지션들과 함께 한 월드 퓨전 그룹 샥티

시누 오케스트라가 등장하면서 소위 말하는 3대 퓨전 재즈 그룹이 모두 모습을 드러냈다. 드러머 빌리 코브햄Billy Cobham과 베이시스트 릭 레어드Rick Laird에 키보디스트 얀 해머를 영입해 1971년 출범한 마하비시누 오케스트라의 마하비시누는 인도 사상에 심취해 있던 존 맥러플린이 자신의 스승인 인도의 영적 지도자 스리 친보이로부터 받은 인도식 예명이었다. 마하비시누 오케스트라의 음악은 재즈를 바탕으로 블루스와 포크, 클래식과 월드뮤직까지 녹여낸 대단히 독창적인 것이었는데, 특히 존 맥러플린의 영향으로 인도의 전통 음악적 요소를 많이 포함하고 있었다.

존 맥러플린은 밴드의 데뷔작 「Inner Mounting Flame」(1971)에서 빠른 솔로 연주와 이국적인 스케일을 선보이며 새로운 기타 영웅이 되었다. 1972년에 발표된 「Birds of Fire」는 밴드의 최고작으로 평가받았지만, 불행히도 존 맥러플린의 독주와 다른 멤버들 사이의 갈등으로 밴드는 1973년 해산했으며 1974년에 재창단해 2기 시대를 열었지만 1976년 다시 해산했다. 1980년대에도 재건과 해산이 반복되었다.

마하비시누 오케스트라가 해산과 재결합을 반복하는 사이 존 맥러플린은 밴드와는 별도로 개인적으로 활발한 활동을 펼쳤다. 1973년에는 카를로스 산타나와 협연했고 칼라 블레이Carla Bley와 길 에반스 등과도 함께 작업했다. 1975년 존 맥러플린은 인도 뮤지션들과 함께 인도 전통음악의 색채가 강한 월드 퓨전 그룹인 샥티Shakti를 결성해 활동하기 시작했는데, 샥티에서는 시타르, 타블라 등 인도 전통악기의 호위 속에 주로 어쿠스틱 기타를 쳤다.

1979년에는 자코 파스토리우스Jaco Pastorius, 1951~1987와 토니 윌리엄스를 규합해 슈퍼 트리오를 결성했지만 오래 가지는 못했다. 1980년에는 플라멩코 기타리스트 파코 데 루치아Paco De Lucia, 알 디 메올라와 함께 활동하기도 했다. 세 사람이 만들어낸 신기의 앙상블은 기타 연주사의 명장면 가운데 하나로, 1980년 발표된 실황 앨범 「Friday Night in San Francisco」를 통해 남아있다.

퓨전 재즈의 위대한 레코딩 순간에는 언제나 그가 있었다

존 맥러플린이 1970년대와 1980년대를 통틀어 가장 뛰어난 퓨전 재즈 기타리스트인 것은 분명하다. 그의 출현은 일대 충격이었다. 그의 빠르면서도 정확한 속주 피킹은 눈부셨으며 현란한 테크닉은 경이로웠다. 그의 연주는 즉흥연주에 기반하고 있어서 특정한 스케일에 얽매이지 않는다. 그의 영향력은 스티브 모스와 에릭 존슨, 마이크 스턴Mike Stern, 알 디 메올라, 스콧 핸더슨Scott Henderson에서 블랙 플래그Black Flag의 그레그 긴Greg Ginn과 마스 볼타The Mars Volta의 오마르 로드리게즈Omar Rodriguez에 이르기까지 장르를 뛰어넘어 두루 미친다.

존 맥러플린이 최근 즐겨 사용하는 고딘 모델

존 맥러플린은 1970년대 초반 깁슨 EDS-1275 더블 네크 기타를 즐겨 연주했는데 이 기타는 100와

트짜리 마샬 앰프와 연결되어 소위 '멜트다운 모드'(meltdown mode)라고 하는 존 맥러플린 특유의 사운드를 만들어냈다. 이 소리는 「기타 플레이어」가 뽑은 '역사상 가장 뛰어난 기타 톤 50' 가운데 하나로 선정되기도 했다. 이밖에도 존 맥러플린은 렉스 보그 더블 네크 기타와 기타 장인 에이브러햄 웩터Abraham Wechter가 만든 어쿠스틱 기타인 샥티 기타, 그리고 깁슨 J-200 등의 모델도 즐겨 사용하고 있으며, 최근에는 고딘 기타를 애용하고 있다.

솔로로서도, 밴드의 리더 혹은 멤버로서도 퓨전 재즈의 위대한 레코딩의 순간에는 언제나 존 맥러플린이 있었다. 어떤 록 칼럼니스트가 "존 맥러플린은 미국의 어느 기타리스트도 당해낼 수 없는 대영제국의 기타 학자"라는 표현을 사용한 이래로 그는 기타 학자라는 별명을 얻었다. 그는 지금도 솔로로서, 다양한 협업으로서, 또 샥티의 멤버로서 전 세계를 돌며 활발한 공연을 펼치고 있다.

The Only One :
「The Inner Mounting Flame」(1971)

하드 록 기타의 교본을 완성하다

리치 블랙모어

Richie Blackmore, 영국, 1945~

역사상 가장 유명한 기타 리프를 꼽는다면 딥 퍼플의 〈Smoke on the Water〉를 빼놓을 수 없을 것이다. 빼놓을 수 없을 뿐만 아니라 어쩌면 첫 손가락에 꼽아야 마땅할 지도 모른다. 그만큼 〈Smoke on the Water〉의 간결하면서도 파워풀한 기타 리프는 유명하다. 〈Smoke on the Water〉의 기타 리프를 모른다면 그것은 아마도 록 기타를 모른다는 것과 동의어가 될 것이다.

레드 제플린과 함께 1970년대 하드 록을 이야기할 때 반드시 언급되는 밴드 딥 퍼플. 리치 블랙모어는 딥 퍼플의 기타리스트였다. 자연스럽게 그는 레드 제플린의 지미 페이지와 비교될 수밖에 없는 운명인데, 단순히 비교될 뿐만 아니라 두 사람이 시대의 라이벌로 평가될 만큼 리치 블랙모어 역시 하드 록의 역사에서 가장 빛나는 기타리스트 가운데 한 명으로 꼽힌다.

리치 블랙모어

두 개의 슈퍼밴드, 딥 퍼플과 레인보우

리치 블랙모어는 1945년 영국의 웨스턴 슈퍼메어에서 태어나 어려서 헤스턴으로 이주해 그곳에서 성장했다. 열한 살 때 아버지가 처음 기타를 사주었는데 당시에는 클래식 기타를 배웠다. 그가 처음으로 하드 록 기타에 클래식적 요소를 접목한 인물로 꼽히는 데에는 다 그럴 만한 배

딥 퍼플

경이 있는 셈이다. 열다섯 살 때는 학교를 떠나 라디오 엔지니어로 일했는데 이 때 톰 존스의 밴드에서 활약하던 기타리스트 빅 짐 설리반Big Jim Sullivan으로부터 기타수업을 받았다.

1960년대 초반부터 몇몇 로컬 밴드에서 활동하며 실력을 키워나간 그는 1963년부터는 세션 기타리스트로 활동하기 시작했다. 그러다 세션 기타리스트 생활에 싫증을 느끼고 새로운 음악적 전기를 마련하고자 독일의 함부르크로 떠났는데 여기서 존 로드키보드, Jon Lord, 1941~2012와 이언 페이스드럼, Ian Paice를 만났다. 그리고 여기에 로드 에반스보컬, Rod Evans와 닉 심퍼베이스, Nick Simper를 규합해, 1968년 마침내 심홍빛 하드 록의 제왕 딥 퍼플을 결성하고 출사표를 던졌다.

딥 퍼플의 데뷔 앨범 「Shades of Deep Purple」은 1968년 라이벌 레드 제플린의 데뷔 앨범에 조금 앞서 발표되었는데, 조 사우스Joe South, 1940~2012의 원곡을 리메이크한 〈Hush〉가 인기를 얻었다. 밴드는 「The Book of Taliesyn」(1968)과 「Deep Purple」(1969)을 연이어 발표했는데, 「Deep Purple」에는 런닝 타임 12분이 넘는 대곡 〈April〉이 실려 있다. 가사와 제목을 T.S. 엘리엇의 유명한 시 '황무지' 중에서 "4월은 가장 잔인한 달"이라는 싯구에서 따온 〈April〉은 총 3부작으로 이루어져 있는

레인보우

데 1,2부는 아름다운 멜로디의 관현악 반주 속에 해먼드 오르간과 기타가 리드하고 3부에서는 본격적인 록 연주가 폭발하는 드라마틱한 곡이다. 이때만 해도 딥 퍼플의 음악은 클래식적 요소가 강해 프로그레시브 록으로 분류되었다.

1970년 딥 퍼플은 로드 에반스와 닉 심퍼를 내보내고 그 자리에 이언 길런Ian Gillan과 로저 글로버Roger Glover를 받아들여 「Deep Purple in Rock」을 발표했다. 딥 퍼플은 멤버 교체가 심했던 밴드로, 좀 과장해서 말하면 그들의 이합집산의 역사를 꿰는 것만으로도 하드 록 역사의 절반을 알 수 있다는 말까지 나올 정도이다. 보통 보컬리스트의 교체를 기준으로 시기를 나누는데 이언 길런이 가입했던 2기 시절이 전성기로 꼽힌다. 이때부터 딥 퍼플은 초기의 경향을 탈피해 본격적인 하드 록 노선으로 선회했는데, 이 시기에 발표한 「Deep Purple in Rock」「Fireball」(1971) 「Machine Head」(1972)가 딥 퍼플 최전성기의 3대 명반으로 꼽힌다. 〈Child in Time〉〈Fireball〉〈Smoke on the Water〉〈Highway Star〉 등 전설적인 명곡들이 모두 이들 앨범에 수록되어 있다. 리치 블랙모어의 기타 플레이가 가장 빛을 발했던 것도 바로 이 시기이다.

1974년 발표된 앨범 「Stormbringer」는 세계시장 성적표와는 별개로 최소한 국내에서는 딥 퍼플의 베스트 앨범 가운데 한 자리를 당당하게 차지한다. 올타임 리퀘스트인 불멸의 발라드 〈Soldier of Fortune〉이 수록되어 있기 때문이다. 한편 이 앨범은 국내에서는 타이틀곡

〈Strombringer〉가 금지곡으로 빠지는 바람에 앨범의 제목이 「Soldier of Fortune」으로 바뀌어 발매되었다. 〈Soldier of Fortune〉에서 보컬은 탈퇴한 이언 길런을 대신해 데이비드 커버데일이 맡고 있다. 이 곡에서 리치 블랙모어는 서정적인 감성의 어쿠스틱 기타 연주를 들려주고 있는데, 그것은 먼 훗날 그의 미래를 예견하고 있는 것이기도 했다.

1975년 리치 블랙모어는 딥 퍼플을 떠나 새로운 밴드인 레인보우Rainbow를 결성했다. 레인보우 시절에도 그룹의 보컬리스트는 로니 제임스 디오Ronnie James Dio, 1942~2010에서 그래험 보넷Graham Bonnet, 조 린 터너Joe Lynn Turner 등으로 계속해서 바뀌었지만 리치 블랙모어는 차분히 자신의 자리를 지키며 중심에 서서 밴드의 음악적 방향을 지배했다. 이 시기 그는 특히 바로크 음악으로부터 영향을 많이 받은 스타일을 보여주었는데, 음악적 영감을 얻기 위해 실제로 첼로를 배우기도 했다. 레인보우 시절의 대표곡으로는 〈Catch the Rainbow〉 〈Temple of the King〉 〈Rainbow Eyes〉 등 발라드가 많지만, 〈Since You've Been Gone〉이나 〈I Surrender〉와 같은 정통 하드 록 성향의 곡들도 꾸준히 발표해 상당한 인기를 얻었다.

리치 블랙모어는 1984년 전성기였던 2기 멤버들과 함께 딥 퍼플을 재결성했지만 별다른 성과를 거두지 못했고 1994년 투어를 눈앞에 둔 시점에 다시 딥 퍼플을 탈퇴하고 말았다.

하드 록 영웅에서 포크 록의 방랑자로

리치 블랙모어는 사실상 최초로 하드 록 기타에 클래식적 요소를 도입한 인물로 평가받는다. 그런 의미에서 1980년대의 기타 히어로 에드워드 반 헤일런이나 잉베이 말름스틴 같은 이들은 명백히 리치 블랙모어의 영향력 아래에 있다고 볼 수 있다. 1960년대까지 초기 딥 퍼플의 음악이 클래식적 요소가 강했던 것은 리치 블랙모어의 영향도 있지만 그보다는 오히려 정통 클래식 학도였던 존 로드의 입김이 크게 작용한 결과였다. 실제로 당시 밴드의 음악적 주도권은 존 로드에게 있었다.

블랙모어스 나이트

반면, 딥 퍼플의 최전성기를 수놓은 1970년대 초반의 3부작은 리치 블랙모어가 전면에 나섰던 시기이다. 그가 불세출의 하드 록 기타리스트로 공인받은 시기이기도 하다. 이때 리치 블랙모어는 하드 록의 정석이라 불릴 만한 리프와 솔로를 양산해 내며 1970~80년대를 수놓은 수많은 후배 헤비메탈 기타리스트들에게 영감과 가르침을 주었다.

1960년대까지 리치 블랙모어가 즐겨 사용한 기타는 깁슨 ES-335 모델이었다. 하지만 1970년대로 들어오면서 정통 하드 록 연주를 지향하기 시작하면서부터는 펜더 스트라토캐스터가 그의 분신이 되었다. 스튜디오 녹음에서는 간간히 펜터 텔레캐스터 씬라인 모델을 사용하기도 했지만 그가 등장했던 록 역사의 주요 장면장면마다 리치 블랙모어가 손에 들었던 것은 펜더 스트라토캐스터와 마샬 앰프의 정통적인 조합이었다. 이 조합을 통해 리치 블랙모어는 블루스 스케일과 도미넌트 마이너 스케일에 기반을 두고 클래식으로부터 아이디어를 빌어와 다양한 연주를 선보였다.

지금의 리치 블랙모어는 아쉽게도 하드 록 기타 영웅의 모습과는 다소 거리가 있다. 딥 퍼플을 떠난 그는 1997년 놀랍게도 여자친구였던 캔디스 나이트Candice Night와 함께 블랙모어스 나이트Blackmore's Night라는 포크록 듀오를 결성해 활동하며 어쿠스틱 기타를 들고 연주여행을 다니기 시작했다. 오랜 연인이자 음악적 동료인 캔디스 나이트와는 2008년 결혼에 골인했다. 현재 리치 블랙모어는 하드 록의 영웅의 자리에서 스스로 걸어 내려와 여유로운 음악적 방랑자의 길을 걷고 있는 것처럼 보인다.

딥 퍼플이 레드 제플린과 비교할 때 영국 시장에 비해 미국 시장에서의 인지도가 현저히 떨어졌고 전반적인 대중적 인기도 면에서도 상당히 차이가 났던 까닭에 이들을 라이벌로 설정하는데 이견을 제시하는 이도 있다. 하지만 분명히 딥 퍼플과 리치 블랙모어는 하드 록 역사의 가장 중요한 페이지를 써내려갔으며, 특히 리치 블랙모어는 수많은 기타 키드들에게 위대한 영웅이자 스승이었다. 그는 불세출의 하드 록 기타리스트임이 분명하다. 그에 대한 증명서를 구한다면 〈Smoke on the Water〉의 기타 리프와 〈Highway Star〉의 솔로 연주를 내미는 것만으로도 충분하다.

The Only One :
「Machine Head」(1972)

록 역사상 두 가지 아쉬운 질문

피터 그린

Peter Green, 영국, 1946~

1975년 앨범 「Fleetwood Mac」과 1977년 앨범 「Romours」로 어마어마한 상업적 성공을 거두며 1970년대를 풍미했던 팝 록 그룹으로서만 플리트우드 맥Fleetwood Mac을 기억한다면 아쉬운 일이다. 〈Black Magic Woman〉을 산타나의 1970년 앨범 「Abraxas」에 수록된 히트곡으로만 기억한다면 그것 역시 아쉽기는 매 한가지다.

이 두 가지 질문 아닌 질문에 베어 있는 진한 아쉬움을 채울 수 있는 한 사람이 있다. 1967년 플리트우드 맥 결성 당시 창단 멤버로, 초창기에는 팝 록 그룹이 아니라 블루스 록계의 실력파 그룹이었던 플리트우드 맥의 리드 기타리스트였으며 〈Black Magic Woman〉의 원작자이기도 한 사람, 2003년 「롤링 스톤」이 선정한 '역사상 가장 위대한 기타리스트 100' 순위에서 38위에 올랐고 'www.guitar.com' 순위에서는 16위에, 「토털 기타」 순위에서는 56위에 오르는 등 모든 조사에서 순위권에 이름을 올릴 만큼 별다른 이견이 없는 위대한 기타리스트, 많은 사람이

화이트 블루스의 최고봉으로 지목하는 그의 이름은 피터 그린이다.

에릭 클랩튼에 대적할 뉴 페이스

1946년 영국 런던 태생인 피터 그린은 몇몇 밴드를 거쳐 1966년 키보디스트 피터 바든스Peter Bardens, 1945~2002(그는 훗날 카멜Camel의 키보디스트가 된다)의 밴드 피터 비스 루너스Peter B's Looners에 리드 기타리스트로 영입되면서 본격적인 음악활동을 시작했다. 이 때 훗날 플리트우드 맥의 동료가 되는 믹 플리트우드Mick Fleetwood를 처음 만났다.

1966년 야드버즈를 떠나 자신의 품으로 왔던 보물 에릭 클랩튼이 얼마 버티지 못하고 자신을 떠났음에도 존 메이올은 결코 실망하지 않았

존 메이욜이 에릭 클랩튼의
후임으로 낙점해
블루스 브레이커스의
멤버가 된 피터 그린

다. 그에게는 믿는 구석이 따로 있었다. 에릭 클랩튼의 뒤를 이을 적임자를 이미 발견했던 것이다. 존 메이욜은 피터 그린이 오래지 않아 에릭 클랩튼을 뛰어넘는 최고의 기타리스트가 될 것임을 확신했고, 그 확신을 바탕으로 주저 없이 그를 영입했다. 그렇게 피터 그린은 존 메이욜 & 블루스브레이커스의 멤버가 되었다.

가입 초기 피터 그린의 기타는 전임자인 에릭 클랩튼의 하드 록 블루스의 스타일을 따라하는 식이었지만 얼마 지나지 않아 특유의 리버브 먹인 톤으로 절제되고 경제적인 플레이를 펼치는 자신만의 스타일을 확립했다. 피터 그린은 존 메이욜스 블루스브레이커스에서 단 한 장의 앨범에 참여했는데 1967년작 「A Hard Road」가 그것이다. 이 앨범은 존 메이욜스 블루스브레이커스의 정규 앨범 중에서 최고작으로 꼽히는데 피터 그린의 대표곡으로 그의 눈부신 기타 연주가 빛나는 미드 템포의 블루스 연주곡 〈The Supernatural〉이 여기에 수록되어 있다. 이 곡은 훗날 개리 무어에 의해 리메이크되기도 했는데, 무엇보다 이 곡에서 그가 선보인 두터운 리버브와 지속음을 활용한 연주 스타일은 산타나에 의해 그대로 계승되었다. 그러나 존 메이욜과 피터 그린의 인연은 여기까지였다. 그 해가 가기 전에 피터 그린은 플리트우드 맥 결성을 위해 존 메이욜 & 블루스브레이커스를 탈퇴했다.

플리트우드 맥

1967년 피터 그린은 블루스브레이커스 시절의 동료이던 베이스의 존 맥비John McVie와 드럼의 믹 플리트우드에다 슬라이드 기타리스트 제레미 스펜서를 합류시켜 플리트우드 맥을 결성했다. 그 해 여름 윈저 국립 재즈 & 블루스 페스티벌을 통해 데뷔무대를 장식한 그들은 단번에 영국 최고의 블루스 밴드 가운데 하나로 지목되었고, 이듬해인 1968년에는 데뷔 앨범 「Fleetwood Mac」을 발표했다. 이 앨범은 거의 1년 동안 영국 차트에 머무르며 그 해 영국에서 가장 많이 팔린 앨범이 되었다.

한편 이 앨범은 흔히 「Fleetwood Mac(UK)」라고 표기되는데 이는 1975년에 발매된 같은 제목의 앨범 「Fleetwood Mac」과 구별하기 위함이다. 사실 피터 그린이 이끌던 1960년대 후반의 영국 그룹 플리트우드 맥과 1970년대 스티비 닉스Stevie Nicks와 린지 버킹햄 영입 후의 플리트우드 맥은 같은 밴드라고 보기는 어려울 정도로 현격한 음악적 차이를 보인다. 몇몇 멤버들의 동일성에도 불구하고 말이다.

피터 그린은 플리트우드 맥 재적 시절 자신의 전성기를 보냈다. 산타나의 리메이크로 미국에서도 히트한 〈Black Magic Woman〉은 원래 피터 그린이 작곡한 곡으로 1968년 플리트우드 맥의 이름으로 먼저 발표되었던 곡이다. 영국에서는 이 원곡도 꽤나 인기를 얻었는데 아련한 하모닉스로 시작해 타악기의 씩씩한 울림 속에 디스토션을 걸어 살짝 찌그러뜨린 톤으로 펼치는 피터 그린의 기타 솔로는 단연 압권이었다.

이밖에 플리트우드 맥 시절의 대표곡으로는 〈Oh Well〉과 〈The Green Manalishi (with the Two Prong Crown)〉과 〈Stop Messin' Round〉 등이 꼽힌다. 〈The Green Manalishi〉는 훗날 주다스 프리스트Judas Priest에 의해 리메이크되기도 했다. 슬로우 블루스 〈Love That Burns〉도 빼놓을 수 없는데 이 곡에서 들려준 아주 느린 속도의 소울풀한 마이너키 기타 연주를 피터 그린 최고의 연주로 꼽는 사람이 많다.

1969년에는 미국 시장을 겨냥해 만든 컴필레이션 앨범 「English Rose」의 수록곡 〈Albatross〉가 영국 싱글차트에서 깜짝 1위를 차지했는데, 이 곡은 의외로 가벼운 터치로 매만진 목가적 분위기의 곡이다.

그러나 또다시 작별의 시간이 다가오고 있었다. 마약문제가 심각해진 피터 그린은 1970년 프리트우드 맥을 탈퇴하고 만다. 플리트우드 맥을 떠난 해인 1970년 발표한 솔로 데뷔 앨범 「The End of the Game」 이래로 피터 그린은 솔로 활동을 펼쳐왔지만 그리 높은 평가를 받지는 못했다. 약물중독과 그로 인한 정신이상 등 건강 문제는 끊임없이 그를 괴롭혔다. 솔로 앨범 중에서는 데뷔 앨범 이후 건강에 심각한 문제가 생겨 무려 8년여의 공백 끝에 발표한 2집 「In the Skies」(1979)가 가장 높은 평가를 받았다. 이 앨범에는 핑크 플로이드와 씬 리지Thin Lizzy에서 기타를 쳤던 스노우이 화이트Snowy White가 참여하고 있는 점이 눈길을 끈다.

마이너 모드의 끈끈한 블루스 톤

피터 그린은 마이너 모드의 끈끈한 블루스 연주에 특히 능한 기타리스트이다. 그것은 앞서도 언급한 〈The Supernatural〉과 〈Love That Burns〉에서 뚜렷이 확인할 수 있다. 그의 하모닉 피드백 주법은 탁월하고 그가 만드는 비브라토는 전율을 느끼게 한다. 깔끔한 컷팅 톤과 서스테인드 노트(지속음) 등 그의 트레이드마크가 된 연주법들은 이후 많은 동료와 후배들이 뒤따르는 길이 되었다.

피터 그린의 주력 기타는 깁슨 레스 폴이다. 그는 블루스브레이커스 시절부터 이 기타를 사용했다. 1970년에 그는 자신이 가장 아끼던 1959년산 깁슨 레스 폴 스탠더드 기타를 후배인 개리 무어에게 팔았다. 그는 1990년대에는 펜더 스트라토캐스터를 잡기도 했지만 2000년대 들어 다시 깁슨 레스 폴로 돌아왔으며 최근에는 깁슨 하워드 로버츠 퓨전 기타를 쓰기도 한다. 피터 그린은 앰프와 기타 사이에 이펙터가 끼어드는 것을 좋아하지 않는다. 플리트우드 맥 시절에는 공연에서 오렌지 앰프 외

피터 그린이 애용했던 깁슨 레스 폴

에 그 어떤 이펙터도 사용하지 않았을 정도였다.

많은 기타리스트들이 피터 그린을 영향 받은 기타리스트로 언급한다. 개리 무어와 에어로스미스Aerosmith의 조 페리, 스티브 해킷Steve Hackett과 위시본 애쉬Wishbone Ash의 앤디 파웰Andy Powell 등이 대표적으로 피터 그린의 이름 뒤에 있는 이들이다. 그는 능히 더 큰 성취를 이룰 천재적 재능의 소유자였지만, 건강문제가 끝내 발목을 잡은 것은 안타까운 일이다.

The Only One :
「English Rose」(1969)

아티스트 혹은 엔터테이너 논란

조지 벤슨

George Benson, 미국, 1943~

아티스트와 엔터테이너의 지위는 많은 경우 서로 충돌을 일으킨다. 아티스트에는 존경과 경의의 의미가 담겨있는 반면 엔터테이너에서는 그것들이 거세된 채 우리식 표현으로 하면 소위 '딴따라' '광대'의 의미만이 부각되기 때문이다. 그것은 어쩌면 인기와 성공에 대한 질시 어린 반대급부일 수도 있겠다.

조지 벤슨은 바로 그 점에서 가장 큰 논란을 야기했거나 가장 크게 평가절하된 뮤지션이다. 그는 아티스트라는 칭호를 얻기에 결코 부족함이 없는 재능과 실력을 갖춘 인물이지만 불행인지 다행인지 그의 능력이 상업성 또한 놓치지 않았던 탓에 평단으로부터는 대체로 박한 평가를 받아왔다. 그는 협소한 분야에서 일로매진하며 아티스트의 영역에 머물기에는 너무나 많은 재능을 가지고 있었던 것이다. 그것은 신이 그에게 내린 축복이었지만 역설적이게도 신이 그의 재능을 시기한 저주이기도 했다.

조지 벤슨

그러나 선수는 선수를 알아본다고 했던가, 소울의 여왕 아레사 프랭클린Aretha Franklin은 이렇게 말했다. "그를 한마디로 표현하라면 나는 그저 '놀라운'(Amazing)이라고 말할 수밖에 없다. 내가 하나를 가진 뮤지션이라면 그는 모두를 가진 뮤지션이다. 그의 기타리스트로서의 재능은 아무리 질투하지 않으려 해도 그럴 수가 없는데, 게다가 그는 보컬리스트로서의 능력까지 갖추었다. 내가 아는 한 그와 같은 뮤지션은 없다."

팝과 R&B, 소울, 재즈를 자유롭게 넘나들며 폭넓은 음악성을 구현한 전천후 아티스트로서, 뛰어난 기타리스트이자 스캣 싱잉에 능한 유능한 보컬리스트로서, 또 수많은 명곡을 써낸 탁월한 송라이터로서 반세기 넘게 그가 펼쳐온 활약상은 그야말로 눈이 부시다.

아무리 질투하지 않으려 해도 그럴 수가 없는 재능

조지 벤슨은 1943년 미국 펜실베이니아주 피츠버그에서 태어났다. 일곱 살 때 아버지가 선물한 우크렐레를 처음 잡았고 여덟 살 때부터 기타를 치기 시작했다. 열 살 때 이미 뉴욕의 RCA-빅터사에서 첫 번째 싱글인 〈She Makes Me Mad〉를 녹음했을 만큼 그의 천재성은 일찍부터 번뜩였다.

찰리 크리스천, 웨스 몽고메리Wes Montgomery, 1923~1968, 케니 버렐Kenny Burrell 등 초창기 재즈 기타의 명인들이 그에게 영향을 끼친 인물들이다. 하지만 그는 머무르지 않고 영역을 넓혀갔다. 오르간 연주자 잭 맥더프Jack McDuff와 교류하며 재즈 연주법을 확장해 나갔고, 컨트리 재즈 기타리스트 행크 갈란드Hank Garland, 1930~2004로부터도 많은 영향을 받았다. 행크 갈란드는 초창기 그의 기타 영웅 가운데 한 명이었다.

조지 벤슨은 스무 살 무렵 이미 '보스 기타'(Boss Guitar)라고 불리던 재즈 기타의 거장 웨스 몽고메리의 뒤를 이을 정통 재즈 기타의 계승자로 기대를 한 몸에 받았다. 사람들은 그 기대를 모아 그에게 '뉴 보스 기타'(New Boss Guitar)라는 칭호를 부여했다. 스물한 살 때인 1964년 처음 자신의 리더작으로 발표한 앨범의 제목도 「The New Boss Guitar

조지 벤슨은 기타리스트로서 뿐 아니라 보컬리스트와 송라이터로서도 탁월한 재능을 갖추었다.

of George Benson」이었으니 그만큼 그는 자신감에 차 있었다.

1968년 웨스 몽고메리가 세상을 떠나자 조지 벤슨에게 거는 재즈계의 기대는 더욱 커졌다. 그해 조지 벤슨은 마일스 데이비스의 앨범 「Miles in the Sky」의 녹음에 참여해 탁월한 감각과 뛰어난 테크닉을 뽐냈고, 1974년에 발표한 앨범 「Bad Benson」이 빌보드 재즈차트에 오르면서 대중적으로도 이름을 알리기 시작했다. 이어진 앨범 「Good King Bad」(1975)와 조 패럴Joe Farrell, 1937~1986이 함께 한 「Benson & Farrell」(1976)이 거둔 소소한 성공을 지나 1976년 조지 벤슨은 마침내 최고의 순간에 도달했다. 바로 「Breezin'」이다. 「Breezin'」은 가장 빠른 시간 안에 플래티넘을 달성한 재즈 앨범으로 기록되면서 그의 이름을 대중들에게 각인시켰다. 이 앨범에서부터 조지 벤슨은 기타리스트로서 뿐만 아니라 보컬리스트로서도 본격적으로 이름을 알리기 시작했다. 수록곡인 〈This Masquerade〉로 그래미 올해의 레코드 부문을 수상하면서 생애 첫 번째 그래미 트로피를 품에 안기도 했다. 인지도가 급상승한 조지 벤슨은 1976년 미니 리퍼튼Minnie Riperton, 1947~1979의 투어에 기타리스트와 백업 보컬리스트로 동행했고, 스티비 원더의 앨범 「Songs in the Key of Life」 녹음에도 참여하며 활동반경을 넓혀갔다.

1978년 앨범 「Weekend in L.A.」의 수록곡 〈On Broadway〉로 다시 한 번 그래미 트로피를 손에 넣은 그는 1980년에 발표한 앨범 「Give Me the Night」가 공전의 히트를 기록하면서 히트메이커로서의 지위를 더욱 확고히 했다. 앨범은 빌보드 재즈 앨범차트와 R&B 앨범차트 정상에 올랐고, 퀸시 존스Quincy Jones가 프로듀스한 타이틀곡 〈Give Me the Night〉는 R&B 싱글차트 1위와 싱글차트(Hot 100) 3위에 오르는 호성적을 거두었다. 조지 벤슨은 〈Moody's Mood〉로 최우수 재즈 보컬상을 받는 등

「Breezin'」에 이어 다시 한 번 그래미 3관왕을 차지하는 영광을 누렸다.

조지 벤슨과 얼 클루

조지 벤슨은 재즈에 머무르지 않고 나아갔다. 팝을 향한 구애의 몸짓도 멈추지 않았다. 초반기의 작품 가운데 비틀스의 작품을 독창적으로 재해석한 앨범 「The Other Side of Abbey Road」(1970)을 비롯해 〈White Rabbit〉과 〈California Dreamin'〉의 창의적인 리메이크가 실려 있는 「White Rabbit」(1973)은 록과 팝에 대한 그의 열린 자세를 잘 보여준다.

1980년대에는 컨트리 기타리스트 쳇 앳킨스의 앨범 「Stay Tuned」(1985)에 참여하고 퓨전 재즈 기타리스트 얼 클루와 함께 한 앨범 「Collaboration」(1987)을 발표하는 등 활발한 공동작업을 벌였다.

최근작으로는 2008년 알 재로Al Jarreau와 함께 발표한 「Givin' It Up」과 2011년 앨범 「Guitar Man」이 주목할 만하다. 「Givin' It Up」에는 알 재로의 히트곡을 조지 벤슨이 연주한 〈Mornin'〉을 비롯해 홀 & 오츠Hall & Oates의 원곡으로 폴 영Paul Young이 1985년에 빅 히트시킨 바 있는 〈Everytime You Go Away〉의 리메이크가 실려 있고, 그밖에도 실스 앤 크로프트Seals and Croft, 마일스 데이비스, 샘 쿡, 빌리 홀리데이Billie Holiday, 1915~1959, 존 레전드John Legend 등의 곡들이 리메이크되어 있는데, 이 앨범으로 조지 벤슨은 그래미 최우수 팝 듀오 협연상과 재즈 앨범상을 수상해 28년 만에 다시 그래미 수상의 영광을 안았다.

아이바네즈사가 조지 벤슨을 위해 내놓은 GB 30주년 기념 특별 모델

「Guitar Man」 역시 장르를 가리지 않는 그의 폭넓은 음악적 스펙트럼을 잘 보여주는 앨범인데, 여기에는 존 콜트레인의 〈Naima〉부터 비틀스의 〈I Want to Hold Your Hand〉, 스티비 원더의 〈My Cherie Amour〉, 노라 존스의 〈Don't Know Why〉 등이 재해석되어 실려 있다.

존경받아 마땅한 아티스트

조지 벤슨의 음악은 융합과 총화를 특징으로 한다. 재즈와 블루스의 기본은 물론 소울과 R&B에서 팝과 록, 힙합과 테크노, 라틴과 월드뮤직에 이르기까지 다양한 요소들이 그의 음악 안에 담겨 있다. 명징한 기타 톤과 아름다운 멜로디 라인, 리드미컬한 스윙감은 조지 벤슨 기타의 핵심이다. 그는 리드 기타리스트로서도 뛰어나지만 리듬 기타리스트로서도 탁월하다.

만만치 않은 스피드로 펼치는 그의 솔로 애드립은 자유분방하다. 그의 기타 연주의 가장 큰 특징 가운데 하나는 옥타브 주법이다. 조지 벤슨은 유연한 옥타브 프레이즈로 솔로 연주를 진행하곤 하는데 이는 웨스 몽고메리에게 직접 영향을 받은 주법으로 멜로디컬한 맛을 살리는데 강점을 발휘한다.

조지 벤슨은 오랜 시간 아이바네즈 기타와 아주 특별한 관계를 맺어

왔다. 아이바네즈는 이를 기념해 GB 시그너처 기타를 만들었고, 관계를 맺은 지 30주년을 기념해서는 GB 30주년 기념 특별 모델을 내놓기도 했다. 여기서 GB는 물론 George Benson의 약자이다.

휘트니 휴스턴Whitney Houston, 1963~2012의 히트곡 〈Greatest Love of All〉과 글렌 메데이로스Glenn Medeiros의 히트곡 〈Nothing's Gonna Change My Love for You〉가 조지 벤슨의 원곡이라는 것은 그의 팬이라면 모두가 아는 사실이다. 하지만 진정한 그의 팬이라면 그것이 그의 전부가 아니며 그의 본령이 재즈에 있다는 사실, 그리고 그가 진정 존경받아 마땅한 아티스트라는 사실에 흔쾌히 동의할 것이다.

The Only One :
「Breezin'」(1976)

슈퍼 그룹의 계보를 논하다

스티븐 스틸스

Stephen Stills, 미국, 1945~

밴드나 솔로 활동을 통해서 이미 실력이 검증된 유명 뮤지션들이 헤쳐 모인 형식으로 새롭게 결성한 밴드를 통칭해서 흔히 '슈퍼 그룹'이라고 한다. 팝 음악의 역사에서 슈퍼 그룹 혹은 슈퍼 밴드로 불리는 팀은 많은데 대표적으로 1960년대 말 에릭 클랩튼이 재적했던 크림과 블라인드 페이스가 있었고, 크로스비 스틸스 내쉬 & 영Crosby, Stills, Nash & Young, 이하 'CSNY'이라는 당대의 슈퍼 프로젝트도 있었다. 1970년대의 에머슨 레이크 & 파머Emerson Lake & Palmer나 배드 컴퍼니Bad Company도 슈퍼 그룹으로 불렸고, 1980년대로 넘어오면 아시아Asia와 배드 잉글리시Bad English 등이 있었으며, 그 뒤로도 그 계보는 오디오슬레이브Audioslave와 벨벳 리볼버Velvet Revolver 등으로 이어져오고 있다.

그런데 이 '슈퍼 그룹'이라는 용어가 언제부터 쓰이게 되었는지는 명확하지가 않다. 다만 가장 가능성 높은 추론은 1968년에 알 쿠퍼의 아이디어에 의해 탄생한 음반인 「Super Session」이 그 출발점이었다는 주장

스티븐 스틸스

이다.

스티븐 스틸스는 알 쿠퍼의 「Super Session」에 마이크 블룸필드와 함께 초빙되었던 인물이다. 그는 2003년 「롤링 스톤」이 선정한 '역사상 가장 위대한 기타리스트 100' 순위에서 28위에 올라있으며, 2007년 크로스비 스틸스 & 내쉬(이하 'CSN')와 버펄로 스프링필드의 멤버로서 동시에 록큰롤 명예의 전당에 헌액됨으로써 같은 날 두 번 이름을 올린 최초의 뮤지션이라는 기록도 갖고 있다.

밴드의 자유로운 이합집산을 즐긴 보헤미안

스티븐 스틸스는 1945년 미국 텍사스주 댈러스에서 태어났다. 군인 집안에서 태어나 아버지의 근무지를 따라 자주 이사를 다녀야만 했다. 어려서부터 음악에 관심을 보인 그는 플로리다와 루이지애나 같은 미국 내 지역뿐 아니라 코스타리카와 엘살바도르 등에서 외국 생활까지 경험하면서 블루스와 포크 뿐 아니라 라틴 음악으로부터도 많은 영향을 받았다.

1960년대 초에는 본격적인 음악활동을 위해 대학을 그만 두고 뉴욕으로 가서 유명한 카페인 카페 어 고고(Cafe A Go Go)의 하우스 밴드인 오 고고 싱어스Au Go Go Singers를 결성해 활동하다 훗날 버펄로 스프링필드의 동료가 되는 리치 퓨레이Richie Furay를 만났다.

1965년에는 캐나다 투어 중에 닐 영을 만났으며, 이듬해 닐 영이 미국 로스엔젤리스로 이주해 오자 리치 퓨레이와 브루스 파머Bruce Palmer, 1946~2004, 듀이 마틴Dewey Martin, 1940~2009 등과 함께 버펄로 스프링필드를 결성했다.

버펄로 스프링필드의 활동기간은 2년이 채 되지 않았고 그동안 발표한 앨범도 세 장에 불과하다. 히트곡도 1966년 발표한 데뷔 앨범 「Buffalo Springfield」의 수록곡 〈For What It's Worth〉가 유일하다. 이렇듯 버펄로 스프링필드는 대중적인 성공

버펄로 스프링필드 시절 스티븐 스틸스

과는 거리가 먼 밴드였지만 그럼에도 불구하고 후대에 미친 영향에 있어서만큼은 그 크기와 중요성을 상당히 높게 평가받는다.

포크 록과 컨트리 록의 뼈대 위에 당대를 호령하던 사이키델릭 사운드까지 수용하고 있었던 버펄로 스프링필드가 선보인 예리하면서도 서정적인 기타와 다소 난해하면서도 조화롭기 그지없던 화성은 이후 등장한 1960~70년대의 수많은 포크 록, 컨트리 록 밴드들에게 지대한 영향을 끼쳤다. 특히 스티븐 스틸스는 자신이 만든 노래 〈For What It's Worth〉를 통해 히피이즘이 꽃을 피우던 당시의 시대상을 제대로 포착했다는 찬사를 이끌어냈다.

버펄로 스프링필드의 해산 직후 알 쿠퍼의 요청으로 「Super Session」(1968) 프로젝트에 참여한 스티븐 스틸스는 곧바로 또 다른 슈퍼 그룹을 출범시켰다. 1968년 캘리포니아에서 열린 홀리스Hollies의 공연이 끝난 후 조니 미첼의 집에 모인 데이비드 크로스비와 그래험 내쉬, 스티븐 스틸스는 함께 그룹을 결성하기로 뜻을 모았다. 데이비드 크로스비와 스티븐 스틸스는 이미 버즈와 버펄로 스프링필드를 떠난 상태였으므로 그 해 겨울 그래험 내쉬가 홀리스를 탈퇴해 합류하면서 이 놀라운 프로젝트는 현실이 되었다. 각자가 이미 뛰어난 송라이터이자 연주자로 공인받은 이들이 한데 뭉쳤으니 기대가 큰 것은 당연했다. 세 사람의 성에서 이니셜을 취해 밴드명을 만든 CSN는 1969년 데뷔 앨범 「Crosby Stills & Nash」를 발표하며 그 위용을 드러냈다. 스티븐 스틸스가 작곡한 〈Suite : Judy Blue Eyes〉가 포문을 열고 있는 앨범은 빌보드 앨범차트 5위까지 올랐고, CSN은 이듬해 그래미 어워즈에서 최우수 신인상을 수상하며 성공적인 출발을 알렸다.

CSN은 1969년 닐 영을 받아들여 CSNY으로 재편되었다. 안 그래도 슈

크로스비 스틸스 내쉬 & 영

퍼 그룹으로 주목받던 CSN이 CSNY으로 업그레이드된 것은 우드스톡 페스티벌과 함께 1969년의 가장 놀라운 사건으로 꼽힐 만큼 화젯거리였다. 우드스톡에 출연해 존재를 알린 CSNY는 이듬해 데뷔 앨범 「Deja Vu」를 발표했는데 이 앨범 역시 스티븐 스틸스가 만든 〈Carry On〉으로 시작된다. 앨범 발표 이후 대대적으로 벌인 투어의 제목도 'Carry On' 투어였다. 앨범은 1960년대가 지나가면서 히피의 시대가 저물어가고 파괴와 태동의 기운이 격돌하던 혼돈의 시기에 터져 나온 역작, 치열한 시대정신이 반영된 걸작이라는 찬사 속에 빌보드 앨범차트 1위에 오르며 대중적으로도 성공을 거두었다. 전체적으로는 닐 영의 가세로 좀 더 강력해진 일렉트릭 기타 사운드가 두드러져 보였지만 사실상의 리더로서 팀을 조율한 스티븐 스틸스의 송라이팅 능력과 연주력 역시 빛을 발하고 있었다. 수록곡 가운데 조니 미첼의 곡인 〈Woodstock〉은 네 사람의 절묘한 화음이 인상적인 곡인데 이 곡을 부르고 나서 그들 스스로가 자신들이 만든 하모니에 놀랐다는 뒷얘기도 전해진다.

CSNY의 성공으로 자신감을 얻은 스티븐 스틸스는 같은 해 솔로 데뷔 앨범인 「Stephen Stills」를 발표했다. CSNY의 동료인 데이비드 크로스비와 그래험 내쉬 뿐 아니라 지미 헨드릭스, 에릭 클랩튼, 부커 티 존스Booker T. Jones, 링고 스타, 캐스 엘리엇Cass Elliot, 1941~1974 등 초호화 멤버가 참여한 이 앨범은 스티븐 스틸스의 역량이 극대화된 작품이다. 아름다운 화음과 어쿠스틱 기타 사운드가 어우러지는 〈Do for the Others〉와 열정적인 라틴 리듬이 가미된 〈Love the One You're with〉, 일렉트릭 블루스 넘버 〈Go Back Home〉과 펑키한 하드 록 〈Old Times Good Times〉까지 다양한 스타일의 곡들이 총 망라되어 있다. 딱히 우울한 분위기의 앨범이 아닌데도 사랑의 여름이 끝나버린 쓸쓸한 서정은 가슴을 아리게 한다.

1972년작인 「Manassas」도 주목받은 작품이다. 크리스 힐먼Chris Hillman, 알 퍼킨스Al Perkins, 댈러스 테일러Dallas Taylor, 폴 해리스Paul Harris 등 뛰어난 연주자들을 대거 영입한 스티븐 스틸스는 매너서스Manassas라는 밴드의 이름으로 한껏 욕심을 부렸다. 더블앨범인 「Manassas」는 LP 4면의 네 파트로 구성되어 있는데, 'The Raven' 파트는 라틴과 록, 'The Wilderness' 파트는 컨트리와 블루그래스, 'Consider' 파트는 포크와 포크 록, 'Rock & Roll is Here to Stay' 파트는 블루스와 록으로 채워졌다. 록큰롤의 큰 흐름 속에서 다채로운 색깔을 담아낸 스티븐 스틸스의 감각이 번뜩이고 있는 앨범이다. 'Consider' 파트의 마지막 곡인 〈The Love Gangster〉의 녹음에 참여해 베이스를 연주한 롤링 스톤스의 빌 와이먼은 "그 땐 정말 롤링 스톤스를 떠나 매너서스로 가고 싶었다"는 말로 이 앨범의 뛰어남과 거기에 매료되었던 자신의 심경을 표현한 바 있다.

스티븐 스틸스는 전쟁 전에 만들어진 마틴 기타 구형 모델을 선호하는데, 그 이유는 나무판이 얇아서 더 맑은 소리를 내기 때문이다.

낡고 오래된 마틴 기타에서 울려 퍼지는 서정

스티븐 스틸스의 기타 연주를 구성하는 재료는 록큰롤과 블루스 그리고 컨트리이다. 여기에다 종종 라틴의 느낌을 새겨 넣는다. 그는 기타 외에도 피아노, 오르간, 베이스 등 다양한 악기를 다루며 콩가와 같은 라틴 퍼커션에 대한 이해도도 높다. 그래서 그의 음악에는 의외로 퍼커션의 등장이 활력을 불어넣는 곡들이 많다. 그는 어쿠스틱 기타 연주시에 변칙 튜닝을 즐겨 사용하며 무대 위에서는 아주 긴 어쿠스틱 솔로 연주도 자주 들려준다.

스티븐 스틸스는 어쿠스틱 기타로는 마틴 기타를 주로 쓴다. 특히 전쟁 전에 만들어진 구형 모델을 선호하는데 나무판이 얇아서 더 맑은 소리를 내기 때문이라고 한다. 일렉트릭 기타로는 펜더 프리시즌 베이스와 스트라토캐스터, 깁슨 레스 폴과 파이어버드, 그레치 컨트리 젠틀맨 등 여러 회사의 다양한 모델을 두루 사용한다. 그 중 가장 즐겨 쓴 모델은 (생김새 면에서) 세상에서 가장 아름다운 기타라는 그레치 화이트 팔콘 기타이다.

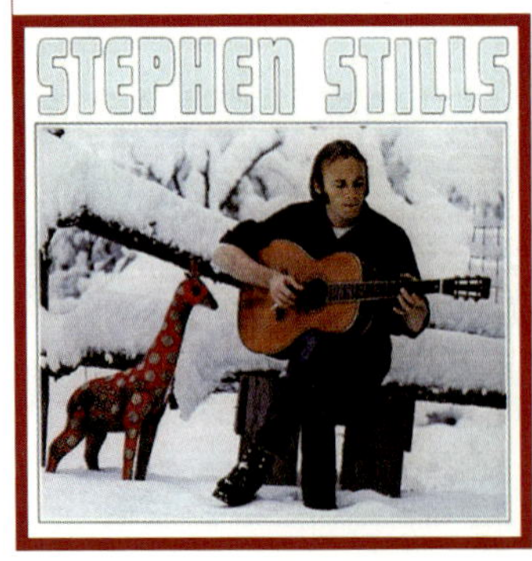

The Only One :
「Stephen Stills」(1970)

예측불허라는 사실만을 예측할 수 있는 사람

닐 영

Neil Young, 캐나다, 1945~

1994년의 그 잔인했던 봄날에 스스로 세상을 등진 그런지*의 영웅 커트 코베인의 유서에는 이런 글귀가 씌여 있었다. "기억해 주기 바란다. 점차 희미해져가기보다는 한 순간에 타버리는 것이 낫다는 것을……" 그것은 닐 영의 노래 〈Hey Hey My My〉의 가사에서 따 온 것이었다. 1995년 닐 영이 록큰롤 명예의 전당에 헌액되었을 때 펄 잼Pearl Jam의 에디 베더Eddie Vedder는 헌정 연설에서 이렇게 말했다. "타버리지 않는 유일한 방법은 끊임없는 자기혁신 뿐이라는 것을 닐 영은 결코 머무르지 않는 끝없는 열정으로 보여주었다. 그래서 그는 록큰롤 시대의 가장 뛰어난 아티스트 가운데 한 명이다." 닐 영은 변화무쌍한 사람이라 아

* 그런지(Grunge) : 인디 레이블 서브 팝(Sub Pop)이 중심이 되어 1980년대 말 미국 시애틀 지역에서 시작된 얼터너티브 록의 일종. 외양과 미끈한 연주 실력보다는 젊은이들의 염세주의와 불안을 나타내는 거칠고 분노에 찬 감정적인 가사가 특징이며, 지독하게 빽빽한 소리를 내는 디스토션 사운드를 주축으로 다양한 사운드를 들려준다.

닐 영

무도 그가 어디로 튈지 모른다. 「뉴욕 타임스」는 "닐 영은 예측불허라는 사실만을 예측할 수 있는 사람이다"라고 썼다. 그것이 닐 영이다.

그런지의 대부

닐 영이 음악 씬에 처음 모습을 드러낸 것은 미국 캘리포니아로 이주해 온 1966년이었지만 고국인 캐나다에서는 이미 1960년부터 활동을 시작했다. 닐 영은 1945년 캐나다 온타리오주 토론토에서 태어나 위니펙에서 자랐다. 위니펙의 포크 클럽에서 활동하던 중 같은 캐나다 출신의 세계적인 포크 뮤지션 조니 미첼을 만나 우정을 나누었다. 1966년 캘리포니아로 이주한 그는 스티븐 스틸스와 함께 버펄로 스프링필드를 결성하고 그룹 동명 데뷔 앨범 「Buffalo Springfield」를 발표했다. 밴드의 첫 히트곡은 〈For What It's Worth〉였는데 스티븐 스틸스가 만든 이 곡에서 닐 영은 예리한 일렉트릭 기타 연주로 큰 힘을 보탰다. 차기작인 「Buffalo Springfield Again」(1967)에서는 수록곡 중 〈Mr. Soul〉과 〈Expecting to Fly〉 〈Broken Arrow〉 등을 만들며 뛰어난 송라이팅 능력을 뽐내기 시작했다.

크레이지 호스

1968년 스티븐 스틸스가 버펄로 스프링필드를 떠나 데이비드 크로스비, 그래험 내쉬와 함께 크로스비 스틸스 & 내쉬(이하 'CSN')를 결성하자 닐 영은 충격을 받고 잠시 무대를 떠나기도 했지만 1969년 다시 돌아와 솔로 데뷔 앨범 「Neil Young」을 발표했다. 두 번째 앨범은 새롭게 결성한 밴드 크레이지 호스Crazy Horse와 함께 했다. 1969년 닐 영 앤 크레이지 호스의 이름으로 발표한 두 번째 솔로 앨범 「Everybody Knows This Is Nowhere」는 싱글차트에서 히트한 〈Cinnamon Girl〉을 비롯해 앨범 동명 타이틀인 〈Everybody Knows This Is Nowhere〉와 〈Running Dry (Requiem for the Rockets)〉, 그리고 런닝타임 10분에 달하는 두 개의 대곡 〈Down by the River〉와 〈Cowgirl in the Sand〉에 이르기까지 매력적인 트랙들이 가득했다.

1969년 닐 영은 스티븐 스틸스의 요청으로 CSN에 합류했다. 그의 가입으로 인해 밴드의 이름은 크로스비 스틸스 내쉬 & 영(이하 'CSNY')으로 확장되었다. CSNY은 1969년 시카고에서 데뷔무대를 장식한 후 곧이어 우드스톡 페스티벌에 출연하면서 다시 한 번 록 음악의 중심부로 진출했다. 닐 영은 CSNY의 일원으로 「Deja Vu」(1970)와 「4 Way Street」(1971)를 냈고 앨범은 모두 큰 호평을 받았지만 정작 밴드의 내부는 닐

「After the Gold Rush」 앨범 커버

영과 스티븐 스틸스의 주도권 다툼으로 바람 잘 날이 없었다.

닐 영의 음악 인생에서 전성기를 설정한다는 것 자체가 별다른 의미는 없어 보이지만 그래도 굳이 한다면 그의 양대 명반으로 꼽히는 「After the Gold Rush」와 「Harvest」 사이의 시기, 그러니까 1970년에서 1972년 사이를 꼽는 것이 일반적이다. 담장 앞을 걸어가는 닐 영과 교차하는 노파의 모습을 흑백으로 처리한 커버 디자인으로도 관심을 모은 「After the Gold Rush」는 그의 천재적 감각이 표출된 초기의 걸작이며, 솔로 4집에 해당하는 「Harvest」는 영국과 미국에서 모두 앨범차트 정상을 차지했을 뿐 아니라 수록곡 〈Heart of Gold〉가 빌보드 싱글차트 1위에 오르며 닐 영에게 가장 큰 대중적 성공을 안겨준 앨범이다.

1974년 앨범 「On the Beach」를 발매할 무렵 닐 영은 결국 CSNY을 탈퇴했다. 스티븐 스틸스와 닐 영의 불화에도 불구하고 CSNY이 거둔 음악적 성과는 뛰어난 것이었고, 이것은 향후 닐 영이 솔로로서 좋은 커리어를 쌓는 데에도 큰 힘이 되었다.

CSNY 시절의 노래 가운데 가장 널리 인구에 회자되는 곡으로는 〈Ohio〉가 있다. 반전시위 도중 주방위군이 쏜 총에 맞아 학생들이 사망한 비극적 사건이었던 켄트 주립대 사태에 충격을 받아 만든 〈Ohio〉는 닐 영의 정치적이고 사회참여적인 이미지를 만드는데 결정적인 역할을 했다. 이밖에 그의 기타 연주가 빛나는 곡으로는 1977년 앨범 「American Stars 'N Bars」에 수록된 〈Like a Hurricane〉도 빼놓을 수 없다. 이 곡은 그의 공연에서 항상 하이라이트를 장식하며 베스트 앨범에도 매번 수록되는 명곡이다.

1976년 더 밴드의 고별공연인 'The Last Waltz' 공연에 참여해 우정 어린 장면을 연출한 그는 1980년대 이후로는 실험적인 면모를 더욱 강화했다. 대중적으로는 다소 침체기를 겪는 모습이었지만 어차피 변화무쌍한 실험성과 기인의 풍모가 그의 본모습이다. 1989년 닐 영은 앨범 「Freedom」이 인기를 얻고 싱글 〈Rockin' in the Free World〉가 빌보드 메인스트림 록 차트 2위에 오르는 성공을 거두면서 대중성을 회복했다. 한편 이 앨범에서 닐 영은 무겁고 두터운 피드백과 디스토션 사운드를 선보여 그런지의 시대가 임박했음을 알리고 있었다.

닐 영은 피아노와 하모니카 등 많은 악기를 능숙하게 다루지만 주력 악기는 뭐니뭐니해도 기타이다.

'닐 영스러움'이란 고정되지 않으려는 몸부림

닐 영은 독창적인 기타 연주와 영감이 넘치는 시적 가사로 무장한 탁월한 송라이팅으로 팝 음악사에 뚜렷한 족적을 남겼다. 그는 피아노와 하모니카 등 많은 악기를 능숙하게 다루지만 주력 악기는 뭐니뭐니해도 기타이다. 그의 음악과 연주는 특정한 장르로 묶이는 것을 한사코 거부하지만 그래도 편의를 위해 거칠게나마 구분해 본다면 어쿠스틱 기타를 앞세운 포크와 컨트리 록 스타일의 작품과 일렉트릭 기타를 들고 크레이지 호스와 함께 했던 보다 파워풀하고 하드 록적인 작품으로 나눌 수 있다.

닐 영이 주로 쓰는 기타로는 일명 '올드 블랙'(Old Black)이라고 불리는 1953년산 깁슨 레스 폴 골드탑 일렉트릭 기타와 마틴 D-45 어쿠스틱 기타가 있다.

닐 영의 별명 가운데 하나는 '그런지의 대부'(Godfather of Grunge)이다. 그런지의 양대 영웅인 너바나의 커트 코베인과 펄 잼의 에디 베더를 필두로 수많은 그런지 뮤지션들이 그를 가장 영향 받은 인물로 꼽았다. 1989년에 발표된 트리뷰트 앨범 「The Bridge : A Tribute to Neil Young」에는 소닉 유스Sonic Youth와 닉 케이브Nick Cave, 소울 어사일럼Soul Asylum, 다이나소 주니어Dinosaur Jr., 픽시스Pixies 등의 그런지 밴드들이 대거 참여해 그에게 경의를 표하기도 했다. 닐 영은 그런지 전사들의 사상적, 음악적 스승이었다.

닐 영은 1995년 록큰롤 명예의 전당에 솔로로서 먼저 이름을 올렸고, 1997년에는 버펄로 스프링필드의 일원으로 다시 한 번 이름을 올렸다. 2000년 「롤링 스톤」은 '역사상 가장 위대한 아티스트 100' 명단에서 닐 영을 34위에 올려놓았고, 2003년 선정한 '역사상 가장 위대한 앨범 500' 리스트에는 그의 앨범이 다섯 개나 포함되었다. 2006년 닐 영은 「페이스트」 잡지가 선정한 '현존하는 위대한 송라이터' 명단에서 밥 딜런에 이어 2위에 올랐고, 같은 해 VH1이 선정한 '위대한 하드 록 아티스트' 순위에서는 39위에 랭크되었다.

록큰롤 명예의 전당은 닐 영에 대해 이렇게 기록하고 있다. "개성 있는 목소리와 거칠고 풍부한 기타, 그리고 완벽한 송라이팅 능력까지 다채로운 요소들이 특정한 스타일에 고정되지 않으려는 닐 영의 자유로운 음악 여행에 저마다의 역할을 했다." 닐 영은 버펄로 스프링필드와 CSNY, 그리고 솔로 시절을 통틀어 40장이 넘는 앨범을 발표했다. 중요한 것은 그 때마다 그의 음악이 항상 변화했고 진화했다는 점이다.

그의 예측불허에 대해서는 재미있는 일화가 많다. 1982년 닐 영이 예상을 뒤엎고 컴퓨터와 신디사이저 사운드를 받아들여 발표한 앨범 「Trans」가 사람들의 외면을 받자 소속사이던 게펜 레코드는 "우리는 '닐 영스러운' 음악을 원했다. 이것은 계약위반이다"라며 거액의 배상금을 요구하는 소송을 제기했다. 도대체 '닐 영스러운' 음악이라는 것이 무엇이었을까?

닐 영은 한 때 인종차별 문제로 구설수에 오르기도 했다. 그의 노래 〈Southern Man〉은 미국 남부 백인들에 대한 조롱을 담고 있는데 서든 록의 대가 레너드 스키너드Lynyrd Skynyrd가 〈Sweet Home Alabama〉로 이에 답했던 것도 잘 알려진 얘기. 하지만 후에 닐 영이 자신은 레너드 스키너드의 팬이라고 밝히고 레너드 스키너드의 로니 반 잰트Ronnie Van Zant, 1948~1977가 앨범 커버에 닐 영의 히트곡 〈Tonight's the Night〉 티셔츠를 입은 사진을 실으면서 사건은 해프닝 혹은 오해로 일단락되었다.

The Only One :
「Everybody Knows This Is Nowhere」(1969)

뮤지션의 인생을 바꾼 한 줄의 기사

조니 윈터

Johnny Winter, 미국, 1944~

태어날 때부터 백피증(색소결핍증)이란 희귀병으로 인해 창백할 정도로 하얀 피부와 흰 머리카락을 타고 난 조니 윈터는 특징적인 외모만큼이나 개성 넘치는 연주로 명성을 쌓아온 블루스 기타리스트이다. 그는 1968년 「롤링 스톤」이 텍사스의 록큰롤과 블루스 씬을 다룬 특집 기사를 통해 집중 조명되면서 이름을 알리기 시작했는데, 당시 기사는 그를 이렇게 묘사하고 있었다. "당신이 만약 길고 풍성한 흰 머리카락을 가진 몸무게 130파운드(약 59kg)에 사팔뜨기인 백피증 환자가 전에 들어본 적이 없는 정열적이고 변화무쌍한 블루스 기타를 연주하는 모습을 상상할 수 있다면 조니 윈터를 만나라."

이 기사는 그의 인생을 바꾸어놓았다. 기사를 접한 뉴욕의 유명 나이트클럽 오너가 텍사스로 날아가 그를 만난 후 자신의 클럽에서 연주해줄 것을 청했고, 이에 응한 조니 윈터는 곧바로 짐을 꾸려 뉴욕으로 날아갔다. 순식간에 명성을 얻은 그는 얼마 지나지 않아 세계적으로 유명

한 공연장인 필모어 이스트 극장 무대에 서게 되었고, 1969년 초에는 거대 음반사 콜롬비아 레코드와 계약을 체결했다. 이 모든 것이 텍사스의 시골뜨기 뮤지션으로서는 상상하기 힘든 꿈같은 일들이었다.

텍사스 블루스의 영웅이 지목한 기타영웅

텍사스와 시카고는 블루스 음악에 있어 아주 중요한 지역인데 조니 윈터를 설명하는 데에도 이 두 지명의 등장은 필수적이다. 먼저 텍사스는 뛰어난 블루스 록 기타리스트를 다수 배출했는데 조니 윈터는 그 중에

조니 윈터와 함께 탁월한 트윈 기타 실력을 선보였던 릭 데린저

서도 정점에 위치한 인물이다. 텍사스 블루스의 영웅 스티비 레이 본이 자신의 영웅으로 지목했던 인물이니 두 말할 것도 없다.

조니 윈터는 1944년 미국 텍사스주 버몬트에서 태어났다. 다섯 살 때부터 클라리넷을 시작으로 밴조와 우크렐레 등을 배웠으며 이때부터 리틀 리처드, 칼 퍼킨스, 엘비스 프레슬리 등의 록큰롤 음악에 심취했다. 열네 살 때는 동생 에드가 윈터 Edgar Winter와 함께 자신의 첫 밴드인 조니 & 더 재머스 Johnny & the Jammers를 결성했다.

머디 워터스, 비비 킹 등 블루스 거장들의 음악을 접하면서 블루스에 매료된 그는 지역의 레코딩 스튜디오에서 활약하다 20대 초반 블루스의 성지 시카고로 순례여행을 떠났는데 그 곳에서 마이크 블룸필드를 만나 큰 영향을 받았다. 1960년대 중반 버몬트와 휴스턴 등 텍사스 일대의 스튜디오에서 많은 녹음 작업에 참여하며 이름을 알려간 그는 앞서 언급한 것처럼 1968년 「롤링 스톤」의 텍사스 음악 특집 기사를 통해 마침내 전국적인 스타로 발돋움했다.

콜롬비아 레코드와 계약하기 전 텍사스의 지역 레이블에서 낸 앨범 「The Progressive Blues Experiment」와 메이저 데뷔 앨범인 1969년작 「Johnny Winter」, 이어진 「Second Winter」(1969)는 모두 평단의 호평을 받았으며, 이를 통해 조니 윈터는 텍사스가 낳은 새로운 기타영웅으로 떠올랐다. 특히 「Second Winter」의 수록곡 〈Memory Pain〉은 디스토션이 걸린 코드 리프의 전형을 보여주었으며, 보틀넥 슬라이드 기타를 선보인 리틀 리처드 커버 〈Slippin' and Slidin'〉과 밥 딜런의 곡을 커버한 〈Highway 61 Revisited〉도 관심을 끌었다.

1970년 조니 윈터는 맥코이스The McCoys 출신의 또 한 명의 실력파 기타리스트 릭 데린저Rick Derringer와 함께 새로운 밴드를 결성했다. 원래 밴드의 이름은 조니 윈터 앤 더 맥코이스Johnny Winter and the McCoys였지만 곧 조니 윈터 앤드Johnny Winter And로 간소화되었다. 밴드는 두 사람의 안정적인 트윈 리드 기타 시스템을 앞세워 앨범 「Johnny Winter And」를 발표했는데 여기에 〈Rock and Roll, Hoochie Koo〉가 수록되어 있다. 이 곡은 훗날 릭 데린저의 솔로 앨범 「All American Boy」에도 다시 수록되어 크게 히트했는데, 이때에도 조니 윈터가 참여해 함께 기타를 연주해 주었다.

하지만 약물문제가 뜻하지 않게 그의 발목을 잡았다. 한동안 음악계에서 모습을 감췄던 그는, 1973년 3년 만에 컴백했는데 복귀 앨범의 제목은 「Still Alive and Well」이었다. 이후 조니 윈터는 1970년대와 1980년대 동안 꾸준한 활약을 보였다. 이 시기의 작품 가운데는 1984년작 「Guitar Slinger」와 1986년작 「Third Degree」 등이 주목할 만한 작품으로 꼽힌다.

조니 윈터가 애용하던 깁슨 파이어버드 모델

지미 헨드릭스에 버금가거나 혹은 능가하는

조니 윈터는 텍사스 블루스 록의 거목으로 꼽히는 기타리스트이지만 그의 기타는 블루스 록뿐만 아니라 아메리칸 하드 록의 역사에서도 아주 중요한 위치를 점한다. 수많은 기타리스트들이 그에게 경의를 표하는 데에는 다 이유가 있다. 그는 어쿠스틱 기타 연주에서 끈끈한 블루스 록과 거친 하드 록 기타에 이르기까지 선이 굵고 호방한 기타 연주로 자신만의 색깔을 만들며 많은 후배 기타리스트들의 귀감이 되어 왔다. 그러면서도 텍사스 특유의 흙냄새와 목가적인 분위기가 물씬 풍기는 것 또한 그의 기타 연주의 특정적인 단면이다.

조니 윈터는 라이브 연주에서 특히 진가를 발휘하는 기타리스트이기도 한데 그는 지금까지 다수의 라이브 앨범을 발표했으며, 이들은 모두 한결같이 라이브의 명반으로 평가받고 있다. 대표적인 라이브 앨범으로는 「Live Johnny Winter And」(1971) 「Captured Live!」(1976) 「Live in NYC '97」(1998), 그리고 조니 윈터 앤드 시절의 1970년 필모어 이스트 공연실황을 담은 앨범으로 2010년 뒤늦게 발매된 「Live at the Fillmore East」 등이 꼽힌다. 더러 존재하는 라이브 부틀랙 레코드들은 수집가들 사이에서 아주 고가에 거래되는 희귀 아이템이기도 하다. 한편 조니 윈터가 주로 사용하는 기타는 깁슨 파이어버드 기타와 얼와인 레이저 기타이다.

조니 윈터는 기타리스트로서 뿐만 아니라 소울풀한 목소리를 가진 보컬리스트, 그리고 뛰어난 프로듀서로서도 일가를 이룬 인물이다. 특히 그는 프로듀서로서 자신의 어린 시절 영웅이던 머디 워터스의 재기를 적극적으로 도왔는데, 머디 워터스가 그래미를 수상한 앨범 「Hard Again」(1977) 「I'm Ready」(1978) 「Muddy "Mississippi" Waters – Live」(1979)가 모두 그의 프로듀싱으로 완성된 작품들이다.

1968년 조니 윈터가 처음 세상의 주목을 받았을 때 그는 지미 헨드릭스에 버금가거나 그를 능가하는 기타리스트가 되리라 기대를 모았다. 1969년 콜롬비아 레코드와 계약하며 그가 받은 60만 달러는 당시 신인으로서는 꿈도 꿀 수 없는 어마어마한 액수였다. 그 기대는 현실이 되었을까? 조니 윈터는 2003년 블루스 명예의 전당에 헌액되었고, 2011년 「롤링 스톤」이 선정한 '역사상 가장 위대한 기타리스트 100' 순위에서 63위에 랭크되었다.

The Only One :
「Second Winter」(1969)

록의 여신에게 가혹하게 선택된 자유로운 새

듀언 올맨

Duane Allman, 미국, 1946~1971

역사상 가장 유명한 트리플 기타 연주라면 아마도 가장 많은 사람들이 이글스의 〈Hotel California〉를 꼽을 것이다. 하지만 이 노래도 적지 않은 사람들이 선택할 것이 확실한데 바로 레너드 스키너드의 〈Freebird〉이다. 1977년 전세비행기 추락 사고로 밴드의 핵심멤버 세 명을 한꺼번에 잃은 비운의 그룹 레너드 스키너드의 1973년 데뷔 앨범 「Pronounced Leh-nerd Skin-nerd」에 수록된 런닝타임 9분이 넘는 대곡 〈Freebird〉는, 실은 한 사람에게 바쳐진 헌정곡이다. 그 사람이 바로 레너드 스키너드와 함께 서든 록의 양대 산맥으로 군림했던 명그룹 올맨 브러더스 밴드의 리드 기타리스트로 역사상 가장 뛰어난 슬라이드 기타리스트 가운데 한 명으로 손꼽히는 듀언 올맨이다.

그는 2011년에는 같은 명단에서 9위로 살짝 미끄러지기는 했지만 2003년 「롤링 스톤」이 발표한 '역사상 가장 위대한 기타리스트 100' 순위에서 2위에 올랐을 만큼 최고의 실력을 인정받는 기타리스트이다.

2003년 발표된 명단에서 그의 앞에 있는 사람은 지미 헨드릭스, 오직 한 사람뿐이었다. 듀언 올맨은 비운의 그룹 레너드 스키너드가 그를 위해 〈Freebird〉를 노래하기 꼭 2년 전인 1971년 가을에 불의의 오토바이 사고로 세상을 떠났으니 그 또한 먼저 일어난 또 다른 비극의 주인공인 셈이다. 당시 그의 나이 스물넷에 불과했다. 록의 여신은 때로는 가혹하다. 서든 록의 영웅들에게는 유독 더 그랬다.

그의 앞에는 지미 헨드릭스 오직 한 사람뿐이었다

듀언 올맨은 1946년 미국 테네시주 내쉬빌에서 태어났다. 1년 후에는

올맨 브러더스 밴드

그의 동생으로 커서 올맨 브러더스 밴드의 동료가 되는 그렉 올맨Gregg Allman이 태어났다. 1957년 올맨 가족은 플로리다주 데이토나 비치 지역으로 이사했고 형제는 그 곳에서 고등학교를 다녔다. 먼저 기타를 친 것은 동생 그렉이었다. 듀언은 처음에는 동생으로부터 기타를 배웠지만 얼마 안 가 동생의 실력을 능가하게 되었다.

1965년 형제는 올맨 조이스Allman Joys라는 밴드를 결성했다. 1967년에는 올맨 조이스를 해산하고 새로운 밴드인 아워 글래스The Hour Glass를 만들었다. 아워 글래스는 리버티 레이블과 계약하고 두 장의 앨범을 발표했지만 별다른 관심을 끌지는 못했다. 그러나 아워 글래스 활동으로 듀언 올맨의 기타 실력은 꽤나 널리 알려져서 1968년에는 앨라배마주 머슬 쇼울스에 있는 패임 스튜디오로부터 세션 기타리스트로 와 달라는 요청을 받게 되었다. 여기서 소울 스타 윌슨 피켓의 녹음에 참가해 비틀스의 리메이크 〈Hey Jude〉에서 기타를 친 것은 그의 인생을 바꾸어 놓았다. 이 곡에서 들려준 듀언 올맨의 뛰어난 기타 연주는 많은 사람들로

하여금 그의 이름을 기억하게 만들었는데, 특히 에릭 클랩튼은 "나는 윌슨 피켓의 〈Hey Jude〉를 듣고 있다가 끝부분의 기타 연주를 듣고 경악하고 말았다. 나는 즉시, 지금 당장 그가 누구인지를 알아야만 했다"고 당시의 충격을 회고했다.

듀언 올맨의 실력을 알아본 사람은 또 있었다. 애틀랜틱 레코드의 사장이던 제리 웩슬러Jerry Wexler, 1917~2008는 곧바로 계약을 맺고 그를 영입했다. 1969년에 듀언 올맨은 애틀랜틱 레코드에서 많은 녹음에 참가했다. 소울의 여왕 아레사 프랭클랜의 「Soul '69」에서는 더 밴드의 오리지널인 〈The Weight〉의 리메이크에서 눈부신 슬라이드 기타 솜씨를 보여주었고, 킹 커티스King Curtis, 1934~1971의 「Instant Groove」와 보즈 스캑스Boz Scaggs의 데뷔 앨범 「Boz Scaggs」에도 참가해 〈Loan Me a Dime〉에서 블루스 필 가득한 느리면서도 유혹적인 솔로를 들려주었다. 세션 기타리스트로서 듀언 올맨은 장르를 가리지 않고 맞춤형 연주가 가능한 절세의 실력으로 각광받았다. 그의 세션 기록은 1972년에 발표된 앨범 「An Anthology」와 그 후속작으로 1974년 발표된 앨범 「An Anthology Volume Ⅱ」에서 확인할 수 있다.

1969년 말 듀언 올맨은 동생 그렉 올맨을 키보디스트 겸 보컬리스트로 불러들이고 베이스 주자 베리 오클리Berry Oakley, 1948~1972, 그리고 자신과 트윈 리드 기타를 이룰 기타리스트 디키 베츠Dickey Betts 등을 영입해 올맨 브러더스 밴드를 결성하고 그룹 동명 데뷔 앨범인 「The Allman Brothers Band」를 발표했다. 앨범은 비록 상업적으로는 크게 성공하지 못했지만 서든 록의 여명기를 환하게 밝힌 명품앨범으로 주목받았다. 이후 올맨 브러더스 밴드는 장기간에 걸친 미국 투어를 통해 실력과 명성을 쌓아나갔는데, 라이브 무대에서는 특히 듀언 올맨과 디키 베츠의

조지아주에 있는
듀언 올맨 대로

기타 콤비가 빛을 발했다.

이어진 1970년 앨범 「Idlewild South」는 밴드의 디스코그래피에서 최고의 작품으로 평가받는다. 평단의 계속된 찬사 속에 차트에서도 괜찮은 성적을 거두었으며, 예의 트윈기타의 깔끔한 리프가 위력을 발휘한 〈Revival(Love Is Everywhere)〉는 싱글차트에서도 히트했다.

1970년 아마도 오래 참았을 에릭 클랩튼은 결국 듀언 올맨을 호출했다. 듀언 올맨은 에릭 클랩튼이 새로 결성한 그룹 데릭 & 더 도미노스의 「Layla and Other Assorted Love Songs」 앨범 녹음에 참여해 기대대로 훌륭한 솜씨를 보여주었는데, 특히 역사상 가장 유명한 기타 인트로를 가진 곡 가운데 하나인 〈Layla〉에서 들려준 신들린 연주는 에릭 클랩튼이 그를 초빙한 이유를 만천하에 웅변해 보였다.

1971년 봄 뉴욕의 필모어 이스트 극장에서 이틀에 걸쳐 펼쳐진 공연은 듀언 올맨이 남긴 사실상의 마지막 공식 기록이다. 그가 혼신의 힘을 다해 절세의 무공을 뽐낸 당시의 공연실황은 두 장짜리 라이브 앨범 「At Fillmore East」로 남아있는데, 이 앨범은 가장 뛰어난 라이브 앨범의 리스트에서 절대로 빠지는 일이 없는 명반 가운데 명반이다.

1971년 가을 올맨 브러더스 밴드가 녹음과 공연을 잠시 멈추고 휴식기에 들어간 사이 듀언 올맨은 조지아주 메이콘에서 오토바이를 타던 중 교통사고를 당했다. 목재를 싣고 달리던 대형트럭과 충돌한 그는 치명적인 부상을 입고 병원으로 후송되었지만 끝내 숨을 거두고 말았다. 자신의 스물다섯 살 생일을 얼마 남겨놓지 않은 10월의 어느 날이었다.

올맨 브러더스 밴드의 잔혹사는 한 번 더 재현되었다. 듀언 올맨이 사망한 지 불과 1년 후 베이시스트 베리 오클리도 거의 유사한 오토바이 사고로 유명을 달리한 것이다. 가혹한 계절이었다. 1973년 듀언 올맨의 죽음을 안타까워하던 팬들은 미시시피주 빅스버그 인근의 주간 고속도로상의 벽면에 'REMEMBER DUANE ALLMAN'이라는 유명한 글씨를 새겨 넣었다. 1998년 조지아주는 큰 길 하나를 '듀언 올맨 대로'(Duane Allman Boulevard)라고 명명했다.

서든 록계의 최고수 슬라이드 기타리스트

듀언 올맨의 뛰어남은 물론 슬라이드 기타에 방점이 찍힌다. 특유의 멜로디가 아름다운 애조 띤 슬라이드 기타 연주는 그의 트레이드마크였다. 즉흥연주에 있어서도 그의 우수성은 두드러진다. 그는 공연에서 30~40분, 때로는 한 시간이 넘는 즉흥연주를 조금도 지루함이나 중복됨이 없이 연주할 만큼 안정적인 프레이즈 전개를 자랑했다.

듀언 올맨은 초창기 텔레캐스터와 스트라토캐스터 같은 펜더 계열의 기타를 사용했지만, 올맨 브러더스 시절에는 레스 폴 스탠더드와 SG, ES-345 세미 할로우 바디 모델과 같은 깁슨 계열의 기타를 주로 썼다. 주특기인 슬라이드 기타 연주에는 깁슨 SG 모델을 주로 사용했다. 그가 깁슨 레스 폴 기타와 50와트짜리 마샬 앰프 2대를 연결해 만들어낸 톤은 역사상 가장 뛰어난 기타 톤 가운데 하나로 꼽힌다.

레너드 스키너드의 〈Freebird〉는 듀언 올맨에게 바쳐진 이래로 수많은 공연에서 그의 이름과 함께 연주되었지만 처음부터 그를 추모하기 위해 만든 곡은 아니다. 멤버들의 증언에 따르면 이 곡은 듀언 올맨이 죽기 전에 이미 쓰여진 것이라고 한다. 그래도 〈Freebird〉는 듀언 올맨의 노래이다. 듀언 올맨의 이야기는 『Skydog : The Duane Allman Story』라는 책으로도 출간되어 있는데, 스카이도그는 그의 별명이다.

The Only One :
「An Anthology」(1972)

우드스톡의 신성에서 록계의 초자연주의자로 귀환

산타나

Santana, 멕시코, 1947~

1999년 가을부터 2000년 초까지 롭 토마스Rob Thomas의 도움을 받은 메가 히트곡 〈Smooth〉로 12주 연속 빌보드 싱글차트 정상을 정복하며 밀레니엄을 호령하고, 새천년의 첫 그래미 시상식에서 무려 여덟 번이나 시상대에 올랐던 행운의 사나이. 그리고 그로부터 40여 년의 시간을 거슬러 올라가 1969년 우드스톡 페스티벌 무대에 〈Soul Sacrifice〉를 선사하며 혜성처럼 등장했던 젊은 신성. 둘은 같은 사람이다. 그의 이름은 카를로스 산타나Carlos Santana, 흔히 그냥 산타나라고 불린다.

서구, 특히 영국과 미국의 관점에서 산타나는 가장 이국적인 스타일의 기타리스트일 것이다. 그의 음악이 라틴 음악과 아프로 펑크(Afro-Funk)에 기반하고 있기 때문이다. 그런 면에서 산타나는 자연스럽게 다른 기타리스트들과 뚜렷하게 차별화되는 개성을 갖고 있는데, 물론 그것은 그가 멕시코계 미국인이라는 태생적 배경에서 기인한다.

산타나

라틴 록이 기지개를 펴다

산타나는 1947년 멕시코 아우틀란 데 나바로에서 태어났다. 다섯 살 때 바이올린을 배우기 시작했고 여덟 살 때 처음 기타를 잡았다. 어린 시절 산타나의 마음 속 영웅은 〈La Bamba〉의 주인공 리치 발렌스Ritchie Valens, 1941~1959였다. 영화 [라 밤바]의 실제 모델이기도 한 리치 발렌스는 그 시절 미국의 주류 팝계에서 커다란 성공을 거둔 거의 유일한 라틴계 뮤지션이었으며 특히 멕시코인들에게는 국민적 영웅이었다.

어려서 가족과 함께 미국 접경의 국제적 관광지인 티후아나로 이주한 산타나는 그 곳의 클럽 등지에서 일하며 비비 킹, 지미 리드 등의 블루스 기타리스트에 큰 영향을 받았다. 1962년 산타나는 가족과 함께 다시 미국 샌프란시스코로 이주해 1966년 산타나 블루스 밴드Santana Blues Band를 결성하고 본격적인 음악활동을 시작했다. 밴드의 이름은 이듬해 그냥 산타나Santana가 되었다. 그래서 산타나는 카를로스 산타나 개인이기도 하고 동시에 그가 이끄는 밴드의 이름이기도 하다.

이 시기 그는 스스로 자신의 멘토라고 밝힌 바 있는 마이크 블룸필드와 교류하며 결정적 영향을 받았으며 지미 헨드릭스로부터도 영감을 얻었다. 산타나는 데뷔 앨범을 발표하기도 전에 이미 당시 록 음악의 중심지였던 미국 서부 해안 지역에서 상당한 명성을 얻었고, 덕분에 1969년 전설의 우드스톡 무대에 서는 행운을 잡을 수 있었다. 우드스톡을 통해 떠오른 여러 신성들 중에서도 산타나는 단연 돋보이는 인물이었다. 우드스톡을 담은 다큐멘터리 필름에서도 산타나의 연주는 하이라이트에 해당된다. 그것은 사이키델릭 록의 최전성기에 그 중심으로 뚜벅뚜벅 걸어 들어가 라틴 록이 왔음을 알린 역사적 장면이었다.

산타나의 데뷔 앨범 「Santana」는 1969년 말에 나왔다. 〈Evil Ways〉 〈Jingo〉 등이 수록된 앨범은 평단의 호평과 대중적 인기를 함께 거머쥐었고 어렵지 않게 플래티넘을 기록했다. 팬들은 우드스톡의 젊은 영웅을 기꺼이 반겨주었다.

1970년에 발표된 「Abraxas」는 산타나의 디스코그래피 중에서 가장 빛나는 앨범일 뿐만 아니라 록의 역사에서도 대단히 중요한 위치를 점하는 걸작 앨범이다. 시대를 초월해 라틴 록 최고의 마스터피스로 평가

1969년 우드스톡
록 페스티벌 공연에서

받는 「Abraxas」는 인상적인 재킷 사진으로도 유명한데, 앨범은 단숨에 빌보드 앨범차트 1위에 오르며 산타나를 최고의 반열에 올려놓았다. 여기에 〈Black Magic Woman/Gypsy Queen〉 〈Oye Como Va〉 〈Samba Pa Ti〉 등의 명곡들이 대거 수록되어 있다.

이어진 앨범 「Santana Ⅲ」도 빌보드 앨범차트 정상을 차지하며 인기를 이어갔다. 이렇듯 산타나는 데뷔 앨범부터 초반 세 장의 앨범으로 당대의 록 씬에 큰 변화와 활력을 불어넣으며 최고의 전성기를 구가하고 있었다.

꾸준한 활동을 이어간 산타나는 1970년대 중반에 이르러 중요한 두 장의 앨범을 연이어 발표했는데, 1976년작 「Amigos」와 1977년작 「Moonflower」가 그것이다. 산타나는 여기에서 다시 한 번 라틴 록 특유의 화려한 퍼커션의 지원을 받으며 라틴 펑크의 진수를 보여주는데, 그의 기타는 열정과 환희로 가득 차 있다. 이밖에도 「Amigos」에 수록된 〈Europa〉와 「Moonflower」에 수록된 〈Moonflower〉는 라틴 발라드의 절정을 보여주는 두 개의 아름다운 연주곡으로 산타나의 양대 발라드로 꼽힌다. 이 곡들에서 그가 들려준 특유의 기타 톤은 그의 상징이 되었다. 〈She's Not There〉도 빼놓을 수 없다. 이 곡에서 산타나는 좀비스의 원곡에 라틴 록의 숨결을 불어넣으며 원곡을 멋지게 재탄생시키는 한편, 기타 솔로 파트에서는 디스토션과 에코가 잔뜩 걸린 사운드로 하드록 기타의 매력을 한껏 뽐내고 있다.

1980년대를 지나며 대중들의 관심에서 살짝 비껴나 있던 산타나가 화려하게 부활한 것은 1999년이다. 그 해 발표한 앨범 「Supernatural」은 「Santana Ⅲ」 이후 28년 만에 그에게 빌보드차트 정상의 영광을 안겨주었고, 〈Smooth〉와 〈Maria Maria〉라는 두 개의 넘버원 싱글을 배출했다. 특히 〈Smooth〉는 산타나가 생애 처음으로 빌보드 싱글차트 1위를 차지한 곡이다. 잘 알려진 것처럼 2000년 제42회 그래미 시상식은 산타나의 독무대였다. 「Supernatural」과 〈Smooth〉는 주요 부문인 올해의 앨범, 올해의 레코드, 올해의 노래 부문을 포함해 모두 아홉 개의 그래미를 수상했는데, 그 가운데 산타나가 직접 수상한 것도 무려 여덟 개에 달했다(송라이터에게 주어지는 올해의 노래 부문은 공동 작곡자인 롭 토마스와 이탈 셔Itaal Shur가 수상). 마이클 잭슨Michael Jackson, 1958~2009의 전설적인 앨범 「Thriller」의 성과를 뛰어넘는 놀라운 결과였다. 전성기로부터 30년의 세월을 뛰어넘어 화려하게 돌아온 산타나의 당시 나이는 쉰한 살이었다. 록 역사상 가장 드라마틱한 귀환이었다. 산타나는 다음 앨범인 2002년 앨범 「Shaman」에서도 보컬 피처링을 적극 활용하는 전작의 히트공식을 이어갔는데, 「Shaman」 역시 빌보드 앨범차트 1위를 차지했다.

리치 발렌스를 잇는 멕시코인들의 영웅

산타나는 다양한 기종의 기타를 사용하는 기타리스트이다. 1969년 우드스톡 당시 그가 사용한 기타는 빨간색 깁슨 SG 스페셜 모델이었고,

「Abraxas」와 「Santana Ⅲ」 녹음 당시에는 깁슨 레스 폴과 검은색 깁슨 SG 스페셜 모델을 썼다. 1976년에서 1982년 사이 그의 주 기타는 야마하 SG 175B였으며 가끔은 깁슨 SG 커스텀 모델도 사용했다. 1982년부터는 PRS 커스텀 24 기타를 쓰기 시작했는데, 1988년에는 처음으로 PRS 산타나 I 이라는 시그너처 기타가 나왔다. 이를 개량해 1999년에 만든 PRS 산타나 II는 흔히 '슈퍼내추럴'로 불리는데, 엄청난 고가의 기타로 대표적인 하이엔드 모델 가운데 하나이다.

산타나는 물론 라틴 록 기타의 최고봉이지만 그의 음악성은 거기에만 머무르지 않는다. 그는 정통 하드 록에서 블루스, 재즈, 퓨전 록에 이르기까지 다양한 음악인들과 교류해 왔고 이들을 모두 수렴하는 넓은 음악적 스펙트럼을 보여주었다. 존 맥러플린, 허비 행콕Herbie Hancock, 웨인 쇼터, 론 카터Ron Carter, 제프 벡 등이 모두 그와 협업했던 쟁쟁한 뮤지션들이다. 그러는 동안 그는 열 개의 그래미와 세 개의 라틴 그래미를 수상하며 스스로 거장의 반열에 우뚝 섰다.

The Only One :
「Moonflower」(1977)

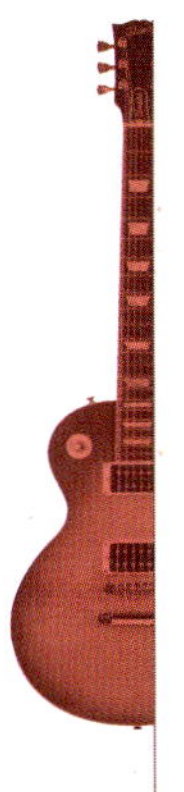

그들은 결국 인식의 문을 열었는가?

로비 크리거

Robby Krieger, 미국, 1946~

그레이트풀 데드와 제퍼슨 에어플레인이 1960년대 중반 미국 샌프란시스코에서 사이키델릭 록의 맹아를 틔웠다면 그 열정적 하이라이트를 장식한 밴드는 그곳에서 남쪽으로 좀 더 내려간 로스앤젤리스에서 그들보다 조금 늦게 등장해 히피의 영웅으로 군림한 도어스였다.

도어스의 상징은 물론 시적인 가사와 카리스마 넘치는 보컬로 무장한 밴드의 프런트맨 짐 모리슨이었지만 사운드를 구성하는 핵심적 요소는 로비 크리거의 기타와 레이 만자렉Ray Manzarek의 오르간이었다. 특유의 낮고 광기어린 목소리로 음울한 듯 농밀한 에로티시즘을 토해내며 시대의 아픔과 어둠을 대변했던 짐 모리슨은 그러나 로비와 레이의 굳건한 뒷받침이 없었다면 결코 히피의 왕이 되지 못했을 것이다.

도어스의 밴드 구성은 특이하게도 베이스가 없다. 그 빈자리 역시 레이와 로비의 적절한 역할분담으로 채워졌다. 로비 크리거는 도어스의

로비 크리거

기타리스트임과 동시에 뛰어난 송라이터였다. 도어스의 히트곡 가운데 〈Light My Fire〉와 〈Love Me Two Times〉 〈Touch Me〉 등이 그가 작곡한 대표적인 곡들이다.

도어스는 모리슨의 전유물은 아니었다

로비 크리거는 1946년 미국 캘리포니아주 로스엔젤리스에서 태어났다. 처음에는 레코드판을 통해 음악을 듣다가 일곱 살 때 집안의 레코드 플레이어가 고장나면서 라디오로 음악을 듣게 되었는데, 라디오는 그에게 음악적 신천지가 되어 주었다. 당시 라디오에서 흘러나오던 팻츠 도미노Fats Domino, 엘비스 프레슬리, 플래터스The Platters 등의 음악이 단숨에 어린 소년의 마음을 사로잡아 버렸던 것이다.

로비 크리거는 처음 트럼펫을 배우려다 포기하고 부모님의 피아노를 치기 시작했다. 학교에 들어가서는 기타를 잡았는데 이 무렵 처음 플라멩코 음악을 접하고 큰 영향을 받았다. 이밖에도 그는 록, 포크, 블루스, 재즈 등 다양한 장르의 영향을 받았지만 정식으로 기타를 배운 것은 열여덟 살 때 플라멩코 기타를 처음 손에 넣은 후 몇 달 동안 레슨을 받은 것이 전부였다.

고등학교를 졸업하고 캘리포니아 주립대학(UCLA)에 들어간 로비 크리거는 짐 모리슨과 레이 만자렉, 그리고 존 덴스모어John Densmore와 함께 그룹 도어스를 결성했다. 도어스는 로스앤젤리스의 클럽에서 자주 공연했는데 특히 가장 자주 모습을 드러낸 곳은 유명한 클럽 위스키-어-고-고였다.

1967년 벽두 도어스의 역사적인 데뷔 앨범 「The Doors」가 발매되었다. 앨범은 어둠을 뚫고 나타난 도어스를 소개하는 듯한 첫 곡 〈Break on Through (to the Other Side)〉로 시작해 런닝타임 11분 35초의 대곡으로 영화 [지옥의 묵시록]에도 인상적으로 삽입되었던 〈The End〉로 끝난다. 그러나 가장 주목받았던 곡은 뭐니뭐니해도 1960년대의 히피이즘을 대변하는 걸작 가운데 걸작으로 월남전에 참전하는 미국 젊은이들의 맹목적인 애국관을 질타하고 있는 〈Light My Fire〉였다. 〈Light My Fire〉는 빌보드 싱글차트 1위를 차지하며 큰 인기를 끌었는데, 전체적으로 레이 만자렉의 오르간이 주도하는 가운데 로비 크리거는 플라멩코 기타에 영향 받은 핑거 터치의 멜로디컬한 연주를 들려주었다.

도어스

같은 해 10월 발표한 2집 「Strange Days」에는 짧지만 아름다운 소품 〈Love Me Two Times〉와 〈People Are Strange〉, 그리고 1집의 〈The End〉에 버금가는 대곡 〈When the Music's Over〉가 실려 있다. 3집 「Waiting for the Sun」(1968)의 재킷 내부에는 짐 모리슨의 자작시 'The Celebration of the Lizard'가 실려 있는데, 수록곡인 〈Not to Touch the Earth〉의 마지막 부분에 나오는 짐 모리슨의 유명한 독백도 이 시의 일부분이다. "I am the Lizard King. I can do anything."(나는 도마뱀의 왕이다. 나는 무엇이든 할 수 있다.) 이 곡으로 인해 짐 모리슨은 도마뱀의 왕으로 불리게 되었다. 로비 크리거는 〈Summer's Almost Gone〉에서 인상적인 슬라이드 기타를 들려주었으며 LP B면의 첫 곡이었던 〈Spanish Caravan〉에서는 강력한 베이스 스트링의 플라멩코 기타 인트로로 다시 한 번 자신이 플라멩코 기타의 영향을 받았음을 확인시켜 주었다. 수록곡 〈Hello, I Love You〉로 도어스는 다시 한 번 빌보드 싱글차트 1위에 올랐다. 한편 착각하지 말아야 할 재미있는 사실은 노래 〈Waiting

모리슨과 함께 도어스의 소리를 완성했던 크리거(오른쪽)와 만자렉

for the Sun〉이 앨범 「Waiting for the Sun」에 실려 있지 않다는 사실이다. 〈Waiting for the Sun〉은 「Morrison Hotel」(1970) 앨범에 실려 있다. 1969년의 4집 「The Soft Parade」와 1970년의 5집 「Morrison Hotel」, 그리고 과연 도어스다운 장렬한 엔딩이라 할 〈Riders on the Storm〉이 실려 있는 1971년의 6집 「L.A. Woman」을 끝으로 도어스는 사실상 종막을 고했다.

1971년 여름 짐 모리슨이 쇼팽과 에디트 피아프Édith Piaf, 1915~1963가 잠들어 있는 파리의 한 공동묘지에 묻히면서 5년이 채 되지 않는 짧은 시간 동안 열렸던 '인식의 문'도 다시 닫혔다. 남은 세 명은 도어스를 지속시키고자 노력했고 두 장의 정규 앨범을 더 냈지만, 사람들은 짐 모리슨이 없는 도어스를 더 이상 그들의 역사에 포함시키려 하지 않았다.

1960년대 사이키델릭 록 씬의 중심인물

1973년 도어스가 완전히 해산한 후 로비 크리거는 존 덴스모어와 함께 새로운 밴드인 버츠 밴드The Butts Band를 결성해 활동했고, 1980년대까지 솔로 활동을 통해서는 재즈 기타리스트로서 작은 성공을 거두기도 했다. 「Versions」(1983)와 「No Habla」(1986)가 그 때의 로비 크리거를 만날 수 있는 대표작이며, 2000년에 빌리 코브햄과 에드가 윈터를 초빙해 만든 인스트루멘털 퓨전 앨범 「Cinematix」도 주목할 만한 앨범으로 꼽힌다.

로비 크리거와 레이 만자렉은 2002년 그룹 컬트Cult의 보컬리스트였던 이언 애스베리Ian Astbury를 기용해 도어스를 재결성했다. 하지만 존 덴스모어가 이에 반대해 참여하지 않으면서 밴드의 이름은 레이 만자렉 앤 로비 크리거 오브 도어스Ray Manzarek and Robby Krieger of the Doors로 바뀌었다.

도어스가 짐 모리슨의 밴드였느냐, 아니면 레이 만자렉의 밴드였느냐 하는 논쟁이 있다. 어느 쪽이든 로비 크리거는 논쟁에서 비껴나 있지만 그럼에도 불구하고 그가 1960년대 사이키델릭 록 씬의 중심인물 가운데 한 명이었음은 틀림없는 사실이다. 그는 도어스의 리더는 아니었으되 없어서는 안 될 필수조건이었다.

로비 크리거는 블루스의 영향을 크게 받아 블루노트와 펜타토닉 스케일을 주로 사용하지만 그 외에 포크와 컨트리 스타일의 영향도 만만치 않게 받았다. 그는 여러모로 전형적인 록 기타리스트와는 거리가 멀다. 당대의 대부분의 기타리스트들이 펜타토닉 스케일에 집착한 반면 로비 크리거는 재즈의 경계에 근접하는 새로운 작법을 시도하고 발전시켰다. 바로 그 점이 그의 기타를 더욱 창의적으로 느끼게 만든다.

로비 크리거가 주로 쓰는 기타는 깁슨 SG 기타이다. 그는 1993년 도어스의 멤버로서 록큰롤 명예의 전당에 헌액되었다.

도어스를 다룬 영화로 1991년 올리버 스톤Oliver Stone이 감독하고 발 킬머Val Kilmer가 주연을 맡은 영화 [The Doors]와 도어스를 다룬 다큐멘터리 영화 [When You're Strange](2009)가 있다. 이들 영화에서도 잘 묘사돼 있지만, 짐 모리슨이 환각에 빠져 너무 높이 오르려 할 때마다 로비 크리거를 비롯한 나머지 멤버들은 한사코 그를 지상으로 끌어내리려 했다. 결국 헛된 일이 되어버렸지만 말이다.

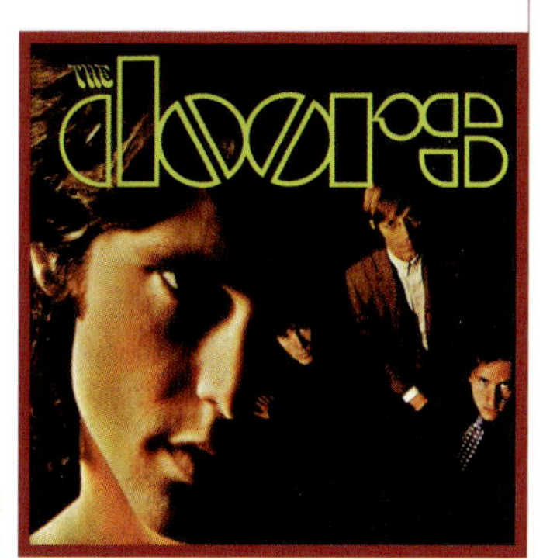

The Only One :
「The Doors」(1967)

위대한 프로그레시브 록 밴드의 1등 항해사

데이비드 길모어

David Gilmour, 영국, 1946~

가장 위대한 유산을 남긴 단 하나의 프로그레시브 밴드를 꼽으라고 한다면 그 결론은 약간의 논란을 거쳐 핑크 플로이드로 귀결될 것이다. 그만큼 핑크 플로이드는 명그룹들의 격전장이라 할 프로그레시브 록 필드에서도 독보적인 지위를 확보했던 그룹이다. 핑크 플로이드의 핵은 로저 워터스Roger Waters였지만 기타리스트 데이비드 길모어가 없었다면 그와 같은 위대한 성취는 아마도 불가능했을 것이다.

데이비드 길모어는 현재까지 전 세계적으로 무려 2억 5천만 장의 음반을 팔아치운 것으로 추산되는 거함 핑크 플로이드호에서 선장 로저 워터스를 보좌한 최고 실력의 1등 항해사였다. 또한 핑크 플로이드호를 떠나서는 혼자서도 독자적인 세계를 구축하여 성공한 솔로 뮤지션이었으며 수많은 동료들의 앨범을 솜씨 좋게 매만진 훌륭한 프로듀서이기도 하다.

그는 2011년 「롤링 스톤」이 선정한 '역사상 가장 위대한 기타리스트

100' 순위에서 14위에 올랐으며 「토털 기타」가 선정한 리스트에서는 그보다 여섯 계단 높은 순위인 8위에 자리했다.

록 역사상 가장 경이로운 앨범

데이비드 길모어는 1946년 영국 캠브리지에서 태어났다. 열네 살 때부터 기타를 배우기 시작했고 캠브리지 고등학교 재학시절 미래의 동료들인 로저 워터스와 시드 배릿을 만났다. 이때부터 스쿨밴드의 일원으로 활동하기 시작해 몇몇 포크 밴드와 록 밴드를 거친 후 1968년 핑크 플로이드호에 승선했다. 1966년 로저 워터스와 시드 배릿이 뜻을 모아 릭 라이트 키보드, Rick Wright, 1943~2008 와 닉 메이슨 드럼, Nick Mason 을 규합해 처음 핑크 핑크 플로이드의 앨범 가운데 가장 대중적으로 성공한 「The Dark Side of the Moon」과 「The Wall」의 앨범 커버 디자인을 합성한 이미지

플로이드를 결성했을 때는 데이비드 길모어는 밴드의 일원이 아니었다.

그러나 데뷔 앨범 「Piper at the Gates of Dawn」을 내고 나서 시드 배릿의 약물 문제가 심각해진 핑크 플로이드가 구조신호를 긴급 타전했고 데이비드 길모어는 이에 응답해 1968년 초 핑크 플로이드에 전격 합류했다. 이 때 1집에서 주도적 역할을 담당했던 시드 배릿은 이미 정상적인 활동이 어려워진 상태였다. 핑크 플로이드가 공식적으로 시드 배릿을 해고했거나 시드 배릿이 공식적으로 밴드 탈퇴를 선언한 적은 없다. 다만 그는 자연스럽게 모습을 감추었다. 초창기 그의 역할이 컸으므로 한동안 그의 자리는 공석으로 남겨져 있었다. 물론 데이비드 길모어가 그 자리를 채웠지만 한동안 시드 배릿이 돌아올 자리는 비워져 있었고, 그럴 경우 핑크 플로이드는 데이비드와 시드의 트윈 기타 체제가 될 수도 있었다. 그러나 시드 배릿은 끝내 돌아오지 못했고 데이비드 길모어는 밴드의 유일한 기타리스트로 확고하게 자리잡게 되었다.

점차적으로 팀워크를 다져간 몇 장의 음반을 거쳐 밴드는 최고의 순간에 도달했다. 로저와 데이비드의 호흡이 최고조에 이른 가운데 알란 파슨스 Alan Parsons 가 엔지니어로 참여하기도 했던 앨범 「The Dark Side of the Moon」(1973)은 빌보드 앨범차트에서 591주 연속으로, 전체적으

로는 총 741주 동안 머무르는 아마도 영원히 깨지지 않을 경이로운 기록을 작성했다.

이어진 앨범 「Wish You Were Here」(1975)도 기세를 이어갔다. 앨범은 다시 한 번 빌보드 앨범차트 정상에 올랐고, 〈Wish You Were Here〉는 영미 양국 싱글차트에서 공히 1위를 차지했다. 그러나 「The Dark Side of the Moon」과 「Wish You Were Here」의 기록적인 성공 이후 밴드의 주도권은 로저 워터스에게 완전히 넘어갔고 다음 작품들인 「Animals」(1977)와 「The Wall」(1979)은 거의 온전히 로저 워터스의 작품들로 채워졌다. 「The Wall」을 녹음할 당시 로저 워터스와 데이비드 길모어를 비롯한 다른 멤버들 간의 갈등은 극에 달해 있었다. 밴드는 록의 역사에 뚜렷이 새겨진 'The Wall' 라이브 투어를 뒤로 한 채 1983년 마지막 앨범 「The Final Cut」을 끝으로 결국 해산했다.

밴드의 최후가 가까웠음을 예감해서였을까, 1978년 데이비드 길모어는 솔로 데뷔 앨범 「David Gilmour」를 내면서 솔로 활동을 모색하기 시작했는데 여기서 그는 더욱 독창적인 기타 스타일을 맘껏 펼쳐보였다. 핑크 플로이드 최후의 앨범 「The Final Cut」은 사실상 로저 워터스의 솔로 앨범에 가깝다. 당시 데이비드 길모어의 관심은 오히려 차기 솔로작인 「About Face」에 쏠려 있었다.

1984년 발표한 솔로 2집 「About Face」는 평단의 호평 속에 좋은 반응을 얻었지만 무슨 이유에선지 그가 차기작인 「On an Island」(2006)라는 섬에 도착하기까지는 무려 22년이라는 세월이 흘러갔다. 그 기간 동안 데이비드 길모어는 주로 세션 연주자와 프로듀서로서 활동했다.

1970~80년대 동안 그가 함께 작업한 뮤지션들의 면면은 다채롭다. 폴 매카트니, 그레이스 존스Grace Jones, 톰 존스, 엘튼 존, 에릭 클랩튼, 비

핑크 플로이드

비 킹, 밥 딜런, Who, 슈퍼트램프Supertramp, 알란 파슨스, 케이트 부쉬Kate Bush, 브라이언 페리Bryan Ferry, 실Seal에 이르기까지 수많은 뮤지션들이 그의 도움을 받았다. 1985년 크게 히트했던 드림 아카데미Dream Academy의 〈Life in a Nothern Town〉도 그가 프로듀싱한 곡이다.

핑크 플로이드의 주인은 누구인가?

데이비드 길모어는 뛰어난 리드 기타리스트이다. 핑크 플로이드의 음악 감독은 로저 워터스였지만 데이비드 길모어의 블루지하면서도 멜로디 감이 넘치는 리드 기타가 밴드의 음악적 완성도에 지대한 역할을 했다는 사실을 부인하는 이는 없을 것이다. 핑크 플로이드의 트레이드마크라 할 신비롭고 영롱한 사운드의 가장 많은 부분은 데이비드 길모어의 기타에 의해 창조되었다.

데이비드 길모어의 기타는 기본적으로 블루스 록에 뿌리를 두고 있으면서 유연한 벤딩을 통해 감정의 교감이 뛰어난 연주를 들려준다. 그것은 〈Another Brick in the Wall, Part. 2〉의 기타 솔로에서 가장 잘 드러나는데, 이것이 대중적으로 가장 유명한 그의 기타 솔로이기도 하다. 2007년 「기타 월드」는 독자투표를 통해 선정한 '위대한 기타 솔로 100곡' 리스트에 〈Comfortably Numb〉 〈Time〉 〈Money〉 등 데이비드 길모어가 연주한 세 곡을 포함시켰다. 그 가운데 〈Comfortably Numb〉는

2006년 예순이 넘은 나이에 발표한 솔로 앨범 「On an Island」에서 데이비드 길모어는 깊은 울림이 깃든 보컬과 기타 연주를 들려주었다.

4위를 차지했는데 이 곡은 다른 여러 조사에서도 뛰어난 기타 솔로곡으로 자주 언급된다.

핑크 플로이드의 초창기 시절 데이비드 길모어는 펜더 스트라토캐스터를 주로 사용했다. 덕분에 그는 영국 잡지 「기타리스트」가 실시한 '가장 뛰어난 펜더 기타리스트는 누구인가?'라는 설문조사에서 1위를 차지하기도 했다. 하지만 그가 펜더 스트라토캐스터만을 고집했던 것은 아니어서 유명한 〈Another Brick in the Wall, Part. 2〉에서는 P-90 픽업이 장착된 1955년산 깁슨 레스 폴 골드 탑 기타를 사용했다. 이밖에도 그는 페달 스틸 기타와 어쿠스틱 기타 연주에도 두루 능한데 이는 〈Wish You Were Here〉에서 확인할 수 있다. 기타 이외에 베이스와 키보드, 하모니카, 드럼, 색소폰 등도 능숙하게 다루는 그는 전형적인 멀티 인스트루멘털리스트이기도 하다.

불행히도 핑크 플로이드의 마지막은 아름답지 못했다. 로저 워터스와 다른 멤버들은 밴드의 이름을 사용할 권리를 두고 오랜 송사를 치르기까지 했으니 말이다. 그럼에도 불구하고 핑크 플로이드의 기타리스트였다는 것이 데이비드 길모어의 이력에서 가장 중요한 부분인 것은 변하지 않는 사실이다. 그는 1996년 핑크 플로이드의 멤버로서 록큰롤 명예의 전당에 헌액되었다.

한편, 데이비드 길모어는 나즈막히 읊조리면서도 깊은 울림을 만드는 매력적인 보이스의 보컬리스트이기도 하다. 핑크 플로이드 시절부터 간혹 노래했던 그는 솔로 앨범들에서 본격적으로 그 매력을 펼쳐 보였는데, 특히 거장의 여유로움이 넉넉하게 담긴 2006년의 솔로 앨범 「On an Island」에서 그의 기타와 보컬의 정수를 맛볼 수 있다. 신비롭고 몽롱한 기타의 울림과 관조적 시선을 담은 낮은 속삭임이 불러오는 정서적 파장은 크고도 넓다. 22년 만에 발표된 이 앨범은 영국 앨범차트 1위를 차지했다.

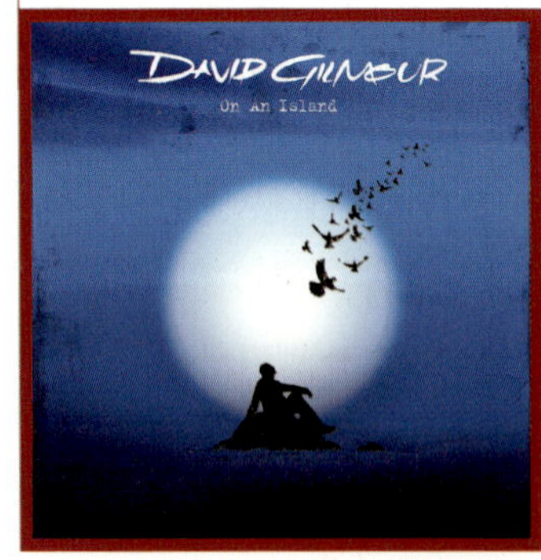

The Only One :
「On an Island」(2006)

브리티시 포크계의 뚜렷한 족적

리처드 톰슨

Richard Thompson, 영국, 1949~

영국의 포크, 다시 말해 브리티시 포크는 피트 시거Pete Seeger와 밥 딜런이 대변하는 미국의 포크와는 조금 다른 색채를 띤다. 브리티시 포크는 미국의 포크에 비해 좀 더 사색적이고 사운드 면에서는 나른하고 몽환적인데 대표적으로 도노반이 그랬고 닉 드레이크Nick Drake, 1948~1974가 그랬다.

페어포트 컨벤션Fairport Convention은 영국 포크와 포크 록의 역사에서 아주 중요한 위치를 차지하는 그룹이다. 그들은 1968년 데뷔 앨범 「Fairport Convention」을 내고 처음 모습을 드러낸 이래로 1969년 한 해에만 「What We Did on Our Holidays」부터 「Unhalfbricking」 「Liege & Lief」까지 세 장의 앨범을 쏟아내며 단숨에 영국을 대표하는 포크 록 그룹으로 자리매김했다. 이 세 장의 앨범은 모두가 영국 포크 록을 빛낸 수작으로 평가받는 작품들인데, 특히 「Liege & Lief」는 영국 포크의 역사를 이야기할 때 반드시 언급되는 문제작으로, 차량 전복사고로 동료

리처드 톰슨

를 잃는 고통을 겪은 이들이 영국의 전통과 역사 찾기에 골몰하기 시작해 영국 전래 민요를 재해석한 곡들을 대거 수록한 것이 특징이다. 영국 BBC 라디오2 채널은 이 앨범을 '역사상 가장 중요한 포크 앨범'으로 선정하기도 했다.

1969년 이후로 페어포트 컨벤션은 단순히 포크 록 그룹에만 머물기를 거부하며 일렉트릭 기타 사운드를 더욱 강화하기 시작해 종국에는 사이키델릭 록의 영역에까지 진출했다. 그들이 버즈에 대한 영국의 대답일 뿐 아니라 때로 영국의 제퍼슨 에어플레인으로 언급되기도 하는 이유가 여기에 있다.

페어포트 컨벤션의 전성기는 위에서 언급한 네 장의 앨범과 1970년에 발표한 앨범 「Full House」까지 시간으로는 2년 남짓, 앨범으로는 다섯 장의 시기로 집중되지만, 이것만으로도 그들은 그 누구도 대체할 수 없는 영국 포크 록계의 절대적 존재가 되었다.

또한 그룹의 역사와는 별개로 페어포트 컨벤션이 배출한 다수의 인물이 각자의 활동을 통해 브리티시 포크계에 뚜렷한 흔적을 남겼다는 사실도 중요하다. 베이시스트 애슐리 허칭스Ashley Hutchings와 사이몬 니콜Simon Nichol, 그리고 1978년 서른한 살의 나이에 안타깝게 사망한 개성 넘치는 보컬리스트 샌디 데니Sandy Denny, 1947~1978에 이르기까지 그들은 한결같이 브리티시 포크라는 모자이크의 아주 중요한 조각이 되었다. 그리고 또 한 사람 리처드 톰슨의 이름을 반드시 기억해야만 한다. 바로 그 이름이 지금까지 꽤 길게 페어포트 컨벤션을 이야기했던 이유이다.

페어포트 컨벤션 그리고 리처드 & 린다 톰슨

페어포트 컨벤션의 기타리스트이자 송라이터였던 리처드 톰슨에 대한 첫 번째 평가는 무엇보다 그가 대단히 뛰어난 기타리스트였다는 사실에 집중된다. 그는 1991년 기타의 명가 깁슨의 창시자인 오빌 깁슨Orville Gibson, 1856~1918의 이름을 따 만든 시상식인 오빌 깁슨 워어즈에서 최고의 어쿠스틱 기타리스트로 뽑혔다. 또 2003년 「롤링 스톤」이 선정한

페어포트 컨벤션

'역사상 가장 위대한 기타리스트 100' 순위에서는 19위에 랭크되었고, 'www.guitar.com'이 선정한 순위에서도 18위에 올랐다.

송라이터로서의 능력에 대한 평가도 높아서 그는 영국의 권위 있는 시상식 가운데 하나인 이보르 노벨로 어워즈에서 최고의 송라이터로 선정되기도 했다. 리처드 톰슨은 2006년 BBC 라디오로부터 평생공로상을 받았고 2011년에는 영국 정부로부터 OBE 훈장까지 받았으니 영국이 그에게 보내는 경의와 사랑은 그만큼 각별한 것이다.

리처드 톰슨은 1949년 영국 런던의 노팅힐에서 태어났다. 어려서부터 록큰롤 음악을 들었고 재즈 레코드를 모았던 아버지의 영향으로 자연스럽게 재즈와 스코틀랜드 전통 음악에도 노출되었다. 이 모든 것이 훗날 그의 풍부한 음악적 자양분이 되었다.

열여덟 살이던 1967년에는 페어포트 컨벤션을 결성해 앞서 언급한 것처럼 짧은 기간 동안에 밴드의 전성기를 일군 후 1971년 밴드를 떠났다. 페어포트 컨벤션의 음악이 포크의 기본 위에 강력한 일렉트릭 기타 사운드를 앞세운 록큰롤과 켈틱 음악까지를 폭넓게 포괄했던 데는 리처드 톰슨의 영향이 결정적이었다.

페어포트 컨벤션을 떠난 후 리처드 톰슨은 1972년 솔로 데뷔 앨범 「Henry the Human Fly」를 내고 솔로 활동을 시작했다. 앨범은 대중적으로 큰 실패를 맛보았지만 시간이 흐를수록 그 진가를 인정하는 평론가들이 많아졌다. 하지만 이 앨범이 그에게 가져다 준 최대의 성과는 다른 곳에 있었으니 그것은 앨범을 녹음하면서 보컬리스트 린다 피터스 Linda Peters를 만난 것이다. 두 사람은 1972년 결혼했고 리처드 & 린다 톰슨 Richard & Linda Thompson이라는 부부 듀엣을 결성해 활동하기 시작했다. 인생과 음악 모두의 동반자가 된 것이다. 그의 음악 인생의 제2막이 열리고 있었다. 두 사람이 함께 한 첫 번째 작품인 「I Want to See the Bright Lights Tonight」은 평단의 극찬을 이끌어냈다. 음산한 아름다움이 짙게 깔린 앨범에서 리처드 톰슨의 창작력은 절정에 달해 있었고 빼어난 기타 연주 역시 곳곳에서 번뜩이고 있었다.

1975년 잇달아 발표한 「Hokey Pokey」와 「Pour Down Like Silver」 등 두 장의 앨범 역시 좋은 평가를 받았다. 특기할 만한 사실은 이 무렵 그들이 이슬람 문화의 영향을 받아 자신들의 음악에 이슬람 음악의 요

리처드 & 린다 톰슨

소를 도입하기 시작했다는 점인데, 특히 「Pour Down Like Silver」의 재킷 커버는 터번을 쓴 리처드 톰슨의 모습을 담고 있어서 눈길을 끈다. 이슬람 문화에 경도된 그들은 1975년에서 1978년 사이 런던 외곽의 이슬람 커뮤니티에 거주하면서 잠시 음악계를 떠나 살기도 했다.

아쉽게도 이들의 아름다운 동행은 1982년 끝났다. 파경의 와중에 만들어진 앨범 「Shoot Out the Lights」(1982)를 끝으로 두 사람은 이혼했고 음악적으로도 결별했다.

너무나 창의적인…… 어디에도 클리셰는 없다!

페어포트 컨벤션 시절부터 리처드 톰슨은 수많은 뮤지션들의 앨범에 작곡가와 기타 연주자로 참여했으며, 린다와 결별한 1983년 이후로는 특히 솔로 활동과 연주 활동에 주력하고 있다. 1960년대 후반 이래로 그가 함께 작업한 뮤지션들은 존 마틴John Martin, 알 스튜어트Al Stewart, 닉 드레이크, 크라우디드 하우스Crowded House, 보니 레이트Bonnie Raitt 등 장르를 불문하고 광범위한 영역에 포진한다.

리처드 톰슨은 연주시에 피크와 손가락을 동시에 사용한다. 그는 베이스음과 리듬 파트는 피크를 사용해 연주하면서 동시에 고음과 멜로디 파트는 손가락으로 연주한다. 그의 연주에서 피킹과 핑거링의 구분은 의미가 없다. 그는 여러 가지로 변형된 변칙튜닝을 즐겨 사용하며 그를 통해 개방현 연주를 최대한 활용한다.

리처드 톰슨의 기타 연주는 컨트리와 포크, 록큰롤과 켈틱 음악에서 재즈적인 요소에 이르기까지 다양한 장르를 수렴하고 있는데, 솔로 연주시에는 블루스 필이 강한 사운드를 들려주기도 한다. 그의 블루지한 기타 솔로를 들을 수 있는 대표곡으로는 앨범 「Fairport Convention」의 수록곡 〈Mr. Lacey〉가 있다. 그가 주로 사용하는 기타는 펜더 스트라토캐스터와 로우덴 어쿠스틱 기타이다.

리처드 톰슨은 어린 시절 척 베리와 행크 윌리엄스Hank Williams, 1923~1953 등의 음악을 카피하며 실력을 연마해 나갔다. 그는 카피의 귀재여서 거의 모든 종류의 음악을 똑같이 카피하는데 천재적인 재능을 발휘했다. 하지만 더욱 중요한 것은 그것이 단순한 카피로 끝난 것이 아니라 그를 토대로 자신만의 창조적인 연주법을 만들었다는 것이다. 처음 그의 연주를 듣고 단번에 반해서 계약을 체결했던 매니저 조 보이드Joe Boyd는 다음과 같이 말했다. "그는 어떤 스타일의 음악이라도 거의 완벽하게 카피했다. 하지만 묘하게도 그 결과물은 언제나 창의적이었다. 그의 기타 연주에서 스코티시 파이프의 윙윙거림이나 성가의 멜로디를 들을 수도 있고 바니 케셀Barney Kessel, 1923~2004과 제임스 버튼James Burton의 기타, 혹은 제리 리 루이스의 피아노를 들을 수도 있다. 하지만 어디에도 클리셰는 없다."

The Only One :
「Guitar, Vocal」(1976)

록에 예술의 옷을 입히다

로버트 프립

Robert Fripp, 영국, 1946~

1960년대 후반 록은 핵분열을 일으켰다. 분열은 역설적으로 융합을 요구했고 그 결과 아트 록, 다른 말로 프로그레시브 록이 나타났다. 이런 류의 음악이 아트 록, 혹은 프로그레시브 록으로 불린다는 것 자체가 이들 음악이 갖는 특성을 암시한다. 록은 예술의 옷을 입으려 했고 그것은 필연적으로 진보적인 방향성을 띨 수밖에 없었다.

프로그레시브 록의 역사에서 가장 중요한 밴드 가운데 하나가 킹 크림슨King Crimson이다. 다른 뛰어난 멤버들의 존재에도 불구하고 킹 크림슨이 '로버트 프립에 의한' '로버트 프립을 위한' 음악집단이었음은 많은 평론가와 팬들이 대체로 동의하는 바다. 킹 크림슨의 음악을 사실상 좌지우지한 것은 로버트 프립의 창의적인 발상과 그에 기반한 탁월한 송라이팅 능력 그리고 그의 깁슨 레스 폴 커스텀 기타가 지휘하는 밴드의 사운드 메이킹에 있었다. 그가 가장 뛰어난 프로그레시브 록 기타리스트로 꼽히는 것은 당연하다.

로버트 프립

가장 뛰어난 프로그레시브 록 기타리스트

1946년 영국 도셋주 윔본 민스터에서 태어난 로버트 프립은 1967년 자일스 형제Michael/Peter Giles와 함께 자일스, 자일스 앤 프립Giles, Giles and Fripp을 결성하면서 프로 뮤지션 생활을 시작했는데 이 밴드가 킹 크림슨의 모체가 되었다. 1968년 로버트 프립은 그렉 레이크베이스 · 보컬, Greg Lake, 이언 맥도널드키보드, Ian McDonald, 피터 신필드작사, Peter Sinfield 등으로 멤버를 보강해 프로그레시브 록 여명기의 가장 중요한 밴드인 진홍색의 왕 킹 크림슨을 출범시켰다.

1969년 여름 런던 하이드파크에서 열린 롤링 스톤스의 프리 콘서트

킹 크림슨

에 오프닝 밴드로 나서 65만 관중 앞에서 역사적인 메이저 데뷔무대를 장식한 킹 크림슨은 그 해 록 역사상 가장 뛰어난 데뷔 앨범 가운데 하나로 꼽히는 명반 「In the Court of the Crimson King」을 발표하며 화려하게 데뷔했다. 런닝 타임 9분짜리 대곡으로 멜로트론을 이용한 오케스트레이션이라는 프로그레시브 록의 가장 유력한 전형을 선보인 〈Epitaph〉와 신비로운 느낌의 발라드 〈I Talk to the Wind〉, 그리고 로버트 프립의 날카로운 파워 코드와 솔로 연주가 빚어내는 불협화음이 묘한 긴장감을 불러일으키는 〈21st Century Schizoid Man〉 등이 수록된 앨범은 평단의 극찬을 이끌어냈다.

그러나 로버트 프립의 1인 독재에 다른 멤버들이 반발하면서 밴드의 조화에는 일찍부터 균열이 가기 시작했다. 그렉 레이크가 에머슨 레이크 & 파머(이하 EL&P)로 떠났고 이언 맥도널드와 마이클 자일스도 속속 밴드를 이탈했다. 어수선한 분위기 속에서도 킹 크림슨은 「In the Wake of Poseidon」(1970) 「Lizard」(1970) 「Islands」(1971) 등 재즈적 색채가 가미된 앨범을 계속해서 냈지만 데뷔 앨범과 같은 충격은 없었다.

1972년 킹 크림슨은 결국 해산했지만 1973년 로버트 프립은 빌 브루

2기 시절 킹 크림슨

포드드럼, Bill Bruford, 존 웨튼보컬, John Wetton 등을 규합해 밴드를 재건했다. 킹 크림슨의 2기 시절에 대한 평가는 엇갈린다. 누구는 1기 시절에 못 미친다고 하는 반면 누구는 이때를 전성기로 꼽기도 한다. 하지만 데뷔 앨범 「In the Court of the Crimson King」이 밴드의 최고 앨범이라는 데에는 이견이 없다.

1973년에 발표한 앨범 「Larks' Tongues in Aspic」은 데뷔작 이래로 오랜만에 창의적이고 실험적인 면모를 되찾은 밴드의 대표작으로 평가받는다. 주목할 만한 곡으로는 2개의 파트로 나뉘어 수록된 앨범 동명 트랙 〈Larks' Tongues in Aspic〉 중 Part.1이 있다. 퍼즈 톤의 사운드와 무조주의 스케일의 진행, 찌그러진 스트링 벤딩을 보여준 로버트 프립의 기타는 훗날 도래할 인더스트리얼 록*의 예고편이라 할 만 했다. 물론 당시는 인더스트리얼 록이 등장하기 훨씬 전이었다.

---

* 인더스트리얼 록(Industrial Rock) : 1970년대 말 영국과 독일 등지에서 생성된 록 장르로, 기존 대중음악의 틀을 철저히 부정하듯 각종 기계음을 짓이겨 만든 무정형, 무선율을 특징으로 한다. 1990년대 들어 나인 인치 네일스(Nine Inch Nails), 마릴린 맨슨(Marilyn Manson) 같은 뮤지션에 의해 헤비메탈과 결합하면서 마니아층을 넓혀나갔다.

1974년 밴드는 다시 한 번 해산했다. 그 이후로 밴드는 계속해서 결성과 해산을 반복하고 있지만 킹 크림슨의 전성기는 이 때까지였다고 할 수 있다.

새로운 소리를 탐구해 온 장인

킹 크림슨의 두 번째 해산 이후 1970년대 중반부터 로버트 프립은 솔로 활동을 전개하는 한편 데이비드 보위David Bowie, 피터 가브리엘, 블론디Blonde 등의 녹음에 연주자로 참여했고 홀 & 오츠 등 많은 뮤지션들의 앨범에서는 프로듀서로 나섰다. 1980년대에는 폴리스The Police의 앤디 서머스와 함께 두 장의 앨범을 발표했는데, 이때부터 기타 신디사이저에 깊은 관심을 갖게 되었다. 지금까지 그가 참여한 앨범의 숫자는 대략 700여 장에 이르는 것으로 추산된다.

기술적인 면에서 로버트 프립은 크로스 피킹의 달인이다. 하지만 그의 진면목은 테크닉이 아니라 실험적인 면모에 있다. 그는 데뷔 초기 시절 기타 이외에 멜로트론도 즐겨 사용했다. 그는 오랜 세월 멈추지 않고 새로운 소리의 세계를 탐구해 온 도전자이자 탐험가이며 소리의 장인이다.

그의 가장 실험적인 면모는 브라이언 이노Brian Eno와의 전위적인 사운드 협업 이후 창안한 신개념 연주 장비인 프리퍼트로닉스(Frippertronics)와 자신만의 독창적인 사운드스케이프스에서 찾을 수 있다. 1970년대 후반 로버트 프립이 스스로 고안한 프리퍼트로닉스는 기타와 테이프 머신을 결합한 새로운 장치로 테이프 루핑 기술을 활용해 이전과는 완전히 다른 새로운 음색을 구현해냈다. 사운드스케이프*는 1960년대 초반부터 일렉트로닉 뮤직 스튜디오에서 다양한 사운드 실험을 시도하던 실험적인 작곡가들에 의해 발전한 것으로 브라이언 이노의 앰비언트 뮤

브라이언 이노(왼쪽), 데이비드 보위(오른쪽)와 작업 중인 로버트 프립

직*에 이르러 대중적인 관심을 끌기 시작했다. 로버트 프립이 1990년대 레코딩 스튜디오로 돌아와 창안한 사운드스케이프스는 디지털 장비를 활용한 오디오 루프에 기반하고 있는데 이 점에서 다른 많은 아방가르드 뮤지션들의 사운드스케이프 작업과 차이점을 보인다. 그 당시 로버트 프립이 만들어낸 작품들은 매우 독창적인 것이어서 이때의 작업물들을 한데 묶어 사운드스케이프스라 부른다.

한편, 로버트 프립은 기타의 튜닝에 있어서도 새로운 기준을 제시하고자 했다. 그는 1985년부터 이 새로운 튜닝을 본격적으로 사용하기 시

* 사운드스케이프(Soundscape) : 소리(sound)와 경관(landscape)의 합성어로 소리 풍경(sound scape)을 뜻하는 말이다. 캐나다의 작곡자이자 환경예술가인 머레이 쉐이퍼(Murray Schafer)가 만든 용어이다. 사운드스케이프는 우리 주변에 존재하는 무수히 많은 소리들을 음악의 대상으로 보고 음악과 비음악의 구별이 없다고 본다. 사운드스케이프는 현대의 예술 사상과 생태학, 도시, 사회, 환경을 둘러싼 다양한 분야에 영향을 끼치고 있다.

* 앰비언트 뮤직(Ambient Music) : 브라이언 이노가 병실에 누워 있다가 자신도 모르는 사이에 어디선가 음악이 계속 흐르고 있다는 걸 느낀 후에 창시했다고 알려져 있다. 공간 내에 있는 사람들의 대화나 다른 활동에 지장을 주지 않을 정도의 평온한 분위기의 음악을 일컫는 말로, 공간의 목적이나 기능을 거스르지 않는 사운드로 듣는 사람에게 안정을 주고 긴장을 완화시켜주는 역할을 한다. 음악을 공간 안에서의 하나의 조형물과 같은 개념으로 배치하는 것으로, 장르적으로는 뉴에이지 장르와 유사한 측면이 많다.

크림슨 기타스 로버트 프립 시그너처 모델

작했는데, 그것은 E-A-D-G-B-E의 기존 튜닝을 C-G-D-A-E-G라는 새로운 튜닝으로 대체하는 것이었다. 당시 그의 주장은 상당한 호응을 얻기도 했지만 기준을 바꾸어 놓지는 못했다.

로버트 프립은 데뷔 이래로 깁슨 레스 폴 기타를 썼다. 그의 시그너처 기타는 레스 폴 바디에 서스테이너와 MIDI 장치가 장착된 것으로 '크림슨 기타스 로버트 프립 시그너처 모델'로 명명되었다. 이밖에 그는 오베이션 1867 레전드 기타와 롤랜드 신디사이저 기타도 즐겨 사용한다.

로버트 프립은 1985년부터 미국 웨스트 버지니아에 있는 클레이몬트 코트의 ASCE(American Society for Continuous Education)에서 '기타 크래프트'(Guitar Craft) 과정을 개설해 2011년까지 가르쳤다. 이론에서 실제 연주에 이르기까지 기타에 관한 제반의 것을 모두 가르치는 이 과정을 통해 3,000여 명의 수료생들이 배출되었는데, 그 중에는 캘리포니아 기타 트리오California Guitar Trio의 트레이 건Trey Gunn등 유명한 기타리스트들도 많다. 기타 크래프트 과정은 2011년부터는 '기타 서클스'(Guitar Circles)로 명칭과 형태를 바꾸었다.

나이가 들어서도 기타를 놓지 않고 소리에 관한 실험을 이어가고 있는 로버트 프립

한편, 로버트 프립은 1992년부터DGM(Discipline Global Mobile)이라는 인디 레이블을 개설해 운영해 오고 있으며, 2004년에는 조 새트리아니, 스티브 바이와 함께 'G3 프로젝트'(조 새트리아니 편 참조)에 참여해 투어를 돌기도 했다. 그는 최근까지도 신진 뮤지션들과 공동작업을 하는 등 활발한 활동을 이어가고 있다.

The Only One :
「In the Court of the Crimson King」(1969)

Chapter 04

록 오브 에이지

1970년대

캘리포니아 호텔 위를 유영하는 독수리

조 월시
Joe Walsh, 미국, 1947~

이글스의 〈Hotel California〉는 두 말할 것도 없이 역사상 가장 탁월하고 유명한 기타 연주를 보유한 명곡 가운데 명곡이다. 〈Hotel California〉에서 글렌 프레이와 돈 펠더Don Felder 그리고 조 월시 세 사람이 뿜어내는 절정의 트리플 기타 플레이는 1970년대 미국 서부의 웨스트코스트 록 씬 뿐만 아니라 팝 음악사 전체를 통틀어서도 결코 지워지지 않을 감동으로 남아있다. 세 사람이 보여준 활력과 조화는 1970년대의 가장 찬연하게 빛나는 순간이었다. 조 월시는 그 곳에 있었다.

영국 출신 하드 록 기타 영웅들에 대한 미국의 대답

조 월시는 1947년 미국 캔사스주 위치타에서 태어나 오하이오주 콜럼버스에서 어린 시절을 보냈다. 켄트 주립대학에 다니던 시절에는 인근 클리블랜드 지역의 록큰롤 씬에 빠져들었다. 그의 관심은 공부보다는 기타와 음악에 쏠려 있었다.

1969년 조 월시는 훗날 이글스와 릭 데린저의 프로듀서로 유명해지는 빌 심치크Bill Szymczyk의 추천으로 제임스 갱James Gang에 가입해 본격적인 음악경력을 쌓기 시작했다. 제임스 갱의 음악 스타일은 블루스를 기반으로 한 강력한 하드 록이었는데, 그 당시 조 월시의 기타 플레이 역시 이글스 시절과는 사뭇 다른 모습을 보여준다. 앰프의 출력을 한껏 높여 뽑아내는 파워풀한 리프와 볼륨 높은 솔로, 뛰어난 슬라이드 기타 플레이가 그의 연주의 핵심이었다.

그는 당시 제프 벡, 에릭 클랩튼, 지미 페이지 등 영국 출신의 하드 록 기타 영웅들에 대한 미국의 대답으로 불리고 있었다. 물론 그들과 조 월시는 인지도 면에서 큰 차이가 있었지만 밴드 Who의 피트 타운센드가

이글스

가장 좋아하는 기타리스트로 조 월시를 언급하면서 상당한 지명도를 갖게 되었다.

제임스 갱 시절 조 월시는 네 장의 앨범에 참여했다. 1969년 제임스 갱은 데뷔 앨범 「Yer' Album」을 발표하고 Who와 함께 투어를 돌며 순조로운 출발을 보였다. 이듬해 나온 2집 「James Gang Rises Again」은 빌보드 앨범차트 톱20에 오르며 더 큰 성공을 안겨주었다.

지미 페이지를 연상시키는 조 월시의 묵직한 기타도 불을 뿜었다. 〈The Bomber〉와 〈Funk #49〉에서 보여준 그의 블루스 스타일의 코드 리프와 펑키한 릭을 앞세운 리드 플레이, 거친 피킹 기술은 그에게 기타리스트로서 더 높아진 명성과 영광을 선물했다.

1971년에 발표한 3집 「Thirds」의 수록곡 〈Walk Away〉는 제임스 갱 시절 조 월시 최고의 명연으로 꼽힌다. 리듬감이 살아 꿈틀거리는 파워 코드 리프에 이어지는 유려한 멜로디의 아름다운 솔로는 조 월시 기타의 정점을 보여준다. 여기에다 지미 헨드릭스로부터 촉발된 소리의 혁명을 이어가는 다양한 음향 효과, 디스토션과 트레몰로 암, 피드백 주법의 현란한 사용은 그에 대한 평가를 한 단계 격상시키는 계기가 되었다.

그러나 조 월시는 1971년에 발표된 라이브 앨범 「Live in Concert」를 끝으로 제임스 갱을 탈퇴했다. 제임스 갱을 떠난 조 월시는 반스톰

Barnstorm이라는 새로운 밴드를 결성했지만, 반스톰은 사실상 그의 백밴드로 받아들여졌으므로 그 때의 작품들은 일반적으로 그의 솔로 앨범으로 본다.

1973년에 나온 솔로 2집 「The Smoker You Drink, the Player You Get」은 조 월시의 솔로 작품 가운데 가장 뛰어난 앨범이다. 이 앨범에는 특히 그의 시그너처 송이 된 〈Rocky Mountain Way〉가 수록되어 있는데, 그의 주특기인 활기찬 리프와 여유로운 슬라이드 기타 연주가 다시 한 번 빛을 발하며 FM 라디오와 차트 상에서 크게 히트했다. 조 월시는 이 곡을 통해 확실히 최정상급 기타리스트의 반열에 올라섰다. 〈Rocky Mountain Way〉에서 그가 선보인 인상적인 토크 박스* 연주는 제프 벡, 릭 데린저, 피터 프램튼Peter Frampton 등 많은 뮤지션들에게 영향을 끼치기도 했다. 이어진 1975년작 「So What」의 수록곡 〈Turn to Stone〉도 주목할 만한 솔로 작품으로 꼽힌다.

1970년대를 증언하는 가장 중요한 앨범

1975년 말 조 월시는 이글스로부터 갑작스럽게 팀을 떠난 기타리스트 버니 리든Bernie Leadon의 자리를 대신해 달라는 요청을 받고 이글스에 전격 합류했다. 그리고 바로 밴드 최대의 역작인 「Hotel California」(1976)가 터져 나왔다. 「Hotel California」는 순식간에 수백만 장이 팔려나가며 플리트우드 맥의 「Romours」(1977)와 함께 록 음반 시장의 크기를 바꾸어 놓았고, 1970년대를 증언하는 가장 중요한 앨범 가운데 하나가 되었다.

---

* 토크 박스(Talk Box) : 널리 사용되는 이펙터 가운데 하나로 기타에 이것을 연결해 연주하면 기타 소리가 마치 사람의 목소리처럼 들린다. 토크 박스 연주로 가장 유명한 곡으로는 피터 프램튼의 〈Show Me the Way〉가 있다.

이글스의 1994년 컴백 무대였던 MTV 언플러그드

이글스의 전작인 「One of These Nights」(1975)와 「Hotel California」 사이에는 18개월이라는 시간적 간극과 함께 음악적으로도 커다란 차이가 존재한다. 조 월시의 가입은 그 차이에 결정적인 단초를 제공했다. 1970년 린다 론스타드의 백밴드로 시작한 이글스의 음악은 초창기 가벼운 컨트리 록이었다. 초반기의 히트곡인 〈Take It Easy〉와 〈Desperado〉 등이 그것을 방증한다. 조 월시의 가세로 이글스는 이전의 컨트리 록 밴드의 성향에서 벗어나 좀 더 강력하고 다이나믹한 사운드를 구사할 수 있게 되었고 그것은 「Hotel California」의 기록적인 성공으로 이어졌다. 한편, 이 앨범에서 조 월시는 〈Life in the Fast Lane〉에 공동 작곡자로 참여하는 등 작곡가로서도 힘을 보탰는데, 이 곡에서도 재기발랄한 솔로 연주를 들려주었다.

1979년 발표한 「The Long Run」 앨범을 끝으로 1980년 이글스가 해산할 때까지 조 월시는 이글스의 멤버로 활동하면서 솔로 활동도 계속 병행했다. 특히 1978년 발표한 솔로 앨범 「But Seriously, Folks……」는 새로운 기타 문법을 제시한 앨범으로 주목받았는데, 이 앨범에서 조 월시는 어쿠스틱 기타와 일렉트릭 기타를 자유롭게 오가며 뛰어난 기량을 보여주었다.

이글스 해산 이후 조 월시는 솔로 활동을 이어갔지만 이글스 시절만큼의 대중적 성공을 거두지는 못했다. 따라서 1980년대는 조 월시에게도 다소 침체기였다고 볼 수 있다.

1994년 이글스는 14년의 공백을 뛰어넘어 마침내 재결합에 성공했다. 조 월시도 당연히 합류했다. 컴백작은 MTV 언플러그드 공연실황을 담은 앨범인 「Hell Freezes Over」(DVD로도 발매)였다. 이 공연에서 이글스의 멤버들은 어쿠스틱 기타만으로 〈Hotel California〉의 또 다른 매력적인 버전을 만들어냈다. 멤버들의 얼굴과 용모는 세월을 피해갈 수 없었지만 기량은 녹슬지 않았고 원숙미는 더해져 있었다. 이글스와 조 월시는 지금도 정규 앨범을 발표하고 월드투어를 하는 등 정력적으로 활동하고 있다.

이글스는 그리 시끄러운 밴드가 아니다. 조 월시를 이글스의 기타리스트로만 알고 있는 사람이라면 사실은 그를 잘 모르는 것일 수도 있다. 조 월시는 실은 대단히 헤비한 사운드를 즐기는 하드 록 성향의 기타리스트이다. 그의 그러한 면모는 공연장에서 잘 드러난다. 이글스의 공연에서 밴드의 사운드에 가공할 힘을 더하고 분위기를 뜨겁게 달구는 핵심은 언제나 그의 기타이다.

조 월시는 보컬에 있어서도 깜짝 놀랄 만큼 파워풀한 샤우팅 창법을 구사한다. 무대 위에서 그의 목소리와 기타는 누구보다도 거칠고 역동적이다. 그러나 누구나 알듯이 조 월시 기타의 최대 매력은 역시 유려한 멜로디라인이다. 그는 아름다운 멜로디를 만들어내는 데 있어서 가장 탁월한 능력을 보여준다.

조 월시가 주로 사용하는 기타는 펜더 스트라토캐스터와 깁슨 레스폴 기타이다. 앰프는 마샬 앰프를 주로 사용한다. 지미 페이지의 유명한 선버스트 컬러의 1959년산 깁슨 레스 폴 기타의 원래 주인이 조 월시였다는 것도 잘 알려진 이야기다. 조 월시는 1969년 그 기타를 지미 페이지에게 잠시 주었다가 나중에는 완전히 팔았다.

조 월시는 록계의 대표적인 멀티 플레이어이기도 하다. 그는 기타 이외에도 베이스, 키보드, 드럼, 만돌린에서 클라리넷, 오보에, 백파이프에 이르기까지 수많은 악기를 능숙하게 소화한다.

그런가 하면 인간적으로도 그는 매우 재미있는 사람이다. 독특한 유머를 즐기는 별난 성향은 그에게 '우스꽝스러운 기타의 왕자'(Clown Prince of the Guitar)라는 별명을 안겨주었다. 그래선지 나이를 먹어도 그의 얼굴은 장난끼가 가득해 보인다.

세월이 흘러도 〈Hotel California〉의 트리플 기타 플레이가 주는 감동의 빛깔은 조금도 바래지 않는다. 지금까지도 그랬고 앞으로도 그럴 것이다. 조 월시는 그것을 연주했던 기타리스트 가운데 한 명이라는 사실만으로도 충분한 자격을 갖춘 뮤지션이다.

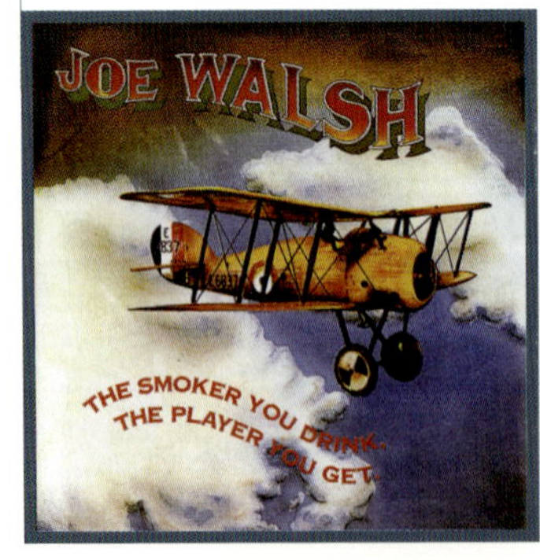

The Only One :
「The Smoker You Drink, the Player You Get」
(1973)

1970년대 록 기타의 문법을 새롭게 쓰다

스티브 하우

Steve Howe, 영국, 1947~

스티브 하우는 영국이 자랑하는 프로그레시브 록 밴드 예스Yes의 기타리스트이다. 또한 그는 아시아Asia와 GTR에서도 활동했으며 솔로로서도 많은 앨범을 발표했다. 8비트의 정통 하드 록보다는 오히려 클래식이나 재즈 기타의 주법을 즐겨 사용했던 스티브 하우는, 그래서 프로그레시브 록에 최적화된 기타리스트였다고 할 수 있으며 실제로 프로그레시브 록의 역사에서 가장 중요한 기타리스트 가운데 한 명으로 지목된다.

프로그레시브 록 밴드 예스의 기타리스트

스티브 하우는 1947년 영국 북런던의 홀로웨이에서 태어났다. 어려서부터 아버지가 수집한 음반을 통해 레스 폴과 매리 포드를 비롯한 다양한 음악을 접했다. 빌 헤일리와 버디 홀리, 행크 마빈 등 록큰롤 뮤지션들의 영향을 폭넓게 받았고 클래식 기타와 재즈 레코드도 자주 접했는데,

스티브 하우

이것은 향후 그의 연주 스타일에 큰 영향을 끼쳤다.

스티브 하우가 특별히 영향 받은 것으로 꼽는 뮤지션으로는 재즈 기타리스트 바니 케셀과 웨스 몽고메리, 그리고 쳇 앳킨스가 있다. 그는 "바니 케셀이 싱글 라인과 코드 조화의 중요성을 일깨워주었다"고 했고, "쳇 앳킨스가 한 명의 기타리스트가 어떤 스타일의 연주도 다 해낼 수 있다는 것을 가르쳐주었다"고 언급했다.

십대 시절부터 음악경력을 쌓기 시작해 신디캐츠Syndicats와 투모로우Tomorrow, 보다스트Bodast 등의 밴드를 거친 스티브 하우는 나이스Nice와 제스로 툴Jethro Tull과 같은 유명 그룹에 들어가기 위해 계속해서 오디션을 봤지만 번번이 실패로 돌아갔다. 하지만 이 실패가 전화위복이 되어 그는 1970년 피터 뱅크스Peter Banks, 1947~2013를 대신해 예스의 기타리스트가 되는 행운을 잡을 수 있었다.

1971년 발표된 예스의 정규 3집 「The Yes Album」부터 밴드의 녹음 작업에 참여하기 시작한 스티브 하우는 빠르게 예스의 사운드 속에 녹아들며 존 앤더슨John Anderson의 보컬, 크리스 스콰이어Chris Squires의 베이스, 토니 카예Tony Kaye의 키보드, 빌 브루포드의 드럼과 호흡을 맞추어 나갔다. 이 앨범 이후에는 토니 카예가 탈퇴하고 릭 웨이크먼Rick Wakeman이 가입했는데, 그의 가세와 함께 예스의 전성기가 활짝 열렸다.

스티브 하우의 트레이드마크라 할 명징한 기타 톤이 빛을 발한 차기 앨범 「Fragile」(1972)은 자타가 공인하는 밴드의 최고작이며, 이어진 앨범 「Close to the Edge」(1972)에서 보여준 릭 웨이크먼과 스티브 하우의 호흡은 환상적이었다. 페달 스틸 기타를 활용한 스티브 하우의 개성 넘치는 연주는 릭 웨이크먼의 창의적인 영감으로 가득한 키보드의 전폭적인 지원을 받으며 예스의 음악에 신비로운 감성과 프로그레시브의 숨결을 불어넣었다.

예스는 멤버교체가 심했던 밴드였다. 릭 웨이크먼이 1970년대 중반 탈퇴 후 복귀하는 과정을 거쳐 1980년대 초반 다시 밴드를 떠났고, 밴드의 상징이던 영롱한 목소리 존 앤더슨 역시 예스를 이탈했다. 그 자리는 트레버 혼Trevor Horn과 제프리 다운스Geoffrey Downes로 대체되었다. 혼란의 와중에도 스티브 하우는 1981년 4월 예스가 공식적으로 해산을 선언할 때까지 굳건히 자신의 자리를 지켰지만, 1983년 예스가 재건되었을 때 아쉽게도 그의 모습은 보이지

예스

예스와 아시아 등 슈퍼 그룹을 거쳐 솔로 뮤지션으로도 노익장을 과시하는 스티브 하우

않았다. 당시 그는 다른 곳에 있었다.

1981년 예스가 해체되자 스티브 하우는 존 웨튼과 칼 파머Carl Palmer, 제프리 다운스와 함께 그룹 아시아를 출범시켰다. 당대의 내로라하는 뮤지션들이 한데 뭉친 슈퍼 그룹으로 화제를 모은 아시아는 〈Heat of the Moment〉 〈Don't Cry〉 등의 메가 히트곡을 냈지만 스티브 하우는 데뷔 앨범 「Asia」(1982)와 2집 「Alpha」(1983)의 두 장의 앨범에만 참여한 채 존 웨튼과의 불화로 밴드를 떠나고 말았다.

1985년에는 제네시스Genesis 출신의 스티브 해켓과 함께 슈퍼그룹 GTR을 결성했지만 GTR 역시 단 한 장의 앨범만을 남긴 채 역사 속으로 사라졌다.

스티브 하우는 1991년 예스의 이름을 놓고 벌인 사소한 분쟁을 거쳐 역대 예스의 라인업이 모두 참여했던 앨범 「Union」의 녹음에 참여한 후 곧바로 밴드를 떠났지만 1995년 다시 예스에 합류했다. 아마도 그는 예스와 끊어지지 않을 운명을 타고 난 모양이다. 아시아와의 인연도 이어갔다. 그는 1990년대 들어 제프리 다운스의 주도로 재결성된 아시아에 다시 합류해 「Aqua」(1992)와 「Arena」(1996) 「Aura」(2001) 등의 앨범에 모두 참여했다.

1975년 스티브 하우는 자신의 첫 번째 솔로 앨범 「Beginnings」를 발표했고, 그 후 지금까지 열아홉 장의 정규 앨범을 발표하며 누구보다 활발한 솔로 활동을 펼쳐왔다. 솔로 앨범 중에서는 「The Steve Howe Album」(1979년)과 「Not Necessarily Acoustic」(1994년)이 대표작으로 꼽히는데, 「The Grand Scheme of Things」(1993년)가 또 재미있다. 이 앨범은 특이하게도 빌보드 뉴에이지 앨범차트에 올랐는데, 스티브 하우의 기타가 얼마나 폭넓은 장르를 아울렀는지를 잘 보여주는 사례가 아닐 수 없다.

클래식과 재즈에 기반을 둔 스케일

예스 시절 스티브 하우의 대표곡으로는 「The Yes Album」의 수록곡으로 렉타임과 컨트리블루스에서 영향을 받아 당김음을 활용한 기타 론도 연주를 선보인 라이브 넘버 〈Clap〉과, 「Fragile」의 수록곡으로 플라멩코와 클래식의 영향을 흡수한 그의 스타일을 잘 보여주는 〈Mood for a Day〉가 꼽힌다. 〈Mood for a Day〉에서 보여주는 왼손 해머링 주법은 단연 압권인데, 특히 이 곡은 많은 록 기타리스트들이 경원시했던 나일론 기타의 새로운 가능성을 제시한 곡으로도 높이 평가받는다. 러쉬Rush의 알렉스 라이프슨Alex Lifeson이나 트라이엄프Triumph의 릭 에밋Rik Emmett 같은 이는 이 곡을 자신들이 가장 크게 영향 받은 곡으로 꼽기도 했다.

「Fragile」의 수록곡으로 밴드 최초의 메이저 히트곡이기도 한 〈Roundabout〉은 하모닉스와 해머링 온 주법을 이용한 짧지만 강렬한 기타 인트로에 이어지는 리프가 인상적인 곡으로, 이 곡의 리프는 이후 프로그레시브 록 리프의 전형이 되다시피 했다.

이밖에 12현 어쿠스틱 기타 연주가 돋보이는 「Close to the Edge」 앨범의 수록곡 〈And You and I〉, 그리고 그의 속주 실력을 확인할 수 있는 1977년 앨범 「Going for the One」의 수록곡 〈Parallels〉와

〈Awaken〉도 기억할 만 한 곡이다.

스티브 하우는 1991년 퀸의 노래 〈Innuendo〉에 참여해 플라멩코 스타일의 기타 연주를 들려주었으며 아시아에서는 예스에서와는 다르게 전형적인 록 기타리스트로서의 면모를 보여주기도 했다.

스티브 하우의 첫 기타는 열두 살 생일에 선물로 받은 에프-홀 어쿠스틱 기타였다. 그는 이 기타를 들고 지역의 홀에서 연주하기 시작했고 1961년에는 자신의 첫 번째 일렉트릭 기타인 솔리드 바디 가이아톤 기타를 장만했다. 하지만 그의 주력 기타는 역시 1964년에 마련한 깁슨 ES-175D 기타이다. 할로우 바디 모델인 이 기타에 대해 그는 이렇게 말한 적이 있다. “많은 사람들이 록 밴드에서는 아무도 할로우 바디 기타를 치지 않는다고 말한다. 그들은 나를 비웃었지만 내 생각은 다르다. 그것은 나에게 단순한 기타가 아니라 예술적인 그 무엇이다.” 깁슨사는 2002년에 스티브 하우 시그너처 ES-175 기타를 만들면서 이렇게 덧붙였다. “스티브 하우는 록 기타를 예술의 영역으로 끌어올렸으며 아트 록이라고 불리는 새로운 스타일을 정의했다.”

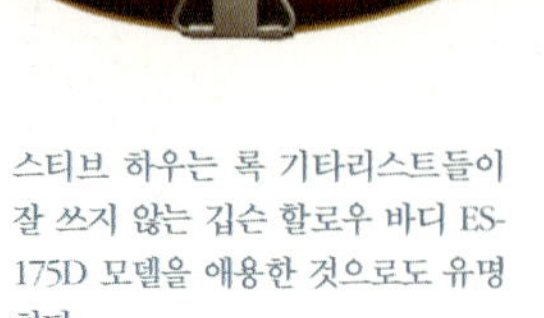

스티브 하우는 록 기타리스트들이 잘 쓰지 않는 깁슨 할로우 바디 ES-175D 모델을 애용한 것으로도 유명하다.

스티브 하우가 여느 록 기타리스트들이

잘 쓰지 않는 할로우 바디의 ES-175D 기타를 애용한 것은 그의 연주 스타일과 잘 어울리기 때문이다. 스티브 하우의 최대 공로는 그가 록의 울타리를 허물고 그 영역을 확장했다는 것이다. 그는 전통적인 블루스와 펜타토닉 스케일이라는 록의 클리셰에 갇히지 않고 풍부한 스케일과 아르페지오 연주 그리고 빠른 오른손 피킹을 통해 기존 록 기타의 문법을 벗어나 개성 넘치는 연주를 선보였다. 그는 왼손 엄지를 네크의 뒤에 위치시키는 클래식 기타의 운지를 취하고 사운드 면에서도 별다른 이펙터 없이 클린 톤 위주의 연주를 즐긴다.

1970년대 스티브 하우는 기술적으로 가장 뛰어난 기타리스트로 꼽혔으며 여러 조사에서 최고의 기타리스트로 선정되었다. 그는 1977년에서 1981년 사이 5년 연속으로 「기타 플레이어」가 선정하는 '가장 뛰어난 전천후 기타리스트'(Best Overall Guitarist)에 선정되었다. 아울러 그는 2003년 「롤링 스톤」이 선정한 '역사상 가장 위대한 기타리스트 100' 순위에서 69위에 랭크되었고, 'www.guitar.com'의 순위에서는 91위에, 「토털 기타」 순위에서는 84위에 랭크되었다.

The Only One :
「Fragile」(1972)

드넓은 음악의 바다를 유유히 가르는 슬라이드 기타의 명인

라이 쿠더

Ry Cooder, 미국, 1947~

라이 쿠더는 록계를 대표하는 슬라이드 기타의 명인 가운데 한 명이지만 이것은 그의 지극히 일부일 뿐이다. 라이 쿠더 만큼 드넓은 분야에서 다양한 활동을 펼친 뮤지션을 찾아보기도 힘들다. 그는 솔로 활동과 그룹 활동, 그리고 많은 뮤지션들과의 공동 작업을 통해 장르와 영역을 불문하고 눈에 띄는 활약을 펼쳐왔다. 그와 함께 작업한 이들의 이름을 열거하는 것만으로도 그가 소화하는 음악적 범위가 얼마나 넓은지 쉽게 알 수 있는데, 롤링 스톤스, 밴 모리슨, 닐 영, 랜디 뉴먼, 캡틴 비프하트Captain Beefheart, 존 리 후커, 프레디 펜더Freddy Fender, 1937~2006, 치프턴스Chieftains, 이브라힘 페레Ibrahim Ferrer, 1927~2005, 알리 파르카 뚜레Ali Farka Toure, 1939~2006 등이 그 이름들이다.

라이 쿠더는 포크와 블루스, 재즈와 R&B, 록과 컨트리, 가스펠은 물론 하와이의 전통음악과 멕시코의 영향을 받은 미국 텍사스 남부의 음악인 텍스-멕스(Tex-Mex) 등을 두루 소화하는 음악적 포식자이다. 그는 미

국 음악은 물론 세계 각국 음악의 뿌리 찾기에도 열심이어서 이러한 열정은 자연히 월드뮤직에 대한 지대한 관심으로 확장되었다.

최근 라이 쿠더의 활동 가운데 가장 주목받는 것 가운데 하나는 부에나 비스타 소셜 클럽을 재조명해 세계시장에 소개한 것이다. 공산 혁명 이후 음악을 버리다시피 흩어졌던 쿠반 재즈의 명인들을 다시 찾아내 음악의 힘으로 묶어낸 것은 전적으로 그의 공로였다. 1997년 이들을 불러 모아 만든 앨범 「Buena Vista Social Club」은 큰 히트를 기록하며 1990년대 후반 월드뮤직의 바람을 불러일으키는 기폭제 역할을 했다. 이들의 이야기는 빔 벤더스Wim Wenders 감독에 의해 동명의 다큐멘터리 영화로 제작되기도 했다.

장르를 뛰어넘는 전방위 행보, 그리고 부에나 비스타 소셜 클럽

라이 쿠더는 1947년 미국 캘리포니아주 로스엔젤리스에서 태어났다. 1960년대 중반 일어난 포크, 블루스 리바이벌 붐에 깊은 감동을 받아 라이징 선스Rising Suns라는 밴드를 결성해 활동하는 한편, 전설적인 포크 뮤지션인 타지 마할Taj Mahal과 가장 전위적인 뮤지션이었던 캡틴 비프하트와도 함께 작업했다. 캡틴 비프하트의 1967년 앨범 「Safe as Milk」가 당시 그가 참여한 대표적인 작품이다. 이때부터 이미 보틀넥 기타의 명인으로 명성을 얻었으며 1969년부터는 롤링 스톤스의 녹음작업에 참여하기 시작했다. 그는 롤링 스톤스의 1969년 앨범 「Let It Bleed」의 〈Love in Vain〉에서 만돌린을 연주했고, 1971년 앨범 「Sticky Fingers」의 〈Sister Morphine〉에서는 예의 빛나는 슬라이드 기타 연주를 들려주었다.

1970년대는 라이 쿠더가 본격적으로 솔로 활동을 시작한 시기이다. 1970년 발표한 솔로 데뷔 앨범 「Ry Cooder」는 상업적으로는 성공을 거두지 못했지만 분위기 있는 음악으로 평단으로부터는 높은 평가를 받았다. 이어진 앨범들인 「Into the Purple Valley」(1971)와 「Paradise and Lunch」(1974)에 대해서도 호평이 이어졌다.

슬라이드 기타 명인이기도 한 라이 쿠더는 월드뮤직 분야에서 괄목할만한 성과를 거뒀다.

1970년대 중반을 넘어서면서 그는 본격적으로 텍스-멕스와 하와이 전통음악, 가스펠 등을 자신의 음악 속에 녹여 넣으며 음악적 영역을 확장하기 시작했는데, 1976년 발표한 앨범 「Chicken Skin Music」이 그 대표적인 증거물로 제시된다. 수록곡 가운데 〈Stand By Me〉와 〈Yellow Roses〉에서는 하와이 음악의 요소를 발견할 수 있고 〈He'll Have to Go〉에서는 볼레로 리듬을 차용했다. 이밖에 〈Always Lift Him Up〉에서 선보인 피크 대신 핑거링을 이용한 독특한 리듬 기타와 〈Smack Dab in the Middle〉에서 보여준 인상적인 어쿠스틱 슬라이드 기타 플레이 역시 주목을 받았다.

부에나 비스타 소셜 클럽의 멤버들과 협연 중인 라이 쿠더

1979년에 발표한 앨범 「Bob till You Drop」은 최초로 디지털로 녹음된 메이저 앨범으로서의 가치를 갖는다. 물론 이 시기에도 그의 전방위적인 활약은 계속되었다. 라이 쿠더는 1970년 주디 콜린스의 투어에 동행했고 이 투어 실황은 1971년 라이브 앨범으로 발매되었다. 1979년에는 밴 모리슨의 앨범 「Into the Music」의 〈Full Force Gale〉에서 슬라이드 기타를 쳤고 이밖에도 랜디 뉴먼, 알로 거스리Arlo Guthrie, 스콧 멕켄지Scott McKenzie, 1939~2012 등 많은 뮤지션들의 앨범에 참여했다.

1980년대 라이 쿠더의 활약은 영화음악 분야에서 단연 두드러진다. 그는 1980년대 내내 [The Long Riders](1980)와 [Southern Comfort](1981) [Streets of Fire](1984) [Paris, Texas](1985) 등 다수의 영화음악 작업에 참여했다. 전설적인 블루스 뮤지션 로버트 존슨의 이야기를 다룬 1986년 영화 [Crossroads]에 나오는 모든 슬라이드 기타 연주는 실제로는 라이 쿠더가 연주한 것이다. 이 영화에서는 잭 버틀러로 분한 스티브 바이가 극중에서 랄프 마치오와 기타 배틀을 펼치는 장면(37쪽 참조)이 유명한데 이 때 랄프 마치오의 연기 뒤에서 실제로 기타를 쳐준 사람도 라이 쿠더였다.

1990년대 들어 라이 쿠더는 이제 본격적으로 월드뮤직 분야로 관심을 옮겨갔다. 그 가운데 가장 중요한 작품으로는 1993년 인도의 모한 비나* 연주자 비슈와 모한 바트Vishwa Mohan Bhatt와 함께 만든 「A Meeting by the River」와 1994년 아프리카 출신의 멀티 연주자 알리 파르카 뚜레와 팀을 이루어 만든 앨범 「Talking Timbuktu」가 꼽힌다. 두 앨범은 1994년과 1995년 2년 연속으로 그래미 어워즈 베스트 월드뮤직 앨범 부문을 수상했다.

앞서도 언급한 「Buena Vista Social Club」 역시 300만 장이 넘게 팔려나가는 빅 히트 속에 오랜 시간 월드뮤직 차트 정상을 고수했으며 그래미상을 수상했다.

당신에게 「Paris, Texas」를 권한다

라이 쿠더에게 음악적 국경이나 장벽 따위는 없다. 그는 음악의 바다를 유유히 항해하는 유람선이며 음악의 세계를 자유롭게 떠도는 방랑자이자 구도자이다. 그의 기타 역시 무언가에 갇히기를 단호히 거부한다. 그의 기타는 변화무쌍하지만 그 가운데서도 펑키한 코드 백킹과 부드러운 멜로디를 앞세운 자연스러운 진행과 슬라이드 기타는 그의 트레이드마크이다. 그의 슬라이드 기타 연주는 오픈 튜닝을 최대한 활용하는 것이 특징인데 일렉트릭 기타에서는 오픈 G, 어쿠스틱 기타에서는 오픈 D 튜

* 모한 비나(Mohan Veena) : 인도 전통음악을 연주할 때 사용하는 개량악기로, 비슈와 모한 바트가 처음 만들었다. 스무 줄로 구성된 악기로 기타와 유사한 형태이다.

닝을 즐겨 사용한다.

라이 쿠더는 펜더 스트라토캐스터의 확실한 지지자이지만 간혹 데스코 기타와 마틴 기타를 사용하기도 사용한다. 그는 2003년 「롤링 스톤」이 선정한 '역사상 가장 위대한 기타리스트 100' 순위에서 8위에 랭크되었으며 2010년 깁슨이 선정한 '50명의 톱 기타리스트' 순위에서는 32위에 올랐다.

영화 [부에나 비스타 소셜 클럽]은 1998년 네덜란드 암스테르담 르까페 극장에서 열린 부에나 비스타 소셜 클럽의 공연실황으로 시작된다. 라이 쿠더도 이 공연에 참가해 거장들의 뒤에서 조심스럽게 슬라이드 기타를 친다. 그의 얼굴은 흐뭇한 미소로 가득하다. 그 순간 그는 행복했을 것이다.

개인적으로 라이 쿠더의 음악 중에서 최고를 꼽으라면 [Paris, Texas]의 영화음악 사운드트랙을 지목하고 싶다. 이 앨범을 들은 후에 밀려오는 공허함과 그 황량한 서정이란 뭐라 말할 수 없다. 언젠가 푸 파이터스Foo Fighters의 데이브 그롤Dave Grohl은 이 앨범을 자신이 가장 좋아하는 앨범으로 꼽았다. 데이브 그롤과 나는 그 점에서 의견이 같다.

The Only One :
「Paris, Texas」 O.S.T (1985)

글램 록, 데이비드 보위 그리고 믹 론슨

믹 론슨

Mick Ronson, 영국, 1946~1993

믹 론슨에 대한 가장 쉬운 설명은 그가 글램 록의 거인 데이비드 보위의 기타리스트였다는 것이다. 단언컨대 데이비드 보위의 대표 앨범으로 글램 록 역사상 가장 중요한 앨범으로 꼽히는 「The Rise and Fall of Ziggy Stardust and the Spiders from Mars」(1972)는 믹 론슨의 기타가 없었다면 탄생할 수 없었을 것이다. 데이비드 보위가 빚어낸 글램 록의 영광의 순간은 믹 론슨과 함께 했기에 가능했다. 그는 데이비드 보위의 가장 완벽한 조력자였다.

글램 록이 남긴 위대한 걸작을 탄생시킨 대장 거미

믹 론슨은 1946년 영국 북동부의 연안도시 킹스턴 어폰 헐에서 태어났다. 어려서부터 클래식 교육을 받으며 피아노와 바이올린을 배웠다. 처음에는 첼리스트가 되기를 꿈꿨지만 듀언 에디Duane Eddy의 음악을 듣고 나서 그 꿈은 이내 기타리스트로 바뀌었다. 그는 열일곱 살이던 1963년

자신의 첫 번째 밴드 마리너스The Mariners를 결성했고 그 후 몇몇 밴드를 거쳐 1965년에는 헐 지역에서 첫 손가락에 꼽히는 밴드였던 래츠The Rats에 가입했다. 1960년대 후반부터는 세션 기타리스트로도 활동하기 시작해 엘튼 존과 같은 유명 뮤지션들의 앨범 녹음에 참여하기도 했다.

1970년 믹 론슨은 애타게 새로운 기타리스트를 찾던 데이비드 보위의 요청을 받고 그의 기타리스트가 되기로 결심한다. 라디오 쇼를 통해 데이비드 보위의 기타리스트로 데뷔한 그는 그 해 발표된 데이비드 보

선정성 논란을 야기한
데이비드 보위와의 무대 매너

위의 앨범 「The Man Who Sold the World」부터 녹음작업에 참여하기 시작했다. 「Hunky Dory」(1972)를 거쳐 1972년 글램 록이 남긴 위대한 걸작 「The Rise and Fall of Ziggy Stardust and the Spiders from Mars」가 발표되었다. 'Ziggy Stardust'는 데이비드 보위 자신의 페르소나였으며 'the Spiders from Mars'는 밴드에게 부여된 새로운 이름이었다. 대장 거미는 물론 믹 론슨이었다. 그로부터 한동안 그들은 자신들의 이름을 버리고 지기 스타더스트와 화성에서 온 거미라는 가상의 이미지 속으로 들어갔다. 짙은 화장과 번쩍이는 화려한 의상으로 치장한 채 그들이 보여준 무대는 그야말로 파격이었다. 특히 공연 도중 데이비드 보위가 믹 론슨의 깁슨 레스 폴 기타 밑으로 들어가 이빨로 기타를 물어뜯는 장면은 마치 펠라치오를 연상시키는 동작으로 큰 선정성 논란을 불러일으키기도 했다. 이 퍼포먼스는 아주 유명한데 영화 [Velvet Goldmine]에서도 등장한다.

앨범의 수록곡을 살펴보면, 〈Starman〉에서는 인트로의 의도적인 불협화음에 이어 등장하는 어쿠스틱 기타 리프와 짧지만 강력한 일렉트릭 기타 솔로가 우주적인 느낌과 인간적인 감성을 잘 조화시키고 있으며, 〈Ziggy Stardust〉의 오버 드라이브가 잔뜩 걸린 전형적인 하드 록 사운드도 귀에 쏙 들어온다. 이밖에 〈Suffragette City〉의 강력한 록큰롤 기타 인트로와 변화무쌍한 톤 변화로 데이비드 보위의 울부짖는 듯한 보컬을 호위하는 〈Rock 'N' Roll Suicide〉도 멋진 곡이다.

1972년에 믹 론슨은 데이비드 보위와 함께 모트 더 후플Mott the Hoople의 「All The Young Dudes」와 루 리드Lou Reed의 「Transformer」의 앨범 녹음작업에 참여했다. 그는 「Transformer」의 수록곡 가운데 가장 유명한 곡으로 훗날 영화 [Trainspotting]에도 삽입되어 많은 사랑을 받은 바 있는 〈Perfect Day〉에서 기타와 피아노를 쳤다.

아쉽게도 데이비드 보위와의 인연은 오래 이어지진 못했다. 데이비드 보위의 다음 앨범 「Aladdin」(1973)과 「Pin Ups」(1973)를 마지막으로 믹 론슨은 데이비드 보위와 결별했다. 데이비드 보위의 차기작인 「Diamond Dogs」(1974)에는 그는 없었다.

데이비드 보위와 헤어진 믹 론슨은 1974년 솔로 데뷔 앨범 「Slaughter on 10th Avenue」를 발표했다. 여기에 그의 솔로작품 가운데 가장 유명한 곡인 〈Only after Dark〉가 실려 있다. 세션 연주자로서도 활발하게 활동한 그는 데이비드 캐시디David Cassidy, 로저 달트리, 존 멜런캠프John Mellencamp 등 많은 뮤지션들의 앨범에 참여했다. 존 멜런캠프를 스타덤에 올려놓은 히트 앨범 「American Fool」(1982)의 수록곡으로 빌보드 싱글차트 1위를 차지한 〈Jack & Diane〉의 기

데이비드 보위의 머릿속에서는 온갖 기발한 아이디어와 상상력이 넘쳐났지만 그것을 실현시킬 연주력이 그에게는 없었다. 그 절박한 갈증은 믹 론슨을 만나면서 해갈되었다.

타 연주도 그의 것이다.

이밖에 믹 론슨은 밥 딜런의 투어에 동행하면서 로저 맥귄을 만나 우정을 쌓았고, 모트 더 후플의 이언 헌터Ian Hunter와는 1970년대 이래로 오래도록 우정을 이어가며 꾸준히 공동작업을 했다.

'블랙 뷰티' 라는 애칭으로도 유명한 1968년산 깁슨 레스 폴 커스텀 기타

1990년대 들어 믹 론슨은 한동안 뜸했던 이언 헌터와의 협업을 재개하는 한편 데이비드 보위와도 오랜만에 다시 만나 함께 작업했다. 프로듀서로서도 명성을 쌓아간 그는 1992년 모리세이Morrissey의 앨범 「Your Arsenal」을 프로듀스했고, 그 해 프레디 머큐리의 트리뷰트 콘서트에도 참여했다. 그러나 안타깝게도 이것이 마지막 모습이었다. 1993년 그는 마흔여섯의 나이에 간암으로 사망했다.

그를 만나기 전까지 데이비드 보위는 부족했다

믹 론슨을 만나기 전까지 데이비드 보위는 부족했다. 데이비드 보위의 머릿속에서는 온갖 기발한 아이디어와 상상력이 넘쳐났지만 그것을 실현시킬 연주력이 그에게는 없었다. 그 절박한 갈증은 믹 론슨을 만나면서 해갈되었다. 믹 론슨의 이국적이고 우주적인 기타는 말 그대로 안성맞춤이었다. 그들은 서로 손잡고 지구를 벗어나 가상의 우주로 갔다.

믹 론슨은 스페이스 록 기타의 선구적인 인물이지만 기본적으로 그의 연주는 록큰롤과 정통적인 하드 록 스타일에 뿌리를 두고 있다. 그의 기타는 펑크 록의 탄생에 지대한 역할을 했고, 헤비메탈의 발전에도 큰 기여를 한 것으로 평가받는다.

믹 론슨은 초기에 1968년산 깁슨 레스 폴 커스텀 기타를 사용했다. '블랙 뷰티'(Black Beauty)라는 애칭으로 불리는 이 기타가 그의 가장 유명한 기타이다. 이것은 1980년대 초반 호주의 한 하드 록 카페에 기부되었다가 지금은 기타숍 주인의 소유가 되어 있다. '블랙 뷰티'를 손에서 내려놓은 이래로 믹 론슨은 1980년대 초반부터 사망할 때까지 펜더 텔레캐스터를 썼다. 그의 마지막 무대가 된 프레디 머큐리 헌정 공연에서도 펜더 텔레캐스터를 쳤다. 함께 사용한 앰프는 마샬 200 앰프이다.

1974년 「크림」이 선정한 '올해의 베스트 기타리스트' 순위에서 믹 론슨은 2위를 차지했다. 1위는 지미 페이지, 3위는 에릭 클랩튼이었다. 그 둘의 사이에 믹 론슨의 이름이 있다는 것만으로도 그가 얼마나 뛰어난 기타리스트였는지에 대한 설명으로 충분할 것이다.

The Only One :
「The Rise and Fall of Ziggy Stardust and the Spiders from Mars」(1972)

텍사스 블루스 록의 계보를 이어주는 가교

빌리 기본스

Billy Gibbons, 미국, 1949~

대학 시절 학교 앞에 지지 탑이라는 음악 카페, 혹은 클럽이 있었다. 몇 번 가보지 않았고 개인적으로 그리 선호하는 곳도 아니었지만 그 장소가 가지고 있던 느낌만은 기억한다. 굳이 들어가지 않아도 그 근처에만 가면 쩌렁쩌렁 울리는 사운드가 귓전을 때리던, 그 일대에서도 가장 시끄럽기로 소문난 장소였던 것이다. 위치를 어딘가로 옮겼는지는 모를 일이나 내가 알던 그 곳은 이미 그 건물 자체가 헐려 사라졌으니 이제는 추억 속의 공간일 뿐이다.

술집 지지 탑이 그 이름을 밴드 지지 탑에서 따왔음은 당연하다. 그런데 술집 지지 탑은 사라졌어도 밴드 지지 탑은 남아 있다. 그룹의 리더이자 기타리스트인 빌리 기본스 역시 아직 건재하게 밴드를 이끌고 있다. 그는 2011년 「롤링 스톤」이 선정한 '역사상 가장 위대한 기타리스트 100' 순위에서 32위에 랭크되었고 2012년 텍사스주 예술위원회에 의해 '2012 텍사스주의 대표음악인'으로 호명되었다. 그렇게 빌리 기본스는

텍사스의 상징과도 같은, 텍사스가 자랑하는 기타리스트이다.

레드 제플린과 크림이 머디 워터스와 하울링 울프를 만났다

빌리 기본스는 1949년 미국 텍사스주 휴스턴에서 태어났다. 아버지가 오케스트라의 객원 지휘자 겸 피아니스트였으므로 자연스럽게 음악적 환경에서 성장했다. 1963년 열세 살 생일에는 자신의 첫 번째 일렉트릭 기타를 선물로 받았다.

열여덟 살 때 그는 무빙 사이드워크스Moving Sidewalks라는 밴드를 결성해 싱글 〈99th Floor〉를 소폭 히트시켰다. 무빙 사이드워크스는 당대에 유행하던 사이키델릭 록 성향의 밴드였다. 이 무렵 그는 지미 헨드릭스 익스피리언스의 미국 투어에서 오프닝 무대를 맡으며 지미 헨드릭스와 우

지지 탑

정을 나누었다. 빌리 기본스는 지미 헨드릭스로부터 지대한 영향을 받았고, 지미 헨드릭스 또한 한 쇼에서 그를 '다음의 가장 뜨거운 기타리스트'(Next Hottest Guitarist)라고 소개할 만큼 두 사람의 관계는 돈독했다.

1969년에 빌리 기본스는 동향의 동갑내기 친구인 베이시스트 더스티 힐Dusty Hill과 드러머 프랭크 비어드Frank Beard를 규합해 지지 탑을 결성했다. 1971년 짙은 블루스 록 스타일의 데뷔 앨범 「ZZ Top's First Album」을 발표하고 텍사스 지역을 중심으로 명성을 쌓아간 지지 탑은 1973년에 발표한 3집 「Tres Hombres」가 플래티넘을 기록하고 수록곡인 〈La Grange〉가 싱글히트하면서 전국적인 밴드로 발돋움했다. 비가 오면 생각나는 블루스 넘버 〈Hot, Blue and Righteous〉도 여기에 실려 있다.

1975년 앨범 「Fandango!」의 수록곡 〈Tush〉가 대히트하면서 지지 탑은 또 한 계단 도약했다. 「Fandango!」의 수록곡으로는 〈Tush〉 뿐 아니라 피터 그린 스타일로 연주한 빌리 기본스의 블루스 기타 솔로가 빛난 〈Blue Jean Blues〉도 잊을 수 없는 곡이다.

1976년 텍사스를 시작으로 벌인 대규모 월드투어는 지지 탑을 텍사스의 대표주자로 만들어 주었다. 1977년까지 장기간 계속된 이 투어에서 지지 탑은 긴뿔황소, 말똥가리새, 방울뱀 등 텍사스를 상징하는 동물들로 꾸며진 무대 위에서 텍사스 특유의 육중하면서도 끈끈한 블루스 록의 진수를 보여주었다.

1978년에 발표한 「Dequello」(1978)도 지지 탑의 대표 앨범 가운데 한 장으로 꼽히기에 손색이 없다. 빌리 기본스는 이 앨범에서 블루스에 기반한 육중한 텍사스 부기 사운드의 매력을 마음껏 뽐냈는데, 특히 〈I Thank You〉는 앨범의 백미로 여기서 들려준 빌리 기본스의 기타 톤은 「롤링 스톤」이 선정한 '역사상 가장 뛰어난 기타 톤 50'에도 포함되어 있다. 언론은 지지 탑에게 레드 제플린과 크림이 머디 워터스와 하울링 울프를 만났다는 평가를 내놓았다.

1983년 발표한 앨범 「Eliminator」는 자타가 공인하는 밴드의 최고작이다. 이 앨범은 1985년 말까지 무려 141주 동안이나 빌보드 앨범차트에 머물렀으며 전 세계적으로 800만 장이 넘게 팔리는 빅히트를 기록했다. 지지 탑은 여기서 신디사이저를 적극 활용하고 테크노 록의 요소를 일부 수용하는 등 기존의 노선과는 조금 다른 음악을 시도하면서도 블루스 록이라는 뿌리만큼은 견고하게 유지하고 있다. 차트상에서 히트한 〈Gimme All Your Lovin'〉과 〈Sharp Dressed Man〉 외에 강력한 리프에서 유연한 초킹과 슬라이드 연주, 블루지한 애드립까지 빌리 기본스의 기타가 폭발하는 〈I Need You Tonight〉도 주목할 만한 곡이다.

이어진 앨범 「Afterburner」(1985)로 지지 탑은 연타석 홈런을 쳤다. 빌보드 메인스트림 록 싱글차트 1위를 차지한 〈Stages〉 〈Sleeping Bag〉 그리고 아름다운 기타 발라드 〈Rough Boy〉를 앞세운 앨범은 빌보드 앨범차트 4위까지 오르며 지지 탑의 앨범 가운데 가장 높은 순위를 기록했다. 이때가 지지 탑의 전성기였다.

지지 탑의 가장 위대한 업적은 뭐니뭐니해도 조니 윈터와 스티비 레이 본으로 이어지는 텍사스 블루스 록의 가교 역할을 훌륭하게 수행했다는 점이다. 텍사스 블루스 록은 흔히 서든 록이나 루츠 록과 같은 맥락에서 읽히지만 일반적인 서든 록, 루츠 록과는 조금 다른 독특한 향취를 드러낸다. 그것은 말로 설명하기는 어렵지만 아무래도 텍사스라는 지역이 가져다주는 개성이라고 볼 수밖에 없는데, 그것을 느끼고 싶다면 지지 탑을 들어야 한다. 지지 탑 사운드의 핵심은 물론 빌리 기본스의 포효하는 듯한 육중한 기타 톤이다.

피크 대신 5페소짜리 멕시코 동전을 사용하는 '뼛속까지 텍사스맨'

빌리 기본스는 정통에 충실한 기타리스트이다. 그는 1980년대 빠른 피킹과 현란한 아밍 등 온갖 테크닉이 난무하는 가운데서도 클래시컬한 블루스 록 기타의 정통을 고수했다. 물론 그 역시 다양한 현대적 연주법을 수용하고 실험했지만 언제라도 기본을 벗어나지는 않았다.

그는 피킹 하모닉스와 핀치 하모닉스 등 하모닉스의 명수였으며, 디스토션을 건 전형적인 빌리 기본스표 기타 톤은 많은 동료와 후배들에 의해 모방되고 계승되었다. 대표적으로 다이어 스트레이츠Dire Straits의 히트곡 〈Money for Nothing〉에서 들려준 마크 노플러의 기타 톤이 빌리

빌리 기본스의 주력 기타인 '펄리 게이츠'로 불리는 1959년산 깁슨 레스 폴 기타

기본스의 톤에 영향 받은 것으로 알려지고 있다. 이밖에 니켈백Nickelback의 〈Follow You Home〉은 빌리 기본스에 대한 존경을 담은 곡으로 니켈백의 음악적 뿌리가 아메리칸 하드 록에 있음을 잘 드러내는 곡이기도 하다.

텍사스는 멕시코와 가깝다. 그래서일까, 빌리 기본스는 피크 대신 5페소짜리 멕시코 동전을 사용해 기타를 친다. 그의 주력 기타는 일명 '펄리 게이츠'(Pearly Gates)로 불리는 1959년산 깁슨 레스 폴 기타와 그레치 빌리 보 기타이다. 모자와 선글라스, 그리고 무엇보다 덥수룩한 수염이라는 특징적인 외양으로도 확실한 인상을 남긴 텍사스 블루스 록의 살아있는 전설 지지 탑. 2004년 빌리 기본스는 지지 탑의 일원으로서 록큰롤 명예의 전당에 헌액되었다.

한 가지 빌리 기본스에 대해 잘 알려져 있지 않은 흥미로운 사실은 그가 차 아티스트(Car Artist)라는 사실이다. 그는 가끔씩 아주 기발한 자동차 디자인을 선보이곤 하는데 동그란 공 모양의 버스인 '버스 볼'도 그의 작품이다. 물론 실제로 생산되진 못했지만 말이다.

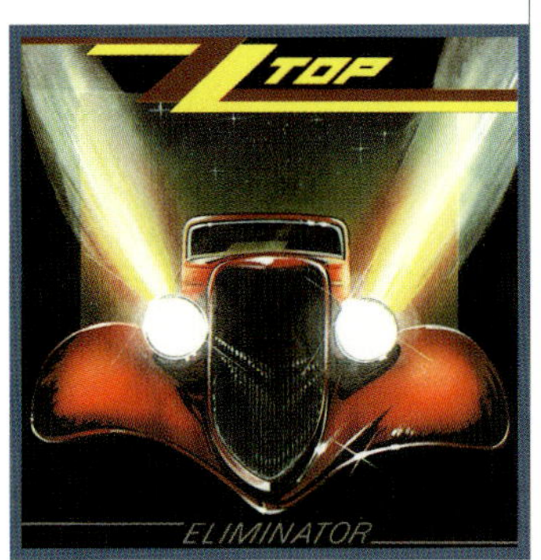

The Only One :
「Eliminator」(1983)

위대한 '퀸'을 완성한 진정한 '킹'

브라이언 메이

Brian May, 영국, 1947~

그룹 퀸Queen의 음악이 독특한 것만큼이나 퀸의 기타리스트 브라이언 메이가 들려주는 기타 사운드 역시 독특하다. 브라이언 메이는 테크닉보다는 기타 톤의 질감이 돋보이는 기타리스트이다. 그의 기타 소리는 누구도 흉내 내지 못하는 독보적인 색채를 지녔는데, 그것은 직접 만든 수제 기타인 일명 '레드 스페셜'(Red Special)에서 뿜어져 나온다. 브라이언 메이는 레드 스페셜을 들고 그룹 퀸과 함께 한 시대를 풍미했다. 레드 스페셜이 뿜어내는 독특한 질감과 멜로디 전개에 탁월함을 보이는 그의 연주 스타일은 절묘한 조화를 이루며 1970년대와 80년대를 퀸의 시대로 만들었다.

브라이언 메이는 영국의 유명 라디오 방송국인 플래닛 록이 청취자 투표를 통해 선정한 '역사상 가장 위대한 기타리스트' 순위에서 7위에 뽑혔으며, 2011년 「롤링 스톤」이 선정한 '역사상 가장 위대한 기타리스트 100' 순위에서는 26위를 차지했다.

명기 '레드 스페셜'이 뿜어내는, 언어로 형언할 수 없는 소리

브라이언 메이는 1947년 영국 미들섹스주 햄프턴에서 태어났다. 기타를 손에 잡기 전에 밴조렐레*와 우크렐레, 피아노 등을 먼저 배웠다. 그는 훗날 퀸의 노래 〈Bring Back That Leroy Brown〉에 자신이 태어나 처음 배운 악기인 밴조렐레 연주를 삽입했다. 첫 기타는 일곱 살 때 선물로 받은 것이었다.

열다섯 살 때 그는 아버지와 함께 100년 이상 된 벽난로용 마호가니 나무에다 오토바이 벨브 스프링, 뜨개질용 바늘 등을 활용해 세상에 하

---

* 밴조렐레(Banjolele) : 밴조의 바디와 우크렐레의 네크를 가진 네 줄짜리 악기로 밴조 우크렐레라고도 불린다.

열다섯 살 때 아버지와 함께 100년 이상 된 벽난로용 마호가니 나무에다 오토바이 벨브 스프링, 뜨개질용 바늘 등을 활용해 만든 세상에 단 하나뿐인 수제 기타 '레드 스페셜.' 스튜디오 녹음에서나 라이브에서나 50년 동안 한결같이 브라이언 메이와 함께 한 진정한 동반자.

나뿐인 수제 기타를 만들었다. 레드 스페셜이라고 불리는 이 기타는 이후 50년 동안 스튜디오 녹음에서나 라이브에서나 한결같이 브라이언 메이의 메인 기타가 되었다. 레드 스페셜은 특히 다른 어떤 기타로도 낼 수 없는 독특한 질감의 사운드를 자랑했는데, 때로는 오케스트라를 흉내 낼 수 있었고 때로는 트럼본과 피콜로 소리를 냈으며 또 때로는 기타가 아니라 신디사이저로 착각할 만큼 특이한 소리들을 만들어내기도 했다.

1968년 브라이언 메이는 자신의 첫 밴드인 스마일Smile을 결성했다. 캠퍼스 밴드였던 스마일은 기타에 브라이언 메이, 보컬과 베이스를 담당했던 팀 스테펄Tim Staffell과 드럼에 로저 테일러Roger Taylor로 구성된 트리오였다. 1970년에는 팀 스테펄이 밴드를 떠나자 보컬에 프레디 머큐리

Freddie Mercury, 1946~1991, 베이스에 존 디콘John Deacon을 영입해 퀸을 만들었다.

1973년 데뷔 앨범 「Queen」을 발표하고 〈Keep Yourself Alive〉를 히트시킨 퀸에게 있어 최고의 순간은 물론 1975년 「A Night at the Opera」와 함께 찾아왔다. 이 앨범에서 퀸은 초기의 하드 록 사운드에서 벗어나 교향악과 오페라를 방불케 하는 웅장한 사운드를 선보였다. 변화무쌍한 진행으로 퀸의 명성을 드높인 〈Bohemian Rhapsody〉와 아름다운 발라드 〈Love of My Life〉가 인기몰이의 쌍두마차였다.

1977년작 「News of the World」에 앞뒤 곡으로 나란히 수록되어 마치 접속곡처럼 들려지는 〈We Will Rock You〉와 〈We Are the Champions〉도 퀸의 최고 작품으로 꼽히기에 부족함이 없다. 짧지만 강렬한 임팩트를 지닌 〈We Will Rock You〉의 기타 리프와 웅장하기 그지없는 발라드 〈We Are the Champions〉에서 피아노와 어울려 들려준 서정적 멜로디는 브라이언 메이의 기타가 가진 매력의 양면을 제대로 보여주었다. 〈We Are the Champions〉는 지금도 거의 모든 스포츠 경기에서 마지막 챔피언이 탄생하는 순간에 어김없이 울려 퍼지는 영원한 승리의 찬가이다.

이후 〈Don't Stop Me Now〉가 수록된 「Jazz」(1988)와 〈Another One Bites the Dust〉 〈Crazy Little Thing Called Love〉 〈Play the Game〉이 수록된 「The Game」(1980), 〈I Want to Break Free〉 〈Radio Gaga〉가 수록된 「The Works」(1984) 등 퀸은 내놓는 앨범마다 빅히트를 기록하며 성공시대를 이어갔다.

퀸의 음악은 뭐라 정의내릴 수 없는 다채로운 색깔을 지녔다. 하드 록과 헤비메탈을 방불케 하는 강렬함에다 글램 록의 화려함을 지녔고 클래식과 오페라를 방불케 하는 웅장함을 지녔는가 하면 문득문득 튀어나오는 의외성이 이러한 매력을 더욱 배가시킨다. 그 중심에는 물론 프레디 머큐리의 드라마틱한 가창이 있지만 브라이언 메이의 독창적인 기타 사운드도 빼놓을 수 없다. 이 두 핵심요소를 중심으로 네 명의 멤버가 빚어내는 착실한 호흡이 퀸 사운드의 요체이다.

한편, 브라이언 메이의 연주는 라이브 음반에서도 빛을 발하는데 1979년에 발표된 밴드의 첫 번째 라이브 앨범 「Live Killers」와 1986년 영국 런던 웸블리 스타디움 공연실황을 담은 앨범으로 1992년에 발매된 「Live at Wembley '86」에서 대표적으로 확인할 수 있다.

브라이언 메이는 1983년 발표한 솔로 데뷔 앨범 「Star Fleet Project」를 시작으로 솔로 활동도 병행했는데, 솔로 앨범 중에서는 1992년작

「Back to the Light」가 가장 성공작으로 꼽힌다. 프레디 머큐리 사후 1995년에 발매된 앨범 「Made in Heaven」에 수록되어 많은 사랑을 받은 〈Too Much Love Will Kill You〉는 원래 「Back to the Light」에 수록된 곡이었다. 데뷔 앨범 「Star Fleet Project」의 수록곡으로 에드워드 반 헤일런을 초빙해 트윈 기타 솔로를 펼친 〈Blues Breaker〉도 멋진 곡인데 이 곡은 브라이언 메이가 자신이 존경하는 에릭 클랩튼을 생각하며 만든 곡이라고 알려져 있다.

브라이언 메이가 가장 좋아하고 영향 받았던 기타리스트는 쉐도우스의 행크 마빈이다. 시간이 지나면서 그는 블루스 기타에 매료되었는데, 브라이언 메이는 BBC와의 인터뷰에서 에릭 클랩튼과 지미 헨드릭스 그리고 제프 벡을 자신의 기타 영웅으로 지목했다.

천문학 박사와 대학 총장까지 역임한 학구파

테크닉을 앞세운 기타리스트는 아니었지만 브라이언 메이는 기술적으로도 부족함이 없는 기타리스트이다. 스윕 피킹과 트레몰로 주법, 태핑과 슬라이드 주법에 이르기까지 여느 기타 비르투오소들이 해내는 플레이를 그 역시 능숙하게 해낸다. 그럼에도 불구하고 그의 기타의 매력은 재차 강조하지만 테크닉보다는 레드 스페셜이 그려낸 색감에 더 방점이 찍힌다. 그것은 어느 누구도, 다른 어떤 기타도 만들 수 없는 것이었으며 이름 그대로 특별한 것이었다. 한편, 그는 피크 대

브라이언 메이는 피크 대신 6펜스짜리 영국 동전을 사용하기도 했다.

신 6펜스짜리 영국 동전을 사용하는 것으로도 유명하다.

반 헤일런의 보컬리스트 새미 헤이거Sammy Hagar는 이렇게 말했다. "퀸은 정말 혁신적인 밴드이고 위대한 음반들을 만들었죠. 나는 브라이언 메이가 지구상에서 가장 위대한 기타 톤을 가진 기타리스트 가운데 한 명이라고 생각합니다. 나는 정말로 정말로 그의 기타 연주를 사랑합니다."

브라이언 메이는 가장 모범적인 로커이다. 그는 담배를 피우지 않으며 술도 아주 조금 마신다. 퀸 활동 때문에 오랫동안 접었던 공부를 다시 시작해 2007년 천문학 박사 학위를 받았을 만큼 학구파이기도 하다. 2008년에는 대학의 총장으로 임명되기도 했다.

그는 음악산업에 끼친 공로를 인정받아 2005년 대영제국 훈장의 일종인 CBE(Commander of the Order of the British Empire)를 받았다. 2007년 「기타 월드」가 독자 투표로 선정한 '역사상 가장 위대한 기타 솔로 50'에서 브라이언 메이는 〈Bohemian Rhapsody〉를 20위에, 〈Brighton Rock〉을 41위에 올려놓았다.

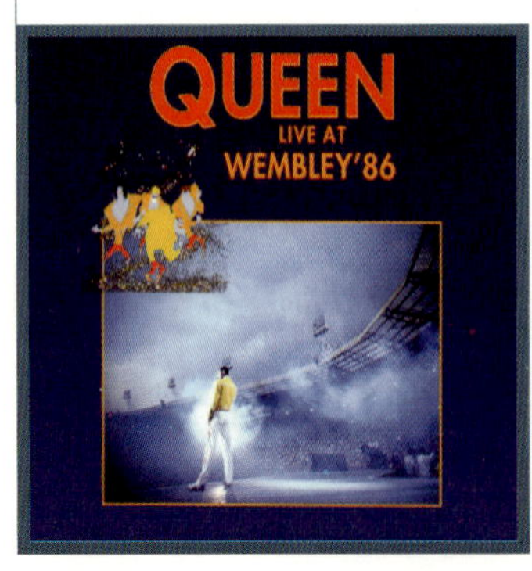

The Only One :
「Live at Wembley' 86」(1990)

넘침 없는 기교, 조화와 절제의 미덕

린지 버킹햄

Lindsey Buckingham, 미국, 1949~

1993년 미국 빌 클린턴 대통령의 취임식 전야제에 등장한 한 밴드가 있었다. 한동안 대중들의 시야에서 사라졌던 이 밴드는 이 날 전성기의 멤버로 돌아와 재결합 공연을 펼침으로써 화려한 부활을 알렸는데 여기서 전성기의 멤버란 당연히 스티비 닉스와 린지 버킹햄을 말한다. 이들이 극적으로 재결합하게 된 배경은 클린턴 진영이 선거 과정에서 이들의 1977년 히트곡 〈Don't Stop〉을 캠페인 송으로 썼기 때문이다. 플리트우드 맥은 그렇게 돌아왔다.

그러나 한 가지 구분해야만 하는 것은 여기서 말하는 플리트우드 맥이 1967년의 플리트우드 맥이 아니라 1974년의 플리트우드 맥이라는 사실이다. 1974년 플리트우드 맥은 변신을 시도했다. 그 해를 기점으로 초창기 피터 그린이 주도하던 블루스 록 성향의 스타일을 완전히 버리고 전형적인 팝 록 밴드로 전향한 것이다. 극적인 전향을 주도한 것은 그 해에 밴드의 새로운 멤버로 영입된 스티비 닉스와 린지 버킹햄이었다.

린지 버킹햄

'플리트우드 맥'의 재구성

린지 버킹햄은 1949년 미국 캘리포니아주 팔로 알토에서 태어났다. 3형제 중 막내로 태어난 그는 샌프란시스코 해변 지역에서 자라면서 형제들과 수영을 즐겼다. 경쟁심이 발동한 형제들은 열심히 물살을 갈랐고 덕분에 수영 실력은 상당한 수준에 도달했다. 린지 버킹햄은 도중에 음악에 빠져 물 밖으로 나왔지만, 그의 형인 그렉은 계속 물살을 갈라 1968년 멕시코 올림픽에서 은메달을 땄을 정도였다.

린지 버킹햄이 처음 잡은 기타는 미키 마우스 캐릭터의 장난감 기타였지만 아들의 재능을 발견한 부모는 곧 35달러짜리 진짜 기타를 사주었다. 독학으로 기타를 익힌 그는 십대 시절 포크 음악에 빠져 킹스턴

트리오Kingston Trio 스타일의 포크를 연습했으며, 열다섯 살 때에는 프리츠Fritz라는 포크 그룹을 결성해 기타와 보컬을 맡았다. 그의 음악 스타일이 포크에 기반하고 있는 것은 이때의 경험에 의한 것이다.

린지 버킹햄과 스티비 닉스

1973년 린지 버킹햄은 여자친구이던 스티비 닉스와 듀오 버킹햄 닉스Buckingham Nicks를 결성하고 데뷔 앨범 「Buckingham Nicks」를 냈다. 그때 플리트우드 맥을 이끌고 있던 믹 플리트우드가 녹음 스튜디오 점검차 캘리포니아에 왔다. 우연히 버킹햄 닉스의 〈Frozen Love〉를 듣게 된 그는 단번에 반해 버렸다. 믹은 즉시 기타리스트를 수소문해 린지 버킹햄을 찾아낸 뒤 플리트우드 맥 가입을 요청했다. 린지 버킹햄의 대답은 "스티비 닉스와 함께라면 좋다. 우린 묶음이다"였다. 믹은 린지의 요구를 받아들였고 두 사람은 곧바로 플리트우드 맥에 합류했다. 그것은 두 사람에게나 밴드에게나 팬들에게나 모두가 행복해지는 선택이었다. 린지 버킹햄은 훗날 "만약 스티비 닉스와 함께가 아니었다면 플리트우드 맥으로 가지 않았을 것이다"라고 회고했다. 만약에 그랬다면 팝의 역사는 조금은 다르게 쓰여졌을 것이다.

두 사람을 영입한 후 처음 발표한 앨범의 제목이 「Fleetwood Mac」(1975)인 것은 의미가 있다. 왜냐하면 이들은 이미 1967년에 데뷔 앨범으로 같은 제목의 앨범을 낸 적이 있었기 때문이다. 그것은 과거와의 단절과 새로운 출발에 대한 의지의 표현이었다. 「Fleetwood Mac」은 순식

린지 버킹햄과 스티비 닉스의 합류로 새롭게 재탄생한 플리트우드 맥

간에 500만 장이 팔려나갔고 플리트우드 맥의 변신은 성공했다.

다음 앨범인 「Rumours」(1977)는 두 말할 것도 없는 밴드의 대표 앨범으로 팝 음악의 역사에서도 대단히 중요한 위치를 점하는 앨범이다. 특히 이 앨범이 거둔 상업적 성공의 크기는 기록적인데, 「Rumours」는 미국 내에서만 순식간에 1,400만 장 이상이 팔려나갔고 빌보드 앨범차트에서도 무려 31주 동안이나 정상을 지켰다. 모두가 마이클 잭슨의 전설적인 앨범 「Thriller」가 나오기 전까지 부문 최고 기록이었을 만큼 엄청난 성적표였다. 「Rumours」의 수록곡들은 싱글차트도 완전히 점령했다. 〈Dreams〉는 빌보드 싱글차트 1위를 차지했고 〈Don't Stop〉은 3위까지 올랐으며 〈Go Your Own Way〉와 〈You Make Loving Fun〉도 톱10에 진입했다. 아름다운 발라드 〈Songbird〉도 많은 사랑을 받았다. 「Rumours」가 팝 역사상 최초의 블록버스터 앨범으로 평가받는 것은 당연한 일이다.

린지 버킹햄은 「Tusk」(1979) 「Mirage」(1982) 「Tango in the Night」(1987)까지 플리트우드 맥과의 인연을 이어간 뒤 1987년 솔로 활동을 위해 밴드를 탈퇴했다. 플리트우드 맥의 실질적인 전성기가 이 때로 마감되는 것은 밴드 내에서 린지 버킹햄이 차지했던 위상이 어느 정도였는가를 잘 보여준다.

린지 버킹햄에 대한 우리의 기억은 플리트우드 맥 시절에 집중되어 있지만 그는 솔로로서도 상당한 활동을 보여주었다. 사실 1987년 플리트우드 맥을 떠나기 이전에도 그는 이미 솔로 활동을 겸하고 있었다. 그는 1981년 자신의 첫 번째 솔로 앨범인 「Law and Order」를 발표하고 수록곡 〈Trouble〉을 싱글 히트시켰으며, 1984년에는 솔로 2집 「Go Insane」을 냈던 터였다. 그는 현재까지 모두 여섯 장의 솔로 앨범을 냈다.

앞서 얘기한 1993년의 깜짝 이벤트성 재결합 이후 플리트우드 맥은 적극적으로 정식 재결합을 모색했지만 거기에 도달하기까지는 4년의 시간이 더 걸렸다. 1997년 플리트우드 맥은 마침내 「Romours」 시절의 전성기 멤버 그대로 다시 돌아왔다. 컴백과 함께 'The Dance'라는 타이틀로 미국 전역을 돌며 펼친 투어는 구름관중이 몰리며 큰 성공을 거두었다. 공연실황은 후에 「The Dance」라는 라이브 앨범으로 발매되었다.

에드워드 반 헤일런이 될 것인가, 아니면 쳇 앳킨스가 될 것인가

린지 버킹햄은 초창기에는 펜더 텔레캐스터 기타를 썼지만, 플리트우드 맥에 가입하면서부터는 깁슨 레스 폴 기타를 자신의 주력 기타로 삼았다. 그의 기타는 어쿠스틱 기타 연주에서 더욱 빛을 발하는데, 그가 선호하는 어쿠스틱 기타의 기종은 테일러 기타이다.

린지 버킹햄은 피크 대신 손가락으로 피킹하는 대표적인 기타리스트 가운데 한 명이다. 기타리스트로서 린지 버킹햄의 최대 장점은 절대 무리하지 않으면서 안정적인 연주력을 유지한다는 점이다. 비치 보이스와 킹스턴 트리오 등의 영향을 받은 그의 연주는 기본적으로 포크적 성향을 보이지만 이를 바탕으로 더 넓은 전개를 보인다.

그는 언제나 적재적소에서 시의적절하게 기타를 친다. 그의 이런 스타일을 가장 잘 확인할 수 있는 앨범도 역시 「Rumours」인데 수록곡 모두에서 그의 재능은 순간마다 피어난다. 〈Gold Dust Woman〉에서는 깔끔한 어쿠스틱 리듬 연주로 조용히 뒤를 받치다 어느 순간 슬라이드 기타 솜씨를 발휘하는가 하면, 〈Don't Stop〉과 〈Go Your Own Way〉에서는 만만치 않은 일렉트릭 기타 솔로를 들려준다. 플리트우드 맥의 깔끔하고 매끈한 팝 성향은 명백히 린지 버킹햄과 그의 기타가 그 키를 쥐고 있다. 스티비 닉스의 매력적인 보컬과 함께.

린지 버킹햄은 기타리스트로서 뿐만 아니라 송라이터, 보컬리스트, 프로듀서로서도 탁월한 능력을 발휘한 인물이다. 그는 플리트우드 맥의 음악작업 전반에서 창작자와 프로듀서로서의 역할도 겸했다. 대표적으로 「Rumours」도 그가 프로듀서를 맡은 앨범이다.

린지 버킹햄은 소위 말하는 입이 떡 벌어지게 하는 테크니션은 아니다. 그는 이런 말을 한 적이 있다. "중요한 것은 노래이고 레코드다. 당신은 에드워드 반 헤일런이 될 수도 있다. 그는 뛰어난 기타 비르투오소이지만 나는 그가 좋은 노래를 녹음하고 있다고는 생각하

린지 버킹햄이 어쿠스틱 기타 중
특히 선호했던 테일러 모델

지 않는다. 그의 연주는 밴드 음악의 구조 속에 잘 녹아들고 있지 못하다. 반면에 쳇 앳킨스도 있다. 나는 그를 좋아한다. 그는 자신을 과시하기 위한 연주를 하지 않지만 그의 기타는 좋은 레코드를 만들어낸다. 어린 시절부터 그를 좋아했다. 그의 연주는 언제나 곡에 정확하게 녹아든다. 나는 깨달았다. 그가 거기서 그렇게 연주하지 않았다면 그 곡은 그렇게 되지 않았을 것이다." 린지 버킹햄은 에드워드 반 헤일런이 아니라 쳇 앳킨스 같은 기타리스트가 되기를 꿈꾸었다.

The Only One :
「Rumours」(1977)

뉴 웨이브, 폴리스 그리고 서머스

앤디 서머스
Andy Summers, 영국, 1942~

앤디 서머스는 폴리스의 기타리스트이다? 맞는 말이다. 하지만 그것이 전부라고 생각한다면 오산이다. 그는 솔로로서도 열 장이 넘는 앨범을 발표했고, 다수의 영화음악을 만들었으며 여러 권의 책을 낸 작가이기도 하기 때문이다.

다양한 장르를 섭렵한 음악적 센스

앤디 서머스는 1942년 영국 랭카셔주 폴튼에서 태어났다. 어려서부터 피아노를 배웠고 열세 살 때 처음 기타를 잡았으며, 열여섯 살 무렵에는 지역의 클럽에서 연주할 수 있을 정도의 실력이 되었다.

열아홉 살 때 친구인 주트 머니와 함께 런던으로 이사해 주트 머니스 빅 롤 밴드Zoot Money's Big Roll Band를 결성했다. 이것이 본격적인 음악경력의 시작이었다. 주트 머니스 빅 롤 밴드는 1960년대 중반을 지나면서 당대의 주류이던 사이키델릭 록의 영향을 흡수해 자연스럽게 애시드 록 성

향의 그룹인 댄털리언스 체리엇Dantalian's Chariot으로 진화했다.

1968년 초 댄털리언스 체리엇이 해체되자 앤디 서머스는 소프트 머신The Soft Machine에 합류해 6개월가량 활동했고, 그 이후에는 에릭 버든Eric Burdon이 이끌던 애니멀스에 가담해 「Love Is」(1968)의 앨범 녹음에 참여했다. 이 앨범에는 트래픽Traffic의 〈Coloured Rain〉의 리메이크가 실려 있는데, 2분 43초짜리 원곡을 무려 9분 38초로 늘려놓은 이 곡에서 앤디 서머스는 4분 15초 동안의 긴 기타 솔로 연주를 펼쳐 눈길을 끌었다.

평크를 마감하고 뉴 웨이브의 포문을 연 폴리스

1975년 앤디 서머스는 마이크 올드필드Mike Oldfield의 역작 「Tubular Bells」의 녹음에 참여했고, 1977년에는 그룹 스트론튬 90Strontium 90에 가담해 여기서 폴리스의 동료들인 스팅Sting과 스튜어트 코플랜드Stewart Copeland를 처음 만났다. 두 사람은 앤디 서머스에게 폴리스 가입을 권유했고 그는 곧 창단 기타리스트였던 헨리 파도바니Henry Padovani를 대신해 폴리스의 멤버가 되었다.

1970년대 후반 펑크 록의 화염이 잦아들자 그 자리를 대체한 것은 개량형 펑크, 매끈한 펑크라고 할 수 있는 뉴 웨이브 음악이었다. 폴리스는 1977년 데뷔 싱글 〈Fall out〉을 냈고 1978년에는 데뷔 앨범 「Outlandos D'Amour」를 발표했는데, 이 앨범은 이제 펑크의 시대가 가고 뉴 웨이브의 시대가 도래했음을 선언한 포고문이었다. 앤디 서머스가 스타카토 레게 주법을 바탕으로 견고한 비트를 만들어낸 〈Roxanne〉와 〈Can't Stand Losing You〉 등의 히트곡이 담긴 「Outlandos D'Amour」는 팝과 록은 물론 재즈와 월드뮤직까지를 폭넓게 아우르는 폴리스표 뉴 웨이브의 모범답안을 제시했다.

이듬해 발표된 「Reggatta De Blanc」와 1980년 앨범 「Zenyatta

폴리스 멤버들과의 우정은 시간이 흐른 지금까지도 계속 이어지고 있다.

Mondatta」, 그리고 1981년 앨범 「Ghost in the Machine」까지 폴리스는 거푸 UK 앨범차트 정상을 정복했다. 싱글차트에서도 〈Message in a Bottle〉 〈Don't Stand So Close to Me〉 〈Every Little Thing She Does Is Magic〉 등을 연속해서 1위에 올려놓았다.

그리고 1983년 마침내 폴리스의 최고작이자 1980년대 초반 뉴 웨이브 씬의 최고 명반으로 꼽히는 「Synchronicity」가 나왔다. 앨범은 순식간에 800만 장이 넘게 팔려나가며 영미 앨범차트에서 공히 1위에 올랐고, 수록곡 〈Every Breath You Take〉는 8주간 빌보드 싱글차트 정상에 머무르며 뉴 웨이브 최고의 히트곡이 되었다. 그 해 8월 뉴욕 쉐어 스타디움에서 펼쳐진 폴리스의 공연이 1980년대 초반 뉴 웨이브 씬의 최고

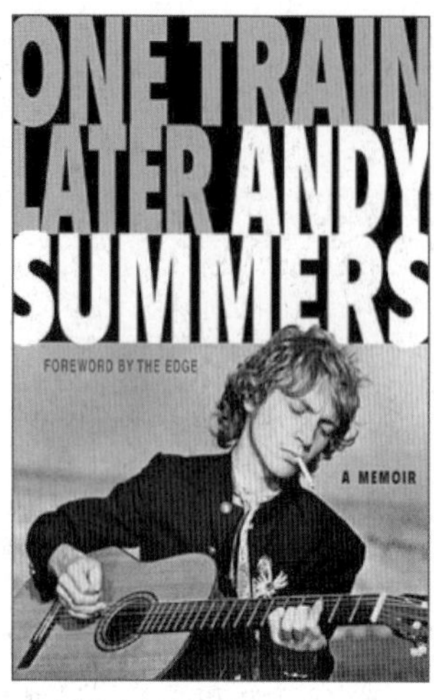

2006년 발간한 자서전 『One Train Later』

하이라이트였음은 물론이다.

절정의 순간 끝이 찾아왔다. 1984년 초 폴리스가 7년간의 활동을 뒤로 하고 전격 해산하자 앤디 서머스는 솔로 활동을 모색했다. 솔로 데뷔작인 「XYZ」는 1987년에 나왔다. 「XYZ」는 그리 큰 반향을 얻지 못했지만 차기작인 「Mysterious Barricades」(1988)부터는 재즈와 뉴에이지의 영향을 받은 특별한 감수성과 구성으로 주목받기 시작했다.

그는 솔로 활동에서는 보컬보다는 연주에 방점을 찍은 작품들을 많이 발표했다. 1987년 앤디 서머스는 스팅의 「Nothing Like the Sun」 앨범에 참여해 둘 사이의 우정을 확인시켜 주었다. 1995년 앨범 「Synaethesia」와 1997년 앨범 「The Last Dance of Mr. X」는 그가 다시 한 번 걸출한 록 기타리스트로서의 역량을 떨친 앨범이다.

이후 그는 로버트 프립, 존 에더리지John Etheridge, 벤자민 베르데리Benjamin Verdery를 비롯한 많은 뮤지션들과 장르를 가리지 않는 활발한 공동작업을 수행했다. 그 가운데 로버트 프립과 함께 한 작업들에서는 이전과는 전혀 다르게 프로그레시브한 연주를 들려주었는가 하면 퓨전 재즈를 지향한 연주도 자주 선보였다. 이밖에 1998년 브라질 출신의 기타 비르투오소 빅토르 비글리오네Victor Biglione와 함께 한 앨범 「Strings of Desire」와 1999년 델로니어스 몽크Thelonious Monk, 1917~1982의 음악을 재해석한 앨범 「Green Chimneys : Music of Thelonious Monk」도 주목할 만한 앨범인데, 「Green Chimneys : Music of Thelonious Monk」에는 스팅이 참여해 〈Round Midnight〉을 불러주었다.

록에 레게를 도입한 선구적 존재

앤디 서머스는 1980년대의 가장 영향력 있는 리듬 기타리스트 가운데 한 명으로 팝과 레게, 재즈와 R&B를 두루 아우르는 창조적 구성으로 높은 평가를 받았다. 특히 그는 록에 레게를 도입한 레게 록 기타의 선구적 존재로 인식되기도 한다.

그는 코러스와 에코 이펙트를 즐겨 사용하며 아르페지오 코드 패턴도 자주 구사한다. 앤디 서머스는 리듬 기타리스트로서의 성향이 강해서 대부분의 곡에서 긴 솔로를 연주하지 않는다. 하지만 아주 가끔씩은 뛰어난 솔로 연주를 들려주기도 하는데, 「Outlandos D'Amour」 앨범의 수록곡 〈Peanuts〉가 그의 솔로 실력을 확인할 수 있는 대표곡으로 꼽힌다.

앤디 서머스는 펜더 텔레캐스터와 스트라토캐스터, 깁슨 ES-335와 레스 폴 등 여러 기종의 기타를 폭넓게 사용한다. 1980년대의 다른 많은 기타리스트들이 그러하듯 기타 신디사이저도 즐겨 쓰는데, 롤랜드 G-303 기타 신디사이저 컨트롤러가 그가 가장 즐겨 사용한 장비이다. 앰프로는 마샬 스택과 롤랜드 재즈 코러스 콤보를 주로 사용한다.

폴리스의 동료였던 스팅이 그러했듯 앤디 서머스는 록 기타리스트로서는 가장 강한 재즈적 경향을 가진 기타리스트였다. 폴리스 시절 앤디 서머스는 〈Regatta de Blanc〉(1979)와 〈Behind My Camel〉(1980)로 2년 연속 그래미 베스트 록 인스트루멘털 퍼포먼스 부문을 수상한 것을 비롯해 총 다섯 개의 그래미 트로피를 수확했다.

그는 1984년부터 1988년까지 5년 연속으로 「기타 플레이어」가 선정한 올해의 베스트 팝 기타리스트에 선정되었으며, 기타리스트 명예의 전당에도 헌액되었다. 2003년에는 폴리스의 멤버로서 록큰롤 명예의 전당에도 이름을 올렸다.

그는 글 솜씨도 훌륭해서 2006년 발간한 자서전 『One Train Later』는 그 해 「모조」 잡지에 의해 올해의 음악책으로 선정되기도 했다.

2007년에 폴리스는 그래미 시상식에서 펼친 재결합 공연을 통해 다시 뭉쳤다. 앤디 서머스도 물론 폴리스의 멤버로 귀환했다.

The Only One :
「Synchronocity」(1983)

클랩튼 키드가 들려주는 저릿한 블루스

폴 코소프

Paul Kossoff, 영국, 1950~1976

스물다섯 살의 젊은 나이에 요절한 폴 코소프는 대중적으로 크게 인기 있었던 기타리스트라고 할 수는 없지만 그 실력에 있어서만큼은 누구나 인정하는 기타리스트였다. 그는 1960년대 후반의 대세였던 블루스 록 분야의 수많은 기타리스트들 중에서도 가장 돋보이는 기타리스트 가운데 한 명이었다. 당대의 많은 블루스 기타리스트들의 영향을 폭넓게 흡수했지만 그 중에서도 특히 블루스브레이커스 시절의 에릭 클랩튼에게 가장 큰 영향을 받았다.

폴 코소프는 2003년 「롤링 스톤」이 선정한 '역사상 가장 위대한 기타리스트 100' 순위에서 51위에 선정되었고, 「토털 기타」의 순위에서는 60위에 올랐다.

만개하지 못한 재능

1950년 영국 런던의 햄프스테드에서 태어난 폴 코소프는 십대 초반부

폴 코소프

터 기타를 치기 시작해 세션 기타리스트 콜린 팔코너Colin Falconer로부터 본격적으로 기타를 배웠고, 열다섯 살 때는 콜린의 도움을 받아 블랙 캣 본스Black Cat Bones라는 밴드를 결성했다. 밴드는 블루스 피아노 연주자 챔피언 잭 듀프리Champion Jack Dupree와 함께 투어를 다녔는데, 이 때 블루스 록계의 거장 피터 그린과 그가 출범시킨 밴드 플리트우드 맥과도 자주 함께 공연했다. 이런 시간을 거쳐 폴 코소프는 많은 블루스 연주자들과 교류하면서 자연스럽게 블루스에 기반한 연주 스타일을 갖게 되었다.

그런데 이 때 블랙 캣 본스의 멤버 중에는 사이몬 커크Simon Kirke가 드러머로 있었다. 1968년 폴 코소프와 사이몬 커크는 폴 로저스(보컬)와 앤디 프레이저베이스, Andy Fraser를 끌어들여 밴드 프리Free를 결성했다.

영국 블루스 록계의 대부 알렉시스 코너가 밴드명을 붙여준 '프리'

밴드명 '프리'는 당시 영국 블루스 록계의 대부격인 알렉시스 코너Alexis Korner, 1928~1984가 붙여준 이름이었다.

프리는 1968년 데뷔 앨범 「Tons of Sobs」와 1969년 2집 「Free」를 연이어 발표했다. 블루스와 소울 등 흑인음악에 영향 받은 음악들로 채워진 이들 앨범들은 나쁘지 않은 평가를 얻었지만 대중적인 인기를 끌지는 못했다.

프리의 성공은 1970년작 「Fire and Water」와 함께 찾아왔다. 앨범은 미국 빌보드 앨범차트 17위까지 올랐고 UK 앨범차트에서는 2위를 차지했다. 수록곡 가운데 〈All Right Now〉는 빌보드 싱글차트 4위, UK 싱글차트 2위를 차지하는 히트를 기록하기도 했다. 이 곡에서는 특히 폴 코소프의 기타 연주가 돋보이는데, 그는 인트로의 파워 코드 리프와 중반부의 상당히 긴 솔로 연주를 통해 특유의 멜로디컬한 진행과 뛰어난 해머링-온, 비브라토 기법을 보여주었다.

인기 밴드로 떠오른 프리는 와이트 섬 페스티벌에 출연해 평단과 대중의 찬사를 이끌어냈고, 이어 영국과 유럽, 일본으로 이어진 월드투어

폴 코소프는 십대 시절 존 메이올스 블루스브레이커스의 라이브 공연에서 에릭 클랩튼을 본 후 낡은 깁슨 레스 폴을 산 이래로 죽을 때까지 깁슨 레스 폴만 고수했다.

역시 대성황을 이루며 마무리되었다.

하지만 밴드의 시간은 정점을 지나가고 있었다. 1970년 발표한 4집 「Highway」를 끝으로 프리는 사실상 해산모드로 접어들었으며 1970년 공연실황 중에 녹음되어 1971년 발표한 라이브 앨범 「Free Live!」를 끝으로 결국 해산했다. 폴 코소프의 격정적인 연주와 절정기에 이른 밴드의 호흡이 조화를 이룬 앨범 「Free Live!」는 라이브의 진수를 보여주는 앨범으로 평가받는다.

1972년 폴 코소프는 재결성된 프리와 함께 돌아왔지만 결과는 만족스럽지 못했다. 그해 발표한 앨범 「Free at Last」는 아쉽게도 전작만큼의 성과를 거두지 못했고, 1973년 앨범 「Heartbreaker」가 발표된 것은 프리가 또다시 해체를 맞이한 후였다. 1973년에 폴 코소프는 자신의 첫 번째 솔로 앨범 「Back Street Crawler」를 발표했지만 심각한 약물중독으로 인해 건강에 적신호가 켜지면서 한동안 무대를 떠나야만 했다.

1975년에 밴드 백 스트리트 크롤러Back Street Crawler를 이끌고 돌아온 폴 코소프는 앨범 「The Band Plays on」을 발표하고 대대적인 투어를 통해 재기를 꿈꿨지만 계획되었던 투어는 완결을 보지 못했다. 폴 코소프는 1976년 봄, 로스앤젤리스를 출발해 뉴욕으로 향했던 비행기 안에서 약물로 인한 심장발작을 일으켜 갑작스런 죽음을 맞았다.

폴 코소프의 말년은 행복하지 못했다. 약물문제가 계속해서 그를 괴롭혔고 프리 해산 이후 폴 로저스와 사이몬 커크가 자신을 배제한 채 배드 컴퍼니를 결성해 활동한 것도 그의 마음을 상하게 했다.

떨림의 폭과 깊이에서 타의 추종을 불허하는 비브라토 주법

폴 코소프는 매우 공격적이면서도 잘 정제된 스타일의 연주를 들려주는 블루스 록 기타리스트이다. 그는 블루노트 스케일의 솔로를 주로 연주했는데, 그의 연주는 언제나 아주 열정적이었으며 피를 토하는 듯한 격정으로 가득 차 있었다. 표정 하나하나 동작 하나하나가 그가 혼신의 힘을 다 하고 있음을 여실히 보여주었다.

그가 보여준 여러 테크닉 중에서도 특히 비브라토 주법이 폴 코소프의 주종목으로 통한다. 그의 비브라토 연주는 그 떨림의 폭과 깊이에서 타의 추종을 불허한다. 〈All Right Now〉 이외에 그의 빼어난 기타 연주를 확인할 수 있는 대표곡으로는 사이키델릭한 사운드가 도어스를 연상시키는 〈Mr. Big〉과 블루스 필이 가득한 끈끈한 연주를 들려주는 〈Be My Friend〉를 꼽을 수 있다.

프리의 전기 『Heavy Load』의 커버

폴 코소프는 십대 시절 존 메이욜스 블루스브레이커스의 라이브 공연에서 에릭 클랩튼을 본 후 자신의 첫 기타를 샀다. 아주 낡은 깁슨 레스 폴 기타였다. 결국 그는 죽을 때까지 깁슨 레스 폴 기타를 쳤다.

사람들은 그의 죽음을 아쉬워했다. 사후에 데모 녹음과 미발표 음원 등을 담은 많은 음반들이 발매되었으며 그룹 프리의 전기 『Heavy Load』가 출간되기도 했다. 〈Heavy Lord〉는 원래 프리가 발표했던 노래의 제목이다.

약물중독으로 아들을 잃은 아버지의 선택은 아들의 비극이 되풀이되지 않도록 하는 것이었다. 폴 코소프의 아버지 데이비드 코소프David Kossoff는 아들의 죽음 이후 폴 코소프 재단을 설립하고 약물중독으로 고생하는 아이들을 위한 자선사업을 하는데 평생을 헌신했다.

The Only One :
「Fire and Water」(1970)

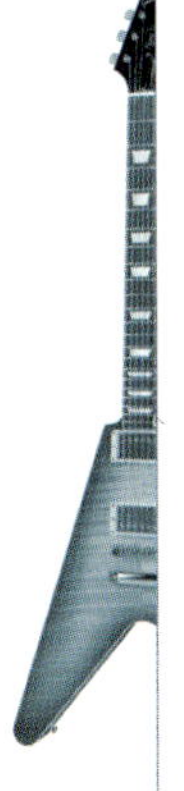

지옥에서 온 아이언 맨

토니 아이오미

Tony Iommi, 영국, 1948~

하드 록과 헤비메탈의 경계는 사실 애매하다. 그래서 많은 이견이 있지만 현재까지 정답은 없다. 하드 록의 양대 산맥이라는 레드 제플린과 딥 퍼플이 모두 헤비메탈의 요소를 지니고 있었고 레드 제플린의 전신격인 야드버즈도 마찬가지였다. 또 누군가는 비틀스의 〈Helter Skelter〉가 최초의 헤비메탈 곡이라고 하고 다른 이는 킹크스를 원조라고 말한다. 1980년대의 메탈 히어로 반 헤일런은 킹크스의 〈You Really Got Me〉를 리메이크해 이 주장에 은근히 힘을 실어주기도 했다. 이밖에도 크림, Who, 지미 헨드릭스, 블루 치어Blue Cheer 등 많은 뮤지션과 밴드들이 언급되어지며, 헤비메탈이라는 용어를 처음 사용한 밴드로는 블루 오이스터 컬트Blue Oyster Cult가 지목되기도 한다.

거기에 대해선 딱히 답을 제시할 수 없지만 그와는 별개로 하드 록에서 헤비메탈로 넘어가던 그 시기에 반드시 중요하게 기억해야 할 밴드로 블랙 사바스Black Sabbath가 있다.

토니 아이오미

1970년 2월 13일 금요일, 의도적으로 13일의 금요일을 선택해 데뷔 앨범 「Black Sabbath」를 발표하고 세상에 나온 블랙 사바스, 그들이 표방한 악마주의와 어두운 카리스마는 헤비메탈의 상징 그 자체였다. 블랙 사바스 음악의 중심에는 괴기스러운 보컬리스트 오지 오스본Ozzy Osbourne과 사악한 가사를 써내던 베이시스트 기저 버틀러Geezer Butler, 그리고 더없이 묵직한 사운드로 어둠을 창조하던 기타리스트 토니 아이오미가 있었다.

토니 아이오미가 헤비메탈 기타의 흐름에 가장 큰 영향을 끼친 인물 가운데 하나라는 사실에는 의문의 여지가 없다. 특히 올 뮤직 가이드는 그를 지미 페이지와 함께 헤비메탈의 강력한 리프를 만들어낸 단 두 명의 기타리스트로 꼽고 있다. 그는 2004년 「기타 월드」가 선정한 '역

블랙 사바스

사상 가장 위대한 메탈 기타리스트 100' 순위에서 당당히 1위에 랭크되었으며, 2011년 「롤링 스톤」이 발표한 '역사상 가장 위대한 기타리스트 100' 순위에서는 25위에 이름을 올렸다.

오스본의 블랙 사바스인가, 아이오미의 블랙 사바스인가

토니 아이오미는 1948년 영국 버밍햄에서 이탈리아 이민자의 아들로 태어났다. 어려서부터 공장 노동자로 일했는데 열일곱 살 때 사고로 오른손 중지와 검지의 첫 마디를 잃는 큰 부상을 당했다. 쉐도우스의 행크 마빈을 흉내내며 왼손잡이 기타를 쳤던 그는 사고 이후 어쩔 수 없이 오른손잡이 기타로 전향하려 했지만 쉽지 않았다. 포기를 고민하던 순간에 힘이 된 것은 전설적인 재즈 기타리스트 장고 라인하르트였다. 그는 어려서 화상을 입어 손가락 두 개를 잃었지만 각고의 노력 끝에 자신만의 투 핑거 주법을 개발해 위대한 기타리스트가 되었던 입지전적 인물이다.

토니 아이오미는 다시 왼손잡이 기타리스트로 돌아왔다. 그는 잘려진 손가락에 골무를 끼우고 연습을 거듭해 치명적인 핸디캡을 이겨내고 마침내 최고의 헤비메탈 기타리스트로 우뚝 섰다.

오지 오스본과
토니 아이오미

토니 아이오미는 블랙 사바스 이전 몇 개의 블루스 록 밴드를 거치며 빌 워드Bill Ward, 기저 버틀러, 오지 오스본 등 훗날 블랙 사바스의 동료가 될 뮤지션들을 만났다. 1968년에는 아주 잠깐이지만 제스로 툴에 몸담기도 했다. 블랙 사바스의 전신은 블루스 록 밴드 어스Earth이다. 토니 아이오미는 제스로 툴 시절 아트 록의 유장함을 습득했고 어스를 통해 블루스와 흑인음악을 흡수했는데, 이것은 그의 연주력이 성장하는 굳건한 토대가 되었다. 1969년 말 어스는 블랙 사바스로 이름을 바꾸었다.

블랙 사바스와 토니 아이오미의 활약은 1970년대에 집중된다. 데뷔 앨범 「Black Sabbath」의 수록곡 〈Black Sabbath〉에서 음습한 빗소리의 효과음을 뚫고 돌진해 오는 공격적인 기타 리프는 긴장감과 해방감을 동시에 선사한다. 초기 토니 아이오미는 정상적인 튜닝을 썼지만 1971년작 「Master of Reality」부터는 키를 E에서 C#으로 낮추는 다운 튜닝을 썼다. 부상으로 인한 핸디캡 때문에 기타 줄의 텐션을 낮추기 위해서였다. 당연히 베이시스트인 기저 버틀러도 튜닝을 기타에 맞추었는데, 여기서 나오는 묵직한 저음현 사운드는 블랙 사바스 음악의 핵심적 요소가 되었으며 다운 튜닝은 이후 헤비메탈 기타의 주요 기법 가운데 하나가 되었다.

2집 「Paranoid」의 동명 타이틀곡인 〈Paranoid〉는 헤비메탈 기타의 마스터피스로 꼽힌다. 이 곡에서 토니 아이오미가 들려주는 묵직한 저음 리프와 퍼지 톤의 기타 솔로는 당대의 헤비메탈을 정의한 지침서였다. 이 곡 이외에도 「Paranoid」는 인상적인 리프들이 앨범 곳곳에서 번뜩이는 수작인데, 또 하나의 명곡 〈Iron Man〉도 여기에 수록되어 있다. 이 곡에서 토니 아이오미가 만들어내는 리프와 멜로디 전개는 최고라는 찬사를 받았다. 그렇다. 그는 멜로디를 만들어내는 데에도 탁월한 능력을 지닌 기타리스트이다.

이밖에도 국내에서 특히 사랑받은 발라드 〈Changes〉가 수록된 「Black Sabbath, Vol.4」(1972)와 「Sabbath Bloody Sabbath」(1973), 〈She's Gone〉이 수록된 「Technical Ecstasy」(1976)에 이르기까지 블랙 사바스가 1970년대 발표한 앨범들은 모두가 헤비메탈의 역사에 중요하게 기록된 고전들이다.

오지 오스본 탈퇴 이후의 대표곡으로는 로니 제임스 디오가 보컬을 맡았던 앨범 「Heaven and Hell」(1980)의 동명 타이틀곡 〈Heaven and Hell〉과 이언 길런 시절인 「Born Again」(1983)의 수록곡 〈Trashed〉, 그리고 코지 파웰이 드러머로 참여했던 「Headless Cross」(1989)의 수록곡 〈Headless Cross〉 등이 꼽힌다.

블랙 사바스의 전성기는 역시 1970년대로 마감되었다는 의견이 지배적이다. 당시 블랙 사바스의 얼굴은 오지 오스본이었지만 음악적 중심은 토니 아이오미라는 데에도 다수가 동의한다. 1979년 오지 오스본이 탈퇴한 이후에도 토니 아이오미는 굳건하게 블랙 사바스를 지켰다. 로니 제임스 디오, 이언 길런 등 다른 많은 뛰어난 보컬리스트들을 영입해 보았어도 오지 오스본 재적시의 영광을 재현할 수는 없었지만 말이다. 토니 아이오미와 블랙 사바스에게는 오지 오스본의 괴기스러운 목소리가 필요했다. 하긴 오지 오스본 역시 항상 토니 아이오미에 필적할 기타리스트를 찾으려 했으니 둘은 이별하지 않는 것이 나을 뻔 했다.

헤비메탈 기타계의 상징적 존재

토니 아이오미는 솔로 활동을 겸했지만 역시 그는 블랙 사바스와 함께 기억되어야 마땅한 인물이다. 토니 아이오미의 기타는 블루스에 기반한 멜로디가 살아있는 솔로와 다운 튜닝으로 만들어내는 어둡고 무거운 리프의 양날을 지니고 있다. 솔로시에는 멜로디를 강조하기 위해 피킹보다는 핑거링을 선호한다. 사운드 면에서는 디스토션을 잔뜩 걸고 앰프와 페달 이펙트도 폭넓게 활용한다.

그의 주력 기타는 깁슨 SG 모델이다. 그는 깁슨 SG의 여러 모델을 사용한다. 제이 디 커스텀 SG 모델도 그가 애용하는 기타이다.

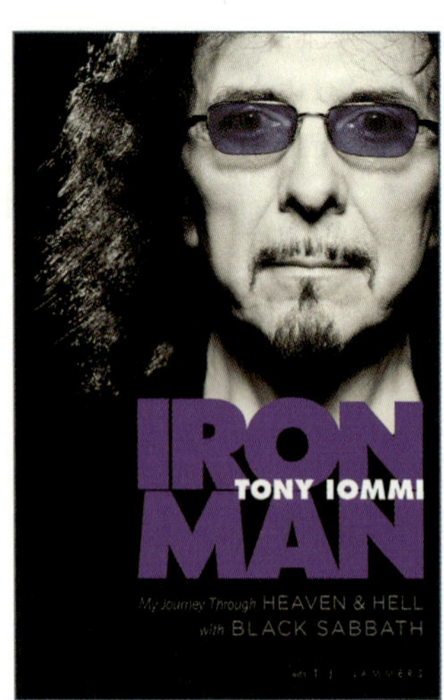

토니 아이오미의 자서전 『Iron Man』

블랙 사바스는 헤비메탈의 교과서이자 클래식이다. 40년이 넘는 세월 동안 블랙 사바스의 역사는 헤비메탈의 역사와 그 궤를 같이 해 왔다. 특히 둠 메탈, 스래시 메탈, 데스 메탈 등의 하위 장르는 블랙 사바스의 분명한 영향권 아래에 있다. 검은색 가죽옷을 입고 목에는 번쩍이는 십자가 목걸이를 두르고 레이니 앰프의 거대한 벽 앞에서 토니 아이오미가 뿜어내는 활화산 같은 기타는 헤비메탈의 역사가 반드시 기록으로 남겨야 할 상징적인 장면이다.

2011년 토니 아이오미는 자서전을 출판했다. 자서전의 제목은 『Iron Man : My Journey Heaven and Hell with Black Sabbath』이다. 그에게 정말 잘 어울리는 제목이다.

The Only One :
「Paranoid」(1970)

하늘대장장이들, 미국 록음악계를 평정하다

조 페리

Joe Perry, 미국, 1950~

'하늘대장장이'란 이름의 밴드가 있다. 특이한 이름을 가진 밴드는 많지만 하늘대장장이, 에어로스미스Aerosmith 만큼 멋스러운 이름도 없지 않을까 싶다. 그리스 신화에 나오는 불과 대장간의 신 헤파이스토스를 연상시키는 이름을 가진 밴드 에어로스미스는 멋진 이름만큼이나 오랜 세월 미국 록의 자존심을 지켜온 아메리칸 하드 록의 산증인이다.

에어로스미스 음악의 키포인트는 보컬리스트 스티븐 타일러Steven Tyler와 기타리스트 조 페리이다. 조 페리는 멤버간의 불화로 잠깐 에어로스미스를 떠났던 1980년대 초반 몇 년을 제외하고는 줄곧 밴드의 기타리스트로 중추적인 역할을 담당해 왔다. 그가 없었던 그 몇 년이 밴드에게 최악의 침체기였다는 사실은 조 페리가 에어로스미스에게 있어 얼마나 중요한 인물이었나를 역설적으로 입증한다.

1998년 영화 〈아마겟돈〉의 주제곡이었던 에어로스미스의 〈I Don't Want to Miss a Thing〉이 빌보드 싱글차트 1위에 올랐을 때 사람들은

조 페리

깜짝 놀랐다. 다름이 아니라 그 곡이 에어로스미스의 첫 번째 싱글차트 1위곡이라는 의외의 사실 때문이었다. 통상의 생각으로는 에어로스미스는 벌써 여러 곡의 넘버원 곡을 보유하고 있어야 했다. 그들은 30년 가까이 미국 록계를 이끌어온 선두주자로 사람들의 머릿속에서는 이미 오랫동안 정상에 있었기 때문이다.

롤링 스톤스의 아류라는 오명

조 페리는 1950년 미국 매사추세츠주 로렌스에서 태어났다. 아버지는 포르투갈계, 어머니는 이탈리아계 혈통이었다. 1960년대 후반 조 페리는 베이시스트 톰 해밀턴Tom Hamilton과 함께 잼 밴드The Jam Band를 결성해 활동하고 있었다. 1969년 이들은 지역의 록 쇼에서 스티븐 타일러를 만났고 세 사람이 한데 뭉치면서 에어로스미스의 역사는 시작되었다. 밴드는 드러머 조이 크레이머Joey Kramer와 기타리스트 브래드 위트포드Brad Whitford를 보강해 5인조의 라인업을 완성하고 2년여의 준비 끝에 1973년 그룹 동명 데뷔 앨범 「Aerosmith」를 발표했다. 데뷔 싱글은 〈Dream on〉이었다. 〈Dream on〉은 처음 발표 당시에는 별다른 관심을 끌지 못했지만 1976년 재발매되어 많은 사랑을 받았다.

1974년 2집 「Get Your Wings」를 발표하고 펼친 대규모 전미 투어로 인기의 발판을 다진 후에 내놓은 3집 「Toys in the Attic」(1975)은 밴드 최초로 플래티넘을 기록하며 에어로스미스를 인기 밴드의 반열에 올려놓았다.

초창기 에어로스미스는 롤링 스톤스의 아류라는 혹평에 시달렸다. 거친 음악적 스타일도 비슷했고 무엇보다 입 큰 개구리라는 별명으로 불린 프런트맨 스티븐 타일러가 목소리와 용모 그리고 제스처 등 여러 면에서 믹 재거와 유사한 측면이 많았기 때문이다. 하지만 「Toys in the Attic」과 이어진 앨범 「Rocks」(1976)의 연이은 성공으로 에어로스미스는 롤링 스톤스의 아류라는 그림자를 벗고 1970년대 후반 키스Kiss와 함께 아메리칸 하드 록의 양대 산맥으로 군림하기 시작했다. 「Rocks」는 빌보드 앨범차트 3위까지 올라갔고 「Toys in the Attic」은 현재까지 미국에서만 800만 장 이상이 팔려나가며 에어로스미스의 앨범 가운데 최

고 성적을 기록하고 있다.

성공을 이어가던 밴드는 1979년 조 페리가 스티븐 타일러와의 불화로 밴드를 이탈하면서 위기를 맞았다. 조 페리가 없는 에어로스미스는 날개가 꺾인 새였다. 한편 조 페리의 새로운 밴드인 조 페리 프로젝트The Joe Perry Project의 성과도 지지부진하긴 마찬가지였으므로 이들은 서로의 필요성을 확인하고 다시 뭉치게 되었다. 1984년 조 페리는 에어로스미스로 복귀했고 그와 동시에 밴드는 제2의 전성기를 열었다.

1986년 런 디엠시Run DMC가 에어로스미스의 〈Walk This Way〉에 랩을 결합해 리메이크하면서 록과 랩이 처음 만나는 역사적 순간이 연출되었다. 조 페리와 스티븐 타일러는 그 역사적 순간에 동참해 기타를 치고

호랑이 줄무늬 바디의 역동적인 디자인이 돋보이는 조 페리의 시그너처 레스 폴 모델

노래를 불렀다.

1987년에 발표한 앨범 「Permanent Vacation」은 아메리칸 록의 맹주가 돌아왔음을 알린 일성이었다. 〈Magic Touch〉와 〈Rag Doll〉에서 들려준 조 페리의 리프는 뛰어난 것이었고 애절한 발라드 〈Angel〉은 싱글차트에서도 크게 히트했다. 역시 커다란 성공을 거둔 1989년 앨범 「Pump」를 지나 1993년 「Get a Grip」이 마침내 빌보드 앨범차트 1위를 차지하면서 에어로스미스는 드디어 오매불망 바라던 정상에 깃발을 꽂았다.

소속사가 게펜에서 콜롬비아 레코드로 바뀌는 변화를 겪으면서 4년의 공백 끝에 1997년 발표한 앨범 「Nine Lives」 역시 정상의 자리를 고수했다. 에어로스미스는 이 앨범의 수록곡 〈Pink〉로 네 번째 그래미 트로피를 수확하기도 했다. 그리고 1998년 마침내 〈I Don't Want to Miss a Thing〉이 4주간 빌보드 싱글차트 1위에 오르면서 에어로스미스는 그룹 결성 28년, 데뷔 25년 만에 싱글차트 정상을 차지하는 감격적 순간을 맞이했다. 이 노래가 삽입된 영화 [아마겟돈]의 여주인공이 스티븐 타일러의 딸 리브 타일러Liv Tyler였던 것도 특별한 감상을 더해주었다.

아메리칸 하드 록의 맹주

에어로스미스의 음악은 아메리칸 하드 록이다. 그리고 아메리칸 하드 록의 뿌리는 블루스이다. 에어로스미스는 블루스를 근간으로 탄탄하고 터프한 리프를 더해 곡의 뼈대를 만든다. 밴드의 사운드를 형성하는 핵심인 조 페리의 기타 연주 역시 1930~40년대 블루스 기타리스트들의 압도적인 영향 아래 1950년대 록큰롤 기타의 스타일을 일부 수용해 완성되었다. 그의 기타는 파워풀한 리프를 기본으로 리듬 백킹에 충실하며 전체적으로는 투박한 느낌을 준다. 솔로시에는 블루노트 펜타토닉 스케일을 주로 사용한다.

에어로스미스와 조 페리의 음악적 뿌리가 가장 확실하게 드러나는 작품으로는 2004년 앨범 「Honkin' on Bobo」가 있다. 이 앨범에서 이들은 윌리 딕슨, 소니 보이 윌리엄슨, 프레드 맥도웰Fred McDowell, 1904~1972 등 전설적인 블루스 명인들의 명곡들을 리메이크하면서 원곡보다 더 파워풀하고 그루브한 숨결을 불어넣었다. 조 페리는 앨범 전반에서 예의 짧지만 강력한 리프와 블루스 필 가득한 솔로 어레인지를 선보이고 있다. 블루스 그리고 록큰롤, 그 합은 아메리칸 하드 록이며 에어로스미스는 이제 관록에 빛나면서도 여전히 패기를 잃지 않는 아메리칸 하드 록의 대표주자가 되어있다.

조 페리는 깁슨 레스 폴 기타의 추종자로 알려져 있다. 그는 레스 폴 주니어와 레스 폴 스탠더드, 레스 폴 커스텀 등 깁슨 레스 폴 계열의 다양한 기종의 기타를 두루 사용한다. 깁슨이 만든 조 페리 시그너처 레스 폴 기타는 초기 모델은 전체적으로 검은색으로 마감되어 묵직하고 웅장한 느낌을 주었지만 후에 호랑이 줄무늬 바디의 역동적인 디자인으로 바뀌었다. 그러나 조 페리는 깁슨 기타만을 고집하는 것은 아니며 종종 펜더 스트라토캐스터를 연주하기도 한다.

조 페리는 피터 그린과 제프 벡을 자신이 크게 영향 받은 대표적인 기타리스트로 꼽는다. 물론 그들 역시 블루스에 기반한 기타리스트들이다. 조 페리의 영향을 받은 후배들로는 건스 앤 로지스의 슬래쉬가 대표 인물로 꼽히며 이밖에 많은 1980년대의 헤비메탈 기타리스트들과 1990년대의 그런지 록 기타리스트들이 그로부터 영향을 받았다. 조 페리는 2001년 에어로스미스의 일원으로 록큰롤 명예의 전당에 헌액되었다.

The Only One :
「Permanent Vacation」(1987)

현란한 기교를 버리고 평크의 원형으로 돌아가라

조니 라몬
Johnny Ramone, 미국, 1948~2004

펑크 록 기타리스트가 기량이 뛰어난 연주자로 뽑히기는 어렵다. 펑크의 정신이 누구나 음악을 할 수 있다. 그러니 '스스로 해라'(Do it yourself)이고 그를 실현하기 위해 음악은 최대한 쉽게 쓰리코드주의를 지향하고 있으니 펑크 록에 있어 연주 기량이라는 것은 길러야 할 것이 아니라 버려야 할 것이기 때문이다.

단적인 예로 펑크 록의 전설적 그룹 섹스 피스톨스Sex Pistols가 초기 베이시스트였던 글렌 매틀록Glen Matlock을 해고한 이유는 그가 비틀스를 좋아하고 연주를 너무 잘 한다는 것이었다. 후임으로 시드 비셔스Sid Vicious, 1957~1979를 선택한 이유 역시 그의 연주 실력이 형편없었기 때문이라고 알려져 있다. 그것이 펑크의 정신이다.

그런 의미에서 뉴욕 출신의 펑크록 그룹 라몬스Ramones의 기타리스트 조니 라몬이 2011년 「롤링 스톤」이 선정한 '역사상 가장 위대한 기타리스트 100' 순위에서 28위(2003년 같은 순위에서는 16위를 차지했다),

조니 라몬

'www.guitar.com' 순위에서 29위에 오른 것을 비롯해 각종 조사에서 상위권에 이름을 올리고 있는 것은 대단히 이례적인 일이다.

또 하나 재미있는 사실은 그룹 라몬스에 관한 것이다. 라몬스의 멤버 네 명은 모두 '라몬'이라는 페밀리 네임을 사용하고 있지만 사실 이들은 가족이나 형제가 아니다. 이들은 실제로는 친구 사이였지만 라몬스를 결성하면서 모두 성을 아예 라몬으로 바꿔 예명으로 사용했다. 그리하여 많은 사람들이 라몬스를 가족그룹으로 착각하게 되었다는 얘기다. 조니 라몬 역시 본명은 존 윌리엄스 커밍스John Williams Cummings로 라몬 가문과는 아무 상관이 없다.

22년 동안 2,263회의 공연

조니 라몬은 1948년 미국 뉴욕 롱 아일랜드에서 태어나 뉴욕 퀸스 포레스트 힐스에서 자라면서 록 음악에 심취했다. 영원한 뉴요커 빌리 조엘은 〈New York State of Mind〉를 노래했지만 조니 라몬에게도 뉴욕은 영원한 마음의 고향이다. 그는 평생 메이저리그 뉴욕 양키스의 광팬이었다. 십대 시절 탠저린 퍼페츠Tangerine Puppets라는 밴드에서 연주할 때 훗날 라몬스의 드러머가 되는 토미 라몬Tommy Ramone을 처음 만났고, 1970년대 초반에는 세탁소의 배달원으로 일하던 중 디 디 라몬Dee Dee Ramone, 1951~2002(라몬스의 베이시스트)을 만나 음악에 대해 많은 대화를 나누었다. 둘 다 스투지스The Stooges

라몬스

라몬스는 1996년 롤라팔루자 뮤직 페스티벌을 끝으로 해산했는데 이때까지 22년 동안 무려 2,263회의 공연을 펼쳤다.

와 MC5의 열렬한 팬이었으므로 두 사람은 쉽게 의기투합할 수 있었다.

펑크 록 그룹 라몬스는 1974년 뉴욕 퀸스에서 결성되었다. 펑크의 폭발은 1970년대 후반 영국 런던에서 일어났지만 그 맹아는 그 이전에 이미 미국 뉴욕에서 싹트고 있었다. 라몬스는 그 핵심적인 밴드였다. 상업적으로 큰 성공을 거두지는 못했지만 라몬스는 영국과 미국 양국을 통틀어 펑크 록 씬의 발화에 가장 큰 영향을 끼친 밴드이다.

1975년 데뷔할 때부터 당대의 록 씬에 일대 충격을 가했던 이들은 거의 모든 곡을 2분 남짓에 마무리 짓는 단순명료함의 극치를 보여주었다. 그것은 펑크의 원형질과도 같은 것이었다. 이들의 앨범은 짧은 곡들이 마치 계주경기에서 바통을 이어받듯 메들리처럼 연결되면서 시원스런 질주감을 선사한다. 차트상에서 두각을 보인 변변한 히트곡도 없지만 그것은 중요하지 않다.

라몬스는 1996년 롤라팔루자 뮤직 페스티벌을 끝으로 해산했는데 이때까지 22년 동안 무려 2,263회의 공연을 펼쳤다. 라몬스는 2002년 「스핀」이 선정한 역사상 가장 위대한 밴드 순위에서 2위에 올랐는데 1위는 비틀스였다. '새로운 사조를 만든 뮤지션'이라는 설명이 붙은 순위이긴

했지만 롤링 스톤스나 레드 제플린보다도 높은 평가를 받은 셈이다. 불행히도 1996년 해산 이후 8년 사이에 밴드의 창단 멤버 네 명 가운데 조이 라몬, 디디 라몬, 조니 라몬이 차례로 사망했다. 조니 라몬은 전립선암이 발병해 5년의 투병생활 끝에 2004년 로스엔젤리스의 자택에서 쉰다섯 살을 일기로 눈을 감았다.

기타는 잘 쳐야 하는 게 아니라 누구나 칠 수 있어야 하는 것이다

조니 라몬의 기타 연주는 라몬스의 음악뿐만 아니라 당대의 펑크 록을 설명하는 핵심적 요소이다. 조니 라몬은 펑크 기타리스트이므로 당연히 뛰어난 테크닉을 지닌 연주자는 아니었다. 하지만 역설적으로 바로 그 점이 수많은 젊은이들로 하여금 기타를 잡게 만들었다. 조니 라몬의 기타는 그들에게 기타는 결코 어려운 것이 아니며 누구나 기타를 칠 수 있다고 말해주었던 것이다.

모든 펑크 록 기타리스트들이 그러하듯 조니 라몬도 리듬 기타에 주력했다. 라몬스의 곡에서 솔로 기타 연주를 들을 수 있는 곡은 별로 없다. 그나마 〈Time Has Come Today〉 〈Now I Wanna Sniff Some Glue〉 〈California Sun〉 등 기타 솔로가 등장하는 몇 안 되는 곡에서도 솔로 파트는 독주가 아니라 밴드의 동료인 토미 라몬이나 다른 게스트 뮤지션들과 함께 오버 더빙으로 연주되고 있다.

조니 라몬은 바레 코드(하이 코드)를 잡고 빠르고 힘있게 내려치는 다운 스트로크를 위주로 단순하게 기타를 친다. 코드도 1도-4도-5도의 기본코드를 주로 쓴다. 그의 연주 스타일은 초창기 펑크 록 뿐 아니라 아이언 메이든Iron Maiden 등 1980년대의 영국 헤비메탈 밴드들, 1990년대 초반 등장했던 네오 펑크와 그런지 록 밴드들에게도 큰 영향을 끼쳤다. 메탈리카Metallica의 커크 해밋과 메가데스Megadeth의 데이브 머스테인이 그로부터 영향을 받았으며 헤비메탈계의 대표적인 테크니션인 폴 길버트도 그를 가장 크게 영향 받은 사람 가운데 한 명으로 지목했다. 펄 잼이 2004년에 발표한 노래 〈Life Wasted〉는 에디 베더가 조니 라몬의 장례식에 다녀오는 길에 그를 추억하며 만든 곡이다. 그린 데이Green Day는 자신들의 노래 〈Wake Me Up When September Ends〉를 그에게 헌정했다.

라몬스를 결성하기 직전인 1974년 초에 조니 라몬과 디디 라몬은 뉴욕의 매니스 기타 상점에서 자신들의 악기를 장만했다. 이 때 조니 라몬이 고른 기타는 54달러짜리 푸른색 모스라이트 벤처스 Ⅱ 중고 기타였다. 그로부터 조니 라몬은 모스라이트 기타의 신봉자였다. 벤처스가 즐겨 썼던 모스라이트 기타는 벤처스와 손잡고 벤처스 모델을 만들었는데 조니 라몬이 처음 손에 넣은 기타도 그 가운데 하나였다. 혁신적인 디자인과 가늘고 낮은 프렛, 좁은 네크, 고출력의 픽업과 고품질의 성능, 정교하고 아름다운 몸체로 기타의 롤스로이스로 불리기도 하는 모스라이트 기타는 탁월한 명성에도 불구하고 사업 실패로 1993년에 생산이 중단되었다. 벤처스가 일본에서 워낙 인기가 있었던 탓에 기존에 생산된 모스라이트 기타의 대부분이 일본으로 수출되어 미국에서는 찾아보기 힘들다는 얘기도 있다. 모스라이트 상호의 사용 권리도 현재는 일본 회사로 넘어

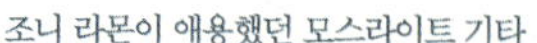
조니 라몬이 애용했던 모스라이트 기타

간 상태이다.

조니 라몬은 록계에서는 보기 드물게 보수주의자였으며 정치적으로는 공화당의 강력한 지지자였다. 그는 로널드 레이건을 역대 최고의 대통령으로 생각한다고 말한 바 있으며 2002년 록큰롤 명예의 전당에 헌액되었을 때도 "신이시여 부시 대통령을 축복하소서. 미국을 축복하소서"라고 말해 사람들을 깜짝 놀라게 했다. 펑크와 보수주의는 도대체가 안 어울리는데 말이다.

2003년에 라몬스를 다룬 다큐멘터리 영화 [End of the Century : The Story of the Ramones]가 나왔다. 2009년에 「타임」은 조니 라몬을 '역사상 가장 위대한 10명의 일렉트릭 기타리스트'에 포함시켰다. 2011년에 라몬스는 그래미 평생 공로상을 받았다.

The Only One :
「Ramones Mania」(1988)

하드 록과 재즈 록을 가지고 논 어린 천재

토미 볼린

Tommy Bolin, 미국, 1951~1976

토미 볼린은 무엇보다도 딥 퍼플의 1976년 해산 전 마지막 기타리스트로 기억된다. 그는 리치 블랙모어가 떠난 자리를 채우며 딥 퍼플과 마지막을 함께 했다(딥 퍼플은 훗날 재결성과 해산을 반복했지만 전성기는 1976년 1차 해산 전으로 보는 것이 일반적이다). 그리고 그 해가 가기 전인 1976년 겨울에 그 자신도 세상을 떠났다. 스물다섯 아직은 아까운 나이, 너무나 이른 죽음이었다.

딥 퍼플 리치 블랙모어의 후임 기타리스트, 그리고……

1951년 미국 아이오와주 수시티에서 태어난 토미 볼린은 어려서부터 드럼과 피아노를 배웠다. 열세 살 무렵 기타를 치기 시작했는데 로컬 밴드에서 연주할 수 있을 정도의 실력을 갖추기까지는 그리 오랜 시간이 필요치 않았다. 학창시절 그는 반항아였다. 열여섯 살 때 긴 머리를 자를 것을 거부해 갈등을 일으킨 끝에 학교를 중퇴하고 콜로라도주 덴

토미 볼린

버로 이사했다. 그 곳에서 자신의 첫 번째 밴드인 아메리칸 스탠더드 American Standard를 결성했다.

십대 후반이던 1960년대 말 결성한 제퍼Zephyr는 본격적인 음악 경력의 시작이었다. 제퍼 시절 토미 볼린은 두 장의 앨범에 참여하며 기타 실력을 인정받기 시작했지만 밴드는 성공을 거두지 못했다. 그는 제퍼를 떠나 다시 에너지Energy라는 밴드를 결성했다. 에너지는 당시 유행하던 재즈 록 성향의 음악을 하던 밴드였다. 에너지는 활발한 라이브 활동을 펼치면서도 레코딩 계약에 실패해 앨범을 내놓지는 못했지만 토미 볼린의 뛰어난 기타 실력에 대한 소문은 빠르게 퍼져나갔다.

1973년 퓨전 재즈의 명그룹 마하비시누 오케스트라의 드러머이던 빌

리 코브햄이 자신의 솔로 데뷔 앨범 「Spectrum」의 녹음을 위해 토미 볼린을 초빙했는데 여기에서 그의 기타가 빛을 발했다. 〈Quadrant Four〉 〈Stratus〉 〈Red Baron〉 등의 곡에서 보여준 그의 섬세하고 예리한 기타 플레이는 독특하고 재기 넘쳤다. 「Spectrum」은 퓨전 재즈계의 걸작 앨범으로 자리매김되었으며 토미 볼린의 재즈 록 성향의 연주는 향후 록 기타계의 동향에 커다란 반향을 불러일으켰다. 대표적으로 제프 벡이 1975년 발표한 기념비적인 기타 연주 앨범 「Blow By Blow」는 토미 볼린의 영향을 받아 재즈 록 스타일을 선보인 앨범이다.

토미 볼린의 다음 기착지는 제임스 갱이었다. 제임스 갱의 초대 기타리스트는 이글스의 기타리스트로 유명한 조 월시였다. 1973년 조 월시의 후임이었던 도미니크 트로이아노가 갑작스럽게 밴드를 떠나자 전임자였던 조 월시가 토미 볼린을 그 자리에 추천했고 밴드와 토미 볼린은 제안을 받아들였다. 제임스 갱 시절 그는 「Bang!」(1973)과 「Miami」(1974) 등 두 장의 앨범에 참여했지만 타고난 방랑자적 기질로 한 곳에 오래 머물지 못했던 탓에 「Miami」 발매 기념 투어 이후 제임스 갱을 탈퇴했다.

딥 퍼플

탈퇴 이후 그는 다른 많은 뮤지션들의 앨범에 참여해 연주하는 한편 솔로 앨범을 내기로 계약을 맺었다. 첫 번째 솔로 앨범 녹음을 위해 스튜디오에 모인 세션 연주자들의 면면은 화려했다. 데이비드 포스터David Foster와 데이비드 샌본David Sanborn, 얀 해머, 필 콜린스Phil Collins, 제프 포카로Jeff Porcaro, 1954~1992 등의 호화 멤버가 포진했고 딥 퍼플의 베이시스트 글렌 휴즈Glenn Hughes도 참여했다. 이 만남은 결국 토미 볼린이 딥 퍼플에 가입하는 계기가 되었다.

당시 딥 퍼플은 리치 블랙모어의 갑작스런 탈퇴로 그를 대신할 기타리스트를 찾고 있었다. 더구나 데이비드 커버데일은 이미 「Spectrum」 앨범을 듣고 토미 볼린의 기타 연주를 눈여겨보아 두었던 터라 테스트를 위해 토미 볼린에게 잼 연주를 제안했다. 토미 볼린은 여기에 응했고 네 시간의 잼 세션 후에 바로 그의 가입이 결정되었다. 토미 볼린은 자신의 솔로 데뷔 앨범과 딥 퍼플의 차기작을 동시에 준비해야 하는 바쁜 나날을 보냈다.

1975년 토미 볼린의 솔로 데뷔 앨범 「Teaser」와 그가 참여한 딥 퍼플의 새 앨범 「Come Taste the Band」가 거의 동시에 발매되었다. 회심의 역작 「Teaser」는 토미 볼린의 기타가 정점을 찍은 작품이다. 이 앨범에서 그는 하드 록과 재즈, 블루스, 레게와 라틴을 아우르는 폭넓은 기타워크를 선보여 평론가들로부터 극찬을 이끌어냈다. 이국적인 남미 리듬의 기타에 소울풀한 보컬 실력까지 선보인 〈Savannah Woman〉이 많은 사랑을 받았다.

「Come Taste the Band」는 토미 볼린이 수록곡 대부분의 작곡에 참여한 앨범이지만 아쉽게도 성공작이 되지는 못했다. 토미 볼린과 딥 퍼플은 어딘지 어울리지 않는 조합이었다. 딥 퍼플은 눈에 띄게 활력을 잃고 있었고 그와 같은 상황은 신성 토미 볼린의 가입으로도 개선될 수 없었다. 1976년 유럽 투어 후 데이비드 커버데일이 화이트스네이크White Snake 결성을 위해 밴드를 떠나자 딥 퍼플은 해산되고 말았다.

딥 퍼플의 해산 통보를 받은 토미 볼린은 차기 솔로작 녹음에 박차를 가했다. 얼마 후 발표된 솔로 2집 「Private Eyes」는 전체적으로 전작보다는 하드 록의 색채가 한층 짙어진 앨범이었지만 특유의 넓이는 여전히 유지되고 있었다. 런닝타임 9분이 넘는 대곡 〈Post Toastee〉에서 보여준 잼 세션은 화려했고 〈Gypsy Soul〉에서 보여준 어쿠스틱한 분위기는 또 다른 발견이었다. 한편 이 앨범은 재킷에 '富墓林'이라는 한자가 새겨져 있어 관심을 모으기도 했다.

1976년 12월 4일, 토미 볼린은 전날 제프 벡의 투어공연에서 오프닝을 맡아 공연한 후 투숙했던 마이애미의 호텔방에서 의식을 잃은 채로 발견되었다. 여자친구가 깨우려고 했지만 그는 깨어나지 않았다. 상황이 심각함을 깨달은 여자친구는 긴급히 앰뷸런스를 불렀지만 응급차가 오기 전에 그는 세상을 떠나고 말았다. 공식적인 사인은 약물중독이었다.

그러나 그의 기타는 결코 멈추지 않았다

토미 볼린은 앨버트 킹, 빌리 코브햄, 알폰스 무존Alphonse Mouzon, 얀 해머, 제임스 갱, 딥 퍼플, 카마인 어피스 등 수많은 뮤지션과 다양한 장르에서 폭넓은 활약을 펼쳤다. 그는 무엇보다도 재즈 록, 퓨전 재즈 기타 연주에 상당한 공헌을 남긴 하드 록 기타리스트이다. 그의 재즈적인 어프로치와 서정적인 연주는 독보적인 것이었으며, 때문에 거꾸로 그에게 자극을 받아 변신을 꾀한 선배 기타리스트들의 수도 적지 않다. 그가 펜더 스타라토캐스터를 들고 만들어낸 음악세계는 25년이라는 짧은 생애와 7~8년이라는 짧은 활동 기간에도 불구하고 실로 광활한 것이었다. 그의 기타는 하드 록에서도, 재즈 록에서도 결코 멈추지 않았다.

The Only One :
「Teaser」(1975)

록계의 노자, 천의무봉의 경지

마크 노플러
Mark Knopfler, 스코틀랜드, 1949~

마크 노플러의 손에 들린 기타는 손오공의 여의봉일지 모른다. 그만큼 그의 기타는 변화무쌍함을 뽐내면서도 천의무봉(天衣無縫)의 자연스러움을 지녔다. 하긴 그에게는 캐릭터 상으로나 연주 스타일 면에서나 손오공의 경박함과 부잡스러움이 없으니 그의 기타는 차라리 손오공의 여의봉보다는 삼장법사의 지팡이에 비유하는 것이 나을 수도 있겠다.

마크 노플러는 무표정한 기타리스트여서 때로 그의 모습은 심드렁해 보이기까지 한다. 수많은 라이브에서 관객들은 열에 들떠 춤을 추고, 함께 연주하는 연주자들 또한 흥에 겨워 상기된 표정으로 몸을 흔들 때에도 그는 거의 무심한 얼굴로 그러나 너무나 멋지게 기타를 친다. 다이어 스트레이츠의 유명한 라이브 콘서트 가운데 하나인 1983년의 알케미 라이브(Alchemy Live)에서도, 1986년의 시드니 라이브에서도 그는 냉정함을 유지한다. 별다른 제스처도 없이 가끔 알 듯 말듯 한 미소를 머금

마크 노플러

을 뿐이다. 하지만 그 속에서 그의 기타는 정말이지 물 흐르듯 자연스럽게 흘러간다.

절제와 완급조절 면에서라면 그는 최고의 기타리스트임이 분명하다. 마크 노플러는 실제 솔로 연주를 아주 잘 하고 테크닉 또한 뛰어나지만 절대로 오버하는 법이 없다. 그는 이렇게 말한다. "중요한 것은 곡이다.

현란한 테크닉의 솔로는 단지 보여주기 위한 것에 지나지 않는다. 화려함이 중요한 것이 아니라 곡과 잘 연결되는 솔로가 좋은 연주이다." 이 한 마디가 그의 기타 철학을 대변한다.

솔로 에드립을 잘 해야만 위대한 기타리스트가 되는 것은 아니다

마크 노플러는 1949년 스코틀랜드 글래스고우에서 태어났다. 음악을 좋아했던 부모 덕분에 어려서부터 음악을 접했다. 십대 시절에는 친구들과 스쿨밴드를 만들었는데 이 때 쳇 앳킨스, 스코티 무어, 비비 킹, 장고 라인하르트, 행크 마빈 등의 기타 연주를 접하고 큰 영향을 받았다. 그는 다채로운 경력의 소유자이다. 대학에서는 문학과 저널을 공부했고 졸업 후에는 고등학교 교사와 신문사 기자로 활동하기도 했다.

1977년 마크 노플러는 동생인 데이비드 노플러기타, David Knopfler와 존 일슬리베이스, John Illsley, 픽 위더스드럼, Pick Withers와 함께 다이어 스트레이츠를 결성했다. 그 해 여름 다이어 스트레이츠는 다섯 곡이 담긴 데모 테이프를 녹음했는데 그 중에는 밴드의 최초 히트곡이 되는 〈Sultans of Swing〉이 포함되어 있었다.

정식 데뷔 앨범 「Dire Straits」는 1978년에 나왔다. 데뷔 앨범인데도 이미 충분히 원숙한 마크 노플러의 기타 연주가 빛을 발한 〈Sultans of Swing〉이 많은 사랑을 받았다.

다이어 스트레이츠

1980년작 「Making Movies」는 마크 노플러의 변화된 스타일과 발전된 송라이팅 능력이

다이어 스트레이츠는 공연을 많이 하는 밴드였고 라이브 앨범도 여러 장 발표했는데, 그 중에서도 「Alchemy」(1984)가 최고의 작품으로 꼽힌다.

두드러지는 앨범이다. 그는 이 앨범에서 재즈적인 어프로치를 선보임과 동시에 편안한 컨트리 지향성도 숨기지 않았다. 〈Tunnel of Love〉 〈Romeo and Juliet〉 등이 인기를 끌었다.

1985년 앨범 「Brothers in Arms」는 다이어 스트레이츠의 모든 것이 집약된 역작이다. MTV의 전폭적인 지원을 받으며 빌보드 싱글차트 1위에 오른 히트곡 〈Money for Nothing〉에서 들려준 파워풀한 리프와 마음을 침잠하게 하는 록 발라드 〈Brothers in Arms〉에서 들려준 쓸쓸하기 그지없는 스산한 연주는 마크 노플러 기타의 양면을 잘 보여준다. 그뿐만이 아니다. 편안한 연주와 읊조리는 보컬로 일관하는 컨트리 성향의 노래 〈So Far Away〉와 차트상에서도 크게 히트한 다이내믹한 록 넘버 〈Walk of Life〉, 전주부의 색소폰이 매력적인 재즈적 느낌의 〈Your Latest Trick〉, 그리고 훗날 나나 무스크리Nana Mouskouri가 리메이크하기도 했던 〈Why Worry〉에 이르기까지 앨범은 뭐 하나 버릴 것 없이 매력적인 곡들로 가득 차 있다.

다이어 스트레이츠는 공연을 많이 하는 밴드였고 라이브 앨범도 여러 장 발표했는데, 그 중에서도 「Alchemy」(1984)가 최고의 작품으로 꼽힌다. 1983년 여름 런던 햄머스미스 오데온에서 펼쳐진 공연실황을 담은 앨범으로 원곡보다 길게 늘려 무려 11분 동안 연주한 〈Sultans of Swing〉이 단연 하이라이트이다. 여기서 마크 노플러는 그 어느 때보다 현란한 기교를 보여주는데, 그러면서도 역시나 냉정을 유지하면서 묵직하게 중심을 잡는다.

1995년 마크 노플러는 본격적인 솔로 활동에 돌입했고 리더가 떠난 다이어 스트레이츠는 자연스럽게 소멸되었다. 마크 노플러의 솔로 활동은 다이어 스트레이츠 시절만큼 화려하진 않았지만 거장다운 호방한 면모를 보여주었다. 1996년에 발표한 솔로 데뷔 앨범 「Golden Heart」와 2000년에 나온 2집 「Sailing to Philadelphia」가 주목할 만한 솔로 앨범이다. 이밖에 마크 노플러는 컨트리 음악에도 각별한 관심과 애정을 기울인다. 그는 많은 컨트리 스타들과 함께 작업하고 공연했는데, 1990년 쳇 앳킨스와 함께 만든 「Neck and Neck」와 2006년 에밀루 해리스와 함께 한 「All the Roadrunning」이 특히 많은 관심을 끌었다.

마크 노플러는 영화음악 분야에서도 일가를 이룬 인물이다. 그는 1983년 [Local Hero]의 음악 작업에 참여한 것을 시작으로 지금까지 꽤 많은 영화음악을 만들었는데, 그 중 가장 유명한 것은 1984년 영화 [Cal]의 주제곡 〈The Long Road〉이다. 〈The Long Road〉는 1980~90년대 국내에서 많은 사랑을 받았던 인기 라디오 프로그램 [영화음악실]의 시그널 음악으로 쓰여 우리에게도 친숙하다. 데이비드 놀란David Nolan의 애잔한 바이올린 선율이 금방이라도 눈물을 떨구게 만드는 1989년 영화 [브루클린으로 가는 마지막 비상구]의 러브 테마곡 〈A Love Idea〉도 마크 노플러가 만든 곡이다.

누구보다 쉽고 편안하게, 그것도 무표정한 얼굴로

마크 노플러의 연주는 부드럽다. 맛깔스러운 연주 혹은 감칠맛 나는 연주라는 표현은 그에게 가장 잘 어울리는 말이다. 그는 내추럴 톤을 선호하며 특정한 스케일에 얽매이지 않고 곡마다 그 안에서 가장 적절한 프레이즈를 만들어낸다. 그는 곡 속에 자연스럽게 잘 녹아드는 해석력이 뛰어난 솔로를 만드는 데에도 탁월한 능력을 보이지만 그러나 솔로 연주는 그의 지향점이 아니다. 그가 만든 곡들은 특정 악기가 리드하기보다는 각각의 파트가 잘 어우러져 편안하고 안정적인 분위기를 만들어내는 것이 특징이다. 그는 시간이 흐르면서 점점 솔로를 줄이는 대신 곡 전체의 분위기와 진행을 자연스럽게 만드는데 집중하고 있다.

마크 노플러가 주로 사용하는 기타는 펜더 스트라토캐스터와 텔레캐스터이지만 1980년대 다이어 스트레이츠 시절엔 깁슨 레스 폴 기타도 즐겨 사용했다. 그는 피크를 사용하지 않고 손가락으로 피킹하는 기타리스트로 유명한데, 실제로 그는 공연에서 피크를 전혀 사용하지 않는다. 그런데 언젠가 한 인터뷰에서 마크 노플러는 갑자기 호주머니에서 피크를 꺼내 진행자를 깜짝 놀라게 한 적이 있다. 그 자리에서 그는 녹음실에서 리듬 기타를 칠 때는 자신도 종종 피크를 사용한다고 털어놓았다.

마크 노플러의 무심하듯 내뱉는 목소리는 밥 딜런과 연결되는 부분이 있고 맛깔스런 블루스 필의 기타 연주는 에릭 클랩튼을 연상시키는 면이 있다. 실제로 마크 노플러는 이들과 인연이 깊다. 그는 밥 딜런의 앨범 「Slow Train Coming」에 참여해 기타를 쳐 주었고 「Infield」에서는 기타 연주뿐만 아니라 앨범 전체의 프로듀싱까지 맡았다. 밥 딜런은 초창기 마이크 블룸필드와 로비 로버트슨 이후로 마크 노플러의 기타 연주를 가장 마음에 들어 했다. 마크 노플러와 에릭 클랩튼은 종종 한 무대에 함께 등장한다. 뒤에서 조용히 백킹을 해주던 에릭 클랩튼이 어느 순간 앞으로 툭 튀어나와 솔로를 치고 마크 노플러가 선배 거장에게 솔로를 맡기고 뒤로 빠져 여유롭게 뒤를 받치는 장면은 볼 때마다 흐뭇하다. 만면에 웃음을 띤 두 사람의 표정이 그렇게 만든다.

허영만 화백의 만화 중에 『고독한 기타맨』이라는 만화가 있다. 나는 『고독한 기타맨』을 고등학교 시절에 읽었는데, 스토리가 정확히 기억나진 않지만 기억을 더듬어보면 만화 속 주인공인 강토의 꿈은 위대한 뮤지션, 위대한 기타리스트가 되는 것이었다. 그는 꿈을 이루기 위해 미국으로 건너가는데 만화 속에서 밥 딜런의 앨범 세션을 위해 구성된 드림팀이 등장한다. 그 드림팀에 마크 노플러가 포함되어 있었다. 리드 보컬은 주인공 강토가 맡고 하모니카는 밥 딜런, 키보드와 신디사이저는 맨프레드 맨, 드럼에는 데니스 엘리옷, 오르간은 대릴 홀, 백 보컬은 스티비 닉스

노플러와 클랩튼

등으로 갖다 붙인 이 가상의 리스트에서 기타는 마크 노플러가 맡고 있었다. 명단을 받아든 우리의 주인공 강토는 이렇게 감탄사를 내뱉는다. "아…… 이런 기라성 같은 스타들이!" 마크 노플러는 당시 그 반열에 있었다.

트레이드마크처럼 되어버린 헤어밴드를 하고 피크 대신 손가락으로 쳐대던 그 현란한 연주라니. 그러나 더욱 감탄할 수밖에 없는 것은 결코 쉽지 않은 그 연주를 마크 노플러는 누구보다 쉽고 편안하게 그것도 무표정한 얼굴로 해낸다는 사실이다.

The Only One :
「Brothers in Arms」(1985)

Chapter 05

헤비메탈 무법지대를 크로스오버하는 연금술사들

1980년대

그의 기타만큼 슬피 우는 기타는 없다

개리 무어

Gary Moore, 북아일랜드, 1952~2011

앞서 자주 언급한 위대한 기타리스트를 뽑아 놓은 어떤 명단에서도 그의 이름을 찾을 수 없지만, 그럼에도 불구하고 여기에 개리 무어의 이름을 빼놓을 수는 없다. 단언컨대 그의 기타만큼 한국인의 심금을 울렸던 기타소리는 없기 때문이다. 술에 취한 밤 〈Still Got the Blues〉 〈Parisienne Walkways〉 〈Messiah Will Come Again〉을 듣다 눈물 흘렸을 이가 어디 한둘이랴? 그는 분명히 한국인이 가장 사랑하는 기타리스트였다.

한 때는 강력한 헤비메탈 기타 사운드를 들려주기도 했지만 개리 무어의 기타 연주는 블루스에 뿌리를 두고 있다. 고향 아프리카를 떠나 머나먼 땅 아메리카에서 고달픈 노예생활을 해야 했던 흑인들의 한이 서린 음악 블루스. 블루스는 뿌리부터 슬픈 음악이고 개리 무어는 그 슬픔을 가장 절절하게 표현해냈던 기타리스트이다. 그의 기타가 머금은 깊은 슬픔은 아마도 그가 현대사에서 영국과 아일랜드 사이에 벌어진 참

혹한 비극을 간직한 도시인 북아일랜드 벨파스트 출신이라는 사실과 무관하지 않을 것이다.

블루스에 푹 경도된 북아일랜드 출신 청년

개리 무어는 1952년 벨파스트에서 태어났다. 여덟 살 무렵 처음 기타를 잡았고 열네 살 때부터 정식으로 기타를 배우기 시작했다. 1968년에는 아일랜드 더블린으로 이사한 후 스키드 로우Skid Row*에 가입해 본격적인 음악활동을 시작했는데, 당시 그의 나이 열여섯 살에 불과했다.

개리 무어와 필 리뇨트

스키드 로우의 해산 이후 1973년 개리 무어는 트리오 체제의 개리 무어 밴드The Gary Moore Band를 조직하고 사실상 자신의 첫 번째 솔로 앨범인 「Grinding Stone」을 발표했다. 1975년에는 존 하이스먼Jon Hiseman, 돈 에어리Don Airey, 닐 머레이Neil Murray, 마이크 스타스Mike Starrs 등과 의기투합해 콜로세움 투Colosseum Ⅱ를 결성하고 1978년 해산할 때까지 인상적인 활동을 보여주었다. 콜로세움 투는 비록 상업적으로는 큰 성공을 거두지 못했지만 재즈 록 성향의 뛰어난 연주를 들려주어 주목을 끌었는데 그 중심에는 개리 무어의 기타가 있었다. 이 멤버들은 1978년에는 뮤지컬의 귀재 앤드류 로이드 웨버Andrew Lloyd Webber의 녹음 작업에 참여하기도 했다.

개리 무어의 커리어를 얘기하는 데 있어 반드시 함께 등장하는 인물이 한 명 있다. 바로 씬 리지의 리더 필 리뇨트Phil Lynott, 1949~1986이다. 필 리뇨트가 이끌었던 명그룹 씬 리지는 U2의 등장 이전 가장 뛰어나고 가장

* 스키드 로우 : 1967년 아일랜드 더블린에서 브랜던 쉴즈의 주도로 결성된 블루스 록 밴드로 1968년부터 개리 무어가 기타리스트로 가입해 활동했으며 1972년에 해산했다. 주의할 점은 1980년대 후반에서 90년대 초반 사이 선풍적 인기를 끌었던 헤비메탈 그룹 스키드 로우(Skid Row)와는 이름만 같은 전혀 다른 밴드라는 사실이다.

성공적이었던 아일랜드 출신 밴드이다. 개리와 필의 첫 만남은 1968년 스키드 로우 시절로 거슬러 올라간다. 필 리뇨트 역시 짧았지만 한 때 스키드 로우의 멤버였던 것이다. 이때부터 두 사람은 우정을 쌓기 시작했는데 그 우정이 음악적으로 만개한 것은 1970년대가 저물어갈 무렵이었다.

1978년 발표한 개리 무어의 솔로 앨범 「Back on the Street」에는 불후의 명곡 〈Parisienne Walkways〉가 수록되어 있는데 이 곡은 필 리뇨트의 작품으로 그는 보컬로도 참여해 개리 무어의 기타와 함께 노래하고 있다. 두 사람의 가장 성공적인 합작품인 〈Parisienne Walkways〉는 UK 싱글차트 톱10 히트를 기록했다. 개리 무어는 공연에서 이 곡을 연주할 때 항상 중간에 연주를 잠시 멈췄다 다음 순간 아주 오랫동안 한 음을 지속하는 장면을 연출하곤 하는데, 기타소리가 애를 끊는 듯한 이 장면은 언제나 공연의 하이라이트를 장식한다.

한편, 같은 시기 개리 무어는 필 리뇨트의 요청으로 씬 리지에 들어가 「Black Rose : A Rock Legend」의 녹음에 참여하기도 했는데, 이 앨범은 UK 앨범차트 2위까지 올랐다. 안타깝게도 필 리뇨트는 1986년 서른여섯의 나이에 약물중독에 의한 심장마비로 사망했다. 친구를 잃은 개리 무어의 충격은 컸다. 그는 장례식장에서 누구보다 서럽게 오열했으며 그 후 한동안 기타를 잡지 못했을 정도였다.

친구에 대한 절절한 그리움은 1987년 발표한 앨범 「Wild Frontier」에서 다시 한 번 강렬하게 폭발한다. 앨범의 뒷 재킷 하단에 씌여진 'For Philip'이라는 문구가 이것이 필 리뇨트에게 바쳐진 앨범임을 분명히 하고 있으며 수록곡 가운데 〈Johnny Boy〉에서는 아예 "위클로우 산을 건너 불어오는 바람소리에서 나는 자니(필 리뇨트의 애칭)를 부르는 소리를 듣지"라고 노래하고 있다. 아일랜드 전통음악인 켈틱음악의 애잔한 선율이 깔린 이 곡과 함께 대중적으론 잘 알려져 있지 않지만 너무나 멋진 기타 연주곡인 〈The Loner〉에서 개리 무어가 토해내는 깊은 슬픔은 절절하고 비통하다.

1980년대 들어 미국 시장 공략을 위해 결성했던 지포스G-Force의 짧은 활동을 마무리한 개리 무어는 성공적인 솔로 활동을 이어갔다. 먼저 1982년 발표한 앨범 「Corridors of Power」에서는 〈Falling in Love with You〉와 〈Always Gonna Love You〉가 많은 사랑을 받았다.

1984년에 발표한 「Victims of the Future」는 개리 무어가 한국팬들에게 그의 이름을 각인시킨 앨범이다. 히트곡 〈Empty Rooms〉와 함께 수록된 〈Murder in the Skies〉가 1983년 사할린 상공에서 소련 전투기에 의해 격추된 KAL기 참사를 다룬 곡이었기 때문이다.

1980년대 후반에 접어들면서 개리 무어는 자신의 음악적 뿌리였던 블루스로 회귀했다. 「After the War」(1989)에서는 로이 뷰캐넌의 원곡 〈Messiah Will Come Again〉을 훌륭하게 리메이크해 냈고, 걸작 앨범 「Still Got the Blues」(1990)가 뒤를 이었다. 「Still Got the Blues」는 의심의 여지없이 그의 음악인생의 정점에 있는 앨범이다. 앨범은 블루스 고전의 커버곡과 개리 무어의 오리지널 작품을 반반씩 수록하고 있는데, 블루스의 두 거장 앨버트 킹과 앨버트 콜린

「Still Got the Blues」에서 〈Oh Pretty Woman〉을 함께 연주했던 앨버트 킹과 개리 무어

스Albert Collins, 1932~1993가 참여하고 있는 점도 눈길을 끈다. 특히 〈Oh Pretty Woman〉에서 보여주는 앨버트 킹의 깁슨 플라잉 브이와 개리 무어의 깁슨 레스 폴의 경연은 가슴 찡한 장면을 연출하고 있다. 개리 무어 자신인 듯한 소년이 좁고 어두운 방안에서 기타를 연주하고 있는 사진을 담은 앨범 커버도 흥미롭다. 벽에 걸려있는 사진 속에서 소년과 우리를 응시하고 있는 이는 다름 아닌 지미 헨드릭스이다. 「Still Got the Blues」를 기점으로 개리 무어는 음악적 외도를 끝내고 블루스로 되돌아갔다. 그는 말했다. "록큰롤은 그들에게 많은 빚을 지고 있죠. 이 앨범은 영원한 블루스와 위대한 블루스맨들에게 바치는 헌사입니다"

록큰롤은 그들에게 많은 빚을 졌습니다

개리 무어가 영향 받은 뮤지션을 꼽으라면 당연히 블루스맨들을 맨 앞자리에 놓아야 할 것이다. 훗날 함께 연주도 하게 되는 블루스의 거장 앨버트 킹과 비비 킹, 그리고 블루스 록의 영웅 지미 헨드릭스와 존 메이올 역시 그에게 많은 영향을 끼친 인물들이다. 하지만 그 중에서도 가장 결정적인 영향을 끼친 단 한 명이라면 그것은 피터 그린이다. 플리트우드 맥의 기타리스트였던 피터 그린은 개리 무어가 처음 더블린에서 연주할 때부터 멘토와도 같은 역할을 했으며 이후에도 지속적으로 영향을 끼쳤다. 오랜 시간이 흐른 뒤 개리 무어는 1995년 피터 그린에게 바친 트리뷰트 앨범인 「Blues for Greeny」를 통해 그에게 감사의 인사를 건넸는데 이 앨범은 온전히 피터 그린의 작품들로 채워져 있다.

개리 무어가 주로 사용하는 기타는 깁슨 레스 폴 스탠더드 모델이다. 일찍이 피터 그린은 레스 폴 스탠더드 1959년형 기타를 개리 무어에게 빌려주었는데, 그가 플리트우드 맥을 떠날 무렵 이것은 온전히 개리 무

플리트우드 맥의 피터 그린으로부터
사들인 개리 무어 필생의 명기
레스 폴 스탠더드 1959년형 모델

어의 것이 되었다. 피터의 요구로 개리가 이 기타를 완전히 사버렸기 때문이다. 당시 피터 그린은 '좋은 주인을 만날 수 있도록' 개리 무어에게 기타를 사줄 것을 간곡히 요구했다고 하는데, 그 때 사들인 레스 폴 스탠더드 1959년형 기타는 개리 무어의 필생의 명기가 되었다. 앞서 말한 「Blues for Greeny」 앨범 녹음 당시에 사용한 것도 바로 이 기타였다.

다양한 연주 기법 중에서도 초킹은 단연 그의 트레이드마크인데 공연장에서 〈Parisienne Walkways〉 연주시에 보여주는 한 음 초킹은 때로 1분 가까이 지속될 만큼 경이로운 것이었다. 개리 무어의 기타는 블루스에 뿌리를 두고 있지만 어느 헤비메탈 기타리스트보다도 육중하고 강력한 사운드로 무장하고 있기도 하다.

그는 수많은 기타리스트들 가운데서도 아주 독특한 느낌의 연주를 들려주는데 그 중심에는 '슬픔'이 있다. 그의 기타만큼 슬피 우는 기타는 없다. 아쉽게도 이제 더 이상 개리 무어의 슬픔 가득한 연주를 다시 들을 수는 없다. 2010년 역사적인 첫 내한공연을 마친 이듬해인 2011년, 개리 무어는 여자친구와 함께 투숙했던 스페인의 한 호텔에서 심장마비로 사망했다.

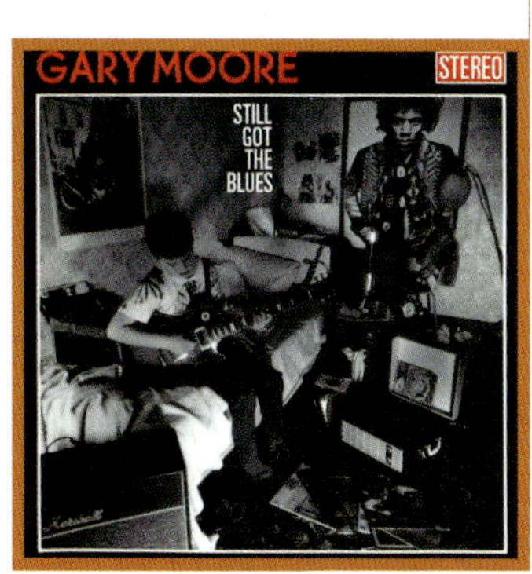

The Only One :
「Still Got the Blues」(1990)

'메탈의 神'으로 불리는 트윈 기타리스트들

케이 케이 다우닝 & 글렌 팁튼

K. K. Downing, 영국, 1951~
Glenn Tipton, 영국, 1948~

아주 예외적으로 여기서는 두 명의 기타리스트를 동시에 언급해야만 한다. 어차피 이들은 언제나 나란히 서서 함께 연주했으니 따로 떼어놓고 생각하는 것은 불가능하거나 부적절하다. 두 사람의 이름은 케이 케이 다우닝과 글렌 팁튼, 헤비메탈의 한 페이지를 화려하게 장식한 거물 그룹 주다스 프리스트의 막강 트윈 기타 시스템을 형성했던 주인공들이다.

보통 한 밴드가 두 명의 기타리스트를 보유했을 경우에는 기능상으로 퍼스트(리드) 기타와 세컨드 기타로 그 역할을 분담하거나 아니면 둘 중 하나가 보컬을 겸하는 것이 일반적이다. 두 명의 기타리스트를 보유한 대부분의 밴드가 이와 같은 구분을 크게 벗어나지 않는다. 그러나 주다스 프리스트는 특이하게도 어느 경우에도 속하지 않는다. 주다스 프리스트는 롭 핼포드Rob Halford라는 걸출한 보컬리스트를 따로 두고 있고, 두 명의 기타리스트는 절대 어느 한쪽으로 기울어짐이 없이 똑같이 역할을

케이 케이 다우닝 & 글렌 팁튼

분담한다. 단순히 트윈 기타 시스템이 아니라 트윈 리드 기타 시스템을 이루고 있는 것이다. 이것이 두 사람을 함께 이야기할 수밖에 없는 당연한 이유이다.

트윈 리드 기타 시스템에서 분출하는 파워

헤비메탈의 교과서로 통하는 명그룹 주다스 프리스트의 역사는 1969년까지 거슬러 올라간다. 당시 학교 친구였던 케이 케이 다우닝과 베이시스트 이언 힐Ian Hill이 의기투합해 밴드를 만들면서 역사는 시작되었다. 얼마 후 앨런 앳킨스Alan Atkins가 가입하면서 밴드의 이름은 주다스 프리스트가 되었는데, 초창기 밴드는 계속되는 멤버 교체 속에서 혼란을 겪

주다스 프리스트

었지만 1973년 롭 핼포드가 보컬리스트로 가입하면서부터 안정을 찾기 시작했다. 롭 핼포드가 주다스 프리스트의 일원이 된 뒷얘기도 재미있다. 그는 베이시스트 이언 힐의 당시 여자친구이자 나중에 아내가 되는 수 핼포드의 오빠였는데 밴드의 무대 조명기사로 일하던 동생의 추천으로 갑작스럽게 밴드를 떠난 보컬리스트 앨런의 빈자리를 꿰차게 되었던 것이다. 그것은 롭 핼포드에게도 주다스 프리스트에게도 행운이었다.

롭 핼포드의 가입으로 프런트를 든든히 한 주다스 프리스트는 1974년 의욕적인 유럽 투어를 전개했다. 투어 도중 영국의 한 마이너 레이블과 계약한 밴드는 곧이어 데뷔 앨범 작업에 착수했는데 이 때 글렌 팁튼을 추가로 영입해 막강 라인업을 완성했다. 1974년 데뷔 앨범 「Rocka Rolla」를 발표한 주다스 프리스트는 1976년 「Sad Wings of Destiny」를 시작으로 1978년 「Hell Bent for Leather」(영국에서는 「Killing Machine」이라는 제목으로 발매), 1980년 「British Steel」, 1982년 「Screaming for Vengeance」로 이어지는 헤비메탈의 역사에 빛나는 역작들을 계속해서 쏟아냈다. 특히 〈Metal Gods〉 〈Breaking the Law〉 〈United〉 〈Living after Midnight〉 등 밴드의 대표곡들이 대거 수록되어 있는 「British Steel」은 헤비메탈의 교과서로 추앙받는 명작이며 이 앨범을 계기로 주다스 프리스트는 '메탈의 신'(Metal Gods)이라는 영예로운 별명을 얻게 되었다. 한편 우리나라에서 유독 사랑받는 발라드 〈Before the Dawn〉은 「Hell Bent for Leather」에 수록되어 있다. 한 때 롭 핼포드가 밴드를 떠남으로써 위기를 맞기도 했던 주다스 프리스트는 그의 재가입과 함께 전열을 재정비해 현재까지도 활발한 활동을 펼치고 있다.

1951년 영국 웨스트 브롬비치에서 태어난 케이 케이 다우닝은 글렌 팁튼보다 나이는 어리지만 주다스 프리스트의 결성부터 함께 했던 밴드의 터줏대감이다. 열여섯 살 때 학교를 떠난 후 록 뮤직과 기타를 만났다. 프레디 킹, 존 메이올 등 블루스 기타리스트들의 음악을 들으며 성장한 그에게 가장 큰 영향을 미친 이는 역시 지미 헨드릭스이다. 그는 지미 헨드릭스의 영향으로 블루스 필이 강한 자신만의 헤비메탈 기타 스타일을 만들었다.

무대에서 케이 케이 다우닝은 글렌 팁튼과 인상적인 유니즌 플레이를 펼치는 동시에 다이내믹한 솔로 연주를 주고받는다. 블루노트 펜타토닉 스케일을 기반으로 초킹과 벤딩 주법을 즐겨 사용하는 케이 케이 다우닝은 사운드 면에서는 글렌에 비해 상대적으로 거칠고 날카로운 톤을 들려준다. 그는 핀치 하모닉스, 트레몰로 피킹, 태핑 등 일반적으로 헤비메탈 기타리스트가 갖추어야 할 연주력을 두루 갖추고 있으며, 1990년 앨범 「Painkiller」부터는 당대에 유행하던 속주의 영향을 받아들여 스윕 피킹 기술도 구사하기 시작했다. 초창기 와와 페달을 즐겨 사용했던 케이 케이 다우닝은 1980년대에 접어들면서 페달 사용을 자제하기도 했지만 1990년대 중반 이후 다시 적극적으로 와와 페달을 활용하고 있다.

케이 케이 다우닝의 주력 기타는 깁슨 플라잉 브이 모델이다. 깁슨 플라잉 브이 모델의 개량형으로 해머 기타가 만드는 시그너처 모델을 주

전형적인 쇳소리의 주인공 롭 핼포드

로 사용하며 이밖에 펜더 스트라토캐스터도 즐겨 쓰는 편이다.

글렌 팁튼은 1948년 영국 버밍햄에서 태어났다. 어려서부터 피아노를 배웠고 비교적 늦은 나이인 열아홉 살에 처음 기타를 잡았다. 플라잉 해트 밴드의 리더로 활동하던 그는 1974년 데뷔 앨범 녹음에 들어간 주다스 프리스트에 전격 가입해 케이 케이 다우닝과 철벽 트윈 리드 기타 시스템을 구축했다. 뒤늦게 가입했던 까닭에 처음에는 밴드 내의 위치가 다소 애매했지만 뛰어난 기타 실력과 작곡 능력을 바탕으로 점차 자신만의 영역을 확고히 했다.

글렌 팁튼은 케이 케이 다우닝에 비해 멜로디컬하고 직선적인 연주를 들려준다. 그의 솔로는 상대적으로 클래식의 영향을 강하게 드러내며 레가토 주법과 해머링 온, 풀링 오프 주법을 즐겨 사용하는데 의외로 복잡한 면이 있어서 따라하기 어렵다. 유니즌 플레이 파트에서는 상대적으로 중저음의 묵직한 톤을 구사해 밴드의 사운드에 안정감을 더하기도 한다. 1990년대 들어서는 케이 케이 다우닝과 마찬가지로 속주 기법을 연마해 스윕 피킹과 태핑 기법도 즐겨 쓴다.

글렌 팁튼은 영향받은 뮤지션으로 가장 먼저 제레미 스펜서 그룹을 꼽는다. 그리고 지미 헨드릭스, 레드 제플린, 딥 퍼플 등 그보다 조금 앞서 걸어간 거물 선배들의 영향을 숨기지 않는다.

글렌 팁튼은 다양한 기종의 기타를 사용한다. 그는 초기부터 1978년 무렵까지 펜더 스트라토캐스터를 애용했지만 1978년 이후 깁슨 레스폴 커스텀 모델을 병용하기 시작했다. 이후 깁슨 SG 스페셜 모델과 해머 팬텀 GT 모델도 함께 쓰고 있다. 그러나 앰프는 거의 모든 공연에서 일관되게 마샬 앰프를 사용한다. 한편 글렌 팁튼은 때로 피아노와 신디사이저를 연주하기도 하는데, 대표적으로 밴드의 초기 걸작인 〈Epitaph〉에서 그의 피아노 연주를 들을 수 있다.

헤비메탈의 전성기를 기록한 선명한 증명사진

1970~80년대 아이언 메이든, 데프 레파드Def Leppard 등과 함께 이른바 NWOBHM(New Wave of British Heavy Metal)을 선두에서 이끌었던 '메탈의 신' 주다스 프리스트, 밴드의 상징이라면 물론 헤비메탈 보컬리스트로 단연 최고의 목소리를 가졌다는 전형적인 쇳소리의 주인공 롭 핼포드를 들어야 할 것이다. 그러나 강력한 트윈 리드 기타 시스템의 주인공 케이 케이 다우닝과 글렌 팁튼의 역할 역시 결코 그보다 작다고 할 수 없다. 그들이 서로를 보완하며 함께 힘을 합쳐 들려주었던 묵직한 리프와 번갈아 가며 펼쳤던 화려한 솔로 애드립은 헤비메탈의 전성기를 기록한 선명한 사진이다. 여기에 베이시스트 이언 힐까지 합세해 세 사람이 일사분란하게 흔들던 폭발적인 헤드뱅잉은 그 시절을 증언하는 증명사진이자 헤비메탈 퍼포먼스에 대한 기억 그 자체이다.

2010년 2월 펼쳐진 제52회 그래미 시상식에서 주다스 프리스트가 베스트 메탈 퍼포먼스 부문을 수상함으로써 글렌 팁튼과 케이 케이 다우닝은 그래미 트로피를 보유한 기타리스트가 되었다. 그러나 아쉽게도 두 사람의 막강 트윈 리드 기타 시스템은 현재 붕괴된 상태이다. 케이 케이 다우닝은 2011년 전격적으로 은퇴를 선언하고 평생을 누비던 무대를 떠나 골프를 즐기며 여유로운 휴가를 만끽하는 중이다.

The Only One :
「British Steel」(1980)

반바지 교복을 입고 하드 록의 본령을 사수하다

앵거스 영

Angus Young, 오스트레일리아, 1955~

록의 역사를 가르치고 록 음악에 대한 이론 수업이 있고 밴드를 구성해 실습까지 해야 하는 학교가 있다. 실제로 존재하는 학교는 아니고(지구촌 어딘가에 정말 있는지는 모르겠다) 영화 속 이야기다. 인디 밴드에서 기타를 치다 해고된 뒤 우연히 뉴욕의 한 사립 초등학교에서 아이들을 가르치게 된 듀이(잭 블랙Jack Black 분)가 주인공인 영화의 제목은 [School of Rock]이다.

내친 김에 영화 이야기를 좀 더 하자면 영화 초반부에 듀이가 기타를 치는 학생에게 따라해 보라며 치는 곡들은 블랙 사바스의 〈Iron Man〉과 딥 퍼플의 〈Smoke on the Water〉, 그리고 AC/DC의 〈Highway to Hell〉이다. 반 아이들에게 각자가 맡을 파트를 지정하는 장면에서 흐르는 곡은 AC/DC의 〈Back in Black〉이다. 영화의 엔딩을 마감하는 곡 역시 AC/DC의 〈It's a Long Way to the Top (If You Wanna Rock 'n' Roll)〉이다. [School of Rock]은 전체적으로 1970~80년대 하드 록에 바

앵거스 영

치는 오마주라 할 만 한 영화이지만, 그 중에서도 특히 AC/DC에 대한 각별한 오마주를 담은 영화이다. 그것은 듀이가 영화의 마지막 부분에서 학생들을 이끌고 밴드 경연대회에 참가했을 때 입은 의상에서 더욱 확실해진다. 교복과 반바지를 입은 듀이의 의상은 AC/DC의 기타리스트 앵거스 영의 것에서 따왔음이 분명하다.

무대에서 태어나 무대에서 쓰러질

영국과 미국 출신 밴드들이 판을 치던 하드 록과 헤비메탈계에서 호주 출신의 세계적인 밴드 AC/DC의 존재감은 단연 두드러지는 것이었다. 1973년 호주 시드니에서 결성되어 1976년 세계시장에 데뷔해 1970년대 후반 세계적인 밴드로 발돋움한 이후 AC/DC는 30년 넘게 정상의 위치를 굳건히 지켜왔다. 밴드의 창단 멤버로서 리드 기타를 맡고 있는 앵거스 영은 교복 패션과 반바지 그리고 특유의 쇼맨십으로 록의 역사에서도 아주 특별하게 남을 독보적 이미지를 대중에게 각인시키며 AC/DC를 이끌고 있다.

"무대에서 태어나 무대에서 쓰러질 것"이라고 말하는 그는 천상 무대를 지켜야 하는 운명을 타고난 록큰롤러이다.

호주가 자랑하는 세계적인 기타리스트 앵거스 영이 태어난 곳은 그러나 호주가 아니다. 그는 1955년 스코틀랜드 글래스고우에서 태어나 1963년 가족과 함께 호주 시드니로 이주했다. 처음에는 밴조를 치다가 이를 6현으로 개조했고 나중에는 기타로 바꿔 잡았다. 처음 손에 넣은 기타는 싸구려 중고 어쿠스틱 기타였고 처음 가지게 된 깁슨 SG 기타 역시 집에서 가까운 뮤직숍에서 산 중고 기타였다. 앵거스 영은 당시를 이렇게 회고한다. "나는 깁슨 SG

AC/DC

기타를 중고로 샀다. 1967년 무렵이었다. 그것은 아주 가늘고 좁은 네크를 가진 짙은 갈색이었다. 나는 치고 또 쳤다. 많은 땀과 물이 스며들어 나무가 썩을 지경이었고 네크는 전체적으로 휘고 뒤틀려버렸다."

앵거스 영은 1973년 시드니에서 리듬 기타를 맡은 형 말콤 영Malcolm Young과 함께 5인조 밴드 AC/DC를 결성했다. 1975년 발표한 데뷔 앨범 「High Voltage」와 2집 「TNT」가 자국인 호주에서 인기를 얻자 이를 바탕으로 1976년에는 이 두 앨범의 합본이라 할 수 있는 새로운 버전의 「High Voltage」를 세계시장 데뷔작으로 내놓았다.

AC/DC가 세계적인 명성을 얻기 시작한 앨범은 1979년작 「Highway to Hell」이다. 앵거스 영이 천재적인 리프를 선보인 타이틀 트랙 〈Highway to Hell〉이 앨범의 대표곡으로 제목 그대로 지옥으로 가는 고속도로를 달리는 것 같은 단순하면서도 시원한 속도감이 일품인 곡이다. 이 곡은 「롤링 스톤」이 선정한 '역사상 가장 위대한 록큰롤 500곡' 리스트에도 포함되어 있다.

앵거스 영이 무대 위에서 자주 선보이는 오리걸음은 척 베리의 것을 모방한 것이다

그런데 그 다음 순간 사건이 일어났다. 밴드의 보컬리스트로 걸출한 활약을 보이던 본 스콧Bon Scott, 1946~1980이 구토에 의한 폐호

흡 장애로 갑작스럽게 사망, 노래의 제목처럼 지옥으로 가는 고속도로를 타고 영원히 떠나버린 것이다. 하지만 AC/DC는 위기를 딛고 새 보컬리스트 브라이언 존슨Brian Johnson을 영입해 기어이 밴드의 최고작인 「Back in Black」(1980)을 터뜨리고야 말았다. 본 스콧에 대한 애도의 의미로 검은색으로 도배된 재킷 디자인을 택한 앨범에는 〈Back in Black〉을 비롯해 〈You Shook Me All Night Long〉 〈Rock and Roll Ain't Noise Pollution〉 등의 킬링 트랙들이 도사리고 있었다. 「Back in Black」은 현재까지 미국에서만 2,200만 장, 전 세계적으로는 무려 4,400만장이 팔려나가며 단일 록 앨범으로서는 단연 최고의 성적을 기록하고 있다.

이어진 앨범 「For Those About to Rock We Salute You」(1981)는 빌보드 앨범차트를 1위로 데뷔하며 밴드의 높아진 위상을 확인시켜 주었다. 그로부터 그들은 내려오지 않았고 언제나 정상에 서 있었다.

1976년작인 「Dirty Deeds Done Dirt Cheap」은 1981년 뒤늦게 빌보드 앨범차트 3위에 오르는 기염을 토했고, O.S.T 앨범 「Who Made Who」(1986)와 「The Razors Edge」(1990) 「Ballbreaker」(1995) 「Stiff Upper Lip」(2000) 「Black Ice」(2008) 그리고 역시 O.S.T 앨범인 「Iron Man 2」 등이 무시로 정상권을 누볐다.

깁슨 SG 기타의 화신

앵거스 영은 리틀 리처드의 음악을 듣고 처음 기타를 치기 시작했다고 기억한다. 리틀 리처드를 비롯해 척 베리 등 초기 록큰롤의 거장들이 그에게 가장 큰 영향을 끼친 인물들이다. 그가 무대 위에서 자주 선보이는 오리걸음은 척 베리의 것을 모방한 것이다. 그밖에도 앵거스 영은 존 리 후커와 프레디 킹 등 초기 블루스의 거장들과 지미 헨드릭스, 키스 리처드 등을 영향 받은 기타리스트로 꼽는다.

전형적인 8비트 하드 록 리듬 기타와 파워풀한 비브라토, 루트음을 이용한 리프가 아닌 코드 전체를 사용하는 파워 스트로크에 의한 묵직한 코드 백킹, 펜타토닉과 블루노트 스케일에 기반한 솔로 프레이즈, 그것이 앵거스 영의 본류이고 정체성이다. 간혹 그는 자신이 스코틀랜드 출신이라는 것을 상기시키기라도 하듯 스코티시 포크 스타일의 아르페지오 연주를 들려주기도 하지만 곧 기본으로 돌아오고야 만다. 천상 그는 록큰롤 기타리스트인 것이다.

앵거스 영 시그너처 SG 모델

앵거스 영은 깁슨 SG 기타의 화신이다. 그는 활동기간을 통틀어 스탠더드 모델부터 자신의 시그너처 모델까지 일관되게 깁슨 SG 기타를 손에 잡았다. 깁슨사가 만든 앵거스 영 시그너처 SG 모델은 앵거스 영의 요청으로 특수제작된 험버커 픽업을 장착하고 있는데, 지금도 SG 모델 가운데 최고의 명기로 명성과 인기를 누리고 있다.

앵거스 영은 2003년 AC/DC의 멤버로서 록큰롤 명예의 전당에 헌액되었다. 헌액식에서 밴드는 에어로스미스의 스티븐 타일러를 초빙해 〈Highway to Hell〉과 〈You Shook Me All Night Long〉을 우렁차게 불렀다.

2004년 호주 멜버른에는 이들을 기념해 ACDC도로가 생겼다. AC/DC가 아닌 ACDC인 이유는 멜버른시가 도로명에 '/'를 사용하는 것을 금하고 있기 때문이라고 한다.

미국 음반산업협회RIAA의 집계에 따르면, AC/DC는 현재까지 미국 내에서만 7,100만 장의 앨범 판매고를 올려 아홉 번째로 높은 순위를 기록하고 있다. 그들은 마돈나Madonna나 머라이어 캐리Mariah Carey, 마이클 잭슨보다도 많은 앨범을 팔았다.

앵거스 영은 AC/DC의 심장이다. 그는 말콤 영과 함께 트윈 기타 플레이로 파워 코드 리프의 모범을 보여주는 한편, 그룹의 리드 기타리스트로서 블루스에 기반한 멜로디컬한 솔로를 더해 밴드의 음악에 윤기를 첨가했다. 1980년대 이후 록계가 스피드와 테크닉 경쟁으로 과열되어 가는 와중에도 그는 명징한 파워 코드의 리듬 기타와 블루지한 솔로, 효율적인 연주라는 하드 록 기타의 기본을 사수했다.

영거스 영은 교복과 반바지의 장난스런 복장을 했지만 누구보다 진지하게 열정적으로 기타를 치는 록큰롤의 화신이다. 그는 2011년 「롤링 스톤」이 선정한 '역사상 가장 위대한 기타리스트 100' 순위에서 24위에 올랐다.

The Only One :
「Back in Black」(1980)

'Rock will never die'의 진원지

마이클 쉥커

Michael Schenker, 독일, 1955~

'록은 결코 죽지 않는다'(Rock will never die)라는 표현이 언제 어디에서부터 시작되었는지는 확실치 않다. 하지만 수많은 록커들과 평론가들에 의해 무한반복 사용되는(국내에서는 대표적으로 부활의 1집 재킷에도 쓰여 있다) 이 말이 가장 뚜렷이 새겨진 곳은 확실하다. 그 곳은 바로 1984년 마이클 쉥커 그룹Michael Schenker Group이 발표한 명품 라이브 앨범 「Rock Will Never Die」이다.

독일이 낳은 불세출의 헤비메탈 기타리스트로 '미스터 플라잉 브이'라고 불리는 사나이 마이클 쉥커, 그는 동갑내기인 에드워드 반 헤일런과 함께 헤비메탈 기타의 양대 산맥으로 불릴 만큼 최고의 실력을 인정받아 온 결코 죽지 않는 기타리스트이다.

스콜피온스, UFO 그리고 MSG

1955년 독일 하노버 인근에서 태어난 마이클 쉥커는 열한 살 때 이미

친형인 루돌프 쉥커Rudolf Schenker와 함께 나이트클럽 등에서 연주하며 음악 경력을 쌓기 시작했다. 1970년 무렵에는 루돌프 쉥커와 보컬리스트 클라우스 마이네Klaus Meine 등과 함께 스콜피온스Scorpions를 결성하고 정식으로 음악씬에 모습을 드러냈는데 당시 그의 나이 불과 열다섯 살이었다.

마이클 쉥커는 스콜피온스의 초창기 3년 동안 밴드의 기타리스트로 활약했고 1972년 발표된 데뷔 앨범 「Lonesome Crow」에도 참여했다. 이 무렵 스콜피온스는 영국 그룹 UFO와 함께 라이브 투어를 돌았는데 이 때 UFO의 보컬리스트 필 모그Phil Mogg가 마이클 쉥커의 재능을 알아

스콜피온스

보고 입단을 권유했고, 마이클 솅커는 이 권유를 받아드려 1973년 스콜피온스를 떠나 UFO로 이적했다(그의 빈 자리는 울리히 로스Ulrich Roth가 대신하게 된다).

UFO 시절은 밴드에게나 마이클 솅커 개인에게나 가장 성공적인 시기로 평가받는다. 그의 가입 전 다소 지지부진한 활동을 보이던 UFO는 마이클 솅커의 가입과 함께 그룹의 전성기를 열었으며 밴드의 대표작들이 모두 이 시기에 양산된다. 시작은 1974년에 발표한 앨범 「Phenomenon」이었다. 여기에 밴드 최고의 히트곡 〈Doctor Doctor〉와 라이브에서 항상 하이라이트를 장식하는 런닝타임 9분의 대곡 〈Rock Bottom〉이 수록되어 있다.

그리고 호쾌한 록 넘버 〈Shoot Shoot〉이 수록된 「Force It」(1975)과 대중적 인기를 모았던 발라드 〈Belladonna〉와 〈Try Me〉가 각각 수록되어 있는 「No Heavy Petting」(1976) 「Lights Out」(1977)이 뒤를 이었다.

자신이 재적했던 6년 동안 밴드의 전성기를 견인했던 마이클 솅커는 1978년 말 UFO를 전격 탈퇴해 친정인 스콜피온스로 돌아와 「Lovedrive」(1979) 앨범 녹음에 참여했다. 스콜피온스의 대표작 가운데 하나인 「Lovedrive」에는 특히 국내에서 많은 사랑을 받는 발라드 〈Always Somewhere〉와 〈Holiday〉가 담겨 있다. 앨범 발매와 함께 밴드의 투어에 동행하기도 했던 마이클 쉥커는 그러나 불과 세 달 후 다시 스콜피온스와 결별했다. 피로와 알코올 문제가 끊임없이 그를 괴롭혔고 특유의 방랑벽도 그의 정착을 허락하지 않았다.

한 때 마이클 쉥커는 조 페리가 떠난 에어로스미스와 비행기 사고로 랜디 로즈를 잃은 오지 오스본의 후임 기타리스트로 유력하게 거론되기도 했으나 여러 문제로 결국 불발되었다. 이 때 이미 그의 관심은 자신의 밴드에 모아져 있었다. 그리고 1980년 그는 마침내 자신의 이름을 전면에 내세운 마이클 쉥커 그룹(이하 MSG)을 출범시켰다.

그 해 가을 발표된 데뷔 앨범의 제목 역시 「The Michael Schenker Group」이었다. 그는 수록곡 〈Armed and Ready〉와 〈Cry for the Nations〉에서 특유의 파워풀한 솔로 플레이를 선보였고 연주곡인 〈Into the Arena〉에서는 인상적인 멜로디 전개를 보여주었다.

MSG의 최대 히트 앨범인 「Built to Destroy」는 1983년에 나왔는데, 여기에 〈Red Sky〉 〈Walk the Stage〉 등이 수록되어 있다. 마이클 쉥커의 기타는 무엇보다 라이브 무대에서 불을 뿜었다. 그리고 그 에너지는 연이어 발매된 라이브 앨범 속에 고스란히 수록되어 있다. 「One Night at Budokan」(1982)과 「Assault Attack」(1983) 「Rock Will Never Die」(1984)가 그것이다.

UFO 시절 마이클 쉥커

MSG 시절은 마이클 쉥커가 한껏 음악적 욕심을 부린 시기였다. 그는 음악적 전권을 휘둘렀고, 이 때문에 다른 멤버들과의 불화도 많아서 멤버 교체가 끊이지 않았다. 보컬리스트 개리 바든Gary Barden은 마이클 쉥커와의 불화로 계속 밴드를 들락날락했고 그를 대체해 영입되었던 그래험 보넷 역시 오래 버티지 못하고 밴드를 떠났다.

마이클 쉥커의 개인적 경력 역시 부침이 심하기는 마찬가지이다. 1987년에 보컬리스트 로빈 매컬리Robin McAuley의 영입과 함께 MSG는 새로운 모습으로 재건되었다. 이니셜은 MSG 그대로였지만 이번의 MSG는 마이클 쉥커 그룹이 아니라 매컬리 쉥커 그룹의 약자였다. 1990년 마이클 쉥커는 로빈 크로스비Robin Crosby, 1959~2002의 자리를 대신해 그룹 래트Ratt와 함께 MTV 언플러그드 공연에 참여했고 1995년에는 UFO를 재결성하기도 했다. 그러나 UFO의 재건은 성공적이지 못했다. 기타리스트로서 거둔 뛰어난 음악적 성과에도 불구하고 방랑을 거듭하며 부침이 심했던 그의 경력은 분명히 아쉬움으로 남는 부분이다.

마이클 쉥커가 40년 넘는 세월동안 한결같이 애용해 온 깁슨 플라잉 브이 모델

미스터 플라잉 브이

최근에는 딘 브이 시그너처 기타를 사용하고 있지만, 역시 마이클 쉥커의 주무기는 누가 뭐래도 깁슨 플라잉 브이이다. 어렸을 때 형인 루돌프 쉥커가 집에 들고 온 깁슨 플라잉 브이를 보고 그 매력적인 모습에 처음 마음을 빼앗긴 이후 그것은 그의 분신이

되었다. 그는 40년 넘는 세월동안 깁슨 플라잉 브이 기타를 들고 전 세계 곳곳을 누비며 활화산 같은 활동을 펼쳤고 이를 통해 헤비메탈 기타의 신기원을 열었다.

그의 전성기는 아마도 1970~80년대로 보는 것이 맞을 것이다. 그는 지금도 연주여행과 공연을 계속하며 활동을 이어가고 있지만 전성기 때의 모습과는 다소 차이가 있는 것도 사실이다.

라이벌 에드워드 반 헤일런과 비교할 때 마이클 쉥커는 분명 대중적인 스타는 아니었다. UFO 시절 거두었던 상당한 성공과 MSG에 쏟아졌던 마니아들의 열광이 있었지만 그는 언제나 상업적 성공과는 다소 거리가 먼 뮤지션이었다. 그럼에도 불구하고 그가 헤비메탈 기타의 선구자적 존재임은 누구도 의심치 않는 분명한 사실이다.

조 새트리아니, 제프 왓슨Jeff Watson, 커크 해밋 등 내로라하는 수많은 기타리스트들이 그로부터 음악적 세례를 받았다. 마이클 쉥커는 헤비메탈의 화염이 맹렬히 불타오르던 1970~80년대의 중심에서 가장 찬란히 타오르던 불꽃 가운데 하나였다.

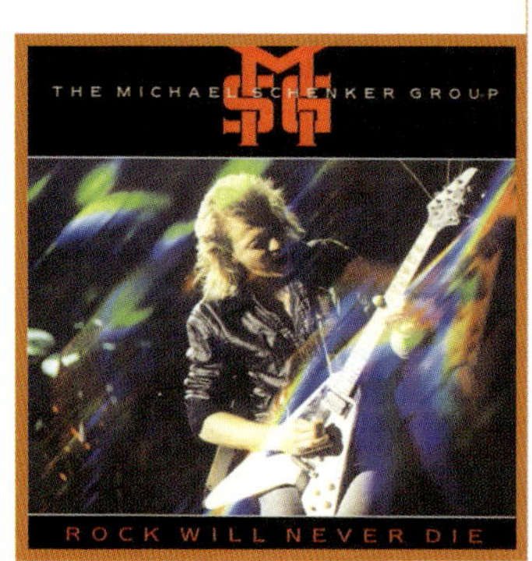

The Only One :
「Rock Will Never Die」(1984)

퓨전 재즈계 단 한 명의 '캡틴 핑거'

리 릿나워

Lee Ritenour, 미국, 1952~

리 릿나워는 데이브 그루신Dave Grusin이 이끄는 퓨전 재즈의 명가 GRP 레이블의 터줏대감이자 간판스타로서 오랜 시간 맹활약해 왔다. 그는 컨템포러리 재즈와 재즈 펑크(Jazz-Funk) 분야의 선구적인 인물로서 지금까지 40장이 넘는 앨범을 발표했고 3,000장이 넘는 앨범에 세션 연주자로 참여했다. 그의 방대한 디스코그래피는 그 누구와 견주어도 부족함이 없다. 「기타 플레이어」는 그런 그에게 2010년 평생공로상을 수여함으로써 그 공적을 기렸다.

세션 기타계의 살아있는 전설

리 릿나워는 1952년 미국 로스엔젤리스에서 태어났다. 어려서부터 기타에 소질을 보여 다섯 살 때 듀크 밀러Duke Miller에게서 기타를 배웠을 정도로 일찍부터 영재교육 코스를 밟았다. 그런 만큼 데뷔도 빨라서 열세 살 때 이미 프로로서 연주하기 시작했고 열여섯 살 때에는 마마스 & 파파

스Mamas & Papas의 존 필립스John Phillips, 1935~2001와 함께 연주하기도 했다.

남가주 대학(USC)에 입학해서는 조 패스Joe Pass, 1929~1994와 크리스토퍼 파크닝Christopher Parkening으로부터 가르침을 받았으며, 이밖에도 웨스 몽고메리, 케니 버렐, 찰리 크리스천, 존 맥러플린 등이 그에게 영향을 끼친 뮤지션들이다.

리 릿나워는 대학을 졸업하고 모교인 남가주 대학에 기타 강사로 출강하는 한편 세션 기타리스트로 활약하기 시작해 1970년대 중반에는 최고의 세션 기타리스트로 명성을 얻었다. 절대로 자신을 전면에 드러내지 않으면서 노래에 자연스럽게 녹아드는 그의 연주는 한마디로 세션 기타의 교과서였다.

그는 1977년과 1978년 2년 연속으로 「기타 플레이어」가 선정한 최우수 스튜디오 기타리스트에 선정되었다. 그의 실력을 인정하고 찾는 사람들이 많아지자 당시 스케줄은 가히 초인적이 되었지만 그는 어디라도 마다하지 않고 달려갔다. 프랭크 시나트라Frank Sinatra, 1915~1998, 바브라 스트라이샌드Barbra Streisand, 칼리 사이몬Carly Simon, 핑크 플로이드, 스틸리 댄Steely Dan, 토니 베넷Tony Bennett, 스티비 원더 등의 팝, 록, 소울 스타들과 허비 행콕, 디지 길레스피, 소니 롤린스Sonny Rollins 등의 재즈 거장들이 모두 그의 손을 빌리고자 했다. 이 무렵 리 릿나워는 '캡틴 핑거'라는 별명을 얻었다. 그의 기민하면서도 빈틈없는 치밀한 운지 때문에 생긴 별명이었다.

솔로 데뷔 앨범인 「First Course」는 스물네 살이던 1976년 발매되었는데, 이 앨범은 1970년대 중반 로스엔젤리스를 중심으로 성행하던 재

즈 펑크 사운드를 대표하는 앨범 가운데 하나이다.

1977년 나온 앨범 「Captain Fingers」는 그의 별명에서 제목을 따온 대표작으로 데이브 그루신, 데이비드 포스터, 알폰소 존슨Alphonso Johnson, 제프 포카로, 하비 메이슨Harvey Mason 등 당대 최고의 세션맨들이 대거 참여하고 있는 화제작이다. 여기에서는 〈Margarita〉와 스티비 원더의 커버곡 〈Isn't She Loverly〉 등이 사랑받았다. 이들 두 장의 앨범을 비롯해 1970년대 후반 발표한 몇 장의 앨범에서 리 릿나워는 오버드라이브와 디스토션이 두텁게 걸린 기타 사운드를 구축해 록의 영향을 드러내고 있다.

1980년대가 되자 1981년 앨범 「Rit」에서부터 그는 팝 성향을 띠기 시작했다. 수록곡 가운데 에릭 태그Eric Tagg가 보컬을 맡은 〈Is It You?〉는 팝 차트에서도 크게 히트했는데 지금까지도 대중적으로 가장 히트한 그의

리 릿나워와 데이브 그루신
그리고 GRP 멤버들

대표곡 가운데 하나이다. 그밖에 다분히 토토의 사운드를 떠올리게 하는 첫 곡 〈Mr. Briefcase〉는 리 릿나워의 멜로디컬한 솔로 연주가 멋스럽고, 서정적인 발라드 〈No Sympathy〉에서의 여유만만함도 좋다. 이러한 팝 성향은 향후에도 한동안 지속되어 1982년작 「Rit 2」와 1984년작 「Banded Together」까지 이어졌다.

1985년 리 릿나워는 GRP에서의 자신의 첫 번째 레코딩을 했다. 데이브 그루신과 함께한 앨범 「Harlequin」이 그것이다. 이 앨범에서 리 릿나워는 클래식 기타를 손에 잡았는데 브라질 출신의 뮤지션 이반 린스Ivan Lins가 참여하고 있는 점도 눈길을 끌었다. 사실 리 릿나워는 브라질 음악에 대한 관심이라는 측면에서 다른 퓨전 재즈 기타리스트들과 가장 큰 차별점을 보여준다. 그것은 이미 1979년에 발표한 앨범 「Rio」에서 뚜렷이 확인되었고 그보다 더 앞서서는 1973년으로 거슬러 올라가야 한다. 그해 리 릿나워는 브라질 출신의 뮤지션 세르지오 멘데스Sergio Mendes의 브라질리언 투어와 스위스 몽트뢰 재즈 페스티벌, 그리고 일본 투어에 모두 동행하면서 대중적 인기를 얻게 되었고 그때부터 브라질 음악에 대해 지대한 관심을 갖게 되었다.

1988년에 발표한 앨범 「Festival」 역시 같은 맥락에서 이해할 수 있는 작품이다. 「Festival」은 브라질 음악의 영향을 받은 그의 스무드 재즈 스타일 연주가 전면에 드러나는 작품으로 어쿠스틱 기타의 매력이 극대화된 앨범이다. 원작자인 브라질의 보석 카에타노 벨로소Caetano Veloso가 직접 보컬로 참여하고 있는 〈Linda (Voce E Linda)〉가 핵심적인 트랙이다.

1986년에 나온 앨범 「Earth Run」에서 리 릿나워는 미디를 컨트롤하는 기타 신디사이저인 신스액스(SynthAxe)를 연주해 관심을 끌었다. 앨범의 재킷 사진에서 그가 들고 있는 악기가 바로 신스액스이다.

1987년 앨범 「Portrait」는 그가 왜 캡틴 핑거로 불리는가를 다시 한 번 입증한 앨범이다. 퓨전 재즈 그룹 옐로우 재키츠Yellow Jackets와 팝 재즈 색소폰의 1인자 케니 지Kenny G 그리고 브라질 출신의 보컬리스트 자반Djavan 등이 합류한 이 앨범에서 리 릿나워는 클래식 기타를 들고 섬세하고 유연한 연주력을 마음껏 뽐내고 있다.

1986년에 나온 앨범 「Earth Run」에서 기타 신디사이저인 신스액스를 연주한 리 릿나워

이밖에 1988년 앨범 「Color Rit」와 1994년에 래리 칼튼Larry Carlton과 함께 발표한 앨범 「Larry & Lee」도 주목할 만한 앨범이다. 래리 칼튼은 1970년대에 이미 리 릿나워와 함께 세션 기타의 양대 산맥으로 명성을 날렸으며 퓨전 재즈 기타리스트로서도 그에 못지않은 입지를 확보한 기타리스트이다. 1991년 밥 제임스Bob James와 함께 결성했던 포플레이Fourplay가 큰 성공을 거둔 후 리 릿나워가 1998년 밴드를 떠났을 때 그의 자리를 대체한 것도 래리 칼튼이었다.

기타의 여섯 줄이 커버할 수 있는 방대한 음역을 명징하게 보여주다

리 릿나워는 평생에 걸쳐 여러 상이한 스타일을 실험하고 또 개척했다. 퓨전 재즈 기타가 그의 본령인 것은 분명하지만 여기에 펑크(Funk), 팝, 록, 블루스, 클래식, 브라질리언 음악에 이르기까지 그의 촉수는 넓게 뻗쳐있다. 그의 기타 톤은 부드럽고 멜로디는 감미로우며 그의 연주는 깔끔하고 정갈하기로 정평이 나 있다.

1970년대에 그는 와와 페달과 페이저, 코러스 등의 이펙트 사용을 즐겼다. 360 시스템스라는 기타 신디사이저도 사용했는데, 「Captain Fingers」의 커버 뒤에서 기타를 들고 있는 리 릿나워의 뒤로 보이는 장비가 바로 360 시스템스이다.

세션 기타리스트 시절 그는 빨간색 깁슨 ES-335 모델과 깁슨 L5 모델을 주로 썼다. 1980년대 초반 아이바네즈사가 그를 위해 시그너처 기타를 만들었다. LR-10으로 명명된 이 기타는 1981년부터 1987년까지만 생산되었는데 대표적으로 앨범 「Rit」에서 이 기타를 연주하는 리 릿나워를 만날 수 있다. 최근에 그는 깁슨 ES-335와 L5를 즐겨 쓰고 있으며 역시 깁슨이 만든 시그너처 리 릿나워 모델 아치탑 기타도 애용하고 있다.

2010년에 리 릿나워의 50번째 생일을 기념해 발매된 앨범 「6 String Theory」는 기타의 여섯 줄이 커버할 수 있는 방대한 영역을 명징하게 보여주었다. 이 앨범에는 스티브 루카서, 닐 숀Neal Schon, 존 스코필드, 슬래쉬, 마이크 스턴, 조지 벤슨, 비비 킹 등의 거장 뿐 아니라 앤디 맥키Andy McKee, 조 로빈슨Joe Robinson, 거스리 고반Guthrie Govan 등 기타 신성들이 대

1980년대 초반 아이바네즈사가 리 릿나워를 위해 만든 시그너처 기타 LR-10. 1981년부터 1987년까지만 생산되었다.

거 참여하고 있다.

같은 해 리 릿나워는 앨범 발매를 기념해 야마하 그룹, 버클리 음악대학 등과 함께 '야마하 6 String Theory Guitar 경연대회'를 출범시켰다. 전 세계 45개국에서 수많은 참가자들이 몰려들었던 1회 대회를 시작으로 지금도 계속되고 있는 이 경연대회에는 해마다 전 세계 젊은 기타 지망생들이 성공을 꿈꾸며 참가하고 있다.

The Only One : 「Portrait」(1987)

피킹의 마술적 경지에 오른 사나이

알 디 메올라

Al Di Meola, 미국, 1954~

1974년 빌 코너스Bill Connors가 탈퇴하자 리턴 투 포에버의 칙 코리아는 그 대체자로 버클리 출신의 당시 열아홉 살의 천재 기타리스트 알 디 메올라를 선택했다.

바로크 메탈 기타리스트들에게 결정적 영향을 끼친 장본인

1954년 미국 뉴저지주 저지 시티에서 태어난 알 디 메올라는 다섯 살 때부터 드럼을 배웠고 여덟 살 때 기타를 처음 잡은 후 이웃에 살던 기타리스트 로버트 애슬라니언Robert Aslanian으로부터 레슨을 받았다. 가장 크게 영향 받은 것은 래리 코리엘Larry Coryell의 연주였다. 그 연주를 듣고 나서 퓨전 재즈 기타리스트라는 인생의 좌표가 설정되었다.

1971년에 알 디 메올라는 퓨전 재즈의 전당인 보스턴 버클리 음악대학에 입학했다. 이 시절 친구 가운데 한 명이 그의 데모 테이프를 칙 코리아에게 보냈는데 이것이 인연이 되어 훗날 칙 코리아는 알 디 메올라

를 뉴욕으로 불렀다.

1974년 리턴 투 포에버에 들어간 알 디 메올라는 가입 직후 카네기 홀에서 4만의 관객 앞에서 공연했고, 「Where Have I Known You Before」(1974) 「No Mistery」(1975) 「Romantic Warrior」(1976) 등의 앨범 작업에 참여했다. 이때가 리턴 투 포에버가 대중적으로 가장 큰 사랑을 받았던 시기라는 사실은 알 디 메올라가 밴드 내에서 그만큼 중요한 위치였다는 것을 잘 보여준다. 특히 「Romantic Warrior」는 하드 록적인 전개로 관심을 끌었는데, 알 디 메올라의 지능적인 파워 코드 배치와 능란한 리드라인이 돋보이는 작품이다. 이 시기 알디 메올라는 불과 스물두 살의 나이에 각종 조사에서 가장 뛰어난 퓨전 재즈 기타리스트로 선정되며 성가를 높였다. 그러나 1976년 리턴 투 포에버는 갑작스럽게 해체되어 사라졌다.

리턴 투 포에버의 해체 이후 알 디 메올라는 1976년 가을 발표한 솔로 데뷔 앨범 「Land of the Midnight Sun」이 큰 성공을 거두면서 솔로로서의 입지를 다져나갔다. 수록곡 가운데 〈Short Tales of the Black Forest〉는 칙 코리아가 녹음에 참여해 우정을 과시한 곡으로 지금도 공연에서 자주 연주되는 곡이다.

이때부터 알 디 메올라는 솔로로 활발하게 활동하며 다수의 명반을 발표했는데 그 중에서도 「Elegant Gypsy」(1977)가 대표작으로 꼽힌다. 그는 여기에서부터 본격적으로 플라멩코와 같은 지중해 문화에 지대한 관심을 보이기 시작했는데, 그것은 〈Mediterranean Sundance〉와 〈Lady of Rome, Sister of Brazil〉과 같은 곡에서 여실히 확인된다. 특히 〈Mediterranean Sundance〉에서는 이미 파코 데 루치아와 협연하고 있어서 곧 모습을 드러낼 대형 프로젝트의 출현을 예고하고 있었다. 〈Race with Devil on Spanish Highway〉도 그의 대표곡 가운데 하나로, 스페인의 고속도로에서 악마와 레이스를 펼친다는 제목 자체가 곡의 성격을 잘 설명해준다. 〈Elegant Gypsy Suite〉에서의 연주는 얼터네이트 속주 피킹의 교과서로 꼽히는 명연으로 이 곡에서의 속주는 잉베이 말름스틴, 크리스 임펠리테리 등 바로크 메탈 기타리스트들에게 결정적 영향을 끼친 것으로 평가 받는다.

이어진 앨범인 「Casino」(1978)로 알 디 메올라는 연타석 홈런을 날렸다. 이 앨범의 수록곡들은 그가 스페인과 브라질에 머물면서 만든 노래들로 자유롭고 낭만이 넘치는 음악세계를 보여주고 있는데, 특히 〈Fantasia Suite for Two Guitars〉에서는 기존의 속주에서 벗어나 미묘하고 섬세한 어쿠스틱 기타에 대한 높아진 관심을 드러내고 있다.

리턴 투 포에버

알 디 메올라는 솔로로서 뿐만 아니라 다양한 협업을 통해서도 명성을 떨쳤다. 그는 베이시스트 스탠리 클락, 키보디스트 얀 해머, 바이올리니스트 장 뤽 폰티Jean-Luc Ponty와 협연했으며 특히 자신보다 훨씬 선배들인 존 맥러플린, 파코 데 루치아라는 두 거장과 함께 한 「Friday Night in San Francisco」로 가장 큰 명성과 성공을 거머쥐었다. 이 앨범은 전 세계적으로 200만 장이 넘게 팔려나갔으며, 이에 고무된 세 사람은 1983년에 이번에는 스튜디오 앨범인 「Passion, Grace and Fire」를 발표하기도 했다.

알 디 메올라는 1980년에 카를로스 산타나와 함께 투어를 돌았고 1983년에는 폴 사이몬의 앨범 「Hearts and Bones」의 녹음 작업에 초빙되었다. 이밖에 스탠리 조던Stanley Jordan, 데이브 매튜스Dave Matthews 등과도 함께 작업했다.

알 디 메올라는 1990년대에는 재즈보다는 월드뮤직에 가까운 음악을 들려주었는데, 재즈와 월드뮤직의 결합이 당시의 주도적인 경향임을 감안한다면 지극히 자연스러운 흐름이었다 할 것이다. 「World Sinfonia」(1990), 「Di Meola Plays Piazzolla」(1990) 등이 당시 그의 모습을 엿볼 수 있는 앨범들이다.

빠름, 정교함, 리듬감

속주에 관해서라면 알 디 메올라 역시 둘 째 가라면 서러워할 인물이다. 믿을 수 없을 정도의 빠른 속주와 그 속에 살아 숨 쉬는 생생한 리듬감, 그러면서도 멜로디가 살아있는 유려한 전개는 그의 기타 플레이의 핵심이다.

테크닉적인 면에서 그가 기타사에 끼친 영향은 크다. 아르페지오를 활용한 속주 피킹과 손바닥을 이용한 뮤트 피킹 등 그의 완벽한 피킹 기술은 당대 최고였다. 피킹의 마술적 경지라는 평가가 나올 정도였다. 이밖에도 그는 남미 음악 특유의 리듬감과 플라멩코 스타일의 연주에 이르기까지 다양한 스타일의 연주에 두루 능했다. 이러한 그의 연주는 라틴의 느낌이 물씬 풍겨나는 퓨전 재즈의 한 가지 전형을 완성했다.

정교하고 빽빽한 경과음이 만들어내는 화려한 세계 또한 그의 전매특허였다. 알 디 메올라의 빠르고 정확한 피킹은 존 맥러플린의 경우와 마찬가지로 1980년대 바로크 메탈 기타 시대의 도래에 상당한 영향을 끼쳤다. 잉베이 말름스틴, 토니 매칼파인Tony MacAlpine, 비니 무어Vinnie Moore 등을 위시한 바로크 메탈 기타리스트들과 본 조비의 리치 샘보라, 드림 시어터의 테크니션 존 페트루치 등이 모두 그의 영향권 아래에 있는 후배들이다.

알 디 메올라는 1990년대를 지나면서 일렉트릭 기타 대신 어쿠스틱 기타에 천착하는 모습을 보여주었다.

그는 깁슨 레스 폴 기타와 PRS 기타를 주로 사용하며 싱클라비어 기타로도 즐겨 연주한다.

한 때 지나치게 테크닉을 앞세우는 그의 연주 스타일이 전체적인 곡의 전개와 흐름을 끊어 놓는다는 비판이 일기도 했다. 이를 의식한 것인지는 몰라도 알 디 메올라는 1990년대를 지나면서 일렉트릭 기타 대신 어쿠스틱 기타에 천착하는 모습을 보여주었다. 물론 그의 귀에 이상이 생긴 것도 영향을 끼쳤을 것이다. 하지만 알 디 메올라 스스로도 빨리 치는 것은 부질없는 짓이라 했으니 어느 시점에서 기타와 음악에 대한 그의 태도에 변화가 온 것은 분명해 보인다. 2006년 알 디 메올라는 일렉트릭 기타에 대한 사랑을 되찾았고 레버쿠젠 재즈 페스티벌에서 다시 일렉트릭 기타를 손에 들면서 지금은 일렉트릭 기타와 어쿠스틱 기타를 가리지 않는다.

알 디 메올라는 1977년부터 1981년까지 다섯 차례 연속으로 「기타 플레이어」가 독자 투표로 선정하는 올해의 베스트 재즈 기타리스트로 선정되었다. 기타 평론가 로버트 린치는 "일렉트릭 기타의 역사에서 알 디 메올라 만큼 기술적인 면에서 뛰어난 진보를 이루어낸 인물은 없다. 그의 다양한 연주 스타일과 스케일에 대한 장악력은 우리를 전율케 한다"라고 했다.

The Only One :
「Friday Night in San Francisco」(1980)

현존하는 가장 실험적이고 혁신적인 기타리스트

팻 메스니

Pat Metheny, 미국, 1954~

국내 팬들 사이에서 팻 메스니 만큼 많은 사랑을 받는 퓨전 재즈 기타리스트는 단연코 없다. 이미 여러 차례 펼쳐진 그의 내한공연은 매번 매진사례를 이루었다. 그의 음악은 종종 재즈가 아니라는 비판에 직면하지만 그것은 결코 중요하지 않다. 재즈이든, 포크이든, 뉴에이지이든, 아니면 그 무엇이든 그는 대중의 지지를 잃지 않았다.

그는 1982년에서 1986년 사이 「기타 플레이어」가 선정한 올해의 베스트 재즈 기타리스트에 5년 연속으로 선정되었으며, 현재까지 총 서른세 차례나 그래미에 노미네이트되어 1982년에서 1984년까지 베스트 재즈 퓨전 퍼포먼스 부문을 3연패하는 등 열일곱 차례에 걸쳐 수상자로 선정되었다.

그는 기타 신디사이저의 가장 진취적인 개척자이며 현존하는 가장 실험적이고 혁신적인 기타리스트이다.

재즈와 뉴에이지의 경계를 유영하며 새로운 소리의 미학을 창조하다

팻 메스니는 1954년 미국 미주리주 캔사스 시티 남동부의 교외지역인 리스 서미트에서 태어났다. 열세 살 때 처음 기타를 잡은 후 이내 천재적 소양을 드러냈고 재즈의 명문인 마이애미 대학과 보스턴 버클리 음악대학을 수료했다.

버클리 음악대학 재학 당시 세계적인 재즈 비브라폰 연주자 개리 버튼Gary Burton을 만나면서 프로 세계에 뛰어들었는데, 1974년에 베이시스트 자코 파스토리우스의 앨범 녹음에 참여한 것이 정식 레코드 데뷔였다. 1975년부터는 개리 버튼 밴드의 일원으로 활약하면서 세계적으로 이름을 알렸고, 같은 해 데뷔 앨범인 「Bright Size Life」를 냈다.

1977년 발표한 앨범 「Watercolors」는 평생의 음악적 동반자인 키보디스트 라일 메이스Lyle Mays와 함께 한 첫 번째 앨범이라는 점에서 큰 의의를 갖는다.

평생의 음악적 동반자 라일 메이스의 피아노, 신디사이저와 팻 메스니의 깁슨 ES-175 기타가 만들어내는 영롱한 사운드는 재즈와 뉴에이지의 경계를 유영하며 새로운 소리의 미학을 창조해냈다.

1977년 그 해 팻 메스니 그룹 Pat Metheny Group, 이하 PMG을 결성한 그는 독특한 분위기의 유럽의 명문 재즈 레이블 ECM과 인연을 맺었다. PMG는 1978년 그룹의 데뷔 앨범인 「Pat Metheny Group」을 발표했고 미국과 유럽에서 큰 인기를 얻었다. 라일 메이스의 피아노, 신디사이저 연주와 디지털 딜레이 효과를 최대한 활용한 팻 메스니의 깁슨 ES-175 기타 연주가 만들어내는 영롱한 사운드는 재즈와 뉴에이지의 경계를 유영하며 새로운 소리의 미학을 창조해냈다.

1982년작 「Offramp」는 자타가 공인하는 PMG의 최고작이다. 〈Are You Going with Me?〉 〈Au Lait〉 등의 대표곡을 비롯해 수록곡 전반에서 빛을 발한 신비스럽고 몽롱한 사운드는 너무나 아름다운 재즈의 신천지였으며, 팻 메스니의 멜로디가 살아 숨 쉬는 서정적인 기타는 거부할 수 없는 낙원으로의 초대였다. 짐 홀 Jim Hall의 영향이 단적으로 드러나는 「Offramp」에서의 팻 메스니의 기타 연주는 시적이라는 찬사를 이끌어냈는데, 퍼커션과 보컬로 참여한 브라질 출신의 나나 바스콘셀로스 Nana Vasconcelos의 조력도 앨범이 가진 키포인트 가운데 하나였다.

이어진 라이브 앨범 「Travels」(1983)와 아르헨티나 출신의 페드로 아즈나르 Pedro Aznar가 처음 합류한 「First Circle」(1984)도 계속해서 좋은 반응을 얻었다.

음악여행은 계속되었다. ECM을 떠나 게펜 레코드로 이적해 발표한 「Still Life(Talking)」(1987)에서는 퍼커션이 강조된 새로운 스타일을 선보였는데, MBC [수요예술무대]의 시그널 음악으로도 우리에게 친숙한 〈In Her Family〉와 〈Last Train Home〉이 많은 사랑을 받았다.

이어진 앨범 「Letter from Home」(1989)에서는 〈Dream of the Return〉이 각별한 사랑을 받았는데 그룹을 떠나기 전 페드로 아즈나르의 역할이 마지막으로 빛난 작품이었다.

PMG의 음악은 변화했다. 아니 머무르지 않고 진화했다는 표현이 더 적절할 지도 모르겠다. 1980년대에는 나나 바스콘셀로스나 페드로 아즈나르의 합류로 라틴 음악에 대한 관심의 깊이를 더했고, 2000년대에 들어서는 카메룬 출신의 리처드 보나Richard Bona를 받아들여 월드뮤직의 경향성을 더욱 강화했다.

현재 팻 메스니의 행보는 한마디로 자유로워 보인다. 그는 솔로와 밴드, 듀오와 트리오 등 편성이나 구성을 가리지 않고 다양한 협업을 전개하고 있으며 작곡에 있어서도 솔로 기타에서 소규모 앙상블, 오케스트라에 이르기까지 폭넓은 스케일을 시도하고 소화하고 있다. 그런 가운데 그가 함께 작업하고 있는 뮤지션들의 면면도 화려하기 그지없어서 자코 파스토리우스, 찰리 헤이든Charlie Haden, 존 스코필드, 잭 드조넷Jack DeJohnette, 허비 행콕, 오넷 콜맨, 브래드 멜다우Brad Mehldau, 조슈아 레드맨Joshua Redman 등이 모두 그와 함께 했던 이름들이다.

테크놀로지는 예술적 창작력의 또 다른 원천

팻 메스니는 기타 연주와 사운드의 영역을 무한대로 확장했다. 그는 기타 신디사이저를 활용해 끊임없이 다채로운 음악적 실험을 전개했다.

커스텀 메이드 모델 42현 피카소 기타를 연주하는 팻 메스니

테크놀로지는 그에게 있어 창작력의 또 다른 원천이다. 그는 12현 기타를 즐겨 사용했으며 울림이 많은 소리를 위해 할로우 바디 기타를 애용했고 부드러운 톤을 만들기 위해 앰프의 세팅을 여러 가지로 실험하기도 했다. 디지털 딜레이와 코러스, 리버브는 그가 가장 빈번히 사용하는 사운드 이펙트이다.

그의 주력 기타로는 린다 만제르Linda Manzer의 커스텀 메이드 모델인 42현 피카소 기타를 빼놓을 수 없다. 42현 피카소 기타를 잡은 팻 메스니는 말 그대로 소리의 마술사로 불린다. 린다 만제르는 이밖에도 팻을 위해 미니 기타, 어쿠스틱 시타르 기타, 바리톤 기타 등 많은 기타를 만들어 주었다.

기타 신디사이저의 애호가이자 창조적 실험가인 팻 메스니는 롤랜드 GR-300 기타 신디사이저와 싱클라비어 기타 시스템도 즐겨 사용한다. 최근에는 연주자 없이 기계적인 조작으로 움직이는 거대한 연주 장치인 오케스트리온으로 기타의 혁명가로서의 면모를 더욱 확고히 했다. 팻 메스니는 2010년 오케스트리온으로 녹음한 앨범 「Orchestrion」을 발표했고 이후 이 장치를 들고 세계 순회공연을 돌았다. 그의 기타 연주에 맞추어 자동으로 연주되는 오케스트리온은 무대 위에 서 있는 것을 보는 것만으로도 입이 떡 벌어질 만큼 압도적 위용을 자랑하는데, 2010년에 「타임」은 이런 공연평을 냈다. "마치 악기숍이 문을 닫은 후 한밤중에 그 안에 있는 모든 악기들이 깨어나 스스로 연주를 하는 애니메이션 영화를 보는 것 같다. 거칠게 헝클어진 적갈색 머리의 팻 메스니는 이 모든 것에 생명력을 불어넣는 괴짜 과학자의 역할을 완벽하게 해냈다."

기타 신디사이저에 대한 팻 메스니의 입장은 확고하다. 그는 이렇게 말한다. "각각의 음색을 만드는 기타 신디사이저는 독립된 악기로 보아야 한다." 그는 그것들을 보조적인 장비로 보기보다는 하나의 악기로서 완벽하게 마스터하고자 애썼다.

어렸을 때 팻 메스니는 웨스 몽고메리의 기타를 따라했지만 곧 모방은 의미가 없으며 새로운 것을 창조해야 한다는 것을 깨달았다. 이후 그는 케니 버렐, 조 패스, 존 맥러플린 등으로부터 폭넓게 영향 받아 이를 자신의 것으로 소화한 후 자신만의 새로운 스타일을 창조했다. 키스 자렛Keith Jarrett, 존 애버크롬비John Abercrombie 등 소속사 동료들과 함께 창조해낸 ECM 시절의 사운드는 재즈의 신대륙이었다.

팻 메스니는 재즈는 물론 뉴에이지와 클래식을 아우르는 넓은 음악적 스펙트럼을 보유하고 있으면서 한편으로는 팝 음악에 대한 애정도 숨기지 않는다. 그는 비틀스에게서도 큰 영향을 받았다고 공언한 바 있으며, 2011년 발표한 앨범 「What's All About」은 아예 사이몬 & 가펑클의 〈The Sound of Silence〉를 비롯해 자신이 어렸을 적 유행했던 아메리칸 탑40 히트곡을 리메이크한 앨범이다. 「Offramp」 앨범의 수록곡

거대한 연주 장치인 오케스트리온과 함께 무대에 오른 팻 메스니

〈James〉가 자신이 좋아했던 팝 뮤지션 제임스 테일러에게 바친 곡이라는 것도 잘 알려진 사실이다.

팻 메스니의 최고작이라면 누구나 「Offramp」를 꼽을 것이나 이 책에서는 「Beyond the Missouri Sky」(1996)와 「Upojenie」(2002)를 추천하고 싶다. 같은 미주리 출신의 세계적인 재즈 베이스 연주자 찰리 헤이든이 함께 하고 있는 「Beyond the Missouri Sky」는 제목 그대로 두 사람이 어린 시절을 보냈던 미주리의 하늘을 회상하듯 아름답고 아련한 서정을 담고 있는데 그 중에서도 〈Our Spanish Love Song〉은 단연 압권이다. 들으면 금방이라도 미주리의 들판을 뛰놀고 있는 자신의 모습을 상상하게 될 것이다. 폴란드 출신의 여성 재즈 보컬리스트 안나 마리아 조펙Anna Maria Jopek과 함께한 「Upojenie」도 매력 만점의 앨범이다. 타이틀곡 〈Upojenie〉와 예의 영롱한 기타 톤이 빛나는 〈Polskiedrogie〉도 좋고 안나의 목소리를 입혀 재창조된 〈Are You Going with Me?〉는 단연코 앨범의 백미이다. 떠나자. 미주리도 좋고 폴란드도 좋겠다.

The Only One :
「Beyond the Missouri Sky」(1996)

오직 헨드릭스만이 그의 앞에 있다

에드워드 반 헤일런
Edward Van Halen, 네덜란드, 1955~

빠르고 정확한 기타 연주를 뜻하는 표현 중에 흔히 쓰이는 것으로 '섬광과도 같은 연주'라는 표현이 있다. 속주에 능한 테크니션을 이야기할 때 즐겨 사용되는 이 표현은 특히 헤비메탈 기타리스트를 이야기할 때 자주 등장한다. 이 말에 가장 잘 어울리는 기타리스트로 에드워드 반 헤일런을 꼽는다 해도 그리 큰 이견은 없을 것이다.

섬광과도 같은 연주

에드워드 반 헤일런은 1955년 네덜란드 니유메간에서 태어났다. 그래서 그는 스웨덴 출신의 잉베이 말름스틴, 독일 출신의 마이클 쉥커와 함께 유럽이 낳은 3대 헤비메탈 기타리스트로 꼽히곤 한다. 아버지는 색소폰 연주자, 어머니는 피아니스트였으니 어쩌면 그는 음악의 길을 걸을 수밖에 없는 운명을 타고 났는지도 모른다. 심지어 그의 미들네임은 '루드빅'(Ludwig)이다. 물론 루드빅 반 베토벤에서 따온 이름이다. 하긴 그의

에드워드 반 헤일런

아들의 이름 역시 볼프강 아마데우스 모차르트에서 따온 볼프강 반 헤일런Wolfgang Van Halen이니 그 집안의 음악사랑은 참으로 유별나다 하겠다.

에드워드 반 헤일런은 1967년 가족과 함께 미국으로 이주했다. 1972년 무렵에는 캘리포니아주 패사데나에서 형 알렉스 반 헤일런Alex Van Halen과 함께 처음 밴드를 결성했는데 당시는 형 알렉스가 기타를 치고 에디는 드럼을 맡았지만 얼마 지나지 않아 두 사람은 서로 포지션을 바꾸었다. 제네시스, 맘모스 등으로 이어지던 밴드명은 1974년 마침내 형제의 이름을 딴 반 헤일런Van Halen으로 바뀌었고, 이들은 1978년 역사적인 그룹 동명 데뷔 앨범「Van Halen」을 발표하면서 화려하게 등장한다. 현재까지 미국에서만 천만 장이 넘게 팔리며 미국 음반산업협회로부터 다이아몬드 앨범으로 인증 받은「Van Halen」은 역사상 가장 뛰어난 데뷔 앨범 가운데 하나로 꼽히는데, 특히 에드워드 반 헤일런은 여기서 상상을 초월하는 고난도 연주를 선보이며 하드 록과 록 기타의 문법을 새로 썼다는 평가를 받았다.

이후「Van Halen Ⅱ」(1979)「Women and Children First」(1980)「Fair Warning」(1981)으로 이어진 앨범들은 연이어 성공을 거두었고 1982년 에디는 마이클 잭슨의 전설적인 명반「Thriller」에 참여해 〈Beat It〉의 기타 솔로부분을 연주하기도 했다.

1984년을 하루 앞둔 1983년 12월 31일, 1984년의 록 씬을 반 헤일런의 것으로 만든 명반「1984」가 발매되었다.「1984」는 1949년에 출간되어 전체주의에 질식해가는 인간세계의 암울한 미래상을 그려 주목받았던 조지 오웰의 유명한 동명 소설『1984』에서 제목을 따온 것으로 알려져 있다. 이 앨범은 무엇보다 아기천사가 담배를 쥐고 있는 충격적인 재킷 사진으로 화제를 모았다. 빌보드 싱글차트에서 5주간 1위를 차지하며 반 헤일런의 최대 히트곡으로 남아있는 〈Jump〉가 여기에 수록되어 있다.

1984년의 록 씬을 반 헤일런의 것으로 만든「1984」

그러나「1984」의 기록적인 성공 이후 반 헤일런에게는 위기가 찾아왔다. 에드워드 반 헤일런과 함께 밴드의 인기를 견인하던 걸출한 보컬리스트 데이비드 리 로

데이비드 리 로스가
활동했던 당시 반 헤일런

스David Lee Roth가 탈퇴한 것이다. 밴드 내에 위기감이 감돌고 대중들이 밴드의 미래에 물음표를 던질 무렵 반 헤일런은 그룹 몬트로스Montrose 등을 거치며 실력을 인정받은 보컬리스트 새미 헤이거를 받아들여 위기를 돌파했다.

1986년 새미 헤이거와 함께 처음 발표한 앨범 「5150」은 반 헤일런의 앨범 중에서는 최초로 빌보드 앨범차트 1위를 차지했으며 메인스트림 록 차트 1위를 차지한 〈Why Can't This Be Love〉를 비롯해 〈Dreams〉 〈Love Walks in〉 등의 히트곡이 계속해서 나왔다.

아쉽게도 반 헤일런의 전성기는 1980년대에 멈추어 있는 것 같다. 물론 1990년대를 거쳐 지금까지도 꾸준히 앨범을 내고 라이브를 펼치며 활동을 이어가고 있기는 하지만 당대의 헤비메탈 씬을 호령하던 위엄은 이제 찾아보기 힘들다. 1990년대 들어 새미 헤이거의 탈퇴 이후 데이비드 리 로스와 잠시 재결합하기도 했고 1996년에는 익스트림 출신의 또 다른 실력파 보컬리스트 개리 셰론Gary Cherone을 합류시켜 재기를 꿈꾸기도 했지만 역시 힘에 부쳤다.

한 시대를 풍미했던 명품 밴드 반 헤일런의 흥망성쇠는 아마도 헤비메탈의 역사와 궤를 같이 한다고 보아야 할 것이다. 반 헤일런의 음악적 역량이나 연주력이 예전만 못한 면도 없지는 않겠으나 그보다는 전체 음악 씬의 흐름 속에서 그 이유를 찾는 것이 타당할 것이기 때문이다. 1990년대 그런지 록의 등장 이후 록 씬의 주류는 더 이상 헤비메탈이 아니었던 것이다. 반 헤일런은 2006년 오랜 시간 밴드와 함께 했던 베이시스트 마이클 앤소니Michael Anthony가 떠난 자리를 에드워드 반 헤일런의 아들인 볼프강 반 헤일런으로 메우며 활동을 이어가고 있지만 과거의 영광을 재현하기에는 역부족인 듯하다.

지미 헨드릭스 이후 가장 압도적인 기타혁명

에드워드 반 헤일런이 등장하기 전까지 록 기타는 사실상 1960년대 중·후반 등장한 기타 히어로들인 지미 헨드릭스, 에릭 클랩튼, 지미 페이지의 영향력 아래에 있었다. 스케일 면에서나 테크닉 면에서나 괄목할 만한 혁명은 일어나지 않았다. 에드워드 반 헤일런의 등장은 이러한 양상을 일시에 바꾸어 놓았다. 그것은 혁명이었다. 1집 「Van Halen」은 새로운 기타 영웅의 출현을 알린 소개장과도 같았다. 특히 수록곡 〈Eruption〉에 쏟아진 평단의 찬사는 각별했는데, 상상을 초월하는 기타 솔로를 선보인 이 곡을 두고 「기타 월드」는 "지미 헨드릭스 이후 가장 압도적인 기타혁명"이라는 찬사를 보냈고, 그가 선보인 양손 태핑 주법을 두고는 "심장마비 환자를 되살린 전기 충격과도 같다"는 표현이 나올 정도였다. 태핑 주법은 사실 에디가 처음 사용한 주법은 아니었지만 그로 인해 크게 주목받았고 이후 괄목할 만한 발전을 이루게 되었다.

이밖에도 라이트핸드 주법, 하모닉스 주법, 비브라토와 트레몰로를 적극 활용한 피킹, 레가토 해머링 온 주법 등 에드워드 반 헤일런이 발전시킨 연주법은 많다. 그 중에서도 특히 엄지와 중지 사이에 피크를 쥐고 집게손가락을 자유롭게 둠으로써 피킹과 태핑 사이를 자유롭게 넘나들었던 태핑 하모닉스 주법은 그의 트레이드마크가 되었다. 이 모든 것들이 이후 등장한 수많은 후배 기타리스트들이 반드시 마스터해야 할 교범과도 같은 연주법이 되었음은 물론이다.

샤벨의 공방에서 구입한 팬더 스트라토캐스터 바디와 네크에 에디 자신이 각종 부품을 직접 조립해서 만든 수제 기타 '프랑켄스트랫'

에드워드 반 헤일런이 가장 즐겨 사용하는 기타는 샤벨의 공방에서 구입한 팬더 스트라토캐스터 바디와 네크에 자신이 각종 부품을 직접 조립해서 만든 수제 기타이다. 이 기타는 흔히 '프랑켄스트랫'으로 불린다. 1983년부터 쓰기 시작해 흔히 '5150'으로 알려진 크래머 기타도 유명하다. 그는 뮤직맨 엑시스, 피베이 볼프강 등 명기의 제작과 튜닝에 직접 참여하기도 했으며 각종 장비와 그 매칭에도 관심이 많아서 독특한 사운드와 톤을 만들어내는 데도 탁월한 재능을 보였다. 이밖에 그가 직접 주문제작해서 사용했으며 이후 많은 기타리스트들이 애용하고 있는 5150 기타 앰프도 유명하다.

반 헤일런은 지금까지 미국에서만 5,600만 장, 전 세계적으로 9,000만 장 이상의 앨범을 판매한 전설적인 헤비메탈 밴드이다. 그 중심에 지미 헨드릭스 이후 가장 괄목할만한 기타리스트로 꼽히는 에드워드 반 헤일런이 있었다.

골초로 알려진 그는 연주 도중 담배를 기타 헤드에 꼽아놓고 연주하는 모습으로도 유명하다. 그런지의 영웅 커트 코베인이 그를 모방한 것인지 모를 일이지만 말이다.

에드워드 반 헤일런은 두 말 할 것도 없이 각종 기타리스트 차트에서 상위권에 이름을 올리고 있는데, 특히 올뮤직 가이드(www.allmusic.com)는 "오직 지미 헨드릭스만이 그의 앞에 있다"라고 밝히고 있다.

The Only One :
「Van Halen」(1978)

끔찍한 고문기구만큼 파괴적인 사운드

데이브 머레이

Dave Murray, 영국, 1956~

데이브 머레이는 그룹 아이언 메이든Iron Maiden의 기타리스트로, 1978년 이래로 현재까지 그 지위를 계속해서 유지하고 있다. 아이언 메이든은 주다스 프리스트, 데프 레파드와 함께 뉴 웨이브 오브 브리티시 헤비메탈(New Wave of British Heavy Metal, 이하 NWOBHM)의 기수로 꼽히는 영국 헤비메탈계의 거물 그룹이다.

그룹명 아이언 메이든은 영화 [The Man in the Iron Maiden]에서 따왔지만 동시에 중세 고문기구의 명칭인 것으로도 잘 알려져 있다. 이것은 관의 뚜껑 안쪽에 그 안에 들어간 사람의 두 눈과 심장을 찌르도록 고안된 쇠꼬챙이가 박혀있는 끔찍한 고문기구로, 관의 뚜껑을 덮으면 쇠꼬챙이가 점점 조여오기 때문에 안에 갇힌 이는 극심한 공포에 사로잡혀 취조자의 의도대로 다 불 수밖에 없었다고 한다. 그러나 모든 것을 실토한 후에도 갇힌 이는 끝내 죽음을 맞았으니 아이언 메이든은 결국 끔찍한 고문기구이자 처형기구였던 셈이다.

데이브 머레이

런던 뒷골목의 스킨헤드 건달에서 헤비메탈 기타의 영웅으로

1956년 영국 런던에서 태어난 데이브 머레이는 열다섯 살 무렵 록 음악에 빠져들기 전에는 스킨헤드족의 일원이었다. 하지만 그의 회고에 따르면 열다섯 살 때 라디오에서 흘러나오는 지미 헨드릭스의 〈Voodoo Chile〉을 들은 것이 모든 것을 바꾸어놓았다. 록 음악에 빠져든 그는 학교를 중퇴하고 어린 시절부터 친구이던 애드리언 스미스Adrian Smith와 함께 그룹 스톤 프리Stone Free를 결성했다. 그룹명 스톤 프리는 지미 헨드릭스의 노래 제목에서 따온 것이었다.

1970년대 초반은 블랙 사바스의 등장과 함께 헤비메탈의 화염이 본격적으로 불붙기 시작한 시기였다. 당시 데이브 머레이는 매주 많은 밴드의 오디션에 참가했으나 번번히 실패했다. 그러다가 1976년 아이언 메이든의 오디션을 통과해 밴드의 일원이 되었지만 보컬리스트 데니스 윌콕Dennis Wilcock과의 불화로 얼마 지나지 않아 밴드를 떠났다. 그는 애드리언 스미스의 밴드 어친Urchin에 잠시 가담했다가 1978년 데니스 윌콕이 아이언 메이든을 떠나자 다시 아이언 메이든으로 돌아왔다. 그리고 이때부터 본격적으로 자신의 음악경력을 써나가기 시작했다.

초창기 아이언 메이든은 과도한 분장과 과격한 스테이지 매너로 가면의 그룹 키스와 비교되곤 했다. 이 무렵 공연 세팅에서 에디Eddie라는 캐릭터가 탄생했는데, 에디는 1980년 데뷔 싱글 〈Running Free〉에 등장한 이래 그룹의 모든 앨범에 등장하는 마스코트가 되었다.

1980년 4월에는 데뷔 앨범 「Iron Maiden」을 발표했는데, 앨범은 UK 앨범차트 4위까지 오르며 성공적인 출발을 알렸고, 아이언 메이든은 그해 7월 레딩 페스티벌에 참가해 성공의 계단을 차근차근 밟아나갔다.

1981년에는 기타리스트를 데니스 스트래튼Dennis Stratton에서 애드리언 스미스로 교체하고 앨범 「Killers」를 발표했는데, 이때부터 데이브 머레이와 애드리언 스미스의 환상적인 호흡이 빛을 발하기 시작했다.

1981년 보컬리스트가 폴 다이아노Paul Di'Anno에서 브루스 디킨슨Bruce Dickinson으로 교체되면서 밴드는 전성기를 맞이했다. 브루스 디킨슨이 참여한 첫 앨범 「The Number of the Beast」(1982)는 UK 앨범차트 1위를 차지했고 〈The Number of the Beast〉 〈Run to the Hills〉 등의 히트곡이 연달아 나왔다.

아이언 메이든의 거침없는 행보는 계속 이어졌다. 1985년 앨범 「Powerslave」는 UK 앨범차트 2위를 차지했고, 1988년 앨범 「Seventh Son of a Seventh Son」은 다시 한 번 1위를 차지했다. 그리고 1992년에는 「Fear of the Dark」가 1위로 핫샷 데뷔하며 아이언 메이든은 상

아이언 메이든

업적으로 최고 정점을 맞이했다.

1990년대와 2000년대를 거치며 식지 않는 열정을 보여준 아이언 메이든은 확고한 대중적 지지 속에 2010년에는 「The Final Frontier」로 18년 만에 UK 앨범차트 정상을 탈환하는 감격을 맛보기도 했다.

아이언 메이든의 음악은 살벌한 그룹 이름만큼이나 파괴적이다 싶을 정도로 거칠고 강한 것이 최대 매력이다. 그 전면에는 야성의 보컬리스트 브루스 디킨슨이 있으며 그 중심에는 데이브 머레이와 애드리언 스미스의 트윈 리드 기타 시스템이 있고, 여기에 그룹의 창립자이자 실질적인 리더인 스티브 해리스Steve Harris의 베이스가 더해지면 막강 삼각편대가 완성된다.

배려와 절제의 애티튜드

두 명의 기타리스트를 두는 것은 록계의 전형적인 포진이어서 이런 구성을 가진 헤비메탈 밴드는 수없이 많다. 두 명의 기타리스트가 굳이 리드와 세컨드로 포지션을 구분 짓지 않고 리드 플레이를 나누는 트윈 리드 기타 시스템 역시 아주 드물지는 않아서 위시본 애쉬와 키스가 그랬고, 케이 케이 다우닝과 글렌 팁튼이 포진한 주다스 프리스트는 역대 최

데이브 머레이와
애드리언 스미스

강의 트윈 리드 기타 시스템이라는 평가를 받기도 했다. 여기에 아이언 메이든의 데이브 머레이와 애드리언 스미스라면 그에 필적하거나 능가할 포진이라 할 만하다.

데이브 머레이와 애드리언 스미스의 호흡은 마치 서로 텔레파시가 통하는 것처럼 절묘하다는 평가를 받는다. 두 사람의 관계는 경쟁보다는 협력을 추구하는데 둘 다 밴드의 조화를 위해서라면 스스로를 뽐내기 위한 솔로 플레이는 자제할 줄 아는 냉철함과 절제력을 보여준다. 두 사람은 밴드 내에서 하모니를 이루어 풍성한 사운드를 만들어내는데 주력한다. 이를 위해서 상호간 3도 차이의 하모나이즈 연주와 일체감을 극대화시키는 유니즌 플레이를 즐긴다. 때로는 부름과 응답이라는 재즈적 작법을 도입해 주거니 받거니 속주 솔로 연주를 펼치기도 하는데 그럴 때조차도 밴드 전체를 위해 서로를 배려하는 자세에는 변함이 없다. 〈Killers〉나 〈Holy Smoke〉가 이들이 만드는 트윈 리드 기타의 위력을 확인할 수 있는 대표곡들로 꼽히며, 루핑 하모니 라인이 인상적인 〈The Trooper〉도 자주 거론되는 곡이다.

두 사람의 연주 스타일을 굳이 비교하자면 데이브 머레이는 상대적으로 리듬 플레이에 주력하면서 블루지한 느낌의 솔로를 즐기는 반면, 애드리언 스미스는 멜로디 파트에 강점을 보이면서 화려한 느낌을 준다. 아이언 메이든의 대표 히트곡 가운데 하나인 〈Run to the Hills〉에서 그것을 확인할 수 있는데, 이 곡에서는 특히 질주하는 밴드의 사운드를 탄탄하게 받치는 데이브 머레이의 안정적인 리듬 연주가 빛난다.

데이브 머레이는 30년 넘게 아이언 메이든에서 자신의 자리를 굳건히 지켜왔다. 브루스 디킨슨과 애드리언 스미스가 잠시 밴드를 이탈했을 때에도 그만은 남아서 자리를 지켰다. 지금 두 사람은 다시 돌아왔으며 아이언 메이든은 그동안 새로 가입한 야닉 거스Janick Gers까지 더해 트리플 기타 시스템을 구축하고 있다.

데이브 머레이는 펜더 스트라토캐스터와 마샬 앰프를 고집한다. 그의 기타 가운데 가장 유명한 것은 프리의 폴 코소프가 쓰던 것을 신문광고를 보고 사들인 검은색 스트라토캐스터로 1957년산 바디에 1963년산 네크를 단 것이다. 한 때 그는 깁슨 레스 폴과 딘, 아이바네즈 등으로 짧은 외도를 하기도 했지만 이내 다시 펜더 스트라토캐스터로 되돌아왔다.

아이언 메이든의 보잉 757 전용기 '에드 포스 원' 과 전용기를 직접 조종하는 보컬리스트 브루스 디킨슨

한편, 데이브 머레이는 다양한 톤을 구사하는 기타리스트이다. 그는 곡에 따라 변화를

주면서, 때로는 섬세하고 차갑고 격렬하게, 때로는 온화한 톤으로 아이언 메이든의 사운드를 구성하는 핵심 재료를 공급한다.

데이브 머레이는 「토털 기타」가 선정한 '역사상 가장 위대한 기타리스트 100' 순위에서 25위에 랭크되었으며, 애드리언 스미스는 그보다 조금 아래인 54위에 자리했다.

1970년대 중반 런던 동부의 뒷골목을 어슬렁거리던 밴드는 이제 세계에서 가장 유명한 헤비메탈 밴드 가운데 하나가 되었다. 아이언 메이든은 지금도 세계 전역을 돌아다니며 왕성한 라이브 활동을 펼친다. 그들은 '에드 포스 원'(Ed Force One)이라 불리는 보잉 757 전용기를 타고 투어를 다니는데 이 비행기의 조종사는 바로 브루스 디킨슨이다. 2011년 내한공연 때도 이들은 브루스 디킨슨이 모는 에드 포스 원을 타고 입국한 바 있다.

The Only One :
「The Number of the Beast」(1982)

기타계의 비르투오소

조 새트리아니

Joe Satriani, 미국, 1956~

조 새트리아니는 1980년대와 1990년대를 통틀어 아주 중요하게 기억해야 할 기타리스트 가운데 한 명이다. 이 표현이 식상하게 들릴지 모르지만, 아무튼 그것은 움직일 수 없는 사실이다.

록 기타가 솔로 연주 악기로서 확고한 지위를 확보하게 된 공로의 상당 부분은 분명히 그의 몫일 것이다. 수많은 연주자들을 가르쳐 기타리스트의 스승으로도 유명한 그는, 탁월한 연주력은 물론 뛰어난 작곡 능력으로도 여타의 기타리스트들과 차별화의 지점을 확보하면서 이를 바탕으로 1980년대 등장 이후 가장 독보적이고 개성 넘치는 기타리스트로서의 지위를 유지하고 있다.

기라성 같은 기타리스트들의 사부

이탈리아계 미국인인 조 새트리아니는 1956년 미국 뉴욕 웨스트베리에서 태어나 롱 아일랜드에서 성장했다. 열네 살 무렵 처음 기타를 잡

조 새트리아니

게 되었는데, 이때 지미 헨드릭스의 사망 뉴스를 듣고 기타리스트가 되기로 결심했다. 자신의 기억에 따르면 그는 미식축구 팀 훈련을 하던 중 뉴스를 접했는데 소식을 듣자마자 코치를 찾아가 기타리스트가 되기 위해 팀을 떠나겠다고 말했다고 한다.

처음 음악을 배웠을 때의 스승이 재즈 기타리스트 빌리 바우어Billy Bauer, 1915~2005와 재즈 피아니스트 레니 트리스타노Lennie Tristano, 1919~1978였던 것은 그가 훗날 재즈적 어프로치가 가미된 연주 스타일을 갖게 되는데 결정적인 영향을 끼쳤다. 그는 천재적인 재능을 가지고 있었다. 놀랍게도 불과 1년 안에 거의 모든 테크닉을 마스터해 남을 가르칠 수 있을 정도의 실력에 이르렀는데, 스티브 바이도 이 때 가르친 제자들 가운데 하나였다.

1978년 조 새트리아니는 음악적 꿈을 쫓아 캘리포니아주 버클리로 이주했다. 옮기고 나서도 기타를 가르치는 일은 계속했는데 이 때 그에게 배운 이들의 면면은 그야말로 기라성 같다. 메탈리카의 커크 해밋, 카운팅 크로우스Counting Crows의 데이비드 브라이슨David Bryson, 테스터먼트Testament의 알렉스 스콜니크Alex Skolnick, 써드 아이 블라인드Third Eye Blind의 케빈 캐도건Kevin Cadogan 등이 모두 앞서거니 뒤서거니 그로부터 가르침을 받았다. 그가 '기타계의 사부'로 불리는 이유이다.

밴드 스퀘어스Squares를 거쳐 1986년 조 새트리아니는 자신이 직접 제작한 솔로 데뷔 앨범 「Not of This Earth」를 발표했다. 퓨전 록의 색채가 강했던 앨범은 별다른 반응을 얻지 못했지만 아내의 이름에서 따온 연주곡 〈Rubina〉는 뛰어난 기타 미학을 보여준 곡으로 평가받으며 록 기타 연주곡의 고전이 되었다. 이 무렵 그의 친구이자 제자였던 스티브 바이는 데이비드 리 로스 밴드와 활동하면서 명성을 얻었는데, 스티브 바이가 여러 인터뷰에서 조 새트리아니를 스승으로 언급하면서 그의 이름이 알려지는 계기가 되었다.

1987년에 2집 「Surfing with the Alien」이 발표되자 상황은 바뀌었다. 앨범은 발매 초기에는 미미한 반응을 얻었지만 점차 관심을 끌기 시작해 얼마 후에는 플래티넘을 기록했고 빌보드 앨범차트에서도 상위권에 진입했다. 화려한 속주를 선보인 〈Satch Boogie〉와 로맨틱한 감성을 담은 발라드 〈Always with Me, Always with You〉가 인기를 모았는데 특히 빠른 태핑과 해머링 온, 풀링 오프 등 다양한 기량을 선보인 〈Satch Boogie〉의 히트로 그는 '새치'라는 별명을 얻었다. 이 곡의 솔로 연주는 지금도 많은 기타 키드들에 의해 카피하기 어려운 난해한 연주로 꼽힌다.

G3(조 새트리아니, 에릭 존슨, 스티브 바이)

조 새트리아니는 그 이후 평균 2년에 한 장 꼴로 앨범을 발표하면서 꾸준한 활동을 이어오고 있다. 그의 작품은 발표할 때마다 항상 평균점수 이상의 호평을 얻는데, 특히 「Flying in A Blue Dream」(1989) 「The Extremist」(1992) 「Time Machine」(1993) 등 1980년대 후반에서 1990년대 초반 사이 발표한 앨범들이 가장 높은 평가를 받았다. 대표곡으로는 〈The Crush of Love〉 〈Summer Song〉 〈Ceremony〉 등이 꼽힌다.

조 새트리아니는 밴드에 소속되기보다는 솔로 기타리스트로서 괄목할 활약을 펼쳐왔지만 가끔씩은 의외의 행보를 보여주기도 했다. 1987년에 올해의 가장 주목할 기타리스트로 선정되며 화려하게 전면에 등장한 이후 1988년에는 믹 재거의 솔로 투어에 제프 벡을 대신해 참가함으로써 화제를 모았고, 1994년에는 딥 퍼플에 깜짝 합류해 잠깐 동안 리치 블랙모어의 빈자리를 채우기도 했다. 2008년에는 반 헤일런의 보컬리스트 새미 헤이거와 베이시스트 마이클 앤소니, 레드 핫 칠리 페퍼스Red Hot Chili Peppers의 드러머 채드 스미스Chad Smith 등과 함께 슈퍼 록 밴드 치킨풋Chickenfoot을 결성했는데 단기성 프로젝트로 끝날 것이라던 일반의 예상과는 달리 지금까지도 계속 솔로 활동과 함께 치킨풋 활동을 병행해오고 있다.

친구이자 제자인 스티브 바이, 에릭 존슨과 함께 펼친 G3 콘서트도 그의 경력에서 결코 빼놓을 수 없는 중요한 포인트이다. 세 명의 걸출한 기타리스트가 함께 하는 G3 콘서트는 1980년 존 맥러플린, 알 디 메올라, 파코 데 루치아가 함께 했던 프로젝트 이후 가장 폭발적 반응을 불러일으키며 기타 인스트루멘틀 공연의 신기원을 열었다. G3 공연은 1996년 조 새트리아니의 주도 하에 세 사람이 함께 시작한 이래 현재까지도 비정기적으로 계속되고 있는데 공연 때마다 항상 뜨거운 무대를 선보이며 명품 공연으로 주목받고 있다. 창립자인 조 새트리아니만이 변함없이 자리를 지키고 있으며 나머지 두 자리는 잉베이 말름스틴, 존 페트루치, 로버트 프립, 마이클 쉥커, 폴 길버트, 스티브 루카서, 케니 웨인 셰퍼드Kenny Wayne Shepherd 등 쟁쟁한 멤버들이 번갈아 가며 채우고 있다.

'교수'라는 호칭이 가장 잘 어울리는 기타리스트

조 새트리아니가 1980년대와 1990년대를 통틀어 가장 중요하고 영향력 있는 기타리스트로 꼽히는 데에는 여러 가지 이유가 있다. 그는 스피드와 정확성을 겸비한 록 음악계 최고의 테크니션 가운데 한 명이다. 그는 해머링 온, 풀링 오프 주법을 통한 레가토 프레이즈를 즐기고 스피디하면서도 견고한 멜로디라인과 화성의 조화가 돋보이는 연주를 들려주는 한편 태핑과 볼륨, 하모닉스 주법을 자유자재로 구사하고 와와 페달을 적극적으로 활용해 다면적인 사운드를 만들어낸다. 블루스

민둥머리 스타일 전의 조 새트리아니

에 기반한 정통 록 사운드는 물론 재즈적 접근과 창조적 실험에도 주저함이 없는 그가 '기타계의 비르투오소*'로 평가받는 것은 당연하다. 그렇다고 그의 연주가 어렵고 난해한 것만은 아니다. 2004년 앨범 「Is There Love in Space?」의 수록곡 〈If I Could Fly〉를 들어보면 그가 대중적인 곡을 쓰고 연주하는 데에도 능하다는 사실을 확인할 수 있다. 조 새트리아니는 음악 전반과 기타 연주의 이론에도 아주 밝아서 이를 바탕으로 노래하듯 따라하기 쉬운 멜로디를 가진 연주곡을 만들어내는데 특출한 능력을 보여주고 있으며 기타 이외에 키보드, 베이스 등 다양한 악기의 연주에도 능한 전형적인 멀티 플레이어이기도 하다.

그가 즐겨 사용하는 기타는 자신의 시그너처 기타인 아이바네즈 JS 시리즈와 피베이 JSX 앰프의 조합으로 모두 그를 위해 특별히 제작된 것들이다.

조 새트리아니가 2003년 발표한 앨범의 제목은 「Professor Satchafunkilus and the Musterion of Rock」이었다. 그러고 보니 그는 교수라는 호칭이 가장 잘 어울리는 기타리스트이다.

---

* 비르투오소(virtuoso) : 매우 뛰어난 연주 실력을 가진 대가, 즉 명인 연주자들을 일컫는 말로 '덕이 있는', '고결한' 을 뜻하는 이탈리아어이다. 클래식 음악계에서 표현 기술이 탁월한 음악가를 지칭하는 데 즐겨 사용된다.

조 새트리아니는 아쉽게도 수상하지는 못했지만 무려 열다섯 차례나 그래미 베스트 연주 부문에 이름을 올리며 이 부문 신기록을 보유하고 있다.

최근 모습만을 아는 사람이라면 그를 박박 민 민둥머리의 기타리스트로 기억할 것이다. 하지만 1980~90년대에는 그도 당시의 대부분의 기타리스트들이 그렇듯 길고 풍성한 머리카락을 자랑하던 시절이 있었다. 하지만 1998년 앨범 「Crystal Planet」의 앨범 재킷에서 처음 민둥머리로 등장해 화제를 뿌린 이후 그는 계속 이 스타일을 고수해 오고 있으며 그래서 대머리 기타리스트로 불린다. 이 위대한 대머리 기타리스트의 위풍당당한 발걸음은 아직 끝나지 않았다.

The Only One :
「Surfing with the Alien」(1987)

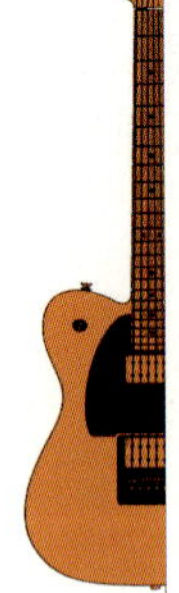

섬광보다 강렬한 기타 소리, 불꽃 같은 삶

랜디 로즈

Randy Rhoads, 미국, 1956~1982

때 이른 죽음은 전설과 신화를 만들곤 한다. 그것은 아마도 아쉬움과 안타까움의 반영일 것이다. 그리고 그것에 관해서라면 이 사나이는 단연 첫 손가락에 꼽힐 만하다. 스물다섯 살, 록계의 유명한 '27 클럽'(지미 헨드릭스, 재니스 조플린, 짐 모리슨, 커트 코베인 등이 가입자다)의 멤버들보다도 더 일찍 불꽃같은 삶을 마감한 불세출의 기타리스트이며 소아마비로 한쪽 다리가 불편했던 장애를 이겨낸 인간승리의 주인공. 랜디 로즈, 그는 분명히 신화의 주인공이 될 만한 요건을 두루 갖춘 인물이다.

1982년 3월, 밴드 오지 오스본은 전미 투어 중이었다. 테네시주 녹스빌 공연을 마친 밴드의 다음 행선지는 플로리다주 올랜도였다. 그러나 밴드는 올랜도에 가지 못했다. 불의의 사고 때문이었다. 비운의 3월 19일, 경유지인 플로리다주 리스버그에서 경비행기 사고가 일어났고 세 명이 그 자리에서 즉사했다. 그 세 명 중에는 오지 오스본의 젊은 기타

랜디 로즈

영웅 랜디 로즈가 포함되어 있었다. 오지 오스본은 그 날 태어나 가장 서럽게 울었다고 한다.

블랙 사바스를 떠나 1979년 자신의 이름을 내 건 밴드 오지 오스본을 만든 그의 지상 과제는 블랙 사바스의 기타리스트였던 토니 아이오미를 능가하는 기타리스트를 찾는 일이었다. 그는 결국 당시 스물세 살의 기타 천재 랜디 로즈를 찾아냈다. 그로부터 불꽃 같은 2년, 그러나 랜디 로즈와 함께 이루고자 했던 오지 오스본의 원대한 꿈은 불의의 사고로 허망하게 꺾이고 말았다. 그는 말한다. "랜디 로즈는 가장 독창적이고 뛰어난 재능을 가진 기타리스트였다. 그는 지금까지 내가 만난 최고의 기타리스트이다."

아무나 전설이 되는 것은 아니다

랜디 로즈는 1956년 미국 캘리포니아주 산타모니카에서 태어났다. 음악 선생님이었던 어머니의 영향으로 음악적 환경 속에서 성장했으며 열 살이 되기 전부터 할아버지의 낡은 어쿠스틱 기타를 쳤다.

열여섯 살 때는 콰이어트 라이엇Quiet Riot을 결성해 본격적인 음악활동을 시작했다. 콰이어트 라이엇 시절 1집과 2집, 두 장의 앨범에 참여하고 밴드를 떠난 랜디 로즈는 1979년 오지 오스본의 오디션에 참가했고 수많은 쟁쟁한 경쟁자들을 모두 물리치고 오지 오스본의 기타리스트로 낙점되었다.

1980년 발표된 오지 오스본의 데뷔 앨범 「Blizzard of Ozz」의 주인공은 누가 뭐래도 랜디 로즈이다. 수많은 메탈 키드들에 의해 가장 많이 카피되는 곡 가운데 하나인 〈Crazy Train〉에서 들려준 기타 리프와 〈Mr. Crowley〉 〈Goodbye to Romance〉에서 선보인 솔로 연주를 통해 랜디 로즈는 헤비메탈 기타의 새로운 차원을 보여주었다.

랜디 로즈는 펜타토닉 스케일을 즐기는 전형적인 정통파 헤비메탈 기타리스트이다. 연주에 클래식적인 요소가 많다는 점에서는 리치 블랙모어 계보의 적자로 꼽히기도 한다. 그러나 그러면서도 그가 이전과는 전혀 다른 스타일의 기타리스트로 평가받는 이유는 특유의 멜로디컬한 연주 때문이다. 그의 연주는 거칠고

콰이어트 라이엇 시절의 랜디 로즈

무거운 헤비메탈의 전형적인 스타일을 따르면서도 그 안에 따라 부를 수 있을 만큼, 아니 꼭 따라 부르고 싶을 만큼 매혹적인 멜로디를 숨기고 있다. 이 멜로디가 그의 연주를 아름답게 하고 한편으로는 슬프게 만드는데 〈Mr. Crowley〉의 솔로 애드립이 그것을 가장 잘 보여준다.

공연 중 기타를 치고 있는 랜디 로즈를 번쩍 들어 올리고 있는 오지 오스본. 랜디 로즈의 사망 5주기를 기념하는 앨범 「Tribute」의 재킷 사진으로 쓰이기도 했다.

랜디 로즈의 등장과 함께 하드록 기타는 멜로디 악기로서의 지위를 획득하게 되었다. 그는 「Blizzard of Ozz」, 이 한 장의 앨범으로 일약 최고의 기타 영웅으로 떠올랐다. 1981년에 나온 차기작 「Diary of A Madman」 역시 호평을 얻어냈다. 여기서도 〈Over the Mountain〉 〈S.A.T.O〉 등의 곡에서 랜디 로즈의 기타는 빛을 발하고 있다.

오지 오스본의 랜디 로즈를 향한 그리움은 끝이 없었다. 1987년, 랜디 로즈의 사망 5주기를 기념하는 트리뷰트 앨범인 「Tribute」가 발표되었다. 앨범은 그가 사망하기 직전인 1981년의 미국, 캐나다 투어 실황을 담고 있다. 그의 뛰어난 기타 실력을 여실히 확인할 수 있는 이 앨범에는 오지 오스본 시절의 히트곡들이 총망라되어 있는데, 특히 〈Suicide

샤벨사가 제작한 땡땡이 무늬의 플라잉 브이 기타

Solution〉에서 들려준 기타 솔로가 하이라이트로 꼽히며 〈Dee〉의 스튜디오 미발표 버전이 포함된 것도 관심을 모았다. 이 앨범은 공연 중 오지 오스본이 기타를 치고 있는 랜디 로즈를 번쩍 들어 올리고 있는 재킷 사진으로도 유명하다.

랜디 로즈에 대한 트리뷰트 앨범으로는 유명한 앨범이 한 장 더 있는데, 그를 사랑하는 후배 뮤지션들이 모두 출동해 만든 앨범 「Randy Rhoads Tribute」가 그것이다. 2000년 일본에서 발매된 이 앨범에는 도켄Dokken의 조지 린치George Lynch와 판테라Pantera의 다임백 대럴, 슬러터Slaughter의 마크 슬러터Mark Slaughter와 스키드 로우의 세바스찬 바흐Sebastian Bach, 조 린 터너, 크리스 임펠리테리 등 화려한 멤버가 모두 참여했으며, 랜디 로즈의 후임으로 오지 오스본에서 활약했던 제이크 E. 리Jake E. Lee도 참여하고 있다.

오지 오스본은 기타리스트에 대한 욕심이 남달랐으며 기타리스트를 고르는 눈도 뛰어났다. 랜디 로즈를 포함해 제이크 E. 리, 잭 와일드 등 오지 오스본을 거쳐간 기타리스트들은 한결같이 걸출한 실력을 지닌 뛰어난 기타리스트였다. 그러나 그 중에서도 최고를 꼽으라면 누구나 랜디 로즈를 선택하는데 주저함이 없을 것이다.

1980년대 초반은 반 헤일런의 시대

였다. 모두가 그의 연주를 카피하기에 바빴다. 그 때 랜디 로즈가 등장했다. 그는 반 헤일런에 필적할 유일한 기타리스트로 평가받았다. 1980년대 초반 랜디 로즈는 각종 조사에서 가장 재능 있는 기타리스트, 미래가 가장 기대되는 기타리스트로 꼽혔다. 그는 당시 헤비메탈 기타계의 떠오르는 신성이요 미래의 희망이었으며 그의 연주는 헤비메탈 기타의 새로운 패러다임이었다.

연주력에 관해서라면 랜디 로즈는 특정한 주법을 언급할 필요 없이 모든 면에서 뛰어난 실력을 지닌 테크니션이었다. 수많은 후배 기타리스트들이 그의 영향력 아래에 있음은 두 말할 것도 없다. 특히 잉베이 말름스틴을 비롯해 클래식적 요소를 적극 수용했던 이들은 가장 명백하게 그의 우산 아래에 있다.

반 헤일런과 랜디 로즈, 당신은 누구의 기타에 한 표를 던질 것인가?

랜디 로즈가 사용한 기타 가운데 가장 유명한 것은 샤벨사에서 만든 땡땡이 무늬의 플라잉 브이 기타(Karl Sandoval Polka Dot Flying V)이다. 앞서 말한 1987년의 「Tribute」 앨범의 사진 속에서 오지 오스본이 들어 올린 랜디 로즈가 치고 있는 기타도 바로 이 기타이다. 이밖에도 랜디 로즈는 깁슨 레스 폴 커스텀 기타도 즐겨 썼으며 앰프는 주로 마샬 앰프를 사용했다.

랜디 로즈가 록 씬에서 본격적으로 활동했던 시기는 콰이어트 라이엇과 오지 오스본 시절을 합쳐 5년 남짓에 불과하다. 그런데도 그는 록 기타 역사상 가장 중요한 인물 가운데 하나가 되었다. 그만큼 그의 연주가 독창적이고 뛰어났다는 방증이다.

랜디 로즈는 위대한 기타리스트를 선정하는 각종 조사에도 빠짐없이 이름을 올리고 있는데, 특히 「기타 월드」가 선정한 '위대한 헤비메탈 기타리스트 100인' 명단에서는 당당히 4위에 이름을 올리고 있다. 그의 연주가 빛나는 〈Crazy Train〉과 〈Mr. Crowley〉는 「기타 월드」가 선정한 '위대한 기타 솔로곡 100곡' 순위에서 각각 9위와 28위에 랭크되었으며 〈Crazy Train〉은 「롤링 스톤」의 '역사상 가장 위대한 기타 송 100' 순위에서도 51위에 올라있다.

The Only One :
「Blizzard of Ozz」(1980)

섹시한 팝스타 혹은 비범한 뮤지션

프린스

Prince, 미국, 1958~

1958년생 동갑내기 팝스타 마이클 잭슨, 마돈나와 함께 58년 개띠 삼총사로 불리며 1980년대를 풍미했던 사나이. 1980년대 팝의 황제 마이클 잭슨에 도전장을 던졌던 유일한 라이벌.

그렇게 가장 잘 알려진 프린스에게 기타리스트라는 칭호는 어쩌면 조금은 낯선 것일 수도 있겠다. 그러나 프린스는 2011년 「롤링 스톤」이 선정한 '역사상 가장 위대한 기타리스트 100' 순위에서 33위에 올라있을 만큼 기타리스트로서도 뛰어난 실력을 갖춘 인물이다. 'www.guitar.com'의 순위에서도 30위에 올라있으니 의문의 여지는 없다. 물론 「롤링 스톤」이 선정한 '역사상 가장 위대한 아티스트 100' 순위에서도 27위에 오른 것이 말해주듯 기타리스트를 넘어 아티스트로 대접받아 마땅한 인물이지만 말이다.

프린스

헨드릭스 이후 최고의 흑인 로커

1958년 미국 미네소타주 미네아폴리스에서 태어난 프린스는 일곱 살 때 이미 작곡을 했을 정도로 비범한 아이였다. 1978년에 발표한 데뷔 앨범 「For You」는 관심을 끌지 못했지만 1979년에 발표한 2집 「Prince」가 플래티넘을 기록하면서 주목받기 시작했다.

이어진 앨범들인 「Dirty Mind」(1980) 「Controversy」(1981) 「1999」(1982)은 1980년대의 중심에 프린스라는 이름이 새겨질 것임을 예견한 탁월한 초반 3부작이다. 그리고 1984년 백업밴드인 레볼루션The Revolution을 결성하고 프린스 앤 더 레볼루션의 이름으로 발표한 앨범 「Purple

Rain」이 거대한 성공을 거두면서 프린스는 마이클 잭슨의 권좌에 도전할 유일한 맞수의 지위를 획득했다. 자신이 주연한 동명 영화의 사운드트랙 앨범이기도 한 「Purple Rain」은 무려 24주 동안이나 빌보드 앨범차트 정상에 머무르며 마이클 잭슨의 전설적인 앨범 「Thriller」에 버금가는 호성적을 거두었다. 〈When Doves Cry〉와 〈Let's Go Crazy〉가 빌보드 싱글차트 1위에 올랐고 〈Purple Rain〉과 〈I Would Die 4 U〉는 톱10에 진입했다. 그래미와 아카데미상 수상이라는 확실한 부수입도 챙겼다. 지미 헨드릭스 이후 최고의 흑인 로커가 등장했다는 찬사가 쏟아졌다.

1980년대는 그의 시대였다. 마이클 잭슨이 1983년 「Thriller」의 압도적인 성공 이후 그 부담감을 이기지 못하고 다소 뜸하게 음반을 냈던 반면 프린스는 꾸준히 음반을 발표하며 내놓는 앨범마다 성공을 거두었다. 「Around the World in a Day」(1985) 「Parade」(1986) 「Sign 'O' the Times」(1987) 그리고 자신이 담당했던 영화 [베트맨]의 사운드 트랙에 이르기까지 왕자의 행보는 거칠 것이 없었다.

자신의 고향 미네아폴리스에 음반 레이블과 스튜디오를 설립하고 수많은 뮤지션들을 발굴하고 키우기도 했다. 그들은 흔히 프린스 사단, 혹

'프린스' 라는 이름을 버린 앨범 「The Love Symbol」과 러브 심볼 모양의 기타

거대 음반사 워너 뮤직과의 전쟁을 선포하며 자신의 얼굴에 'SLAVE' 라는 단어를 새겨 넣은 프린스

은 미네아폴리스 군단이라고 불린다. 1989년에는 마돈나의 앨범 「Like a Prayer」 녹음에 참여해 〈Love Song〉을 공동작곡하고 듀엣으로 노래했으며 〈Like a Prayer〉와 〈Keep It Together〉에서는 일렉트릭 기타를 쳐주었다. 하지만 이런 사실은 앨범의 어디에도 표기되어 있지 않다.

프린스는 1991년 새롭게 결성한 밴드 뉴 파워 제너레이션The New Power Generation과 함께 앨범 「Diamonds and Pearls」를 발표했다. 그리고 1992년에 최고의 문제작 「The Love Symbol」이 나왔다. 프린스는 팝계의 소문난 기인이기도 한데 그의 기행의 하이라이트가 이 앨범과 함께 한다. 사실 이 앨범에는 프린스라는 이름과 앨범의 제목이 명기되어 있지 않다. 다만 여성과 남성을 상징하는 기호를 혼합해 만든, 이른바 러브 심볼이 그려져 있을 뿐이다. 그래서 편의상 러브 심볼 앨범이라고 부르는 것이다. 이것이 시작이었다. 1년 뒤인 1993년 자신의 서른다섯 살 생일에 그는 앞으로 프린스라는 이름을 쓰지 않겠다고 선언했다. 프린스는 거대 음반사가 이익을 위해 뮤지션들을 착취하고 있다고 폭로하며 소속사였던 워너 뮤직을 상대로 전쟁을 선포했고, 프린스라는 이름조차도 음반사를 위해 사용하지 않겠다며 벗어 던졌다. 자신과 뮤지션들의 처지를 고발하기 위해 얼굴에 '노예'(Slave)라고 새겨 넣고 다니기까지 했다. 그 당시 방송에서는 그를 프린스라고 부르지 못하고 "예전에 프린스라고 불리던 사나이"라고 소개해야만 했다. 1996년 그가 소속사를 옮기고 발표한 앨범의 제목은 「Emancipation(해방)」이었다. 그리고 4년이 더 지난 2000년에야 프린스는 전쟁의 종언을 선언하고 원래의 이름으로 돌아왔다. 이것이 그 유명한 '프린스의 7년 전쟁'이다.

프린스는 투사로서의 이미지를 얻었지만 1990년대가 상대적으로 그의 음악적 침체기였다는 것은 대체로 동의되는 바다. 1992년에 「뉴스위크」는 그를 두고 "능력은 넘치는데 그것을 어디다 쓸지 모르고 항상 제멋대로인 수수께끼같은 가수"라고 썼다.

프린스는 항상 시대를 앞서갔다. 그가 록과 소울을 접목시켜 완성한 새로운 스타일의 음악은 록큰소울이라는 장르 명을 부여받았다. 그것은 지미 헨드릭스로부터 시작되었고 프린스에 의해 완성되었으며 레니 크라비츠Lenny Klavitz에 의해 계승되고 있다. 프린스 음악의 핵심 요소는 록큰소울이지만 그는 그밖에도 다양한 실험적 시도와 퓨전 사운드를 선보이며 드넓은 행보를 이어가고 있다. 일례로 1999년작 「The Vault : Old Friends 4 Sale」과 2001년작 「The Rainbow Children」에서는 블루스와 재즈에 대한 애정을 보여주고 있으며, 스무드 재즈 성향의 앨범으로 각각 14분짜리 연주곡인 〈North〉 〈East〉 〈West〉 〈South〉의 단 네 곡만이 수록된 2003년작 「N.E.W.S.」는 그의 실험적인 면모가 극대화된 작품이다.

프린스는 스물다섯 가지 이상의 악기를 자유자재로 다루는 전형적인 멀티 연주자이다. 그는 앨범 제작에 있어서 처음부터 끝까지 모든 과정을 철저하게 스스로 통제한다. 작사, 작곡과 프로듀싱은 물론 앨범 녹음 시 거의 모든 악기를 혼자서 연주해낸다.

관능적 요소와 섹스어필은 또 다른 무기이다. 섹시한 가슴털과 사자 갈기 같은 머리카락, 콧수염은 그의 상징이며 굽 높은 부츠(프린스는 키가 아주 작다)와 꼭 끼는 옷, 레인코트, 빨간 스카프와 짙은 립스틱은 그가 가장 즐겨 사용하는 소품이다. 그렇게 해서 프린스는 성적 매력이 넘쳐흐르는 농염한 무대를 만들어낸다. 그는 무대에서 뱀처럼 혀를 낼름거리며 기타를 치는 것으로도 유명한데 이것 역시 같은 효과를 낸다. 섹스어필이다.

가장 저평가된 기타리스트 랭킹 1위

기타 연주에 관해서도 프린스는 가히 천재적이다. 프린스는 기타를 잘 친다. 다만 그가 가진 더 큰 장점과 능력들로 인해 기타리스트에 한정해 평가받을 기회가 없었거나 다른 더 높은 평가들에 의해 그것이 묻혀졌을 뿐이다. 2007년 「롤링 스톤」이 발표한 '가장 저평가된 기타리스트' 순위에서 프린스는 1위를 차지했다.

워싱턴 D.C.에 있는 스미소니언 성에 전시된 프린스의 아주 독창적인 모양의 노란색 클라우드 기타

그의 밴드 레볼루션과 뉴 파워 제너레이션의 멤버들은 아무리 열심히 연습해도 어느 날 프린스가 와서 "이렇게 하면 어때?"라고 한번 쳐보는 기타가 더 훌륭했다고 질시어린 고백을 한 바 있다. 그의 기타 실력을 확인할 수 있는 곡으로는 2007년 앨범 「Planet Earth」의 첫 싱글이었던 〈Guitar〉를 추천한다. 제목부터 〈Guitar〉이거니

와 이 곡에서 보여주는 탁월한 리듬감과 리프, 전체적으로 펑키한 분위기 속에서 뽑아내는 매력적인 솔로 연주는 그가 뛰어난 기타리스트임을 증명해주고 있다.

프린스가 쓰는 기타는 생김새가 독특한 것이 많다. 워싱턴 D.C.에 있는 스미소니언 성에는 프린스의 아주 독창적인 모양의 노란색 클라우드 기타가 전시되어 있다. 그는 러브 심볼 형태로 제작된 아주 특이한 모양의 자주색 기타도 자주 연주했다. 2004년 그래미 시상식에서 프린스는 이 기타를 들고 무대에 올라 비욘세Beyoncé와 함께 〈Purple Rain〉을 불렀다.

1992년 프린스는 아직은 이른 나이에 이례적으로 소울 트레인 시상식에서 평생공로상을 수상했다. 2004년 프린스가 록큰롤 명예의 전당에 헌액되었을 때 알리샤 키스Alicia Keys는 "세상에 많은 왕들이 있지만 '프린스'는 오직 한 사람뿐이다"라며 경의를 표했다. 영원한 라이벌 마이클 잭슨은 이제 고인이 되었지만 프린스는 아직 살아남아 끝나지 않은 음악여행을 계속하고 있다.

The Only One :
「Planet Earth」(2007)

반주자라는 오해, 연주자로서의 정체성

스티브 루카서

Steve Lukather, 미국, 1957~

당대 최고의 세션맨들로 구성된 밴드 토토Toto가 평단으로부터 다소 야박한 평가를 얻는 것은 부당한 측면이 있다. 거기에는 아마도 세션맨들은 주연이 아니라 조연에 가깝고 창의적이기보다는 단지 요구사항을 실행하는데 능숙할 것이라는 편견도 작용하고 있을 것이다. 하지만 토토라면 그런 편견으로부터 자유로워질 충분한 자격이 있다.

1977년 미국 로스엔젤리스에서 결성된 매끈하게 잘 빠진 그룹 토토는 지금까지 총 열일곱 장의 앨범을 발표하고 전 세계에서 무려 3,500만 장의 앨범을 팔았으며 여러 개의 그래미 트로피를 들어올린 거물그룹이다. 이 탁월한 테크니션 집단에서 리드 기타리스트의 자리를 오랜 시간 변함없이 고수하고 있다는 사실이 스티브 루카서를 설명하는 아주 단순하면서도 가장 결정적인 단서가 된다.

AOR계의 최고봉

스티브 루카서는 1957년 미국 로스엔젤리스에서 태어나 일곱 살 때 처음 기타를 잡았다. 아버지가 사 준 케이 어쿠스틱 기타가 자신의 첫 번째 기타였다. 이 기타로 비틀스의 「Meet the Beatles」 앨범의 수록곡들을 카피하며 기타를 익혔다. 그는 당시를 "그것이 나의 인생을 바꾸어 놓았다"라고 회고하며 조지 해리슨을 특별히 영향 받은 기타리스트로 지목한다.

고교시절에는 데이비드 페이치David Paich와 제프 포카로, 스티브 포카로Steve Porcaro 형제를 만났는데 이들은 모두 훗날 토토의 동료가 되었다. 처음에 혼자서 독학으로 기타를 익혔던 스티브 루카서는 지미 와이블Jimmy Wyble로부터 정식으로 기타 레슨을 받으면서 기술적인 면에서나 이론적인 면에서나 크게 성장했으며 이 무렵부터 세션 연주자가 되는 것에 관심을 갖기 시작했다.

1976년 제프 포카로의 추천으로 보즈 스캑스의 명반「Silk Degrees」에 세션 연주자로 참여한 것은 그의 인생에 있어 커다란 전환점이 되었다. 함께 참여했던 제프 포카로와 데이비드 페이치는 밴드를 결성하기로 하고 스티브 루카서에게 참가를 요청했다. 스티브 루카서는 이를 수락했고, 그 외에도 당시 레코딩 스튜디오에서 명성을 날리던 몇몇 세션 연주자들이 추가로 합류하면서 마침내 밴드 토토가 탄생했다. 스티브 루카서(기타)와 제프 포카로(드럼), 스티브 포카로(키보드) 형제에다 데이비드 페이치(키보드), 베이스에 데이비드 헝게이트David Hungate, 보컬에 바비 킴볼Bobby Kimball로 이루어진 환상의 라인업이었다.

1978년 발표한 데뷔 앨범「Toto」는 음반시장의 극심한 불황 속에서도 300만 장이 팔려나가는 성공을 거두었고, 〈Hold the Line〉〈George Porge〉 등의 히트곡이 나왔다. 그리고 〈99〉이 수록된「Hydra」(1979)와「Turn Back」(1981)을 거쳐 1982년 4집「Toto Ⅳ」를 발표하면서 밴드는 전성기를 맞이했다. 빌보드 싱글차트 1위에 오른 〈Africa〉를 비롯해 〈Rosanna〉〈I Won't Hold You Back〉〈Make Believe〉 등의 히트곡이 대거 수록된 앨범은 록밴드가 스튜디오에서 구현할 수 있는 최고 수준의 연주와 녹음을 완성했다는 찬사를 받았으며, 이듬해 열린 제25회 그래미 시상식에서 주요 부문인 올해의 레코드와 올해의 앨범을 포함해 여섯 개 부문의 트로피를 휩쓸었다. 그런데 이 날 스티브 루카서는 한 개의 트로피를 더 얻었다. 토토의 멤버로서가 아니라 제이 그레이든Jay Graydon, 빌 챔플린Bill Champlin과 함께 한 〈Turn Your Love Around〉란 곡으로 베스트 R&B송 트로피를 추가한 것이다.

토토는 1980년대를 대표하는 팝 록 그룹이다. 그들이 실험적이거나 혁신적인 시도를 보여준 적은 없다. 그러나 그들은 완벽한 연주력과 하모니를 통해 연주에 관한 한 교과서적인 면모를 보여주었다. 초창기 토토는 보스턴 Boston이나 포리너 Foreigner의 아류라는 혹평에 시달려야 했지만 실력으로 그와 같은 비난을 잠재웠다. 성인 취향의 편안한 록 음악을 뜻하는 이른바 AOR(Adult Oriented Rock)계의 최고봉은 누가 뭐래도 토토였다.

토토

4집으로 정점을 찍은 이후 그와 같은 스매쉬 히트작은 내지 못했지만, 토토는 1986년 앨범 「Fahrenheit」의 수록곡 〈Lea〉와 〈I'll Be Over You〉, 1988년 앨범 「The Seventh One」에 수록된 〈Stop Loving You〉 등으로 계속되는 히트 행진을 이어갔으며, 1992년에는 제프 포카로가 심장마비로 갑작스럽게 사망하면서 위기를 맞았지만 또 다른 실력자 사이몬 필립스 Simon Phillips를 영입해 위기를 극복했다. 그렇게 토토의 역사는 1990년대를 지나 2000년대에 들어서도 꾸준히 쓰여지고 있다.

토토의 멤버로 활약하면서도 스티브 루카서는 세션 기타리스트로서의 활동을 멈추지 않았다. 지금까지 그가 참여한 앨범의 숫자는 무려 1,500장에 이르는 것으로 추산되는데, 참여한 작품 중에서는 아주 유명한 것들도 많다. 대표적인 것만 꼽아보아도 올리비아 뉴튼 존 Olivia Newton-John의 히트곡 〈Physical〉에 참여해 기타 솔로를 연주했고 마이클 잭슨의 「Thriller」, 라이오넬 리치 Lionel Richie의 「Can't Slow Down」 등의 앨범

스티브 루카서와 래리 칼튼

에 참여했으며, 이밖에도 아레사 프랭클린, 엘튼 존, 시카고Chicago, 조니 미첼, 바브라 스트라이샌드, 다이애나 로스Diana Ross, 홀 & 오츠, 닐 다이아몬드 등 수많은 뮤지션들과 함께 작업했다. 1989년 솔로 데뷔 앨범 「Lukather」를 발표한 이후로는 솔로로서의 활동도 이어오고 있다.

이것이 끝이 아니다. 스티브 루카서의 활약은 말 그대로 전방위적이다. 그는 다양한 사이드 프로젝트도 겸하고 있는데 1985년 토토의 멤버들이 대거 참여한 프로젝트 그룹 파 코퍼레이션Far Corporation에 참여해 레드 제플린의 명곡 〈Stairway to Heaven〉을 근사하게 리메이크했고 에드워드 반 헤일런, 얀 해머, 스티브 바이 등 많은 뮤지션들과의 공동 작업으로 작품을 남겼다.

미리 연구하고 준비하는 기타리스트

스티브 루카서의 기타 연주는 록의 영역에 머무르지 않는다. 실제로 그가 참여한 1,500장의 앨범은 인물과 시대와 장르를 광범위하게 넘나든다. 하지만 그런 가운데서도 가장 특징적인 것은 그가 퓨전 재즈 스타일의 연주에 아주 능하다는 사실이다. 그는 어려서부터 지미 페이지나 지미 헨드릭스 같은 블루스 록 기타리스트들 뿐 아니라 알 디 메올라, 프랭크 갬벨Frank Gambale 등 퓨전 재즈 기타리스트들로부터도 많은 영향을 받았다. 그가 참여하고 있는 또 다른 그룹 로스 로보토미스Los Lobotomys의 음악은 퓨전 재즈에 한 발 더 가깝다. 퓨전 재즈 기타의 거장 래리 칼튼과 함께 한 앨범 「No Substitutions : Live in Osaka」도 그의 경력에서 아주 중요한 작품으로 꼽힌다. 라이브 앨범임에도 스튜디오에서 녹음된 듯한 품질을 자랑하는 앨범에서 두 사람이 펼치는 즉흥 연주에서는 그야말로 거장다운 면모가 묻어나는데 스티브 루카서는 이 앨범으로 또 한 번의 그래미 트로피를 안기도 했다.

스티브 루카서의 기타는 정교하면서도 멜로디컬하다. 그가 비브라토와 벤딩 기술을 비롯해 기술적인 측면에서 완벽에 가까운 기타리스트임은 두 말할 여지가 없다. 하지만 여러 차례의 오버더빙과 연주 후의 수정 작업을 통해 완성도를 끌어내는 것은 그의 스타일이 아니다. 오히려 그는 한 번의 연주로 녹음을 끝내는 원테이크 방식을 선호하는 것으로 유명하다. 실제로 그가 참여한 수많은 작품들이 원테이크 녹음으로 끝났는데 이것은 그만큼 그가 미리 연구하고 준비하는 기타리스트라는 얘기이기도 하다. 하지만 라이브 공연에서의 스티브 루카서는 스튜디오에서와는 조금 다른 면모를 보인다. 그는 라이브에서는 대단히 파워풀하고 다이내믹한 즉흥 연주를 즐긴다. 사운드 면에서 보면 과거에는 이펙터를 많이 걸어서 만드는 거칠고 강한 톤을 선호했지만 시간이 흐를수록 별다

'루크' 라는 애칭이 붙은 어니 볼 뮤직 맨 기타

른 이펙터를 쓰지 않고 클린 톤으로 연주하는 쪽으로 기울고 있다.

스티브 루카서는 오랫동안 어니 볼 뮤직 맨 기타를 써왔고 그 인연으로 뮤직 맨 시그너처 기타가 만들어졌다. EMG 픽업이 장착된 이 기타는 '루크'(Luke)라는 애칭으로 불린다. 이밖에도 그는 아이바네즈와 밸리 아츠 기타를 쓴 적도 있고 야마하와 오베이션의 어쿠스틱-일렉트릭 기타도 즐겨 쓴다.

1970년대 로스엔젤리스 녹음 스튜디오의 터줏대감이었던 래리 칼튼과 리 릿나워가 떠난 자리를 대체했던 당시 열아홉 살의 청년 스티브 루카서는 이제 그들에 견줄만한 최고의 세션 기타리스트가 되었다.

The Only One :
「Toto IV」(1982)

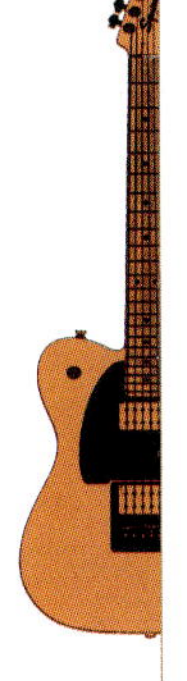

길 잃은 1980년대 블루스 록계의 나침반

스티비 레이 본

Stevie Ray Vaughan, 미국, 1954~1990

텍사스가 낳은 불세출의 블루스 형제 조니 윈터, 에드가 윈터의 존재는 지미 레이 본Jimmie Ray Vaughan과 스티비 레이 본 형제의 롤 모델이었다. 그리고 최소한 블루스 록 기타 영역에서 스티비 레이 본은 단기간에 자신의 우상이었던 조니 윈터를 뛰어넘는 위상을 확보했다. 그만큼 그의 재능과 천재성은 번뜩이는 것이었다.

1982년 초 공연차 텍사스를 찾았던 믹 재거의 눈에 띄어 그해 4월 롤링 스톤스의 뉴욕 공연에서 오프닝 무대를 맡는 행운 속에 세상에 첫 선을 보인 스티비 레이 본. 그로부터 8년, 1990년 비운의 헬리콥터 사고로 서른다섯 살의 짧은 생을 마감할 때까지 그에게 주어진 8년이라는 시간은 그가 텍사스 블루스 기타의 왕좌를 차지하기에 부족함이 없었다.

블루스 록계에 일대 충격을 던진 그의 등장은 '새로운 기타 영웅의 출현'이라는 기대를, 분위기에 한껏 취하면서도 정확성을 잃지 않는 그의 연주는 '정교한 테크닉과 메트로놈 같은 박자의 소유자'라는 평가를,

1980년대 블루스 록 리바이벌을 선두에서 이끈 그의 위상은 '아메리칸 블루스의 선도적 불빛'이라는 찬사를 이끌어냈다. 그렇다. 그의 활약은 명백히 텍사스 블루스 뿐 아니라 전체 블루스 록의 역사에서도 가장 화려하게 빛나는 장면 가운데 하나였다.

농밀한 블루스만큼 진했던 마지막 8년

스티비 레이 본은 1954년 미국 텍사스주 댈러스에서 태어났다. 그 자신도 훗날 뛰어난 기타리스트가 되는 형 지미의 곁에서 드럼과 색소폰 등을 연주하던 스티비 레이 본은 일곱 살 생일에 자신의 첫 번째 기타를 손에 넣었다. 그러나 얼마 안 가 어깨너머로 배운 그의 기타 실력이 형을 능가할 수준에 이르게 되었으므로 그는 운명적으로 기타리스트의 길로 접어들었다.

지미 리드와 버디 가이, 머디 워터스, 앨버트 킹, 비비 킹 등 초기 블루스 거장들의 음악적 세례를 받고 성장한 그는 1963년 생애 처음으로 샀던 음반의 주인공인 로니 맥Lonnie Mack으로부터 결정적 영향을 받았고, 지미 헨드릭스의 음악을 접한 후에는 그의 강력한 블루스 록 기타 스타일을 접목해 개성 넘치는 자신만의 연주법을 완성했다. 1965년에는 자신의 첫 밴드 챈톤스The Chantones를 결성하고 댈러스 지역의 클럽에서 연주하기 시작했으며, 고교시절 소속되어 활약한 블랙버드Blackbird는 당시 그 지역에서 최고의 스쿨밴드로 명성을 얻기도 했다. 스티비 레이 본의 기타가 그 명성의 원천이었음은 두말할 나위도 없다.

열일곱 살 때 스티비 레이 본은 음악적 꿈을 키우기 위해 고등학교를 중퇴하고 블랙버드와 함께 오스틴으로 이사했다. 프로로 나선 그는 블랙버드에서 진화한 밴드인 나이트크롤러스Nightcrawlers와 코브라스Cobras, 트리플 쓰레트Triple Threat 등을 거쳐 1981년 베이시스트 토미 샤논Tommy Shannon, 드러머 크리스 레이튼Chris Layton과 함께 트리오를 결성하고 오티스 러쉬Otis Rush의 노래 제목에서 따온 더블 트러블Double Trouble을 밴드명으로 삼았다.

전술한 것처럼 1982년 롤링 스톤스의 공연에서 오프닝을 맡아 메이저 데뷔 무대를 장식한 스티비 레이 본 & 더블 트러블은 같은 해 역시 믹 재거의 주선으로 스위스 몽트뢰 재즈 페스티벌에 참가했는데 이 때 객석에는 데이비드 보위와 잭슨 브라운이 앉아있었다. 그는 곧바로 데이비드 보위의 빌보드 싱글차트 넘버원 히트곡인 〈Let's Dance〉의 녹음

조니 윈터, 에드가 윈터 형제를 능가하는 블루스 브러더스 스티비, 지미 레이 본

에 초빙되었고, 잭슨 브라운의 적극적인 후원 속에 에픽 레코드와 계약을 맺고 1983년 역사적인 데뷔 앨범 「Texas Flood」를 발표했다. 스티비 레이 본의 전매특허인 부기우기 스타일의 〈Pride and Joy〉와 테크닉과 감성이 절묘하게 교차하는 슬로우 템포의 블루스 넘버 〈Texas Flood〉가 주목을 받았다.

이어진 1984년작 「Couldn't Stand the Weather」는 그의 대표작으로 물 흐르듯 자연스러운 진행 속에 펑키한 리듬감이 빛나는 앨범 동명 타이틀곡 〈Couldn't Stand the Weather〉와 지미 헨드릭스의 멋진 리메이크 〈Voodoo Chile〉, 그리고 블루스 기타리스트 스티비 레이 본의 정수가 담겨있는 런닝타임 9분이 넘는 대곡 〈Tin Pan Alley〉 등 매력적인 곡들이 가득 담겨있다.

1984년 스티비 레이 본은 뉴욕 카네기홀에서 매진사례 속에 공연을 가졌고 1985년에는 휴스턴 애스트로돔에서 미국 국가를 연주해 메이저리그 야구 경기에서 국가를 연주한 첫 번째 기타리스트가 되었다. 몇 장의 스튜디오 앨범과 라이브 앨범을 거쳐 그의 마지막 불꽃은 1989년 발표한 정규 4집 「In Step」과 함께 활활 타올랐다. 앨범은 빌보드 메인스트림 록 차트에서 1위에 오른 히트곡 〈Crossfire〉를 앞세워 차트에서 선전하는 한편, 그에게 그래미 베스트 컨템포러리 블루스 앨범상 수상의 영광을 안겨주었다.

그러나 다음 순간 예기치 못한 이별이 찾아왔다. 1990년 8월 27일, 악천후를 뚫고 시카고를 향해 날아오른 헬리콥터가 850피트 상공에서 추락하면서 스티비 레이 본은 갑작스런 죽음을 맞았다. 당시 동승자들도 모두 함께 사망했는데 이 사고로 아끼던 후배 스티비 레이 본과 자신의 투어 밴드 멤버들을 한꺼번에 잃은 에릭 클랩튼은 "아주 특별한 사람들을 잃은 비극적 손실이다. 그들 모두를 너무나 그리워할 것이다"라는 비통에 찬 성명을 발표했다.

연주에 몰입하고 있는 표정만큼이나 농밀한 스티비 레이 본의 기타 톤

스티비 레이 본의 사망 이후 라이브와 스튜디오 버전을 망라하고 수많은 그의 미공개 연주를 담은 새 앨범과 편집앨범들이 속속 발표되었다. 형 지미 레이 본과 듀오 형태로 만든 앨범 「Family Style」이 사망 직후 공개되었고, 1991년에는 지미가 동생의 미공개 트랙들을 모아 발표

한 「The Sky Is Crying」이 발표되어 팬들의 아쉬움을 달랬다. 스티비 레이 본은 아마도 사후에 가장 많은 앨범이 발표된 뮤지션 가운데 한 명일 것이다. 그를 그리워한 것은 에릭 클랩튼 뿐만이 아니었다. 모두가 그의 기타와 노래를 그리워했다.

자신의 아내라고 부를 만큼 아꼈던 1959년산 펜더 스트라토캐스터

깊은 곳에서부터 터져 나오는 블루지한 울음소리

스티비 레이 본은 1980년대 자기복제와 답습으로 침체기에 빠져있던 블루스 록계에 현대적인 영감을 불어넣으며 새로운 비전을 제시했다. 와와 페달을 최대한 활용하면서 톤의 강약조절과 함께 만들어내는 벤딩과 비브라토는 블루스 기타의 농밀한 매력을 극대화시켰다.

스티비 레이 본은 수많은 블루스와 록큰롤, 심지어 재즈 기타리스트들로부터도 영향을 받았지만 그 중에서도 스스로 가장 크게 영향 받은 것으로 꼽는 이는 지미 헨드릭스와 로니 맥이다. 그는 로니 맥으로부터 트레몰로 피킹과 비브라토 주법 등 테크닉적인 면에서 그의 연주의 근간을 이룬 많은 기술을 전수받았다. 단지 기술뿐이 아니다. 그는 "맥은 나에게 가슴으로 연주하는 법을 가르쳐 주었습니다"라고 했다. 지미 헨드릭스에 대해서는 이렇게 말했다. "나는 많은 이유에서 지미 헨드릭스를 사랑합니다. 그는 단지 기타리스트가 아닙니다. 사실 나는 그가 기타를 쳤는지를 확신하지 못합니다. 그는 기타가 아니라 음악을 연주했으니까요."

스티비 레이 본의 주력 기타는 시종일관 펜더 스트라토캐스터였다. 이펙터도 펜더 슈퍼 리버브 등 펜더 계열의 기종을 주로 사용했다. 그 중에서도 그가 가장 아낀 기타는 1959년산 펜더 스트라토캐스터로 1974년 스무 번째 생일날 훗날 그의 아내가 되는 여자친구로부터 선물받은 것이었다. 이후 이 기타는 그의 필생의 명기가 되었는데 스티비 레이 본은 종종 이 기타를 '나의 아내'라고 부르곤 했다.

스티비 레이 본은 2000년 블루스 명예의 전당에 헌액되었고, 2013년 「롤링 스톤」이 선정한 '역사상 가장 위대한 기타리스트 100' 순위에서 7위에 랭크되었다. 'www.guitar.com'이 뽑은 순위에서는 11위에 올랐다.

꽤 많은 시간이 흘렀지만 지금도 마치 안개와도 같이 담배연기가 자욱하게 깔린 블루스 카페에 들어서는 순간 들려오는 음악이 있다면 그것은 아마도 스티비 레이 본의 기타소리일 것만 같다.

The Only One :
「Couldn' t Stand the Weather」(1984)

평범함을 잃지 않는 연주가 가장 비범하다

피터 벅

Peter Buck, 미국, 1956~

2011년 9월 21일 록 음악 팬들에게 청천벽력과도 같은 소식이 전해졌다. R.E.M이 공식 웹사이트를 통해 전격적으로 해체를 선언한 것이다. R.E.M은 그 해 봄 3년만의 정규 앨범 「Collapse into Now」를 발표하고 오랜만에 활동을 재개했던 터라 갑작스런 해체 선언은 팬들에게 큰 충격을 던졌다. 아무튼 이로써 1980년 마이클 스타이프Michael Stipe와 피터 벅, 마이크 밀스Mike Mills와 빌 베리Bill Berry의 4인조로 출발했던 R.E.M은 1997년 빌 베리의 탈퇴로 3인조가 된 이후 14년, 결성 31년 만에 일단 안녕을 고했다. 피터 벅은 그 31년 동안 자신의 자리를 굳건하게 지켜온 밴드의 기타리스트였다.

컬리지 록의 대부, R.E.M의 히든 마에스트로

피터 벅은 1956년 미국 캘리포니아주 버클리에서 태어났다. 어린 시절을 로스엔젤리스와 샌프란시스코 지역에서 보낸 후 가족과 함께 조지

피터 벅

아주 애틀랜타로 이사했다. 1978년 무렵 조지아 대학에 다니던 피터 벅은 아르바이트로 레코드 가게 점원으로 일하고 있었는데, 가게에 자주 오던 손님 가운데 역시 조지아 대학에서 그림과 사진을 전공하는 학생이던 마이클 스타이프가 있었다. 두 사람은 곧 서로 음악적 취향이 비슷하다는 것을 발견하고 의기투합했다. 마이클 스타이프의 기억에 따르면

R.E.M

자신이 사려고 하는 음반마다 피터 벅이 좋아해서 아끼는 것들이었다고 한다.

1980년 두 사람은 역시 같은 학교 학생이던 빌 베리와 마이크 밀스를 끌어들여 밴드를 결성했다. 지역의 작은 행사나 파티에서 연주하며 활동하던 밴드에게 곧 기회가 찾아왔다. 한 여성의 생일파티에서 노래하던 이들을 우연히 지역 레코드 회사의 사장이 보게 되었던 것이다. 밴드는 그 덕분에 정식으로 음반을 낼 수 있는 기회를 잡게 되었는데 당시 밴드의 이름은 트위스티드 카이츠Twisted Kites였지만 몇 번의 변경을 거쳐 결국은 R.E.M이 되었다.

R.E.M은 1981년 데뷔 싱글 〈Radio Free Europe〉을 냈다. 〈Radio Free Europe〉은 비평가들로부터 호평을 얻었으며, 특히 「뉴욕 타임스」가 그 해의 베스트 싱글 10곡 가운데 한 곡으로 선정하면서 크게 주목받았다.

1983년에는 데뷔 앨범 「Murmur」를 발표했고, 1984년에는 앨범

「Reckoning」을 냈는데 「Reckoning」에 대한 「뉴 뮤지컬 익스프레스(NME)」의 찬사는 각별했다. 「NME」는 "「Reckoning」은 R.E.M을 지구상에서 가장 아름답고 흥미로운 그룹 가운데 하나로 규정지었다"고 논평했다.

초창기 R.E.M은 대학가를 중심으로 큰 인기를 얻었는데, 그래서 컬리지 록*의 대부격인 그룹으로 추앙받는다. 평단의 호평과 대학가의 인기를 등에 업고 순항하던 밴드가 한 단계 크게 도약한 것은 1987년 「Document」를 거쳐 1988년 「Green」 앨범을 발표하면서였다. 수록곡 가운데 〈Orange Crush〉와 〈Stand〉가 빌보드 메인스트림 록 싱글차트 1위에 오르는 히트를 기록했고, 〈Pop Song 89〉도 인기를 끌었다.

뒤를 이어 빌보드 앨범차트 1위에 오른 1991년작 「Out of Time」과 2위에 오른 1992년작 「Automatic for the People」의 연이은 성공으로 R.E.M의 지위는 더욱 확고해졌다. 빌보드 싱글차트 톱10에 진입한 〈Losing My Religion〉을 비롯해 〈Radio Song〉 〈Shiny Happy People〉 〈Drive〉 〈Man on the Moon〉 등의 히트곡들이 모두 이 두 앨범에 수록되어 있다. 시대를 넘어 사랑받는 애잔한 발라드 〈Everybody Hurts〉도 「Automatic for the People」에 실려 있는 곡이다. 그리고 이어진 앨범 「Monster」(1994)도 빌보드 앨범차트 정상에 오르며 R.E.M의 전성시대는 계속 이어졌다.

1997년 드러머 빌 베리가 건강상의 이유로 탈퇴하면서 R.E.M은 트리

---

* 컬리지 록(College Rock) : 인디 록보다 먼저 쓰이기 시작한 비슷한 의미의 용어로 1980년대 중반 빌보드가 메인스트림 록 차트와 별도로 컬리지 록 차트를 신설하면서 널리 쓰이기 시작했다. 1990년대 얼터너티브 록이 등장하면서는 얼터너티브 록의 원조격으로 새롭게 주목받았고 한때는 두 용어가 혼용되기도 했다. 용어가 컬리지 록인 이유는 그런 스타일의 음악이 당시 미국의 대학 방송국을 중심으로 인기를 얻었기 때문이다.

오 체제로 재편되었다. 밴드 편성이 축소되었어도 R.E.M은 「Up」(1998) 「Reveal」(2001) 「Accelerate」(2008) 등의 수준급 앨범들을 계속해서 발표하며 꾸준히 활동했다.

쟁글거리는 기타 소리를 내며 언제 다시 파티를 열 것인가

피터 벅의 기타는 단순하지만 독특한 매력을 지녔다. 그는 코드 진행에 있어 개방현을 최대한 활용해 매력적인 멜로디를 만들어내는 데에 일가견이 있다. 그의 기타의 매력을 가장 잘 확인할 수 있는 것은 아마도 1980년대 말에서 1990년대 초반으로 이어지는 R.E.M 전성시절의 앨범들일 텐데, 이 앨범들에서 피터 벅 특유의 쟁글거리는 기타 사운드는 밴드의 인기를 견인한 핵심적인 요소였다.

피터 벅의 기타는 버즈와 버펄로 스프링필드의 추억을 떠올리게 하는 구석이 있다. R.E.M 사운드의 전면은 주지하다시피 마이클 스타이프의 시적인 가사와 개성 넘치는 보컬이 맡는다. 그러나 그 배후에는 어김없이 피터 벅의 기타가 있다. 그는 쟁글거리는 기타부터 펑크 록풍의 거친 스타일까지를 두루 소화하지만 기본적으로 이펙트가 많이 걸린 사운드보다는 깨끗하고 명징한 사운드를 선호한다. 이펙터도 거의 쓰지 않아서 〈Stand〉 녹음 당시에야 와우 페달을 처음 사서 사용했을 정도였다.

피터 벅은 솔로 플레이도 최대한 자제하는 편이다. R.E.M의 곡들은 많은 부분에서 록보다는 팝에 가까운 명랑함을 지니고 있으면서도 주류 팝과는 구별되는 독창성을 갖고 있는데, 거기에는 피터 벅의 기타가 기여하는 바가 크다. 단적으로 〈Everybody Hurts〉에서의 어쿠스틱한 기타 연주는 테크닉 면에서는 평범해 보이지만 곡 전체를 음미해보면 결코 평범하지 않다. 그런 감성은 정말이지 쉽게 나오는 것이 아니다.

피터 벅은 여러 기종의 기타를 두루 사용하지만 주력 기타는 검은색 리켄바커 360 모델이다. 해프닝도 있었다. 2008년 핀란드 헬싱키 공연을 마친 직후 이 기타를 도난당하는 사건이 발생했다. 공식 데뷔 앨범 발표 이전이던 1982년 EP 「Chronic Town」 녹음 때부터 25년 넘게 사용해온 기타를 잃은 피터 벅의 상실감은 컸다. 그는 "기타만 돌려준다면 아무것도 묻지 않을 것이며 크게 사례하겠다"는 입장을 밝혔고, 팬들까지 나서 인터넷에 사진을 올리고 광고를 내는 등의 노력을 기울인 끝에 얼마 후 기타는 주인의 손으로 돌아올 수 있었다. 어떤 경로로 돌아왔는지, 얼마나 많은 사례금이 지급되었는지는 공개되지 않았다.

R.E.M은 팝의 황금기라 불리는 1980년대를 관통하며 미국 록의 정신과 순수를 지켜간 버팀목이었다. R.E.M은 상업적으로도 다른 어떤 밴드들보다 대단한 성공을 거두었지만 결코 그 안에 매몰되지 않고 비판과 저항의 진지를 두 눈 부릅뜨고 끝내 지켜냈다. 그들은 인디 록의 든든한 지지대였으며 얼터너티브의 원천이었다. 1990년대에 접어들

도단 당했다 다시 찾는 우여곡절을 겪기도 한 피터 벅의 검은색 리켄바커 360 모델

어 지나치게 상업화되어가는 록의 모습에 반기를 들고 일어난 얼터너티브 록의 열풍 속에서 R.E.M이 닐 영과 함께 그 원조격으로 재평가 받은 것은 당연한 일이다. 그들은 충분한 자격을 갖추고 있었다.

지금 R.E.M은 해체되고 우리 곁에 없다. 2011년 R.E.M이 홈페이지를 통해 밝힌 해체의 변은 이렇다. "우리는 R.E.M으로서, 친구로서, 또 서로에게 영감을 불어넣는 동지로서 오랜 시간을 함께 해왔다. 하지만 이제 그만 두기로 결정했다. 그 동안 우리와 함께 해 준 모든 사람들에게 감사와 존경의 마음을 품고 떠나려 한다." 마이클 스타이프는 개인적으로 이런 변을 덧붙였다. "언제 떠날 것인지를 아는 것이야말로 파티에 참석하는 기술이다." 그들의 파티는 정말 이렇게 끝난 것일까? 아직은 모른다. 일단 끝난 파티도 언제든 다시 시작될 수 있는 것이니. 한 가지 분명한 것은 파티는 끝났어도 그 노래 〈Everybody Hurts〉는 지금 이 시간에도 지구상 어딘가에서 울려 퍼지며 상처받은 영혼을 치유하고 있을 것이라는 사실이다. 피터 벅은 이렇게 말했다. "이 곡은 더 이상 우리의 소유가 아니다. 이 곡은 이 노래로 인해 위안을 받는 모든 사람들의 것이다." 진실로 그렇다.

The Only One :
「Automatic for the People」(1992)

'깁슨 레스 폴 커스텀'을 제대로 폭발시키는 파워 기타맨

존 사이크스

John Sykes, 영국, 1959~

깁슨 레스 폴 커스텀 기타와 마샬 JCM800 앰프의 전형적인 조합을 바탕으로 그가 뿜어내는 폭발적인 기타 사운드는 1980년대와 1990년대 하드 록과 헤비메탈을 정의하는데 결코 빠질 수 없는 요소이다. 우람한 체격, 잘 생긴 얼굴에 긴 금발머리 휘날리며 숱한 여성 팬들을 몰고 다니는 이 전형적인 마초형 기타리스트는 누구보다도 많은 밴드를 거치며 다양한 경력을 쌓아온 인물이기도 하다. 그의 이름은 바로 존 사이크스이다.

화이트스네이크, 씬 리지, 블루 머더를 거친 방랑의 뮤지션

존 사이크스는 1959년, 해마다 여름이면 세계에서 가장 유명한 록 페스티벌인 '레딩 페스티벌'이 열리는 영국 버크셔주의 레딩에서 태어났다. 영국에서 어린 시절을 보낸 그는 열네 살 때인 1973년 가족을 따라 스페인으로 이주했다. 아버지와 숙부가 사업차 스페인 이비자섬에 있는

존 사이크스

디스코텍을 인수하면서 가족 모두가 이민을 떠나게 된 것이다. 그 때 스페인어를 전혀 몰랐던 존 사이크스는 외로움을 달래기 위해 기타를 치기 시작했는데 그의 재능은 놀라운 것이어서 실력은 일취월장했으며 오래지 않아 학교 무대를 주름잡게 되었다.

영국으로 돌아온 그는 로컬밴드인 스트리트 파이터Street Fighter에 가입해 음악활동을 시작했고 곧 제니퍼라는 소녀를 만나 사랑에 빠졌다. 둘은 연인 사이가 되었지만 제니퍼는 얼마 지나지 않아 그를 떠났고 충격을 받은 존 사이크스는 한동안 기타를 버리고 막노동판을 전전하며 실의의 나날을 보냈다. 그러던 어느 날 그는 우연히 TV에서 콜로세움 II의 연주 실황을 보다가 개리 무어의 기타 연주에 감동을 받아 정신이 번쩍 들었다. 그래서 그는 다시 음악 씬으로 돌아왔다.

씬 리지 시절 존 사이크스(왼쪽)

1980년 헤비메탈 밴드 타이거스 오브 팬탕Tigers of Pantang에 가입해 본격적으로 프로 뮤지션의 길로 들어선 그는 1982년 유라이어 힙Uriah Heep의 프런트맨 출신인 존 슬로먼John Sloman이 새롭게 결성한 밴드인 배드랜즈Badlands에 가담했는데 여기서 훗날 화이트스네이크 시절 동료가 되는 닐 머레이를 처음 만났다. 그러나 배드랜즈는 별다른 활동도 없이 해체되었고 다시 무적자가 된 존 사이크스는 랜디 로즈의 갑작스러운 죽음으로 새로운 기타리스트를 찾던 오지 오스본의 오디션에 참가하기도 했지만, 그의 선택은 뜻밖에도 씬 리지의 마지막 기타리스트가 되는 것이었다.

1982년 필 리뇨트의 부름을 받은 존 사이크스는 스노우이 화이트의 탈퇴로 기타리스트 자리가 공석이 된 씬 리지에 전격적으로 합류했다. 그가 동경했고 영향 받았던 개리 무어가 한 때 재적했던 밴드라는 사실도 그의 가입 결정에 영향을 끼쳤을 것이다. 존 사이크스는 씬 리지의 마지막 정규 앨범인 「Thunder and Lightening」의 녹음에 참여했고 1983년 밴드의 마지막 월드투어에도 함께 했다. 당시의 공연실황은 라이브 앨범인 「Life」에 담겼고 씬 리지는 이 투어를 마친 직후 해산했다.

화이트스네이크 시절
존 사이크스

씬 리지 해산 후 필 리뇨트의 솔로 투어에 동행하기도 했던 존 사이크스는 1983년 딥 퍼플 출신의 걸출한 보컬리스트 데이비드 커버데일이 이끌던 화이트스네이크에 합류했다. 화이트스네이크는 1976년 처음 결성되었는데 데이비드 커버데일과 마찬가지로 딥 퍼플을 이탈한 리치 블랙모어가 이끌던 레인보우와 묘한 라이벌 관계를 형성하고 있었다. 그러던 중 1984년 딥 퍼플의 재결성을 위해 이언 페이스, 존 로드 등이 밴드를 떠나자 화이트스테이크는 위기를 돌파하기 위해 전부터 눈여겨 보아두었던 존 사이크스를 영입했다. 이 때 실력파 드러머 코지 파웰도 함께 가입해 화이트스네이크는 전성기를 맞게 되었다.

존 사이크스는 화이트스네이크 시절 두 장의 앨범에 참여했다. 1984년작인 앨범 「Slide It in」에서는 〈Love Ain't No Stranger〉라는 히트곡이 나왔고 이어진 월드투어는 1985년 브라질 리오데자네이루에서 10만 명의 관객이 운집했던 'Rock in Rio'의 감동 속에 마무리되었다. 차기작인 그룹 동명 앨범 「Whitesnake」(유럽에서는 「1987」로 발표됨)가 나오기까지는 많은 우여곡절이 있었다. 무엇보다 데이비드 커버데일과 불화를 일으킨 코지 파웰이 먼저 밴드를 이탈했고 데이비드 커버데일이 심각한 부상을 입은 사이 존 사이크스가 새로운 보컬과 앨범 작업을 계속하려 했던 것이 화근이 되어 두 사람 사이에도 갈등이 일어났다. 「Whitesnake」는 이렇게 난산을 거듭한 끝에 꽤 오랜 시간이 흐른 후인 1987년에야 겨우 발표될 수 있었지만, 앨범은 빌보드 앨범차트 2위까지 오르며 미국 내에서만 800만 장 이상이 팔리는 빅히트를 기록했고 〈Still of the Night〉 〈Is This Love〉 〈Give Me All Your Love〉 〈Here I Go Again〉 등 히트곡도 쏟아져 나와 밴드에게 가장 큰 성공을 가져다주었다. 존 사이크스는 앨범 전반에 걸쳐 기타 연주 뿐만 아니라 곡 작업에 있어서도 결정적 역할을 하면서 성공에 최대의 공을 세웠지만 정작 빌보드 싱글차트 1위에 오른 밴드 최고의 히트곡 〈Here I Go Again〉에서 기타를 연주한 것은 존 사이크스가 아니라 데이비드 커버데일이 그를 대신해 기용한 후임 애드리언 반덴버그Adrian Vandenburg였다.

결국 화이트스네이크와 결별한 존 사이크스는 1988년 바닐라 퍼지 출신의 드러머 카마인 어피스와 더 펌의 베이시스트 토니 프랭클린Tony Franklin과 함께 슈퍼 그룹 블루 머더Blue Murder를 출범시켰다. 당대의 실력파 테크니션들이 모인 블루 머더는 크림 이후 역사상 최강의 3인조로 주목받으며 화제 속에 데뷔 앨범 「Blue Murder」를 발표하고 화려하게

블루 머더 시절
존 사이크스(오른쪽)

등장했지만, 차기작 「Nothin' but Trouble」(1993)이 예상외로 실패하면서 그만 단명하고 말았다.

1994년 블루 머더 해산 이후 본격적인 솔로 활동에 들어간 존 사이크스는 1996년 씬 리지의 재결합에 합류해 기타리스트로서뿐만 아니라 필 리뇨트의 죽음으로 공석이 된 보컬리스트의 역할까지 대신하며 의욕적인 활동을 보여주는 한편 솔로로서의 활동도 이어갔다. 현재 그는 2009년 자신만의 음악을 할 시간이 필요하다며 다시 씬 리지를 탈퇴한 상태이다. 그는 블루 머더의 재결성이나 씬 리지의 재가입에 대해서는 확실한 대답을 유보하고 있다.

존 사이크스가 주로 사용한 기타인 깁슨 레스 폴 커스텀

어린 시절 헤어진 제니퍼와의 인연은 그러나 거기서 완결된 이야기가 아니다. 제니퍼는 다른 남자와 결혼한 이후에도 존 사이크스의 음반을 사 모으고 그가 나온 신문기사를 스크랩하면서 그를 잊지 못했고, 이 사실을 알게 된 존 사이크스는 다시 한 번 사랑을 고백하게 된다. 두 사람은 결국 결혼에 골인했지만 1999년 16년 동안의 결혼생활에 마침표를 찍고 끝내 이혼했다. 역시 사랑은 변하는 것이다.

가장 전형적이고 모범적인 헤비메탈 기타리스트

존 사이크스는 개리 무어를 비롯해 에릭 클랩튼, 리치 블랙모어, 조니 윈터 등의 음악에 영향을 받아 블루스 필이 강한 정통 하드 록 기타 사운드를 들려준다. 그는 가장 전형적이고 모범적인 헤비메탈 기타리스트라고 할 수 있는데, 스윕 피킹이나 태핑 등 전형적인 속주 기법을 즐겨 사용하지 않으면서도 정통 얼터네이트 피킹과 핑거링만으로도 대단한 속주를 선보인다. 이밖에 피크와 오른손 엄지를 함께 사용해 만들어내는 독특한 하모닉스와 초킹 역시 그의 대표적인 연주 기법이다. 유려한 레가토 프레이즈와 개리 무어의 영향이 느껴지는 필 충만한 어프로치도 강점이다.

존 사이크스는 깁슨 레스 폴 커스텀 기타의 신봉자이다. 마샬 JCM800 앰프에 물려 뽑아내는 레스 폴 커스텀의 묵직한 중저음은 그가 레스 폴의 장점을 가장 잘 살려내는 기타리스트로 꼽히는 이유를 방증한다.

The Only One :
「Blue Murder」(1989)

그를 평가절하할 이유는 없다

리치 샘보라

Richie Sambora, 미국, 1959~

외모가 뛰어나면 상대적으로 손해를 볼 수도 있다. 실력이 아니라 외모 때문에 그리되었다고 입방아를 찧는 이들이 생기기 때문이다. 대표적으로 듀란 듀란이 그랬다. 상업적으로 지나치게 큰 성공을 거두면 음악적으로는 아무래도 손해를 보기 마련이다. 상업성과 음악성은 양립할 수 없다는 까닭 모를 편견 때문이다. 그 대표적인 예로 마이클 잭슨과 아바Abba를 들 수 있을 것이다. 그리고 본 조비Bon Jovi가 있다. 아마도 본 조비는 외모와 상업적 성공 두 가지 측면 모두에 해당될 듯 한데 아무리 생각해도 이것은 온당한 평가가 아니다. 본 조비가 헤비메탈 역사상 상업적으로 가장 성공한 밴드라는 사실이 그들을 평가절하하는 근거가 될 하등의 이유가 없기 때문이다. 기타리스트 리치 샘보라는 보컬리스트인 존 본 조비John Bon Jovi와 함께 팝 메탈의 거함 본 조비를 이끌고 있는 핵심 전력이다.

블루스를 동경하는 팝 메탈 기타리스트

리치 샘보라는 1959년 미국 뉴저지주 퍼스 앰보이에서 태어났다. 본 조비의 다른 멤버들도 모두 뉴저지 출신인데 이들의 유명한 앨범 「New Jersey」는 그래서 나온 제목이다. 그는 열두 살 무렵에 처음 기타를 치기 시작해 초기에는 1960년대 블루스 록에 경도되었다. 에릭 클랩튼, 지미 헨드릭스, 지미 페이지, 제프 벡, 스티비 레이 본, 조니 윈터 등이 당시 그가 영향 받았던 기타리스트들이다. 이밖에 그는 재니스 조플린 같은 블루스 싱어들도 자신에게 큰 영감을 주었다고 말한다. 결론적으로 그의 음악적 뿌리가 블루스에 있다는 말이다. 그는 또 클래식 음악과 스패니시 기타도 좋아했다.

1970년대 말에 리치 샘보라는 뉴저지에 기반을 둔 몇몇 밴드에서 활동했다. 그 가운데 하나였던 머시Mercy는 레드 제플린이 설립한 스완송 레이블과 계약을 맺기도 했지만, 존 보냄의 죽음으로 레드 제플린이 해산되고 스완송 레이블이 소멸되면서 계약도 허공으로 사라지고 말았다.

1983년에 리치 샘보라는 데이브 사보(Dave Sabo, 후에 스키드 로우의 기타리스트가 되었다)의 후임으로 본 조비의 기타리스트가 되었다. 1984년 발표한 데뷔 앨범 「Bon Jovi」에서 〈Runaway〉가 소폭 히트했지만 아직 밴드의 존재감은 미미했고 1985년에 발표한 2집 「7800° Fahrenheit」까지도 본 조비의 인기는 찻잔 속의 태풍에 불과했다.

그러나 1986년에 발표한 3집 「Slippery When Wet」이 모든 것을 바꿔 놓았다. 〈You Give Love a Bad Name〉과 〈Livin' on a Prayer〉라는 두 개의 빌보드 싱글차트 넘버원 곡이 나왔고, 앨범은 빌보드 앨범차트에서 8주간 1위를 차지하며 미국 내에서만 순식간에 1,200만 장이 넘게 팔려나갔다. 「Slippery When Wet」은 지금까지 전 세계적으로 2,800만 장 이상이 팔렸다. 리치 샘보라는 〈Livin' on a Prayer〉에서 토크 박스를 이용한 저 유명한 리프를 만들었고, 발라드 넘버 〈Wanted Dead or Alive〉에서는 6현과 12현 더블 네크 오베이션 기타를 이용한 능란한 아르페지오를 들려주었다. 팝 메탈 밴드들의 어쿠스틱 발라드 경향성은 후에 미스터 빅Mr. Big과 익스트림 등으로 이어졌는데 어쩌면 리

존 본 조비와 리치 샘보라. 뛰어난 외모만큼 음악도 지나치게 상업적이라는 논란에 휩싸이곤 한다.

치 샘보라는 그 시작이었다.

1988년에 나온 「New Jersey」는 본 조비가 원 히트 원더(One-Hit Wonder, 한 개의 싱글 앨범(혹은 곡)만 큰 흥행을 거둔 가수)가 아니었음을 입증해 보였다. 밴드는 성공의 중압감을 멋지게 이겨내고 다시 한 번 영광의 순간을 재현했다. 역시 나란히 빌보드 싱글차트 1위에 오른 〈Bad Medicine〉과 〈I'll Be There for You〉를 비롯해 〈Lay Your Hands on Me〉 등이 앞다투어 히트하며 앨범은 다시 한 번 무난히 빌보드 앨범차트 정상을 정복했다.

1994년에 발표한 베스트 앨범 「Cross Road」에서도 신곡 〈Always〉가 크게 히트했다. 「Slippery When Wet」과 「New Jersey」가 가져다 준 성공이 워낙 컸던 탓에 1990년대 중반 이후 2000년대로 이어지는 시기는 본 조비가 상대적으로 다소 침체기에 들었던 시기로 평가되기도 하지만 그 당시 그들이 거둔 성공은 결코 만만한 것이 아니었다. 빌보드 앨범차트에서 1995년 앨범 「These Days」는 9위, 2000년 앨범 「Crush」 역시 9위까지 올랐고, 2002년 앨범 「Bounce」는 2위까지 올랐다. 2005년 앨범 「Have a Nice Day」도 2위까지 올랐고, 2007년 앨범 「Lost Highway」와 2009년 앨범 「The

리치 샘보라는 본 조비에서는 팝 메탈을 연주했지만 솔로로 활동할 때에는 자신의 블루스적 취향을 숨기지 않았다.

Circle」은 거푸 1위를 차지하며 본 조비의 건재를 과시했다.

리치 샘보라는 본 조비의 기타리스트로서의 역할에 주력하면서도 틈틈이 솔로 활동을 전개했다. 솔로 작품에서 그는 본 조비에서와는 좀 다른 스타일을 보여주는데 무엇보다 자신의 뿌리인 블루스에 기초를 둔 플레이에 주력하고 있는 것으로 보인다. 팝 메탈의 제왕 본 조비에서는 아무래도 제약받을 수밖에 없었던 것들을 솔로로서는 보다 더 자유롭게 표출하고 있는 것이다. 솔로 앨범 중에서는 1991년 발표한 데뷔 앨범 「Stranger in This Town」이 가장 높은 평가를 받고 있다. 그는 "헤비메탈 기타리스트보다는 블루스 기타리스트로서 언급되는 것이 더 좋다"라고 말한다.

120여 개를 소장한 기타 콜렉터

본 조비는 헤비메탈의 가장 대중적인 서브 장르인 팝 메탈의 최고봉이다. 리치 샘보라의 기타 역시 그 위치에 걸맞는 많은 장점들을 보유하고

다양한 기종을 사용하는 리치 샘보라는 120여 개의 기타를 소장한 기타 콜렉터로도 유명하다.

있다. 그는 헤비메탈의 무거운 리프와 메탈 발라드의 부드러운 어쿠스틱 아르페지오를 조금의 어색함도 없이 자연스럽게 오간다. 그가 장착한 변속 기어는 결코 튀거나 머뭇거리거나 덜컹거리지 않는다. 1990년대까지만 해도 리치 샘보라의 기타 실력에 대한 평가는 박했지만 최근 들어 그에 대해서도 재평가가 활발하게 이루어지는 분위기다. 물론 여전히 그의 기량에 대해서라면 그보다 더 뛰어난 테크니션들이 많다는 것이 중론이지만 본 조비와 팝 메탈이 요구하는 스타일과 연주력이라면 리치 샘보라는 단연 최고이다. 그는 밴드 내에서 존 본 조비와 함께 작사, 작곡을 거의 전담하고 있으며 가끔은 존을 대신해 보컬을 맡기도 한다.

리치 샘보라는 다양한 기종의 기타를 사용하며 120여 개의 기타 콜렉션을 가지고 있는 것으로도 유명하다. 1980년대에 그는 크래머, 잭슨, 샤벨, 해머 슈퍼스트랫 그리고 빈티지 펜더 모델과 깁슨 레스 폴 커스텀 기타까지 제작사와 기종을 불문하고 다양한 기타를 두루 사용했다. 그의 기타 가운데 가장 유명한 것은 「Slippery When Wet」 앨범 녹음과 투어 당시 썼던 두 대의 기타, 그러니까 크래머 리치 샘보라 시그너처 기타와 플로이드 로즈 트레몰로 암을 장착한 금장의 흰색 커스텀 잭슨 기타이다. 이밖에 〈Lay Your Hands on Me〉 녹음에 사용한 크래머 저지스타 시그너처 더블네크 기타도 유명하다. 어쿠스틱용으로는 1980년대 초반 이래로 애용해 온 오베이션 어쿠스틱-일렉트릭 기타와 마틴 어쿠스틱 기타가 주력 기종이다. 1991년 펜더사는 리치 샘보라 시그너처 스트라토캐스터 모델을 출시했다. 2000년에는 테일러사가 역시 리치 샘보라 시그너처 모델을 만들었다.

개인적으로는 심각한 알코올중독 문제가 리치 샘보라를 끊임없이 괴롭히고 있다. 그는 자주 갱생 시설을 드나들고 있으며 때론 수면제 없이는 잠을 자지 못하거나 진통제 없이는 고통을 이길 수 없다고 호소하고 있다. 가끔씩은 본 조비의 투어에도 동행하지 못해서 다른 이가 그의 자리를 대신하는 일까지 발생하곤 한다.

글쎄, 누군가는 여전히 리치 샘보라가 과연 여기에 낄 자격이 있느냐고 반문하겠지만, 나는 이렇게 답하고 싶다. 물론이다. 누가 뭐래도 그는 본 조비의 기타리스트이다.

The Only One :
「Slippery When Wet」(1986)

기타계의 손꼽히는 멜로디 메이커

에릭 존슨

Eric Johnson, 미국, 1954~

에릭 존슨을 아는 사람 중에는 아마도 조 새트리아니와 스티브 바이와 함께 그의 이름을 기억하는 사람이 많을 것이다. 세 사람이 함께 한 G3 공연과 앨범은 그만큼 큰 화제를 불러일으킨 프로젝트였다. 에릭 존슨이 그들과 함께 G3의 일원이라는 사실은 그의 기타가 어디쯤 있는가를 잘 말해준다.

에릭 존슨에게 장르 구분은 무의미하다. 그는 때로는 록 기타리스트로, 때로는 퓨전 재즈 기타리스트로 분류되는 것이 전혀 어색하지 않을 만큼 양쪽 모두에서 뛰어난 연주력을 보여주었으며 그밖에도 소울과 포크, 뉴 에이지와 클래식에 이르기까지 모든 장르의 경계를 자유롭게 넘나들었다. 그렇지만 역시 그를 설명하는 단 하나의 요점을 뽑으라면 그것은 모든 연주에서 일관되게 관철되는 아름다운 멜로디가 될 터인데, 그를 스타덤에 올려놓은 히트곡으로 자신의 시그너처 송이라 할 수 있는 명 연주곡 〈Cliffs of Dover〉에서 그것은 확연히 확인된다. 그는 "멜

에릭 존슨

로디에 가장 많은 신경을 쓴다. 어떤 음악이 기억되고 사랑받을 수 있는 것은 멜로디 때문이다"라고 말했다. 그는 멜로디 지상주의자이다.

록과 재즈, 컨트리와 뉴 에이지를 넘나드는 팔방미인

에릭 존슨은 1954년 미국 텍사스주 오스틴에서 태어났다. 우연찮게도 요절한 텍사스 블루스의 영웅 스티비 레이 본과 동향에 동갑내기이다. 열한 살 때부터 처음 기타를 배우기 시작해 사람들의 연주를 열심히 카피하면서 빠르게 실력을 키워갔는데, 장고 라인하르트, 웨스 몽고메리, 에릭 클랩튼, 마이크 블룸필드, 쳇 앳킨스, 지미 헨드릭스 등이 당시 그가 영향 받은 뮤지션들이다. 특히 장고 라인하르트와 웨스 몽고메리는 재즈적 어프로치에 능한 그의 연주 스타일에 기본 토양이 되었다. 열다섯 살 때는 마리아니Mariani라는 밴드를 결성해 프로뮤지션의 길로 들어섰는데, 사이키델릭 록 그룹이었던 마리아니가 당시 아주 극소량만 찍어냈던 데모 레코드는 수집가들 사이에서 아주 고가에 거래되는 희귀 아이템이다.

1970년대 들어 웨스 몽고메리, 칙 코리아와 같은 퓨전 재즈 뮤지션들의 음악에 더욱 심취한 에릭 존슨은 1974년 일렉트로마그네츠Electromagnets라는 밴드를 조직했다. 일렉트로마그네츠는 텍사스 최초의 퓨전 재즈 그룹이었지만 로컬의 한계를 넘어 전국 밴드로 성장하지 못한 채 불행히도 1977년 해체되고 말았다. 그러나 이때부터 이미 에릭 존슨은 실력을 인정받으면서 소수지만 컬트적인 팬들을 갖기 시작했다.

좀처럼 메이저 진출의 길이 열리지 않자 에릭 존슨은 세션 기타리스트로 나섰다. 캐롤 킹Carole King, 캣 스티븐스Cat Stevens, 크리스토퍼 크로스Christopher Cross 등의 앨범 작업에 참여하면서 세션 기타리스트로서의 입지를 굳혀갔고 특히 스티브 모스Steve Morse의 앨범 「Stand Up」에 참여해서는 〈Distant Star〉에서 기타 연주 뿐 아니라 작곡과 보컬 능력까지 보여주었다.

1984년 에릭 존슨은 워너 브러더스 레코드와 계약을 체결하고 1986년에는 워너 산하의 리프라이즈 레이블에서 솔로 데뷔 앨범인 「Tones」

천재적인 코드 보이싱과 개성 넘치는 톤 메이킹, 섬세한 리듬 구성력은 에릭 존슨 기타의 핵심이다.

를 냈다. 「Tones」는 「기타 플레이어」가 커버스토리로 다룬 것을 비롯해 다수의 음악잡지들로부터 집중적으로 기사화되면서 평단의 호평과 강력한 팬덤을 획득했다. 잘 짜여진 그물처럼 섬세하게 직조된 맑은 톤의 리듬 구조와 지미 헨드릭스의 영향이 느껴지는 파워풀한 솔로 연주가 잘 어우러진 앨범에서는 일품의 그루브감을 만들어내는 절묘한 연주가 돋보이는 〈Trail of Tears〉와 양손 프렛 태핑이 인상적인 〈Victory〉가 주목을 받았다. 〈Zap〉은 비록 수상에는 실패했지만 그래미 베스트 록 연주 부문에 노미네이트되기도 했다. 그렇지만 무엇보다도 이 앨범이 주목받은 이유는 제목 그대로 각각의 곡에서 에릭 존슨이 만들어내는 다양하고도 개성 넘치는 기타 톤에 있었다. '현대 기타의 미래상을 제시한 컨템퍼러리 기타 연주의 사전과도 같은 앨범'이라는 극찬을 얻었지만, 불행히도 이 앨범 역시 상업적으로는 실패에 그쳤고 워너 브러더스와의 계약은 해지되었다.

1990년 에릭 존슨은 캐피톨 레코드와 계약했는데 여기서 낸 첫 번째 앨범인 「Ah Via Musicom」은 그의 인생에 새로운 전기를 마련해 주었다. 음대에서 정식으로 클래식을 공부한 바탕 위에 현대적인 록과 재즈를 결합하는 그의 능력이 최대한 발휘된 앨범인 「Ah Via Musicom」에는 재미있는 사연이 숨어 있다. 앨범은 두 번 녹음되었는데 에릭 존슨이 첫 번째 녹음이 마음에 들지 않아 처음의 것을 완전히 뒤엎고 처음부터 새로 녹음했기 때문이다. 그는 완벽주의자이다. 그런 과정에서 에릭 존슨은 결국 음반사와 약속한 일정을 맞추지 못했다. 음반사는 지원을 끊었고 앨범은 거의 묻힐 뻔 했지만 「Ah Via Musicom」은 극적으로 되살아났다. 라디오 DJ들이 수록곡인 〈Cliffs of Dover〉를 끊임없이 틀어대기 시작했던 것이다. '기타의 경이' '멜로디 메이킹의 극치'라는 찬사 속에 〈Cliffs of Dover〉는 인기차트에 등장했고 앨범 역시 팝차트에 모습을 드러냈다. 앨범은 플래티넘을 기록했으며 에릭 존슨은 재수 끝에 〈Cliffs of Dover〉로 그래미 최우수 록 연주 부문을 수상하는 영광을 안았다. 이밖에도 프로그레시브 록 성향의 실험적인 타이틀 곡 〈Ah Via Musicom〉과 초킹과 비브라토 아밍의 조화 속에 그의 부드러운 목소리를 만날 수 있는 〈Desert Rose〉, 그리고 〈Cliffs of Dover〉와 함께 인기차트를 누비며 앨범의 양대 연주곡이 된 〈Trademark〉도 많은 사랑을 받았으며, 컨트리 성향의 〈Steve's Boogie〉, 어쿠스틱한 발라드 〈Song for George〉, 웨

자신의 스튜디오에서 팬더 스트라토캐스터를 직접 수리 중인 에릭 존슨. 그는 일렉트릭 기타의 기술적인 부분에서도 연주만큼 조예가 깊다.

스 몽고메리에게 바친 마지막 곡 〈East Wes〉에 이르기까지 컨트리와 재즈를 아우르는 에릭 존슨의 폭넓은 해석력은 절정에 달해 있었다.

그러나 절정의 순간 그는 홀연히 사라졌다. 다시 나타난 것은 무려 6년이 지난 1996년이었다. 1996년 6년 만에 발표한 앨범 「Venus Isle」은 논란이 많은 앨범이지만 대체로 에릭 존슨이 기타리스트로서, 송라이터로서, 프로듀서로서 한 단계 발전된 모습을 보인 앨범이라는 점에서는 동의를 득한다. 이 앨범에서 그는 기타뿐만 아니라 뛰어난 키보디스트로서의 역량도 마음껏 과시했는데 수록곡 가운데 〈Manhattan〉이 특히 주목을 받았다.

그 해 가을에 에릭 존슨은 조 새트리아니, 스티브 바이와 함께 저 유명한 G3 프로젝트에 함께 했다. 공연은 명품 기타 공연으로 열광적인 반응을 얻어냈으며 실황을 담은 라이브 앨범도 출반되어 역시 커다란 성공을 거두었다.

'록은 시끄러운 음악'이라는 선입견을 향한 통렬한 반격

그의 기타는 노래한다. 천재적인 코드 보이싱과 개성 넘치는 톤 메이킹, 섬세한 리듬 구성력은 에릭 존슨 기타의 핵심이다. 깔끔한 톤으로 전개하는 자연스런 프레이즈와 멜로디라인은 그의 트레이드마크이며, 풀링과 해머링, 슬라이드 주법을 기본으로 핑커 테크닉을 위주로 한 레가토 솔로는 그의 비장의 무기이다.

에릭 존슨의 음악은 '록은 시끄러운 음악'이라는 선입견을 가진 사람들에 대한 통렬한 반격이다. 그는 록이 아름다울 수 있다는 것을 가장 선명하게 보여주었다. 그렇게 할 수 있었던 것은 물론 멜로디의 힘이다.

에릭 존슨은 펜더 스트라토캐스터와 깁슨 ES-335 기타를 주로 쓰면서 펜더와 덤블, 마샬 앰프를 삼단으로 쌓아 사운드를 구성하는 것으로도 유명하다. 그는 특히 빈티지 펜더 스트라토캐스터 모델을 즐겨 쓰는데 평론가 울프 마샬Wolf Marshall은 "1960년대는 지미 헨드릭스의 「Are You Experienced」가, 1970년대는 제프 벡의 「Wired」가, 그리고 1980년대는 에릭 존슨의 「Tones」가 스트라토캐스터의 진수를 보여주었다"고 평하기도 했다. 당시 에릭 존슨은 스티브 모스, 프랭크 갬벨과 함께 록 퓨전계에서 가장 주목받은 3인방이었다. 「기타 플레이어」는 그를 "지구에서 가장 존경받는 기타리스트 가운데 한 명"으로 꼽기도 했다.

The Only One :
「Ah Via Musicom」(1990)

불협화음을 '연주'하는 기타리스트

더스턴 무어

Thurston Moore, 미국, 1958~

더스턴 무어는 소닉 유스Sonic Youth의 기타리스트이다. 더스턴 무어의 기타는 그냥 혁신적이라고 하기에는 뭔가 부족하다. 그의 기타는 난폭하고 소란스럽고 날카롭고 신경질적이며 때론 기이하고 이해 불가능하다. 그는 정상적인 튜닝을 완전히 무시하고 매 곡마다 다른 극단적인 변칙 튜닝을 사용해 노이즈로 덮힌 전혀 다른 소리의 세계를 탐구한다. 때문에 그의 음악은 대중적으로는 지극히 난해하고 어려울 수밖에 없다. 그럼에도 불구하고 더스턴 무어는 2003년 「롤링 스톤」이 선정한 '역사상 가장 위대한 기타리스트 100' 순위에서 34위에 랭크되었고, 'www.guitar.com'이 선정한 순위에서도 37위에 올랐다. 「롤링 스톤」의 리스트에서는 소닉 유스의 동료인 리 레이날도Lee Ranaldo가 바로 위인 33위에 랭크되어 두 사람이 나란히 이름을 올리고 있으니 거기가 소닉 유스의 자리인 것은 분명해 보인다.

더스턴 무어

포스트 펑크와 노이즈 록을 논한다면 단연!

더스턴 무어는 1958년 미국 플로리다주 코럴 게이블스에서 태어났다. 1976년 대학에 입학하는 대신 뉴욕으로 진출해 리 레이날도와 함께 아주 실험적인 아방가르드 기타리스트 글렌 브랑카Glen Branca로부터 기타 테크닉을 배웠다. 1981년 두 사람은 킴 고든Kim Gordon을 끌어들여 소닉 유스를 결성하고 1982년 그룹 동명 데뷔 EP 「Sonic Youth」를 낸 후 1983년 정식 데뷔 앨범 「Confusion Is Sex」를 발표했다. 더스턴 무어가 기타와 보컬을 맡았고 리 레이날도도 기타를 쳤다. 킴 고든은 원래 베이스를 치며 노래를 불렀지만 때로는 킴 고든이 베이스 대신 기타를 잡고 기타 세 대를 쓰는 경우도 있었다.

절대적으로 아방가르드 노선을 추종하고 노이즈 록의 최전선에 섰던

소닉 유스

시기를 지나 밴드가 나름대로의 방향을 설정하고 대중적 지지를 확보하기 시작한 것은 1986년 앨범 「Evol」과 1987년 앨범 「Sister」부터였다. 이때부터 소닉 유스는 평단의 관심 속에 뉴욕의 아방가르드 씬과 인디 씬에서 탄탄한 지명도를 쌓아 나갔다.

1988년 발표한 「Daydream Nation」은 밴드의 경력에 결정적인 전환점을 제공한 앨범이다. 노이즈와 변칙 튜닝을 최대한 활용해 더블 앨범으로 제작된 「Daydream Nation」은 포스트 펑크와 노이즈 록을 대표하는 마스터피스 가운데 하나로 굳건히 자리 잡았다. 이 앨범의 성공으로 소닉 유스는 메이저 레이블인 게펜 레코드 계열의 DGC와 계약을 맺을 수 있었다. 당시 게펜 측에서는 "이들은 제2의 벨벳 언더그라운드 아니면 적어도 핑크 플로이드는 될 것이다"라며 높은 기대감을 표시했다.

메이저 데뷔 앨범인 1990년작 「Goo」와 1992년작 「Dirty」는 최소한 대중적으로는 밴드의 경력 가운데 정점에 있는 앨범이다. 소닉 유스는 초창기의 극단적인 경향을 벗어나 당대의 주류 록으로 부상하던 그런지 록의 영향을 흡수하고 있었으며 짙은 퍼즈 톤의 기타를 앞세워 의외로 단순한 리듬과 감상적인 멜로디 라인을 선보이기도 했다. 이 시기 소닉 유스는 1995년 롤라팔루자 페스티벌에서 헤드라인을 맡는 등 가장 왕성한 활동을 보였다.

2000년대 이후 소닉 유스는 다시 처음으로 돌아간 것으로 보인다.

더스턴 무어와 킴 고든

2000년작 「A Thousand Leaves」부터 밴드는 다시 노이즈와 불협화음의 바다를 항해하기 시작했다. 골수팬들이 이들의 귀환을 쌍수를 들어 환영했음은 물론이다.

더스턴 무어의 활약은 소닉 유스로 집중되지만 그밖에도 그는 1995년 발표한 솔로 데뷔 앨범 「Psychic Hearts」를 시작으로 뜻밖에 어쿠스틱한 사운드를 들려주었던 「Trees Outside the Academy」(2007)와 「Demolished Thoughts」(2011)까지 세 장의 솔로 앨범을 냈고, 다른 많은 인디 계열의 뮤지션들과 공동 작업을 펼쳤다.

1990년대 초반 더스턴 무어는 새 밴드 딤 스타스Dim Stars를 결성했으며 이외에도 리처드 헬Richard Hell, 이븐 워스Even Worse 등 여러 사이드 프로젝트를 겸했다. 1994년에는 R.E.M의 「Monster」 앨범에 참여해 기타와 백킹 보컬을 담당하기도 했다. 2004년부터는 실험적인 음악 집단 투 리브 앤 쉐이브 인 LATo Live and Shave in L.A.에도 참여하고 있다. 그의 솔로작과 협업 작들은 여전히 기이한 노이즈로 가득하지만 소닉 유스가 고집스럽게 노이즈의 세계로 침잠했던 것과 비교한다면 방계 활동을 통해서는 즉흥적인 연주를 위주로 훨씬 넓고 자유로운 세계를 부유하는 느낌이다.

더스턴 무어의 기타는 역시 소닉 유스의 음악으로 설명할 수밖에 없다. 초창기 소닉 유스의 음악은 당시 뉴욕에서 성행하던 노 웨이브 록*의 자장 안에 있었다. 소닉 유스는 패티 스미스Patti Smith, 존 케이지John Cage, 1912~1992 등 전위적인 성향의 뮤지션들로부터 결정적인 영향을 받았으며 뉴욕 펑크와 아방가르드 씬의 주요 그룹들인 벨벳 언더그라운드와 스투지스의 영향 또한 크게 받았다. 소닉 유스는 노이즈 록의 1세대라고 할 수 있으며 미국 얼터너티브 록과 인디 록의 중추라는 평가 또한 타당하다.

소닉 유스의 음악은 대단히 전위적이고 실험적이면서도 한편으로 몽환적인 요소를 지니고 있다. 이들의 대표 앨범 가운데 하나인 「Daydream Nation」은 제목부터가 몽환적이다. '백일몽의 나라'라니. 평범한 팝 음악 팬이라면 소닉 유스의 노래로 카펜터스의 유명한 히트곡을 리메이크한 〈Superstar〉 정도만을 아는 게 전부일 것이다. 그래도 괜찮다. 소닉 유스가 노래하는 짙은 노이즈에 쌓인 건조한 목소리의 〈Superstar〉는, 거식증으로 사망한 캐런 카펜터Karen Carpenter, 1950~1983의 슬픈 사연까지 떠올리게 되면 눈물을 흘리라고 종용하는 측면이 있다. 그것이 소닉 유스이고 더스턴 무어이다. 한 가지 더! 밥 딜런의 리메이크인 〈I'm Not There〉도 꼭 들어볼 것을 권한다.

* 노 웨이브 록(No Wave Rock) : 펑크와 뉴 웨이브에서 파생된 록 음악의 한 갈래로서 극단적인 실험성으로 철저하게 비상업주의를 지향한다. 아마추어 음악가들에 의해서 만들어진 음악도 많다.

멤버들의 인터뷰와 라이브로 채워진 영화 [소닉 유스 : 문샤인 프로젝트] 포스터

소음의 극한을 궁구하다

더스턴 무어는 록 기타의 새로운 문법을 제시했다. 아니다. 그게 아니라 기존의 문법을 철저히 파괴하면서 기타라는 악기를 극한으로 밀어붙였다. 그는 극단적인 변칙 튜닝을 썼고 드럼 스틱이나 드라이버로 기타를 연주하는 전위적 장면도 자주 연출했다. 그렇게 해서 그는 누구도 흉내 낼 수 없는 노이즈와 공격적인 사운드를 구축했다.

소닉 유스의 두 기타리스트 리 레이날도와 더스턴 무어는 서로 상반된 스타일의 기타리스트이다. 더스턴 무어가 두터운 디스토션 사운드와 격렬한 리프를 즐기는 반면, 리 레이날도는 전통적이고 어쿠스틱한 연주를 선호한다. 두 사람은 한 번의 공연에서 무려 50대 가량의 기타를 사용하는데 각각의 곡마다 각각 다르게 튜닝된 기타를 사용하고 심지어 같은 곡을 연주하면서 두 사람의 튜닝이 다른 경우도 허다하다. 그들이 얻고 싶은 것은 깔끔하고 조화로운 사운드가 아니라 노이즈이다.

더스턴 무어는 펜더 재즈마스터 기타를 즐겨 사용하며 그밖에도 재즈마스터의 후속 모델인 펜더 재규어와 펜더 듀오-소닉 모델 등 다양한 기종의 펜더 기타를 애용한다. 앰프는 복스 AC30과 피베이, 펜더 등 여러 조합을 폭넓게 쓴다.

2011년 리 레이날도가 소닉 유스의 잠정적인 활동 중단을 애둘러 발표한 직후 더스턴 무어와 킴 고든은 자신들이 이미 헤어졌다는 사실을 밝혔다. 킴 고든이 다섯 살 연상인 두 사람은 1984년에 결혼한 사이였다. 소닉 유스의 이야기는 멤버들의 인터뷰와 라이브로 채워진 영화 [소닉 유스 : 문샤인 프로젝트]를 통해서도 확인할 수 있다.

대부분의 얼터너티브 록, 인디 록 밴드들은 소닉 유스에게 빚을 지고 있다. 소닉 유스는 미국 인디 록의 보석과도 같은 존재이며 진정한 의미의 컬트 밴드이다. 소닉 유스의 핵심 역량은 더스턴 무어의 기타에서 출발한다.

The Only One :
「Daydream Nation」(1988)

음악은 코드 세 개만으로도 감동을 준다

엣지

The Edge, 아일랜드, 1961~

이제는 명실상부하게 세계에서 가장 영향력 있는 밴드가 된 U2의 기타리스트 엣지. 어쩌면 가장 정치적인 밴드라는 U2의 정체성과, 분위기와 감성을 중시하는 엣지의 기타는 어울리지 않을 수도 있었지만 다행스럽게도 그것은 기우에 지나지 않았다. 그는 절대로 테크닉을 앞세우는 기타리스트가 아니다. 그는 테크닉보다는 전체적인 사운드를 중시하며 난해한 연주보다는 절약된 음표 내에서의 효율성을 추구한다. 이런 성향은 어느 인터뷰에선가 스스로 다음과 같이 밝힌 것에서 잘

U2

엣지

드러난다. "난 항상 요점을 잘 전달할 수 있는 더 효율적인 방법을 찾고자 한다. 좋은 곡과 리프, 아이디어, 이런 것들이 나에게 중요한 것들이다. 지판 위에서 손가락을 정말 빨리 움직이는 것은 아무나 할 수 있다. 그건 그냥 기타 올림픽일 뿐이다. 그런 무의미한 일에 관해서라면 나는 생각하고 싶지도 않다." 그는 또 덧붙인다. "나에게는 사운드가 먼저이고 원하는 사운드를 얻기 위해서는 무엇이든 한다. 그렇지만 절대 뛰어난 능력을 보여주고자 하는 것은 아니다. 나는 이런 것도 할 수 있어 하는 식의 과시적인 연주에는 전혀 흥미가 없다." 그가 1970년대의 퓨전 재즈와 프로그레시브 록을 참을 수 없을 만큼 최악의 음악이라 말하는 것 또한 같은 맥락일 터이다.

현란한 테크닉과 속주의 가벼움을 참지 못하는

엣지는 1961년 영국 에섹스주 바킹에서 태어났다. 본명은 데이비드 하월 에반스David Howell Evans, 부모님은 웨일즈 출신이다. 유아기 때 가족과 함께 아일랜드 더블린으로 이사해 그 곳에서 자랐다. 학교에서 외톨이였던 그는 어려서부터 피아노와 기타 레슨을 받았는데 첫 번째 기타는 어머니가 벼룩시장에서 사준 고물 어쿠스틱 기타였다. 형인 딕과 이 기타를 치면서 놀다가 자신이 기타에 재능이 있다는 것을 발견하고는 뮤지션이 되기로 결심했다. 마운트 템플 중학교 재학 시절이던 1976년 보노Bono, 보컬, 아담 클레이튼Adam Clayton, 베이스, 래리 뮬렌 주니어Larry Mullen Jr., 드럼와 함께 U2를 결성했다. 습작과 연습 기간을 거쳐 1978년 더블린의 프로젝트 아츠 센터에서 공식 데뷔 무대를 가지고 아일랜드 레코드와 계약을 체결한 후 1980년 데뷔 앨범 「Boy」를 발표했다.

U2는 시작부터 가능성 있는 밴드로 주목받았지만 그들의 고공비행이 본격적인 궤도에 올라선 것은 1981년 2집 「October」에 이어 1983년 3집 「War」를 발표하고부터다. 앨범은 UK 앨범차트 1위에 오르며 U2를 세계적인 밴드의 반열에 올려놓았는데, 특히 북아일랜드에서 일어난 현대사의 비극인 '피의 일요일' 사건을 다룬 싱글 〈Sunday Bloody Sunday〉가 크게 주목 받았다. U2는 이 곡에서 이미 그들이 나아갈 바를 적시하고 있었다.

같은 해 나온 라이브 앨범 「Under a Blood Red Sky」는 초창기 엣지의 기타 스타일을 확인할 수 있는 앨범이다. 관중과의 교감이 일품인 〈Gloria〉와 스튜디오 버전보다 훨씬 거친 매력으로 무장한 〈Sunday

보노와 엣지

Bloody Sunday〉, 그리고 특유의 하모닉스 기타 톤으로 시작하는 엔딩 트랙 〈40〉가 앨범의 백미로 꼽힌다.

1984년작 「Unforgettable」에 이어 1987년 발표한 「Joshua Tree」는 자타가 공인하는 밴드의 최고 앨범이다. 이 앨범은 영국과 미국에서 공히 앨범차트 정상에 올랐고, 〈With or Without You〉와 〈I Still Haven't Found What I'm Looking for〉라는 두 개의 빌보드 넘버원 싱글을 배출했다. 1988년 발표한 라이브 앨범 「Rattle and Hum」도 라이브의 걸작으로 평가받는데 이 앨범은 동명의 다큐멘터리 영화로도 제작되었다.

1991년작 「Achtung Baby」에는 불멸의 명곡 〈One〉이 포함되어 있고, 1993년 앨범 「Zooropa」는 U2가 처음으로 일렉트로닉 사운드를 도입해 관심을 끌었는데, 엣지는 수록곡 〈Numb〉에서 작곡과 보컬까지 맡아 밴드 내의 입지를 더욱 탄탄히 했다.

세기가 바뀌었지만 U2의 맹활약은 계속되었다. 2000년 발표한 앨범 「All That You Can't Leave Behind」는 보기 드문 기록을 세웠다. 2년에 걸쳐 총 일곱 개의 그래미상을 수상한 것이다. U2는 2001년 43회 그래미에서 수록곡 〈Beautiful Day〉로 올해의 노래와 올해의 레코드를 수상하는 등 3관왕을 차지했고 이듬해 44회 그래미에서도 같은 앨범으로 4관왕을 차지했다. 특히 U2에게 올해의 레코드 2년 연속 수상의 영광을 안겨준 〈Walk on〉은 버마의 민주화 지도자 아웅산 수치를 위한 노래였는데, 이 때문에 국명을 미얀마로 바꾼 군부에 의해 버마에서 이 앨범이 판매금지되는 사태가 일어나기도 했다.

2004년 발표한 앨범 「How to Dismantle an Atomic Bomb」에서 U2는 타이틀곡 〈Vertigo〉가 증명하듯 일렉트로니카와 테크노를 대폭 수용하는 변화를 꾀했지만, 그럼에도 그들의 절대적 지위는 변함없이 공고했다. 이 앨범 역시 U2에게 그래미 5관왕의 영광을 선물했다.

U2 활동에 가려져 잘 알려져 있진 않지만 엣지는 솔로 앨범도 한 장 발표했는데, 1987년에 발표한 「Captive」가 그것이다. 이밖에도 그는 조니 캐시Johnny Cash, 1932~2003, 비비 킹, 티나 터너에서 제이-지Jay-Z, 리한나Rihanna에 이르기까지 장르를 가리지 않고 많은 뮤지션들과 함께 작업했다.

클레이튼과 엣지

Who와 클래시The Clash 등의 영향을 받아 포스트 펑크 밴드로 출발했던 U2는 이제 세계적인 공룡밴드가 되었지만 여전히 R.E.M과 함께 록의 저항정신을 사수해 온 얼터너티브 록의 수호자로 추앙받는다. U2의 거대한 성공과 얼터너티브의 정신은 모순일 수 있지만, 그들의 활동은 이러한 평가의 정당성을 입증한다. U2는 1984년의 밴드 에이드와 1985년의 라이브 에이드를 비롯해 거의 모든 자선 콘서트에 빠짐없이 참여하고 있으며, 특히 보컬리스트 보노는 다보스 포럼에 참여해 세계의 지도자들과 토론하고 제3세계 극빈국가들의 채무탕감 활동에도 적극 나서는 등 정치적 활동에도 열심이다. 그렇다면 엣지는? 그는 기타를 치고 있다. U2의 일원으로 많은 활동을 함께 하고 있지만 보노와는 달리 그가 정치적인 목소리를 내는 일은 드물다.

낡은 깁슨 익스플로러 기타 한 대

엣지의 기타가 갖는 가장 큰 특징은 소리의 질감, 즉 사운드스케이프이다. 그는 딜레이와 리버브 효과를 통해 울림이 많고 다소 몽롱한 사운드를 만들어낸다. 그는 가능한한 적은 수의 노트로 연주하기를 원하며 대신 사운드를 통해 많은 것을 표현해 낸다. 엣지는 「Joshua Tree」 녹음 당시부터 이미 아주 작은 리드 라인만으로 충분히 깊고 풍부한 맛을 살릴 수 있음을 증명해 보였다. 대표적으로 〈Where the Streets Have No Name〉 같은 곡에서 그는 단 여섯 개의 노트로 구성된 아르페지오 연주

엣지가 오래 전부터 애용해온 깁슨 익스플로러 모델

를 구사했지만 그것은 딜레이 효과를 통해 충분히 넓혀지고 적절하게 확장되었다. 'Three Chord and the Truth'라는 U2의 슬로건은 엣지의 슬로건이기도 하다.

기타 연주뿐만 아니라 곡 작업에서도 엣지의 이런 특징은 잘 나타난다. 그가 만드는 노래들은 대부분 한 두 개의 코드에 기초하고 있는데, 대표적으로 〈One〉은 약간의 변주가 포함된 두 개의 코드만으로 진행된다. 리듬 기타리스트로서의 단순하지만 탁월한 리프와 에코를 이용한 복합적인 리듬의 구성, 소리의 공간감을 만들어내는 신비로운 사운드 메이킹은 그의 기타의 핵심 요소들이다.

엣지는 깁슨 익스플로러 기타를 주로 사용한다. 데뷔 앨범 「Boy」 녹음 당시 프로듀서 스티브 릴리화이트Steve Lillywhite는 엣지가 낡은 깁슨 익스플로러 기타를 케이스에서 꺼내는 것을 보고 "다른 기타는 없어?"라고 물었다고 한다. 엣지의 대답은 "난 기타가 한 대밖에 없는데 당신이 지금 그걸 보고 있는 거다"였다고. 지금도 그는 깁슨 익스플로러가 자신이 원하는 소리를 얻는데 최고의 기타라고 말한다.

엣지는 완벽주의자여서 라이브에서도 스튜디오 연주와 최대한 유사한 사운드를 얻기 위해서 최선을 다하는데, 그러기 위해서는 깁슨 SG, 깁슨 레스 폴, 펜더 텔레캐스터와 스트라토캐스터 등 다양한 기타가 등장한다. 엣지는 다른 기타리스트들에 비해 월등히 많은 수의 기타를 사용한다. 그는 스튜디오 녹음에서 무려 200대 이상의 기타를 사용한다. 라이브에서도 통상 1회 공연에서 17대에서 19대의 기타를 사용하는데 이것은 보통 4~5대를 사용하는 여느 기타리스트들에 비해 월등히 많은 숫자이다. 하지만 그는 특정 기타의 모델이 되기를 원치 않는다. 그는 악기점에 걸려있는 포스터의 주인공이 되고 싶지 않다며 특정 회사에서 시그너처 기타를 만드는 것만은 한사코 거부하고 있다.

U2는 2010년 「롤링 스톤」이 발표한 '역사상 가장 위대한 노래 500곡' 리스트에 36위에 오른 〈One〉을 비롯해 무려 여덟 곡을 올려놓았다. 2003년 「롤링 스톤」이 선정한 '역사상 가장 위대한 앨범 500' 순위에서도 U2의 앨범은 「Joshua Tree」가 26위에 오른 것을 비롯해 다섯 개가 올라있다. 엣지는 2011년 「롤링 스톤」이 선정한 '역사상 가장 위대한 기타리스트 100' 순위에서 38위에 올랐으며, 2005년 U2의 기타리스트로 록큰롤 명예의 전당에 헌액되었다.

The Only One :
「Joshua Tree」(1987)

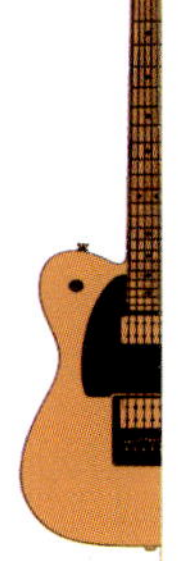

헤비메탈과 바로크 음악의 예기치 않은 조우

잉베이 말름스틴

Yngwie Malmsteen, 스웨덴, 1963~

지미 헨드릭스 이후 가장 혁신적인 기타리스트로 추앙받으며 1980년대 초반의 헤비메탈 씬을 사실상 평정했던 에드워드 반 헤일런 앞에 강력한 도전자가 등장했다. 그의 이름은 잉베이 말름스틴, 이른바 바로크 메탈의 전성기를 열어젖히며 1980년대 중반 이후 불꽃처럼 펼쳐졌던 기타계의 속주경쟁을 주도했던 인물이다. 어느 날 리치 블랙모어가 우연히 그의 음반을 듣고는 누군가 레코드를 고속으로 돌리고 있는 줄 착각했으나 그것이 실제 연주 속도임을 알고 이제 자신의 시대는 갔다며 탄식했다는 것도 유명한 일화이다. 잉베이 말름스틴의 연주 속도가 얼마나 빨랐는지를 말해주는 이야기이다.

누군가 레코드를 고속으로 돌리고 있는 줄 착각했다

1963년 스웨덴 스톡홀름에서 태어난 잉베이 말름스틴은 일곱 살이던 1970년, TV에서 지미 헨드릭스 추모 특집 프로그램을 보다가 기타리스

잉베이 맘름스틴

트가 되기로 결심했다. 아홉 살 생일 때 딥 퍼플의 앨범 「Fireball」을 선물 받으며 자연스럽게 지미 헨드릭스와 리치 블랙모어는 그에게 가장 큰 영향을 끼친 선배가 되었다. 열두 살 때 자신의 필생의 명기가 될 펜더 스트라토캐스터와 처음 만난 그는 타고난 재능을 바탕으로 하루 여덟 시간이 넘는 맹연습을 통해 실력을 연마했다.

몇몇 로컬 밴드를 거쳐 1978년 라이징 포스Rising Force를 결성한 그는 기타 전문잡지 「기타 플레이어」에 데모 테이프를 보냈는데, 그것을 들은 저명한 칼럼니스트 마이크 바니Mike Varney가 「기타 플레이어」의 '스포트라이트' 칼럼에 그를 소개함으로써 이름을 알리게 되었다. 마이크 바니의 주선으로 그룹 스틸러Steeler에 가담해 미국 록계에 처음 모습을 드러낸 그는 1983년 그래험 보넷과 함께 알카트라즈Alcatrazz를 결성했다.

알카트라즈

잉베이 말름스틴은 알카트라즈 시절 데뷔 앨범인 「No Parole from Rock 'n' Roll」과 일본 공연실황을 담은 라이브 앨범 「Live Sentence」 단 두 장의 앨범에 참여했다. 「No Parole from Rock 'n' Roll」에서는 수록곡 〈Island in The Sun〉 〈Jet to Jet〉 〈Hiroshima Mon Amor〉 등에서 탁월한 기타 솔로를 들려주며 명성을 얻기 시작했으며, 「Live Sentence」 실황에서는 바흐의 유명한 클래식 명곡인 〈부레〉를 일렉트릭 기타로 편곡해 연주한 〈Coming Bach〉의 연주 장면이 향후 그가 걸어갈 길을 예시한 명장면으로 꼽힌다.

약관 스무 살의 나이에 이미 기타의 신성으로 떠오른 잉베이 말름스틴은 그러나 열 살에서 스무 살에 이르는 다른 멤버들과의 현격한 나이 차와 음악적 견해차를 극복하지 못하고 알카트라즈를 떠나 자신의 밴드인 라이징 포스를 이끌고 독자적인 활동을 펼쳐나가기 시작했다. 첫 번째 스튜디오 앨범인 「Rising Force」는 1984년에 나왔는데, 이 앨범은 헤비메탈 기타의 새로운 이정표를 제시한 기념비적 역작으로 평가받는다. 여기에 〈Black Star〉 〈Evil Eye〉 〈Far Beyond The Sun〉 등 그의 대표곡들이 대거 수록되어 있는데, 바로크 메탈의 전성기는 명백히 이 앨범과 함께 도래했다고 할 수 있다.

「Rising Force」는 「기타 플레이어」에 의해 그 해 베스트 록 앨범으로 선정되었으며 그래미 어워즈의 베스트 록 연주 부문에 노미네이트되기도 했다. 「Rising Force」가 잉베이 말름스틴의 기타 플레이를 전면에 내세웠던 반면, 이어진 앨범들인 「Marching Out」(1985)과 「Trilogy」(1986)에서는 대중성을 고려해서 보컬의 비중을 높이게 되는데, 이러한 전략은 성공을 거두어 상당한 대중적 인기를 누리게 되었다.

1987년 잉베이 말름스틴은 큰 교통사고를 당해 오른손에 심각한 부상을 입었다. 엎친데덮친 격으로 병원에 입원해 있을 때 어머니가 암으로 세상을 떠나면서 그의 상실감은 극에 달했다. 하지만 그는 1988년 아픔을 이기고 돌아와 컴백작인 「Odyssey」를 발표했다. 수록곡 가운데 〈Heaven Tonight〉이 크게 히트했으며 앨범도 최대의 상업적 성공을 거두면서 잉베이 말름스틴은 재기에 성공했다.

1980년대 테크닉 지상주의 시대를 열다

바로크 메탈의 제왕이라는 별명은 잉베이 말름스틴에게 붙여진 가장 적절한 칭호이며 그의 기타와 음악을 가장 잘 정의하는 수식어이다. 그가 기타 연주에 끼친 가장 큰 영향은 헤비메탈 기타 연주에 클래시컬한 요소들을 적극 도입했다는 점인데, 그것은 아마도 클래식에 정통했던 어머니의 영향으로 어려서부터 피아노와 클래식 기타를 배웠던 가정 환경과 클래식적 요소가 강했던 기타리스트 리치 블랙모어로부터 많은 영향을 받았기 때문일 것이다. 그는 비발디, 바흐 등 바로크 시대 음악가들의 대위법 선율을 록 기타 연주에 응용했고 파가니니의 초절기교의 바이올린 테크닉 또한 기타 연주를 위해 옮겨 왔다. 한 개의 줄 위에서 7~8잇단음 이상이 이어지는 긴 프레이즈를 빠르게 연주하는 스타일이 대표적으로 바이올린 주법을 활용한 것이다.

잉베이 말름스틴의 탁월함은 역시 눈부신 속주에 있다. 속주를 위해 고안했다는 스윕 피킹 주법은 그의 트레이드마크 가운데 하나인데, 왼손가락의 현란한 움직임을 바탕으로 한 스윕 피킹은 업다운 크로스 피킹 만으로는 한계에 봉착해 있던 속도 경쟁에 새로운 신기원을 열었다. 솔로 애드립에서 보여주는 유연한 스케일의 연주 또한 빼놓을 수 없는 그의 강점이다. 그는 내추럴 마이너, 하모닉 마이너, 디미니쉬 스케일 등 다양한 스케일을 적극 활용해 독창적인 연주를 펼침으로써 펜타토닉 스케일에 갇혀있던 기존의 연주 패턴에도 변화의 바람을 불어넣었다.

잉베이 말름스틴은 펜더 스트라토캐스터와 마샬 앰프라는 고전적 조합을 즐겨 사용했다. 알카트라즈 시절 이후 그는 평생을 초지일관 이 조합을 고집했는데 그래서 펜더 스트라토캐스터의 마왕으로 불리기도 한다.

기타의 역사에서 1980년대는 테크닉 지상주의 시대였다. 수많은 기타리스트들이 불꽃 튀는 경쟁을 펼치며 연주 기술의 진보와 확장을 이루어냈다. 그 시작은 아마도 에드워드 반 헤일런이었을 것이며, 일단 타오르기 시작한 불꽃에 기름을 쏟아 부은 이는 잉베이 말름스틴이었을 것이다. 잉베이 말름스틴의 연주력, 특히 속도는 후배 기타리스트들이 반

'펜더 스트라토캐스터의 마왕' 으로 불리는 잉베이는 펜더 스트라토캐스터와 마샬 앰프라는 고전적 조합을 초지일관 고수하고 있다.

드시 도전하고 넘어야 할 숙제와도 같은 것이었다. 그것을 뛰어넘지 못해 좌절하고 실패한 이의 숫자 또한 헤아릴 수 없을 것이다.

잉베이 말름스틴에 대해서는 많은 논란거리가 있다. 그는 연주력과는 별개로 불같은 성격과 쉽게 자만심을 드러내는 성품 탓에 많은 비난에 직면해야 했고, 바로크 메탈의 시대가 빠르게 저물어간 이후에도 고집스럽게 노선을 견지했던 탓에 말년에는 시대에 뒤떨어진 연주자라는 혹평도 들어야 했다. 그러나 잉베이 말름스틴이 1980년대의 중심에서 테크닉과 속주 경쟁을 주도했던 스웨덴이 낳은 불세출의 기타리스트이며 바로크 메탈의 제왕임은 변하지 않는 사실이다. 이후 눈부신 속주를 주무기로 등장한 수많은 기타리스트들, 대표적으로 토니 메칼파인, 조슈아 페러히어Joshua Perahia, 크리스 임펠리테리, 폴 길버트 등은 명백히 그의 영향권 아래에 있는 이들이다.

The Only One :
「Rising Force」(1984)

가슴 깊이 블루스 필을 간직한 벨파스트의 기타 영웅

비비안 캠벨

Vivian Campbell, 영국, 1962~

북아일랜드 벨파스트 태생의 걸출한 헤비메탈 기타리스트 비비안 캠벨은 데프 레파드와 화이트스네이크, 디오, 씬 리지 등 록의 역사에 빛나는 명그룹들의 잇단 러브콜을 받았다는 사실만으로도 자신의 만만치 않은 존재감을 입증한다.

슈퍼밴드들의 러브 콜을 잇달아 받아온 실력자

1962년생인 비비안 캠벨은 열두 살 때 처음 기타를 잡았고 열다섯 살 때 이미 NWOBHM (New Wave Of British Heavy Metal) 밴드 스위트 새비지 Sweet Savage의 일원으로 음악 씬에 모습을 드러냈다. 스위트 새비지는 전형적인 헤비메탈 밴드로 훗날 메탈리카가 이들의 곡을 커버하기도 했다.

1983년 비비안 캠벨은 오지 오스본의 부름을 받고 밴드를 이탈한 제이크 E. 리를 대신해 로니 제임스 디오가 이끌던 밴드 디오에 가입했다. 그가 가담한 직후 발표한 밴드의 데뷔 앨범 「Holy Diver」(1983)에는

비비안 캠벨

〈Holy Diver〉 〈Rainbow in the Dark〉 등 당대의 헤비메탈 씬을 호령한 명곡들이 대거 수록되어 있었다. 이밖에 어쿠스틱한 도입부를 지나 이내 질주감 넘치는 전형적인 헤비메탈 넘버로 변신해 비비안 캠벨의 터프한 리프와 솔로 애드립이 작렬하는 〈Don't Talk to the Stranger〉도 빼놓을 수 없는 매력적인 넘버이다.

순식간에 당대 헤비메탈 씬의 대표 주자로 떠오른 디오는 1983년 몬스터스 오브 록 페스티벌에 참가한 후 1984년 〈We Rock〉 〈The Last in Lane〉 〈Mystery〉 등이 수록되어 있는 2집 「The Last in Lane」을 발표했다. 그리고 〈Rock 'n' Roll Children〉 〈Hungry for Heaven〉 등의 히트곡이 나온 앨범 「Sacred Heart」(1985)에 이어 영화 [아이언 이글]의 사운드트랙에 수록된 〈Hide in the Rainbow〉 녹음을 끝으로 1986년 비비안 캠벨은 디오를 떠나 화이트스네이크로 이적했다. 그는 비슷한 시기에 합류한 기타리스트 애드리언 반덴버그와 함께 존 사이크스의 공백을 훌륭히 메웠지만 1987년에서 88년으로 이어진 월드투어를 끝으로 화이트스네이크로부터 전격 해고되었다. 결과적으로 그는 화이트스네이크 시절 어떤 레코드도 남기지 않았다.

비비안 캠벨의 다음 선택은 데프 레파드였다. 1992년 그는 데프 레파드에 가담해 1991년 갑작스럽게 사망한 스티브 클락Steve Clark, 1960~1991을 대신해 밴드가 보유한 또 한 명의 기타리스트 필 콜렌Phil Collen과 함께 호흡을 맞추었다. 비비안 캠벨은 같은 해 프레디 머큐리 추모 공연에 참가해 〈Animal〉 〈Let's Get Rocked〉 등 데프 레파드의 히트곡을 연주하는 한편 브라이언 메이와 함께 퀸의 〈Now I'm Here〉를 연주하는 감동적인 장면을 선사하기도 했다. 이렇게 시작된 데프 레파드와의 인연은 현재까지 20년이 넘도록 이어지고 있다. 데프 레파드의 일원으로 발표한 가장 최근의 정규 앨범은 2008년에 나온 「Songs from the Sparkle Lounge」이다.

블랙모어와 아이오미의 장점을 모두 갖춘 재능

많은 사람들이 기타리스트로서 비비안 캠벨의 전성기로 디오 시절을 꼽는다. 블랙 사바스와 레인보우를 거친 관록의 보컬리스트 로니 제임스 디오와 이제 갓 약관을 넘어선 청년 기타리스트 비비안 캠벨의 조합은 의외로 이상적이었다.

자신과 함께 했던 기타리스트들에 대한 로니 제임스 디오의 평가는 이렇다. "리치 블랙모어는 솔로 애드립에 관한 한 최고이지만 리프를 만드는 기술은 토니 아이오미가 더 뛰어나다. 그러나 이 두 가지를 모두 가지고 있는 기타리스트가 바로 비비안 캠벨이다." 이보다 더한 칭찬은 없을 것이다.

데프 레파드에서의 비비안 캠벨은 지나치게 밋밋해지고 말랑말랑해졌다는 비판을 받곤 한다. 그 지적은 일면 타당한 것이나 데프 레파드의 음악을 알고 데프 레파드가 그것을 원했을 것이라는 점을 이해한다면 그것은 비판의 단서가 아니라 적응의 차원에서 바라보아야 맞을 것

로니 제임스 디오와 비비안 캠벨

데프 레파드의 필 콜렌과 비비안 캠벨

이다. 밴드의 기타리스트는 밴드가 원하는 바를 연주할 책임이 있는 것이다.

비비안 캠벨은 블루스에서 헤비메탈까지 변신이 가능한 다면적 기타리스트로서 가끔은 어쿠스틱한 연주에서 의외로 강점을 보여주기도 한다. 같은 맥락에서 그는 멜로디가 좋은 솔로 플레이로도 정평이 나 있다. 그는 특히 블루스에 각별한 애정을 보이는데, 그의 블루스 사랑은 자신의 유일한 솔로 앨범인 「Two Sides of If」에서 단적으로 드러난다. 전형적인 블루스 록 앨범인 「Two Sides of If」에서 그는 윌리 딕슨, 로버트 존슨 등 전설적인 블루스 맨들의 고전들을 리메이크하고 있으며 〈Willin' for Satisfaction〉 같은 곡에서는 텍사스 블루스의 거장 지지 탑의 빌리 기본스를 초빙하고 있기도 하다. 그는 앨범에서 아주 담담하게 블루스에 대한 헌사를 써내려가고 있다.

초창기 비비안 캠벨이 즐겨 쓴 기타는 디마지오 픽업이 장착된 깁슨 레스 폴 모델이었다. 이 기타는 대표적으로 「Holy Diver」 녹음시에 사용되었다. 1980년대 중반 슈퍼스트랫이 인기를 얻자 그는 주무기를 샤벨 기타로 바꾸었으며 한 때는 '슈레더'(Shredder)라는 애칭으로 불린 수제 기타를 쓰기도 했다. 이밖에도 그는 크래머 기타 등 다양한 기종의 기타를 사용했지만 최근에는 다시 레스 폴을 비롯한 깁슨 모델을 애용하고 있다.

2010년 비비안 캠벨은 자신이 평생 동경하던 아일랜드 그룹 씬 리지의 부름을 받고 기꺼이 합류했다. 영국과 아일랜드 사이의 슬픈 역사, 그리고 그 역사가 집약된 비극의 도시 벨파스트, 그가 북아일랜드 벨파스트 출신이라는 사실이 다시 한 번 상기되는 순간이었다. 그가 블루스를 가슴 깊숙이 사랑한다는 사실 역시 왠지 그의 출생과 무관치 않아 보인다. 블루스의 구도자 개리 무어 역시 같은 벨파스트 출신이었음은 그냥 단지 우연일까?

The Only One :
「Holy Diver」(1983)

스래시 메탈이 지고 있다. 그러나, 타협은 없다!

데이브 머스테인

Dave Mustaine, 미국, 1961~

메가데스는 스래시 메탈*계의 절대강자 메탈리카에 대적할 유일한 밴드로 꼽힌다. 밴드의 보컬리스트 겸 기타리스트인 데이브 머스테인이 메탈리카의 초대 기타리스트였던 사실도 두 밴드를 비교선상에 올려놓는데 적절한 화젯거리를 제공한다. 1983년 메탈리카를 떠난 데이브 머스테인이 결성한 밴드가 바로 메가데스였기 때문이다. 메탈리카로부터 사실상 해고당했던 데이브 머스테인은 오래도록 메탈리카 멤버들과 껄끄러운 관계를 유지했다.

데이브 머스테인은 팀의 리드 보컬리스트이자 기타리스트 겸 송라이터로서 메가데스의 절대권력이다. 메가데스는 활동기간 동안 많은 멤버 교체를 겪었는데 그의 눈 밖에 난 이들은 어김없이 밴드를 떠나야 했다.

* 스래시 메탈(Thrash Metal) : 헤비메탈의 하위 장르로 빠른 템포와 강력한 사운드, 공격적인 가사를 특징으로 한다. 고속의 스피드와 명확한 리프를 바탕으로 하는, 헤비메탈 중에서도 가장 거칠고 난폭한 음악이다.

데이브 머스테인

기타리스트로서의 연주력 면에서 데이브 머스테인은 상당한 논란을 야기하는 인물이다. 그를 대단히 높이 평가하는 사람들이 있는 반면에 형편없는 실력이라며 아예 논외로 치는 사람들도 의외로 많다. 그러나 기술적 판단을 떠나 헤비메탈 기타리스트로서 그가 대단히 중요한 위치를 점한다는 사실만은 분명한데, 대표적으로 권위 있는 헤비메탈 분야 저자 가운데 한 명인 조엘 맥아이버Joel McIver는 자신의 저서 『The 100 Greatest Metal Guitarist』(2009)에서 그를 1위에 올려놓고 있다.

데이브 머스테인은 1961년 미국 캘리포니아주 라 메사에서 태어났다. 그런데 그가 헤비메탈에 빠져들게 된 일화가 재미있다. 십대 시절 그는 마약 딜러로 일한 적이 있었는데 당시 고객이던 한 여성이 돈 대신에 음반을 자주 가져왔다. 돈이 부족하다며 음반으로 그 부족분을 매우기를 원했던 것이다. 그녀는 레코드 가게 점원으로 일하고 있었다. 아무튼 데이브 머스테인은 그녀 덕분에 아이언 메이든과 AC/DC, 모터헤드Motörhead와 주다스 프리스트를 알게 되었고 그의 인생은 뜻하지 않게 헤비메탈의 격랑 속으로 빠져들어갔다.

데이브 머스테인은 1980년 자신의 첫 밴드인 패닉Panic을 결성해 활동하던 중 1981년 기타리스트를 찾기 위해 메탈리카가 신문에 낸 광고를 보게 되었다. 그리고 라스 울리히Lars Ulrich와 제임스 헷필드James Hetfield를 만나 인터뷰를 가진 후 메탈리카에 가입했다. 그렇게 그는 메탈리카의 초대 리드 기타리스트가 되었다. 하지만 메탈리카와의 인연은 악연으로 끝났다. 그는 1983년 메탈리카가 데뷔 앨범을 발표하기

헷필드와 머스테인

메가데스의 절대권력으로 군림해온 데이브 머스테인. 그와의 불화로 수많은 뮤지션들이 메가데스를 들락거렸다.

직전 전격 해고되고 말았는데 이유는 알코올과 약물 중독 때문이었다. 메탈리카를 떠난 데이브 머스테인은 바로 멤버를 규합해 메가데스를 결성하고 스스로 보컬과 리드 기타를 맡았다.

메가데스의 데뷔 앨범 「Killing Is My Business…… and Business Is Good」은 1985년에 나왔다. 낸시 시나트라Nancy Sinatra의 1966년 히트곡을 스래시 메탈 버전으로 바꿔놓은 〈These Boots〉가 관심을 모았다. 1986년 2집 발매를 앞두고 메가데스는 메이저 레코드사인 캐피톨 레코드사와 계약했는데 당시 캐피톨 레코드사의 부사장이었던 돈 그리어슨Don Grierson이 메가데스를 영입하며 밝힌 이유가 또 재미있다. 그의 변은 "이제 우리 사무실에도 죽음의 향기가 필요하다"는 것이었다. 캐피톨에서 나온 2집 「Peace Sells……but Who's Buying?」은 미국에서만 백만 장이 넘게 팔리며 밴드의 이름을 알렸는데 이 앨범은 스래시 메탈을 정의한 기념비적인 명반으로 높이 평가받는다. 오프닝 곡인 〈Wake Up Dead〉는 스래시의 송가가 되었고 앨범의 타이틀곡인 〈Peace Sells〉는 VH1이 선정한 '위대한 메탈곡 40' 순위에서 11위에 선정되기도 했다. 1987년에 나온 3집 「So Far, So Good…… So What!」으로 밴드는 더 큰 상업적 성공을 거두었고 전진을 계속해 나갔다.

그러는 동안에도 메가데스의 기타리스트는 크리스 폴란드Chris Poland에서 제프 스코트 영Jeff Scott Young 등으로 계속해서 바뀌었다. 결정적인 변화는 1989년에 일어났다. 캐코포니 출신의 걸출한 기타리스트 마티 프리드먼을 영입한 것이다. 그의 영입은 메가데스에게 적지 않은 변화를 가져다주었다. 데이브 머스테인은 리드 기타리스트 자리를 그에게 내주고 리듬 기타리스트로 물러나 보컬에 더 집중할 수 있게 되었다. 1990년작 「Rust in Peace」부터 정확히 10년 동안 메가데스는 마티 프리드먼과 함께 화려한 시절을 보냈다. 히트 앨범과 히트곡이 쏟아져 나오면서 앨범 판매와 공연으로 막대한 수입을 올렸다. 그러나 마티 프리드먼 역시 데이브 머스테인과의 음악적 견해차로 인해 2000년 밴드를 떠나고 말았다. 마티 프리드먼을 잃은 이후 메가데스에게는 최대의 위기가 찾아왔다. 2002년 가뜩이나 약물문제로 고생하던 데이브 머스테인이 왼팔에 치명적인 신경마비 증세를 호소하며 메가데스 해산을 선언한 것이다. 그러나 다행히 치료와 재활을 성공적으로 마치고 2004년 필드에 복귀했고 지금까지 메가데스와 솔로 활동을 이어가고 있다.

거칠고 공격적이며 육중한 리듬 기타

데이브 머스테인이 밴드 내에서 주로 리드 기타보다는 리듬 기타의 포지션을 맡았다는 것은 그의 연주 스타일을 시사해 준다. 그는 섬세하고 테크니컬한 솔로 연주보다는 거칠고 공격적인 리듬 패턴을 만드는데 집중한다.

물론 이따금씩 동료 기타리스트들과 펼치는 트윈 솔로 애드립은 그의 솔로 실력 역시 그리 만만한 것이 아님을 보여주지만, 그래도 그의 기타의 본령은 역시 육중한 사운드로 몰아치는 리듬에 있다.

한 마디로 그는 일편단심 헤비메탈, 그중에서도 앉으나 서나 스래시 메탈을 외치는 스래시 메탈의 화신이라고 할 수 있다. 그와 불화를 일으켜 밴드를 떠난 기타리스트들이 가장 자주 부딪혔던 문제도 바로 그 점이었다. 그들이 변화를 모색하거나 팝적인 성향을 가미하려 할 때마다 데이브 머스테인은 정통을 고수하고자 했던 것이다. 타협은 없었다.

초기에 데이브 머스테인은 B.C. 리치 기타를 사용했지만 1987년에 잭슨 기타로 주무기를 바꾸었다. 잭슨사는 데이브 머스테인의 요구를 받아들여 기존의 킹 브이(King V) 모델에 두 개의 프렛을 추가하고 세이모어 던컨 SH-4 픽업을 장착한 시그너처 기타를 만들었다. 이 기타는 1990년대 들어 양산되기 시작해 2000년대 초반까지 인기리에 판매된 바 있다. 그후 데이브 머스테인은 ESP 기타를 거쳐 지금은 주로 딘 제로 기타를 쓰고 있다.

메가데스는 스래시 메탈의 영원한 수호신이다. 어쩌면 메탈리카에 비해 부족한 상업적 성적표가 역설적으로 그들에게 더더욱 강하고 고집스런 이미지를 부여했는지도 모르겠다.

The Only One :
「Peace Sells…… but Who's Buying?」

브릿팝의 시조, 그 쟁글거리는 기타 톤

조니 마

Johnny Marr, 영국, 1963~

브릿팝(Britpop)의 줄기를 거슬러 올라가면 스미스The Smiths를 만나게 된다. 영국 록 역사상 가장 뛰어난 송라이팅 콤비 가운데 하나로 꼽히는 조니 마, 모리세이 콤비가 이끌었던 스미스는 1990년대 영국에서 브릿팝의 시대가 도래했을 때 그 시조 격으로 다시금 조명되었다. 굳이 비교하자면 같은 시기 미국에서 그런지의 시대가 왔을 때 닐 영과 R.E.M이 주목받았던 것과 비슷한 이치다.

모리세이와 함께 짝을 이루며 비틀스의 존 레논, 폴 매카트니 콤비 이후 가장 우월한 작사, 작곡 콤비로 주목받은 조니 마는 기타리스트로서 갖는 위상 또한 상당한 인물이다. 소위 브릿팝 스타일의 기타 사운드를 만들어낸 원조격으로 수많은 브릿팝 기타리스트들이 그의 영향권 아래에 있음을 순순히 실토하고 있기 때문이다.

조니 마는 2010년 영국 BBC가 선정한 '최근 30년간 가장 위대한 기타리스트' 순위에서 4위에 이름을 올렸다. 2011년 「롤링 스톤」이 선정한

조니 마

'역사상 가장 위대한 기타리스트 100' 순위에서도 51위에 올라있는데, 전통적으로 브릿팝 기타리스트에게 몹시 인색한 「롤링 스톤」의 성향을 감안한다면 대단히 높은 순위이다. 브릿팝 기타리스트로서는 라디오헤드Radiohead의 조니 그린우드에 이어 두 번째로 높은 자리이다.

앞에 나서지 않고 뒤에서 묵묵히 울리는 기타 소리

조니 마는 1963년 영국 맨체스터에서 아일랜드 이민자의 아들로 태어났다. 열세 살 무렵 기타를 처음 잡았지만 그때만 해도 자신이 뮤지션이 되어 밴드를 하게 될 것이라는 생각은 하지 못했다. 고등학교 시절 꿈은 축구선수가 되는 것이었다. 실제로 그는 잉글리시 프리미어 리그의 명문 클럽 맨체스터 시티 입단을 위해 테스트를 받기도 했지만 통과하지는 못했다. 운명은 축구선수 조니 마가 아니라 기타리스트 조니 마를 예정해 놓았던 것이다.

십대 시절부터 꾸준히 곡 작업을 해온 조니 마는 1982년 모리세이를 만나 스미스를 결성했다. 두 사람은 완벽하게 조화를 이루며 서로의 강점을 살리고 약점을 보완했는데, 모리세이의 시적인 가사와 비음 섞인 팔세토 목소리는 조니 마의 뛰어난 작곡과 개성 넘치는 기타 사운드에 의해 날개를 달 수 있었다.

스미스는 1983년 데뷔 싱글 〈Hand in Glove〉를 발표하고 세상에 모습을 드러냈다. 1984년에는 데뷔 앨범 「The Smiths」를 발표했는데 UK 앨범차트 2위까지 오르는 히트를 기록했다. 싱글로는 〈This Charming Man〉이 인기를 끌었으며 〈What Difference Does It Make?〉에서 들려준 인상적인 기타 리프도 주목을 받았다. 그해 말 발표된 컴필레이션 앨범 「Hatful of Hollow」에 수록된 〈How Soon Is Now?〉에서의 기타 연주도 중요하게 기억된다. 그는 이 곡에서 두터운 앰프 트레몰로를 이용해 관습을 벗어난 신선한 사운드를 선보였다.

1985년에 나온 정규 2집 「Meat Is Murder」는 한 계단 더 전진해 UK 앨범차트 1위를 차지했다. 영국과 미국을 누빈 장기간의 순회공연을 마치고 1986년 발표한 앨범 「The Queen Is Dead」는 모두가 인정하는 밴드의 최고작이다. 「스핀」이 '역사상 가장 위대한 앨범' 1위에 올린 것을 비롯해 「뉴 뮤지컬 익스프레스」 등 영국의 많은 음악잡지들이 이 앨범에 최고의 찬사를 보냈다. 앨범의 수록곡으로는 〈The Boy with the Thorn in His Side〉 〈There Is a Light That Never Goes Out〉 등이 유명하다.

1980년대가 흘러갔다. 스미스는 계속해서 성공을 거두면서 영국 최고의 팝 밴드가 되어갔다. 조니 마는 영국 최고의 기타리스트로 각광받았

조니 마와 모리세이

고 많은 미디어들이 그를 차세대 록 기타의 신으로 추켜세웠다. 하지만 절정의 순간에 조니 마는 스미스를 떠나기로 결정했다. 그는 더 이상 스미스 안에서 모리세이와 함께 경력을 이어가기를 원치 않았다. 1987년 조니 마는 밴드를 떠났고 스미스는 해체되었다. 그는 어쩌면 조금 더 편안한 자리를 원했는지도 모르겠다. 스미스를 떠난 후 그는 폴 매카트니, 프리텐더스The Pretenders, 브라이언 페리 등 수많은 뮤지션들의 뒤에서 묵묵히 기타를 쳐 주었다. 절대로 앞에 나서지 않고 그저 뒤에서.

스미스 해산 이후 가장 뚜렷한 조니 마의 행적은 뉴 오더New Order 출신의 보컬리스트 버나드 섬너Bernard Sumner와 함께 했던 밴드 일렉트로닉Electronic 활동이다. 버나드 섬너와 조니 마의 조합은 그 이름값만으로도 충분히 관심을 끄는 조합이었다. 일렉트로닉은 1991년 데뷔 앨범 「Electronic」에서 〈Getting Away with It〉을 히트시키며 만만찮은 반향을 불러일으켰다. 조니 마는 2008년 이후부터는 인디 밴드 크립스The Cribs의 일원으로 활동하고 있지만 의도적으로 대중의 시야에서는 약간 빗겨나 있다.

기타 영웅이 되지 않기 위한 십계명

조니 마는 스스로 기타 영웅이 되기를 거부했고, 기타 영웅을 혐오한다고까지 말했다. 그는 1990년 「기타 플레이어」와의 인터뷰에서 '기타 영웅이 되지 않기 위한 십계명'을 언급한 적이 있다. 재미있는 몇 가지만 소개하면 다음과 같다.

① 매우 성공적인 밴드에서 탈퇴하라.
그리고 다른 인기 밴드들로부터의 영입 제의를 거절하라.

② 언제든지 할 수 있는 기타 솔로를 피하라.

③ 싱글노트 리프 연주는 가능하면 하지 마라.

……(중략)……

⑨ 어디서나 가능한 팝음악의 관행들을 위배하라.

⑩ 기타 영웅주의를 강력히, 그리고 자주 비난하라.

조니 마는 그런 사람이다.

그러나 그가 원하던 원치 않던 조니 마의 리켄바커 기타와 펜더 텔레캐스터 기타가 만들어내는 쟁글거리는 기타 사운드는 스미스 음악의 핵이었으며 향후 브릿팝의 상징이 된 기타팝 사운드의 도래를 예고한 이정표였다.

그에게 영향 받은 기타리스트는 많다. 특히 스미스의 후예임이 분명한 맨체스터 출신의 후배 밴드들에게 미친 영향은 절대적이다. 대표적으로 스톤 로지스Stone Roses의 존 스콰이어가 그를 가장 크게 영향 받은

펜더 재규어 기타를 들고 「기타리스트」의 표지 모델로 등장하기도 했던 조니 마

기타리스트로 꼽았고, 오아시스Oasis의 노엘 갤러거Noel Gallagher의 언급은 아예 노골적이다. 그는 이렇게 말했다.

“조니 마의 연주는 너무나 독특해서 도대체 따라할 수가 없다. 그러니까 영향 받는 것 자체가 불가능하다. 그는 빌어먹을 마법사(fucking wizard)이다.” 이보다 더한 찬사가 있을 수 있을까?

스미스가 영국 음악계에 남긴 흔적은 특별하다. 스미스는 영국 주류 음악계에서 커다란 성공을 거두었음에도 인디뮤직 씬의 중요 밴드로 평가받는데, 그것은 앞서 언급한 조니 마의 기질과 태도에 기인한 바가 크다. 솔로 연주를 하지 않으면서도 독보적 기타리스트가 된 조니 마, 그것은 어쩌면 불가사의이지만 그만큼 번뜩이는 그의 재능에 대한 증거라고 할 수도 있을 것이다.

1980년대 영국에 스미스가 있었고, 그 때 그 곳에서 브릿팝은 태어났다. 누군가는 또 비틀스까지 거슬러 올라가야 한다고 하겠지만 말이다.

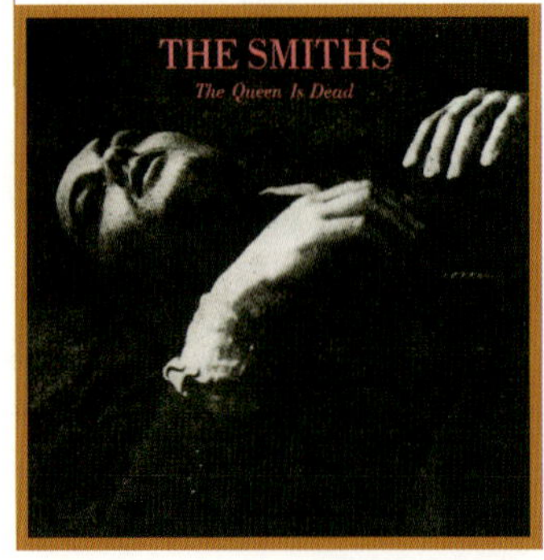

The Only One :
「The Queen Is Dead」(1986)

헤비메탈 정통성의 마지막 사수자

커크 해밋

Kirk Hammett, 미국, 1962~

1983년 갑작스럽게 밴드를 떠난 데이브 머스테인을 대신해 메탈리카의 리드 기타리스트 자리를 차지한 것은 약관 스무 살의 기타리스트 커크 해밋이었다.

1980년대 초반은 헤비메탈의 전성기였지만 당시 인기를 모은 것은 주다스 프리스트, 아이언 메이든, 데프 레파드 등 주로 영국 출신 밴드들이었다. 이때는 본 조비를 필두로 머틀리 크루Motley Crue, 포이즌Poison, 스키드 로우 등 미국의 이른바 인기 LA메탈 그룹들이 등장하기 전이었다.

메탈리카는 1981년 처음 결성되었지만 초창기 몇 년 동안은 이렇다 할 활약을 보여주지 못했다. 1983년 메탈리카는 뛰어난 기타 실력을 보유했지만 알코올중독과 약물 남용 등 사생활 문제로 끊임없이 분란을 야기하던 데이브 머스테인을 해고하고 대신 커크 해밋을 영입했다. 그리고 이때부터 헤비메탈 역사의 한 페이지를 화려하게 장식하게 되는 메탈리카의 광폭행보는 시작되었다.

커크 해밋

메가데스, 슬레이어Slayer, 앤스렉스Anthrax와 함께 스래시 메탈의 4대 천왕으로 군림하며 메탈 팬들의 광적인 지지를 획득한 메탈리카는 1980년대 이후 메탈 씬의 흐름을 증언하는 가장 유력한 증인이며, 1990년대 그런지 폭발 이후에도 살아남아 메탈의 정통성을 사수했던(뭔가 꺼림칙하다면 1996년작 「Load」와 1997년작 「Reload」는 빼도 좋겠다) 헤비메탈 최후의 생존자이다.

그의 기타 톤은 갈수록 말랑말랑해져 가던
헤비메탈계에 던진 준엄한 경고음이었다!

메탈리카의 리드 기타리스트 커크 해밋은 1962년 미국 캘리포니아주 샌프란시스코에서 태어났다. 아버지는 아일랜드 혈통의 선원이었고 어머니는 필리핀계 여성이었다. 록 마니아였던 형의 영향으로 십대 중반에 록 음악을 접한 그는 레드 제플린, 딥 퍼플, 블랙 사바스 등에 심취했으며 특히 지미 헨드릭스로부터 가장 큰 영향을 받았다. 헤비메탈 중에서도 가장 강력하고 파워풀한 하부 장르인 스래시 메탈에 빠져든 그는 1980년 마침내 멤버를 규합해 엑소더스Exodus라는 밴드를 결성하고 본격적인 음악 활동을 시작했고 1983년 전격적으로 메탈리카로 이적했다. 이때는 아직 메탈리카의 공식 데뷔 앨범이 나오기 전이었고 커크 해밋도 기타 실력 연마를 위해 애쓰고 있던 시절인데, 당시 커크 해밋이 수많은 기타리스트들의 스승이었던 조 새트리아니의 문하생 가운데 하나였음도 잘 알려진 사실이다.

1983년에 발표한 데뷔 앨범 「Kill'Em All」과 이어진 차기작 「Ride the Lightning」(1984)은 아직 메탈리카가 자신들의 진가를 드러내기 전의 작품들이다. 메탈리카가 본격적으로 위용을 뽐내기 시작한 것은 1986년에 발표한 역작 「Master of Puppets」부터였다. 「Master of Puppets」는 당시 본 조비를 필두로 등장한 수많은 팝메탈 밴드들에 의해 갈수록 말랑말랑해져 가던 당대의 헤비메탈계에 던진 준엄한 경고장과도 같았다. 멀쑥한 외모에 가죽옷을 걸치고 긴 금발머리를 휘날리며 소녀 팬들을 유혹하던 헤비메탈(LA메탈, 팝메탈, 헤어메탈)의 모습은 메탈리카에게는 없었다. 앨범 「Master of Puppets」에서는 특히 처음부터 끝까지 강력한 사운드로 일관되게 달리는 〈Master of Puppets〉와 인상적인 인트로를 가진 곡으로 〈One〉의 예고편이라고도 할 수 있는 〈Welcome Home(Sanitarium)〉이 주목을 받았다.

이어진 유럽 투어 도중 메탈리카는 버스 전복사고로 베이시스트 클리프 버튼Cliff Burton, 1962~1986을 잃었다. 그 자리는 제이슨 뉴스테드Jason Newsted

메탈리카

로 대체되었고 이로써 가장 오랜 시간 지속되면서 밴드의 전성기를 장식한, 우리가 잘 아는 제임스 헷필드(보컬&기타), 커크 해밋(기타), 제이슨 뉴스테드(베이스), 라스 울리히(드럼)의 라인업이 완성되었다.

차기작은 「……And Justice for All」(1988)이었다. 전쟁의 잔악성을 폭로한 7분짜리 대곡 〈One〉이 독특한 분위기의 뮤직 비디오와 함께 많은 사랑을 받았다.

자타가 공인하는 메탈리카의 최고작은 그 다음에 나왔다. 1991년 더블앨범으로 발표된 「Metallica」가 그것이다. 까만색 바탕의 한쪽 구석에 뱀이 그려져 있는 표지 디자인 탓에 흔히 '블랙 앨범' 혹은 '스네이크 앨범'으로 불리는 「Metallica」는 빌보드 앨범차트 1위에 오르는 빅히트를 기록했으며, 싱글 〈Enter Sandman〉 〈Sad But True〉 〈Nothing Else Matters〉가 계속해서 히트했다. 이 시기 메탈리카는 1989년부터 1991년까지 3년 연속으로 그래미 베스트 메탈 퍼포먼스 부문을 수상하기도 했다.

1990년대가 오자 록계는 급속하게 그런지(얼터너티브)*의 열풍 속으로 빠져 들어갔다. 너바나Nirvana를 필두로 펄 잼, 앨리스 인 체인스Alice in Chains, 사운드가든Soundgarden, 스매싱 펌킨스Smashing Pumpkins 등 걸출한 얼터너티브 록 밴드들이 잇따라 나타나 인기를 끌었고 헤비메탈은 한물간 장르 취급을 받았다. 메탈리카는 휴식 혹은 고민 속으로 빠져들었다.

5년간의 공백기를 보내고 1996년 컴백한 메탈리카의 변신은 메탈 팬들에게 일대 충격을 던졌다. 「Load」의 메탈리카는 놀랍게도 얼터너티브 사운드를 수용하고 있었다. 차기작 「Reload」(1997)까지 메탈리카는 골수 메탈 팬들로부터 '메탈리카가 얼털리카가 되었다'는 비난에 시달려야 했지만 그럼에도 두 장의 앨범은 모두 빌보드 앨범차트 1위에 오르며 논란을 가중시켰다.

2003년 메탈리카는 앨범 「St. Anger」를 발표하며 귀환을 도모했고 2008년 앨범 「Death Magnetic」을 통해 성공적인 귀환을 완성했다. 「Death Magnetic」은 1980년대 후반에서 1990년대 초반 메탈리카의 최전성기로 돌아갔다는 평가 속에 어렵지 않게 빌보드 앨범차트 1위에 올랐다.

와와 페달은 나의 연장이다

메탈리카의 기타 사운드는 다운 피킹만 사용하는 것으로 유명한 제임스 헷필드의 육중한 리프 위에 커크 해밋의 리드 기타 플레이가 더해짐으

* 얼터너티브 록(Alternative Rock) : 말 그대로 기존의 상업적인 록에 대한 '대안' 으로서의 록이라는 의미를 지닌다. 그런 면에서 보면 음악 장르라기보다는 음악을 하는 태도를 얘기하는 용어이기도 하다. 그런지 록(Grunge Rock)은 그 중에서도 거칠고 지저분한 사운드에 주목한 용어로 얼터너티브 록과 거의 동의어로 쓰이지만 정확하게는 그런지 록이 얼터너티브 록의 하위 장르라고 볼 수 있다.

로써 완성된다. 하지만 리프가 제임스 헷필드의 전유물은 아니다. 커크 해밋 역시 리프를 만들어내는 데는 확실한 재능을 보여주는데 〈Enter Sandman〉이 그의 리프가 빛을 발하는 대표적인 곡이다. 그는 솔로 연주시에 거의 펜타토닉 스케일을 고수하기 때문에 다소 단조롭다는 비판을 받기도 한다.

커크 해밋은 솔로 연주시 와와 페달의 사용을 극도로 즐기는데 스스로 "와와 페달은 나의 연장이다"라고 말할 정도이다. 그는 또 무대에서 항상 오른손에 하얀색 테이핑을 하고 연주하는 것으로 유명하다. 자신이 즐겨 쓰는 기법인 손바닥 뮤트시에 손을 보호하는 한편 속주에도 도움이 되기 때문이라고 한다.

커크 해밋의 주력 기타는 ESP 기타이다. 그는 1987년 이후로 커스텀 모델에서 시그너처 기타에 이르기까지 거의 ESP 기타만을 사용하는데 2007년 ESP사는 커크 해밋과 관계를 맺은 지 20년을 기념해서 'KH(Kirk Hammett의 약자)-20'이라는 모델의 기타를 만들어 판매하는 이벤트를 열기도 했다. KH-20 기타는 딱 41대만 생산되었으며 한 대에 9,999 달러의 고가에 팔렸다.

클리프 버튼이 사망했던 1987년의 투어 버스 전복사고 직전 커크 해밋은 클리프 버튼과 버스에서 잠자기 편한 자리를 차지하기 위해 카드내기를 했다. 내기에서 진 커크 해밋은 원하던 자리를 클리프 버튼에게 내주었고 사

커크 해밋이 주로 사용했던 ESP 기타

고는 일어났다. 그리고 그 자리에서 잠들었던 클리프 버튼은 사망했다. 커크 해밋은 그 때 자신이 죽었을 수도 있다고 회고한다. 그러나 운명의 여신은 카드내기를 통해 클리프 버튼의 사망과 커크 해밋의 생존을 선택했다. 그는 살아남아 오랜 시간 왕성한 활동을 펼치고 있다. 아마도 클리프 버튼의 영혼이 그와 함께 하고 있을 지도 모르겠다.

커크 해밋은 2003년 「롤링 스톤」이 선정한 '역사상 가장 위대한 기타리스트 100' 순위에서 당당히 11위에 올랐다. 메탈리카는 2009년 록큰롤 명예의 전당에 헌액되었다.

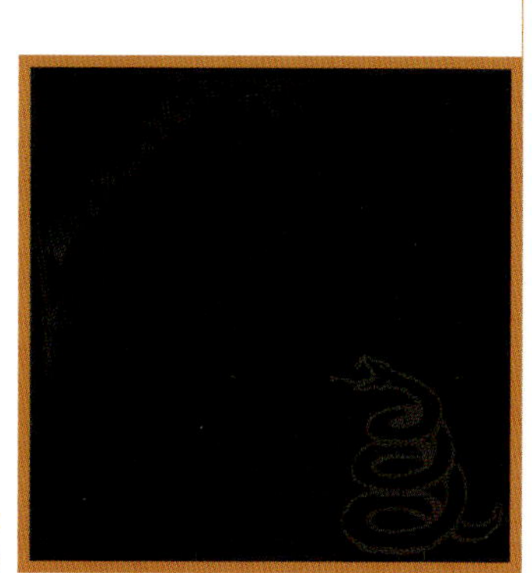

The Only One :
「Metallica」(1991)

그는 왜 그토록 속주에 집착했을까

크리스 임펠리테리

Chris Impellitteri, 미국, 1964~

1980년대 후반은 헤비메탈의 마지막 전성기였다. 그리고 당시의 헤비메탈 씬은 고도의 테크닉으로 무장한 기타 영웅들의 일대 격전장이었다. 그런데 온갖 테크닉 중에서도 가장 높은 가중치는 속주에 주어졌다. 누가 더 빠르냐가 최대의 관심사였다. 속된 말로 빠르면 먹어주는 시대였다. 1987년 수많은 속주 기타리스트들이 각축을 벌이던 전장에 또 한 명의 고수가 나타났으니 그의 이름은 크리스 임펠리테리였다.

빨리 쳐야 인정받았던 시절

1964년 미국 코네티컷에서 태어난 크리스 임펠리테리는 1987년 자신의 성을 밴드명으로 삼은 그룹 임펠리테리Impellitteri를 이끌고 록계에 처음 명함을 내밀었다. 그 해 첫 번째 EP「Impellitteri」를 발표하고 이때부터 이미 놀라운 속주를 앞세운 화려한 솔로 플레이로 주목을 받았지만 앨범은 그리 성공적이지 못했다.

1988년 밴드의 창단 보컬리스트였던 밥 록Bob Rock이 떠난 자리를 관록의 보컬리스트 그래험 보넷이 채우면서 임펠리테리의 최고작 「Stand in Line」이 나왔다. 재미있는 것은 잉베이 말름스틴과 크리스 임펠리테리의 라이벌 구도와 두 사람 사이에 끼어든 그래험 보넷의 상관관계이다. 속주에 관한 한 둘째가라면 서러워할 두 사람이고 보면 라이벌 의식이 없었을 리 없다. 장르적으로도 이들은 네오 클래시컬 메탈, 이른바 바로크 메탈의 범주로 함께 묶인다. 나이는 잉베이 말름스틴이 불과 한 살 위이지만 데뷔시기는 3,4년 이상 빨랐으니 크리스 임펠리테리가 잉베이 말름스틴의 영향을 받았음은 분명해 보인다. 크리스 임펠리테리의 기타 연주에 클래시컬한 요소가 많은 것은 1960년대 말 리치 블랙모어에서 시작되어 1980년대 잉베이 말름스틴으로 이어 내려온 일련의 흐름 속에 있는 것이다. 잉베이 말름스틴의 알카트라즈를 떠난 그래험 보넷의 다음 기착지가 크리스 임펠리테리가 이끌던 임펠리테리였던 것은 우연이라 하기엔 뭔가 절묘한 측면이 있다.

아무튼 크리스 임펠리테리와 그래험 보넷의 조합은 잘 맞았다. 「Stand in Line」은 임펠리테리를 정의하는 단 한 장의 앨범이기 때문이다. 그래험 보넷의 야성적인 보컬과 크리스 임펠리테리의 인정사정 볼 것 없는 속주는 썩 잘 어울리는 조합을 이루었다. 「Stand in Line」은 한 마디로 당대의 속주 경향을 여지없이 보여주는 앨범으로, 전반에 걸쳐 크리스 임펠리테리의 속주가 폭발한다. 첫 곡 〈Stand in Line〉은 안개 속을 뚫고 들려오는 듯한 은은한 종소리로 시작하지만 이내 속주 모드로 돌입한다. 그리고 수록곡 가운데 〈Secret Lover〉 〈White and Perfect〉 〈Goodnight and Goodbye〉에 이르기까지 앨범의 곳곳에서 그의 광속 질주는 계속된다. 특히 곡의 중반부터 작렬하는 속주 애드립이 인상적인 〈Goodnight and Goodbye〉는 힘과 박력이 넘치는 드럼의 전폭적인 지원이 눈길을 끄는데 여기서 또 하나 흥미를 끄는 것은 당시 밴드의 드러머가 훗날 미

최고의 전성기라 할 수 있는 「Stand in Line」 앨범 발표 당시 임펠리테리

그레험 보넷과 크리스 임펠리테리

스터 빅의 드러머가 되는 팻 토페이Pat Torpey였다는 사실이다.

그러나 이 앨범에서 크리스 임펠리테리는 오로지 속주에만 집중하지는 않았다. 대중적인 고려는 〈Since You've Been Gone〉의 배치에서 단적으로 드러난다. 원래 레인보우의 곡으로 가장 유명하고 알카트라즈도 리메이크했던 이 곡은 대중적으로도 아주 친숙한 록 넘버인데, 레인보우에서도, 알카트라즈에서도, 임펠리테리에서도 보컬은 그래험 보넷의 몫이었다. 같은 보컬이지만 조금씩 다른 느낌을 주는 세 밴드의 버전을 비교하면서 들어보는 것도 아주 재미있는데 임펠리테리의 버전은 가장 명료하면서도 스피디하다. 그리고 결코 빼놓을 수 없는 한 곡 〈Somewhere over the Rainbow〉가 있다. 크리스 임펠리테리는 속주에 능하면서도 서정적인 멜로디 라인을 뽑아내는 데에도 일가견이 있는 기타리스트이다. 그의 곡 가운데 아마도 가장 유명한 곡일 〈Somewhere over the Rainbow〉는 그것을 잘 보여준다. 영화 [오즈의 마법사]의 수록곡으로 주디 갈란드Judy Garland, 1922~1969 이래 수많은 뮤지션들이 리메이크했던 이 명곡을 크리스 임펠리테리는 애절하면서도 로맨틱하기 그지없는 기타 연주곡으로 바꾸어 놓았다. 이것은 세상에 존재하는 〈Somewhere over the Rainbow〉의 수많은 리메이크 중에서도 가장 이색적이고 개성 넘치는 버전 가운데 하나로 이후 수많은 기타 키드들이 앞다투어 커버했던 곡이기도 하다. 물론 이 서정적인 인스트루멘틀 넘버에서조차도 그의 속주 본능은 감출 수가 없는 것이어서 그 와중에도 속주는 어김없이 등장한다.

아쉬운 것은 임펠리테리의 전성기가 「Stand in Line」, 이 한 장의 앨범을 마지막으로 사실상 끝났다는 것이다. 이후 임펠리테리는 잦은 멤버 교체 속에서도 활동을 지속하고 있고 가장 최근에는 초창기 보컬리스트 밥 록이 다시 합류해 앨범을 내기도 했지만 반응은 영 시원치 않다.

잉베이 말름스틴보다도 빨랐다

크리스 임펠리테리는 펜더 스트라토캐스터와 마샬 앰프의 전형적인 조합을 통해 속주의 한계를 실험한 기타리스트이다. 그는 아르페지오 스윕 피킹과 얼터네이트 피킹을 폭넓게 활용해 속주의 전장을 누볐다. 그러면서도 클래시컬한 느낌을 만드는 프레이즈와 마이너 스케일을 통해 서정적인 분위기를 만들어 냈다. 대표적으로 〈Somewhere over the Rainbow〉가 그것을 잘 보여준다.

크리스 임펠리테리에 대한 비판의 대부분은 그가 속주에 집착해 다른 부분을 대거 희생시켰다는 데에 집중된다. '건조한 속주', 그것이 그의 한계였다는 것이다. 하지만 그것은 반은 맞고 반은 틀린 말이다. 앞에서도 얘기했듯이 단지 그것이 전부는 아니었다. 아쉽게도 그는 더 이상 나아가지 못하고 멈추고 말았다. 그가 더 이상 꽃피지 못한 것은 아마도 그의 재능이 부족해서가 아니라 1980년대가 갔고 헤비메탈의 시대가 갔기 때문일 지도 모른다.

크리스 임펠리테리는 최소한 속주에 관해서는 잉베이 말름스틴을 뛰어넘었다는 평가를 받는다. 그는 2008년 「기타 월드」에 의해 에드워드 반 헤일런, 랜디 로즈, 잉베이 말름스틴 등과 함께 역사상 가장 빠른 기타리스트 가운데 한 명으로 선정되었다. 2005년에는 「기타 원」 매거진의 독자 투표에서 1위를 차지한 마이클 안젤로 바티오Michael Angelo Batio(그는 두 대의 기타가 V자로 붙은 모양을 한, 생긴 것도 기묘한 기타들로 기인열전 수준의 속주를 들려준다. 그것은 연주라기보다는 묘기에 가깝다)에 이어 역사상 두 번째로 빠른 기타리스트로 선정되었다. 이 투표에서 3위는 잉베이 말름스틴이고 4위는 폴 길버트였다.

The Only One :
「Stand in Line」(1988)

동양적인 헤비메탈이란 어떤 것일까

마티 프리드먼

Marty Friedman, 미국, 1962~

마티 프리드먼은 록계에서 어느 누구보다도 동양적인 색깔이 강한 기타리스트로 꼽힌다. 이러한 성향은 특히 그의 솔로 작품들에서 두드러지게 드러난다. 그가 구사하는 동양적인 멜로디 라인과 드라마틱한 구성은 다른 기타리스트들과 가장 뚜렷하게 구별되는 변별점을 제공한다.

솔로 활동 이외에도 제이슨 베커와 함께 듀엣 솔로의 신천지를 개척했던 캐코포니Cacophony 시절과 스래시 메탈의 제왕 메가데스 시절을 거치며 인상적인 연주력을 선보여온 마티 프리드먼은 2004년 「기타 월드」가 선정한 '역사상 가장 위대한 헤비메탈 기타리스트' 순위에서 메가데스의 동료 데이브 머스테인과 함께 19위에 랭크되었다.

강렬함과 섬세함을 두루 갖춘 마력의 소유자

1962년 미국 매릴랜드주 로렐에서 태어난 마티 프리드먼은 십대 시절

마티 프리드먼

폴 스탠리Paul Stanley, 울리히 로스, 앨빈 리Alvin Lee, 1944~2013 등의 연주를 들으며 기타리스트를 꿈꾸었다. 독학으로 기타를 익인 후 하와이Hawaii, 듀스Deuce 등의 밴드를 거치며 활동하던 마티 프리드먼이 세상에 처음 이름을 알린 것은 캐코포니의 기타리스트로서였다. 그는 1986년 록 칼럼니스트 마이크 바니의 도움으로 자신보다 일곱 살 아래 천재 기타 소년 제이슨 베커를 만나 네오 클래시컬 메탈 밴드 캐코포니를 결성했다. 밴드의 이름인 캐코포니(불협화음)는 참으로 절묘한 작명이다. 클래시컬한 어프로치 위에 불협화음을 의도적으로 배치해 긴장감을 조성하면서도 두 기타리스트의 개성이 교차로 빛을 발하며 만들어내는 조화와 질서는 매력충만한 것이었다.

1987년 발표한 데뷔작 「Speed Metal Symphony」는 앨범 제목에서부터 밴드의 음악적 색깔을 그대로 드러내고 있다. 클래시컬한 스피드 메탈, 이것이 그들의 지향점이었지만 그렇다고 그게 다는 아니었다. 제이슨 베커는 상대적으로 블루스 필이 강한 퓨전 사운드를 선보였고, 마티 프리드먼은 날카로운 속주를 쏟아내면서도 그 안에 동양적인 느낌, 특히 일본적인 정서를 가미했다. 제이슨 베커와 마티 프리드먼의 서로 다른 개성은 앨범 곳곳에서 경쟁이라도

메가데스 시절 마티 프리드먼

하듯 번뜩이고 있다. 수록곡 가운데 〈The Ninja〉는 제목부터 그렇지만 특히 마티 프리드먼이 맡은 인트로 연주가 마치 일본의 전통 악기인 샤미센 소리를 연상시킨다. 앨범의 하이라이트는 단연 앨범 동명 트랙인 〈Speed Metal Symphony〉로, 런닝타임 9분 30초에 달하는 이 대곡에서 두 사람은 제목 그대로 기타로 만드는 교향곡의 백미를 보여주고 있다.

1989년에 발표한 2집 「Go Off!」는 결과적으로 캐코포니의 마지막 앨범이 되었는데, 〈Black Cat〉과 연주곡 〈Images〉가 많은 사랑을 받았다. 캐코포니는 보컬을 포함한 다섯 명으로 구성된 밴드였지만 그들의 음악에서 가장 빛나는 곡들은 보컬곡이 아니라 두 사람의 기타가 불을 뿜는 연주곡들이었다. 캐코포니는 단 두 장의 앨범만을 남기고 해산했지만 제이슨 베커와 마티 프리드먼이 들려준 트윈 기타 연주는 현란함의 극치였고 많은 후배 기타리스트들에게 큰 영향을 미쳤다.

1989년 캐코포니를 해산한 마티 프리드먼의 다음 선택은 메가데스에 가입하는 것이었다. 마티 프리드먼이 메가데스에 몸담았던 시기는 1990년부터 2000년까지 정확히 10년인데, 이 시기 메가데스는 그의 뛰어난 연주력에 힘입어 최고의 전성기를 구가할 수 있었다. 「Rust in Peace」(23위)를 시작으로 「Countdown to Extinction」(2위) 「Youthanasia」(4위) 「Cryptic Writings」(10위) 등 내놓는 앨범마다 빌보드 앨범차트의 상위권을 점령했고, 〈Symphony of Destruction〉 〈Angry Again〉 〈Trust〉 〈Almost Honest〉 〈Crush Em〉 등의 히트 싱글도 계속해서 쏟아져 나왔다. 이 시기 메가데스는 전 세계적으로 천만 장이 넘는 앨범을 팔아치우며 절정의 인기를 누렸다. 그러나 마티 프리드먼은 2000년 "메탈을 연주하는데 지쳤고 뮤지션으로서 발전에 한계를 느낀다. 이제 메가데스는 충분히 긍정적이지 못하다"라는 말과 함께 그룹을 떠났다.

마티 프리드먼은 밴드 활동 중에도 솔로 활동을 병행했는데, 그가 동양적인 어프로치를 가장 잘 드러낸 순간은 바로 그 때였다. 1988년 발표한 앨범 「Dragon's Kiss」의 수록곡 〈Thunder March〉, 1992년 앨범 「Scenes」의 수록곡 〈Triumph〉, 그리고 1994년 앨범 「Introduction」의 수록곡 〈Arrival〉에서 보여준 서정적인 연주는 메가데스에서의 모습과는 사뭇 다른 것이었다. 아름다운 멜로디를 가진 이들 연주곡들은 발라드 성향의 곡을 선호하는 동양, 특히 일본과 한국 팬들로부터 절대적인 사랑을 받았다.

스래시와 네오 클래시컬 스피드 메탈에서 프로그레시브 록까지

마티 프리드먼의 기타는 다채로운 색깔을 지녔다. 네오 클래시컬 스피드 메탈과 스래시 메탈을 오가며 변화무쌍한 연주력을 선보이는 한편 동양적인 개성을 뽐냈고 나중에는 프로그레시브 록까지 두루 섭렵했다. 기본적으로 그는 클래시컬 속주 테크닉을 주특기로 하지만 그 주변을 풍부하게 하는 다양한 기법들로 자신이 소화하는 연주의 범위를 확장한다. 그는 코드를 섬세하게 분할하는 치밀한 아르페지오 연주와 스윕 피킹 기술을 즐겨 쓰며, 변칙적인 튜닝과 피킹 기술도 자주 구사한다. 다양한 스케일에 능하지만 특히 마이너 스케일을 즐겨 이 점이 동양적인 색채를 만들어내는데 크게 기여했다. 이런 여러 측면들이 그의 솔로를 개성 넘치게 만들고 쉽게 따라할 수 없게 만든다.

마크 프리드먼은 처음에는 허리케인 기타를 썼다. 1980년대 후반 캐코포니 시절과 솔로 녹음에서는 카빈 기타를 사용했는데 특히 V220M 모델을 즐겨 썼다. 1989년 메가데스에 가입해서는 동료 데이브 머스테인과 함께 잭슨 기타를 애용했다. 특히 잭슨의 켈리 모델이 인기를 끈

데는 그의 역할이 상당히 컸다. 그 후로 그는 로즈 기타와 아이바네즈, PRS 기타 등 여러 종류의 기타를 폭넓게 사용하고 있다.

마티 프리드먼의 일본에 대한 각별한 관심은 그의 삶 속에서도 그대로 드러난다. 그는 일본 여성과 결혼한 후 2003년부터 일본 도쿄의 신주쿠에 거주하며 일본 TV 프로그램의 진행자로 활약하고 있다. 최근에는 일본의 인기 여가수 나카시마 미카Nakashima Mika의 히트곡 〈유키노 하나(눈의 꽃)〉를 메탈로 편곡한 연주를 선보여 화제를 모으기도 했는데, 그 밖에도 엔카 가수나 아이돌 그룹의 뒤에서 기타를 연주하는가 하면 영화 [디트로이트 메탈시티]에 깜짝 출연하기도 했다. 한편, 그는 한국과도 인연을 이어가고 있다. 그는 일본과 한국을 오가며 몇몇 한국 가수들의 앨범에 기타 연주자로 참여했고 일본의 한 엔카 가수가 조용필의 〈돌아와요 부산항에〉를 리메이크하는 작업에 참여해 기타를 치기도 했다.

The Only One :
「Dragon' s Kiss」(1988)

마음으로 치는 기타가 조용히 흐느낄 때

제이슨 베커

Jason Becker, 미국, 1969~

제이슨 베커는 비운의 기타리스트이다. 다른 많은 이들처럼 일찍, 혹은 아깝게 죽어서가 아니라 살아있어서 더욱 비운의 기타리스트이다. 그는 천재 기타리스트였다. 그가 마티 프리드먼과 함께 캐코포니를 결성했던 것이 1986년, 당시 그의 나이 만 열여섯 살에 불과했다. 그로부터 4년, 그는 캐코포니에서 2장, 솔로로 1장, 그리고 데이비드 리 로스 밴드David Lee Roth's Band에서 1장, 이렇게 딱 4장의 앨범을 남겼다. 불행히도 여기까지였다.

제이슨 베커는 1990년 봄 근위축성 측색경화증, 이른바 루게릭 병 진단을 받고 기타리스트로서의 경력을 사실상 마감했다. 당시 그의 나이 만 스무 살이었다. 처음 루게릭 병 진단 당시 그에게는 3~5년의 시간이 남아있을 것으로 예상되었지만 그는 아직 살아있다. 하지만 지금은 다시 과거의 그로 돌아갈 시간이다.

제이슨 베커

전신마비 루게릭 병 환자가 된 어린 천재 기타리스트

제이슨 베커는 1969년 미국 캘리포니아주 리치몬드에서 태어났다. 기타리스트였던 아버지와 삼촌의 영향으로 어려서부터 기타를 잡았다. 그는 열심히 음악을 듣고 그것들을 흡수해 자신의 것으로 만들었다. 밥 딜런에서 에릭 클랩튼, 제프 벡과 에드워드 반 헤일런, 랜디 로즈에 이르기까지 그가 자신의 기타 스타일을 완성하기 위해 자기 안에 녹여 넣은 재료는 풍성했다.

케네디 고등학교 졸업 당시 자신의 밴드를 이끌고 잉베이 말름스틴의 〈Black Star〉를 멋지게 연주해 청중을 놀라게 한 그는, 1986년 「기타 플레이어」의 유명한 칼럼니스트 마이크 바니에게 자신의 연주를 담은 데모 테이프를 보냈다. 마이크 바니는 그의 연주에 매료되어 마티 프리드먼을 소개해 주었고 두 사람은 함께 캐코포니를 결성했다. 사실 캐코포니 음악에 스며있는 동양적인 필은 마티 프리드먼의 영향이 더 크지만 제이슨 베커 역시 미묘하게 동양적인 느낌이 나는 기타를 친다. 그러고 보면 둘을 연결시켜 준 마이크 바니는 참 선구안이 뛰어난 사람이다.

1987년 캐코포니의 데뷔 앨범 「Speed Metal Symphony」가 나왔다. 속주의 한계에 도전하는 네오 클래시컬 스피드 메탈 지향성을 명백히 드러낸 이 앨범에서 두 사람은 불협화음과 화음의 적절한 조화 속에 절묘한 호흡을 보여주었는데, 특히 제이슨

캐코포니 시절 제이슨 베커와 마티 프리드먼

베커의 블루스에 기반한 눈부신 속주는 단숨에 록 팬들의 눈과 귀를 사로잡았다. 열여덟 살 어린 기타 천재가 화려하게 등장하는 순간이었다. 「Speed Metal Symphony」는 2009년 「기타 월드」가 선정한 '역사상 가장 뛰어난 속주 앨범 10' 가운데 9위에 랭크되었다.

1989년에는 캐코포니의 2집 「Go Off!」가 나왔고 제이슨 베커는 그 사이 솔로 활동도 병행해 1988년 솔로 1집 「Perpetual Burn」을 발표하기도 했다.

캐코포니의 역사는 짧았다. 1989년 캐코포니는 두 장의 정규 앨범만을 남긴 채 전격 해체되었고, 제이슨 베커는 화이트스테이크로 떠난 스티브 바이를 대신해 데이비드 리 로스 밴드의 기타리스트가 되었다. 약관 스무 살의 기타리스트가 반 헤일런의 보컬리스트였던 데이비드 리 로스가 이끄는 거물 밴드의 기타리스트로 낙점된 것은 당시 큰 화젯거리였다. 제이슨 베커는 그때 이미 각종 기타 잡지로부터 가장 촉망받는 신예 기타리스트로 지목되며 메탈 팬들의 기대를 한 몸에 모으고 있었다.

가입 후 곧바로 앨범 「A Little Ain't Enough」의 녹음 작업에 돌입한 그에게 그러나 얼마 지나지 않아 불행이 찾아왔다. 녹음 도중 왼 다리에 처음 이상을 느낀 것이다. 증상은 곧 전신으로 확대되기 시작했고 결국 청천병력과도 같은 루게릭 병 진단이 떨어졌다. 그것도 남아있는 삶의 시간이 그리 길지 않다는 사실상의 사망선고와 함께.

그는 갈수록 약해져가는 손아귀 힘 때문에 훨씬 얇고 장력이 약한 기타 줄을 사용해 겨우 기타를 치며 가까스로 녹음 작업을 마쳤지만, 결국 건강이 급속히 악화되면서 밴드의 투어 무대에 함께 서는 것은 포기할 수밖에 없었다. 1991년 「A Little Ain't Enough」가 정식 발매되었을 때 제이슨 베커는 이미 더 이상 기타를 잡을 수 없는 상태였다.

아버지가 고안한 기계로 눈동자만 겨우 움직여 의사소통을 하는 제이슨 베커는 친구들의 도움과 컴퓨터 시스템 등을 이용해 음악을 만들어 앨범을 내고 있다.

운동신경세포가 파괴되면서 근육이 마비되고 차츰 신체의 모든 기능이 정지되어 결국 죽음에 이르는 무서운 질환인 루게릭 병은 환한 미소가 인상적이었던 미소년 기타리스트의 꿈을 한 순간에 앗아가 버렸다. 그의 사지는 점점 마비되어 갔지만 그러나 앞으로 길어야 5년 정도의 삶이 남아있다던 진단은 결과적으로 틀렸다. 그는 그로부터 20여 년이 지난 지금도 살아있다. 그것도 그냥 살아있는 것이 아니라 불굴의 의지로 음악 작업을 계속하면서 투혼의 드라마를 쓰고 있는 중이다.

제이슨 베커는 현재 몸을 거의 가누지 못하고 말도 할 수 없으며 눈동자만 겨우 움직이는 상태이다. 그는 아버지가 고안한 기계로 겨우 눈동자를 움직여 의사소통을 한다. 하지만 기타는 칠 수 없어도 제이슨 베커는 지금도 여전히 음악을 만든다. 1996년에 제이슨 베커는 컴퓨터와 친구들의 도움으로 앨범 「Perspective」를 냈다. 단 한 곡을 제외하고는 모두 직접 작곡한 연주곡들로 채워진 앨범이었다. 그는 1999년 다시 「Raspberry Jams」를 냈고 2003년에도 「Blackberry Jams」를 냈다. 「Perspective」의 CD 케이스에 제이슨 베커는 이렇게 썼다. “나는 근위축성 측색경화증에 걸렸다. 그것은 나의 몸을 불구로 만들고 말을 빼앗았다. 그러나 나의 마음은 아니다.” 질병은 그에게 기타와의 이별을 강요했지만 그로부터 음악을 완전히 빼앗지는 못했다.

메탈계의 파가니니, 그는 여전히 뮤지션으로 살아가고 있다!

제이슨 베커는 1980년대 후반 군웅할거 시대의 수많은 기타 비르투오소들 중에서도 돋보였던 인물 가운데 한 명이다. 그는 초절기교의 바이올리니스트 니콜로 파가니니의 연주를 연구해 자신의 기타 연주에 도입했으며 실제로 파가니니의 5번 광시곡을 기타로 연주하기도 했다. 그의 눈부신 기량의 핵심적 요소는 물론 뛰어난 속주이다. 스윕 피킹과 얼터네이트 피킹, 스윕 아르페지오와 태핑 등 네오 클래시컬 스피드 메탈을 지지했던 속주 기법들은 모두 그의 손바닥 안에 있었다.

초기 캐코포니 시절 제이슨 베커는 허리케인 EX 기타를 썼지만 2집 때는 카빈 기타로 바꾸었다. 데이비드 리 로스 밴드에서 「A Little Ain't Enough」를 녹음할 때는 카빈과 아이바네즈, ESP 등 여러 기타를 번갈아 사용했다. 2008년에 파라다이스 기타는 제이슨 베커 시그너처 모델을 만들었다. 2012년에는 카빈 기타가 그를 위한 트리뷰트 기타를 만들었다.

제이슨 베커는 1980년대 후반 군웅할거 시대의 수많은 기타 비르투오소들 중에서도 돋보였던 인물이었다.

그의 재능과 불행을 아까워 한 동료들은 제이슨 베커를 위해 「Warmth in the Wilderness Ⅰ」과 「Warmth in the Wilderness Ⅱ」라는 두 장의 트리뷰트 앨범을 냈다. 여기에는 스티브 바이, 폴 길버트, 마티 프리드먼 등 기타의 대가들이 대거 참여했으며 수익금은 전액 제이슨 베커의 치료비로 기증되었다.

2012년 봄, 제이슨 베커의 인생을 다룬 다큐멘터리 영화 [Jason Becker : Not Dead Yet]이 공개되었다. 제이슨 베커와 가족, 그리고 그와 작업했던 많은 뮤지션들의 인터뷰가 담겨있는 영화는 2012년 미국 캘리포니아주 산호세에서 열린 시네퀘스트 필름 페스티벌에서 2개 부문의 상을 수상했고, 국내에도 같은 해 '제천 국제음악영화제'를 통해 소개되었다. 제이슨 베커는 영화 같은 삶을 살아가고 있다.

The Only One :
「Speed Metal Symphony」(1987)

그의 기타에는 총과 장미가 공존한다

슬래쉬

Slash, 영국, 1965~

2009년 건스 앤 로지스의 첫 내한공연이 열리던 날 팬들의 열광은 이내 실망과 탄식으로 바뀌었다. 젊은 날의 날렵함을 잃어버린 액슬 로즈Axl Rose의 불어난 몸매와 뚜렷하게 힘에 부쳐 보이는 노래 실력이 팬들을 서글프게 하기도 했지만 그보다 더 근본적인 이유가 있었다. 거기에는 슬래쉬도, 이지 스트래들린Izzy Stradlin도, 더프 맥케이건Duff Mckagan도 없었던 것이다. 그것은 건스 앤 로지스가 아니라 액슬 로즈와 그의 새로운 밴드의 공연이라 해야 합당한 것이었으니 1980년대 후반에서 1990년대 초반 건스 앤 로지스의 전성기를 기억하는 팬들에게는 더더욱 그러했다. 도대체가 슬래쉬가 없는 건스 앤 로지스란 앙꼬 없는 찐빵이 아닌가 말이다. 그렇게 슬래쉬는 건스 앤 로지스로 설명해야만 하는, 그리고 그가 없는 건스 앤 로지스를 도무지 상상조차 할 수가 없는 그런 인물이다.

슬래쉬

그의 기타가 건스 앤 로지스의 정체성을 완성했다

슬래쉬의 본명은 솔 허드슨Saul Hudson으로 1965년 영국 런던 햄프스테드에서 태어났다. 흑인 어머니는 데이비드 보위 등을 고객으로 두었던 의상 디자이너였고 백인 아버지는 닐 영과 조니 미첼 등의 앨범 재킷을 담당했던 그래픽 디자이너였다. 어려서 가족과 함께 미국 캘리포니아주 로스엔젤리스로 이주한 그는 그곳에서 처음 기타를 접했고 훗날 건스 앤 로지스의 동료가 되는 스티븐 애들러Steven Adler를 만났다. 그의 집을 드나들던 부모의 친구들로부터 '슬래쉬'라는 애칭도 얻었다. 1974년 부모가 이혼한 것은 슬래쉬에게 커다란 충격을 남겼다. 그는 정서적으로 매우 불안하고 공격적인 아이가 되었으며 이러한 성향은 나중에 뮤지션이 되어서도 쉽게 고쳐지지 않았다.

기타리스트 슬래쉬가 록 씬에 이름을 휘날린 것은 물론 밴드 건스 앤 로지스와 함께이다. 건스 앤 로지스의 역사는 친구 사이였던 엑슬 로즈와 이지 스트래들린이 의기투합했던 할리우드 로즈Hollywood Rose 시절로 거슬러 올라간다. 1985년 할리우드 로즈는 트레이시 건스Tracii Guns가 이끌던 LA 건스LA Guns와 합쳐져 건스 앤 로지스로 재탄생했지만, 얼마 지나지 않아 트레이시 건스가 LA 건스의 재건을 위해 떠나고 다른 멤버들도 속속 밴드를 이탈하면서 건스 앤 로지스는 멤버를 재정비해야만 하는 상황에 직면했다. 이 때 슬래쉬가 스티븐 애들러, 더프 맥케이건과 함께 밴드의 멤버로 가입함으로써 건스 앤 로지스의 화려한 전성기를 이끈 최강의 라인업이 완성되었다.

밴드는 멤버들 스스로 '지옥으로의 여행'이라고 부른 강행군을 통해 실력을 다져나갔다. 좁고 지저분한 아파트에서 함께 지내며 집세를 낼 돈도 없어 그곳에서조차 쫓겨나기 일쑤였던 가난한 시절을 견디며 그들은 공연을 계속했다. 그러다 1986년 게펜 레코드 관계자의 눈에 띄어 계약을 맺고 1987년 데뷔 앨범 「Appetite for Destruction」을 발표했다. 첫 싱글 〈Welcome to the Jungle〉이 이미 헤비메탈 팬들 사이에서 입소문을 탔지만 로봇이 여성을 겁탈하는 충격적 일러스트를 담은 앨범 커버가 문제가 되어 음반 소매점들이 진열을 거부하는 시련 속에 1년이라는 시간이 흘러갔다(참고로 당시 「Appetite for Destruction」은 국내에서는 문제가 된 재킷의 일부를 가린 채 공개되었고, 수록곡 중에서 세 곡이 금지곡으로 묶여 빠지는 바람에 누더기 음반이 되어 발매되었다). 그 와중에도 〈Welcome to the Jungle〉이 빌보드 싱글차트 톱10에 진입한데 이어 두 번째 싱글 〈Sweet Child O'Mine〉이 정상에 올랐고 이 곡에서 선보인 슬래쉬의 기타 리프는 역사상 가장 유명한 기타 리프 가운데 하나가 되었다.

〈Don't Cry〉 〈November Rain〉과 함께 건스 앤 로지스의 3대 발라드로 꼽히는 〈Patience〉가 수록된 2집 「GN'R Lies」(1989)는 빌보드 앨범차트 2위까지 올랐다. 놀라운 것은 다음이다.

드러머를 맷 소럼Matt Sorum으로 교체한 건스 앤 로지스는 1991년 소속사의 극심한 반대를 뿌리치고 두 장의 앨범을 동시에 발표했다. 흔히 말하는 더블 앨범이 아니라 각각이 독립된 앨범 두 장을 동시에 발표한 것이다. 자신감이 극에 달한 밴드의 선택은 만용에 가까워 보였다. 그러나 결과는 놀라웠다. 「Use Your Illusion Ⅰ」과 「Use Your Illusion Ⅱ」는 발매와 동시에 빌보드 앨범차트 1,2위에 나란히 랭크되며 그들의 과감한 시도가 옳았음을 입증했다. 이들의 대표곡 〈Don't Cry〉 〈Civil War〉 〈November Rain〉 〈Knockin' on Heaven's Door〉 등이 모두 이 두 장의 앨범에 수록되어 있다.

건스 앤 로지스

그러나 헤비메탈의 시대는 가고 있었고 건스 앤 로지스 역시 그 도도한 흐름을 거스를 수는 없었다. 밴드는 침체기로 접어들었고 독재자 액슬 로즈의 지배에 반발한 멤버들이 하나 둘씩 밴드를 이탈하기 시작하면서 건스 앤 로지스를 지탱했던 슬래쉬와, 이지 스트래들린, 더프 맥케이건의 삼각편대는 붕괴되고 말았다. 슬래쉬는 1994년 자신의 또 다른 밴드 슬래쉬스 스네이크핏Slash's Snakepit을 결성해 앨범 「It's Five O'Clock Somewhere」(1995)를 발표했고 1996년에는 건스 앤 로지스 탈퇴를 공식화했다. 한편 그는 세션 기타리스트로서도 활발하게 활동했는데 대표적으로 마이클 잭슨, 레니 크라비츠 등과 함께 작업했다.

21세기에 들어와서도 슬래쉬는 멈추지 않았다. 그는 건스 앤 로지스 동료들인 더프 맥케이건, 맷 소럼과 함께 스톤 템플 파일럿츠Stone Temple Pilots 출신의 보컬리스트 스코트 웨일랜드Scott Weiland를 받아들여 벨벳 리볼버를 결성했다. 벨벳 리볼버는 데뷔 앨범 「Contraband」를 빌보드 앨범차트 1위에 올리는 등 승승장구했지만 그것은 역으로 건스 앤 로지스의 재건이 갈수록 더 불가능해지고 있음을 의미하는 것이기도 했다. 이외에도 슬래쉬는 2000년 「Slash」와 2012년 「Apocalyptic Love」 등 두 장의 솔로 앨범을 냈다.

리프의 제왕

슬래쉬의 기타 연주는 여느 헤비메탈 기타리스트들과 비교해 좀 더 1970년대 하드 록의 전통에 가깝다. 이는 그가 레드 제플린, 크림, 에어로스미스 등과 같은 밴드들로부터 크게 영향 받은 것을 감안할 때 당연한 결과라고 할 수 있다. 특히 그는 자신이 영국 출신이어서인지 레드 제플린을 비롯한 영국 밴드들을 무척이나 자랑스러워했다.

건스 앤 로지스의 음악적 성분은 헤비메탈과 아메리칸 하드 록, 그리

슬래쉬의 트레이드마크들 - 마술사 모자와 길고 검은 곱슬머리, 담배와 깁슨 레스 폴

고 펑크 록이 결합된 것으로 분석된다. 당대의 매끈한 LA메탈 사운드에 비해 훨씬 거칠고 투박한 건스 앤 로지스의 이러한 사운드를 만들어내는 주재료는 두 말할 것도 없이 슬래쉬의 기타이다. 슬래쉬의 기타는 조 새트리아니나 스티브 바이와 같은 테크니션의 그것과는 그 궤를 달리한다. 그의 기타는 블루스와 펜타토닉 스케일에 기반한 정통 플레이를 지향하는데, 기타리스트로서 그가 갖는 최대의 강점은 무엇보다 리프 메이킹에 있다. 그는 와와 페달을 적재적소에 활용해 최적의 리프를 만들어내는 데 천재적인 재능을 발휘한다. 그가 '리프의 제왕'이라고 불리는 것은 조금도 과장이 아니다. 그는 주로 깁슨 레스 폴 기타와 마샬 앰프의 결합을 통해 그 탁월한 리프들을 창조해 냈다.

슬래쉬는 2009년 「타임」이 선정한 '10인의 베스트 일렉트릭 기타 플레이어' 명단에 포함되었으며, 2011년 「롤링 스톤」이 선정한 '역사상 가장 위대한 기타리스트 100' 순위에서는 65위에 랭크되었다. 2004년 「토털 기타」는 〈Sweet Child O'Mine〉의 기타 리프를 '역사상 가장 위대한 기타 리프 100' 순위에서 당당 1위에 올려놓았으며, 2008년 「기타 월드」는 〈November Rain〉의 기타 솔로를 '역사상 가장 위대한 기타 솔로 100' 순위에서 6위에 올려놓았다.

슬래쉬는 록 역사상 가장 캐릭터가 분명한 기타리스트이다. 마술사 모자를 쓰고 그 아래로 드러나는 젖어 헝클어진 곱슬머리와 짙은 선글라스, 가끔은 상의를 탈의하고 알몸에 멜빵만을 걸친 채로 무아지경으로 쳐대던 기타, 그리고 그 위로 빼곡히 피어오르던 하얀 담배연기까지. 그는 연주 실력뿐만 아니라 용모에 있어서도 가장 많은 팬덤을 보유한 기타리스트이다. 그를 흉내 낸 복장을 하고 무대 위에서 멋있는 척 담배를 피워대던 기타 키드들이 어디 한둘이랴.

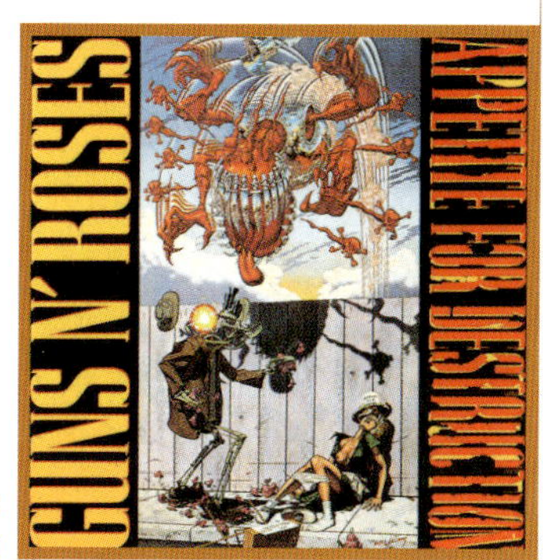

The Only One :
「Appetite for Destruction」(1987)

매드체스터, 맨체스터 폭발의 뇌관

존 스콰이어

John Squire, 영국, 1962~

스톤 로지스의 데뷔 앨범 「The Stone Roses」는 브릿팝의 역사에서 아주 중요한 앨범이다. 1989년 발표된 이 앨범은 이른바 매드체스터, 맨체스터 폭발의 뇌관과도 같았던 앨범이기 때문이다. 이 단 한 장의 앨범으로 스톤 로지스는 동시대 맨체스터 출신의 동료 밴드들인 해피 먼데이즈Happy Mondays, 인스피럴 카펫츠Inspiral Carpets와 함께 소위 맨체스터 3인방으로 불리며 댄서블한 록음악, 맨체스터 사운드의 대표주자로 군림했다. 오아시스를 비롯한 맨체스터 출신의 많은 후배 밴드들이 그들의 우산 아래에 있음은 물론이다.

존 스콰이어는 밴드의 기타리스트로서 리드 싱어 이언 브라운Ian Brown과 함께 스톤 로지스의 내부에서 핵심적인 역할을 담당했던 인물로 1980~90년대 초창기 브릿팝 씬에서 가장 뛰어난 기타리스트로 꼽힌다.

존 스콰이어

브릿팝 씬에서 가장 뛰어난 기타리스트

존 스콰이어는 1962년 영국 맨체스터 인근의 알트린참에서 태어났다. 이언 브라운 역시 같은 동네에서 살았는데 두 사람은 알트린참 그래머 스쿨을 함께 다니면서 단짝 친구가 되었다. 그들은 함께 음악을 듣곤 했는데 주로 펑크 록 음악을 좋아했다.

어려서부터 예술적인 재능을 보였던 존 스콰이어는 두어 차례 기타 레슨을 받기도 했지만 거의 독학으로 기타를 익혔다. 1980년대 초반 존

스톤 로지스

스콰이어와 이언 브라운은 밴드 패트롤The Patrol을 결성했는데 패트롤은 곧 스톤 로지스로 이름을 바꾸었다.

1989년 스톤 로지스의 데뷔 앨범 「The Stone Roses」가 세상에 나왔을 때 영국은 환호했고 브릿팝은 새로운 방향성을 얻었다. 앨범의 수록곡은 모두 이언 브라운 작사, 존 스콰이어 작곡으로 탄생했는데 그것은 록과 댄스가 융합된 혁신이었다. 〈Made of Stone〉과 〈This Is the One〉, 그리고 앨범의 대미를 장식하는 런닝타임 8분이 넘는 대곡 〈I Am the Resurrection〉이 듣는 이들을 록킹한 댄스 플로어로 초대했다.

존 스콰이어의 기타는 이후 영국의 기타팝, 브릿팝 사운드를 정의하게 되는 전형적인 징글-쟁글 사운드를 선보였다. 그러나 스톤 로지스의 음악이 그저 춤추기 좋은 가벼운 록이라고만 생각한다면 오산이다. 스톤 로지스는 의외로 반체제 성향이 강한 사회성과 정치색을 가진 밴드이기 때문이다. 일례로 수록곡 가운데 〈Elizabeth My Dear〉와 〈Bye Bye Badman〉은 여왕과 군주제에 대한 비판과 프랑스 68혁명을 다루고 있는 곡이다. 앨범의 커버도 존 스콰이어가 직접 그렸는데 미국의 전위적인 화가 잭슨 폴락의 영향 아래에서 그려진 커버는 1968년 파리 학생운동 당시 최루탄의 효과를 반감시키기 위해 레몬즙을 핥던 학생들의 모습에서 영감을 얻어 그려진 것이다.

데뷔 앨범으로 맨체스터 폭발을 촉발시킨 밴드는 긴 동면에 들어갔다. 스톤 로지스의 2집 「Second Coming」은 5년이 지난 1994년에야 나왔다. 존 스콰이어의 송라이팅 비율이 현저히 높아진 앨범은 그러나 데뷔 앨범 만큼의 임팩트를 만들어내지 못했고 설상가상으로 존 스콰이어의 약물중독에 대한 루머까지 돌면서 1996년 1월 그는 밴드를 탈퇴하고 말았다. 스톤 로지스는 존 스콰이어의 탈퇴 이후 레딩 페스티벌에 모습을 드러냈지만 이 공연은 언론에 의해 '최악의 공연' '저질 공연'이라는 혹평을 받으며 밴드의 해산을 독촉하는 결과를 낳았다. 어차피 그들은 지쳐있었다. 1997년 초 스톤 로지스가 발표한 해산의 변은 "돈으로 얼룩진 이 쓰레기장 같은 뮤직 비즈니스계에서의 10년을 마감하며 이렇게 해산을 발표할 수 있게 되어 무척 감사하게 생각한다"였다.

스톤 로지스를 떠난 존 스콰이어는 1996년 새로운 밴드 시호시스The Seahorses를 결성해 앨범 「Do It Yourself」(1997)를 발표했고, 솔로로서도 「Time Changes Everything」(2002)과 「Marshall's House」(2004) 등 두 장의 앨범을 냈다.

존 스콰이어는 꽤 유명한 화가이기도 하다. 그는 스톤 로지스를 비롯해 자신이 관여한 다수의 싱글과 앨범 커버를 직접 그렸으며 공연의 포스터도 직접 담당했다. 2000년대 중반 한동안 음악계를 떠났을 때는 본격적인 화가의 길을 모색하기도 했다. 2007년 영국 런던의 한 갤러리에서 가진 전시회 당시 「맨체스터 이브닝 뉴스」와 가진 인터뷰에서 그는 "음악으로 돌아가기에는 나는 그림을 충분히 즐기고

존 스콰이어는 2000년대 중반 한동안 음악계를 떠났을 때는 화가의 길을 모색하기도 했다.

한때 음악계를 떠났던 존 스콰이어는 2011년 말 이언 브라운과 함께 무대에 섰다. 스톤 로지스의 재결합을 바라는 이들에게 매우 반가운 소식이 아닐 수 없었다.

있다"고 밝혔고, 스톤 로지스의 재결합 가능성을 묻는 질문에 대해서도 가능성이 거의 희박하다고 답함으로써 음악계를 완전히 떠날 뜻을 내비쳤다.

그러나 그에게는 음악의 피가 흐르고 있었다. 2011년 말 이언 브라운과 존 스콰이어는 1995년 이후 처음으로 함께 무대에 섰고 이것을 계기로 스톤 로지스의 재건은 현실화되었다.

하시엔다 클럽에서 그의 연주를 듣는 행복한 몽상

존 스콰이어의 기타는 전형적인 브릿팝 스타일을 넘어서 하드 록과 블루스 록적인 요소를 포함하고 있다. 이를 바탕으로 브릿팝 기타리스트들 중에서는 드물게 솔로 연주에도 아주 능한 면모를 보여주는데, 스톤 로지스의 2집 「Second Coming」은 이를 방증한다. 존 스콰이어의 기타 실력을 확인하고 싶다면 그들의 대표 앨범인 「The Stone Roses」보다는 오히려 「Second Coming」을 들어야 한다고 말하는 이들도 많은데, 혹자는 이 앨범을 두고 1990년대의 레드 제플린이라고 말하기도 한다.

존 스콰이어가 1990년대 영국을 대표하는 기타리스트임은 의심의 여지가 없다. 그는 스미스의 조니 마, 스웨이드Suede의 버나드 버틀러와 함께 브릿팝 기타 사운드를 정의한 3대 기타리스트로 평가받으며 2010년 영국 BBC가 선정한 '최근 30년간 가장 위대한 기타리스트' 순위에서 13위에 올랐다.

음악 팬이라면 꼭 가보고 싶은 곳이 있다. 1982년 개장해 1980년대 말과 1990년대 초반 매드체스터의 성지였던 맨체스터의 하시엔다 클럽도 그 가운데 한 곳일 것이다. 하지만 아쉽게도 뉴욕의 CBGB를 비롯한 많은 역사적인 공연장의 운명이 그러했듯이 하시엔다 클럽 역시 1997년 경영난으로 문을 닫았다. 이제는 갈 수 없는 곳이 되었다. 다만 그 문짝만이 영국의 한 박물관에 보관되어 있다고 한다.

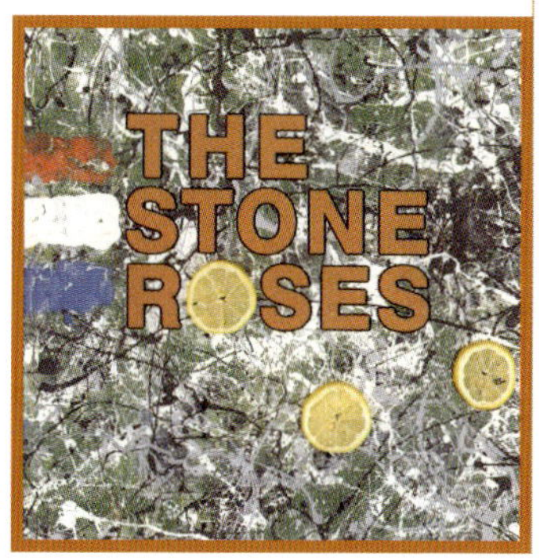

The Only One :
「The Stone Roses」(1989)

Chapter 06

좀 더 강한 사운드 혹은 그 대안

1990년대와 2000년대 이후

1980년대 테크닉 전쟁 최후의 승자

폴 길버트

Paul Gilbert, 미국, 1966~

기타 연주에 전동드릴을 처음 사용한 것이 누구냐를 놓고 록 팬들 사이에 일어났던 논란은 유명하다. 이 문항은 에드워드 반 헤일런이냐 폴 길버트냐라는 양자택일의 선택지를 주고 있는데 그 정답은 이러하다. 전동드릴을 처음 사용한 것은 에드워드 반 헤일런이 맞다. 하지만 에디는 전동드릴에서 나오는 소리를 기타 픽업으로 출력했을 뿐 전동드릴을 기타 연주에 직접 사용하지는 않았다. 반면 폴 길버트는 드릴 촉에 피크를 달아 직접 기타를 연주했으니 이것은 차원이 좀 다른 문제이다. 자, 원조 논란은 이쯤에서 넘어가도록 하자. 어느 쪽을 선택할 것인지는 각자의 몫이다. 다만 이것만은 알아두자. 폴 길버트는 그만큼 큰 충격을 던진 기타리스트였다.

에디와 잉베이를 뛰어넘다

1966년 미국 일리노이주 카본데일 출생의 기타리스트 폴 길버트가 처

폴 길버트

〈To Be with You〉로 빌보드를
석권할 당시 미스터 빅

음 자신의 이름을 세상에 알리기 시작한 것은 열다섯 살 때였다. 다섯 살 무렵부터 기타를 손에 잡았던 이 천재소년은 열다섯 살 때 당시 기타리스트를 물색 중이던 오지 오스본의 레이더에 포착되었다. 당대의 유명한 메탈 프로듀서이자 칼럼니스트였던 마이크 바니는 처음 이 소식을 듣고 천하의 오지 오스본이 열다섯 살짜리 애송이에게 관심을 보인다는 사실에 의아해했지만 폴의 연주가 담긴 데모 테이프를 듣고는 단번에 생각을 바꾸었다. 그만큼 폴 길버트의 연주는 이미 뛰어난 수준에 도달해 있었던 것이다.

아무튼 결과적으로 그 자리는 랜디 로즈에게 돌아갔고 폴 길버트는 대신 LA로 날아가 기타리스트 사관학교라 할 GIT(Guitar Institute of Technology)에 입학했다. 이곳에서 그는 이론과 테크닉의 양면에서 완벽한 기타리스트가 되기 위한 기반을 닦게 되는데, 그의 프로 뮤지션으로서의 출발점인 레이서 엑스Racer X의 시작 역시 여기에서 이루어졌다.

1985년 폴 길버트는 레이서 엑스를 결성했고 이듬해에는 데뷔 앨범 「Street Lethal」을 발표했다. 「Street Lethal」은 1980년대 초반 에드워드 반 헤일런에 의해 촉발되어 수많은 기타 영웅들이 참전했던 테크닉 전쟁에 새로운 전기를 마련했던 문제작으로 평가받는다. 전체적으로는 주다스 프리스트 스타일의 전형적인 메탈 사운드를 담고 있는 이 앨범에서 정작 빛을 발한 것은 폴 길버트의 눈부신 기타 테크닉이었다. 잉베이 말름스틴의 영향이 앨범 곳곳에서 묻어나고 있었지만 이미 폴의 연주는 많은 부분에서 그를 뛰어넘고 있었다. 오프닝을 여는 연주곡 〈Frenzy〉에서부터 이미 불꽃은 타오르기 시작한다. 그리고 전형적인 메탈 넘버인 〈Hotter Than Fire〉와 〈Loud and Clear〉를 지나 〈Y.R.O〉에 이르면 불꽃은 어느새 거대한 화염이 되어 이글거리고 있다. 특히 눈부신 그의 속주는 이전과는 또 한 단계 차원이 다른 높은 수준을 보여준다. 새로운 기타 영웅은 그렇게 태어나고 있었고 성질 급한 몇몇 평론가들은 그 때 이미 테크닉 전쟁에 종지부를 찍은 절대 강자가 나타났다고 평하고 있었다.

1988년 레이서 엑스를 떠난 폴 길버트는 팬들이 가장 잘 아는 바로 그 밴드에 가담한다. 기타에 폴 길버트, 베이스에 빌리 시언Billy Sheehan, 드럼에 팻 토페이, 보컬에 에릭 마틴Eric Martin으로 이루어져 출발부터 당대 최고의 테크니션 집단으로 관심을 모았던 밴드의 이름은 미스터 빅이다.

1989년 발표한 데뷔 앨범 「Mr. Big」에서 〈Addicted to That Rush〉를

2009년 오리지널 멤버로 재건되어 월드투어에 나선 미스터 빅

히트시키며 예열을 마친 미스터 빅은 1991년 앨범 「Lean into It」에 수록된 〈To Be with You〉가 빌보드 싱글차트 1위에 오르는 빅히트를 기록하며 절정의 순간을 맞았다. 앨범에서는 유사한 성향의 발라드 〈Just Take My Heart〉도 동반 히트했다. 이어진 앨범 「Bump Ahead」(1993)에서는 캣 스티븐스의 원곡을 리메이크한 의외의 넘버 〈Wild World〉가 많은 사랑을 받았다. 물론 앨범 전체가 발라드로만 채워진 것은 아니었지만 미스터 빅이 대중적 성공을 거둔 곡들은 대부분 어쿠스틱한 발라드 성향의 곡들이었다. 이것은 초절정 테크니션들이 뭉친 미스터 빅으로서는 다소 의외의 결과였고 여기에 회의를 느낀 폴 길버트는 결국 1997년 미스터 빅을 떠나 솔로 활동에 나서는 한편 1999년 레이서 엑스를 부활시킨다. 그 해 나온 앨범의 제목은 의미심장하게도 「Technical Difficulties」였다. 여기서 그는 그동안 억눌려있던 테크닉에의 열망을 마음껏 분출시키고 있는데, 특히 앨범 동명 타이틀 트랙 〈Technical Difficulties〉에서 보여주는 기량은 가히 명불허전이라 할 만하다.

한편 폴 길버트는 이론적인 면에도 밝기 때문인지 가르치는 것을 좋아한다. 레이서 엑스 시절이던 1987년부터 이미 GIT에서 기타를 가르쳤는가 하면 기타 교본을 펴내기도 했는데, 영국의 기타 잡지인 「토털 기타」에서는 아주 오랫동안 자신이 직접 연주한 시연을 담은 CD를 부록으로 끼워 주기도 했고, 또 독자들에게 테크닉을 가르치는 고정 지면을 가지고 있을 정도였다.

폴 길버트는 스스로 영향 받은 뮤지션으로 수많은 기타리스트들의 이름을 언급한다. 지미 페이지, 리치 블랙모어, 개리 무어, 에드워드 반 헤일런, 토니 아이오미, 잉베이 말름스틴, 랜디 로즈, 조니 라몬 그리고 자신이 가장 좋아하는 기타리스트라 말하는 비틀스의 조지 해리슨에 이르기까지. 그는 특정한 인물이나 스타일에 결정적인 영향을 받았다기보다는 그들 모두로부터 스펀지처럼 기술을 흡수해 자신만의 것으로 재창조해냈다고 볼 수 있다.

메트로놈에 비유될 만큼 정확한 연주

놀라운 속주를 들려주면서도 속주의 대표적인 기술인 스윕 피킹보다는 정확한 얼터네이트 피킹을 선호하는 폴 길버트는 화려하면서도 메트로놈에 비유될 만큼 정확한 연주를 들려준다. 혹자는 이런 그의 연주에 대해 감정이 부족하고 지나치게 기계적이라고 비판하기도 하지만 그것은 듣는 이가 스스로 판단하면 될 일이다.

폴 길버트는 대부분의 기타리스트들이 즐겨 사용하는 펜더나 깁슨사의 기타를 거의 쓰지 않는다는 점에서도 다소 특별해 보이는 연주자이다. 그는 아이바네즈가 제작한 시그너처 시리즈인 PGM 기타를 주로 사용하는데 그 중에서도 PGM 300 모델이 주무기이다. PGM 시리즈는 디자인 면에서 특히 'f-holes'라는 특징적인 외양을 갖고 있는데 바디의 위아래 양쪽에 마치 알파벳 f자처럼 보이는 색칠이 되어 있다.

아이바네즈 PGM 300 모델. 폴 길버트는 대부분의 기타리스트들이 즐겨 사용하는 펜더나 깁슨을 거의 쓰지 않았다.

폴 길버트는 이미 여러 차례 내한공연을 가져 국내 팬들에게도 누구보다 친숙한 연주자이다. 그는 미스터 빅의 멤버로서, 또 솔로로서 여러 차례 한국을 찾았는데 가장 최근에는 2009년 오리지널 멤버로 재건된 미스터 빅이 새 앨범을 발표하고, 2011년 전 세계를 돌며 의욕적으로 펼친 월드투어에 참가해 다시 서울을 찾은 바 있다.

190cm를 훌쩍 넘기는 장신에 걸맞게 손가락의 길이도 엄청나게 길어서 이런 신체적 우위를 바탕으로 다른 사람들은 여간해서 해내기 어려운 고난도의 연주도 너무나 쉽게 해내는 폴 길버트는 기타리스트를 꿈꾸는 수많은 기타 키드들을 열광시키고 또 때로는 좌절에 빠지게 하는 대표적인 하이 테크니션이다.

The Only One :
「Street Lethal」(1986)

난해한 테크닉의 끝은 어디인가

존 페트루치

John Petrucci, 미국, 1967~

프로그레시브 메탈이라고 불리는 장르의 음악이 있다. 말 그대로 프로그레시브 록과 헤비메탈의 합성어로 전자에서는 진보적인 경향성과 실험성을, 후자에서는 거칠고 무거운 사운드를 따와서 탄생한 헤비메탈의 하위 장르이다. 따라서 프로그레시브 메탈은 사운드 면에서는 헤비메탈의 기본을 유지하면서도 형식면에서는 훨씬 복잡한 곡 구성과 연주상의 난이도를 보여준다.

캐나다의 명그룹 러쉬를 비롯해 페이츠 워닝Fates Warning, 퀸스라이크Queensryche 등 많은 밴드들이 이 영역에 속하는 것으로 분류되고 있지만 프로그레시브 메탈계의 1인자는 누가 뭐래도 1989년 데뷔한 이래로 지금까지 변함없이 이 분야의 최고봉으로 군림하고 있는 드림 시어터Dream Theater이다. 밴드의 전성기를 함께 한 제임스 라브리에James LaBrie, 보컬, 존 명John Myung, 베이스, 조던 루디스Jordan Rudess, 키보드, 마이크 포트노이Mike Portnoy, 드럼에다 기타리스트 존 페트루치까지 5인조가 들려준 고난도의 테크닉은 실

존 페트루치

로 타의 추종을 불허한다(2010년 드러머는 마이클 맨기니Michael Mangini로 교체). 그들의 연주는 단순히 테크닉 뿐 아니라 오랜 연습을 통한 완벽에 가까운 호흡이 없이는 다다를 수 없는 일종의 경지인 것으로 평가 받는다.

드림 시어터의 기타리스트 존 페트루치가 뛰어난 기타리스트임을 입증하는 자료는 많다. 그는 「기타원」이 선정한 '역사상 가장 위대한 속주 기타리스트 톱10' 가운데 한 명으로 선정되었으며, 2012년 「기타 월드」의 독자 투표에서는 열일곱 번째로 위대한 기타리스트로 뽑혔다. 또한 조엘 맥아이버의 저서 『The 100 Greatest Metal Guitarist』에서는 당당히 2위에 랭크되었다. 그는 조 새트리아니가 이끄는 G3 프로젝트에도 여섯 차례 참여했는데 현재까지 그보다 많이 초대된 기타리스트는 없다.

길고 난해한 연주의 대명사 밴드

존 페트루치는 1967년 미국 뉴욕 롱아일랜드의 킹스 파크에서 태어났다. 여덟 살 무렵에 처음 기타를 잡았지만 한동안 손에서 놓았다가 열두 살 때부터 다시 본격적으로 기타를 치기 시작했다.

존 페트루치는 프로그레시브 록과 퓨전 재즈 기타리스트들의 영향을 특히 많이 받았는데 언젠가 그는 농담을 섞어 이렇게 말한 적이 있다. "나의 영웅들은 스티브들Steves과 알들Als이었다." 그러면서 그는 자신이 영향 받은 이들로 스티브 하우와 스티비 레이 본, 스티브 바이, 스티브 모스, 그리고 알 디 메올라와 알렉스 라이프슨을 꼽았다.

존 페트루치는 1980년대 보스턴 버클리 음악대학에 진학해 그 곳에서 자신의 기타에 고도의 테크닉과 퓨전 재즈 풍의 연주 스타일을 장착했다. 훗날 드림 시어터의 동료가 되는 존 명과 마이크 포트노이는 당시 버클리 음악대학에서 동문수학한 동료들이었다.

1989년 드림 시어터의 데뷔 앨범 「When Dream and Day Unite」가 세상에 나왔다. 수록곡 중에는 〈The Ytse Jam〉이라는 제목이 특이한 곡이 있었는데, 이것은 드림 시어터로 개명하기 전의 밴드명이었던 마제스티Majesty의 스펠링을 거꾸로 뒤집은 것이다.

1992년 보컬 제임스 라브리에를 받아들여 발표한 2집 「Images and Words」는 명실상부한 밴드의 대표작이다. 서정적이고 아름다운 멜로디를 가진 곡과 고도의 테크닉과 속주로 무장한 곡들이 적절히 배치된 앨범은 테크닉의 장벽을 한 단계 뛰어넘었다는 찬사 속에 드림 시어터를 단숨에 프로그레시브 메탈 최고 밴드의 반열에 올려놓았다. 곳곳에서 번뜩이는 변박 리프와 잦은 변조를 동반한 고난도의 곡 구성이 눈길을 끌었고, 수록곡 중에서는 곡의 후반부에 클래시컬한 현악 스트링이 등장해 기타 리프와 경연하는 대목이 인상적인 〈Pull Me Under〉와 드라마틱한 구성의 〈Take the Time〉, 그리고 밴드의 대표 발라드로 남은 〈Another Day〉가 히트했다. 러쉬와 메탈리카가 만났다는 평가가 나온 가운데 드림 시어터는 이 한 장의 앨범으로 1990년대 초반 록계가 완전히 그런지의 자장 안으로 들어갔음에도 불구하고 자신들만의 영역을 확고히 했다.

1993년에 발표한 라이브 앨범 「Live at the Marquee」는 이들의 연주가 스튜디오에서 뿐만 아니라 라이브에서도 구현될 수 있음을 입증해 보였고, 1994년작 「Awake」에서는 존 페트루치의 7현 기타를 이용한 5/4박자 헤비 리프가 작렬하는 연주곡 〈Erotomania〉가 주목 받았다.

1997년에 발표한 정규 4집 「Falling into Infinity」에서는 〈Hollow Years〉가 국내 팬들에게 각별한 사랑을 받았고, 1999년 발표한 앨범 「Metropolis Pt.2 : Scenes from a Memory」의 수록곡인 〈Home〉에서 들려준 아랍풍의 기타 연주 역시 기억할 만한 장면으로 남았다.

드림 시어터의 가장 뚜렷한 특징은 대곡지향성이다. 이들의 수많은 곡들이 런닝타임 10분이 넘는 대곡들인데, 일례로 대표 앨범 「Images and Words」의 수록곡 〈Learn to Live〉는 11분이 넘고 2005년 앨범 「Octavarium」의 동명 타이틀곡은 24분, 2002년작 「Six Degrees of Inner Turbulence」의 앨범 동명 타이틀곡은 무려 42분 04초에 달한다.

드림 시어터의 멤버들은 각자가 뛰어난 기량을 앞세워 사이드 프로젝트를 겸했는데 그 가운데 가장 주목받은 것이 존 페트루치와 마이크 포트노이, 조던 루디스 등이 함께 했던 리퀴드 텐션 익스페리먼트Liquid Tension Experiment이다. 여기서 키보드를 담당하던 조던 루디스는 나중에 결국 드림 시어터의 멤버가 되었다.

드림 시어터

프로그레시브 메탈이라는 장르의 특성상 드림 시어터의 음악에서는 키보드가 상당히 중요한 역할을 담당한다. 그러나 밴드의 키보디스트가 케빈 무어Kevin Moore, 데릭 쉐리니언Derek Sherinian, 조던 루디스로 바뀌는 와중에도 존 페트루치는 존 명과 함께 변함없이 밴드를 지키며 그 중심을 잡아왔다.

사실 드림 시어터를 대중적인 밴드라 하기는 힘들다. 이들의 음악은 지나치게 긴 런닝타임과 복잡한 곡 구성 등으로 대중들이 쉽게 받아들이기에는 다소 난해한 측면이 있기 때문이다. 그럼에도 이들이 한국에서 특별한 사랑을 받는 데에는 베이시스트 존 명이 한국계라는 사실도 작용하고 있을 것이다.

록계에서 소문난 학구파 기타리스트

존 페트루치의 기타 연주에는 록을 기반으로 클래식과 재즈 등 다양한 요소가 녹아 있다. 그의 기타 연주는 빠른 얼터네이트 피킹을 기본으로 한 속주 테크닉에 기반하고 있지만, 동시에 느리고 감성적인 발라드 연주에도 아주 능하다. 묵직한 백킹과 속주 솔로, 느린 템포의 발라드를 오가는 다채로운 연주를 위해 그는 7현 기타를 즐겨 사용하는데 그의 주력 기타는 6현, 혹은 7현의 어니 볼 시그너처 기타이다.

한편, 존 페트루치는 록계에서 소문난 학구파 기타리스트이기도 하다. 그는 얼터네이트 피킹, 스윕 피킹, 코드와 하모닉스 등 기타 연주의 기본은 물론 부상을 피하는 연습 방법과 장비 등의 내용을 담은 기타 교습 비디오 [Rock Discipline]을 내놓았고, 자신이 「기타 월드」에 오랫동안 연재했던 칼럼을 모아 책을 내기도 했다. 그의 비디오와 책은 기타, 특히 속주를 배우고 싶은 이들에게는 교과서처럼 인식되는 베스트셀러이다.

일반적으로 '테크닉'과 '필'(Feel)은 대척점에 있는 것으로 여겨진다. 고난도의 테크닉이 넘쳐나는 존 페트루치의 기타 연주에 대해서도 테크닉에 빠져 필이 부족하다고 지적하는 관점이 있다. 그가 뛰어난 기타리스트임은 분명하지만 이러한 지적은 타당한 일면이 있다. 간혹 드림 시어터의 음악은 감정을 이입시키기에는 지나치게 길고 난해하다. 존 페트루치와 드림 시어터의 멤버들도 그것을 알 것이다. 하지만 그들의 대답은 아마도 이럴 것이다. 그게 뭐? 어찌 되었든 꿈을 찍어내는 극장은 아직 성업 중이다.

The Only One :
「Images and Words」(1992)

헤비메탈과 펑크를 함께 주무르다

누노 베텐코트

Nuno Bettencourt, 포르투갈, 1966~

국내에서 가장 많이 팔린 기타 교본에 그 연주법이 타브 악보로 수록되어 아마도 가장 많은 기타 키드들이 카피했던 곡 가운데 하나일 〈More Than Words〉, 지금 이 순간에도 누군가는 어딘가에서 폼 잡으며 이 곡을 퉁기고 있을 것이다. 그는 이 매력적인 어쿠스틱 발라드에서 기타를 연주한 주인공이 맞다. 하지만 그 옆에서 다른 누군가가 그게 아니라 〈Get the Funk Out〉에서 들려준 펑키한 리듬감과 강력한 리프가 그의 기타의 본령이라고 한다면 그것도 맞는 말이다. 여기에 눈부신 속주를 동반한 화려한 솔로 플레이까지 장착했으니 그는 그야말로 부족할 것이 없는 최고의 하드 록, 헤비메탈 기타리스트임에 틀림이 없다. 포르투갈 출신의 세계적인 기타리스트로 한국에서 가장 인기 있는 헤비메탈 밴드 가운데 하나인 익스트림Extreme의 리드 기타리스트 누노 베텐코트의 이야기이다.

누노 베텐코트

1990년대, 드디어 누노의 시대가 왔다!

누노 베텐코트는 1966년 포르투갈 아조레스 테 사이라에서 태어났다. 네 살 때 가족과 함께 미국으로 이주해 처음 정착한 매사추세츠주 허드슨에서 21년 동안 살았다. 어렸을 때 그는 음악에는 별 관심이 없었고 하키와 축구를 즐기는 아이였다. 처음 배운 악기는 드럼이었지만 여기에도 별다른 흥미를 느끼지 못했다. 그러나 형인 루이스가 그에게 장난삼아 기타를 가르쳐주었을 때 그의 앞에 놓인 삶의 지도는 다르게 그려지기 시작했다.

그는 기타의 매력에 빠져들어 하루 일곱 시간씩 맹연습을 했고 그러다 보니 학교를 빼먹는 날이 많아졌다. 스포츠에 대한 관심도 순식간에 사라져버렸다. 결국 그는 기타에 전념하기 위해 고등학교를 중퇴했다.

그는 알 디 메올라, 파코 데 루치아, 지미 페이지, 브라이언 메이, 잉베이 말름스틴 등으로부터 두루 영향을 받아 자신의 연주 스타일을 만들어 감과 동시에 비틀스와 레드 제플린, 퀸과 프린스 등의 음악을 들으며 송라이팅 능력을 키워나갔다. 하지만 뭐니뭐니해도 그에게 가장 큰 영향을 끼친 이는 1980년대의 기타 영웅 에드워드 반 헤일런이다. 에디는 누노의 영원한 우상이었다.

1985년 누노 베텐코트는 보스턴 지역에 연고를 두고 활동하던 밴드 익스트림에 가입했는데 그의 가입 직후 밴드는 A&M 레코드와 계약을 맺고 1989년 그룹 동명 데뷔 앨범인 「Extreme」을 냈다.

데뷔 앨범은 큰 반응을 얻지 못했지만 이듬해 발표한 2집 「Extreme Ⅱ : Pornograffitti」는 달랐다. 빌보드 싱글차트 정상을 차지한 어쿠스틱 발라드 〈More Than Words〉를 앞세워 빌보드 앨범차트 톱10에 진입한 앨범은 손쉽게 플래티넘을 따냈다. 익스트림과 누노 베텐코트의 매

익스트림

력을 집약시킨 단 한 장의 앨범인 「Extreme Ⅱ : Pornograffitti」에서 누노 베텐코트는 발군의 연주력을 선보이며 일약 당대를 대표하는 기타리스트로 떠올랐다. 〈More Than Words〉에서 보여준 어쿠스틱한 접근법은 〈Hole Hearted〉에서 어쿠스틱 기타로 만들어내는 펑키 리프라는 업그레이드 버전으로 진화했다. 〈Get the Funk Out〉에서는 '이보다 더 펑키할 순 없다'를 몸소 시연하고 있으니 이 곡을 들으면서 몸을 흔들거나 최소한 머리라도 까딱거리지 않을 이는 세상에 없을 것이다. 그뿐이 아니다. 림스키 코르사코프의 〈왕벌의 비행〉을 인용한 기타 인트로 연주로 듣는 이의 입을 떡 벌어지게 만드는 〈He-man Woman Hater〉를 듣노라면 1990년대가 그의 시대가 될 것이라던 세간의 예측에 동의하지 않을 도리가 없다. 그만큼 이 곡에서 선보인 그의 눈부신 속주와 솔로 연주는 단연 압권이다. 한편 이 앨범에는 국내에서 특히 사랑받은 재즈 성향의 이색적인 발라드 〈When I First Kissed You〉도 수록되어 있다.

그리고 1992년에 발표한 3집 「Ⅲ Sides to Every Story」까지, 우리가 기억하고 인정하는 익스트림의 역사는 아마도 여기까지일지 모르겠다. 한 장의 앨범을 더 발표한 후 1996년 익스트림은 해산했다. 누노가 밴드

누노가 이끌었던 익스트림은 어쿠스틱 발라드 넘버인 〈More Than Words〉로 빌보드 싱글 정상을 차지하기도 했다.

를 떠나 솔로로 활동하겠다고 선언한 것이 밴드 해산의 결정적인 이유가 되었다. 익스트림 해산 이후 누노는 솔로로 나섰고 보컬리스트였던 개리 셰론은 반 헤일런의 보컬리스트로 가입했다.

1997년 누노 베텐코트는 첫 번째 솔로 앨범인 「Schizophonic」을 발표했다. 앨범은 평단으로부터는 나쁘지 않은 평가를 얻어냈지만 대중의 반응은 냉담했다. 그 해 12월 누노는 새로운 밴드 모닝 위도우스Mourning Widows를 결성했고 이후 파퓰레이션 원Population 1과 드라마가즈DramaGods, 그리고 제인스 어딕션Jane's Addiction의 페리 패럴Perry Farrell과 함께 했던 세틀라이트 파티The Satellite Party 등을 거치며 활동을 계속했지만 익스트림 시절만큼 돋보이는 활약은 보이지 못했다. 다만 광적인 팬덤을 보유한 일본에서 식지 않는 인기를 누렸을 뿐이다.

결론은 다시 익스트림이었다. 2008년 오리지널 멤버를 규합해 익스트림을 재건한 누노 베텐코트는 새 앨범 「Saudades de Rock」을 발표하고 월드투어에 나서는 등 의욕을 보였지만 과거의 영광을 재현할 수는 없었다.

펑키한 리듬감, 강력한 리프

익스트림은 헤비메탈 밴드이지만 어쿠스틱 성향의 발라드에 특히 강점을 보이는 밴드이다. 〈More Than Words〉가 그것을 증명한다. 하지만 동시에 익스트림은 세상에서 가장 펑키한 헤비메탈 밴드이다. 그런 점에서는 정통 헤비메탈보다는 오히려 1960~70년대의 하드 록이나 블루스 록 밴드들과의 유사점이 더 많다고 볼 수도 있다. 익스트림의 음악이 갖는 또 하나의 특징이자 장점은 풍성한 사운드와 편곡인데 이는 밴드의 사운드를 주도하는 누노의 탁월한 감각에 기인한다. 〈Get the Funk Out〉에서 기타를 호위하는 흥겨운 브라스 세션은 곡의 펑키한 매력을 한껏 배가시키고 있고, 「Ⅲ Sides to Every Story」의 수록곡 〈Rest in Peace〉에서 선보인 변화무쌍함은 그 전형을 보여준다. 단출한 현의 연주로 시작되는 〈Rest in Peace〉는 이내 펑키한 기타가 등장하면서 흥겨운 록큰롤 넘버로 변신했다가 곡이 끝나갈 무렵에는 예의 〈More Than Words〉의 그것을 연상케 하는 잔잔한 어쿠스틱 기타 사운드로 끝을 맺는다. 런닝타임 6분의 이 곡에서 익스트림은 그들이 가진 모든 것을 쏟아 붓는다.

누노가 디자인한 워시본 시그너처 기타 N4 모델

누노 베텐코트가 포르투갈 출신이라는 사실은 문득문득 드러난다. 그가 결성했던 밴드의 이름인 'Mourning Widows'는 포르투갈의 한 교회 담벼락에 쓰여 있던 문구에서 따온 것이고, 익스트림의 1998년 앨범 「Saudades de Rock」에 등장하는 '사우다지'(Saudade)라는 단어는 '슬픔' '그리움' 등을 뜻하는 포르투갈어이다.

반복되는 얘기지만 누노 베텐코트는 펑키한 감각과 서정적이고 어쿠스틱한 감성을 동시에 가진 기타리스트이다. 물론 그것들은 그의 완벽에 가까운 테크닉에 의해 굳건하게 뒷받침되었다. 그는 솔로 연주에 있어서도 훌륭하지만 그보다는 펑키한 리프를 만들어내는 데 더욱 능한 기타리스트이다. 그만큼 리듬을 잘 타는 기타리스트는 없을 것이다.

누노는 잘 생긴 외모로도 명성을 날린 1990년대 헤비메탈계의 대표적인 마초 스타였다. 다만 아쉬운 것은 익스트림이 소멸되었던 1990년대 중반 이후 그의 활약 역시 사그라들었다는 것이다. 그는 그보다는 보여줄 것이 훨씬 많은 기타리스트였다. 그의 재능은 아쉽게도 만개하지 못했다. 아니라면 만개했으나 오래 지속되지는 못했다.

1990년 이래로 워시본 기타는 누노가 디자인한 시그너처 기타를 생산해오고 있다. 흔히 N-시리즈로 불리는 이 기타 시리즈는 전 세계적으로 아주 인기 있는 기타 가운데 하나인데, 그 가운데 가장 유명한 기종은 N4 모델이다.

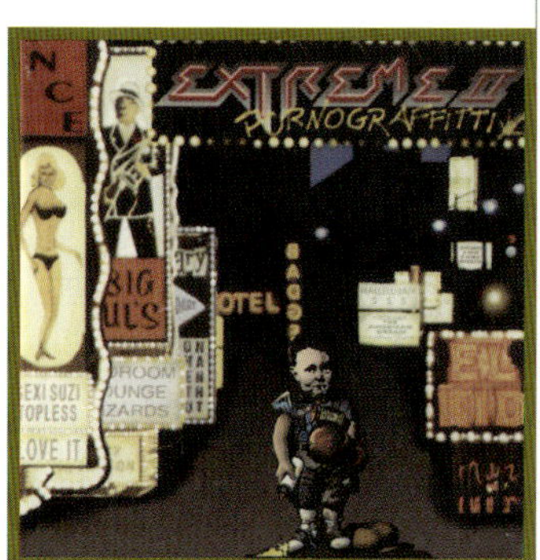

The Only One :
「Extreme II : Pornograffitti」(1990)

보다 날카로운, 보다 공격적인

다임백 대럴

Dimebag Darrell, 미국, 1966~2004

열여섯 살 때 소년은 미국 텍사스주 댈러스의 아고라 볼룸에서 열린 기타 경연대회에서 당당히 그랑프리를 차지했다. 당시 부상으로 받았던 딘 ML(Dean ML) 기타와 함께 1980~90년대 동안 그는 헤비메탈 씬에서 가장 강력한 페이지의 주인공이 되었다. 그와 그의 밴드의 음악은 메탈리카와 메가데스가 울고 갈 지경이었으니 그것은 스래시 메탈을 넘어 그루브 메탈 혹은 하드코어 음악으로 정의되었다. 그들의 음악이 현실을 넘어서는 극한의 에너지와 파워를 지녔던 것만큼이나 그의 최후도 비현실적이기는 마찬가지였다. 2004년에 그는 어이없게도 공연 도중 무대 위에서 괴한이 쏜 총에 맞아 사망하고 말았다. 그의 이름은 다임백 대럴, 혹은 다이아몬드 대럴Diamond Darrell이다.

포스트 스래시 메탈 씬의 핵심 인물

다임백 대럴은 1966년 미국 텍사스주 댈러스에서 태어났다. 본명은 대

럴 랜스 애보트Darrell Lance Abbott이다. 열두 살 때 처음 기타를 잡았는데 작은 앰프와 함께 손에 넣은 혼도 레스 폴 기타가 그의 첫 번째 기타였다. 어려서부터 키스, 주다스 프리스트, 아이언 메이든, 마이클 쉥커 등의 음악을 들으며 헤비메탈 음악에 빠져들었고 특히 에드워드 반 헤일런과 랜디 로즈는 그의 우상이었다.

1981년 다임백 대럴은 그의 형인 드러머 비니 폴 애보트Vinnie Paul Abbott와 함께 판테라를 결성했다. 판테라는 블랙 사바스, 아이언 메이든, 주다스 프리스트 같은 전통적인 메탈 밴드들 뿐 아니라 슬레이어나 메가데스, 메탈리카, 베논Vernon과 같은 스래시 메탈 밴드들과 함께 공연하면서 서서히 이름을 알려갔다.

판테라는 1983년에 발표한 데뷔 앨범 「Metal Magic」을 시작으로

판테라

1980년대에 이미 네 장의 정규 앨범을 냈지만 그 때까지도 대중들의 관심 밖에 머물러 있었다. 판테라가 대중적 시야의 중심권으로 진출한 것은 1990년 메이저 데뷔 앨범 「Cowboys from Hell」을 발표하면서부터였다. 이 앨범은 사실 이들의 다섯 번째 앨범이지만 대부분의 팬들에게 거의 첫 번째 앨범으로 여겨진다. 그만큼 앞선 앨범들과는 격을 달리하는 앨범이라 할 것이다. 기타에 다임백 대럴과 드럼에 비니 폴, 베이스에 렉스 브라운Rex Brown, 보컬에 필 안젤모Phil Anselmo의 라인업은 날카로우면서도 탄탄한 사운드를 구축했고 앨범 동명 타이틀곡 〈Cowboys from Hell〉이 특히 많은 사랑을 받았다.

1992년 발표한 2집 「Vulgar Display of Power」로 판테라의 음악과 지위는 더욱 공고해졌다. 이 앨범에서 이전까지 헤비메탈 싱어들의 전형적인 팔세토 창법을 구사하던 필 안젤모는 완전한 하드코어 샤우팅 창법으로 전환했고, 다임백 대럴은 한층 업그레이드된 무게와 파워로 중무장한 기타 연주를 들려주었다. 수록곡 중에서 〈Walk〉와 〈This Love〉

등이 많은 사랑을 받았다.

판테라와 관련된 재미있는 사실 하나는 1992년 국내에서만 발매되었던 앨범 「Vulgar Display of Cowboy」의 존재이다. LP 시절 발매된 이 음반은 이들의 메이저 1,2집인 「Cowboys from Hell」과 「Vulgar Display of Power」가 워낙 금지곡이 많았던 탓에 두 앨범의 수록곡 가운데 금지곡이 아닌 곡들만 골라서 한 장의 앨범으로 합쳐놓은 앨범인데, 결과적으로 전 세계에서 우리나라에만 유일하게 존재하는 본의 아닌 희귀음반이 되었다. 물론 이 두 앨범 모두 나중에는 정식으로 제대로 된 모습으로 라이선스 발매되었지만 말이다.

1994년 무렵에 대럴 랜스 애보트는 이전의 다이아몬드 대럴 대신에 다임백 대럴이라는 새로운 별명을 얻었다. 그리고 판테라의 전성시대가 활짝 열렸다. 1994년 발표한 앨범 「Far Beyond Driven」이 빌보드 앨범차트 1위에 오르고, 이어진 1996년 앨범 「The Great Southern Trendkill」이 연이어 성공을 거두면서 판테라는 헤비메탈 씬의 최강자로 떠올랐다.

그러나 호사다마라고 했던가, 1990년대가 지나가면서 보컬리스트 필 안젤모의 약물 중독 문제로 멤버들 간에 심각한 불화가 생기면서 2001년 판테라는 공식 해산을 선언하지 않았을 뿐 사실상 휴지기로 접어들었다.

다임백 대럴은 판테라 이외에도 많은 사이드 프로젝트를 가동했다. 특히 형과 함께 결성한 데미지플랜Damageplan 활동이 가장 큰 관심을 끌었는데, 데미지플랜이 2004년 발표한 앨범 「New Found Power」는 빌보드 앨범차트 38위까지 올랐다. 이밖에도 그는 메가데스, 앤스렉스, 킹 다이아몬드King Diamond, 니켈백 등 많은 밴드의 녹음에 참여했고, 2006년에는 컨트리 싱어 데이비드 앨런 코David Allen Coe와 함께 「Rebel Meets Rebel」 앨범을 발표해 메탈 팬들을 깜짝 놀라게 하기도 했다.

천국으로 돌아간 카우보이 기타리스트

다임백 대럴은 한 인터뷰에서 에이스 프레일리Ace Frehley가 없었다면 자신도 없었을 것이라고 밝혔을 만큼 키스의 기타리스트였던 에이스 프레일리로부터 큰 영향을 받았다. 언젠가 그를 만나 가슴에 사인을 받은 후 그것을 문신으로 새겼을 정도이다. 그 외에 다임백 대럴이 간혹 구사하는 코드 아르페지오는 랜디 로즈의 영향을 받은 것이며, 남부 블루스 스타일의 리프는 지지 탑의 빌리 기본스의 영향을 받은 것이다.

「기타 월드」는 다임백 대럴이 연주한 세 곡의 솔로를 '역사상 가장 위대한 기타 솔로 100' 리스트에 올려놓았다. 〈Floods〉(15위) 〈Cemetery Gates〉(35위) 〈Walk〉(57위)가 그것이다. 물론 다임백 대럴의 경력의 중심에는 판테라가 있다. 판테라는 포스트 스래시 메탈 씬의 핵심 그룹이었으며, 이들이 개척한 사운드는 기존의 메탈보다 더 날카롭고 더 강력해서 마치 야수의 울부짖음과도 같았다. 그들의 히트곡 〈Cowboys from Hell〉에서 노래한 지옥에서 온 카우보이는 아마도 그들 자신이었을 것이다. 다임백 대럴의 공격적이다 못해 때로는 잔인하기까지 한 기타가 그 곳에 있었다. 심장을 발로 차는 듯한 드럼과 면도날 같은 기타 리프와 피킹, 그리고 포효하는 보컬까지 판테라는 조금도 사운드의 빈 공간을 허락하지 않았다. 리듬 기타, 소위 말하는 세컨드 기타가 없는 구성에도 판테라의 사운드는 빈틈이 없었다.

다임백 대럴의 주력 기타는 딘 기타이다. 열여섯 살 때 그가 기타 경연대회에 나가던 날 아침 아버지는 그에게 체리버스트 색의 딘 ML 스탠더드 기타를 사 주었다. 경연대회 우승 후 부상으로 받은 기타 역시 딘 ML 기타였다. 그 이후 계속해서 딘 기타는 그와 함께 했다. 1990년대 잠깐 딘 기타를 놓고 워시본 기타를 들기도 했지만 그는 결국 딘 기타로 다시 돌아왔다. 죽기 직전 다임백 대럴은 딘 기타와 함께 딘 ML 모델을 수정한 새로운 기타를 디자인하기도 했는데, 이 기타는 '레이저백'(Razorback) 모델로 불린다.

운명의 2004년 12월 8일, 다임백 대럴은 데미지플랜과 함께 미국 오하이오주 콜럼버스에 있는 알로사 빌라에서 공연 중이었다. 그런데 공연 도중 한 남자가

다임백 대럴의 분신이기도 했던 딘 ML 기타. 사진은 다임백이 직접 디자인에 참여하기도 했던 '레이저백' 모델

갑자기 앞으로 돌격해 다임백 대럴을 향해 총격을 가했다. 세 번째 총알이 그의 숨을 끊어놓았다. 범인은 다임백 대럴이 쓰러진 후에도 멈추지 않고 계속해서 총을 난사했다. 현장에서 밴드의 보안 책임자였던 제프 톰슨과 빌라의 직원이었던 에린 하크, 그리고 관객 가운데 다임백 대럴에게 심폐소생술을 시도하려 했던 나단 브레이까지 세 명이 더 죽었다. 총격을 가한 범인은 나단 게일이라는 남자로 해병대에서 제대한 사람이었는데 망상정신분열증 환자였다. 그는 다임백 대럴의 광팬이었던 것으로 알려졌다. 1980년 12월 8일, 존 레논은 자신의 팬이었던 마크 데이비드 채프먼이 쏜 총에 맞아 죽었다. 그로부터 정확히 24년이 지난 바로 그 날에 다임백 대럴이 똑같이 사망했다. 다 지난 얘기지만 〈Hollow〉에서 들려준 다임백 대럴의 기타 솔로는 어딘지 모르게 슬펐다.

The Only One :
「Vulgar Display of Power」(1992)

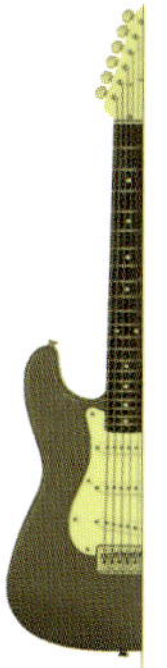

오지 오스본은 그에게 시작이자 한계였다

잭 와일드

Zakk Wylde, 미국, 1967~

1982년 랜디 로즈가 스물다섯 살의 나이에 비운의 비행기 사고로 세상을 등지자 오지 오스본은 그 후임으로 나이트 레인저Night Ranger의 브래드 길리스Brad Gillis를 낙점했지만 그는 단 한 장의 라이브 앨범만을 남긴 채 밴드를 떠났고 그 자리는 다시 제이크 E. 리로 채워졌다. 이후 제이크 E. 리는 랜디 로즈의 공백을 최소화하며 오지 오스본의 대표 앨범 가운데 하나인 1983년작 「Bark at the Moon」에 참여했고, 3년의 공백을 거쳐 발표한 「The Ultimate Sin」에도 참여했지만 그와 오지 오스본의 인연도 여기까지였다. 오지 오스본은 다시 새로운 기타리스트를 찾아야만 했다. 이 때 오지 오스본의 눈을 번쩍 뜨이게 하는 이가 나타났으니 그가 바로 당시 열아홉 살의 젊은 기타리스트 잭 와일드였다.

오디션은 싱겁게 끝났다. 오지 오스본은 만족스러웠고 그의 가입은 손쉽게 결정되었다. 그렇게 잭 와일드는 어려서부터 동경했던 밴드 블랙 사바스의 프런트맨이었던 오지 오스본이 이끄는 밴드 오지 오스본에

잭 와일드

가입해 역시 자신의 어린 시절 우상이었던 랜디 로즈가 거쳐 간 자리의 주인공이 되었다. 그리고 1988년 앨범 「No Rest for the Wicked」를 시작으로 20년 넘게 그는 오지 오스본의 기타리스트였다.

우상 랜디 로즈의 공백을 메우다

1967년 미국 뉴저지주 베이욘에서 태어난 잭 와일드는 여덟 살 때 처음 기타를 잡았고 열네 살 무렵에는 이미 클럽에서 연주하기 시작했다. 그는 처음 기타를 배웠던 시절을 이렇게 기억한다. "처음 배웠던 리프는 블랙 사바스의 〈Iron Man〉이나 딥 퍼플의 〈Smoke on the Water〉 가운데 하나였을 겁니다. 여덟 살 때쯤이었어요." 그 때부터 이미 그는 블랙 사바스의 광팬이었으니 그와 오지 오스본의 만남은 어쩌면 운명처럼 예정되어 있었는지도 모른다. 그는 하루 열두 시간 넘게 맹연습했다. 어떤 날은 학교를 마치고 집에 돌아와서 바로 기타를 잡은 후 다음날 학교에 갈 때까지 밤을 새며 쉴 새 없이 기타를 친 적도 있었다. 그리곤 학교에 가서는 잠을 잤다.

1987년 오지 오스본에 합류한 이후 잭 와일드가 참여한 대표작으로는 밴드의 1990년대를 대표하는 앨범인 「No More Tears」(1991)가 가장 먼저 꼽힌다.

1990년대 오지 오스본의 대표 발라드 넘버들인 〈Mama I'm Coming Home〉과 〈Road to Nowhere〉가 여기에 수록되어 있다. 걸작 라이브 앨범 가운데 하나인 「Live & Loud」(1993)도 빼놓을 수 없다. 1991년과 1992년 사이에 펼쳐진 밴드의 월드투어 실황을 담고 있는 이 앨범은 블랙 사바스와 오지 오스본 시절의 히트곡들을 대거 수록하고 있는데, 공연장에서 파워 넘치는 잭 와일드의 기타 플레이를 확인하기에 안성맞춤인 앨범이다. 뮤트가 걸린 강력한 얼터네이트 피킹과 피킹 하모닉스를 근간으로 오지 오스본의 역대 기타리스트들 가운데 가장 거칠고 파워풀한 플

오지 오스본과 잭 와일드

블랙 레이블 소사이어티에서의 잭 와일드

레이를 구사하는 그의 매력이 극대화되어 나타난다. 관중의 환호성과 함께 시작되는 잭 와일드의 〈Mr. Crowley〉는 랜디 로즈의 그것에 비해 훨씬 격렬하고 다이내믹한 리프와 빠른 솔로를 선보이고, 〈Bark at the Moon〉 〈I Don't Want to Change the World〉 〈Desire〉 등 예의 투박하고 묵직한 그의 백킹 리프를 확인할 수 있는 곡들도 많다. 잭 와일드의 기타 연주는 전임자들에 비해 확실히 팝적이면서도 야성미가 넘치는 묘한 매력이 있다.

21세기의 포문을 열었던 「Down to Earth」(2001년)도 대표작으로 꼽히는 데 손색이 없다. 수록곡 가운데 〈Facing Hell〉에서는 전형적인 헤비메탈 리프를 선보이고 있고, 랜디 로즈 시절의 대표 발라드 〈Goodbye to Romance〉를 연상시키는 발라드 〈Dreamer〉와 〈Running Out of Time〉은 잭 와일드가 발라드에도 대단한 재능이 있다는 사실을 다시 한 번 입증한다.

시간이 흐르면서 잭 와일드는 단순히 밴드의 기타리스트에 머무르지 않고 밴드 내에서의 영향력을 확대해 갔고, 2007년작 「Black Rain」에 이르러서는 모든 수록곡의 크레딧에 이름을 올릴 만큼 오지 오스본과 대등한 정도의 지분을 확보하기에 이르렀다.

오지 오스본의 기타리스트라는 것이 그의 이력서에서 가장 중요한 경력이기는 하지만 잭 와일드는 그 외에도 1994년 솔로 데뷔작 「Pride & Glory」를 발표한 것을 시작으로 솔로 활동을 병행했고, 자신이 리더로서 이끄는 밴드 블랙 레이블 소사이어티Black Label Society와 함께 다수의 앨범을 발표했다. 블랙 레이블 소사이어티는 잭 와일드에게 있어 상당히 중요한 의미를 갖는 밴드이며 따라서 오지 오스본과 블랙 레이블 소사이어티는 그의 음악 경력의 중심이 되는 양 축이라 할 수 있다. 블랙 레이블 소사이어티의 음악은 오지 오스본과는 조금 다르게 하드 록에 가까운 헤비메탈이었는데, 그 차이가 결국 잭 와일드와 오지 오스본을 갈라놓았다. 오지 오스본은 2009년 잭 와일드와의 결별을 발표하면서 그 이유에 대해 "잭의 사운드가 은연중에 블랙 레이블 소사이어티를 닮아가고 있기 때문"이라고 설명했다.

가장 선명한 캐릭터를 지닌 기타리스트

잭 와일드는 많은 기타리스트들 가운데서도 가장 선명한 캐릭터를 구축한 기타리스트로 꼽힌다. 긴 머리카락과 두건, 덥수룩한 턱수염은 그의 용모상의 트레이드마크이며, 육중한 톤으로 만드는 헤비한 리프와 얼터네이트 피킹, 그리고 누구보다 떨림이 많은 박력 있는 비브라토는 그의 연주상의 트레이드마크이다. 이밖에도 그는 핀치 하모닉스 주법과 와미 바도 즐겨 사용한다.

잭 와일드는 깁슨 계열의 기타를 주로 사용하는데, 그가 사용하는 기타는 대부분 과녁을 연상시키는 불스-아이(Bulls-Eye) 디자인의 그림이 그려진 것으로도 유명해서 불스-아이 디자인

잭 와일드의 상징이 되기도 했던 불스-아이 디자인

은 그의 상징과도 같은 것이 되었다. 잭 와일드 시그너처 레스 폴 기타는 기타 연주자들과 지망생들 사이에서 대단히 인기 있는 기종으로 상당히 고가의 악기이다. 이밖에도 그는 공연에서는 자신의 영웅 랜디 로즈가 애용했던 깁슨 플라잉 브이 기타도 즐겨 사용한다. 그는 자신의 기타에 무겁고 강력한 톤을 만드는데 적절한 EMG 픽업과 던롭 스트링을 장착해 사용하며, 앰프는 마샬 앰프를 주로 써서 두 종류의 시그너처 마샬 앰프가 제작되기도 했다.

충격으로 사망한 판테라의 기타리스트 다임벡 대럴과 잭 와일드는 절친한 친구 사이였다. 그들은 서로를 최고의 기타리스트라 칭찬하곤 했는데, 다임벡 대럴의 갑작스런 죽음이 아니었다면 둘은 함께 무대에 오를 계획까지 가지고 있었다고 한다. 그러나 아쉽게도 그것은 실현될 수 없었다.

잭 와일드는 「토털 기타」가 선정한 '역사상 가장 위대한 기타리스트 100' 순위에서 16위에 올랐으며, 조엘 맥아이버의 저서 『The 100 Greatest Metal Guitarist』에서는 4위에 자리했다.

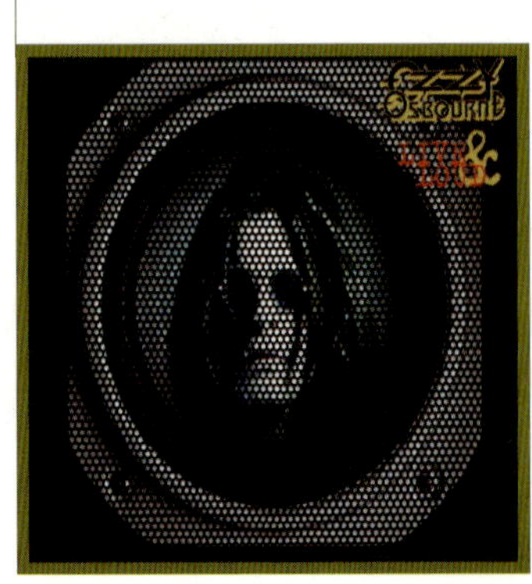

The Only One :
「Live & Loud」(1993)

그는 록의 시대를 다시 열었고, 다시 닫았다

커트 코베인

Kurt Cobain, 미국, 1967~1994

1990년대를 대표하는 록 송 너바나의 〈Smells Like Teen Spirit〉, 1991년 너바나는 영원한 청춘의 송가가 될 이 노래로 지축을 뒤흔들었고 바로 그 순간 그런지 록(=얼터너티브 록)의 전성시대가 열렸다. 그런지 신화의 중심에 서서 그 짧고도 장렬했던 대서사시를 써내려갔던 사나이 그 이름 커트 코베인. 1994년, 앞서 간 3J*의 뒤를 따라 스물일곱 살의 나이에 록의 재단에 바쳐진 그는 너바나의 리더로서 기타리스트 겸 보컬리스트였으며 다른 두 명의 멤버들에게는 미안한 얘기지만 사실상 너바나 그 자체였다.

* 3J : 1970년에서 1971년 사이 스물일곱 살의 나이에 나란히 요절한 지미 헨드릭스, 재니스 조플린, 짐 모리슨을 이르는 말로 이들 세 명의 이니셜이 모두 J로 시작하는 까닭에 이렇게 일컫는다.

커트 코베인

록의 순수성과 진정성에 대한 거침없는 질문

커트 코베인은 1967년 미국 워싱턴주 애버딘에서 태어났다. 그가 여덟 살 때 부모님이 이혼을 했는데 이것은 어린 커트 코베인에게 커다란 상처를 남겼다. 그는 침울하다가도 가끔씩 난폭해지는 성격의 소년으로 변해갔다. 그는 미술에도 재능을 보였지만 정작 자신이 되고 싶어 했던 것은 위대한 록 뮤지션이었다. 학교밴드에 들어가 처음에는 드럼을 쳤지만 이내 기타로 악기를 바꿔 잡았다. 열네 살 생일 때 친구에게 부탁해 구한 125달러 짜리 중고 린넬 기타는 그의 인생을 결정해 버렸다. 기타는 그의 안식처가 되어 주었으며 그럴수록 그는 기타 연주에 매달렸다.

1985년 크리스 노보셀릭Krist Novoselic과 함께 밴드 너바나를 결성한 그는 몇 번의 드러머 교체를 거친 끝에 채드 채닝Chad Channing을 받아들여 1989년 인디 레이블인 서브 팝 레이블을 통해 데뷔 앨범 「Bleach」를 발표했다. 하지만 얼마 후 드러머는 다시 데이브 그롤로 교체되었다.

1991년 메이저 음반사인 게펜 레코드로 소속사를 옮기고 발표한 2집 「Nevermind」는 두 말할 것도 없이 1990년대 그런지의 시대를 정의하는 단 한 장의 역작이며 이미 전설이 되어버린 앨범이다. 여기에 너바나의 대표곡인 〈Smells Like Teen Spirit〉 〈Come As You Are〉 〈In Bloom〉 〈Lithium〉 등이 대거 수록되어 있다. 특히 〈Smells Like Teen Spirit〉의 기타 리프는 역사상 가장 유명한 기타 리프 가운데 하나인데, 기본적인 코드 구성에 오버 드라이브와 디스토션이 잔뜩 걸린 사운드, 솔로를 최소화한 진행은 그런지 록의 전형을 보여준다. 1970년대 후반 맹위를 떨쳤던 펑크(Punk)의 정신과 기교적 단순성에 헤비메탈의 무겁고 거친 사운드를 결합시킨 그런지 록의 교과서라 할 만한 곡이다. 「Nevermind」는 순식간에 천만 장이 넘게 팔려나가며 빌보드 앨범차트 정상을 차지했다. 「Nevermind」가 마이클 잭슨의 「Dangerous」를 누르고 빌보드 앨범차트 1위에 올랐던 사실도 의미심장하다. 「Nevermind」는 헤비메탈의 시대가 가고 그런지 록의 시대가 왔음을 알린 선언문이었으며 상업성에 물들어 타락해 가는 록에 새로운 길을 묻고자 했던 그런지 록이 마이클 잭슨으로 대표되는 주류 팝계에 내민 호방한 도전장이었다. 안타깝게도 여기에서 역설적인 비극이 싹텄지만 말이다.

1992년 여름 너바나가 레딩 페스티벌에서 유명 헤비메탈 밴드들을 모두 제치고 헤드라이너로 나섰던 것도 록의 역사가 기록한 의미 있는

너바나

한 장면으로 꼽힌다. 당시의 공연은 훗날 「Live At Reading」이라는 실황 앨범으로 발매되었다.

〈Come As You Are〉〈Rape Me〉 등을 담고 있었던 「In Utero」(1993)는 결과적으로 너바나의 마지막 스튜디오 앨범이 되었다. 1994년 11월, 너바나의 MTV 언플러그드 실황을 담은 앨범 「Unplugged in New York」이 발표되었을 때 커트 코베인은 이미 이 세상 사람이 아니었다.

1994년 4월 그는 "기억해 주기 바란다. 점차 희미해져가기보다는 한 순간에 타버리는 것이 낫다는 것을……"이라는 유서를 남긴 채 머리에 엽총을 쏴 자살했다. 너바나를 필두로 소위 시애틀 4인방이라고 불리던 펄 잼, 앨리스 인 체인스, 사운드가든에다 스매싱 펌킨스까지 가세하며 얼터너티브 록이 화려한 전성기를 맞이하던 바로 그 시간, 커트 코베인은 자신이 그토록 찾고자 했던 록의 순수성, 진정성과 자신이 그토록 비판하고자 했던 상업적 성공의 이율배반 사이에서 고통으로 울부짖고 있었다. 그는 술과 약물 중독의 수렁으로 빠져들었고 그의 삶은 고통으로 채워졌다. 코트니 러브Courtney Love와의 결혼과 딸 프랜시스의 탄생이라는 짧은 행복도 끝내 그를 구원하지는 못했다. 그는 마침내 스스로 고통을 내려놓고 떠나는 길을 택했다.

유작 앨범 「Unplugged in New York」에 남겨진 1993년 11월의 공연에서 보이는 커트 코베인의 모습은(DVD로도 발매) 쓸쓸하고 처연하다. 창백해 보이기까지 하는 그의 얼굴에선 결과론이지만 이미 체념의 빛이 보이는 듯하다. 당시 공연에서 너바나는 특이하게도 자신들의 히트곡과 함께 데이비드 보위의 〈The Man Who Sold the World〉를 연주했는데 그러면서도 무슨 이유에선지 밴드의 최고 히트곡인 〈Smells Like Teen Spirit〉는 연주하지 않았다. 그리고 불과 몇 달 후 그는 세상을 떠났다. 그가 찾고자 했던 순수와 뜻하지 않게 찾아온 성공 사이의 괴리는 마음의 평화를 허락하지 않았고 끝내 그를 죽음으로 내몰았다.

바보들아, 중요한 것은 테크닉이 아니야

테크닉 면에서 커트 코베인을 대단히 훌륭한 기타리스트라고 보기는 어려울지 모른다. 그러나 반대로 바로 그곳에서 우리는 전혀 다른 모습의 기타 영웅과 조우하게 된다. 그는 결코 기타 영웅이 되기를 원하지 않았겠지만. 커트 코베인은 아주 오랫동안 테크닉 지상주의에 빠져있던 기타리스트의 세계를 다시 음악적 영감과 창조의 영역으로 되돌려 놓았다. 마치 '바보들아, 중요한 것은 테크닉이 아니야'라고 일갈하는 것처럼 말이다.

그는 탁월한 송라이터였다. 그리고 그의 기타 실력은 그것을 표현하는 데에 결코 부족함이 없었다. 그의 코드 진행은 복잡하거나 어렵지 않지만 마냥 평범하지만도 않아서 때로는 유니크한 면모를 보여주기도 한다. 특히 〈Lithium〉에서 보여주는 강약을 조절한 다이내믹한 연주는 그의 연주력이 결코 녹록치 않은 것이었음을 잘 보여준다. 다만 그에게는 과도하게 기술을 뽐낼 이유도 필요도 없었을 뿐이다.

골초였던 그는 담배를 물고 기타를 연주하는 일이 잦았고 한 번의 공연에서 몇 갑씩의 담배를 피워대곤 했다.

커트 코베인은 유명 밴드들보다는 바셀린스Vaselines나 미트 퍼페츠Meat Puppets와 같은 인디 록 밴드들에게서 더 많은 영향을 받았다고 말해왔고 그것은 사실이다. 앞서 말한 MTV 언플러그드 공연 실황에서 이들의 곡이 다수 리메이크되고 있다는 사실에서도 이것은 그대로 입증된다. 하지만 그가 비틀스를 즐겨 들었으며 1970년대 팝 록 밴드들로부터도 상당한 영향을 받았음 또한 명백하다. 거칠고 야생적인 사운드에 다소곳이 숨겨져 있는 부드럽고 아름다운 멜로디가 그 증명서인데, 너바나가 큰 대중적 인기를 얻을 수 있었던 결정적인 요인 가운데 하나이기도 하다. 너바나의 음악을 두고 칩 트릭Cheap Trick, 낵Knack의 1990년대 버전이라고 말하는 비유는 그래서 나온다.

커트 코베인은 특정 기종의 기타를 고집하지는 않았지만 주로 펜더사의 재규어와 머스탱 기타를 즐겨 사용했다. 머스탱 기타에 대해서는 "브릿지가 넓어서 음의 굴절이 잘 일어나고 그래서 노이즈를 만들기가 좋다"라고 평하기도 했다. 나중에는 재규어와 머스탱을 섞어서 특별 제작한 재그스탱 기타를 사용하기도 했는데, 재그스탱 기타는 지금도 커트 코베인의 시그너처 기타로 유명하다.

커트 코베인은 왼손잡이다. 그래서 그의 연주 모습은 같은 왼손잡이인 지미 헨드릭스를 연상시키기도 하는데, 커트 코베인은 왼손잡이용 기타를 썼지만 때로는 오른손잡이용 기타를 거꾸로 들고 치기도 했다. 골초였던 그는 담배를 물고 기타를 연주하는 일이 잦았고 한 번의 공연에서 몇 갑씩의 담배를 피워대곤 했다. 때문에 담배를 물고 기타를 치는 그의 모습은 그의 트레이드마크가 되어버렸다.

커트 코베인은 이미 죽어서 전설이 되었다. 그가 태어난 애버딘으로 들어가는 이정표에는 이렇게 적혀있다. 'Welcome To Aberdeen, Come As You Are' 이정표는 2005년에 커트 코베인을 기억하기 위해 그렇게 바뀌었다.

The Only One :
「Nevermind」(1991)

록은, 듣지 말고 느껴라

존 프루시안테

John Frusciante, 미국, 1970~

레드 핫 칠리 페퍼스Red Hot Chili Peppers, 이하 RHCP는 대단히 독특한 음악 색깔을 가진 밴드이다. RHCP는 큰 범주에서 얼터너티브 록 밴드로 분류되지만 아주 자주 카테고리를 벗어나 탈출을 시도한다. RHCP의 음악 안에는 그야말로 온갖 장르의 요소들이 맛깔스럽게 버무려져 있어서 '그들의 음악은 이것이다'라고 정의하는 것은 사실상 불가능에 가깝다. 그들 음악의 가장 큰 특징이라면 형언할 수 없는 변화무쌍함과 잡식성 그 자체일 것이다. 그럼에도 불구하고 핵심적으로 관철되는 한 가지 요소를 뽑아야만 한다면 그것은 특유의 펑키(funky)한 사운드 정도가 될 듯한데, 그 중심에는 특이하게도 기타가 아니라 베이스가 자리한다. RHCP는 팀의 리더이자 베이시스트인 플리Flea가 주도하는 밴드인 것이다.

1983년 처음 결성된 이래로 RHCP의 기타리스트는 자주 바뀌었다. 그러나 누구나 RHCP의 기타리스트라면 단 한 사람만을 기억한다. 그의 이름은 존 프루시안테. 존 프루시안테는 펑키 베이스의 대가 플리와 절묘

한 조합을 이루며 RHCP의 전성기를 이끌었다.

존 프루시안테의 기타 역시 뭐라 정의하기 어려운 다양한 요소들을 가지고 있다. 레게스러운 록 리듬, 펑키한 발라드, 정밀한 서정미 등 어찌 보면 모순적인 요소들이 그의 기타 안에서 묘하게 하나가 된다. 존 프루시안테만큼 RHCP에 어울리는 기타리스트는 단연코 없다.

그는 2003년 「롤링 스톤」이 선정한 '역사상 가장 위대한 기타리스트

100' 순위에서 18위를 차지했으며 2010년 영국 BBC가 선정한 '최근 30년간 가장 뛰어난 기타리스트' 순위에서는 당당히 1위에 올랐다.

레드 핫 칠리 페퍼스가 오랜 세월 찾았던 기타리스트 소년

존 프루시안테는 1970년 미국 뉴욕 퀸스에서 태어나 아리조나 투산, 플로리다 등을 거쳐 캘리포니아주 산타모니카로 이주한 후 그곳에서 어린 시절을 보냈다. 그는 당시 LA 지역에서 유행하던 펑크 록에 깊숙이 빠져들었으며 특히 미국 서부 하드코어 펑크의 원조로 평가받는 밴드인 점스The Germs의 음악에 깊은 감명을 받았다(너바나와 푸 파이터스의 드러머 데이브 그롤 역시 점스를 가장 영향 받은 밴드로 꼽는다).

존 프루시안테는 열 살 무렵 독학으로 기타를 배워 점스의 유일한 스튜디오 앨범인 「GI」의 수록곡들을 열심히 카피했다. 열한 살 때는 제프 벡, 지미 페이지, 지미 헨드릭스, 데이비드 길모어 등의 음악에 탐닉하면서 블루스 스케일의 연주를 익혔으며 록계의 소문난 기인 프랭크 자파의 음악을 알게 된 후로는 그의 아방가르드 스타일로부터도 많은 영향을 받았다. 존 프루시안테는 열여섯 살 때 학교를 그만두고 기타리스트 사관학교라는 GIT에 들어갔지만 그마저도 곧 그만두었다. 하지만 독학만으로도 그의 실력은 일취월장 성장해 갔다.

1988년 존 프루시안테는 RHCP에 가입했다. 당시 그의 나이 열여덟 살에 불과했다. RHCP가 그렇게 여러 연주자들을 갈아 치워가며 오랜 시간 찾아 헤매던 기타리스트가 바로 존 프루시안테였다는 사실은 그리 오래지 않아 밝혀졌다. 그가 처음으로 참여한 RHCP 앨범인 1989년작 「Mother's Milk」는 밴드의 첫 번째 히트곡인 〈Higher Ground〉를 배출하며 첫 성공작이 되었다. 존 프루시안테는 〈Knock Me Down〉에서 레게리듬을 가미한 펑키 사운드를 선보여 주목을 받았고 스티비 원더의 원곡을 커버한 〈Higher Ground〉에서는 플리의 베이스와 조화를 이루어 화려한 펑키 사운드를 마음껏 펼쳐보였다.

레드 핫 칠리 페퍼스

1991년 발매된 차기작 「Blood Sugar Sex Magik」은 밴드의 디스코그래피에서 단연 최고로 꼽히는 작품이다. 전작에서 원년 멤버인 플리와 앤소니 키디스Anthony Kiedis 사이에서 다소 겉돌던 존 프루시안테는 이 앨범에서는 확실한 자신만의 자리를 찾아 밴드의 조화 속으로 잘 스며들고 있다. 명 프로듀서 릭 루빈Rick Rubin의 지휘 아래 제작된 앨범은 RHCP를 비평적인 면에서나 대중적인 면에서나 명실상부하게 정상급 밴드의 위치에 올려놓았다. 〈Give It Away〉에서 플리와 존 프루시안테의 호흡은 절정에 달해 있으며 발라드 성향의 넘버 〈Under the Bridge〉는 대중적 성공을 위한 요소를 두루 갖추고 있었다. 누군가가 〈Give It Away〉를 두고 남긴 '레게 그루브가 살아 있는 록 리듬의 정수'라는 표현에는 찬성하지 않을 도리가 없다.

「Blood Sugar Sex Magik」의 대단한 상업적 성공 이후 RHCP는 오랜 기간 빡빡한 공연 일정을 소화해야 했다. 그 속에서 존 프루시안테는 서서히 지쳐갔고 전부터 그를 괴롭히던 약물중독 증상은 더욱 심해졌다. 투어를 겨우 마친 후 RHCP가 사실상 휴지기에 들어간 가운데 존 프루시안테는 솔로 활동을 시작해 1994년 자신의 첫 번째 솔로 앨범

레드 핫 칠리 페퍼스 시절 베이시스트 플리와 협연 중

인 「Niandra Lades and Usually Just a T-Shirt」를 발매했다. 특이하게 제목이 붙지 않은 열한 곡을 수록하고 있었던 앨범은 실험적이고 아방가르드한 사운드로 비평가들로부터 높은 평가를 받았지만 불행히도 존 프루시안테의 약물중독은 계속 악화되어갔다.

1994년 RHCP는 존 프루시안테의 탈퇴를 공식 발표하고 대신 제인스 어딕션 출신의 실력파 기타리스트 데이브 나바로Dave Navarro를 영입했다. 데이브 나바로도 뛰어난 실력을 가진 연주자였지만 아쉽게도 그는 RHCP에 잘 녹아들지 못했고 밴드는 상당 기간 침체기를 겪었다. 위기의 순간 구원투수로 등장한 것은 다시 존 프루시안테였다. 1998년 데이브 나바로를 해고한 RHCP는 옛 동료인 존 프루시안테를 다시 불러들여 앨범 작업에 돌입했다. 그리고 이듬해인 1999년 결과물이 나왔다. 성공적인 컴백이었다. 「Californication」은 빌보드 앨범차트 3위까지 오르며 가장 큰 상업적 성공을 거두었고 빌보드 모던록차트에서 연달아 1위를 차지한 〈Scar Tissue〉 〈Otherside〉 〈Californication〉을 비롯해 〈Around the World〉 〈Road Trippin'〉 등 히트곡도 계속해서 나왔다. 존 프루시안테는 그 후로도 「By The Way」(2002) 「Stadium Arcadium」(2006) 등에 기타리스트로 참여해 RHCP의 성공시대를 일구었다.

존 프루시안테는 물론 RHCP의 기타리스트로 우리에게 가장 친숙한 인물이지만 솔로로서도 열 장의 정규 앨범을 발표했을 만큼 활발한 솔로 활동을 펼쳐왔다. 특히 2004년에는 한 해 동안에만 무려 다섯 장의 정규 솔로 앨범을 잇달아 발표하며 주체할 수 없을 만큼 왕성한 창작력을 과시하기도 했다. 아무래도 팀워크가 강조되는 밴드에서보다는 솔로 작품에서 좀 더 과감하고 실험적인 사운드를 선보이고 있는데, 앰비언트와 뉴 웨이브, 일렉트로니카에 이르기까지 다양한 요소들을 수렴하고 그를 기반으로 한 창조적 시도들을 계속하고 있다.

기타 연주에서 중요한 것은 프레이즈와 감정이다

존 프루시안테의 기타는 우리에게 '들리는가?'가 아니라 '느껴지는가?'를 묻는다. 그의 연주는 원초적이고 직선적이며 기량보다는 프레이즈와 감정을 중시한다. 하지만 그는 누구보다도 기량이 뛰어난 연주자이다. 실제로 그의 연주에서는 좀처럼 따라 하기 어려운 기교들이 자주 발견된다. 다만 존 프루시안테는 자신은 이런 점들을 중요하게 여기지 않는다고 말한다. 감정의 표현을 위해 필요할 경우 사용하는 것일 뿐이라는 것이다. 그는 이렇게 덧붙인다. "1980년대의 기타 영웅들이 너무 속도와 기술에 의존하는 바람에 멜로디의 중요성이 과소평가되었고 매력적인 뉴 웨이브와 펑크 밴드들의 기타가 제대로 평가받지 못했다." 그러면서 그는 바우 와우 와우Bow Wow Wow의 매튜 애쉬먼Matthew Ashman과 조이 디비전Joy Division의 버나드 섬너에게 영향 받았음을 언급한다. 그들이 끼친 영향은 주로 솔로 작품들에서 드러났다. 다시 말하지만 존 프루시안테는 기량면에서도 뛰어난 기타리스트이다. 테크닉은 자신의 주 관심사가 아니라고 말하면서도 정작 랜디 로즈나 스티브 바이와 같은 대표적인 기타 비르투오소들과 비교되는 것을 싫어하지 않는 눈치다. 그는 일반적으로 클린 톤을 선호하는 기타리스트로 알려져 있지만 그것도 반만 맞는 얘기다. 그는 때로 누구보다 많은 이펙트 장비를 사용해 다채로운 사운드를 만들어낸다.

존 프루시안테의 첫 번째 기타는 1962년산 빨간색 펜더 재규어였다. 그가 가장 자주 연주해서 유명해진 기타는 1962년산 선버스트 컬러의 펜더 스트라토캐스터이다. 그가 가진 가장 고가의 기타는 1955년산 그레치 화이트 팔콘 모델이다. 어쿠스틱 기타로는 1955년산 마틴 0-15 모델을 주로 쓴다. 그는 다량의 기타를 보유하고 있었지만 1996년에 일어난 화재로 그 대부분을 잃었다.

존 프루시안테는 2012년 RHCP의 멤버 자격으로 록큰롤 명예의 전당에 헌액되었다. 그는 현재 밴드를 떠난 상태이지만 기타리스트를 넘어 프로듀서로까지 영역을 확장해 우-탕 클랜Wu-Tang Clan, 마스 볼타 등의 앨범에 참여하며 활동 범위를 넓혀가고 있다.

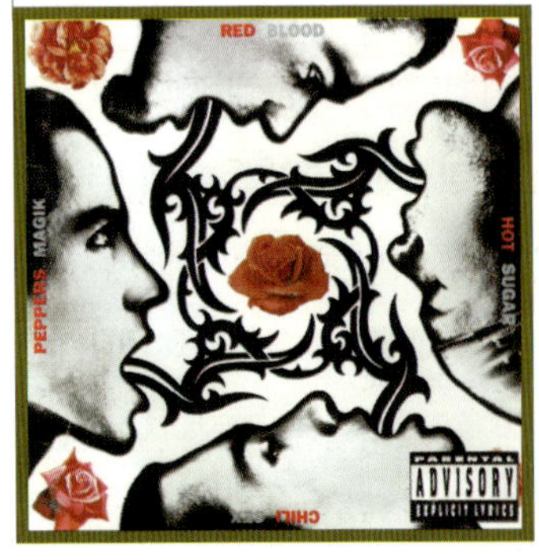

The Only One :
「Blood Sugar Sex Magik」(1991)

기타는 착취가 아닌 해방의 수단이어야 한다

톰 모렐로

Tom Morello, 미국, 1964~

레이지 어게인스트 더 머신Rage Against The Machine, 이하 RATM은 세상에서 가장 좌파적인 밴드로 꼽힌다. RATM에 대한 이러한 평가에는 물론 밴드의 기타리스트 톰 모렐로의 존재가 결정적인 역할을 했다. 톰 모렐로의 아버지는 사회주의의 지원을 받은 케냐 독립전쟁의 게릴라 대원이었고 어머니는 흑인 역사를 공부하고 케냐의 독립전쟁 현장으로 뛰어들었던 이탈리아계 여성 운동가였다. 이들이 전장에서 급하게 결혼한 후 미국으로 건너와 낳은 아들이 톰 모렐로였으니 그는 천상 좌파가 될 수 밖에 없었다.

톰 모렐로는 한국과 관련해서도 부끄러운 기억을 떠올리게 해준다. 2007년 봄 한국 최대의 기타 제조회사이던 콜트, 콜텍사가 회사를 폐업하고 공장을 중국으로 옮기면서 많은 노동자들이 한꺼번에 해고당한 일이 있었다. 절박한 해고 노동자들은 기나긴 투쟁에 들어갔다. 톰 모렐로는 해고 노동자들이 2010년 1월 이와 같은 사실을 알리기 위해 미

톰 모렐로

국 애너하임에서 열린 세계적인 악기쇼 남(NAMM)을 찾았을 때 이들을 처음 만났다. 그리고 한국 노동자들의 투쟁에 대한 공식적인 지지를 선언했다. "노동자의 아픔이 서린 기타, 착취 받는 기타로는 노래할 수 없다" "기타는 착취가 아니라 해방의 수단이어야 한다"는 것이 그의 일성이었다. 그 후로도 그는 콜트, 콜텍사 해고 노동자들이 미국 원정 투쟁을 벌일 때마다 그들과 함께 하며 도움을 주었다. 그는 시위 현장에서 "한국이건 아이티건 LA건 타인을 위해 타인과 함께 해야 혼자일 때보다 목표를 이룰 가능성이 높다"고 격려사를 했고 한국 노동자들을 위해 〈Worldwide Rebel Song〉을 만들어 주기도 했다.

기타 사운드에 좌파의 메시지를 담다

톰 모렐로는 1964년 미국 뉴욕에서 태어났다. 그의 가계는 앞서 언급한 것처럼 대단히 비범했다. 부모의 이혼 후 어머니는 고등학교에서 역사 선생님으로 일했는데 이 때 가정교사로 가르친 사람 가운데는 톰 모렐로의 친구이자 나중에 그룹 툴Tool의 기타리스트가 되는 애덤 존스Adam Jones도 있었다. 1982년 하버드대학교 사회학과에 입학한 톰 모렐로가 마르크스주의를 접하고 그에 경도되어 좌파적 사고를 가지게 된 것은 어쩌면 예정된 수순이었다.

그는 음악을 통해 급진 좌파의 목소리를 담겠다는 목표를 세우고 기타를 잡은 후 피나는 노력으로 어쿠스틱과 일렉트릭 기타를 하나하나 마스터해갔다. 그가 여러 차례 밝힌 바에 따르면 기타라는 악기를 해부하듯 각 부분의 명칭이나 특성까지 세세히 익혀서 연주에 응용하고자 했으며 그러다 보니 자연스럽게 기타 제작자 수준의 지식까지 갖추게 되었다. 기타 자체 뿐 아니라 각종 이펙터도 그런 식으로 완전히 마스터했다. RATM은 기타와 베이스, 드럼 외에 다른 악기를 쓰지 않지만 그들의 음악에서는 마치 DJ가 턴테이블에서 만드는 스크래칭 사운드와 유사한 소리가 난다. 그것은 톰 모렐로가 일렉트릭 기타로 만들어내는 소리인데, 이는 그가 기타와 이펙터를 기계적으로 완벽하게 분석하고 이해하고 있기 때문에 가능한 일이다.

1990년 대학을 졸업한 톰 모렐로는 로스앤젤리스로 가 그곳에서 잭 드라 로차Zack de la Rocha를 만나 RATM을 결성했다. 그들이 추구할 음악의 형태는 가장 과격하고 급진적인 장르인 랩 메탈로 정했다. 당연한 선택이었다. 1992년 발표한 데뷔 앨범 「Rage Against the Machine」은 록계에 일대 충격을 던졌다. 승려가 불타는 모습을 담은 충격적인 재킷 사진

RATM

에서부터 엄청난 파워와 무게로 중무장한 사운드의 화력까지 그것은 놀라움 그 자체였다. 중화기에서 내뿜는 뜨거운 화염과도 같은 톰 모렐로의 육중한 기타와 야수처럼 울부짖는 잭 드 라 로차의 보컬은 세상을 향한 절규이자 경고였다. 앨범은 〈Bombtrack〉 〈Killing in the Name〉 〈Know Your Enemy〉 등 급진적인 메시지를 담은 노래들로 가득했는데, 특히 레드 제플린의 고전 〈Kashmir〉를 샘플링한 〈Wake Up〉은 공전의 히트를 기록한 영화 [매트릭스]의 엔딩 크레디트를 장식하며 많은 사랑을 받았다.

그러나 1집의 충격파 이후 RATM은 예상치 못한 긴 침묵 속으로 빠져들었다. 몇몇 사운드트랙에 간헐적으로 모습을 드러내기는 했지만 정규 앨범을 발표하지 않고 공백이 길어지면서 해산설까지 나돌았다. 해산설이 솔솔 피어나던 1996년 드디어 RATM은 4년의 공백을 깨고 돌아왔다. 복귀작인 2집 「Evil Empire」는 팬들을 실망시키지 않았다. 앨범의 제목인 '악의 제국'은 미국을 뜻하는 것이었다. 공격적인 기타 리프를 실어 나르는 그루브한 리듬에 사나운 랩의 울부짖음이 전하는 메시지는 통렬했다. 앨범은 트리플 플래티넘을 달성했고 빌보드 앨범차트에서도 1위에 올랐다.

다시 3년이 넘는 공백, 그리고 발표한 3집 「The Battle of Los Angeles」(1999)가 연이어 빌보드 앨범차트 1위에 오르면서 RATM은 건

현장에서 군중들 틈에서 기타를 들고 서 있는 톰 모렐로의 모습은 낯설지 않다. 사진은 2011년 뉴욕 월 스트리트의 'Occupy' 현장

재를 과시했다. 일체의 샘플러나 신디사이저 장비 없이 기타만으로 온갖 기묘한 소리를 만들어내는 톰 모렐로의 신묘한 사운드 메이킹 능력은 이 앨범에 이르러 절정에 달해 있었다. 하지만 끝은 가까이 와 있었다. 2000년작 「Renegades」를 끝으로 RATM은 결국 해산했다. 그해 가을 잭 드라 로차가 탈퇴를 선언하고 밴드를 뛰쳐나갔고 남은 멤버들은 사운드가든의 보컬리스트 크리스 코넬Chris Cornell을 영입해 오디오슬레이브를 결성했다.

오디오슬레이브는 싱글 〈Like a Stone〉과 〈Be Yourself〉가 빌보드 메인스트림 록 차트 1위를 차지하고 2005년 앨범 「Out Of Exile」이 빌보드 앨범차트 1위를 차지하는 등 성공적인 시기를 보냈다. 그러나 잭 드 라 로차와 크리스 코넬의 차이는 결정적인 것이었다. 팬들은 여전히 최고의 전사 RATM을 원하고 있었다. 오디오슬레이브는 세 장의 정규 앨범을 발표하고 2007년 해체되었고 RATM은 2007년 재결성을 선언하고 돌아왔지만 아직까지 정규 앨범을 발표하지는 않고 있다.

랩과 힙합 음악에서도 기타는 빛날 수 있다

열세 살 때 톰 모렐로가 처음 가담한 밴드는 레드 제플린을 카피하는 밴드였다. 그는 레드 제플린을 비롯해 키스와 아이언 메이든, 앨리스 쿠퍼, 블랙 사바스 등의 하드 록, 헤비메탈 밴드들로부터 지대한 영향을 받았다. 거기에다 런 디엠시, 잼 마스터 제이Jam Master Jay, 퍼블릭 에너미Public Enemy 등의 랩 뮤지션들의 영향이 더해졌다. 그것이 RATM의 음악이 되었다.

톰 모렐로의 주력 기타인 '암 더 홈리스'

애초 랩과 힙합 음악에서 기타는 별다른 역할을 부여받지 못했다. DJ의 턴테이블을 이용한 스크래칭이 주를 이루었던 탓이다. 그러나 톰 모렐로가 나타나 그것을 기타로 대체했다. 그것은 일렉트릭 기타의 새로운 발견이요 재탄생이었다.

톰 모렐로는 의외로 포크 록적인 면모를 보여주기도 한다. 그는 나이트워치맨The Nightwatchman이라는 예명으로 포크 록 음악을 하고 있다. 하지만 상대적으로 부드러운 포크 록 기타에 실린 메시지도 강렬하고 비판적이기는 마찬가지다. 그는 RATM에서도 나이트워치맨에서도, 스튜디오에서도 라이브에서도 뛰어난 기타리스트이며 혁명적인 기타리스트이다.

브릿팝 밴드 가운데 가장 헤비한 기타 사운드를 보유한 뮤즈Muse의 매튜 벨라미는 오디오슬레이브의 음악을 즐겨듣고 그들의 음악에서 영감을 받았다고 말한다.

톰 모렐로의 가장 유명한 기타는 '암 더 홈리스'(Arm The Homeless) 기타이다. 원래 퍼포먼스사에 주문 제작했던 커스텀 제품인 이 기타는 후에 부품을 이것저것 교체하면서 바디만 제외하고는 모든 것이 바뀐 전혀 새로운 기타가 되어버렸다. 톰 모렐로는 1986년 이래로 이 기타를 주력 기타로 쓰고 있다. 그밖에 '소울 파워'라고 불리는 펜더 스트라토캐스터와 '센데로 루미노소'라고 불리는 펜더 텔레캐스터도 유명하다. 톰 모렐로는 각종 이펙터도 폭넓게 사용하는데 디지테크 와미페달과 던롭사의 크라이 베이비 와와페달, MXR 페이저, 보스 TR-2 트레몰로 페달 등이 그의 트레이드마크처럼 굳어진 즐겨 쓰는 이펙터들이다.

톰 모렐로는 1990년대에 등장한 가장 도전적이고 혁신적인 기타리스트이다. 그는 2003년 「롤링 스톤」이 선정한 '역사상 가장 위대한 기타리스트 100' 순위에서 26위에 올랐다.

The Only One :
「Rage Against the Machine」(1992)

그의 기타는 브릿팝 폭발의 뇌관이었다

버나드 버틀러

Bernard Butler, 영국, 1970~

브릿팝(Britpop)은 뭐라고 정확히 정의내리기 어렵다. 그것은 일정한 시대적 범위를 가지는 말도 아니고 특정한 음악 장르를 일컫는 말은 더더욱 아니다. 브릿팝은 1980년대 초반까지 거슬러 올라가 스미스라는 그룹을 찾아내 그 효시로 삼았지만 이것은 말 그대로 훗날 이루어진 뿌리찾기였다. 굳이 말하자면 브릿팝은 1990년대 일군의 영국 밴드들이 선보인 음악적 스타일을 의미하는 용어라고 할 수 있지만, 그보다는 1990년대 들어 미국 시애틀발 그런지 열풍이 불어오자 이에 대항하기 위해 영국 언론이 의도적으로 만들고 부풀려낸 용어인 혐의가 짙다. 그런 배경에서 블러Blur와 오아시스의 브릿팝 남북전쟁이 벌어졌고, 라디오헤드에서 출발해 트래비스Travis, 콜드플레이Coldplay, 스노우 패트롤Snow Patrol, 킨Keane으로 이어지는 또 다른 계보가 만들어졌으며 펄프Pulp, 버브Verve, 뮤즈, 플라시보Placebo 등 그밖에 많은 개성 넘치는 밴드들이 등장했다. 그리고 잊을 수 없는 또 한 팀, 블러와 오아시스에 앞서 브릿팝 폭

발의 뇌관 역할을 담당했던 그룹 스웨이드Suede가 있다.

버나드 버틀러는 스웨이드의 기타리스트이다. 그는 브릿팝 씬에서 스미스의 조니 마 이후 가장 혁신적인 기타리스트로 평가받으며 2010년 영국 BBC가 선정한 '최근 30년간 가장 위대한 기타리스트' 순위에서 24위에 올라 있다.

브릿팝 씬의 총아

1970년 영국 런던의 스탬포드 힐에서 태어난 버나드 버틀러가 세상에 처음 이름을 알린 것은 물론 스웨이드의 기타리스트로서이다. 1989년 보컬 브렛 앤더슨Brett Anderson과 버나드 버틀러를 주축으로 결성된 스웨이드는 정식 데뷔 전부터 이미 브릿팝 씬의 최대 기대주로 주목받기 시

스웨이드

작했다. 1993년에는 데뷔 앨범 「Suede」가 영국 앨범차트 정상에 오르며 일약 브릿팝 씬의 총아로 떠올랐다. 브릿팝 폭발의 주역이었던 블러의 「Parklife」(1994)와 오아시스의 「(What's the Story) Morning Glory?」(1995)가 나오기 전의 일이다. 이것이 스웨이드가 브릿팝의 역사에서 블러와 오아시스보다 먼저 언급되어야 하는 이유이다. 두 소년이 키스를 하고 있는 재킷 사진으로도 화제를 모은 「Suede」는 브렛 앤더슨의 개성 넘치는 보컬과 버나드 버틀러 특유의 몽환적인 기타 톤이 빛을 발한 브릿팝의 기념비적 역작이었으며, 밴드는 이 앨범으로 영국의 권위 있는 음악상인 머큐리 상을 수상하기도 했다.

그러나 버나드 버틀러와 스웨이드의 동행은 오래 가지 못했다. 1994년 2집 「Dog Man Star」의 녹음 작업 중 버나드 버틀러는 전격적으로 스웨이드를 탈퇴했다. 앨범은 오롯이 브렛 앤더슨과 버나드 버틀러의 공동 작업으로 만든 곡들로 채워져 있었지만 정작 앨범이 발매되었을 때는 버나드 버틀러는 이미 밴드를 떠난 후였다.

스웨이드를 떠난 버나드 버틀러는 데이비드 맥알몬트David McAlmont와 함께 맥알몬트 & 버틀러McAlmont & Butler라는 듀오를 결성해 활동하는 한편 솔로로서도 활발한 활동을 펼쳤다. 맥알몬트 앤 버틀러 시절의 〈Yes〉, 솔로로서는 1998년에 발표한 솔로 데뷔 싱글 〈Stay〉가 가장 성공작으로 꼽힌다. 특히 〈Stay〉는 버나드 버틀러의 소박한 어쿠스틱 기타로 시작해 목소리와 드럼, 키보드, 일렉트릭 기타 사운드를 점점 더해가며 클라이맥스를 이룬 뒤 다시 처음으로 돌아와 끝을 맺는 드라마틱한 구성을 가진 곡으로 그의 기타 연주가 인상적으로 기억되는 곡 가운데 하나이다.

브렛 앤더슨과 버나드 버틀러

스웨이드의 가장 아름다운 시절과 버나드 버틀러를 함께 기억하는 많은 팬들은 브렛 앤더슨과 버나드 버틀러의 재결합을 원했다. 그리고 2004년 그것은 마침내 현실이 되었다. 두 사람이 함께 그룹 티어스The Tears를 결성한 것이다. 이후 두 사람은 지금까지 티어스 활동을 지속하고 있지만 무슨 이유에서인지 버나드 버틀러는 2010년 스웨이드의 재결성에는 참여하지 않았다.

브릿팝 씬에서 찾아보기 힘든 테크니션

버나드 버틀러는 기타리스트 겸 보컬리스트임과 동시에 뛰어난 작곡가이다. 영국의 록 역사상 가장 뛰어난 세 쌍의 송라이팅 콤비가 있다. 비틀스의 존 레논과 폴 매카트니, 스미스의 조니 마와 모리세이, 그리고 마지막이 바로 스웨이드의 브렛 앤더슨과 버나드 버틀러 콤비이다.

버나드 버틀러의 기타는 관능적이고 때론 퇴폐적이다. 이것이 브렛 앤더슨의 비음과 만나 만들어내는 유혹은 강렬하다. 그는 종종 연주 스타일 면에서 스미스의 조니 마를 그대로 빼닮았다는 평가를 받는데, 기타 연주도 그렇지만 버나드 버틀러와 브렛 앤더슨의 조합이 조니 마와 모리세이의 조합을 연상시키는 측면이 있기 때문이기도 하다. 버나드 버틀러 자신도 가장 영향 받은 기타리스트로 주저 없이 조니 마를 꼽는다. 그는 조니 마의 기타를 듣고 처음 기타를 배우기 시작했고 스미스의 모든 곡을 카피할 때까지 연습을 계속했다.

그의 주력 기타는 1961년산 체리레드색의 깁슨 ES-355 TD SV 모델로 여기에 빙스비 테일피스를 장착했다. 이것 역시 조니 마가 들었던 기타 그대로인데 그가 얼마나 조니 마를 동경했는지를 여실히 보여주는 대목이다. 버나드 버틀러는 그밖에 깁슨 레스 폴과 펜더 텔레캐스터도 사용하며 앰프로는 복스 AC30 앰프를 주로 쓴다.

브릿팝 밴드의 기타리스트들은 대체적으로 기술적인 면에서는 높은 평가를 받지 못한다. 그것은 브릿팝이라는 음악 자체가 난이도 높은 연주 테크닉을 요구하지 않기 때문이기도 한데 그 가운데서도 몇몇 탁월한 기타리스트들은 눈에 띄기 마련이다. 버나드 버틀러는 그 가운데 대표적인 한 명이다. 그는 디스토션이 잔뜩 걸린 거친 사운드를 즐기면서도 멜로디를 만들어내는 능력 또한 탁월하다. 찰랑거리다가도 몽환적으로 흐르는 전형적인 브릿팝 기타 톤은 그의 사운드의 기본이다.

버나드 버틀러는 뮤지션이면서 동시에 뛰어난 음반 프로듀서이기도 하다. 특히 그는 최근 들어 프로듀서로서의 명성을 높이고 있다. 그는 연주자로서 또 프로듀서로서 에이미 만Aimee Mann, 네네 체리Neneh Cherry, 헤더 노바Heather Nova, 리버틴스Libertines 등 수많은 뮤지션들의 음반에 참여했다. 그 가운데 특히 프로듀서로서 가장 두각을 나타낸 작품으로는 더피Duffy의 2008년 데뷔 앨범 「Rockferry」가 꼽힌다. 2008년 영국에서 가장 많이 팔린 앨범이면서 그래미와 브릿 어워즈를 수상하기도 했던 이 앨범에 버나드 버틀러는 공동 프로듀서로 이름을 올렸으며 이밖에 영국의 신성 제임스 모리슨James Morrison의 앨범 「The Awakening」(2011)에도 프로듀서로 참여했다.

The Only One : 「Suede」(1993)

공격적이면서도 영리하고, 정교하면서도 난수표 같은

조니 그린우드

Johny Greenwood, 영국, 1971~

1990년대의 라디오헤드는 브릿팝계의 독보적인 존재였지만, 21세기의 라디오헤드는 세계 록음악계의 유일무이한 절대권력이 되어 있다. 라디오헤드의 현재적 지위는 그렇다. 1990년대에 라디오헤드는 브릿팝의 가장 뚜렷한 갈래를 개척했다. 열광적인 팬덤을 만들어낸 이 길을 따라 수많은 후배 밴드들이 걸어갔고 지금도 걷고 있지만, 정작 라디오헤드 자신은 그 길을 벗어나 다른 길로 들어선 지 이미 오래이다.

사실 1990년대의 모습에 비추어볼 때 지금의 라디오헤드는 상당히 복잡하고 난해한 밴드가 되어있지만, 그럼에도 대중의 지지도는 견고하게 유지되거나 점점 높아가고 있으니 이 또한 조금은 불가해한 측면이 있다. 프런트맨 톰 요크Thom Yorke와 함께 라디오헤드의 창조력을 사실상 책임지고 있으면서, 공격적이면서도 영리하고 정교한 연주로 난수표 같은 그들의 음악을 정확하게 조립해 내고 있는 조니 그린우드, 그는 라디오헤드의 리드 기타리스트이다.

세기말의 우울을 대변하는 몽환적인 기타 톤

조니 그린우드는 1971년 영국 옥스퍼드에서 태어났다. 어려서부터 정식으로 여러 악기를 배웠고 재즈와 클래식으로부터 많은 영향을 받았다. 특히 리 모건Lee Morgan, 1938~1972과 마일스 데이비스의 음악을 좋아했다. 그는 영국 옥스퍼드에 있는 신흥대학인 옥스퍼드 브룩스 대학에 재학 중이던 1991년에 라디오헤드의 기타리스트가 되었는데, 대학에 수석 입학해 음악과 심리학을 전공하던 재원이었지만 미련 없이 학교를 그만 두었다.

라디오헤드의 초창기는 물론 1992년에 발표되어 1990년대의 송가가 되어버린 〈Creep〉과 함께 기억됨이 합당하다. 1993년 발매된 밴드의 정규 데뷔 앨범 「Pablo Honey」에도 수록된 〈Creep〉은 초반에는 별다른 반응을 얻지 못했지만 영화 [씨클로]에 삽입되어 뒤늦게 인기를 얻으면서 밴드의 영원한 대표곡이 되었다. 사실 〈Creep〉과 「Pablo Honey」 당시의 라디오헤드는 미국발 그런지 록에 대한 영국의 대답인 측면이 강했지만 다행인 것은 밴드가 거기에 머무르지 않았다는 사실이다. 이어진 앨범들인 「The Bends」(1995)와 「OK Computer」(1997)로 라디오헤드는 독자적인 지위를 구축했다. 특히 「OK Computer」는 UK 앨범차트 1위에 올랐으며 두 앨범에서만 〈Nice Dream〉 〈High and Dry〉 〈Exit Music〉 〈Paranoid Android〉 〈Karma Police〉 〈No Surprises〉와 같은 히트곡들이 쏟아져 나왔다.

대중적인 성공과는 별개로 매우 각별한 평단의 찬사도 획득했다. 블러와 오아시스의 남북전쟁으로 대표되던 당대의 브릿팝 씬에서 라디오헤드는 침범할 수 없는 고유의 영역을 확고히 했다. 언론과 팬들이 블러와 오아시스 사이에서 설전을 벌이는 사이 성큼성큼 걸어가 정상에 깃발을 꽂은 것은 라디오헤드였다. 라디오헤드의 몽환적인 록 사운드는 시대의 젊음을 뒤흔들었고, 트래비스, 콜드플레이에서 엘보우Elbow, 스타세일러Starsailor, 스노우 패트롤, 킨에 이르기까지 수많은 후배 밴드들이 라디오헤드 가문의 적통을 자처하며 그 문장을 이어받기를 꿈꿨다.

조니 그린우드와 톰 요크

그러나 이 때 정작 라디오헤드의 시선은 다른 곳을 향해 있었다. 2000년 3년의 공백을 깨고 밴드의 차기작인 「Kid A」가 발표되었을 때 팬들은 충격에 휩싸였다. 라디오헤드는 달라져 있었다. 그들은 1990년대식 기타팝을 완전히 버리고 일렉트로니카와 앰비언트를 향한 적극적인 구애의 몸짓을 보내고 있었던 것이다. 그들의 음악은 한 평론가가 "해독하기 어려운 난수표 같은 음악"이라고까지 썼을 만큼 어려워졌다. 한 가지 놀랍다면 놀라운 사실은 그토록 어렵다던 이 앨범이 밴드 최초로 빌보드 앨범차트 1위에 올랐다는 사실인데, 지금도 그것은 약간은 불가사의로 남아있다. 아무튼 결과적으로 「Kid A」와 함께 라디오헤드는 21세기 록계의 총아로 떠올랐다. 라디오헤드를 대적할 밴드는 없었다.

이듬해인 2001년 발표된 「Amnesiac」은 「Kid A」의 이란성 쌍둥이와도 같은 앨범이다. 이 앨범은 빌보드 앨범차트 2위까지 올랐고 차기작인 「Hail to the Thief」(2003)는 3위까지 올랐다. 그리고 2008년 앨범 「In Rainbow」로 라디오헤드는 다시 한 번 정상을 차지했다.

「Hail to the Thief」를 마지막으로 라디오헤드는 소속사를 떠나 독립을 선언했다. 소속사를 옮긴 것이 아니라 음악 창작과 유통의 모든 과정을 밴드 스스로 통제하는 진정한 독립을 찾아 모험을 감행한 것이다. 그들의 의도는 차기작인 「In Rainbow」 발매 당시 MP3 음원에 대한 가격을 소비자가 스스로 매길 수 있도록 한 것에서 단적으로 드러났다. 그것은 위험천만한 시도였으며 파격 그 자체였지만 결과는 성공적이었다. 라디오헤드는 그만큼 자신감에 차 있고 그 자신감을 바탕으로 당당하게 앞으로 전진하고 있다. 라디오헤드의 철옹성은 점점 더 견고해져 가고 있다.

일렉트로니카와 앰비언트를 향한 적극적인 구애

조니 그린우드의 경력은 라디오헤드에 집중되고 있지만 그렇다고 그것이 전부는 아니다. 2003년 그는 첫 번째 솔로 앨범인 「Bodysong」을 냈는데, 이것은 같은 제목의 영화를 위한 사운드트랙 앨범이었다. 이후로도 그는 [There Will Be Blood](2007) [Norwegian Wood](2011) [케빈에 대하여](2012) 등의 영화에서 음악을 맡았으며 2004년에는 BBC 방송국의 콘서트 오케스트라를 위한 작곡가로 고용되기도 했다.

1990년대의 조니 그린우드의 기타는 당시 대서양을 사이에 두고 양쪽 대륙에서 맹위를 떨치던 그런지 록과 브릿팝의 음악적 차이를 잘 보여준다. 너바나의 커트 코베인의 야성미 넘치는 거친 기타와 비교할 때 그는 상대적으로 정제되고 절제된 스타일의 연주를 들려주었는데, 그렇게 만들어진 몽환적이고 우울한 분위기는 세기말의 우울을 대변하는 것 같았다. 그가 의도하지 않았을 지라도 듣는 이들 중에는 그렇게 느끼는 사람들이 많았다.

21세기에 접어들면서 조니 그린우드의 기타도 변화했다. 라디오헤드의 음악이 변한 것처럼. 하긴 그렇지 않을 수가 없다. 그의 기타는 라디오헤드 사운드의 핵이니 그의 변화 없이 밴드의 음악이 변할 수는 없는 노릇이니 말이다. 그가 영국 DJ 뮤직의 본산으로 DJ 크러쉬, DJ 쉐도우 등이 거쳐간 모왁스 레이블의 광적인 팬이며 크라우트록* 밴드 캔Can의 음악을 좋아한다는 사실은 그의 기타가 일렉트로니카의 방향으로 변해간 길을 추적하는 단서가 된다.

조니 그린우드는 기타뿐만 아니라 키보드, 비올라, 하모니카, 밴조, 드럼, 글로켄슈필, 옹드 마르트노 등의 악기를 모두 연주하는 전형적인 멀티 인스트루멘털리스트이다. 특히 옹드 마르트노*의 애호가여서 〈How to Disappear〉 〈Pyramid Song〉과 같은 곡에서 그의 옹드 마르트노 연주를 들을 수 있다. 그는 밴드의 컴퓨터 프로그래밍을 스스로 해내고 있

조니 그린우드는 무대 위에서 종종 바이올린 활로 기타를 연주하곤 하는데, 지미 페이지를 연상시킨다.

으며 시간이 흐를수록 컴퓨터에서 뽑아내는 소스, 샘플링된 음원과 자신의 기타를 자연스럽게 결합시키고 있다.

조니 그린우드의 주력 기타는 펜더 텔레캐스터 플러스 모델이다. 「Kid A」와 「Amnesiac」 앨범 녹음 시에는 펜더 와이드 레인지 픽업을 장착한 1975년산 펜더 스타캐스터를 썼다. 이밖에 그레치 기타와 리켄바커 360 기타, 깁슨 레스 폴, 깁슨 ES-335 기타도 사용하며, 어쿠스틱 기타로는 마틴 D-35 기타를 쓴다. 앰프는 복스 AC30모델을 주로 사용한다.

라디오헤드의 라이브에서는 조니 그린우드가 무대 위에서 바이올린 활로 기타를 연주하는 모습이 자주 목격된다. 지미 페이지의 모습이 연상되는 광경이다. 조니 그린우드는 흔히 '사나운 기타'로 불리는 공격적

---

* 크라우트록(Krautrock) : 1960년대 말 독일에서 태동해 1970년대에 영국에서 특히 유행한 실험적인 전자음악을 가리키는 말이다. 대표적인 밴드로는 캔, 탠저린 드림(Tangerine Dream), 크라프트베르크(Kraftwerk)가 있다.

*옹드 마르트노(Ondes Martenot) : 고주파를 이용해 전기의 작동으로 금속선이 진동해 소리를 내는 전자악기. 프랑스의 음악가 모리스 마르트노(Maurice Martenot)가 1928년에 처음 만들었다. 피아노식 건반으로 멜로디를 칠 수 있으며 각기 다른 특성을 가진 세 가지 스피커의 선택과 조합에 따라 다양한 음색의 변화를 줄 수 있다. 특히 프랑스계 작곡가들 사이에서 많이 쓰이고 있다.

인 연주 스타일 때문에 부상이 잦다. 그래서 항상 무대 위에서 손목보호대를 착용하는 것으로도 유명하다. 그는 이에 대해 "그것은 마치 경기 전에 권투 선수가 손가락에 붕대를 감는 것과 같다"라고 설명한다.

조니 그린우드는 2011년 「롤링 스톤」이 선정한 '역사상 가장 위대한 기타리스트 100' 순위에서 48위에 랭크되었으며, 「토털 기타」가 선정한 순위에서는 35위를 차지했다. 지금 이 시점에서 그가 우리 시대를 대표하는 가장 뛰어난 기타리스트 가운데 한 명임은 확실하다.

라디오헤드는 몽환적인 브릿팝의 가장 뚜렷한 계보를 만들어냈고 그를 추종하는 수많은 후배 밴드들을 양산했지만 이제는 과거의 자신을 버렸다. 그들은 일렉트로니카 밴드로 진화했고 이제 무대에서 과거의 곡은 웬만해서는 연주하지 않는다. 그러니 라디오헤드의 공연에서 〈Creep〉을 듣는 것은 이제 어려운 일이다. 좋거나 혹은 나쁘거나. 아니다. 아쉬운 건 확실하다.

The Only One :
「OK Computer」(1997)

그는 왜 잔혹함으로 무장하는가?

믹 톰슨
Mick Thomson, 미국, 1973~

가면을 쓴 아홉 명의 사내로 이루어진 두 그룹이 있으니 하나는 슬립낫Slipknot이고 다른 하나는 머쉬룸헤드Mushroomhead이다. 머쉬룸헤드의 그것은 가면이라기보다는 방독면에 가깝지만 말이다. 세상에 이름을 떨친 것은 슬립낫이 먼저였으나 후발주자인 줄 알았던 머쉬룸헤드가 사실은 자신들이 활동을 먼저 시작했다고 주장했고, 지금은 그 근거들이 상당 부분 확인되면서 원조 논란은 머쉬룸헤드 쪽으로 정리되었다. 하긴 그 이전에도 가면을 쓴 그룹 키스가 있었으니 원조 가면 논쟁은 그저 가십거리일 뿐 처음부터 별 의미는 없었다.

극단적인 노이즈와 불협화음의 미학

슬립낫은 1994년 미국 아이오와주 데스모인에서 결성되었다. 아니 그렇게 알려져 있으나 왠지 이마저도 100% 믿기지는 않는다. 가면에 가려진 그들의 얼굴만큼이나 그들의 프로필도 의심이 가기는 마찬가지이다. 아

민홍순

홉 명의 구성은 특이하게도 보컬, 베이스, 드럼에 기타 둘, 퍼커션 둘, DJ, 샘플러의 구성인데, 이 포메이션은 멤버 교체로 인해 다소 유동적이다.

아무튼 슬립낫은 1999년 데뷔 앨범 「Slipknot」을 내자마자 화제의 중심에 섰다. 아홉 명의 멤버들은 각자 괴기스러운 이미지의 가면을 착용했고 이름과 얼굴은 공개하지 않았다. 사람들은 다만 그들이 가면과 함께 착용한 점프수트에 적어놓은 0부터 8까지의 숫자로만 그들을 구분할 수 있을 뿐이었다. 그 당시 믹 톰슨은 7번이었으며 밴드의 리드 기타리스트였다(보컬리스트 코리 테일러Corey Taylor가 8번). 그는 원년 멤버는 아니었지만 1996년 샘플러로 자리를 옮긴 다른 멤버를 대신해 슬립낫의 기타리스트가 되었다.

슬립낫

슬립낫의 음악은 록 음악 중에서도 가장 과격한 장르인 익스트림 헤비메탈, 혹은 익스트림 하드코어, 또는 뉴 메탈로 분류된다. 그러나 대중적이지 않고 난폭한 사운드임에도 불구하고 「Slipknot」은 발매 후 얼마 되지 않아 100만 장 이상이 팔려나가며 플래티넘을 따내는 예상 밖의 성공을 거두었다. 록 음악 전문지 「케랑」은 이 앨범에 선뜻 만점을 부여했고, 「메탈헤머」는 최근 25년 사이 발표된 최고의 데뷔 앨범으로 지목했다. 이런 평단의 호평과 대중의 호응 속에 1년 후 앨범은 더블 플래티넘을 달성했다.

야수처럼 울부짖는 이른바 그로울링 보컬과 사납고 날카로운 랩, 시종일관 몰아치는 격렬한 기타와 드럼, 여기에다 턴테이블과 샘플러가 만드는 극단적인 노이즈와 불협화음까지 슬립낫의 음악은 한없이 거칠고 혼돈스럽고 거의 정서불안에 가깝다. 첫 곡 〈Sic〉에 앞서 신경을 거슬리는 날카로운 소음 속에서 36초 동안 "모든 것이 역겹다"고 반복적으로 말하는 여성의 멘트는 그들이 어느 방향으로 튈 것인지를 암시하고 있었다. 이제 〈Sic〉과 〈Eyeless〉를 시작으로 이들은 무자비한 기타

리프와 날카로운 스크래치 사운드로 일관하며 마지막까지 앨범을 매조지 한다.

2001년에 나온 앨범 「Iowa」에서 그들은 더욱 잔혹해져 있었지만 앨범은 빌보드 앨범차트 3위, UK 앨범차트 1위를 차지하는 성과를 거두었다. 세상이 험해서일까, 사람들은 어쩌면 잔혹극을 원하고 있었다.

그것은 다시 한 번 입증되었다. 3집 「Vol. 3 : (The Subliminal Verses)」(2004)는 빌보드 앨범차트 2위까지 올랐고 슬립낫은 수록곡 〈Before I Forget〉으로 그래미 최우수 메탈 퍼포먼스 부문을 수상하는 영광까지 누렸다.

그리고 믹 톰슨의 시원스러운 리프가 불을 뿜는 〈Gematria〉와 〈Butcher's Hook〉, 속주 리프가 작렬하는 앨범 동명 타이틀 트랙 〈All Hope Is Gone〉 등을 탑재한 2008년의 4집 「All Hope Is Gone」으로 슬립낫은 결국 빌보드 앨범차트 정상을 밟았다. 그들은 그렇게 한발 한발 전진했다.

슬립낫은 베일을 벗기 시작했다. 이제는 멤버들의 정체도 밝혀졌다. 멤버들은 이제 슬립낫을 벗어난 일상생활에서는 대중에 노출되는 것을 꺼리지 않는다. 그들은 가면을 벗은 모습들을 공개했고 팬들과 사진도 찍었다. 믹 톰슨 역시 「토털 기타」에 마스크를 벗고 찍은 사진을 공개했다.

현재 뉴 메탈 씬에서 가장 각광받는 기타리스트

믹 톰슨의 기타는 빠른 트레몰로 피킹과 메탈리카의 영향을 받은 것이 거의 확실한 정확한 다운 스트로크, 그리고 핀치 하모닉스를 주무기로 한다. 그는 기본적으로 스피드와 무게를 장착한 리프를 앞세우는 스래시 메탈 기타리스트이지만 그보다는 훨씬 격앙되고 격렬한 사운드를 구사한다. 그렇게 그는 데스메탈이나 그라인드코어 쪽으로도 여러 걸음을 더 옮겨놓았다. 그는 파워를 늘리기 위해 의도적으로 다운튜닝을 사용한다. 초창기에는 솔로 플레이를 거의 하지 않고 리프에 집중하는 모습을 보였지만 3집부터는 간혹 리드 플레이를 펼쳐 보이기도 한다. 그의 리드 플레이를 확인할 수 있는 곡으로는 슬레이어에게 바치는 솔로 연주가 들어있는 〈Pulse of the Maggots〉가 꼽힌다. 믹 톰슨의 기타는 대부분 난폭하지만 더러는 의외로 멜로디컬한 면을 보여준다. 언젠가 그는 "어렸을 때는 잉베이 말름스틴도 좋아했다"고 밝힌 바 있다.

가면을 벗은 믹 톰슨. 'SEVEN' 이라고 쓰여진 시그너처 기타를 연주하고 있다.

믹 톰슨은 1990년대에 오랫동안 헤비메탈과 속주에 제격인 BC 리치 기타를 즐겨 썼지만 2000년대 초반에 아이바네즈 기타로 바꾸었다. 아이바네즈가 만든 믹 톰슨 시그너처 기타는 네크에 'HATE'라고 쓰여 있는데 뒤에 나온 모델에는 'HATE' 대신 'SEVEN'이라고 쓰여진 것도 있다. 믹 톰슨은 때로 7현 기타를 사용하기도 하는데 자신의 설명에 따르면 집에 있는 아흔여덟 대의 기타 중에서 필요에 따라 골라잡는다고 한다. 그의 기타는 EMG 픽업을 장착하고 거의 모든 기타리스트들이 사용하는 트레몰로 암은 달지 않은 것이 특징이다.

믹 톰슨은 키가 190cm가 넘는 거구이다. 이 타고난 체구를 바탕으로 그는 현재 뉴 메탈 씬에서 가장 각광받는 뛰어난 기타리스트가 되어 있다. 한 평론가는 "림프 비즈킷Limp Bizkit의 사운드가 무겁다고 생각하는가? 슬립낫에 비한다면 그들은 오스몬즈*이다. 슬립낫은 완전히 차원이 다른 무엇이다"라고 말했다. 아무리 그래도 림프 비즈킷이 오스몬즈라니. 그래도 슬립낫에 비한다면 림프 비즈킷마저도 부드럽고 온순해 보이는 것만은 사실이다. 격정과 분노, 그리고 폭발. 그것이 슬립낫의 음악이며 믹 톰슨의 기타이다.

* 오스몬즈(Osmonds) : 1970년대 마이클 잭슨이 재적했던 잭슨 5의 대항마로 키워졌던 백인 형제 그룹으로 미성을 앞세운 대표적인 소프트 팝 그룹이다. 주요 히트곡으로는 보이존의 리메이크로도 유명한 〈Love Me for a Reason〉이 있다.

The Only One :
「All Hope Is Gone」(2008)

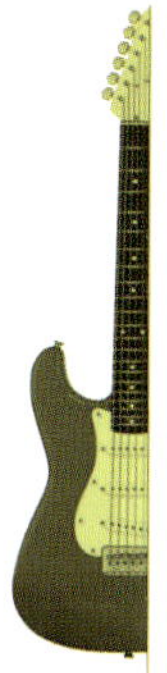

21세기 록 아이콘의 자격

잭 화이트

Jack White, 미국, 1975~

잭 화이트는 21세기가 가장 주목하는 기타리스트 가운데 한 명이다. 기타뿐만 아니라 피아노와 드럼까지 능숙하게 소화하는 그는 개성 있는 보컬리스트이며 탁월한 송라이터이기도 하다. 거기에다 흑인 음악의 득세와 말랑말랑한 모던 록과 기타 팝의 범람 속에 질식해 가던 록 스피릿의 재정립까지, 여러 가지 면에서 그는 21세기의 록 아이콘이 될 만한 자격을 두루 갖추었다. 사정이 이러하니 21세기가 그의 발견에 바친 환희와 그의 미래에 거는 기대는 당연한 것이라 하겠다. 디트로이트의 슬럼가에서 미약하게 시작된 이 젊은 록 히어로의 행보는 이제 수많은 팬들과 평론가들이 그의 일거수일투족에 주목할 만큼 당당한 큰 걸음이 되었다.

록의 맨 얼굴을 찾아나선 진지한 청년

잭 화이트는 1975년 미국 미시건주 디트로이트에서 태어났다. 부모의

잭 화이트

혈통은 폴란드와 스코틀랜드, 그리고 캐나다까지 여러 핏줄이 섞여 있었다. 어려서는 클래식을 좋아했다. 악기를 처음 만진 것은 여섯 살 때 드럼을 친 것이었다. 십대 시절부터 블루스와 록 음악에 빠져들었다. 특히 블루스 록의 성향이 짙은 1960년대 록 음악을 좋아해서 이것이 훗날 그와 화이트 스트라이프스The White Stripes의 음악에 큰 영향을 끼쳤다. 손 하우스와 블라인드 윌리 맥텔Blind Willie McTell, 1901~1959 등이 초창기 그가 좋아했고 영향 받은 블루스 뮤지션들이다. 그는 손 하우스의 〈Grinnin' in Your Face〉가 자신이 가장 좋아하는 노래라고 인터뷰에서 거듭 밝힌 바 있다.

어쩌면 가톨릭 신부가 될 뻔도 했고, 한 때는 가구 공장에서 일하기도 했던 그의 인생은 결국 음악이 손짓하는 방향으로 요동쳤다. 잭 화이트는 십대 후반에 디트로이트 지역의 로컬 밴드이던 구버 & 더 피스Goober & the Peas에 드러머로 가입하면서 프로 뮤지션의 길로 들어섰다.

1997년 잭 화이트는 멕 화이트Meg White와 혼성 듀오 화이트 스트라이프스를 결성했다. 초반에는 디트로이트 지역의 고만고만한 밴드들과 함께 지역의 록 씬에서 공연 위주로 활동했다. 당시만 해도 화이트 스트라이프스는 미시건의 언더그라운드 씬에서 피어나고 있던 개러지 록* 붐의 한 조각에 불과했다. 1998년에 디트로이트에서 주로 개러지 펑크 밴드들의 음반을 출반하던 지역 인디 레이블인 이태리 레코드와 계약을 맺고 1999년 셀프 타이틀 데뷔 앨범 「White Stripes」를 발표했다.

이듬해에는 2집 「De Stijl」을 발표했는데 이 앨범이 빌보드 인디펜던트 앨범차트 38위까지 오르며 이름이 알려졌다. 잭과 멕은 흰색과 빨간색, 검은색 옷만을 고집하는 무대의상으로도 관심을 모았으며 광적인 컬트 팬들도 보유하게 되었다.

2001년에 나온 3집 「White Blood Cells」는 밴드의 디스코그래피에서 대단히 중요한 앨범이다. 화이트 스프라이프스는 이 앨범이 미국과 영국에서 모두 상당한 인기를 얻음과 동시에 평론가들로부터 극찬을 받으면서 일약 개러지 록 리바이벌의 기수로 떠올랐다. 평단은 화이트 스트라이프스가 자신들만의 음악적 개성을 확고히 했다는 평가를 내렸고, 〈Fell in Love with a Girl〉이 MTV 비디오 뮤직 어워드에서 네 개 부문에

* 개러지 록(Garage Rock) : 용어 그대로 차고의 록음악이다. 음악을 하고 싶은 열정은 넘치나 가난했던 젊은이들이 연습할 장소와 좋은 악기를 구할 여유가 없어서 집 지하실이나 차고에서 싸구려 장비와 악기로 연주했다 해서 붙여진 이름이다. 음악적 특성은 거칠고 단순하고 날 것의 에너지가 충만한 음악으로 개러지 록이라는 용어가 정립된 이후로는 가난해서가 아니라 일부러 이런 스타일의 음악을 하는 밴드들이 등장했다.

화이트 스트라이프스의 잭과 멕

노미네이트되면서 그들은 단번에 전국구 스타가 되었다. 이 무렵 화이트 스트라이프스는 스트록스The Strokes, 하이브스Hives와 함께 개러지 록의 미래를 이끌어갈 선두주자로 격상되었으며, 잭 화이트의 천재성도 본격적으로 주목받기 시작했다. 그는 2000년대의 록 아이콘이 되어가고 있었다.

2003년 밴드는 사실상의 메이저 데뷔 앨범이면서 밴드를 스타덤에 올려놓은 문제작 「Elephant」를 발표했다. 앨범은 빌보드 앨범차트 톱10에 진입했으며 UK 앨범차트에서는 1위를 차지했다. 첫 번째 싱글로 커트되었던 〈Seven Nation Army〉도 크게 히트했다. 앨범을 프로듀싱한 잭 화이트는 이 앨범에서 8트랙 테이프 녹음기를 비롯한 1960년대 이전의 녹음 장비를 사용해 의도적으로 복고풍 사운드를 만들어냈는데, 〈Black Math〉 〈There's No Home for You Here〉와 같은 곡에서 이를 확인할 수 있다. 잭 화이트의 기타 역시 복고풍 록큰롤 사운드를 지향하고 있었다. 그들은 최소한의 악기 편성과 장비라는 미니멀리즘을 통해 화장기를 지운 록의 맨 얼굴, 잊혀져가던 록의 원형질을 찾고자 시도했다. 21세기 개러지 록 리바이벌을 정의한 앨범이라는 평단의 찬사가 쏟아졌고, 특히 「롤링 스톤」은 「Elephant」를 '21세기 첫 10년 최고의 앨범' 순위 5위에, 〈Seven Nation Army〉를 '21세기 첫 10년 최고의 노래' 순위 6위에 올려놓았다.

5집 「Get Behind Me Satan」은 잭의 집에서 녹음되었는데 음악적으로 상당한 변화를 가져온 앨범이다. 피아노가 멜로디를 이끌고 마림바 사운드가 도입되었으며 잭 화이트의 기타는 좀 더 리듬에 충실한 심플한 스타일로 바뀌었다.

6집인 「Icky Thump」는 2007년에 발표되었는데, UK 앨범차트 1위에 올랐으며 빌보드 앨범차트에서도 2위까지 올랐다.

잭 화이트는 롤링 스톤스의 영화 [샤인 어 라이트]에 특별출연했고, 지미 페이지, 엣지와 함께 기타에 관한 다큐멘터리 영화에도 모습을 드러냈다. 그는 2005년부터는 사이드 프로젝트 밴드인 라콘터스 Raconteurs, 2009년부터는 데드 웨더 The Dead Weather 활동을 겸하면서 행보를 넓히고 있다.

블루스와 펑크에서 아메리칸 포크까지

애초 잭과 멕은 남매로 알려졌지만 나중에 밝혀진 바로는 둘은 한 때 부부사이였다. 두 사람이 언제 결혼했고 언제 헤어졌는지는 정확하게 알려져 있지 않지만 다만 화이트 스트라이프스의 팀워크와 잭 화이트의 과외활동에 이들의 관계가 영향을 미쳤을 것이라는 추측은 해 볼 수 있다. 2011년 화이트 스트라이프스는 홈페이지를 통해 공식적으로 해산을 발표했다. 그리고 2012년 초 잭 화이트는 솔로 1집 「Blunderbuss」를 발표했다. 앨범은 발매와 동시에 영국과 미국에서 모두 차트 1위에 오르

기타와 드럼만으로 구성된 미니멀리즘 편성의 밴드라는 화이트 스트라이프스의 특성은 잭의 기타 스타일을 이해하기 위한 중요한 단서가 된다.

며 21세기 음악계가 그에게 거는 기대를 다시 한 번 확인시켜 주었다.

그럼에도 아직까지는 잭 화이트에 대한 설명은 화이트 스트라이프스에 집중될 수밖에 없다. 화이트 스트라이프스의 음악은 기본적으로 블루스와 펑크를 기반으로 하고 있지만 때로는 아메리칸 포크에 대한 관심도 엿보인다. 화이트 스트라이프스는 큰 틀에서 블루스를 뿌리에 둔 록큰롤의 원초적 에너지를 지향했다. 그들은 록의 순수의 시대로의 귀환을 꿈꾸었지만 과거회귀만을 지향하지는 않았다. 바로 그 차이가 비평가들이 주목하는 21세기적인 어떤 것의 존재로 귀결되었다고 할 수 있다.

화이트 스트라이프스가 기타와 드럼만으로 구성된 미니멀리즘 편성의 밴드라는 사실은 잭의 기타 스타일을 이해하기 위해서도 중요한 단서가 된다. 그는 단순한 록큰롤 리프와 파워 코드, 블루스에 기반한 솔로 플레이를 즐긴다. 베이스가 없는 편성을 보완하기 위해 변칙 튜닝을 통해 기타의 6번 줄로 베이스의 역할을 대신하고자 하는 시도도 자주 엿보인다.

잭 화이트는 왼손의 운지에서 다른 기타리스트들은 잘 쓰지 않는 새끼손가락을 많이 사용한다는 특징이 있다. 그의 연주에서는 보통 약지가 하는 역할을 새끼손가락이 대신하는데 이는 어려서 당한 교통사고로 부상을 입은 집게손가락의 약점을 보완하기 위한 운지법이라고 한다.

잭 화이트는 라이브에서 1965년산 JB 후토 몽고메리 에어라인스 기타와 1970년대산 크레스트우드 어스트럴 II 기타를 주로 사용하며 이밖에 펜더 텔레캐스터와 그레치 어쿠스틱 기타도 즐겨 쓴다.

잭 화이트는 2011년 「롤링 스톤」이 발표한 '역사상 가장 위대한 기타리스트 100' 순위에서 70위에 랭크되며 자신의 우상들과 어깨를 나란히 했다.

The Only One : 「Elephant」(2003)

하드 록, 얼터너티브, 프로그레시브, 그리고 일렉트로니카까지 넘나들다

매튜 벨라미

Matthew Bellamy, 영국, 1978~

매튜 벨라미는 영국 브릿팝 밴드 뮤즈의 기타리스트이자 보컬리스트이자 피아니스트이며 밴드의 송라이터이기도 하다. 그는 2010년 영국 BBC가 선정한 '최근 30년간 가장 위대한 기타리스트' 순위에서 존 프루시안테와 슬래쉬에 이어 3위에 올랐다. 스미스의 조니 마보다 한 계단 높은 순위로 브릿팝 기타리스트들 가운데 가장 높은 순위이다. 그는 또 「토털 기타」가 독자 투표로 선정한 '역사상 가장 위대한 기타리스트 100' 순위에서 29위에 올라있고, 뮤즈의 2집 「Origin of Symmetry」의 수록곡 〈Plug in Baby〉에서 들려준 그의 리프는 「토털 기타」가 선정한 '역사상 가장 위대한 기타 리프 100' 순위에서 13위에 올라있다. 2010년에는 「토털 기타」가 선정한 '21세기 첫 10년의 기타리스트'(Guitarist of the Decade)로 지명되면서 '이 시대의 지미 헨드릭스'라는 찬사를 얻기도 했다. 그는 록 전문지 「케랑」이 선정한 '록큰롤계의 가장 섹시한 50명' 가운데 28위에 랭크되었고, NME(New Musical Express) 어

워즈에서는 2007년과 2009년에서 2011년까지 3년 연속으로, 총 네 차례나 가장 섹시한 남성으로 뽑히기도 했다. 또 NME는 '역사상 가장 위대한 록큰롤 영웅' 순위에서 그를 14위에 올려놓았는데, 이것은 존 레논과 밥 딜런보다도 높은 순위여서 관심을 끌기도 했다. 아무튼 현재 시점에서 매튜 벨라미가 그만큼 각광받는 기타리스트라는 것은 분명하다. 특히 영국에서라면 두말할 나위도 없다.

그의 기타는 폭발적이지만, 서정적이기도 하다

매튜 벨라미는 1978년 영국 캠브리지에서 태어났다. 여섯 살 때부터 피아노를 쳤고 부모가 이혼한 이후에는 할머니 밑에서 성장하면서 열네 살 때부터 기타를 배우기 시작했다. 그의 아버지는 1962년 싱글 〈Telstar〉로 미국과 영국 차트에서 모두 1위에 오르며 선풍적인 인기를

뮤즈

끌었던 그룹 토네이도스The Tornados의 리듬 기타리스트였던 조지 벨라미George Bellamy이다. 〈Telstar〉는 영국 그룹의 노래로는 미국 빌보드차트에서 1위를 차지한 최초의 곡으로 국내에서는 1960년대 인기 라디오 프로그램이던 동양방송 [뮤직 텔스타]의 시그널 음악으로 쓰이기도 했다. 매튜 벨라미는 아버지의 피를 그대로 물려받았다. 뮤즈의 4집 「Black Holes and Revelations」의 수록곡 〈Knights of Cydonia〉는 〈Telstar〉에 대한 트리뷰트 송으로 알려져 있다.

뮤즈는 1994년 처음 결성되었다. 처음 밴드의 이름은 로켓 베이비 돌스Rocket Baby Dolls였다. 그들은 학교 밴드 경연대회에서 우승을 차지한 후 프로 뮤지션이 되기로 결심했다. 밴드명을 바꾸고 몇 번의 멤버 교체를 거친 후 뮤즈는 1999년 대망의 데뷔 앨범 「Showbiz」를 발표했다. 특유의 멜랑콜리한 서정과 슬픔, 세기말의 우울을 담고 있는 앨범은 그들을 라디오헤드류의 브릿팝 밴드로 분류되게 만들었지만 알만 한 사람들은 알았다. 뮤즈가 결코 그렇게 묶일 수 없는 아주 독창적인 밴드라는 것을 말이다.

2003년 앨범 「Absolution」과 2006년 앨범 「Black Holes & Revelations」의 커다란 성공으로 뮤즈는 세계적인 밴드의 반열에 올랐다. 그리고 2009년 앨범 「The Resistance」가 UK 앨범차트 1위를 차지하면서 누구와도 비교될 필요가 없는 브릿팝 최고 밴드의 지위에 안착했다. 데뷔 앨범부터 쏟아져 나온 히트곡 행렬은 〈Unintended〉를 시작으로 〈Time Is Running Out〉 〈Stockholm Syndrome〉 〈New Born〉 〈Starlight〉 〈Supermassive Black Hole〉 〈Uprising〉 등으로 이어졌다. 이 가운데 〈Supermassive Black Hole〉은 세계적으로 공전의 히트를 기록한 뱀파이어 영화 [트와일라잇](2008)에 삽입되면서 뮤즈에게 전 세계적인 인기를 안겨주었는데, 그 이후로 뮤즈는 계속해서 속편이 제작되고 있는 이 영화에 시리즈마다 한 곡씩을 제공하고 있다.

뮤즈의 음악은 하드 록에서 얼터너티브, 프로그레시브, 일렉트로니카에 이르기까지 드넓은 자장을 펼친다. 메튜 벨라미는 뮤즈 사운드의 핵심인데 그의 기타는 헤비메탈을 연상시킬 만큼 거칠고 묵직한 파워로 무장하고 있으면서 동시에 각종 음향 효과를 동원해 일렉트로니카적 색깔을 가미한다. 그의 기타는 어느 브릿팝 밴드의 기타리스트보다도 파워풀하고 에너지가 넘치지만 그 속에 서정적이고 때로는 슬프기까지 한 감성의 멜로디가 존재한다는 것이 중요하다. 그것이 뮤즈의 힘이다.

뮤즈가 가진 최대의 강점은 라이브 무대에서 발휘된다. 베이스에 크리스 볼첸홈Chris Wolstenholme과 드럼에 도미니크 하워드Dominic Howard라는 안정적인 리듬 파트를 배경으로 매튜 벨라미의 기타는 활화산처럼 폭발한다. 그들의 사운드는 3인조라고는 도저히 믿을 수 없을 지경이다. 간혹 메튜 벨라미가 기타의 자리를 비우고 피아노를 연주할 때에도 기타의 공백은 전혀 느껴지지 않는다. 그 때가 되면 크리스와 도미니크는 리듬 파트에 머무르지 않고 사운드의 전면에 적극적으로 개입해 빈자리를 매운다.

매튜 벨라미는 때로 헤비메탈에서나 들어봄직한 고난도의 테크닉을 앞세운 인상적인 솔로 연주를 펼치기도 한다. 이 모든 것들이 라이브 밴드로서의 뮤즈를 돋보이게 하는 요소들이다. 뮤즈는 2004년 글래스톤베리 페스티벌에서 헤드라이너로 나서 라이브 밴드로서의 면모를 확고히 한 이래로 누구보다 열정적인 라이브 투어를 펼쳐왔다. 2007년 6월에는 대규모 수리를 거쳐 새롭게 개장한 런던 웸블리 스타디움을 매진시킨 첫 번째 밴드로 기록되기도 했다.

세상에서 가장 많은 기타를 부순 기타리스트

매튜 벨라미는 세상에서 가장 많은 기타를 부순 기타리스트로도 유명하다. 특히 그는 'Absolution Tour' 도중 거의 모든 공연에서 기타를 부수면서 이 당시에만 무려 140개의 기타를 박살냈는데, 이것은 이 부문 최고 기록으로 기네스북에 등재되어 있다. 기타 부수기의 원조라 할 피트 타운센드가 울고 갈 노릇이다.

뮤즈의 라이브에서 하이라이트는 언제나 〈Starlight〉이 장식한다. 이 곡이 시작되면 언제나 관중들은 거의 자동적으로 리듬에 맞춰 1-2-1-3 박수를 따라 친다. 밴드와 관중들이 일체가 되는 장면은 항상 감격스러운 장관을

무대에서 가장 많은 기타를 부순 매튜 벨라미이지만 맨슨 기타만큼은 부숴먹지 않는다.

연출한다.

매튜 벨라미는 보컬리스트로서도 상당히 높은 평가를 받는데 비브라토를 활용한 팔세토 창법을 앞세운 그의 보컬은 밴드의 사운드에 가장 적확하게 스며든다. 매튜 벨라미는 「Q」가 2010년 선정한 '역대 최고의 밴드 프런트맨' 순위에서 8위에 올랐고, 같은 해 음악 전문 웹사이트인 'www.musicradar.com'이 선정한 '역대 최고의 리드 싱어' 순위에서도 9위에 올랐다.

매튜 벨라미는 초기에는 깁슨 SG와 펜더 스트라토캐스터 등 다양한 기종의 기타를 폭넓게 사용했지만, 현재 그가 쓰는 메인 기타는 맨슨 기타이다. 맨슨 기타는 기타를 주문생산하는 대표적인 회사인데, 매튜 벨라미는 맨슨 기타에 특별 주문해 코르그사가 제작한 터치 신디사이저를 장착한 세상에 하나 뿐인 자신만의 기타를 만들었다. 그의 기타를 직접 제작한 맨슨사의 기타 장인 휴 맨슨Hugh Manson은 이미 세상을 떠났다. 매튜 벨라미는 자신의 맨슨 기타에 지벡스사에서 만든 퍼즈팩토리를 장착해 라이브에서 강력한 퍼즈 사운드를 자유자재로 컨트롤한다. 현재 그는 20대가 넘는 맨슨 기타를 보유하고 있고 수많은 기타를 황천으로 보냈던 'Absolution Tour' 이후에는 거의 맨슨 기타만을 사용하고 있다. 아무리 그가 기타 부수기를 즐긴다 해도 맨슨 기타를 부수지는 않을 터이다. 관우가 청룡언월도를 부러뜨릴 수는 없는 것처럼 말이다.

매튜 벨라미는 영향 받은 밴드로 RATM과 오디오슬레이브를 지목한다. 두 팀의 공통점은 기타리스트 톰 모렐로일 것이다. 드라마틱한 보컬을 생각한다면 퀸의 프레디 머큐리가 떠오를 수도 있다. 뮤즈는 2009년에 발표한 앨범 「The Resistance」의 수록곡 〈Resistance〉에서 퀸의 영향을 받은 오페라적 요소를 보여주었고, 〈United States of Eurasia〉에는 쇼팽의 '녹턴'을 삽입해 클래식의 영향을 드러냈다. 앨범의 9~11번 트랙에 수록된 〈Exogenesis : Symphony part 1~3〉 연작 시리즈를 통해서는 대작에 대한 욕심을 드러내기도 했다. 매튜 벨라미는 "나는 1970년대의 프로그레시브 록을 극도로 싫어한다. 그건 감정이라고는 눈곱만큼도 찾아볼 수 없는 기계적인 음악일 뿐이다. 프로그레시브 록과 뮤즈의 음악은 지향점이 다르다"라고 말했지만 그렇다고 그의 음악이 클래식과 상관없다는 뜻은 아니다. 그는 좀 다른 방향에서 클래식을 수용하고 있는 것이다.

The Only One :
「Black Holes & Revelations」(2006)

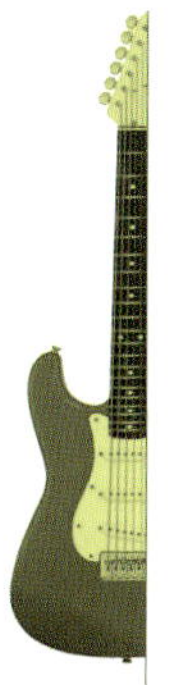

왜 사람들은 그의 기타에 그토록 열광하는가

존 메이어

John Mayer, 미국, 1977~

존 메이어는 21세기가 가장 큰 기대를 거는 가수이자 송라이터이자 기타리스트이다. 그는 20세기가 저물어갈 무렵 홀연히 등장해 21세기가 기지개를 펴던 2001년 메이저 데뷔 앨범 「Room for Squares」로 팝계를 강타하며 태풍의 눈이 되었다. 가창력과 연주력, 그리고 송라이팅 능력까지 3박자가 완벽한 조화를 이룬 스물네 살 청년은 단숨에 팝 음악 시장의 심장부로 걸어 들어와 자신의 영토를 확고히 하고 천하를 호령할 준비를 끝냈다. 그는 21세기가 자신을 원하고 있음을 잘 알고 있었다. 분명히 자만심이 아니라 자신감이었다.

거장의 반열에 오른 젊은이

존 메이어는 1977년 미국 코네티컷주 브리지포트에서 태어나 페어필드에서 어린 시절을 보냈다. 열세 살 때 이웃 덕분에 알게 된 스티비 레이 본의 음악을 듣고 블루스의 세계에 매료되어 블루스 기타리스트를 꿈꾸

었다. 기타를 잡고 연습을 시작한 지 불과 2년 만에 기량이 부쩍 늘어 블루스 바에서 연주할 만한 실력을 갖게 되었다. 시간이 흐르면서 그의 꿈은 기타리스트에서 뮤지션으로 확장되었으며 점점 더 기타의 테크닉보다는 멜로디와의 조화, 전체적인 조성과 흐름에 주력하게 되었고, 송라이팅 능력을 향상시키기 위해 더 많은 노력을 기울이게 되었다. 열아홉 살 때는 명문 보스턴 버클리 음악대학에 입학했지만 얼마 안 가 중퇴하고 애틀랜타로 가 스스로 실력을 갈고 닦았다.

1999년 인디 레이블을 통해 발표한 데뷔 EP 「Inside Wants Out」은 어쿠스틱한 포크 사운드로 채워져 있다. 존 메이어의 남다른 재능은 앨범의 곳곳에서 번뜩이고 있어서 이때부터 지역 언론은 그를 차세대 스타로 주목하기 시작했다. 여기에 훗날 메이저 데뷔 앨범에 다시 실려 히트하게 되는 〈No Such Thing〉 〈Neon〉과 같은 곡들이 이미 수록되어 있었다.

2001년 발표한 메이저 데뷔 앨범 「Room for Squares」는 순식간에 멀티 플래티넘을 달성하며 그를 스타덤에 올려놓았다. 기타와 보컬이 듣기 편하게 어우러지는 첫 싱글 〈No Such Thing〉이 제대로 바람을 잡았고 어쿠스틱 기타의 매력이 가득한 정통 포크 넘버 〈Why Georgia〉, 스티비 레이 본을 연상시키는 내추럴 톤의 블루스 기타와 스팅을 떠올리게 하는 허스키 보이스가 이상적인 조화를 이루는 〈Neon〉이 탄탄하게 뒤를 받쳤다. 그리고 〈Your Body Is Wonderland〉, 이 곡은 2003년 제45회 그래미 최우수 팝 보컬 퍼포먼스 부문에서 그에게 첫 번째 그래미를 안겨주었다. 그 해 그래미 어워즈의 신인상 부문은 쟁쟁했다. 아샨티Ashanti, 미셸 브랜치Michelle Branch, 에이브릴 라빈Avril Lavigne, 그리고 노라 존스와 존 메이어가 경합을 벌인 끝에 수상의 영광은 노라 존스에게 돌아갔다. 비록 신인상 수상에는 실패했지만 존 메이어는 시상식에서 밴드 없이 혼자서 무대에 올라 어쿠스틱 기타만으로 〈Your Body Is Wonderland〉를 멋지게 연주해 청중의 감탄을 자아냈다.

행크 모블리Hank Mobley, 1930~1986의 1963년 앨범 「No Room for Squares」에서 제목을 따온 「Room for Squares」는 존 메이어가 인디 시절 보여준 포크의 감성을 일렉트릭 기타로 업그레이드시켜 마음껏 요리한 수작이다. 기본적으로 포크에 기반하고 있으면서도 블루스와 록, 일렉트로니카적인 요소까지를 내포하고 있어서 신인이라고는 믿기지 않는 만만치 않은 내공과 노련함이 돋보이는 앨범이다.

2003년 존 메이어는 갓 데뷔 앨범을 발표한 신인으로서는 파격적인 두 장짜리 라이브 앨범 「Any Given Thursday」를 발표했다. 이 앨범에서 그는 환상적인 라이브 실력을 뽐내며 뛰어난 기타리스트로서의 면모를 과시했는데, 현란한 어쿠스틱 스트로크 전주로 앨범의 포문을 여는 〈3×5〉가 가장 돋보이는 곡이다.

존 메이어는 어느새 거물이 되어있었다. 2003년 발표한 2집 「Heavier Things」는 빌보드 앨범차트 1위로 핫샷 데뷔해 한껏 높아진 그의 위상과 대중의 커다란 기대를 확인시켜 주었다. 〈Come Back to Bed〉와 〈Only Heart〉에서 보여준 블루지한 솔로 연주에서 그의 블루스 사랑을 엿볼 수 있는 앨범이다.

이즈음 존 메이어는 비비 킹, 버디 가이, 허비 행콕, 에릭 클랩튼, 존 스코필드 등의 앨범에 부지런히 모습을 드러내며 재즈와 블루스로의 영토 확장을 꾀했는데, 그러한 관심은 2005년 스티브 조던Steve Jordan, 피노 팔라디노Pino Palladino와 트리오 편성으로 발표한 앨범 「Try! John Mayer

존 메이어는 어쿠스틱 기타 하나만으로도 수많은 청중을 몰입시킨다.

Trio Live in Concert」를 통해 더욱 구체화되었다.

존 메이어는 결코 멈추지 않았다. 2006년 발표한 앨범 「Continuum」은 빌보드 앨범차트 2위까지 올랐고, 〈Gravity〉에서의 여유와 〈Waiting on the World to Change〉에서의 그루브와 펑키감, 〈Belief〉에서의 맛깔스런 연주가 두루 호평을 받았다.

2008년 어쿠스틱 세트를 담은 한 장과 밴드 세트로 녹음한 한 장을 묶어 두 장짜리로 발표한 라이브 앨범 「Where the Light Is : John Mayer Live in Los Angeles」는 뛰어난 라이브 연주자로서의 그의 실력을 다시 한 번 각인시켜 주었다. 로스엔젤리스 노키아 극장에서 가졌던 공연실황을 담은 앨범은 솔로 어쿠스틱 연주와 밴드 편성, 블루스 트리오 등 다양한 구성으로 펼친 공연 현장의 열기를 고스란히 담고 있다. 자신이 존경하는 톰 페티와 지미 헨드릭스의 음악을 경의를 담아 해석하고 있으며 지미 헨드릭스의 원곡을 블루스 트리오의 형태로 연주한 〈Wait until Tomorrow〉가 하이라이트를 장식한다.

2009년에 발표한 4집 「Battle Studies」는 다시 한 번 빌보드 앨범차트 1위를 차지했는데, 전작에 비해 훨씬 가볍고 담백해진 사운드가 눈

존 메이어는 「롤링 스톤」의 전속 모델이라 해도 과언이 아닐 정도로 여러 번 표지를 장식했다.

길을 끌었다. 첫 싱글 〈Who Says〉가 그것을 단적으로 보여주고 있다. 물론 여기서도 존 메이어는 델타 블루스의 전설 로버트 존슨의 〈Crossroads〉를 리메이크함으로써 그의 음악적 뿌리가 블루스에 있음을 잊지 않고 있다. 최근작인 2012년 앨범 「Born and Raised」 역시 당연하다는 듯이 빌보드 앨범차트 정상을 밟았다.

절제할 줄 아는 진정한 천재

존 메이어의 음악은 블루스와 포크의 경계에 있으며 그의 기타 역시 그렇다. 그의 기타는 화려한 솔로 연주보다는 곡의 전체적인 흐름에 자연스럽게 녹아드는 프레이즈와 리듬에 주력한다. 그렇지만 그는 뛰어난 솔로 연주자이다. 포크 성향의 곡들에서는 별다른 솔로 없이 물 흐르듯 한 번의 단순한 진행으로 곡을 마감하는 경우가 많지만 가끔씩 블루스 지향의 곡들에서 선사하는 블루지한 솔로 연주는 블루스 기타리스트로서의 그의 현재와 미래에 큰 기대를 품게 만든다. 아주 드물게는 탄성을 자아낼 만큼 빼어난 속주 능력을 보여주기도 하지만 존 메이어는 더 많은 순간 그것을 드러내기보다는 감추는 절제의 미학을 선택한다.

그는 일렉트릭 기타로는 펜더 스트라토캐스터, 어쿠스틱 기타로는 마틴 기타를 즐겨 쓴다. 그가 주유소 아르바이트로 번 돈을 모아 처음 장만한 기타도 스티비 레이 본 시그너처 스트라토캐스터였다. 하지만 그것만을 고집하지는 않아서 깁슨 플라잉 브이나 깁슨 SG, 깁슨 ES-335 기타를 연주하는 모습도 자주 목격된다. 2003년 마틴사는 존 메이어 시그너처 어쿠스틱 기타 모델을 만들었고 뒤를 이어 펜더사가 스트라토캐스터 시그너처 모델을 만들었다. 신인급으로서는 아주 드문 경우로 존 메이어는 최연소로 펜더 스트라토캐스터의 시그너처 모델이 되는 영광을 누렸다.

존 메이어는 가성을 잘 활용하는 매력적인 허스키 보이스로 보컬리스트로서도 각광받고 있다. 하지만 자신이 진정으로 원하는 것은 기타리스트로서 높은 평가를 받는 것이다. 그는 "다른 사람들이 뭐라고 해도 저는 제 자신을 보컬리스트라고 생각하지 않습니다. 저는 기본적으로 기타리스트입니다"라고 말한다.

존 메이어는 「롤링 스톤」의 전통의 기타 특집호 표지를 2년 연속으로 장식했으며, 2007년에는 「롤링 스톤」이 선정한 현시대의 가장 중요한 기타리스트 가운데 한 명으로 꼽혔고, 「타임」이 선정한 '가장 영향력 있는 인물 100인'에도 선정되었다. 그는 기타의 신 에릭 클랩튼의 뒤를 이을 젊은 기타의 신으로 평가받으며 '슬로우핸드 주니어'라는 별명도 가지고 있다.

The Only One :
「Where the Light Is :
John Mayer Live in Los Angeles」(2008)

인명 찾아보기

• 밴드명 포함

| 다 |

| 라 |

| 마 |

| 바 |

| 사 |

| 아 |

|자|

| 차 |

| 카 |

| 타 |

| 파 |

| 하 |

참고 문헌

| 해외 문헌 |

Pete Prown and HP Newquist, 『LEGENDS of ROCK GUITARIST (The Essential Reference of Rock's Greatest Guitarists)』, Hal Leonard Corp, 1997

Joel Whitburn, 『(The Billboard Book of) TOP 40 HITS』, Billboard Books, 2000

Jas Obrecht, 『Rollin' and Tumblin' : The Postwar Blues Guitarists』, Backbeat Books, 2000

Hal Leonard Corp, 『Guitar World Presents the 100 Greatest Guitarists of All Time』, Hal Leonard Corp, 2002

Michael Mueller , 『Rock Guitar』, Hal Leonard Corp, 2002

Randy Poe, 『Skydog-The Duane Allman Story』, Backbeat Books, 2006

Charles R. Cross, 『Room Full Mirrors : A Biography of Jimi Hendrix』, Hyperion, 2006

Andy Summers, 『One Train Later』, St. Martin's Press, 2007

Joel McIver, 『THE 100 GREATEST METAL GUITARISTS』, JAW BONE, 2008

Dom Kiris, 『Legendary Guitarists & Their Guitars』, APPLE, 2010

B. B. King, David Ritz, 『Blues All Around Me : The Autobiography of B. B. King』, It Books, 2011

Tony Iommi, 『Iron Maiden : My Journey through Heaven and Hell with Black Sabbath』, Da Capo Press, 2012

Mick Jagger, Keith Richards, Charlie Watts, Ronnie Wood, 『The Rolling Stones-50』, Hyperion, 2012

| 국내 문헌 |

정진용, 『헤비메틀 음반가이드』, 삼호출판사, 1994

하세민, 『헤비메틀 대사전』, 뮤직피플, 1991

조성진, 『헤비메틀 대사전』, 삼호출판사, 1994

김영준, 『팝 아티스트 대사전』, 아름출판사, 1994

조성진, 『일렉트릭 기타리스트 대사전』, 좋은느낌, 1994

편집국, 『팝 아티스트 대사전』, 세광음악출판사, 1995

알랭 디스테르 지음, 성기완 옮김, 『록의 시대(저항과 실험의 카타르시스)』, 시공사, 1996

임진모, 『록 그 폭발하는 젊음의 미학』, 창공사, 1996

신현준 外, 『얼트 문화와 록 음악 1』, 한나래, 1996

신현준 外, 『얼트 문화와 록 음악 2』, 한나래, 1997

하세민, 『브리티시 모던 록』, 꾼, 1997

하세민, 『시대별 ROCK을 찾아서(상)』, 꾼, 1997

하세민, 『시대별 ROCK을 찾아서(하)』, 꾼, 1997

조성진, 『모던 록 음반가이드 319선』, 1998, 창공사

임진모, 『팝 리얼리즘, 팝 아티스트』, 민미디어, 2002

이안 핼퍼린, 맥스 월레스 지음, 이수영 옮김, 『커트 코베인 지워지지 않는 너바나의 전설』, 미다스북스, 2002

임진모, 『세계를 흔든 대중음악의 명반』, 민미디어, 2003

헌터 데이비스 지음, 이형주 옮김, 『The Beatles』, 베텔스만, 2003

키스 섀드윅 지음, 한종현 옮김, 『LED ZEPPELIN』, 을유문화사, 2005

조정아, 『팝음악의 결정적 순간들』, 돋을새김, 2004

찰스 R 크로스 지음, 김승진 옮김, 『평전 커트 코베인』, 이룸, 2006

피터 해리 브라운, 팻 H 브로스키 지음, 성기완, 최윤석 옮김, 『엘비스, 끝나지 않은 전설』, 이마고, 2006

로버트 다이머리 外, 한경석 옮김, 『죽기 전에 꼭 들어야 할 앨범 1001장』, 마로니에북스, 2006

에릭 클랩튼 지음, 장호연 옮김, 『에릭 클랩튼 자서전』, 마음산책, 2007

존 브림 지음, 장호연 옮김, 『LED ZEPPELIN』, 뮤진트리, 2009

정일서, 『365일 팝음악사』, 돋을새김, 2009

남무성, 『Paint It Rock』, 고려원북스, 2009

마크 루이슨 지음, 권영교·김병숙·김연정·이규장·이영래·한상석 옮김, 『The Complete Beatles Chronicle』, 생각의 나무, 2009

마이클 랭, 홀리 조지-워런 지음, 장호연 옮김, 『우드스탁 센세이션』, 뮤진트리, 2009

피터 비케 지음, 남정우 옮김, 『록음악』, 예솔, 2010

서동진, 『ROCK 젊음의 반란』, 새길, 2010

배철수, 배순탁 지음, 『Legend(배철수의 음악캠프 20년 그리고 100장의 음반)』, 예담, 2010

정일서, 『팝음악사의 라이벌들』, 돋을새김, 2011

고영탁, 『조지 해리슨(리버풀에서 갠지스까지)』, 오픈하우스, 2011

김기범, 『롤링 스톤즈(50년의 악행, 50년의 로큰롤)』, 살림, 2012

에르베 부르이 지음, 이주향 옮김, 『Rock의 작은 역사』, 서해문집, 2012

김도균, 『기타 이지로드』, 걸리버, 2012

로버트 다이머리, 토니 비스콘티 지음, 이문희 옮김, 『죽기 전에 꼭 들어야 할 팝송 1001』, 마로니에북스, 2013

| 인터넷 사이트 |

www.allmusic.com

www.en.wikipedia.org

www.billboard.com

www.officialcharts.com

www.bbc.co.uk/music

www.rollingstone.com

www.guitar.com

www.guitarworld.com

www.nme.com

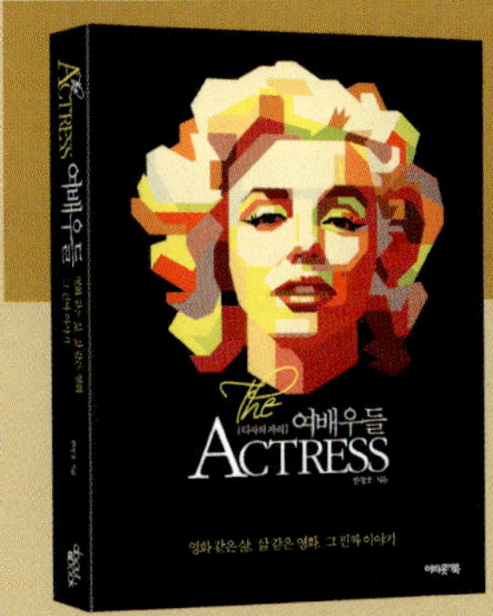

영화 같은 삶, 삶 같은 영화, 그 진짜 이야기

여배우들 The Actress

| 한창호 지음 | 336쪽 | 18,000원 |

마릴린 먼로, 잉그리드 버그먼, 비비안 리, 오드리 햅번 등 이름만으로도 가슴 설레는 레전드 여배우들의 바이오그래피

여배우들은 한결같이 '영화 같은 삶'을 살았고, 또 그것을 작품에 투영해 '삶 같은 영화'를 찍었다. 이 책은, 세상의 오해와 편견에 맞선 여배우들의 자기고백이다. '스스로 대변할 수 없고 다른 사람에 의해 대변되어야 할' 여배우들의 숙명을 궁구(窮究)해온 저자는, 그들의 자기고백을 이 책을 통해 기꺼이 도왔다.

삶을 은유하는 영화 그리고 여행

영화가 우리를 데려다 주겠지

| 박 준 지음 | 350쪽 | 16,800원 |

• 한국출판문화산업진흥원 '세종도서 교양부문' 선정

스물일곱 편의 영화에 찍힌 바람의 지문을 좇는 여정

내가 사는 이곳과는 전혀 다른 세상을 단 두어 시간 만에, 단숨에 보여줄 수 있는 게 영화 말고 또 있을까? 영화만 있다면 어디로든 갈 수 있다. 영화가 바람처럼 우릴 데려간 곳에서 인생을 탐험한다. 그때는 우리가 영화의 주인공이다.

익숙한 일상을 새롭게 그리는 마법

가끔은, 상상!

| 하비에르 페레스 지음 | 김규경 옮김 | 146쪽 | 12,000원 | 〈Unwritten Book〉 합본 |

도돌이표처럼 반복되는 일상에 '상상'을 한 스푼 넣고 빙그르르 저어보자. 상상이 더해지면 가방 속은 당신의 손목을 노리는 악어가 사는 늪지가 되고, 책상은 달팽이와 무당벌레가 기어 다니는 초록빛 풀밭이 된다.

"상상력은 지식보다 중요하다. 지식은 한계가 있지만, 상상력은 세상의 모든 것을 끌어안을 수 있다. 나는 그 상상력을 자유롭게 이용한 예술가다!"

_알베르트 아인슈타인

과학계와 교육계, 예술계 전문가들의 추천과
전 언론, 네티즌의 격찬 속에 '세트 에디션' 출간!

미술관에 간 화학자 · 전창림 지음 · 18,000원 | **미술관에 간 의학자** · 박광혁 지음 · 18,000원 | **미술관에 간 수학자** · 이광연 지음 · 18,000원
미술관에 간 화학자 (두 번째 이야기) · 전창림 지음 · 18,000원 | **미술관에 간 물리학자** · 서민아 지음 · 18,000원 | **세트 전 5권** · 90,000원